중국 학술의 사승師承과 가파家派

이 역서는 2009년 정부(교육과학기술부)의 재원으로 한국연구재단의 지원을 받아 연구되었음
(KRF-2009--362-B00011).

국민대학교 중국인문사회연구소
지식계보 시리즈 2

중국 학술의
사승師承과
가파家派

왕샤오칭王曉淸 지음
최은진·유현정 옮김

學古房

《学者的师承与家派》韩文版序言

　　二十世纪中国学术谱系，学派统绪众脉横生，学术成就蔚为大观，学者大师豹突飙起。诸多学贯古今中西的学术大师，或师承渊源有自，或清寒孤根崛起，或转益多师而自成器格，或禀天赋而傲岸学坛。不同年龄、不同辈分、不同时代的学者大师缔构了百年中国学术大厦的巍然耸峙。不同风格、不同个性、不同气度、不同领域、不同流派的专家通人，以其卓杰的学术识解共同创造了中国学术一百年的繁荣。

　　学术断不能存门户，而学者必不能无宗主。开宗立派的学术大师，以同门、同年、同调、同僚、世谊、学侣、戚友、门生、弟子、再传弟子为谱系，形成一看似封闭而实则开放的学派圈系。这一中国传统学派的传承、流衍、蜕变，形成了现代中国学术生命的恒久张力。无论是涵孕欧风美雨，还是沾溉西风东渐，抑或张扬"中学为体、西学为用"，学者大师每每在论究新知、融化国故中创造学术的新神韵、新精髓、新意境，而自成中国学术新流派。

　　以"师承"与"家派"这两大切口洞察中国学术的变革脉络，以学人群体、学术社会、学者生态环境为索隐探微的钤键，显系深刻认知中国学术衍生流变的不二法门。循着这一学术轨迹，学术史家能深度体认前辈学人之学术思想、治学途辙、阅读方法、著作样式、学问浅深乃至学品人格，从而寻绎中国学术的前世今生。学派的变创之道，在于辩难、争鸣、批判。每一学派固步自封，师心自用，妄自尊大，只能也只能锢闭学术进步的阶梯。没有交锋，没有鸣争，没有辩驳，没有攻讦，就不可能有真正意义上的学术创造。

尊隆宗师，恪循家法，严重师教，为每一学派之规矩。但一味规行矩步，唯师命是谨，不敢越雷池一步，奉"祖宗之法不可变"为天条，其学派其家法必将日暮途穷，终至湮废无闻。开拓的视野，开廓的胸襟，开放的学派，以学术为天下之公器的恢弘气度，这是现代中国学术流派勃发的内驱力。慎思明辨，博闻周瞻，履真践实，明体达用，是中国学术的固有传统；"实事求是，莫做调人"，是中国学者秉承的先贤遗训。值此之故，现代中国学派之间的推衍、辩难、融贯，学术传承之基石既坚厚而牢实。

避免政治性纠缠而专注于学术行迹，不作政治断案而归综学术评语，这或许是学术史家的天职。史家所谓"其文质，其事核，不虚美，不掩恶"，鹄的正高，虽不能至，然心向往之。以深切著明之话语，给出平正、公允之评价，亟需在语言运用、语词遣用上别有会心，以平允、庸和、中性的汉语语词给出对学术大师的评语，颇费踌躇，每每需斟酌再三。著者在行文结构与语言风格上力求清新、雅洁、唯美，虽非臻至美善，庶几近之。

《学者的师承与家派》，韩文版即将刊行，著者一则以惊一则以愧。惊的是，这部著作面向韩国读者，学术服务面更广泛了，这是著者始料未及的。愧则是，以近二十年之力孜孜以求结撰成书，疲日月而敝精神，但疏失、遗漏、荒忽之处甚多，不能魇读者之所欲，唯剔正雅教是盼。谨叙数言，以誌颠末。

王晓清 2015/5/8

한국어판 서문

20세기 학술 계보에서 학파 계통은 여러 무리 안에서 끊임없이 나타나고, 학술성취는 다채롭고 성대하여 장관을 이루며 학자 대가들이 표범이 돌진하듯 폭풍처럼 일어났다. 수많은 학문이 동서고금을 관통한 학술대사는 사승연원이 있기 마련이거나, 청량한 독립의 토대에서 굴기하거나 여러 스승을 전전하여 스스로 도량과 품격을 이루거나 천부의 재능으로 고고하고 꿋꿋한 학단을 계승하였다. 다양한 연령, 다양한 항렬, 다양한 시기의 학자, 대가들이 백년 중국 학술을 우뚝 솟아나게 했다. 다른 풍격, 다른 개성, 다른 기개, 다른 유파의 전문가專家와 통인通人이 그 특출한 학술 지식으로써 중국 학술의 번영을 함께 창조했다.

학술은 절대로 문호를 두어서는 안되나, 학술에 종사가 없어서도 안된다. 학파를 세운 학술대사는 동문同門, 동년同年, 동지同調, 동료同僚, 세교世交, 학우學侶, 척우戚友, 문생門生, 제자弟子, 재전제자再傳弟子를 계보로 삼아, 폐쇄된 것처럼 보이나 실상은 개방적인 학파 범위와 계통을 형성하였다. 이러한 중국의 전통적 학파의 전승, 두루 퍼짐, 탈바꿈은 현대 중국학술생명의 영원한 장력張力을 형성하였다. 구미의 비바람을 품든, 서세동점에 젖어들든, "중학中學을 체體로 삼고, 서학西學을 용用으로 삼는" 것을 포폄褒貶하거나 선양宣揚하거나, 학자 대사들은 모두 신지新知를 논구論究하고 국고國故를 융합하는 가운데 학술창조의 새로운 기세, 새로운 정수, 새로운 경지를 창조하여, 중국 학술의 새로운 유파를 스스로 세웠다.

"사승師承"과 "가파家派"는 중국 학술의 변혁맥락을 통찰하고, 학인 집단과 학술사회, 학자의 생태환경을 깊고 오묘한 것을 찾는 관건으로 삼아서 중국 학술의 전개와 변천의 유일무이한 방법을 뚜렷하게 깊이 이해한다. 이 학술궤적을 따라, 학술가는 선대 학인들의 학술사상, 학문방법, 저술양식, 학문의 깊이 및 품행과 인격을 깊이 이해할 수 있고, 따라서 중국 학술의 전생과 이생을 깊이 연구할 수 있다. 학파의 변화창조의 길은 구별, 논쟁, 비판에 있다. 모든 학파가 각자 답보하고, 자기의견만을 고집하고, 망자존대妄自尊大함은 그저 학술 진보의 방법을 막아버릴 뿐이다. 교전이 없다면, 쟁론이 없다면, 논박이 없다면, 진정한 의미에서의 학술 창조가 가능할 리 없다.

종사宗師를 존경하고, 가법家法을 엄격히 준수하고, 스승의 가르침을 중시하는 것이 모든 학파의 규율이 되었다. 그러나 단순히 규정에 따르고, 오로지 스승의 명만을 삼가는 것, 감히 정해진 구역에서 한 걸음도 나아가지 않는 것, "조종祖宗의 법은 변할 수 없다"는 것을 받드는 것을 하늘의 계율로 삼으면, 그 학파, 그 가법이 반드시 힘을 다하고 결국엔 매몰되어 명성도 사라지게 될 것이다. 개척적 시야, 넓게 펼친 흉금胸襟, 개방적 학파, 학술을 천하의 공기公器로 삼는 넓은 도량과 넘치는 기백, 이는 현대 중국학술유파가 발발한 내구력이다. 신중히 생각하고 명백히 가리는 것, 견문이 넓고 두루 내다보는 것, 진솔한 덕과 사실을 행하는 것, 체體를 밝히고 용用을 실현하는 것이 중국 학술의 고유한 전통이다. "사실에 입각하여 진리를 탐구하라, 사람을 다뤄 해답을 찾지 마라實事求是, 莫做调人"는 중국학자가 계승하는 선현의 유훈이다. 이러한 이유에서 현대 중국 학파 간의 널리 퍼짐, 어려운 것의 판별, 통달함, 학술 전승의 주춧돌이 이미 단단하고 두꺼워져서 견고해진다.

  정치적 뒤엉킴을 면하여 학술 행적에 전념하는 것, 정치적으로 안건을 판결하지 않고 학술 비평을 한 곳으로 모으는 것, 이것은 아마도 학술사가의 천직일 것이다. 사가는 소위 "그 문질文質, 그 사핵事核은 텅 빈 아름다움이 아니고, 나쁜 것을 덮지 않는다"고 하는데, 목표가 높아 이르지 못할지라도 마음은 늘 그곳을 동경한다. 절절하고 유명한 말로써 반듯하고 공평 타당한 평가를 제시하는 것, 언어의 운용과 어구의 사용에서 남다르게 이해하는 것이 시급하고, 공평 타당함과 일상적인 조화로움, 중립적 언어로써 학술대사에 대한 평가를 제시하는 것을 자못 주저하는 것은 재삼 심사숙고할 필요가 있다. 저자는 문장의 구조와 언어의 풍격에서 참신함, 깔끔함, 유미함唯美을 힘껏 추구하였고, 비록 훌륭한 데 이르지 못했을지라도 최대한 이에 가깝게 하고자 했다.

  『중국학술의 사승師承과 가파家派』의 한국어판이 간행된다고 하니, 저자는 한편으로는 놀랍고, 한편으로는 부끄럽기도 하다. 놀라운 것은 이 책이 한국의 독자들에게 소개될 줄은 저자는 당초 예상하지 못했다. 부끄러운 것은 근 20년간의 노력으로 부지런히 탐구하고 저술하여 책으로 만들어냈는데, 생활에 해이해지고 정신은 피폐해져서, 실수한 것과 누락된 것, 황당한 곳이 매우 많아 독자들의 요구에 가슴이 짓눌리지 않을 수 없었으니, 오직 올바른 가르침만을 뽑아내주기를 바랄 따름이다. 몇 마디 말로써 삼가 전말을 적는다.

왕샤오칭 王曉清 2015년 5월 8일

목 차

들어가는 말

감회感懷와 영고榮枯, 영광과 몽상이 교차하던 20세기는 흘러간 세월과
함께 이미 우리들의 기대에 찬 시선으로부터 사라져 갔다. 한 세기의
요란한 세월과 떠들썩했던 학술 또한 순식간에 평온해졌다. 우뚝 솟은
학술영웅은 백년 중국문화의 바람 속에서 종이 울리는 것과 같이, 한
세기의 시공의 터널 안에서 맑고 우렁차게 터져 나오는 소리들로 부딪친다.
이들은 자신의 재주와 지혜로 한 세기의 사상과 문화의 번영을 창조했다.
이 학술영웅은 민족이 깊이 잠들어 있을 때, 인문정신의 혼을 움켜쥐고서
절체절명의 위기에 팔을 걷어붙이고 일어서서 천고에 걸쳐 민족에게 내재
하고 있는 근맥을 잡아매었다. 20세기 중국역사학이 끊임없이 변화·발전
해 온 궤적을 탐색할 때, 대대로 사학의 대가大師들의 "백성을 위해 뜻을
세우고, 성현의 절학絶學을 계승하며, 만세를 위해 태평성세를 연다"는
넓은 포부와 광활한 기개에 탄복하지 않을 수 없다. 시대의 바람이 보낸
것으로서, 학술은 마침내 깊은 경지로 돌아갔다. 학술전당을 노닐던 대가는
결국 자신의 고된 수행으로써 부지불식간에 사회가 강요하는 도의와 정의
가 겹겹이 얽혀있는 중임重任을 감당했다. 학술적 양지良知는 한번 또 한번
학자의 행위, 품격을 규범화한다. "출사出仕"하려는 마음과 "영원"하려는
정신은 한 자루 양날검처럼, 역사학자에게 시대의 도전 앞에서 부단히
그 가치를 재평가하라고 유혹한다.

20세기 중국 사학은 100년의 유구한 세월 중에 세대를 이은 사학자의
학술적 노력을 거쳐, 전통에서 근대화를 향해 점차 전환하였다. 기본적으로

백가쟁명百家爭鳴과 백설자립百說自立을 형성하고, 박학朴學과 이학理學이 병창並倡하고, 사관파史觀派와 사료파史料派가 함께 성장하고, 전문가와 통인通人이 서로 침투하였다. 사학기치는 이론적 대응과 신중한 고증 사이에서 비틀거리면서 진보하는 학술 구조를 형성했다. 학술기풍은 학술진보의 이정표인데, 이를 수립한 것은 한 시대마다 통인通人적 소양을 갖춘 학자들이었다. 여러 시대의 역사학자 집단이 자신의 저작형태, 연구방식, 학술규범, 나아가 개인의 생존상태에 의지하여 시대의 학술기풍 안에 스스로 깃발을 세우고, 역으로 다시 시대학술사조의 발전을 심각하게 추진하거나 주도하였다. 여러 시대의 사학자들을 앞으로 나아가게 했던 것은 시대에 면면히 펼쳐나간 학술사조였다. "다만, 사조를 여는 것이 스승이 되기 위해서는 아니다但開風氣不爲師"라는 것은 사학가가 새로운 학술 영역의 정신 역량을 개척한 것이라기보다는 한 시대의 학술 사조가 반영된 예라고 해야 할 것이다.

생명의 연속이 하나하나 활력으로 충만하고 생기 있는 시대를 구성하듯이, 학술의 전승은 대대로 의기 왕성한 사학영재를 길러냈다. 재능이 넘치는 학자, 깊이 홀로 정진한 전문가이든 또는 대기의 무지개 같은 통인이든 간에 모두 빈터에서 일어나 스스로 높아질 수 없으며, 언제나 통시성을 갖는다. 학술의 사승師承 전수는 여기에서 매우 중요하게 드러나고 또한 매우 필요한 것이었다. 소위 "세 사람이 걸어가면, 반드시 내 스승이 있다三人行, 必有吾師", "유능한 자를 스승으로 삼는다能者爲師"는 것은 엄격한 의미에서 사승師承관계를 말하는 것은 아니더라도, 그 안에 은근히 내포되어 있는 스승을 존경하고 가르침을 엄격히 한다는 문화적 함의는 너무나도 생생히 드러난다. "스승이란, 도를 전해주고 학업을 전수시켜 의혹을 풀어주는 것이다師者, 傳道授業解惑也"라는 고전의 명언은 학술에서 사승전수의 체계가 긴밀히 이어져 떼어낼 수 없는 것임을 꿰뚫어본 것이다. 백년 역사학계의 학술계보에서 "스승이 존재하는 곳이 도가 존재하는 곳이다師之所存, 道之所存"라는 것은 매우 보편적 현상이다. 청대 사학명가인 장쉐청章學誠은 "학자는 종주宗主가 없어서는 안되나, 그렇다고 문호門戶를 두어서는 안된다學者不可無宗主, 而必不可有門戶"고 하였다. 따라서 사승과 학술의 관계는 지극히 깊고도 거대하다. 사학의 종주는 그 학문을 수양하고 지식을 이해함으로써 자기의 학술체계를 세우거나 새로운 학술영역을 열어 자신의 학술 문호를 확립했다. 그리고 계승자는 사문師門이 이미 형성한 학술 토대 위에서, 더 나아가 숨겨진 것을 탐구하고 미세한 것을 탐색하며 진리를 구하고 새것을 창조함으로써, 학술정신을 더욱더 발전시킬 수 있다. 반대로 만일 사승을 엄수하고 스승의 말씀에 구속되며 사문을 비호한다면, 학술에 대하여 밝혀내는 바란 있을 수 없다. 학술문화는 하나의 개방된 체계이지 스스로 자기를 제한할 필요는 없다. 신중히 한다 하여 스스로 한 문파의 견해에 교화되어 학술연구를 제자리걸음하게 할 필요는 더더욱 없다. 따라서 백년 사학계에서 우리는 "나는 나의 스승을 사랑한다. 그러나 나는 진리를 더욱 사랑한다"는 말처럼, 사승을 지키되 사문을 고집하지는 않는다는 현상에 주목해야 한다. 장타이옌章太炎의 스승 위웨俞樾에 대한 『사본사謝本師』, 저우쭤런周作人의 스승 장타이옌에 대한 『사본사謝本師』, 또 량치차오梁啓超와 캉유웨이康有爲의 끊어진 사제관계는 정치이념에서는 사제관계를 단절한다고 선포한 것이었지만, 학술의 전수 계통에 있어서는 한 장 성명서로써 결단할 수 있는 것이 아니었다.

백년 사학계에서 우뚝 솟아나 먼저 학술주도권을 쥔 뛰어난 사학인재들은 모두 스승이 있다. 역사학자의 사승의 연원, 사문의 문호門戶, 사우師友 관계, 동문의 동지, 학우들의 출신 배경을 하나하나 분명히 정리하고 분석하는 것은 세기의 사학자들의 학술 계보를 정리하는 것과 같다. 사실 학술에 생명을 건 역사가가 되는 것은 특유의 인적 관계 안에서 자신의 학술활동에 종사하는 것이다. 역사가가 자신의 창조적 연구를 진행할 때, 그의 학술 기점은 사문 전수의 첫 단계로 거슬러 올라갈 수 있다. 그리고 연구 과정에서 근거가 없는 것도 불가능하니, 늘 사우에 의탁하고 절차탁마하면서 어느정 도 이로움을 얻기 때문이다. 후스胡適의 "대담한 가설, 소심한 구증大膽的假設, 小心的求證"과 첸쉬안퉁錢玄同의 고금古今의 문장과 경서를 회의懷疑하는 것이 없었더라면, 구제강顧頡剛의 "고사변古史辨"파는 있을 수 없다. 쑨이랑孫詒讓 의 『계문거례契文擧例』, 뤄전위羅振玉의 『은상정복문자고殷商貞卜文字考』가 없 었다면 왕궈웨이王國維의 명저 『은복사중소견선공선왕고殷卜辭中所見先公先 王考』가 있을 수 없고, 궈모뤄郭沫若의 『중국고대사회연구中國古代社會研究』는 더더욱 있을 수 없다. 만일 궈모뤄가 지은 『중국고대사회연구』가 일종의 새로운 학술연구기풍을 창도한 것이 아니라면, 뤼전위呂振羽, 젠보짠翦伯贊, 허우와이루侯外廬, 상웨尚越, 후성胡繩, 우쩌吳澤, 류다녠劉大年 등 마르크스주 의사학자들이 발흥할 길 또한 없었을 것이다. 사승과 가법家法은 전문사 연구 영역에서 더욱 그러하다. 홍쥔洪鈞, 선쩡즈沈曾植, 투지屠寄, 커펑쑨柯鳳孫 이 몽고사, 원사에 전념했던 것은 천위안陳垣, 천인커陳寅恪, 한루린韓儒林의 "중국의 것도, 서양의 것도 아닌 학술" 연구를 촉진하는 데 매우 깊은 영향을 미쳤다. 먀오취안쑨繆荃孫, 푸쩡샹傅增湘, 장위안지張元濟 등의 판본목 록학은 현대중국의 전통학술을 최고의 경지로 끌어올렸는데, 그 사이의 계승과 발전의 맥락은 아주 분명하게 구분할 수 있다. 샤쩡유夏曾佑의 『중학 중국역사교과서中學中國歷史教科書』, 류이머우柳翼謀의 『역대사략歷代史略』이 숭상한 것은 박식博識이라는 학술기상을 관통한 것이다. 중국통사를 쓰는 것은 전문가들로부터 표절이라고 비난당하는 것을 면치 못하나, 샤쩡유가 처음으로 장절체章節體로 써낸 중국통사는 고심하고 노력했던 일군의 계승 자들을 매료시켜 버렸다. 뤼쓰몐呂思勉의 『백화본국사白話本國史』, 덩즈청鄧 之誠의 『중화이천년사中華二千年史』, 첸무錢穆의 『국사대강國史大綱』, 장인린張

蔭麟의 『중국사강中國史綱』, 저우구청周谷城의 『중국통사中國通史』가 일시에 쏟아져 나왔는데, 그 기세가 장관이었다. 뤼쓰몐의 『백화본국사』, 장인린의 『중국사강』 외에 다른 사람들의 통사 저작은 대체로 대학 강의를 개편한 것들이다. 중화인민공화국 시대에는 중국통사를 서술하는 일종의 새로운 분위기가 출현했는데, 즉 저명 역사가를 주편으로 삼아, 집단으로 저술하는 것이었다. 궈모뤄의 『중국사고中國史稿』, 젠보짠의 『중국사강요中國史綱要』, 상웨의 『중국역사강요中國歷史綱要』, 바이서우이白壽彝의 『중국통사中國通史』 등이 가장 뛰어났다. 판원란范文瀾의 『중국통사간편中國通史簡編』은 비록 단독저작이기는 하지만, 최종적으로 끝을 맺지 못하였고, 『중국통사』로서 출현한 판원란의 저작은 이후 그의 제자들이 함께 힘을 모아 완성시킨 것이었다. 이로부터 사승관계가 학술 전승에서 큰 역할을 한다는 것을 알 수 있다.

역사학자는 시대의 총아이고, 학술의 투사이며, 더욱이 시대의 산물이다. 시대와 사회의 진보에 따라, 역사가가 시대와 함께 전진하지 않는다면, 시대의 학술 조류에 의해 도태되고 침몰되는 것을 피할 수 없다. 그러므로 1920년대 초기에 저명한 학자 후스는 "현재의 중국학술계는 진징 쇠퇴하였다. 구식 학자는 왕궈웨이, 뤄전위, 예더후이葉德輝, 장빙린章炳麟 네 명만 남았다. 그 다음은 반구반신半舊半新의 과도기 학자인데 량치차오와 우리들 몇 명명밖에 없다. 그중 장빙린은 학술에서 이미 반은 정체되었고, 뤄와 예는 두서가 없고, 왕궈웨이만이 가장 희망이 있다."고 했다(『후스의 일기胡適的日記』, 440쪽). 후스의 학술판단력은 그래도 정확하다. 그러나 장빙린에 대한 평가만은 명백히 감정적인 것에 불과한데, 이전에 장빙린이 후스의 『중국철학사대강中國哲學史大綱』을 비판했기 때문이다. 사승이 없는 첸무는 60년대에 민국시기의 학술 대가들을 평판할 때 자신의 비평을 감추지 않았다. 그는 지인과 학문을 논하기를, 장타이옌이 가장 발자취가 있고,

량치차오는 생기와 활력이 있고, 천위안은 자만하지 않는 인재이고, 왕궈웨이는 그 병이 끝이 없어 열매를 맺지 못하였으며, 천인커는 행동이 부드럽고 깊이가 매우 깊고, 후스의 입론은 문제가 많다고 하였다(위잉스余英時, 『쳰무와 중국문화錢穆與中國文化, 230-231쪽). 백년사학계의 발전맥락을 살펴볼 때, 역사학자의 자기평가는 중시할 만하다. 사승과 가법은 학술 진보의 디딤돌이다. 가학연원家學淵源은 한 역사학자가 학업을 성취하는 데 중요한 관건이다. 소위 정훈조계庭訓早啓나 학자가문이란 것은 모두 예외 없이 가학家學의 중요성을 설명해주는 말이다. 심지어 이러한 학자 현상에는 부자, 형제의 학술이 서로 계승되어 모두 학술의 명문가名家를 이뤘는데, 그들의 학문은 마치 다른 데서는 구할 필요가 없는 것 같다. 장샹원張相文, 장량천張亮塵과 마쭝레이馬宗霍, 마융馬雍은 부자관계로, 모두 저명한 학자들이다. 롱겅容庚, 롱자오쭈容肇祖는 형제 고문자 학자들이다. 펑유란馮友蘭과 펑위안쥔馮沅君은 남매인데, 펑유란은 철학자이고 펑위안쥔은 문학사학자다. 가학에 연원을 두는 것은 20세기 중국 사학의 발전 과정에서 현저하면서 중요한 현상이었다.

18년 전 내가 난징대학 대학원을 다니면서 "원대관학연구元代關學研究"를 학위논문으로 준비할 때 송대宋代의 이학理學 관련 사료들을 많이 읽었다. 그 중 『이락연원록伊洛淵源錄』에서 깊은 인상을 받았는데, 학술에서 사승과 문호가 끊임없이 관련되어 있음을 알게 되었다. 황쭝시黃宗羲의 『송원학안宋元學案』을 읽을 때에는 그가 옛 학술사를 분류하는 독특한 방법에 대해 흥미를 갖게 되었다. 후에 장판江藩의 『한학사승기漢學師承記』, 량치차오의 『청대학술개론淸代學術槪論』과 즈웨이청支偉成의 『청대박학대사열전淸代朴學大師列傳』을 읽었을 때는 가학연원과 사승전수의 각도에서 한 세기의 역사학자 집단을 연구하는 것이 매우 의미있는 일이라고 느꼈다. 그러므로 이 책을 집필하기 위해 펜을 들었을 때, 가능한 한 모두가 다 아는 학술공헌에는 손을 대지 않고 정치적 평가도 피하면서, 사승관계, 사문의 문지방, 사법가법師法家法의 각도에서 살펴보는 것에서부터 부담 없이 활기차면서도 학술성을 잃지 않는 필치로 역사학자의 학문 연원을 담아내고자 했다. 자료의 한계와 시간의 제약, 그리고 필자의 학식이 부족하여 미흡한 부분이 있을 것이다. 독자 여러분의 질정을 바란다.

1

경전 탐구를 고집하여 공허한 영혼을 위로하다

● 양서우징楊守敬 학기 ●

　"청淸의 유로遺老"라는 말로는 양서우징楊守敬 만년의 학술연구 정신을 개괄할 수 없다. 양서우징1839-1915은 후베이湖北 이두宜都의 소상인의 아들로, 여덟 차례나 과거에서 떨어지고 48세에 이르러 과거를 완전히 포기하면서부터 "과거에 뜻을 접고 책을 쓰는 데만 몰두했다." 옛사람의 "최고는 덕을 세우는 것이고, 그 다음은 공功을 세우는 것이며 마지막으로는 말을 남기는 것"이라는 소위 "세 가지 불후"의 사업은 양서우징의 정신세계

에서는 물러나서야 "말을 남기는" 영역에서 발전할 수 있었다. 다시 말하자면 역사연혁지리, 고적판본, 비석 명각 등 방면에서 선생님의 가르침을 받들고 검토하면서 스스로의 계통을 이루었다. 양서우징이 50세가 다 되어 "책을 쓰는 데 몰두하겠다"는 결심을 한 것은 20세기 전야의 일이었다. 만약 과거 낙방의 좌절이 없었더라면, 청조의 구옌우顧炎武, 후웨이胡渭, 구쭈위顧祖禹가 창조한 지리학은 결코 양서우징의 손에서 내용이 풍부해지고 기세를 드높여 집대성된 학술구조를 이룰 수 없었을 것이다. 저명한 역사학자 구제강은 "서우징은 사실상 청대 삼백년 이래의 『수경주水經注』연구를 집대성했다"고 칭송했다.[1]

양서우징은 청말의 역사지리학계의 거두로 동시대의 뤄전위羅振玉는 그의 "지리학", 돤위차이의 "소학小學", 리산란李善蘭의 "산학算學"을 청나라의 세 가지 "절학絶學"이라고 높였다. 유감스럽게도 "명산의 업을 고심한" 린쑤노인鄰蘇老人, 만년의 양서우징이 자신을 일컫던 말은 민국4년(1915)에 77세 고령으로 세상을 떠날 때까지, 자기의 제자 슝후이전熊會貞1863-1936과 함께 편찬한 『수경주소水經注疏』의 출판을 보지 못했다. 왕조변혁의 시기에 70세가 넘었던 그는 위험을 피해 두려움 속에서 상하이로 피난을 갔다. 비록 상하이에서 은거하고 있었지만 후베이의 유명한 학자 커펑스柯逢時, 옛 친구인 량딩펀梁鼎芬, 그리고 상하이 학자들의 도움으로 "고집스러운" 양서우징은 한결같이 "『수경주』를 연구하였다. "글을 팔아서 생활하고", 다른 사람대신 비문과 고서의 글을 감상하고 발기를 쓰는 동시에 양서우징은 한결같이 『수경주소水經注疏』를 수정했다. 슝후이전과 머리를 맞대고 상세히 대조하면서 한 권을 완성할 때마다 잘못이 있을까 두려워하고 조용한 밤에 침대 옆에 불을 켜고 책을 잡고 반복하여 심정하고 밤을

---

1) 顧剛, 『當代中國史學』, 遼寧教育出版社, 1998, 14쪽.

세웠다.[2] 양서우징이 리위안훙黎元洪에게 서신을 보내면서 자신이 "상하이에서 머물면서 글을 팔아서 생활한다"고 하고서는 리위안훙 부총통에게 『역대지도歷代地圖』를 "각 성省의 학당에게 지리교과서로 삼으라는 명을 내려달라"고 청하였다. 동시에 후베이의 옛 친구에게는 『수경주소水經注疏』를 저술한 30년 간의 어려움을 하소연 했다. 당시 재정총장인 량치차오梁啓超에게 편지를 써서 자신이 "옛 글을 깊이 연구하고 있는데 그 중에서도 지리학을 유독 좋아한다."면서 정부가 『수경주소水經注疏』의 출판을 지원해 달라고 우회적으로 요청했다. 그 후 민국정부는 "『수경주소水經注疏』를 찍는 데 200위안을 증여"했다. 양서우징은 돤치루이, 자오얼쉰趙爾巽, 저우수모周樹謨 등 정계의 사람들에게 편지를 보내서 도움을 청하였고 그들이 『수경주소』가 나올 수 있게 도와 주기를 원했다.

타이완에서 출판된 『수경주소요산水經注疏要刪』, 『보유補遺』다. 양서우징이 전력을 다하여 연구한 『수경주水經注』의 학술기초가 되었고 이를 기초로 양서우징과 그의 제자 슝후이전은 길고 지루한 『수경주소水經注疏』라는 대규모 저작을 저술하기 시작하여 청대 지리학의 우수함이 이 저작에서 충분히 체현되었다.

---

2) 謝承仁 編, 『楊守敬集』 第一冊湖北人民出版社, 1988, 27쪽.

이와 동시에 양서우징은 당시 상하이에서 생활하고 학술 대가들과 서신 왕래를 하면서 "유로문화권遺老文化圈"에서 있는 힘을 다 해 자신의 미출판 저작을 소개했다. 멀리 일본에 있는 금석, 판본학자 뤄전위羅振玉와 서신을 주고받으며 『수경주소』의 조판에 대해서 상의하고 구체적으로 각공의 글자가격, 판식의 선택에 대해서도 상의했다. 하루라도 빨리 책을 만들기 위해 그는 아쉬움 없이 자신이 수십 년 간 수장하고 있던 진본珍本 도서를 뤄전위에게 주어 출판하게 하였다. 후난성의 유명한 선비인 왕셴첸王先謙에게 편지를 보내서 후난성 융저우永州에서 가격이 저렴하면서 능력 있는 각수를 찾아달라고 부탁하였다. 왕셴첸과는 30여 년 동안 서로 대면한 적이 없으므로, 양서우징은 번거로워하지 않고 왕王에게 『수경주소』의 편찬 과정을 소개하고 또 이미 출판한 자신의 저작도 함께 보냈다. 양서우징이 북상해서 민국정부의 참정 노릇을 하여, 다 늙어서 새로운 조정을

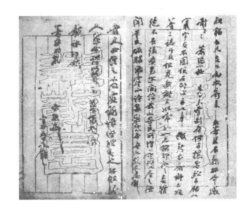

양서우징이 뤄전위에게 보낸 편 첫 페이지와 마지막 페이지. 문화 유신遺民간의 빈번한 학문적 소통으로 학술과 문화에 대한 깊은 관심이 표방되어 있다. 비록 전공분야는 다르지만 학문방법과 학술에 대한 진지함은 양서우징과 뤄전위의 공통점이었다.

섬기기를 꺼리지 않고 청의 유신을 배반했다는 오명을 남긴 이유는 단하나이니, 즉 얼마 남지 않은 인생에서 30년 동안 자신이 심혈을 기울여 만든 『수경주소水經注疏』 판본을 세상에 알리려는 것이었다. 그가 친구들과 주고받은 수십 통의 서신에서나, 제자 슝후이전과의 담화에서나 "이 책이 출간되지 않으면 죽어서도 눈을 감을 수 없다."고 하였다.

양서우징은 『수경주』를 연구하겠다는 원대한 뜻을 세우기 전에 이미 충분한 학술 준비를 했으며 『수경주』의 총결적인 연구를 위해 깊은 기초를 다졌다. 그는 『우공본의禹貢本義』, 『한서지리지보교漢書地理志補校』를 저술하여 수경의 근원을 찾았고, 『삼국군현표보정三國郡縣表補正』을 편찬해서 수경의 계보를 고찰했으며, 『수서지리지고증隋書地理志考證』을 저술하여 수경의 경위를 탐구하였다. 거작 『수경주요산水經注要刪』이 출판된 이후에 양서우징은 큰 명성을 얻게 되었으며 당시 학자 명사인 판쭈인潘祖蔭은 그의 연구를 "천년에 남을 세상의 절학絶學"이라고 평했다. 『수경주요산水經注要刪』은 사실상 양서우징의 『수경주』 연구의 전기前期 성과를 체현한 것인데, 이 책의 각판에 대해서는 양서우징 본인도 확실히 학술적 자신감을 높이 드러내었다. 그는 『수경주요산』 자서에서 "취안쭈왕全祖望, 자오이칭趙一淸, 다이전戴震이 『수경주』를 교정한 뒤 모두가 일치하여 말하길, 심오한 이치를 누락시킨 것이 없다고 하였다. 비록 서로 계속해온 논쟁이 있다 하더라도 전혀 멋대로 비평한 것은 없었다. 내가 오래도록 탐구하여 세 사람이 모두 장단점이 있다고 자못 느꼈지만, 수맥에 대한 작업도 치밀하지 못할 뿐 아니라, 고증의 노력考古之力도 엉성하다"고 하였다. 벗 천옌陳衍은 『양서우징전楊守敬傳』에서 그가 "평생의 정력을 『수경주水經注』 편찬에 쏟았으며, 취안쭈왕, 자오이칭, 다이전들의 잘못된 점을 완전히 수정하는 데 양보함이 없었다"고 하였다. 양서우징 또한 자신과 제자 슝후이전이 힘써 저술한 『수경주요산水經注要刪』이 "고증의 노력考古之力"에서 선현의 업적을 뛰어넘

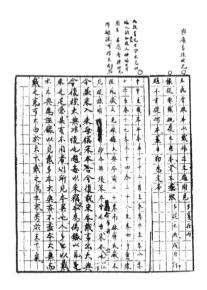

양서우징의 제자 슝후이전의 타이완 완성판 39조 수정 범례 친필. 푸쓰녠傅斯
年이 중앙연구원의 명의로 구매한 『수경주소』의 초고는 후에 타이완에서
공개 출판되었으며 1954년 과학출판사에서 양서우징의 『고본 〈수경주소〉稿
本〈水經注疏〉』가 영인되었는데, 이는 중국대륙과 타이완 양쪽 모두에서 양서
우징의 저작을 높이 평가했다는 것을 방증하는 것이다.

었다고 생각하였다.

중국의 전통지리학 영역에서 수로와 강과 관련한 경전저작은 한대漢代의
『수경水經』이며, 북위北魏 리다오위안鄭道元의 『수경주』는 매우 탁월한 지리
학 명저다. 명말부터 청전기까지 『수경주』 연구는 학자들이 힘을 다한
'현학顯學'이었다. 건가乾嘉 시대의 고거학자가 『수경주』 연구에서 가장
공을 들인 부분은 경經과 주注를 분리해서 분석하고 고적판본의 각도에서
경과 주에 대해서 비교 교감하고 오류를 교정하고, 나아가 학술계에서
받아들일 수 있는 판본을 정리해내는 것이었다. 청초에 구옌우, 구쭈위,

水經注跋

水經注四十卷自崇文總目已佚五
卷至何聖從刻奉仍以缺卷為
四十卷知不免有殘缺之失明代
有柳大中本為世所稱述未聞
入木自以黃省曾為祖刻余

양서우징의 『수경주발水經注跋』의 자필. 이 서법이 일본에서 크게 유행해서 만년에 양서우징이 말한 "글을 팔아서 생활한다."는 말에 이 서체도 들어 있었을 것이다.

옌뤄취閻若璩, 후웨이가 『수경주』를 연구하기 시작했고, 건륭제 때 『수경주水經注』 연구성과는 장대했다. 다이전은 도서전적, 그림을 열람하고 친히 실행하니, 본경과 주석을 나눈 것이 아주 명확하였다. 취안쭈왕은 천일각天一閣을 방문해서 매일 『영락대전永樂大典』을 읽고 『수경주水經注』를 7번이나 교정했다. 취안쭈왕의 제자 자오이칭은 스승이 전수한 견해를 계승하여, 글의 의미를 검증하고 경과 주를 분리하고 분석해서 『수경주석水經注釋』 40권을 완성하였다. 여러 경서에 정통한 선친한沈欽韓은 다이전이 억측한 『수경水經』과 자오이칭이 쉽게 인정한 것을 여러 번 검토해서 『수경주소증水經注疏証』 40권을 저술했다. 동치同治, 광서光緖 시기에 이르러서야 『수경주』가 전통지리학의 중요한 분과로서 고거학자와 한학자에게 보편적으로

중시되었다. 이것이 양서우징이 『수경주』 연구에 뜻을 세운 학문적 배경이
고 당시의 『수경주水經注』연구의 새로운 추세였다. 『수경주요산水經注要刪』
의 출판은 양서우징의 견해에 따른 것인데, 첫째는 "다시 자오이칭과 다이전
의 논쟁을 보태는 것"을 우려한 것이고, 둘째는 이 책이 "대체로 고증은
많이 하고", "그 수맥은 소략"한 것이다. 이 때문에 양서우징은 여전히
만족하지 않았고 제자와 계속해서 저술에 몰두했다. 양서우징은 생명의
마지막 순간까지 『수경주소水經注疏』를 편집하고 증명하며 정리교감하였
다. 그는 임종 전에 이 책을 숭후이전에게 위탁하였고, 가족들에게 매년
곡식 80석을 숭후이전에게 지원하도록 했다. 그는 스승의 유언을 마음에
새기고 "추워도 더워도 쉬지 않고 반드시 완성시키는 데 뜻을 두었다."
22년간의 노력을 통해서 "책은 6, 7번 교정하고 내용을 6번이나 수정해서야
대략 완성했다." 숭후이전은 『수경주소水經注疏』의 교정작업을 사실상 끝내
지 못하였다고 『보소수경주소유언補疏水經注疏遺言』 39조에 썼다. 숭후이전
이 『수경주소』를 정하고 바로잡는다는 소식이 일본에 전해지자 일본 교토
연구소에서 마쓰우라 카사부로松浦嘉三郎를 우창武昌으로 파견해서 『수경주
소』의 원고를 거금을 주고 사려고 했지만 숭후이전은 단호히 거절했다.
이후 양서우징의 후손이 원본을 몰래 타인에게 팔려 하자 숭후이전은
침울해하다가 목을 매어 자살하였으니, 원고와 함께 모두 사라졌다. 민국25
년(1936) 숭후이전이 임종할 즈음 그의 후베이 즈장枝江의 동향이며 옌징대
학의 연구생이던 리쯔쿠이李子魁1907-1983가 부탁을 받아서 『수경주소』
원본의 보충 작업을 했었다. 숭후이전은 가난한 선비여서 『수경주소水經注疏』
를 출판할 능력이 없었다. 스승의 지리 "절학絶學"의 공적을 널리 알리기
위해, 그는 구제강이 펴내는 『우공禹貢』잡지에 「〈수경주〉에 관한 통신關于
〈水經注〉之通信」이란 글을 발표하여, 학계에 『수경주소水經注疏』의 최근의
진전 사정을 소개했다. 그러나 『수경주소水經注疏』는 여전히 원고稿本의

형태로 존재하고 있었다. 이후『수경주소水經注疏』원본은 전 "중앙연구원" 원장이었던 푸쓰녠傅斯年이 타이완台灣으로 가져갔고 타이베이중화서국臺北中華書局에서 영인 출판했다. 50년대 초 중국과학원中國科學院 도서관은 우한의 장서가 쉬싱커徐行可의 수중에서 슝후이전이 생전에 직접 수정하고 같은 책에 직접 손으로 베껴적은 부고본副稿本을 사들였다. 쉬싱커徐行可에 의하면『수경주소水經注疏』의 부고본은 그의 손에서 험난한 시기를 겪었다고 한다. 우한이 함락되기 전에 쉬싱커는『수경주소水經注疏』의 부고본을 살 수 있었는데, 우한이 함락한 뒤에 일본인들은 부고본이 그의 집에 있다는 것을 탐지하고서 백방으로 수색을 했다. 그는 일본인의 압력을 버티면서 온갖 방법으로 회피하여,『수경주소水經注疏』의 부고본이 끝내 일본인의 손에 떨어지지 않게 하였다. 쉬싱커가 이 고본에 보충한 "여수汝水"의 내용으로 보아, 장서가 쉬싱커의『수경주』연구가 비전문가 수준은 아님을 알 수 있다. 쉬싱커는 후베이의 저명한 국학대가인 황칸黃侃의 학술친구였다. 황칸 사후에, 쉬싱커는 황칸을 위해서 유작을 출판하기도 했다. 이 고본은 1954년에 과학출판사科學出版社에서 영인하여 출판했으며 위진남북조사 전문가인 허창췬賀昌群이「〈수경주소〉고본설명稿本〈水經注疏〉說明」을 써서 이 고본과 양서우징의 역사지리학연구를 높이 평가하였다. 우연히도『수경주소水經注疏』고본이 출판되던 무렵, 중국역사학계에 우한吳晗, 판원란範文瀾, 탄치샹譚其驤 등을 중심으로 한 "양서우징『역대여지도歷代輿地圖』개수위원회重新改繪楊守敬《歷代輿地圖》委員會"를 세워,『중국역대지도집中國歷代地圖集』을 편집 제작하여, 마오쩌둥毛澤東이 역사를 읽는 데 사용하도록 제공하였다. 이로부터 양서우징의 역사지리 연구 성과가 건국 초에 매우 중시되었던 것을 알 수 있다.

양서우징의 걸출한 역사지리학은 스스로 체득해 낸 것이다. 그가 역사지리학에 관심을 갖게 된 것은 그의 청년시절이었다. 20세에 양서우징은

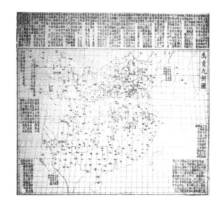

————
왼쪽그림: 『역대여지연혁험요도설·우공구주도曆代興地沿革險要圖說·禹貢 九州圖』광서 24년 왕상더王尙德가 다시 그린 판본光緒二十四年王尙德重繪本.
오른쪽 그림: 『역대지도曆代興地圖』34책. 탄치샹이 주관해 편찬한 『중국역사 지도집中國歷史地圖集』의 거작은 비록 양서우징의 지도저작들에서 완전히 벗어나지 못한 것이었지만 그의 지도를 인증한 부분도 적지 않았다.

저장 위항余杭 출신 학자인 정란鄭蘭이 햇볕에 말리던 책 중에서 저명한 지리학자 류엔六嚴이 제작한 『역대지지연혁도曆代地志沿革圖』를 보았다.

정란鄭蘭이 한 권만 갖고 있어서, 양서우징은 책을 빌려서 집에서 베껴 그리고 적었다. 그는 밤낮을 가리지 않고 "조석으로 끊임없이" 두 권을 그렸다. 『역대지지연혁도曆代地志沿革圖』가 청년 양서우징의 정신세계에 도대체 어떤 영향을 미쳤는지, 그리고 양서우징이 역사지리연구에 헌신하는 데 어떤 무의식적 역할을 하였는가는 그의 자서전 『린쑤노인년보鄰蘇老人 年譜』, 『회명헌고晦明軒稿』, 『류진보留真譜』, 『수경주요산水經注要刪』 등 어디에도 명확하게 설명된 것이 없다. 그러나 한 가지 확실한 것은 『여지도興地圖』를 그린 것이 청년 양서우징의 역사지리학 애호를 일깨우는 데 중요한 역할을 했고, 그가 일평생을 지리학 연구에 바친 것은 분명히 젊은 시절의 취향과 밀접하다는 점이다. 양서우징의 여지지輿地志 연구는 가학연원이 없고 사승의 주고받음도 없었다고 할 수 있는데, 그 스스로 문헌을 상세히 연구하고 깊이 탐색하며 체득한 결과다. 양서우징에게 있어서 사승전수가 없었던 것은 분명하다. 여기에는 역사적·문화적 원인이 있다. 건륭가경乾隆嘉慶 연간부터 동치광서 연간까지 근 300년 간, 후베이 지역에서는 기본적으로 전국적으로 저명한 대학자는 나타나지 않았다. 경제가 발달하지 않았고 남북의 충돌과 전란이 빈번하고 원래 문화 분위기가 결핍되어 있었던 점이 분명 근대 후베이에서 학술대가의 탄생을 제약한 중요 요소 중 하나일 것이다. 양서우징이 왕셴첸에게 쓴 서신에서 유감스럽게 "초나라 북쪽 선비들은 일찍이 사승이 없다. 새로워서 고루하지 않지만 옛 것도 없다."고 하였다.

양서우징은 지리학자일 뿐 아니라 판본 목록학, 금석비명, 서예 등 영역에서도 탁월한 성과를 거두었다. 이런 영역에서의 성취로 양서우징은 역사지리연구 영역에서 정심하고 기세가 드높으며 스스로를 본보기로 삼은 넓은 학술기상을 형성하였다. 예컨대 양서우징은 대량의 비문, 묘지명, 금석탁본의 발문을 저술했다. 이러한 고증성考證性 발문은 사실상 한편의 역사 혹은 지리학과의 학술논문이다. 수많은 빌문이 진한, 위진, 수당, 송원, 명청의 역사의 단편들과 방지方志·여지지輿地志를 언급하였다. 금석학에 전념하여 양서우징은 역사지리학 영역과 종횡으로 소통하게 하였다. 강조해야 할 것은 양서우징이 역사지리를 연구할 때 완전히 전통적인 고거학 방법에 의지했다는 것이다. 작게 말하자면 건가학파의 박학朴學 방식방법이다. 양서우징이 사승의 전수가 없었다는 것이 결코 그의 학문이 이전의 학술 노선을 계승하지 않았다고 하는 것은 아니다. 양은 청년시절에 기회가 있을 때마다 장쑤江蘇성과 저장浙江성의 여러 선현의 학문이 후세에 남겨준 것들을 들었다. 향현鄕賢 탄다쉰譚大勳은 이전에 장두江都의 학자 왕멍츠汪孟慈

의 집에서 머물렀는데, 왕멍츠는 저명한 경학가 왕중汪中의 아들이었다. 왕씨 부자는 박학다식하며 또한 여지학輿地學에 정통하였다. 양서우징이 19세 때 탄다쉰선생에게서 선배학자가 학문을 하는 것을 알게 되어『린쑤노인년보都蘇老人年譜』에서 깊은 상념에 젖어 "무릇 서우징守敬이 국조國祖의 여러 유학자의 학문을 듣게 된 것이 여기서 시작하였다"고 하였다. 양서우징이 포함된 학술문화권에는 각자 전공이 있고 공헌이 특별한 통인적 학자들이 여럿 있었다. 먀오취안쑨, 장위안지張元濟, 뤄전위는 판본목록학과 고사의 고증에서 양서우징과 공동의 기호를 가져서 사우師友가 절차탁마하는 이로움을 취할 수 있었다. 선쩡즈沈曾植, 왕셴첸은 여지학에 정통하여서, 직접 양서우징을 깨우쳐주었다. 량딩펀, 커펑스, 저우수머우周樹謨 등도 양서우징의 학문에 영향을 끼쳤다. 마땅히 밝혀야할 것은 청대에 변강사지邊疆史地, 특히 서북사지西北史地연구는 청대 지리학 연구의 주도적인 학술사조가 되었다는 점이다. 수많은 학자들이 서북변강사지에 연구시야를 집중시켰다. 양서우징은『수경주』를 본위로 삼고, 시대의 흐름에 영합하여 새로운 것을 추구하지 않았던 것은 매우 분명하다. 그의 역사지리 연구는 구옌우 이래의 전통적 역혁지리의 주류를 대표하였다. 심지어 양서우징은 청대 지리학 연구의 종결자라고도 할 수 있다. 지웨이청支偉成의『청대박학대가열전清代朴學大師列傳』에서는 "양서우징"을 "지리학자열전地理學家列傳"의 맨마지막에 이름을 올리고, 그의 여지학은 "천고의 업적千古絕業"이라고 하였다. 량치차오는『중국근삼백년학술사中國近三百年學術史』에서 양서우징의『수경주소水經注疏』가 "자못 주朱가 귀함을 논하고 시비를 가릴 때 자오趙와 다이戴가 시중드는 것을 긍정하지 않"았고, "이 또한 건가 이래의 한 반동일 따름이다"라고 하였다. 구제강은『당대중국사학當代中國史學』에서 청대 지리학을 연구를 논평할 때, 양서우징의『역대지리연혁총도歷代地理沿革總圖』가 "그 제작의 정확함과 편폭의 장대함은 실로 당기에 쉽게 구할 수 없는 훌륭한 작품에 속한다", "서우징은 성실히 청대 삼백년 간의 수경주 연구를 집대성하였으니, 그가 전심전력으로 몰두한 것은 놀랄만 하다"고 하였다. 청말부터 민국초 국학대사인 장타이옌章太炎도 양서우징의 지리학 연구를 높이 평가했다. 일본 도쿄에 있을 때 장타이옌은 귀국해 부모를 문안하려는 황칸에게 "학문함에 스승 구함이 중요하니 국내를 보면 스승이 될 만한 자가 적다" 라고 하였다. 장타이옌은 황칸에게 "군의 고향사람 양싱우楊惺吾, 싱우는 양서우징의 자字는 지리학 연구에 세밀하나, 군은 이처럼 하는 데 애쓰고자 하지 않는 것으로 보인다. 루이안瑞安의 쑨중룽孫仲容(중룽은 쑨이랑孫詒讓의 자字) 선생이 있으니, 군은 돌아가면 그를 찾아가 만나게나" 라고 하였다.3) 이로부터 장타이옌이 양서우징의 지리학을 매우 추숭하였던 것을 알 수 있다.

양서우징은 청대 300년 동안의 『수경주』연구를 집대성하였고, 『수경주水經注』를 깊이 파고들어가 연구하기를 결코 멈추지 않았다. 양서우징의 서거 후에 『수경주』연구에 가장 공을 들이고 큰 성과를 낸 사람이 왕궈웨이 이다. 칭화국학연구원淸華國學硏究院의 교수가 된 이후 왕궈웨이는 『수경주』에 대한 적지 않은 발문를 저술했다. 왕은 판본학의 각도에서 『수경주』가 교감학사 면에서 언급하였던 일련의 문제를 평가하고 판단하였다. 그는 장서가 장루짜오蔣汝藻, 푸쩡샹傅增湘, 선쩡즈 등의 수중으로부터 수많은 진본 비적을 얻었는데, 이 중에는 양서우징이 검토해보지 못한 판본도 적지 않게 있었다. 후스는 왕궈웨이王國維의 뒤를 이어서 『수경주』연구에서 최고의 성과를 얻은 학자였다. 후스가 『수경주水經注』를 연구하게 된 계기는 완전히 왕궈웨이를 겨눈 것이었다. 왕이 "다이둥위안戴東原(둥위안은 다이전의 자)이 훔친 것이 산과 같다" 고 인정하였는데, 후스는 이를 인정하지

---

3)   王慶元, 『黃季剛先生年表』, 『黃侃紀念文集』, 湖北人民出版社, 1989, 177쪽.

않고 그의 향현鄕賢이 판정한 것을 뒤집기로 결심하였다. 대학자이자 유명인이었기에 후스는 빠르게 진귀한 『수경주』 판본을 매우 많이 모을 수 있었다. 1948년에 후스가 베이징대학에서 "『수경주水經注』 판본전람회"를 열고서, 각종 판본의 『수경주水經注』 9류, 41종을 전시하였다. 후스는 다이둥위안戴東原을 위해 억울함을 호소하였는데, 비록 판본학의 근거가 있다 하더라도 정론은 없다는 것이다. 진정 양서우징의 『수경주』 연구를 계승한 학자는 거의 없다. 순수하게 지리학河道水 계통에서 조사 정리하고 근본적으로 바로 잡는 심후한 역사지리학의 능력이 필요하다. 현대역사지리학과가 확립되면서 양서우징을 대표로 하는 전통지리학 연구도 점차 역사에서 사라져갔다.

2

술이부작述而不作하여도 통유通儒이어라

● 선찡즈沈曾植 학기 ●

신해혁명 초기, 상하이에 영재들이 한 때 구름같이 모여 들었다. 새로운 학파의 젊은이, 부유한 집의 자제, 청대의 유신, 뜻을 이루지 못한 문인들이 상하이를 떠들썩하게 만들었다. 정치적 유로遺老이거나 문화 신민인 학인 무리 안에서, 선찡즈沈曾植(1850-1922, 자 메이써우寐叟, 호 이안乙庵)와 풍우 속의 비석과 같았던 그의 해일루海日樓는 신구학자들에게 오래되어도 변하지 않는 매력을 발산하고 있었다. 새로운 것과 옛 것, 중국과 서구, 세태를

따르는 것과 옛것을 숭상하는 이중의 선택 사이에서 선쩡즈는 영민한 예지로써 경사자집經史子集에 몰두하여 옛 서적을 파고들며 남은 생애를 보내면서 마음속의 정치적 회한들을 청빈한 생활과 누런 종이뭉치들 속에서 잊어 갔다. 우리가 20세기 초의 책벌레가 가득 한 해일루海日樓의 흔적을 더듬어 선쩡즈의 복잡하면서도 개성 있는 사상과 학술을 정리할 때, 모순적이면서 고민하면서도 문화에 의탁하여 살기 위해 숨죽이고 있는 무게감이 가슴에 와 부딪친다. 즉, 선쩡즈가 역사의 연륜에 따라 깨끗이 사라진 정치를 고집스럽게 견지했을 뿐 아니라, 메이써우 선생이 되어 심혈을 기울여 사예비문학四裔碑銘之學 연구가 최고의 훌륭한 경지에 이른 것에 탄복하게 된다.

　선쩡즈는 청말 정치에서 풍운아라고 할 수는 없지만 혁혁한 정계의 인물들과 깊은 교우 관계를 맺었다. 장즈둥張之洞에게 신정新正을 상서上書했고 성쉬안화이盛宣懷와 함께 "동남호보東南互保"를 책동했으며, 변법유신

―――――
1933년의 한루린韓儒林이다. 몽·원역사 전문가 한루린은 귀국해서 처음에는 "삼비三碑"에 대해서 과학적인 고증연구를 진행했는데 이는 선쩡즈의 고증보다 한발 앞선 것이었다. 선쩡즈 등 학술선배들의 연구를 기초로 하여 한루린은 "중국적이지도 서양적이지도 않은" 연구방법을 이용하여 중국 고대 동방학술을 새로운 학술수준으로 이끌었다.

을 너무 성급히 하면 안 된다고 캉유웨이康有爲에게 권고 했던 것들에서, 선쩡즈가 정치에 대한 큰 뜻을 품었던 것과 심중에 관직에 대한 응어리가 있었던 것을 쉽게 알아볼 수 있다. 민국 시기 해일루海日樓에 침잠하던 선쩡즈는 상하이에 있던 유로 천바오천陳寶琛, 천싼리陳三立, 정샤오쉬鄭孝胥와 뤄전위 등을 피해서 베이징으로 올라가 장쉰張勳의 복벽에 참여하여 학부상서의 관직을 맡게 된 것은 모두 마음 속 깊이 청왕조에 대한 충성심이 작용했기 때문이었다. 광서·선통 시기에 선쩡즈, 선쩡퉁沈曾桐 형제는 잇따라 진사가 되었다. 선씨집안의 소년 영웅형제의 의기로 일시에 명사들이 모여들어 서로 칭송하고 장려하며 인재가 넘쳐난 것이 경사京師의 미담으로 전해졌다. 조야를 놀라게 하기로 유명했던 리츠밍李慈銘이 선쩡즈와 같이 예부회시禮部會試를 보았다. 리츠밍은 북쪽 변방에 대한 제5책을 묻는 것에 대해 스스로 만족하여 자랑스러워하였다. 그러나 선쩡즈의 답안을 보고서 탄복하여 평생토록 그와 우정을 나눴다.

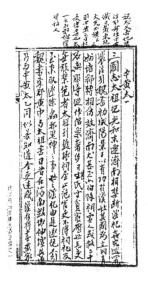

선쩡즈의 저술 원고

싼위안노인散原老人 천싼리. 선쩡즈의 시학계의 친구이며 유신 변법에 마음
을 둔 지사였다. 천싼리의 신상에서는 농후한 청말문화 유신의 특성이 보이며
그의 민족적 절개가 드러난 기풍 또한 후세인들로부터 칭송을 받았다.

선쩡즈의 제자, 저명한 생물학자 후셴쑤胡先驌. 후셴쑤는 신문화운동의
유명한 반대파이자 전통문화 보수주의의 대표였다.

1919년에 선쩡즈가 후셴쑤에게 『음양집』을 선물했다. 겉표지에 후셴쑤의
표제어가 있다.

　선쩡즈의 학문은 경세치용經世致用으로써 종지를 삼았다. 청말의 학술사
상사를 쓰려면 서북변강사지西北邊疆史地, 원사元史, 몽고지리학蒙古地理學 연
구가 주맥임을 알 수 있다. 만일 이를 근대 절학浙學에 두고서 고찰한다면,
선쩡즈는 의심할 여지없이 장쉐청章學誠일파의 학맥 계통의 종결사다. 사례
비문학은 선쩡즈가 아주 특출하게 뛰어난 분야였다. 그가 학계에서 기반을
잡고, 사람들의 추숭을 받았던 것은 그 비문 연구가 매우 뛰어난 덕분이었다.
선쩡즈의 비문학은 당궐특근비唐闕特勤碑, 돌궐필가가칸비突厥苾伽可汗碑, 구
성회골수리등나목몰밀시합비가가칸성문신무비九姓回鶻受裏登羅汨沒密施合比
伽可汗聖文神武碑인 "세 비석"을 고찰한 것을 이른다. 그는 "세 비석"을 근거로
신·구『당서』新·舊『唐書』의 착오를 바로잡고 현대 몽고어로 세 비석의 이해
하기 힘든 부분을 대략적으로 해독하였다. 이는 러시아의 동방학자들이
같은 주제를 연구할 때 중시되기도 하였다. 30년대 프랑스의 저명한 한학자

폴 펠리오Paul Pelliot를 스승으로 한 한루린은 연속으로『북평연구원원무회보北平研究院院務彙報』,『우공禹貢』에서 "세 비석"에 관한 논문을 발표하였다. 이 연구는 선쩡즈가 이해하지 못한 고대 돌궐문과 몽고문의 한계를 초월하어 과학성을 갖추어서 학술상으로 큰 반향을 불러 일으켰고, 돌궐사, 몽원사 연구 영역에서 한루린의 학술적 위상을 다져주었다.『해일루찰총海日樓劄叢』,『해일루제발海日樓題跋』두 책에 적지 않게 요·금·원사 연구를 언급하였다.『몽고원류전증蒙古源流箋證』은 선쩡즈의 많지 않은 저작 중에서 가장 중요한 저작의 하나이다. 강희원년康熙元年에 완성된『몽고원류蒙古源流』는 여러 사람을 거쳐서 초록되고 전해오는 중에 몽고어, 만주어, 한어의 세 종류의 문자가 함께 쓰인 판본이 나타났다. 언어학, 원사, 몽고사와 지리 등 학문에 관련되었기 때문에, 학자들에게 계속 중시되었다. 첸다신錢大昕, 지샤오란紀曉嵐, 웨이위안魏源, 장무張穆, 허추타오何秋濤에서 훙쥔洪鈞, 리원톈李文田, 투지屠寄까지 모두『몽고원류蒙古源流』연구에 공헌하였다. 선쩡즈는 이 학자들이 "막힌 곳을 뚫어 소통하게 하고 선인이 상세하게 밝히지 못한 바를 밝혀 각자 이미 일가를 이루었다."고 여겼다. 학술계는『몽고원류蒙古源流』연구는 "만주어와 몽고어의 음성모음에 숙달되지 않으면 해독할 수 없고, 역사학에 조예가 깊지 않고 상세히 살펴보기를 잘 하지 못하면 통달할 수 없다"고 공인하였다. 그러므로 학자들은 선쩡즈의『몽고원류전증蒙古源流箋證』을 특별히 중요시했다. 그러나 선쩡즈의 저작은 1922년, 그가 작고할 때까지 전혀 유통되지 못하였다. 후에 그의 아들 선츠후沈慈護가 그 유고를 아버지의 생전의 친구인 장얼톈張爾田, 왕궈웨이에게 정리하도록 전해 주었다. 장얼톈은 그 책의 서문에 "선생의 저술이 애석하게도 더뎌서, 단묵丹墨의 소소한 이야기들이 살아있을 때 써서 정해두지 못한 것이 많은데, 그것이 우연히 사람들 사이에 떨어져 남겨진 것은 길광吉光의 깃털같은 것일 따름입니다."라고 하였다. 선쩡즈의『몽고원류전증蒙古源流箋證』과 훙쥔의 『원사역문증보元史譯文證補』, 투지의 『몽올아사기蒙兀兒史記』는 청말 몽원사 연구의 중요성과라 할 수 있다. 훙쥔, 투지, 선쩡즈 세 사람의 저작은 민국 초기 이 영역의 연구를 직접적으로 시작하게 했다. 왕궈웨이는 만년에 해일루의 선쩡즈와 매우 가깝게 지냈는데, 그가 만년에 요, 금, 원사 연구로 돌아선 것은 선쩡즈의 영향을 받았던 것이 확실하다. 왕궈웨이의 음운학, 훈고학, 몽원사학은 모두 선쩡즈에게 가르침을 받으려한 것이었고, 그가 연구에 사용한 고적비석의 판본들 중에는 해일루에서 가져온 것이 적지 않다. 그러므로 왕궈웨이가 『선이안 선생 칠십수 서沈乙庵先生七十壽序』에서 선쩡즈의 학술을 지극히 높였던 것이다. "선생은 소년시절 건가시기의 여러 학설을 이미 통달했고, 중년에는 요, 금, 원의 3사를 연구하고 사방의 지리를 연구하였고 또한 도광·함풍 연간 이래의 학문도 선생의 방법을 뛰어넘을 수가 없다.……그 영역을 탁본하는 것이 건가 학자들에게 떨어지지 않는다"라고 하였다. 선쩡즈가 73세로 별세한 후 왕궈웨이는 만장을 써서 선쩡즈의 학술과 인품에 대해서 저술했다. "대시인이고, 대학자이며, 더욱이 대철인哲人이었다. 사방을 환히 비추는 마음의 빛心光, 어찌 보잘 것 없는 말로 오늘로서 생을 끊었다 할 수 있겠는가. 가문을 위해서는 효지이었고, 국가를 위해서는 순신純臣이었으며, 세싱을 위해서는 신각자였다. 나를 알아준 벗을 위해 한번 슬퍼하고, 천하를 위해 선생에게 곡을 하고자 한다." 왕궈웨이와 스승이며 친구이고, 같은 칭화학교清華學校 국학 연구원國學研究院 교수였던 천인커陳寅恪는 선쩡즈의 후배였다. 선쩡즈와 천인커의 아버지 천싼리는 "동광체同光體"시파의 중견이었다. 천인커는 아버지 뻘인 선쩡즈의 요, 금, 원사 연구를 상세히 들어 알았다. 칭화국학연구원교수 및 칭화대학 중문과, 역사과 초빙교수 취임 기간에 천인커는 이어서 『몽고원류蒙古源流』에 대한 논문 네 편을 발표했다. 그는 티벳어, 만주어, 몽고어를 이용하여 『몽고원류蒙古源流』에서 작자의 계보, 지리고증,

토번의 명호 등의 문제를 심도있게 연구하였다. 이는 선쩡즈의 『몽고원류蒙古源流』 연구의 수준을 한단계 높인 것이었다.

청말 학술계에서 불학佛學 연구도 한 때 홍행했다. 많은 학자들이 연구에 몰입해서 스스로 규명한 것이 있었다. 샤쩡유夏曾佑, 량치차오, 장타이옌 등이 모두 불학에 힘입어 유학으로 들어갔고, 양런산楊仁山, 이우양징우歐陽竟無 등은 불학을 통해 심성을 제어했다. 세상의 도리와 인심이 다르고 시대가 급변하는 때 학자는 불학의 이론에서 정신의 위안을 찾는 동시에 불교의 교리, 불성으로 유학의 폐단인 공리功利의 목적을 없앨 수 있었다. 선쩡즈도 역시 이 방면으로 불학을 연구하여 근대 불학대가였던 양런산과 아주 의기투합하였다. 양런산은 이름은 원후이文會이고 안후이성 스디石棣 인이다. 일찍이 쩡궈판曾國藩의 막료였다. 관료의 생활에 염증을 느껴 불교에 귀의했다. 양런산이 창립한 진링각경처金陵刻經處는 불학에 큰 영향을 미쳤다. 탄쓰퉁譚嗣同, 장타이옌, 셰우량謝無量 등이 양런산에게서 불경 강의를 들었다. 선쩡즈는 학리로서 선종사禪宗史, 대승불교, 소승불교를 연구하여 터득하였고, 1910년 안후이의 관직에서 물러나 낙향한 후에 난징南京에서 양런산 등과 불학연구회를 열었다. 양런산이 원적한 후에 그의 제자 어우양징우는 진링각경처 기초 위에 지나내학원支那內學院을 건립했다. 이 때문에 선쩡즈는 『지나내학원연기支那內學院緣起』를 저술했으며 선쩡즈가 만년에 정신적으로 기탁했음을 드러냈다. "5·4"신문화 운동에서 중요한 문화보수파 대표였던 후셴쑤는 선쩡즈가 난창부南昌府에서 알던 선비였고, 선쩡즈는 후셴쑤 선조의 문생이었다. 후셴쑤는 「선이안 선생을 추억함憶沈乙庵師」이라는 글에서 스스로를 "국학에는 문외한"이라고 하며 한 세대의 대학자에게 여러 번 가르침을 바라지 않은 것이 평생 유감이라고 하였다. 그는 선쩡즈의 사람 됨됨이와 학술에 대해서 깊은 인상이 남아있었다. "선생은 비록 번다한 수부首府의 일을 하면서도 실로 온화한 유학자였으며 낡은 두건을

쓰고 몸에는 어두운 색의 주름진 낡은 비단저고리를 걸쳤으나 서고에
들어가면 사방이 사서史書요, 바닥부터 고대까지 쌓인 것이 엄청나서 그
수를 헤아릴 수 없었다."고 하였다. 후쏀쑤는 독일의 철학자 케쎌링Kesseling
백작이 상하이에서 선쩡즈를 방문하고 불가의 심성학설과 유가의 수신양
성을 이야기하면서 "가슴 속에 쌓인 의문이 풀린다."고[1] 했던 것을 언급했
다. 후쏀쑤는 스스로 뜻이 과학에 있다고 하고 베이징대학 예과를 졸업한
후 미국으로 가서 식물학을 전공하여 중국의 저명한 1세대 식물학자가
되었다. 그는 귀국 후 둥난대학東南大學 생물과의 주임이 되었지만, 여전히
문학과 역사에 심취했고 동료 우미吳宓 교수와 공동으로 『학형學衡』 잡지를
창간하여 저명한 신문화운동의 반대파가 되었다.

명산이 감춰지고 깃털만이 학단에 뿌려졌다. 선쩡즈의 역사지리학,
내전불학內典佛學, 음운훈고, 율학 등은 대개 주석의 형태로 저작에 깊이
담겨있다. "술이부작述而不作"의 옛 교훈을 준수하며 선쩡즈는 많은 이론
저작을 남기지는 않았지만 이러한 짧은 글들이 오히려 현대의 여러 학술의
틀을 탄생시켰다. 청대 유신의 그림자 속에서 현대 학인이 20세기 초의
학술문화유산을 정리할 때, 의식적이든 무의식적이든 선쩡즈에 대한 부분
은 희미하다. 이는 최근 학술사에서 유감스러운 일이 아닐 수 없다.

---

1)　胡先驌, 『憶沈乙庵師』, 『學林漫錄』五集, 中華書局, 1982.

시대사 편찬으로 정신을 전하다

● 커펑쑨柯鳳孫 학기 ●

청말에서 민국 초기까지 한 사람으로 힘으로 반생애에 걸쳐 독립적으로 수백만 자字의 역사저술을 한 사람은 과거에도 없었고 이후에도 없을 것이라는 점은 과장이 아니다. 커펑쑨柯鳳孫1850-1933과 그의 『신원사新元史』는 이러한 인내의 정신으로 수천 년의 역사전적문화를 계승하기 위해, 20세기 초에 종말을 고하면서 사서에 기재하였다. 『이십오사二十五史』에 들어간 『신원사新元史』는 후세인들이 어떻게 평가하든 근대 학술발전사에서 바꿀

수 없는 위상을 지닌다.

산둥山東 자오현膠縣 출신인 커펑쑨은 근대 북방의 저명한 대학자다. 남방의 학자들과 달리, 북방학자들은 더 깊이 집중하고 포용력이 넓고 견결하게 저술하며 투철한 기상이 있다. 남북조시대 학자들이 남북 학문의 차이에 대해서 명확히 지적한 바 있다. "대개 남인南人은 아끼고 간이하게約簡 하여 그 뛰어난 재능을 얻었고, 북학北學은 난잡하고 조리가 없어서 그 지엽적인 것을 궁구한다."고 했다. 시대가 변하면서 커펑쑨이 학문을 하는 시대에 이르러서는 남북의 학문에 서로 반대되는 풍격이 나타났다. 광서 연간에 진사가 되어 한림에 들어가고, 학정學政에서 제학사提學使가 되고, 전례원典禮院 학사學士에서 경사대학당京師大學堂 경과감독經科監督으로, 커펑 쑨은 청조에서 항상 학술계에 출입했다. 민국시대에 자오얼쉰에 이어서 청사관淸史館 총찬總纂 겸 대리관장을 역임했으나 여전히 학술연구에 종사했다. 그러므로 비록 당시인들이 그를 청의 유신으로 여겼을지라도, 커펑쑨은 정치상의 성과보다는 학문 영역에서 오히려 크게 떨쳤다.

커펑쑨의 원사 연구는 동치·광서 연간에 발전하기 시작한 서북여지사 학西北輿地史學에 부응한 것이었다. 이 신흥학문을 하는 사람 가운데 커펑쑨 은 한림원에 출입하여 기회가 있을 때마다 새롭게 발견된 원대에 관한 사료를 접할 수 있었던 덕분에 위대한 성과를 낼 수 있었다. 『원조비사元朝秘 史』, 『몽고원류蒙古源流』가 나오고, 첸다신을 핵심으로 몽원사 신고거학이 형성되었다. 외국에서 봉건시대 페르시아어와 아랍어로 된 몽고사료가 발견되었고, 홍쥔, 투지의 "증명하고 보충하는證補" 것을 특징으로 하는 신원사 학문이 신속히 형성되었다. 새로운 자료가 새로운 학문을 일으키는 것이 몽원사 영역에 매우 잘 구현되었다. 커펑쑨은 한림원에 들어가니 한림원에는 『영락대전永樂大典』 8000책이 있었는데, 그중에는 일반에는 공개되지 않았던 저명한 『원경세대전元經世大典』과 원대 학자들의 문집이 있었다. 그는 거기에 심취해 원대의 사료를 대량으로 기록하고 벗인 커펑스로부터 『원경세대전元經世大典』 원본 23책을 빌려 읽었는데, 커펑쑨의 마음 속의 『신원사新元史』는 이미 뜻을 아는 데 이르렀다.

커펑쑨이 수십년간 전심전력으로 저술한 『신원사新元史』는 청말에서 민국 초에 예전의 사서를 다시 지은 마지막 시대사 저작물이다. 민국 8년(1919), 쉬스창徐世昌이 대총통령大總統令을 반포하여 『신원사新元史』를 정사正史에 넣었으며, 이로 인해 『이십오사二十五史』라는 목록이 이루어졌다. 커펑쑨과 쉬스창은 한림원 동년同年으로서, 사이가 매우 가까웠다. 쉬스창이 대총통에 취임했을 때 총통부에 만청시사晚晴詩社를 세우고, 커펑쑨, 쉬스창 두 사람은 시를 읊고 노래를 하며 시문을 서로 존숭했다. 커펑쑨의 『요원시초蓼園詩鈔』에 「쉬대총통이 강호에서 낚싯대를 드리운 것을 그린 책徐大總統畫江湖垂釣冊子」이라는 시가 있었다. 쉬스창은 정치관계로서 프랑스 문학박사학위를 얻었고 커펑쑨은 『신원사新元史』로서 일본의 문학박사를 취득했다. 고령으로 두 나라의 박사가 된 것은 당시 미담으로 전해졌다. 『신원사新元史』가 일본으로 보내졌을 때, 심사를 맡은 사람은 일본 도쿄제국대학 교수이자 저명한 몽고사 전문가인 야나이 와타리箭内亙 박사였다. 야나이 교수는 심사에서 『신원사新元史』는 "그 가치가 박사 이상이며 박사 이하이기도 하니 이 한편으로는 단정을 하기 어렵다"고 평하였다. 당시 주중공사 오바다 유키치小幡酉吉의 제안 때문에, 도쿄제국대학 박사논문 심사위원회는 커펑쑨에게 문학박사를 수여했다.

커사오민柯劭忞의 전서 제첨. 청말 저명한 학자들은 서예에서도 특출했다.
커펑쑨도 예외는 아니었으며 이러한 유창한 전서 서법은 고아하며 굳세고
우뚝하므로 학자의 정취가 있다.

『신원사新元史』가 출판된 후에 학술계로부터 대단한 주목과 중시를 받았
다. 국학대사 장타이옌은 "커의 책은 풍부하고 이전의 역사를 잘 드러내어
정사正史로서 손색이 없다"라고 평하였다. 장은 원사영역 연구에서는 비전
문가였기 때문에, 그의 시각은 학인들에게 그다지 주목 받지 못했다. 만년에
원사연구로 전입해서 큰 성과를 낸 왕궈웨이도 평생 남을 평가하지 않는
인물이었으나, 그 역시 선배인 커펑쑨의 박학통달한 학문은 존중했다.
그러나 학술연구 자체로 보면 왕궈웨이는 『신원사新元史』에 대해서 아부의
말이 아니었다. 『청대통사清代通史』를 저작한 샤오이산蕭一山은 량치차오의
집에서 왕궈웨이가 『신원사新元史』에 대해서 언급하는 것을 들은 적 있는데
왕궈웨이는 이 책이 "체제와 자료 선택에서 불만스러운 것이 없다"고
여겼다고 한다. 왕궈웨이의 칭화국학연구원의 제자 쉬중수徐中舒는 『왕징
안선생을 추억함追憶王靜安先生』에서, 왕궈웨이의 탁자 위에 커펑쑨의 『신원

사新元史』가 놓여 있었다고 했는데, 이는 당시 왕궈웨이가 몽원사 연구에 종사하고 있었기 때문이었다. 왕궈웨이는 "원사는 명 초에 쑹롄宋濂 등 여러 명이 수정하였는데, 체제가 처음에는 나쁘지 않았는데, 다만 자료를 완비하지 못했을 따름이다. 후에 중외의 비적秘籍들이 조금씩 나타나 원대의 사료가 점차 많아지면서, 바로 『원사보정元史補正』을 지어서 『원사元史』를 보충하여 세상에 널리 전해지게 되었다. 처음으로 다른 책으로 보완할 필요가 없게 되었다."라고 하였다. 원사 연구로서 학술문단에 명성을 떨친 천위안陳垣은 커가 개조한 『원사元史』에 대해서는 그다지 그렇게 여기지 않았다. 그는 새로운 사서를 짓는 것이 반드시 타당할 수 있는 것은 아니고, 또 페이쑹즈裴松之가 『삼국지三國志』에 주를 단 방법을 따라 한 것이 적절하다고 했다. 독일에서 유학하고 귀국하여 왕궈웨이와 깊은 정을 나눈 리쓰춘李思純은 『원사학元史學』이라는 책에서 직접적으로 커펑쑨의 『신원사新元史』의 오점과 맹점을 지적했다. 리쓰춘의 비평은 당시 국제적 몽원사 연구의 각도에서 문제를 본 것인데, 정곡을 찌르는 것이 아주 대담하면서 예리하였다. 천인커의 초기 원사연구 논문인 「원대한인역명고元代漢人譯名考」에도 커펑쑨의 『신원사新元史』가 언급되었지만, 그 부족한 것을 보충하고자 하려는 관점에서 착안한 것에 불과하다. 지명한 몽원사 전문가 한루린 선생은 40년대 초에 "일반학자도 『신원사新元史』가 첸다신 이래의 연구결과를 취하고 신구의 재료를 하나로 정련해서 원사를 집대성한 것을 안다. 그러나 우리는 그 사용한 사료로써 그것을 관찰하고, 그 책으로써 더욱 엄격하게 심찰해야 한다."라고 하였다.[1]

커펑쑨과 『신원사新元史』는 그림자처럼 붙어있지만, 커펑쑨의 학문이 단지 원사 연구에만 국한된 것은 아니었다. 춘추경학春秋經學, 전장제도典章制

---

1) 韓儒林, 『穹廬集』, 上海人民出版社, 1982, 66쪽.

度,『문헌통고文獻通考』,『자치통감資治通鑑』, 문자훈고 등에 커핑쑨은 선현들을 뛰어넘는 깊이 있는 연구를 했다. 1933년 커핑쑨은 83세 고령으로 별세했고, 국민정부의 표창을 받았다. 표창령에 "고궁박물원 이사 커핑쑨은 경학과 역사에 힘썼으며『춘추곡량전주春秋穀梁傳注』와『신원사新元史』를 모두 훌륭한 저서로 찬술하여 널리 이롭게 하고 문예를 발전시켰으니 이에 그 공이 매우 크다. 지금 서거의 소식을 듣고 너무도 애석하여 특별히 찬미하고자 표창한다."라 하였다. 커핑쑨의『춘추곡량전주春秋穀梁傳注』는 정가오鄭杲의 춘추학에 깊이 영향을 받은 것이었다. 경학은 사승의 전수를 중시하고, 문호門戶와 가파家派 간 편견이 고질적이었다. 경학의 전형기에 그 학술유파의 변혁이 격렬하고 인심을 격동시켰다. 커의 춘추학을 소수의 사람들만이 언급하는 것은 자연스러운 것이다.

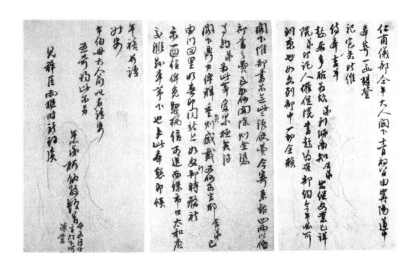

커핑쑨 자필

장쑤성 국학도서관을 설립하면서 동료들이 함께 찍은 사진 우측 세 번째가
류이정柳詒徵, 두 번째가 천한장陳漢章, 여섯 번째가 탕융퉁湯用彤. 그들은
학술역사가들에게 "동남학파"라 불렸는데 이 사진에 전형적으로 나타난다.
학술계의 중견 류이정, 대선배학자 천한장, 중국철학사방법을 베이징대학에
도입한 탕융퉁 등은 "동남" 학술인을 대표한다.

고고학자 황원비黃文弼. 베이징대학 철학과를 졸업한 황원비는 처음엔 송·
명 이학에 깊은 흥미를 지녀 일찍이 『베이징대학일간北京大學日刊』에 여러
편의 논문을 발표했다. 우연한 기회에 황원비는 신장新疆 고고발굴에 참여하
면서 서북고고학의 선구자가 되었다.

커펑쑨의 넓고 심오한 학식이 대대로 학자들을 반포反哺하였다. 민국에서 공화국시대까지의 학술연구에서 탁월한 공헌을 한 학자들 중에 적지 않은 학자들이 커펑쑨 문하에서 나왔다. 커펑쑨이 경사대학당 경과감독을 역임하여 그의 여러 제자들이 민국 이후 베이핑학단에서 활약했다. 청말에 베이징대학에 들어간 천한장陳漢章(자 보타오伯弢)은 커펑쑨에게 높은 평가를 받았다. 천한장은 저장 샹산象山인으로 베이징대학 문과 본과 전임교수로 임명된 후에, 유학현학, 법제사, 중국철학사, 중국통사 등을 가르쳤다. 그의 기억력은 매우 뛰어나서, 스승인 커펑쑨과 경학을 논의함에 있어서 거침이 없었다. 그러므로 커펑쑨은 천한장을 "당대 경학에 있어서 보타오가 제일"이라고 칭찬했다. 저명한 역사학자 구제강은 그의 학생이었다. 구제강이 스승 보타오伯弢를 언급하면서 "그는 박학한 학자로 우리에게 수없이 많은 자료를 제공하여 우리가 안목을 개척할 수 있게 해 주었고 학문을 연구하는데 참고해야 할 책을 알려준 것은 이루 말할 수 없이 많았다."고 하였다.[2] 판원란, 구제강은 이전에 친구들에게 말하길, 보타오伯弢선생은 수업에 들어갈 때 책이나 필기물을 가지고 오지 않는데, 칠판에 경서와 자서를 쓴 것을 돌아가서 원서와 대비해 보니 한글자도 틀림이 없었다고 하였다. 저우수周叔는 불학에 조예가 깊었는데 그 역시 커펑쑨의 제자였다. 저우의 경학 소양과 학문 경로는 커펑쑨의 학술 풍격과 매우 비슷하다. 저명한 언어, 문사文史 학자인 위자시余嘉錫는 커펑쑨이 후난湖南에 있을 때 전시典試에서 거인擧人에 급제한 문생이었다. 『사고제요변증四庫提要辨證』이라는 책이 학술계의 중시를 받았기 때문에, 천위안陳垣이 위자시를 푸런대학輔仁大學의 국문과 주임으로 임명했다. 건국 이후 위자시는 중국과학원 학부위원이 되었다. 1933년 커펑쑨이 별세하고 문하의 제자 20여 명이 추모식을 거행할 때, 위자시가 제사를 주관하였다. 위자시는 커펑쑨의

---

2) 顧頡剛, 「『古史辨』第一冊自序」, 『當代中國史學』, 162쪽.

문자훈고학을 계승했다. 1915년에 베이징대학 철학문哲學門에 합격한 황원비黃文弼는 커펑쑨의 원사와 서북여지역사고증학의 학술노선을 계승한 소수의 몇 명 중 하나였다. 커펑쑨의 제자로서 황원비가 스승과 달랐던 점은 지하의 고고자료들을 대량으로 운용했다는 점이다. 이후 황원비는 스웨덴의 저명한 지리학자 스벤 헤딘Sven Hedin의 신장 현지조사를 따라가 진귀한 문물자료를 많이 취득하였다. 이후 황은 여러 차례 변강에 들어가 고고학을 연구하였는데, 그의 『가오창전집高昌磚集』, 『가오창도집高昌陶集』 등 전문저작은 서북민족사, 지리사에 대해 깊이 연구한 것이다. 이것이 바로 커펑쑨의 학문 종지와의 현저한 차이였다. 머우룬쑨牟潤孫은 커펑쑨의 최연소 제자다. 커펑쑨의 형 커징루柯敬孺의 처는 머우룬순의 먼 친척 고모뻘인데, 친척으로 논해보면 커펑쑨이 머우룬순의 부친뻘이었다. 량치차오의 학문 연구방법을 따라 학문을 연구한 머우룬쑨은 1929년에 옌징대학燕京大學 국학연구소가 신입생을 모집할 때, 자신의 논문을 보내어 구술시험 자격을 얻었다. 그를 면접했던 천위안 교수는 머우룬쑨에게 많은 질문을 했다. 그가 사승이 없다는 사실을 알고서 천위안은 "자네 집에서는 누가 자네를 가르칠 수 있는가?"라고 물었다. 머우룬쑨은 "『신원사新元史』를 다듬은 커사오민 선생이 저의 친척인데, 가끔씩 그에게 가르침을 청합니다."라고 대답하였다. 천위안이 듣고서 매우 기뻐하며 머우를 뽑았다. 커펑쑨의 귓전에서 천위안은 머우룬쑨에 대해 칭찬을 했다. 머우룬쑨 스스로가 말하기를 그는 커펑쑨에게서 장스자이章實齋(장쉐청, 1738-1801)의 학문방법을 배웠다고 하였다. 머우룬쑨의 『역대저성고歷代著姓考』, 『주사제총고注史齊叢稿』에서 체현한 것은 천위안이지 커펑쑨의 그림자가 아니었다. 경학의 근대화, 그리고 몽원사학은 문헌정리로부터 현대의 방법론을 받아들인 개별화한 연구로 옮겨갔고, 학술의 기풍도 크게 변화했다. 그러므로 커펑쑨의 근대 학술발전사에서 후세에 남긴 것은 오랜 역사의 그림자와 학인의 견결한 저술 정신이다.

4

옛 것을 전하고傳古, 규명하고考古,
입증한다證古
• 뤄전위羅振玉 학기 •

    중국 대륙에서 발원한 현대적 의미의 중국고고학은 사실상 고기물학古器物學, 금석학金石學이다. 땅 속 문물의 출토는 명문銘文과 실증할 수 있는 문헌 대비가 없다면 학술계에서 연구가치가 없다고 간주하고, 수장收藏 의의만 있는 거라면, 보통 크게 중시하지 않았다. 송대부터 금석학이 흥기하여 청말에 이르기까지 금석학자들이 중시한 것은 여전히 문자가 있는

고기물 범위에 국한되었다. 뤄전위羅振玉의 출현은 전통적 의의에서 고기물학의 범위를 확대시켰다. 갑골문자의 고석考釋과 연구가 중국 상고사의 다시쓰기를 이끌어냈다면, 뤄전위의 학술활동과 연구는 확실히 근대에 본토화한 고고학 상의 혁명이다.

뤄전위1866-1940(자는 수윈叔蘊, 호는 쉐탕雪堂, 원적은 저장浙江 상위上虞)는 장쑤江蘇 화이안淮安에서 태어났다. 뤄전위는 어려서 과거공부에 전념하여 15세에 수재에 급제했으나 17세, 23세 두 차례 향시鄕試에서 모두 낙방하였다. 그 후 가업을 돌보기 위해 서당을 열어 글을 가르치기 시작하였고, 훈장을 하던 무렵에 금석학에 흥미를 갖게 되었다. 그가 처음으로 본 금석비문은 항저우의 송 고종高宗이 쓴 석경石經, 천일각본天一閣本, 석고문石鼓文의 롼위안阮元의 모사본과 시후西湖의 여러 산의 석각石刻이다. 후에 다시 양저우에서 묘지명 탁본 10여 장을 샀다. 화이안의 옛 무덤에서 고기물이 나왔는데, 뤄전위는 옛 거울을 살 방법을 강구하였다. 이렇게 간간히 수집하고 살피면서 뤄전위는 의식적으로 금석학 방면의 글을 쓰기 시작하였다. 뤄전위가 20세에 쓴 『금석수편교자기金石萃編校字記』, 『환우방비록교의寰宇訪碑錄校儀』에서 금석학 영역에 대한 흥미를 강하게 드러냈다. 훗날 그는 "내 나이 열여섯이 되자 금석학을 익히는 것을 좋아했다. 그러나, 집이 가난하여 보고 들은 것이 적고, 또한 외진 곳에서 자라서 혼자 배우는데 도움이 없고 쉬는 날도 많았다. 우연히 고각古刻을 얻어서 책을 펼쳐놓고 고증하였다. 그 때는 진본을 많이 얻지 못하는 것이 한이었다. 서른 살이 넘어서, 생계를 위해 여기저기 다니면서 곳곳에서 그때그때 구입하다 보니, 쌓인 것이 칠팔천 통에 달하는데, 가난한 아이가 벼락부자가 된 것과 다르지 않았다."라고 회고했다.[1] 고기물학, 금석학은 뤄전위에게

---

1) 羅振玉,「雪堂金石文字學跋尾·序」,『雪堂自述』, 139쪽.

"안학眼學"이라고 불렸다. 무릇 금석학자는 반드시 자신이 연구하는 문물을 직접 눈으로 보고, 직접 손으로 만져서 살펴보고 대조해보며 판별해야 한다. 견문은 넓어지고 널리 구하는 것은 풍부하게 되어 학식이 신장되기 마련이다. 책에 기재된 것과 문헌지식에만 의존해서는 금석학 영역에서 성취가 있을 수 없다. 금석학이 "안학眼學"이라 칭해지는 이유는 많이 보고 넓게 알아야 하는 것에 있는 것만은 아니다. 더욱 중요한 것은 고기물, 지하출토 문물이 끊임없이 발견되는 과정에서, 금석학자는 심후한 고대문헌 연구지식을 갖춰야 하고 또한 옛 물건을 발견하는 예리한 안광이 있어야 함을 요구하기 때문이다. 뤄전위가 "안학"을 중시하여 얻어낸 성과는 거대하다. 둥쭤빈董作賓은 뤄전위의 학술에서 가장 큰 공헌을 다섯 부분으로 나눠 다음과 같이 말했다. 내각대고內閣大庫 명청사료의 보존, 갑골문자의 고증과 전파, 돈황문서의 정리, 한진漢晉 목간木簡의 연구, 옛 명기明器 연구를 창도한 것이다.[2] 이 다섯 가지 공적은 전고傳古의 두 글자를 개괄하는 것으로 귀결될 수 있다. 심지어 뤄전위 "안학"의 목표와 귀결점은 전고傳古라 해도 될 것이다.

뤄전위의 시대에는 지하문물이 공전에 없이 대량으로 출토된 때였다. 수많은 희귀 실물자료들이 대량으로 세상에 나와 고고학, 금석학을 촉진시키고 골동품 수집을 번영하게 했다. 청말 새롭게 발견된 문물사료는 왕궈웨이의 분류에 따르면, 대략 다섯 종류로 나뉜다. 첫째 은허殷墟 갑골문자, 둘째 돈황 변경지역 및 서역 각지의 간독簡牘, 셋째 돈황 천불동千拂洞의 육조당인의 두루마리卷軸, 넷째 내각대고의 서적당안書籍檔案, 다섯째 중국 국경내 옛 이민족의 유문遺文인데, "이밖에 근 30년 동안, 중국의 고금석, 고기물의 발견이 전에 없이 성황을 이루었다."[3] 구제강은 『당대중국사학當

---

2) 董作賓, 「羅雪堂先生傳略」, 羅振玉, 『雪堂自述』.

代中國史學』에서 왕궈웨이의 다섯 가지 새로운 발견 외에 동기銅器의 발견과
역사시대 이전의 유적지의 발굴, 태평천국太平天國 사료의 기록도 보충하였
다. "옛부터 신학문이 일어나는 것은 모두 새로운 발견으로 인한 것이다."
왕궈웨이가 나열한 새로운 발견 다섯 가지 항목 가운데 중국 경내의 옛
이민족의 유문을 제외한 나머지 네 개 항목에서, 뤄전위는 모두 중요한
공헌을 하였다. 예를 들자면, 은허 갑골문자 영역에서 뤄전위가 강력히
강조한 "옛 것을 전하는傳古" 정신과 선각자의 전문적 안광이 아니라면
중국 상고사는 역사의 미망迷網에 빠져 깊이 잠들어버렸을 것이다. 가장
먼저 갑골을 소장한 금석학자는 왕이룽王懿榮이다. 그가 소장한 갑골은
고물 수집에 빠져든 뤄전위에게 대단한 유혹이었다. 그러나 금석학 영역에
서 아직 그다지 명성이 없었던 뤄전위로서는 당시 왕이룽의 소장품을
볼 수 있는 인연이 없었다. 왕이룽 사후에 그가 소장한 1400편 이상의
갑골문의 대부분은 류어劉鶚가 사들였고, 그중의 소량은 톈진天津의 신학서
원新學書院에 기증되었다. 뤄전위는 처음으로 그의 친구 류어에게서 갑골문
자를 보게 되었는데, 이것이 바로 류어를 부추겨 출판한 근세 최초의
갑골문자자료『철운장귀鐵雲藏龜』다. 류어 사후에 그가 소장한 갑골의 대부
분은 뤄전위의 수중으로 들어갔는데, 뤄전위는 이를 다시『철운장귀지여鐵
雲藏龜之餘』란 제목으로 출판하였다. 뤄전위는 "옛것을 전하는傳古"의 이념에
서 출발하여 있는 힘을 다해 갑골을 수집하였다. 그는 갑골 출토지에서
직접 갑골문물을 구매, 수집하였을 뿐 아니라, 자신의 동생 뤄전창羅振常을
허난河南 안양安陽 일대에 보내 사들이게도 하였다. 갖가지 방법을 통해
갑골을 수집한 덕분에, 뤄전위는 당시 가장 많은 갑골문자를 소장한 학자가
되었다. 자신이 소장한 풍부한 자료적 기초 위에서, 뤄전위는『은허서계전

---

3) 王國維,『靜庵文集』, 遼寧敎育出版社, 1997, 204-207쪽.

편殷墟書契前編』8권,『은허서계후편殷墟書契後編』2권,『은허서계속편殷墟書契續編』
6권,『은허서계정화殷墟書契菁華』1권를 간행하여, 모두 약 8천 편의 갑골을
수록하였다. 뤄전위는 갑골자료의 정리출판이란 측면에서 그 기풍을 처음
으로 열었고, 나아가 고대문헌을 결합하여 갑골문자에 대한 고증, 연구를
진행하였다.

왕이룽王懿榮, 1845-1900. 의화단운동에서 피살된 왕이룽은 청말의 저명
금석학자이고, 처음으로 용골龍骨을 갑골甲骨로 본 저명한 수장가. 그의
혜안이 있어 근대 갑골학이 존재할 수 있었다.

류어劉鶚, 1857-1909와『철운장귀鐵雲藏龜』. 처음으로 갑골 탁본을 인쇄하여
책으로 만든 류어는 수리 전문가이자, 청말의 유명한 소설가이기도 하다.
갑골학 연구의 시작 단계에서 류어의 공이 지대했다.

그는 『은상정복문자고殷商貞卜文字考』에서 갑골문자 출토지가 안양安陽의 샤오툰小屯이고 다른 곳은 우이武乙의 옛터임을 고증해냈고, 나아가 갑골각 사甲骨刻辭에서 10여 개의 은 제왕이 시호를 내린 일名諡을 고석해 내고, 갑골복사甲骨卜辭는 "실로 은 왕조의 유물"이라고 단정하였다. 『은상정복문 자고』 및 『은허서계고석殷墟書契考釋』은 뤄전위가 갑골학 정리, 연구의 선행 자라는 영예를 얻기에 손색이 없는 저작들이다. 그래서 저명 고문자학자인 탕란唐蘭은 "복사卜辭연구는 쉐탕 뤄전위가 나아가야 할 길을 인도했고, 관탕觀堂 왕궈웨이가 이어서 역사를 고증하였고, 옌탕彥堂 둥쭤빈은 그것의 연대를 구분하였으며, 딩탕鼎堂 궈모뤄郭沫若는 그 사辭의 예를 밝혔으니, 진실로 찬란했던 한 시대를 이룬 셈이다."고 하였다. 뤄전위의 "옛것을 전하는"정신은 소위 "8천 마대사건"에서 여지없이 드러났다. 선통宣統 원년 1909에 학부참사 겸 경사대학당 농과감독을 맡았던 뤄전위는 군기대신 장즈둥의 명을 받들어 경사도서관京師圖書館 건립을 기획하기 위하여 내각대 고內閣大庫에 가서 도서를 접수하였다. 내각대고의 관원이 폐기하려고 당안 을 운반하는데, 뤄전위가 즉시 장즈둥에게 이 당안들을 교학부로 옮길 것으로 주청하여, 9천 마대 분량을 적재하였다. 민국시기에 들어서, 9천 마대 당안은 당시 교육부 역사박물관에 의해 4천 위안에 베이징 시단西單 패루牌樓의 퉁마오쩡지점同懋增紙店에 팔렸다. 일찍이 내각대고 당안을 다뤘 던 뤄전위, 진량金梁 등이 퉁마오쩡지점에 가서 1만 2천 위안을 주고서 약 7천 마대의 당안을 다시 사들였다. 러쉰위는 이 당안들을 톈진으로 운송한 후에 정리발굴하기 시작하였고, 또한 『사료총간史料叢刊』 10책과 『명계사료습령明季史料拾零』, 『국조사료습령國朝史料拾零』 등을 편집출판하 여 학술에 큰 영향을 미쳤다. 후에 뤄전위는 당안 일부를 선별하여 남겼고, 그 나머지는 고물수장가 리성둬李盛鐸에게 1만 6천 위안에 팔았다. 리성둬는 후에 다시 이 당안들을 중앙연구원 역사어언연구소에 팔았다. 역사어언연구소 소장인 푸쓰녠은 「명청 당안을 구매하기 위해 차이위안페이에게 보내는 편지爲購明淸檔案事致蔡元培書」에서 말하길, "첫째, 이 문물은 산일되지 않았으니, 국가에게는 영예로운 것이고, 둘째, 명청의 역사를 정리할 수 있게 되었고, 셋째, 역사어언연구소가 이러한 것을 얻게 된다면, 광채를 발하듯 사회에서 그에 대한 관심을 증가시키게 될 것이다."고 하였다. 후에 역사어언연구소는 『명청사료明淸史料』와 『사료총간史料叢刊』을 출판하고 "사료가 곧 사학史料卽史學"이라는 유명한 주장을 제출하였으며, 대규모 명청사연구를 전개했는데, 이는 뤄전위가 보존해낸 진귀한 당안과 관련이 매우 컸다. 이는 뤄전위의 "옛 것을 전하는" 정신의 직접적 결과가 아니라고 말할 수 없다.

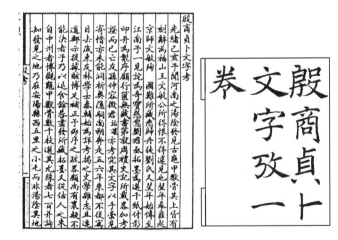

뤄전위羅振玉의 『은상정복문자고殷商貞卜文字考』의 표지 및 안쪽 면

뤄전위의 『은허서계청화殷虛書契菁華』 서명면 및 서문

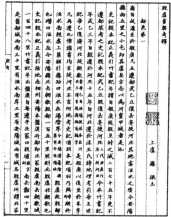

뤄전위의 『은허서계고석殷虛書契考釋』의 서명면 및 권1

뤄전위 학문의 전통은 건가학자乾嘉學者의 고거학 방법을 계승한 것이다. 17세에 뤄전위의 부친은 그를 위해 월각본粵刻本『황청경해皇淸經解』한 부를 사주었다. 뤄전위는 "독서는 글자 하나도 남기지 않는 것이 마땅하다"라는 선학의 고훈古訓에 따라 매일 세 권의 책을 읽으니, 일년에『황청경해』를 세 번 읽어내, 학문에 큰 진전이 있었다. 뤄전위는 금석비문학을 좋아하여, 고정考訂, 보완補闕, 습유拾遺의 공부에 전념하여, 자연히 박학朴學 학자로서의 학문의 길을 걸었다. 그는 구팅린顧亭林, 다이둥위안戴東原, 돤마오탕段懋堂, 첸주팅錢竹汀, 왕룽푸汪容甫, 왕녠쑨王念孫, 왕인즈王引之의 훈고고거訓詁考據의 학을 높이 받들었다. 뤄전위는 건가학자의 문자, 음훈, 훈고 영역에서의 새로운 성과와 공력을 흠모하여, 자신도 그들의 연구방법에 따라 연구하였다. 그는 갑골문자의 고석 방면에서 창조적 작업을 하고 핵심적 내용을 예를 들어 설명해 내고 신학문 연구의 새로운 구역을 개척할 수 있었던 연유는 그가 심후한 고문자학 기초와 수많은 사료를 장악하는 기량을 갖춘 데 있다. 뤄전위는 "옛 것을 전하는" 때에 규명하고考古, 증명하는證古 것을 시작했는데, 단순히 전통적 수장가가 비밀로 부쳐두고 문물자료를 독점하던 차원에 머문 것이 아니라, 자신의 진귀한 소장품을 각인, 출판하여 세상에 공개함으로써, 학술연구에 보탬이 되게 하였다. 골동품상, 고물수집가로서 뤄전위는 당연히 장사꾼의 일면도 있었다. "8천 마대"의 명청 당안을 팔 때, 그는 연구하는 동시에, 어떻게 이윤을 남길까도 고려하였다. 뤄전위가 둔황문서, 한진목간 및 수많은 묘지비문, 금석서화를 매입할 때는 대부분 이윤을 남겨 팔기 위해서였다. 그의 친구인 왕궈웨이가 상하이에 머물던 때, 상하이에 숨어 지내던 유신들과 왕래하면서 명문세가에 흩어져 있던 진귀한 서화를 매입하여 일본에 있는 뤄전위에 의탁하여 대신 팔았다. 뤄전위도 일본에서 팔기 위하여 왕궈웨이에게 상하이에서 고적, 서화의 진본들을 수매해달라고 청하였다. 뤄전위의 학우인 양서우징은 신해혁명

후에 상하이에서 가난으로 의기소침해진 채 "글씨를 팔아서 먹고살았다."
뤄전위는 일찍이 일본 서예계에서 명성을 크게 떨치고 있던 양서우징에게,
팔기 위한 서화족자를 써달라고 청하여 중간에서 수수료를 챙겼다. 뤄전위
는 또한 양서우징을 부추겨 그가 고이 간직한 선본善本 고적을 가져오게
하여, 자신의 총서 안에 합각하여 팔았다.4) 청말 민국 초, 옛 물건들이
쏟아져 나오던 때에, 지식인들은 학문을 한다는 명분에서 출발하여, 자연히
수장품을 소유하여 자기 연구에 쓰고 싶어 했다고 할 수 있다. 그러나
사회가 급속히 불안해지고, 학자들은 학문을 하는 동시에 부득불 현실로
돌아와서 절실하게 자신의 의식주를 고민해야만 했다. 옛 물건을 매각하거
나 고서를 각인하는 것은 생계를 유지하는 데 있어서 흔한 일로, 상당히
현실적인 방법이었다. 따라서 뤄전위가 고물을 매각하는 행위는 이러한
관점에서 봐야 한다.

　뤄전위의 학문은 기본적으로 사승師承이 없다. 그가 훈고고증학을 좋아한
것은 그 스스로 상당한 흥미를 갖고 있었기 때문이다. 이는 뤄전위의
학술연구가 다른 사람의 권유와 인도를 얻지 못했다는 것이 아니라, 완전히
자기 자신에게 의지해 나갔다는 말이다. 그의 가문은 빈한하여 책을 살
돈이 없어서, 뤄전위는 종종 서점에서 읽기도 하고 남에게 빌려 읽기도
했다. 그는 일찍이 매부 허이싼何益三과 학자 류웨이칭劉渭淸, 루산푸路山夫,
왕서우쉬안王壽萱, 추위판邱丁蕃, 장푸蔣黼 등에게 책을 빌려 읽었고, 또 골동
품상인 류진커劉金科에게 옛 비문을 빌려 탁본을 뜨기도 했고, 또『독비소전
讀碑小箋』,『존졸제례소存拙齋禮疏』를 썼다. 청말 저명 고문경학자이자 항저우
의 고경정사詁經精舍에서 강학講學을 하던 위웨俞樾는 뤄전위의『존졸제례소』
의 몇 가지 결론을 발췌해서 자신의『다향실필기茶香室筆記』에 인용하였다.

---

4)　楊先梅 輯, 劉信芳 校注,『楊守敬題跋書信遺稿』, 巴蜀書社, 1996, 181-189쪽.

1916년 일본 교토에서의 뤄전위와 웡궈웨이王國維. 이때 왕궈웨이는 경사고
증학經史考證學을 막 시작하였다. 갑골학을 "뤄, 왕의 학"이라고 부르는데,
이 학파와 장타이옌, 황칸을 핵심으로 한 "여항학파余杭學派"는 학술 노선에
서 기본적으로 일치한다. 그러나 연구방법과 문헌을 찾는 범위에는 현저한
차이가 있다. "여항학파"는 문헌을 중시하고, 훈고, 언어, 음운을 위주로
한다. "뤄, 왕의 학"은 역사, 지리, 지하 출토문헌을 위주로 한다. 이는
무형 중 두 파 학자들의 학술 가치 관념의 내재적 차이를 보여준다.

이는 당시 학계에 매우 큰 반향을 일으켰는데, 이로 인해 여러 학자들은
뤄전위를 노련한 대학자라고 여겼다. 실제로 뤄전위가 『독비소전』, 『존졸
제례소』를 쓰던 때는 겨우 19세였다. 이는 뤄전위의 고증이 매우 뛰어났던
것이라 하겠다. 뤄전위는 "옛 것을 전하는" 영역에서 학계에 명성을 떨쳤는
데, 그의 고증은 매우 영향력이 있어서, 청말 학술계에서 수많은 학자들이

그와 교제했고, 뤄전위도 당시 명사들과 광범위하게 교류했으며, 이는 그의 학문을 더욱 정진시켰다. 류어는 유명한 갑골학 수장가인데, 류어의 형인 류웨이칭劉渭淸은 뤄전위를 매우 칭찬하여, 이 "부끄럽게도 경이나 서사하는 서생으로서 생계를 꾸렸던" 훈장을 자기 동생에게 소개했다. 딩시 류어가 산둥에서 황허黃河 지수를 하던 때, 뤄전위의 치수에 대한 문장과 류어의 『치수에 대한 7가지 주장治河七說』의 관점이 마침 일치하여서, 그들은 비록 면식은 없었으나, 곧 정식으로 친구가 되었다. 후에 류어의 아들 류지잉劉季纓은 뤄전위의 딸 뤄샤오쩌羅孝則를 아내로 맞아서, 뤄전위와 류어가 사돈을 맺었다. 그런데 뤄전위와 류어의 성격이 달라서 종종 의견이 맞지 않았고, 만년에 두 사람은 기본적으로 "피하고 만나지 않았다." 류어가 수장한 갑골은 류지잉의 손을 거쳐 대부분 뤄전위의 수중으로 들어갔다. 왕궈웨이보다 11세가 연상인 뤄전위는 왕궈웨이와 스승이자 벗의 관계를 맺었다. 류어와 마찬가지로, 왕궈웨이도 뤄전위의 딸을 며느리로 맞아 사돈을 맺었으나, 만년에 반목하여 거의 남처럼 지냈다. 궈모뤄는 "뤄전위는 왕궈웨이 인생에서 가장 밀접한 관계를 맺은 사람이고, 왕궈웨이가 그에게 적지 않은 도움을 받은 것은 사실이다. 그러나 그가 속박을 많이 받았던 것도 움직일 수 없는 사실이다. … 왕궈웨이는 뤄전위에 대하여 시종 은혜에 고마워했던 것 같다."고 하였다. 왕궈웨이는 나이 50세에 호수에 투신하여 자살했다. 이는 지금까지 여전히 수수께끼이나, 뤄전위와의 악연인 것이 아무 관계가 없다고는 할 수 없다.

라오나이쉬안勞乃宣1843-1921은 광서·선통 연간의 저명한 학자이자 문화인사다. 그는 항저우의 구시서원求是書院의 감사, 저장대학당絶江大學堂의 감독, 경사대학당京師大學堂의 총감總監을 맡았는데, 고대 산학算學 분야에 매우 조예가 깊었다. 라오나이쉬안과 뤄전위의 부친 뤄수쉰羅樹勛은 "의형제昆弟之交"를 맺었다. 라오나이쉬안의 생질은 뤄전위의 사촌누나의 남편이

뤄전위의 제자 상청줘商承祚. 만년에 중산대학에서 교편을 잡던 상청줘와
고문자학자 룽겅容庚의 관계는 매우 밀접하였다. 상청줘는 연구생들을
인솔하고서 북상하여 방문하였을 때, 고문자학자 탕란, 위싱우于省吾, 후허
우쉬안胡厚宣과 학문을 절차탁마하며 매우 의기투합하였다.

니, "두 집안이 대대로 교분이 있었다." 뤄전위가 경사학부에서 일하던
때, 라오나이쉬안도 베이징에 있었는데, 후배인 뤄전위와 라오나이쉬안의
관계는 매우 밀접했다. 라오나이쉬안이 경사대학당에서 총감을 맡던 때,
뤄전위는 농과農科의 감독이었다. 신해혁명 후, 뤄전위가 일본으로 피했을
때, 라오나이쉬안은 칭다오青島로 갔다. 민국 초기에 뤄전위가 일본에서
돌아와서는 특별히 칭다오에 가 라오나이쉬안을 방문하였다. 라오나이쉬
안 사후에 그의 아들이 『라오상서연보勞尚書年譜』를 펴냈는데, 뤄전위가
이 연보의 서문을 썼다. 선쩡즈沈曾植, 1850-1922는 뤄전위의 선배인데,
상하이의 저명한 문화인사로서 상하이종사당上海宗社黨의 영수였다. 선쩡
즈는 율학律學에 정통했고, 그 학문은 한漢과 송宋을 종합하였으며, 특히
역사학적인 장고와 불학에 능했다. 만년에 상하이上海에서 은거할 때, 요,

금, 원사에 주의를 집중했다. 그러나 선쩡즈는 "타인의 학설을 기술할 뿐, 자신의 새로운 의견을 더하지 않는다述而不作"는 것을 신봉하여서, 체계적인 저작을 지어 후세에 전한 것은 거의 없다. 뤄전위는 선쩡즈의 학문을 매우 존경하고 추앙해서, "방백方伯(선쩡즈를 가리킨다)께서는 학문과 품행이 웅대하시고, 해내海內의 대가大師가 되셨으며, 나보다 10여년 연장이신데, 광서무술光緒戊戌년에 친교를 맺게 되었으니, 손으로 꼽아보니 10에 8년이다."5)라고 하였다. 뤄전위는 일본에서 돌아와 상하이에서 선쩡즈를 방문하여, 시를 지어 서로 조화를 이루니, 서로 의기가 투합하는 것이 대단하였다. 뤄전위와 고적판본 목록학자인 먀오취안쑨繆荃孫, 장위안지, 푸쩡샹傅增湘과 왕캉녠汪康年, 리샹李箱, 량치차오梁啓超가 모두 왕래가 있었다. 뤄전위의 중요한 학술제자로는 상청쭤商承祚, 류후이쑨劉蕙孫, 뤄지쭈羅繼祖 등이 있다. 상청쭤1902-1991는 자는 시용錫永, 광둥廣東 판위番禺 사람이다. 상청쭤의 백부 상옌잉商衍瀛과 뤄전위는 일찍이 매우 친밀한 친구이자 동료였다. 뤄전위가 경사대학당 농과 감독일 때, 상옌잉은 경사대학당 부속 고등학당의 감독이었다. 상청쭤의 부친 상옌류商衍鎏는 학문이 매우 깊었고, 이전에 독일 함부르크대학에서 한학을 강의하였다. 상청쭤는 학자가문 출신이었으니, 그 학문에 연원이 있는 셈이다. 그는 어려서부터 가학을 계승했는데 고기물과 고문자를 매우 좋아하였다. 상청쭤는 청년 시기에 톈진天津에 가서 뤄전위를 스승으로 모시고 갑골금문甲骨金文을 전공하였다. 뤄전위는 『은허서계전편』,『은허서계후편』과 뤄전위와 왕궈웨이가 주석을 단『은허서계고석』,『은허서계대문편殷虛書契待問篇』을 상청쭤가 배우고 연구하게 했다. 상청쭤는『설문해자說文解字』의 순서에 따라 자신의 고증과 해석을 덧붙여『은허문자류편殷虛文字類編』을 저술하였는데, 왕궈웨이가 이 책의

---

5) 羅振玉, 「五十日夢痕錄」, 『雪堂自述』, 88쪽.

서문을 써주며 매우 높이 평가하였다. 상청쭤는 이 책으로 인해 갑골학 연구 분야에서 두각을 나타내게 되었고, 후에 베이징대학연구소 국학문國學門에 들어가 연구생이 되었는데, 역사학 분야에서 계속 열심히 노력하여 저술이 자못 많았다. 『은허문자류편』 외에 상청쭤는 『은계일존殷契佚存』, 『십이가길금도록十二家吉金圖錄』, 『창사고물문견기長沙古物聞見記』, 『선진화폐문편先秦貨幣文編』 등 10여 편 이상의 저술을 출판했다. 류후이쑨劉蕙孫 1909-1996은 류어의 손자이자 뤄전위의 외손자다. 류후이쑨은 소년 시기의 대부분을 뤄전위의 집에서 지냈다. 뤄전위는 경사經史 지식을 가르쳤는데, 매우 일찍부터 기초를 전수하였다. 뤄전위의 풍부한 장서 덕분에 류후이쑨는 식견을 크게 넓혔다. 류후이쑨은 22세에 뤄전위의 오랜 친구이자 저명 금석학자인 마헝馬衡이 소장을 맡고 있던 베이징대학연구소 국학문에 합격하였다. 그는 졸업 후에 구제강을 스승으로 모시고 연구를 하였다. 류후이쑨은 선진사, 고문자학, 학술사상사, 대외관계사 및 문화사 분야에서 모두 중요한 기여를 하였다. 류후이쑨은 만년에 왕궈위에 관한 글을 썼는데, 그가 뤄전위의 생질이었기 때문에 뤄씨가문의 울타리 안에서 전달하는 것이고, 자연히 피할 수 없는 경향성을 가졌다. 뤄지쭈는 뤄전위의 손자인데, 그는 가학의 영향을 받았고, 고대문헌정리와 연구 분야에서 꽤 성과를 남겼다. 그는 조부 뤄전위의 학술활동을 기록하여 후대가 조부의 학술궤적을 연구하는 데 상당한 편의를 제공하였다.

박학博學·박통博通·박대博大

● 장위안지張元濟 학기 ●

전통중국 학술문화정신의 핵심의 하나는 소위 "학자가문書香門第"을 매우 중시하는 것이다. 서적의 보급정도가 발달하지 않았던 시대에 책을 수집하고 모으고 보관하는 것은 독서인의 일종의 우아한 습성이었다. 일반적으로 학문을 관이 주도한다는 것은 국가가 일반적, 또는 비정상적으로 서적의 유통경로를 통제한다는 것을 의미한다. 그러나 고서의 유전, 존망, 흥폐는 문화를 독점하여 주도해서 가능할 수 있는 것도 아니었다. 그러므로 개인의

도서장서업이 자연히 국가의 장서업과 전통문화를 이어주는 평행과 교차의 주축선이 되었다. "학자가문"에서 발전하여 개인 장서가로, 개인장서가로부터 위대한 학술대가로 간 것은 중국학술문화역사상에서 일종의 뚜렷하고 돌출된 문화현상이었다. 장위안지張元濟는 결코 순수한 장서가가 아니었고, 고전식으로 개인이 책을 소장하던 것에서 현대의 공공도서관으로 향하는 과도시기의 저명한 학자였으며, 중국현대학술에서 장위안지로 대표되는 이 과도적 마디가 부족했다면, 진정 과학적 의미에서의 학술연구는 이야기할 수가 없었을 것이다.

장위안지1867-1959의 자는 쥐성菊生이며 원적은 저장성 하이옌海鹽으로 광저우廣州 출신이다. 근대의 개방적 도시 광저우가 장위안지에게 서학을 배우고자 하는 새로운 사상, 새로운 의식을 주었으며 하이옌海鹽의 명문가라는 것 또한 그에게 서적에 빠져서 먼 추억을 회상하게 했다. 송대 이래 하이옌 장씨는 이학理學이 대대로 전해진 집안이었는데, 명조의 장치링張奇齡은 장위안지의 10세조로, "학문이 아니면 무엇을 세울 것이며 책이 아니면 무엇을 익힐 것인가"를 가훈으로 삼아 후세를 교육했다. 또한 9세조 장웨이츠張惟赤는 순치順治 연간에 진사에 급제했고, 저명한 장서루 섭원涉園은 바로 그가 창립한 것이었다. 이후 하이옌 장씨는 장서, 저술로 세상에 이름을 알렸다. 장위안지의 6세조인 장쭝쑹張宗松은 저명한 장서가, 학자였고 특히 도서판본의 감별에 능했다. 장쭝쑹張宗松의 시대에 이르러서 하이옌 장씨의 섭원 장서가 절정기를 맞이하였는데, 건가乾嘉 즈음에 장쑤와 저장 지역 학자들은 종종 섭원에서 서적을 빌려서 연구를 하였다. 장위안지의 부친 장썬위張森玉는 공명이 없었고, 광저우에 정착한 후 관직을 매매해 광둥의 지방관이 되었다. 장썬위는 자신이 과거에 급제하지 못했기에 희망을 모두 아들 장위안지에게 두었다. 이 때문에 장위안지는 어려서부터 엄격한 사숙 교육을 받았다. 장위안지는 매우 총명하고 이해하고 깨닫는

능력이 뛰어났다. 장썬위는 아들을 데리고 고향 하이옌으로 돌아가서는
열과 정성을 다해 가르치고 조상으로부터 내려온 고서자화를 펼쳐서 읽어
주어서, 장위안지는 선대의 장서 명가로서의 눈부신 역사에 대해서 깊게
인식하게 되었다. 18세에 장위안지는 수재에 급제하고 23세에 거인이
되어 사람들을 놀라게 했고, 26세에 진사에 급제해서 한림이 되었다. 장위안
지와 같이 한림에 들어간 저장인들 중에는 탕서우첸湯壽潛, 차이위안페이蔡
元培, 예얼카이葉爾愷, 왕더겅王得庚이 있다.

1918년 장위안지가 편집해서 출판한 『무술육군자유집戊戌六君子遺集』은 당
시를 기념한 것이었다. "무술당고혈유戊戌黨錮孑遺"라고 자칭한 장위안지는
정치판에서 포부를 실현하지 못했으므로 일생 학술로서 나라를 구하고자
하였다. 상무인서관을 관리하고 중국전통학술과 문화를 발전시켰으니 장위
안지의 역할은 사상계몽에 그친 것은 아니었다.

28세에 한림에서 형부 귀주사 육품 주사 직무를 맡았고, 그 다음해에는
군기대신이자 병부상서인 쉬겅선許庚身의 딸 쉬쯔이許子宜와 혼인하였다.
장위안지의 벼슬길은 춘풍가도였으며 청년으로 뜻을 펼치고 벼슬길에서
사람도 얻었다. 만약 후에 무술변법 유신운동이 발생하지 않았다면 그의

벼슬길에는 걸림돌이 없었을 것이고, 청말 민국 시기의 문화출판역사도 고쳐썼어야 했을 것이다. 그러나 역사는 결코 가설이 없으니, 젊은 장위안지는 관직에서 꾀를 부릴 줄 몰랐다. 그의 가슴은 독서인의 강직함과 학자가문의 심각한 정서로 차 있어서, 이 30여 세의 고관은 운명적으로 유신을 배척하는 수구파 관료에게 물들 수 없었다. 무술변법 전에 장위안지는 친구인 천자오창陳昭常, 장인탕張蔭棠 등과 함께 건사健社를 조직했고, 영어와 산술을 배우기 시작했다. 장위안지는 짧은 시간에 몇 천개의 영어단어를 익혔다. 그 후 건사의 기초 위에 장위안지는 서학당西學堂을 건립했다.

1949년 마오쩌둥毛澤東과 장위안지 등이 베이징 천단天壇의 기년전祈年殿 앞에서 찍은 사진이다. 뛰어난 재능과 원대한 계략을 지닌 마오쩌둥은 광서제를 본적이 있던 장위안지에 대해 특별한 감정을 가졌으며 장위안지는 마오쩌둥이 "학식이 있고 담략이 있다."고 평가하였는데 이는 노학자들의 공통된 견해를 대표한 것이었다.

옌푸嚴復의 건의로 장위안지는 서학당을 통예학당通藝學堂으로 개명했다. 1896년 장위안지는 총리아문에 급제했으나, 부패한 관장 때문에 곧 그만두려는 마음을 먹었다. 1898년 캉유웨이가 광서 황제에게 『응조통주전국절應詔統籌全局折』을 올려 변법유신을 제출했는데, 장위안지는 유신당의 영수 캉유웨이, 량치차오와 친밀한 관계를 유지했다. 무술변법이 실패한 후에 장위안지는 "파직되어 영원히 등용되지 못하게" 되었고, 그가 창립한 신식 학교 통예학당 또한 청정부가 경사학당에 합병시켰다. 이로 인해 장위안지는 관직의 뜻을 접고 학술문화건설 영역에 투신하게 되었다. 그러나 무술변법에서 올곧음과 신식을 추구한 것은 그의 인생에 큰 영향을 미쳤다. 30년대 무술변법 참여자 중 장위안지 한 사람만 남게 되었는데, 일본인이 점령한 고도상하이孤島 上海에서 장위안지는 "무술당고혈유戊戌黨錮孑遺"라는 도장을 새겨서 고고한 뜻을 표현했다. 공화국 건국 초기에 "경로숭문敬老崇文"을 제창했고, 장위안지는 청말 민국과 공화국 역사의 증인으로서 개국 영수인 마오쩌둥毛澤東과도 깊은 우정을 유지했다. 정치가인 마오쩌둥은 어릴 적 들었던 무술변법에 흥미를 가졌으며 광서제를 만나고 변법운동에 참여했던 유일한 생존자인 장위안지를 매우 존경했다. 마오쩌둥毛澤東은 장위안지를 베이징으로 초청해서 무술변법의 상황과 광서제를 만날 때의 의식을 듣고자 했다. 마오쩌둥이 장위안지의 말을 듣고 무술변법운동에 참여한 사람이나 몇몇의 독서인이 폐쇄적으로 한 변법은 실패가 정해져 있었다고 하였다. 회견 후 장위안지는 아들 장수녠張樹年에게 "나는 조금 흥분했다. 오늘 마오쩌둥 주석을 만났기 때문이다. 지금 회상해보니 내가 광서를 만났었고, 위안스카이袁世凱를 만났었고, 쑨중산孫中山을 만났었고, 장제스蔣介石를 만났었다. 광서는 나라를 잘 다스리려고 했지만 너무 나약해서 결국 변법이 실패하였고, 의문의 죽음을 맞았다. 위안스카이는 영웅이나 음험하고 악랄해서 차오차오曹操와 같은 인물이었다. 쑨중산은 말을 많이 했지만 실천으로 옮김이 적었다. 장제스는 불량배다. 오늘 마오쩌둥 주석을 봤는데 나는 마오 주석이 학식도 있고 용기와 지모가 있다고 느꼈다."고 하였다. 이것은 장위안지가 만년에 근현대사에서의 중요한 역사인물에 대한 평가를 한 것이다. 장위안지 같이 정치경력이 풍부한 사람이 없었기에 그의 평론은 더욱 가치가 있는 것이다.

장위안지는 많은 정치지도자와 교류를 나눴으나, 그는 정치가가 아니었고 출판가, 장서가, 학자였다. 근대 출판업계의 거두인 장위안지가 상무인서관商務印書館을 주관할 때, 상무인서관은 전국에서 가장 큰 문화, 교육, 학술출판기구로 발전했다. 1902년 장위안지는 정식으로 샤루이팡夏瑞芳 등이 창립한 상무인서관의 주주가 되었으며 그는 이곳에서의 길고도 눈부신 세월을 시작했다. 당시 상하이의 각 출판사에서는 한림에서 사퇴한 사람을 편집자로 초빙하는 분위기였다. 상무인서관의 창립자 샤루이팡은 당시 남양공학南洋公學 한문총교습이었던 장위안지가 위임한 도서를 인쇄한 적이 있었고, 장위안지도 예전에 샤루이팡의 경제상의 보증인을 해준 적이 있었다. 샤루이팡은 정성을 다해서 유명한 한림 장위안지를 상무인서관에 초청했고, 장위안지는 곧 상무인서관에 합류했다. 장위안지가 상무인서관에 들어간 것은 그의 유신사상과 문화정서, 장서藏書 의식과 불가분의 관계가 있었다. 문화학자 두야취안杜亞泉은 "당시 장쥐성張菊生, 차이허칭蔡鶴卿 등 여러 선생들과 다른 유신 동지들은 모두 책과 신문을 편역하는 것을 중국 상무의 개발로 여겼었다. 그러나 상하이의 각 인쇄업은 모두 저열하고 답습하는 것이어서 도모할만한 가치가 없었다. 이에 모두 상무인서관에 희망을 두고 사업을 확장하고 국가를 위한 문화를 건설하였다"고 한다. "교육의 창명이라는 평생의 숙원, 서림을 통해 이루려 노력한다."는 시구로써, 장위안지는 자신이 중국 출판사업에 투신한 이유를 표현했다. 장위안지는 처음 상무인서관에 가서 "제국총서", "정학총서", "역사총서",

"재정총서", "상업총서", "지리학총서", "전쟁사총서", "보통학문답총서", "설부說部총서", "전기총서" 등 대형도서를 출판하였다. 또한 옌푸가 번역한 세계 명저 『천연론天演論』, 『법의法意』, 『군기권계론群己權界論』, 『사회진전社會真銓』, 『명학名學』과 마젠충馬建忠의 『마씨문통馬氏文通』, 샤쩡유의 『최신중학역사교과서最新中學歷史教科書』, 차이위안페이蔡元培의 『중국윤리학사中國倫理學史』 등 일련의 저작이 모두 상무인서관에서 출판되었다. 1902년부터 1926년까지 상무인서관에서 75종의 총서가 출판되었고, 그 중의 하나인 "설부총서"는 총 4집, 332종이었다. 1926년 이후 상무인서관에서는 "대학총서", "만유문고", "세계문학명저", "국학기본총서"를 출판했다. 해방 전야에 상무인서관에서 출판한 도서는 총 15,000여 종에 이른다. 상무인서관은 20세기초 중국의 신문화, 신교육, 신사상 전파의 최대 중심이었다.

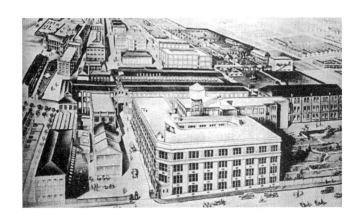

상하이 자베이閘北 바오산루寶山路에 있던 상무인서관 공장을 복원한 그림이다. 중국 근대출판문화를 대표한 상하이 상무인서관의 공장은 일본과의 전쟁 때문에 많은 진귀한 고적이 불타 버렸다. 항전기간 상무인서관은 많은 고비를 겪으며 문화기관을 재건하고 다시 중화학술을 만들어 갔다. 그럼에도 이 복원도로 영원히 타버린 진귀한 전적을 복원할 방법은 없다.

상무인서관의 첫 번째 총지배인은 샤루이팡夏瑞芳. 샤루이팡은 장위안지를 상무인서관으로 이끈 출판계의 원로이다. 만약 샤루이팡이 없었더라면 장위안지는 상무인서관에 들어갈 수 없었을 것이고 장위안지가 들어가지 않았다면 상무인서관 역시 민국시기 출판의 제일 대가가 될 수는 없었을 것이다.

1904년 상무인서관이 출판한 최신 국문교과서. 장위안지가 상무인서관을 주관하던 초기 주로 교과서를 편찬하여 국내 출판시장을 독점했으며 이것으로 상무인서관은 확장의 절정기를 맞이하였다. 문학과 역사를 출판의 방향으로 정한 것은 이후의 일이었다.

장서가로서의 장위안지는 상무인서관의 무대에서 선본 고적을 수집, 보존, 교정, 정리하고 출판하는 데 있는 힘을 다하였다. 청말 민초의 장서계에 격렬한 변화가 발생했는데, 신식도서관이 유신인사들의 호소로 출현하고 개인 장서업은 생존의 위기에 직면하게 되었다. 이와 동시에 전통적인 개인 장서업은 가족경제력의 약화로 지속적으로 도서의 양을 늘여갈 수 없어서 점차 쇠락의 길로 나아갔다. 당시 인쇄업이 빠르게 발전하고 도서를 보존하고 복사하는 기술이 나타나면서, 개인 장서업의 쇠락은 피할 수 없었다. 마음은 있으나 보존할 방법이 없던 학자들은 전통문화의 생존과 명운을 위해 상무인서관에 관심을 기울였다. 1904년 장위안지가 상무인서관 편역소 도서실의 기초 위에서 함분루涵芬樓를 건립하였는데, 이후 함분루涵芬樓는 고적선본을 수장한 저명한 장서루로 발전했다. 함분루涵芬樓의 첫 번째의 중요 고적은 차이위안페이蔡元培의 소개로 구매한 사오싱紹興의 쉬수란徐樹蘭의 용경주사재熔經鑄史齋의 50여 궤의 장서였다. 이로부터 장위안지는 "국내의 장서가 나오게 되면 전력을 다해 수집"하였다. 그는 고적선본을 "서방에 가서 구하고 장서가에게 애걸하였는데, 가깝게는 베이징과 난징에 갔고, 멀리는 해외로까지 달려갔으니" 마음을 다하여서 여력을 남기지 않은 것이라 하겠다. 용경주사재의 장서를 구매한 뒤에 징위안지는 창저우長洲 장씨蔣氏의 진한십인재秦漢十印齋의 장서, 광둥廣東의 펑순豊順 딩씨丁氏의 지정재持靜齋의 장서, 청나라 종실 성씨盛氏의 의원意園 장서, 타이창太倉 구씨顧氏의 수문재溲聞齋 장서를 사들였다. 경양涇陽 돤씨端氏로부터 송대 간행본『육신주문선六臣注文選』, 징저우荊州 톈씨田氏로부터 송대 황산푸黃善夫가 간행한『사기史記』, 남북송시기 간행된 합배본合配本『남화진경南華眞經』을 수확하고, 난하이南海 쿵씨孔氏로부터 송대 간행된 원수본元修本『자치통감資治通鑒』을 얻었고, 하이닝海寧 쑨씨孫氏로부터 송대 경원慶元 판본『춘추좌전정의春秋左傳正義』, 푸저우본撫州本『춘추공양전해고春秋公羊傳解詁』, 송대

사오싱 간행본『후한서後漢書』을 구했고, 우청烏程 장씨蔣氏의 밀운루密韻樓에
서『영락대전永樂大典』10여 책을 구했다. 개인 장서업이 쇠락의 길을 걸을
때, 상무인서관의 함분루涵芬樓는 하나의 거대한 보물단지처럼 흩어진 사가
의 진본 도서들을 수집했다. 1904년부터 1932년까지 함분루涵芬樓가 수장한
고적은 3,203종, 29,713책이며, 양저우揚州 허씨何氏에게서 구매하였으나 아직
목록을 만들지 못했던 약 40,000책, 각 지방지 2,641종, 25,682책이 있었다.
비극적인 것은 이런 귀중한 문화재부들이 일본인에 의해 1932년에 화재로
훼손되었다는 것이다. 장서가의 후예로서 장위안지는 고향의 문헌을 보존하
고 수집하는 데도 공헌하였다. 1941년에까지 장위안지는 자싱부嘉興府 선현의
유저遺著 476부, 1,822책을 수장하였다. 하이옌의 선현이 남긴 355부, 1115책을
구하였다. 장씨張氏 선대의 저술과 평론교정을 간행한 것 104부, 856책이
있다. 이후 이 책들을 모두 합중도서관合衆圖書館에 기부하였다.

장위안지가 백납본百衲本 24사二十四史
를 교감한 것의 필적. 과학적인 방식과
유사한 역사학 교감은 장위안지가 평생
역사학을 연구하는 데 특별한 위치를
차지했는데, 바로 고증학자가 고증교
감한 것과 같아서, 상무인서관에서 출
판한 역사문헌저작을 반박할 여지가 없
게 하였다.

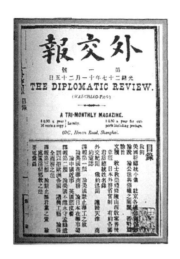

『외교보外交報』는 장위안지, 차이위안페이蔡元培 등이 1901년에 창간한 것이다.

학자로서의 장위안지는 그가 고적 진본을 구매하고 고서를 영인출판한 것과 밀접한 관련이 있다. 상세히 말하자면, 장위안지는 우선은 출판가였고, 그 다음에 학자였다. 출판과 학문을 하는 것이 하나로 융합되어 빼어난 대가가 된 사람은 현대 중국학술사상 오로지 장위안지 한사람뿐이다. 장위안지의 학술성과를 보면 그는 문헌학자, 교감학자였을 뿐 아니라 저명한 역사학자였다. 문헌학자로서 장위안지는 직접 『사부총간四部叢刊』, 『속고일총서續古逸叢書』, 『백납본이십사사百衲本二十四史』와 『총서집성초편叢書集成初編』을 출판했다. 이 4대 총서를 출판한 패기는 물론이고 이 4대 총서를 교감, 정리, 연구한 거대한 성과는 누구도 이 서재 같은 문헌 학자가 한 것과 비교할 수 없다. 『사부총간四部叢刊』은 하나의 거대한 총서이며 경, 사, 자, 집류의 서적 323종이 수록되어 있다. 이 총서는 함분루에 소장된 것을 위주로 하면서 동시에 상무인서관의 사회적 지명도와 장위안지의 영향력을 활용해서 그 시대의 공적·사적 장서가에게 선본, 진본, 고본을 샅샅이 빌려 교감하여 이상적인 판본을 얻으려 했다. 장위안지는 『4부총간 四部叢刊』의 선본, 진본, 고본 고적을 위해, 대량의 교감기록, 발문을 저술한 것은 그가 고전문학을 정리하고 연구 하는 것에 깊은 학식이 있었음을 나타낸다. 만약 장위안지가 주관하지 않았다면 최근 전통학술문화의 연구 는 서적을 매우 많이 잃었을 것이다. 『속고일총서續古逸叢書』에 수록된 것은 모두 보기 드문 진본이며, 고적판본학과 문헌학에서 중요한 가치를 지니고 있다. 또한 이 책은 원본을 복사하여 인쇄한 영인본이지, 간본이나 사본을 저본으로 하여 출판한 것이 아니었기 때문에, 출판업계와 장서업계, 학자들에게 크게 중시되었다. "백납본百衲本"이라는 이름은 청대 장서가 쳰쩡錢曾이 『독서민구기讀書敏求記』에서 제일 먼저 제출한 것으로서, 각종 판본을 사용하여 유실된 점이 있어도 서로 보충되어 완벽하게 됨을 의미한 다. 장위안지가 모아서 출판한 『백납본이십사사百衲本二十四史』는 판본의 배치에 매우 심혈을 기울였다. 그가 모아서 출판한『백납본이십사사百衲本二十四史』는 사학자들에게 이상적인 모델을 제공했다. 이런 기초적인 학술 작업은 학술의 진보를 촉진시켰다는 적극적 의미가 있다. 『총서집성초편叢書集成初編』은 실용과 희귀성을 중심으로 하여, 장위안지는 총서백편의 선택 편집의 원칙을 정하였고, 『총서백부제요叢書百部提要』를 썼다. 이 총서는 6000종, 27,000여 권을 출판할 계획이었다. 그 후 실제로 3,467책을 출판했다. 역사학자로서 장위안지의 주요한 학술적 공헌은 『납사교감기衲史校勘記』를 저술한 것이다. 이 책의 원고는 백 수십 책인데, 그 가운데 출판된『교사수필 校史隨筆』은 『납사교감기衲史校勘記』의 천백만분의 일이다. 『교사수필校史隨 筆』은 대학자 장위안지의 학문이 박식하고 심광하다는 것을 보여준다. 『교사수필校史隨筆』에는 장위안지의 평생의 역사 연구의 정수가 담겨있다. 주지하다시피 장위안지의 학문방법은 건가학자의 학술노선이었다. 그는 『교사수필校史隨筆』의 자서自序에서 "나는 왕광루王光祿의 『십칠사상곽十七史

商榷』, 첸궁잔錢宮詹의 『이십이사고이卄二史考異』를 읽고 오늘의 정사를 믿을
수 없다고 의심하게 되었다."고 하였다. 푸쩡샹博增湘이 『교사수필校史隨筆』
의 서문을 작성하면서 장위안지의 저작은 "박학하고 단아하며 넓으면서
세밀하게 살폈으며 무릇 의심이 생기면 소통하여 증명하였다. 또한 착오를
만나면 글을 따라 바로 잡았고 빠진 글이 있으면 역시 모두 여러 책을
인용하고 널리 자료를 모아 신뢰가 생긴 연후에 기록했다. 시간과 노력을
다해 찾아내어 서로 밝힘이 정밀하였다"고 하였다. 장위안지는 역사를
교감하며 의심하여 부족한 부분을 보충하고 잘못을 바로 잡고 순서를
정리하였다. 넘치는 것을 수정하고 주관적인 것을 고치고 증명하였으며,
오독을 바로잡고 차이와 공통점을 교정하였다. 옛글자를 보존하고 속자는
바로 잡고 문체와 방식을 드러내며 시비를 바로잡고 빼버린 것을 바로
하고, 이전의 수정한 것을 바로 하여 현대 중국 문헌 교감학 영역에서
뛰어난 저작을 저술했다.[1]

　청조와 중화민국, 중화인민공화국의 각기 다른 시대를 겪으며 청조의
한림에서 대출판가가 되어 93세에 별세한 장위안지는 근현대역사상의
많은 학자들과 교류하였다. 장위안지의 선배 학자들은 민국 이후에 대부분
청의 유신을 자처하면서 시대와 함께 나아가지 못했다. 동료학자들은
모두 학계의 중견으로서 신식학문의 선구가 되었다. 후배학자들은 단호하
고 돌진하여 장위안지의 훈도를 받아 직접 유럽과 미국으로 유학을 하여
현대학술의 창립자가 되었다. 동료학자들 중에서도 차이위안페이는 장위
안지와 과거에서 동기 급제한 진사인데, 모두 한림원의 서길사庶吉士가
되었다. 장위안지는 무술유신운동의 지도자의 한명이었고, 차이위안페이
는 유신파에 가까웠고 특히 탄쓰퉁을 따랐다. 장위안지와 차이위안페이의

---

1)　王紹曾, 『近代出版家張元濟』增訂本, 商務印書館, 1995, 170-180쪽.

공통점은 모두 문화교육사업에 열심이었다는 것이다. 남양공학南洋公學때 그들은 동료였고 후에 함께『외교보外交報』를 창간했다. 장위안지가상무인서관에 들어간 것도 차이위안페이와 큰 관련이 있다. 1902년에상무인서관 편역소 소상을 맡은 차이위안페이는『소보蘇報』사건 때문에지명 수배되었다. 다음 해 장위안지는 남양공학 역서원 원장직에서 사퇴하고 상무에 가맹했으며 차이위안페이의 편역소 소장을 대신 맡았다. 그후 차이위안페이는 베이핑에서 베이징대학을 관리하고 많은 인재를 양성했고, 장위안지는 상하이에서 상무인서관을 맡았으니, 청조의 두 명의동년 진사, 동년 한림이 북과 남에서 현대중국의 문화학술 무대에서 중요한역할을 하게 된 것이다. 예더후이葉德輝와 장위안지는 동년 진사이지만정치적인 견해는 같지 않았다. 예더후이는 후난에 있을 때 시무학당時務學堂의 량치차오 등 신파 인물들을 공격했던, 후난성의 유명한 수구파였다.그는 저명한 판본목록학자이며 장서가였다. 그의『서림청화書林清話』,『서림여화書林餘話』는 근대의 유명한 고적판본학 저작이다. 장위안지는 고적의출판, 보관, 교감과 간행 등을 하면서 예더후이와 알게 되었다. 장위안지가『백납본이십사사百衲本二十四史』를 출판하게 된 중요한 동기는 바로 예더후이의 영향을 받았기 때문이다. 먀오취안쑨繆荃孫은 전국적으로 유명한 판본학자, 장서가, 사학자로서 장위안지의 선배이다. 장위안지는 고서를 수집하고 판본을 감정하며 고적을 출판하는 등의 방면에서, 항상 그에게 도움을청했다. 상무인서관에 들어간 후에 장위안지는 장서가 류청간劉承幹, 쉬나이창徐乃昌, 장루짜오蔣汝藻 등과 가깝게 지냈다. 장위안지가 고적을 출판하는데 제일 큰 힘을 썼던 사람은 판본목록학자 푸쩡샹이었다. 장위안지와중화민국의 교육총장직을 맡았던 이 판본목록학 대가 사이의 편지가 지금까지 보존 된 것이 30만 자나 된다. 주시쭈朱希祖는 베이징대학 교수이며장타이옌의 제자인데, 장위안지의 동향 하이옌 출신의 저명한 역사학자이

다. 주시쭈는 고향의 문헌을 수집하는 것을 좋아하였는데, 장위안지 역시
같은 취미를 지녔다. 장위안지와 주시쭈는 50통의 편지를 교환하면서,
주로 고대저작에 대한 관심을 표현하였다. 학술계의 선배로서 장위안지는
후스, 천위안, 쑨위슈孫毓修, 후원카이胡文楷, 셰궈전謝國楨 등의 후배학자들과
학술교류를 계속하였다.

6

깊은 연원을 갖는 것은 국학國學뿐

● 장타이옌章太炎 학기 ●

　19세기말에서 20세기초, 시대와 사회의 전환기에 중국학술은 전형적인
과도기적 특징을 보였다. 이는 두 가지 방면에서 나타난다. 학술발전의
내재논리에서 분석하면, 전통적 학문 방식은 확실히 사회 변혁시대를
전환적으로 돌파할 필요가 있었다. 학자를 하나하나 생명의 개체로서
관찰하면, 서열과 세대에서 구성된 인적 관계에서도 필연적인 역할의
전환이 나타나야만 한다. 신구, 고금, 국학과 서학, 전통과 현대는 장타이옌

章太炎이 살았던 청말 민국시기의 학술사상계에서 격렬히 충돌하고 충격을 주면서, 사상의식에서 새로움을 추구하고 학문적인 기상이 넓으면서 백과전서百科全書식의 학식을 갖춘 대학자들을 양성, 육성하였다. 장타이옌은 두 세기를 거친 학자로서, 19세기말 특유의 교육체제와 학술연구 조건 아래 심후한 국학적 학문수양을 갖췄을 뿐 아니라, 근본을 돌이켜서 새것을 열고 체계를 분명히 한 20세기 학술의 특징도 지니고 있었다.

장타이옌의 필적. 장타이옌은 이전에 제자 첸쉬안퉁錢玄同에게 이 전자체篆字體로 교실 칠판을 대신 쓰게 하였다.

우리가 지금 20세기 중국 100년 학술문화유산을 분류할 때, 장타이옌은 세기초 학술사상 첩경에서 괄목할 자료이자 경이로움인 동시에, 난해한 언어와 사상, 오만하면서도 고집스러운 기개와 인격은 답답하고 심난하게도 느껴진다. 당대의 보기 드문 국학대사를 어떤 정신적 힘이 학學과 술術,

정치적 주변과 국학의 중심에서 방황하면서 심지어 끊임없이 동요하게 한 것일까?

장타이옌의 스승 위웨俞樾. 쩡궈판에게서 수학한 위웨는 청말의 저명 고문자 학자로서, 그의 학문방법은 완전히 왕녠쑨王念孫, 왕인즈王引之 부자의 고증학 방법을 따랐고, 장타이옌에게 미친 영향이 매우 컸다. 그러나 위웨의 고전소설에 대한 흥미가 장타이옌에게는 조금도 계승되지 않았다.

장타이옌1869-1936은 "학문에 본원이 있다學有本源"는 국학과 그 전수 체계에서, 현대의 학술사 연구자들에게 "여항학파余杭學派"로 칭해지는데, 장타이옌이 저장浙江 위항현余杭縣출신이기 때문이다. 전통적 학자 가문 출신으로 심후한 가학家學 연원과 자질이 총명한 기인이라는 것은 장타이옌의 국학 기상 중의 여러 특성을 길러낸 결정적 요소들이었다. 장타이옌의 증조부 장쥔章均은 건륭시기 위항의 향신鄕紳으로서 100만 위안의 자산가였다. 장쥔은 "현학縣學에 들어가 생도를 더 늘리기 위해" 하이옌현海鹽縣에서 유학을 가르쳤다. 한 지역의 부호였기 때문에 장쥔은 일만 위안 이상을 기부하여 남소서원南菁書院을 세워 인재를 육성하였다. 동시에 장씨의장章氏義莊과 가숙家塾을 세워 "자제가 유가 경전에 통달하도록 가르쳤다." 장타이옌의 조부 장젠章鑒은 광서제光緖帝 시기의 국자감생으로서 어려서 샹메이뤼項梅侶 선생으로부터 "경학과 산학을 익히고", "백과학술을 배우게 되었다." 장젠은 고서를 수집하는 것을 좋아하여 송, 원, 명대 판본고적의 수장이 5000권에 달했다. 그는 중년 이후에는 의술을 좋아하여 주·진周·秦에서 청대에 이르는 옛 처방들을 무수히 암송하였는데, 종종 무료로 가난한 이들을 치료해 주어 세간의 평판이 매우 좋았다. 장타이옌이 중국고대의학 연구 분야에서 조예가 매우 깊었던 것은 그의 조부 장젠이 의술에 정통했던 것과도 큰 관계가 있다. 장타이옌의 부친 장쥔章浚은 어려서 학문을 매우 좋아하였는데, 가문에 장서가 풍부하여 어려서부터 외우고 익혔으며 시 짓는 것을 매우 좋아하였다. 장쥔에 이르렀을 때, 전란을 당하여 장씨 가문은 점차 쇠락하게 되었다. 장쥔은 가세가 몰락했을지라도 학문에 계속 뜻을 두었으며, 타인의 뜻을 따르지 않았고 행동이 매우 근엄하였다. 장타이옌이 그 부친을 회고하기를 "처음에 익힌 것은 과거 공부에 불과하였는데, 선고先考께서 당시에 장서목록과 평생 동안의 사우師友들의 학행을 예로 들어 경계하시니, 여러 자식들이 이로 인해 분발하여 학업에 힘썼다."고 하였다.[1] 장타이옌이 9세 때, 외조부 주쭤칭朱左卿이 경전을 읽혀 가르쳤는데, 계속해서 "4년을 공부하니 경서의 의미를 조금 알게 되었다." 외조부는

---

1) 章太炎, 「先曾祖訓尊君祖國子君先考知縣君事略」, 傅傑 編, 『自述與印象: 章太炎』, 上海三聯書店, 1997, 24-25쪽.

또 장타이옌에게 명청 시대부터의 사적을 강술해 줬는데, 그가 아직 어려 잘 이해하지 못했을지라도 대강의 인상은 갖게 되었다. 장타이옌의 외조부는 하이옌 주씨海鹽 朱氏였는데, 유학으로써 일가를 이루었다. 후에 장타이옌은 오랫동안 경사대학당 사학계의 주임을 맡았던 주시쭈를 제자로 두었는데, 그는 장타이옌의 외조부 주쥐칭 집안의 후손이었다. 주시쭈의 시대에 하이옌의 주쥐칭 가문은 이미 쇠락하였다. 장타이옌의 맏형 장젠章箋은 장타이옌이 학술에 입문하는 데 있어 매우 중요한 인물이었다. 장젠은 장타이옌보다 16세 손위였는데, 그는 10세에 『논어』를 암송하였고, 매우 일찍 깨우쳐서 "오경을 삼년에 익혔다." 그러나 장젠은 과거에서는 그다지 뜻을 이루지 못하였고, 50세 무렵에는 자싱부嘉興府에서 가르쳤다. 장타이옌은 『자정연보自定年譜』에서 장형 장젠으로부터 받은 영향에 대하여 다음과 같이 썼다. "당시에 경서에 대한 것을 장형 젠을 통해 들었는데, 이에 구씨顧氏의 『음학오서音學五書』, 왕씨王氏의 『경의술문經義述聞』, 하오씨郝氏의 『이아의소爾雅義疏』를 읽고서 곧 깨달음이 있었다. 이로부터 오로지 경을 익히는 데 뜻을 두고 글은 반드시 옛 것을 본받았다."

　　장타이옌을 학술 종주로 삼은 학자들은 민국시기 학술문화, 사상영역에서 큰 영향력을 갖춘 학파였다. 이 학파가 다룬 학술연구 과제는 현·당대의 거의 모든 학과체계를 포괄한다. 장타이옌 학술의 광폭함과 정밀함은 이 학파가 근원을 따져서 지류에까지 미치고 매우 오래도록 전승되게 한 중요한 한 요소였다. 장타이옌의 풍부하고 폭넓은 학문적 기상을 연구하려 할 때, 명청시대 학풍의 전환으로 거슬러 올라가지 않을 수 없고, 저명한 고문경학자인 그의 스승 위웨俞樾를 언급하지 않을 수 없다.

　　청말 학계에서 위웨는 전형적인 전통시대의 걸출한 유종儒宗이었다. 건가乾嘉 시기 이래의 사장詞章, 의리義理, 고거考據에 대해서, 위웨가 모두 정통하고 또한 독자적인 발전을 이루어서 당대의 모범이 되었다. 저장

더칭德淸 출신의 이 대학자는 항저우의 고경정사詁經精舍에서 31년간 산장山長을 맡으면서, 훌륭한 대유학자人儒學者들을 많이 키워냈다. 장타이옌은 21세에 위웨로부터 경학을 배웠는데, 고경정사에서 8년간 훈련받는 동안 그 유명한『춘추좌전독春秋左傳讀』을 썼고, 이때부터 청말 경학계에 이름을 알렸다. 위웨에게 학문의 연원을 둔 타이옌학파가 민국시기에 꽃을 피웠으니, 그 끼친 영향이 크다 하겠다. 위웨의 증손자 위핑보俞平伯는 가학을 계승하여 제자와 사서에 집중하고 문학에 심취하여 현대『홍루몽紅樓夢』연구의 효시가 되었는데, 증조부의 가르침이 확연하였고, 후세인들이 이를 뒤따라 계승하였으니, "홍학紅學"이 일시에 큰 성황을 이루게 되었다.

　『영화본살천석일시永和本薩天錫逸詩』에서 우리는 근대 호상학파湖湘學派 지도자 쩡궈판이 위웨의 학식을 매우 존숭하였고, 그 식견이 정치하고 광대함에 탄복하여, 당시 학계를 향해 찬양하기를 "진정한 독서인眞讀書人"라고 한 것을 안다. 위웨 또한 이로부터 스스로 면려勉勵하여, 일본의 한학자 시마다 칸島田瀚이 집교輯校한『영화본살천석일시』에 서문을 써줄 때, "진정한 독서인"라는 칭호를 겸손히 시마다에게 주었다. "진정한 독서인"이란 말을 예서체로 써내리니, 소박하면서도 웅건한 힘이 있으며 특히 고상한 우아함이 있었다.『청사고・유림전淸史稿・儒林傳』은 일본 문사가 일찍이 위웨 문하에 집지執贄하였다고 하는데, 확실히 믿을만한 증거가 있고, 의거한 바가 있는 것이다. 일찍이 쩡궈판이 위웨를 "진정한 독서인"이라고 격찬할 때, 위웨와 동시대인이며 쩡궈판과 동향인 왕런추王闓秋가 크게 불만을 품었는데, 위웨의 학문은 근본도 별 볼 일이 없다고 여겼다. 왕런추는 「논독서문경論讀書門徑」에서 위웨가 "향숙의 견문으로 성황의 전책을 가늠하나 식견이 천박하니, 어찌 꿰뚫은 바가 있다고 기대하겠는가"라고 하였다. 왕런추는 일찍이 쩡궈판을 만나 묻기를, 그가 위웨를 칭찬하여 "학문과 글쓰기를 좋아함이 온 천하에서 뛰어나다"고 한 것에 대하여 이해할 수 없다고 하였다. 당시 쩡궈판은 직접 왕런추에게 "인푸蔭甫(위웨의 자字)는 스스로 당세의 명망가가 되었으니, 문림文林에서 따라잡을 수가 없다"고 설명하니, 왕런추가 여전히 고집스럽게 "어른께서 칭찬하시니, 바로 다른 사람들을 빠져들게 하는 것이 족하다"고 여겼다. 왕런추의 심리에는 문인들이 서로 경시하는 느낌이 좀 있는 것 같다. 왕런추가 쓰촨四川의 존경서원尊經書院의 문생 랴오핑廖平과 교류하면서, 일찍이 저장학계에서 명성을 떨치고 있던 위웨에게 도움을 청했다. 랴오핑은 가르침을 받들었고, 위웨 또한 경솔히 대답할 수 없었는데, 랴오핑은 경전에 대한 의혹이 점점 커졌다. 민국기에 들어 위웨는 장타이옌이 쓰촨에서 유학하는 것에 크게 만족했으나, 청두成都에서 활동하지는 않았다. 랴오핑은 경학에 박학다식하였기 때문에 국고國故에 대해 여러 가지 논의를 벌였던 장타이옌도 꺼리는 바가 있었다. 그러나 장타이옌은 시종 본사 위웨를 존숭하여, 위웨가 "모든 것에 한결같은 의로움을 두는데, 태산도 움직이지 못한다"고 하였다. 그러나 왕런추는 "서한西漢을 높이 논하나 실증에 그릇됨이 있고, 대의를 떠나

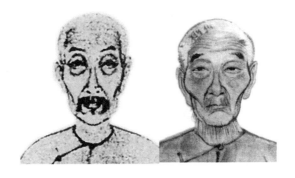

왕녠쑨, 왕인즈 부자. 이는 마치 학술적 조상과 같고, 청대 건가고증학은 왕씨 부자의 수척한 용모에서 처럼 강인함, 수수함, 그리고 정밀함으로 드러난다.

과장됨이 섞여있다"고 비평하였고, 랴오핑에 대해서는 "경전으로 하여금 도서의 부명符命으로 삼았다."며 배척하였다. 장타이옌은 고문경학의 입장에서 문제를 비판한 것이지만, 여기에 다소 감정적인 면도 뒤섞여 있었다.

위웨의 학술은 가오유高郵의 왕녠쑨王念孫과 왕인지王引之 부자를 스승으로 삼고서, 모든 것을 스승의 법칙에 따라 연구한 것을 토대로 했다. 근40년간 위웨는 왕인지의 『경의술문經義述聞』을 본받아 『군경평의群經平議』를 지었고, 왕녠쑨의 『독서잡지讀書雜誌』를 따라 『제자평의諸子平議』를 썼으며, 왕인지의 『경전석사經傳釋辭』를 계승하여 『고서의의거례古書疑義擧例』를 썼다. 이는 청말 경학, 자학子學, 소학小學연구 영역에 종지부를 찍는 저작이었다. 심지어 위웨의 학술은 청대 정통 고거학의 종결을 나타내는 것과 같다고 할 수 있다. 장타이옌이 그의 스승을 평하기를, "『군경평의』를 연구함이 『술문述聞』의 자세함과 같지 않고, 『제자평의』와 비슷하다"고 하였다. 량치차오는 『중국근삼백년학술사中國近三百年學術史』에서 위웨의 『고서의의거례』의 전반부는 "고대문법서"이고, 후반부는 "교감비결校勘秘訣"이라고 언급하였다. 진정한 명사는 스스로 출중하니, 위웨가 세상을 떠난 후, 한 폭의 대련對聯이 이점을 잘 설명해준다. "제자와 군경평의 두 가지는 오문吳門 절수浙水에 있던 우려寓廬(위웨가 거주했던 집에 대한 별칭)에서 삼년에 걸쳐 완성하였네." 위웨는 쑤저우의 곡원曲園과 춘재당春在堂, 항저우의 유루兪樓, 우태선관右台仙館에서 다량의 학술저작을 저술하였는데, 그의 『춘재당전집春在堂全集』, 『곡원일기曲園日記』, 『우태선관필기右台仙館筆記』는 근대학술사의 중요 자료다. 위웨는 장타이옌의 학문을 형성하는 데 있어 지극히 중요한 학자이나, 위웨와 장타이옌은 각자 다른 시대에 속했고, 정치이념과 사상의식 면에서도 매우 차이가 컸다. 장타이옌이 타이완으로 피신해 지낼 때 만주족을 반대하고 청을 망하게 할 것反滿亡淸을 강력하게 주장하였는데, 위웨는 이를 격렬히 반대하였다. 위웨는 장타이옌이 "불충불효不忠不孝"하다고 확신했고, 장타이옌을 사문에서 축출하였다.
장타이옌은 이에 그 유명한『사본사謝本師』를 지어, 스승과 사제관계를
끊어냄을 선포하였다.『사본사』의 전문은 다음과 같다. "내가 십육칠세에
경술經術을 공부하기 시작하여, 조금 자라서는 더칭德淸의 위 선생을 섬겼는
데 계고의 학稽古之學에 대해서만 말했을 뿐, 일찍이 문장과 시, 부에 대해서는
물어본 적이 없었다. 선생은 사람이 어찌 성색聲色을 좋아하지 않을 수
있겠는가라고 하셨지만, 나는 유독 이런 것을 피하였다. 8년을 드나들며
배움을 받았다. 얼마 후에 일이 있어서 타이완에 여행을 갔다. 타이완은
이미 일본에 종속되었는데, 돌아가서 다시 선생을 뵈었을 때, 선생이 갑작스
레 '듣자하니 타이완에 갔다면서. 너는 걸핏하면 숨기는데, 과거科擧공부에
힘쓰지 않고 감추기를 좋아하니, 량훙梁鴻, 한캉韓康과 같구나. 지금 외국에
가 부모의 능묘를 등지니 불효다. 오랑캐를 탐구할 것을 공언하는 화독을
온 나라에 펼쳐 황제를 욕보였으니 불충이다. 불효불충하니, 사람이 아니구
나. 너는 온세상에 네 죄상을 낱낱이 드러내야 할 것이다.'라고 하였다.
선생이 사람들과 교류할 때 말의 기운이 사나움이 이처럼 심한 적은 없었다.
선생은 이미 경서를 공부했고, 또 융적은 승냥이와 같다는 학설에 대해서도
널리 봤을 텐데, 어찌 이런 건 깨닫지 못하고, 구구한 말로 스스로를 변호하
려드는가. 오랑캐에게 벼슬을 구하고 그들의 녹봉을 먹은 게 아닌가.
예전에 다이쥔戴君과 취안사오이全紹衣가 나란히 천명을 더럽히고 속인
것인데, 선생은 (이들이) 관직을 받았다는 사실을 가지고 가짜 관리라고
하였다.(그렇다면) 본래부터 있던 백성들을 위한 관리도 아니고 군주를
위한 것도 아니니, 취안사오이, 다이쥔과 똑같은 것이다. 어찌 오랑캐에게
은혜를 느껴서 그 악을 간절하게 가리려하는가. 선생은 고대의 음훈에
통달하였으면서도 취안全과 다이戴가 주장했던 것을 고치지 않고 그것을
받들어 익혔으니, 비록 양슝楊雄과 쿵이다孔穎達가 온다 한들 더 추가할

수 있겠는가!'2) 거의 300자에 달하는 이 글은 장타이옌이 32세에 쓴 글이다. 스승에 의해 사문에서 축출당하여 장타이옌은 매우 괴로웠으나, 오만하고 순종적이지 않았던 그는 결코 굴복하지 않았고, 기꺼이 앞장서서 스승과 길을 달리 하였다. 위웨와 사제관계를 단절할 때, 당시 아직 명망이 낮았던 장타이옌은 이전에 루이안瑞安에 가서 쑨이랑을 스승으로 삼고자하는 뜻이 있었다. 문학, 음운과 제자학으로써 강남 학단에서 저명했던 쑨이랑은 장타이옌의 학술을 매우 중시하여, "그대는 당시에 양절兩浙 지방 경사經師들의 우러름을 받았고, 중국의 음운과 훈고의 세세한 점을 밝혀낸 데 있어서는 그대가 가장 빼어나니, 혹시 그대의 스승의 일을 가지고서 그대를 비판하는 자가 있다면, 내가 반드시 온힘을 다하여 그대를 변호하겠다."라고 하였다.3) 위웨, 쑨이랑 외, 장타이옌의 학문에 대하여 비교적 큰 영향을 미쳤던 학자로는 가오짜이핑高宰平, 탄셴譚獻, 황이저우黃以周도 있다. 가오짜이핑은 삼례三禮를 연구하고, 송명宋明의 유가 경서를 매우 좋아하여, 교감과 훈고 방면에서 라오취안勞權, 다이왕戴望이 학문의 벗이었다. 가오짜이핑은 매우 엄격하게 학문을 수련하였는데, 과장된 담론을 하지 않고, 자신을 단속하는 것이 매우 엄격하였고, 노년에 이르러서도 책을 손에서 놓지 아니하였으며, 기억력이 매우 출중하여 경문의 출처를 숙지하였으나, 구법舊法을 고집하고 대의를 보지 않으면서 장구의 분석에만 얽매이는 유생도 아니었다. 장타이옌이 가오짜이핑에게 학문을 배울 때, 가오짜이핑은 이미 75세의 고령이었다. 가오짜이핑은 장타이옌에게 "꿋꿋이 참고 견디고堅苦忍形", "품행이 쇠퇴하지 않게操行不衰"하며, "한결같이 전적을 연마하는刻志典籍" 학자군자가 될 것을 요구하였다. 탄셴은 이전에 후베이湖北 경심서원經心書院에서 강연할

---

2) 朱維錚, 薑義華 編注, 『章太炎選集』, 上海人民出版社, 1981, 121-123쪽.
3) 劉成禺, 『世載堂雜憶』, 遼寧教育出版社, 1997, 109쪽.

때, 사서오경 연구에서 미언대의微言大義를 논하기를 즐겼고, 금문경학파에 경도되었다. 그는 사학詞學을 매우 깊이 익혔고, 『복당사록復堂詞錄』, 『복당문집復堂文集』을 저술하였다. 장타이옌은 황이저우를 저둥통유浙東通儒라고 칭송하였다. 황이저우는 장쑤江蘇의 남청서원南菁書院에서 15년을 가르쳤는데, 강남의 수많은 저명학자들이 그 문하에서 나왔다. 장타이옌은 황이저우에게서 그의 "엄중한 경학"을 배웠다. 장타이옌은 황이저우가 "널리 학문을 닦고 예의를 바르게 하며博文約禮, 군자(의 가치)를 몸소 행하였다躬行君子"고 평하였다. 장타이옌이 글쓰기에서 옛것을 잘 본받고, 생소한 고문자를 사용하기를 즐겼던 것은 그가 가오짜이핑, 탄셴, 황이저우와 같은 명사의 영향을 받은 것과 관련이 깊다.

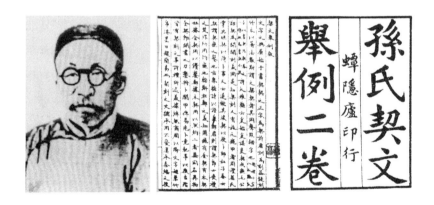

쑨이랑과 그 첫 번째 갑골문 연구서 『계문거례契文舉例』. 뤄전위의 동생 뤄전창羅振常이 창판한 음은려蟬隱盧에서 그의 저작을 간행하였는데, 갑골학사甲骨學史, 판본학사版本學史의 위치는 거의 홀시되었다.

동문 학우 중에 장타이옌과 학문을 절차탁마하고 그에게 직접적 영향을 준 이들도 상당히 많았다. 쑹수宋恕와 장타이옌은 항저우杭州 힐경정사詁經精舍

동문인데, 위웨 문하의 양대 고족高足이었다. 쑹수는 장타이옌의 학문에
큰 영향을 끼쳤다. 쑹수1862-1910는 저장浙江 핑양인平陽人으로서, 자는
핑쯔平子, 호는 류자이六齋다. 항저우 구시서원求是書院에서 교편을 잡고
있던 때, 친푸전陳黼宸, 천추빙陳虯井과 함께 "저둥삼결浙東三傑"이라 불렸다.
장타이옌보다 7년 연상인 쑹수는 장타이옌의 학문을 상당히 추앙하였고,
장타이옌에게 보낸 편지에서 그를 "위문의 제일류兪門第一流"라 부르기도
했고, 자신의 일기와 친구들에게 보낸 서신에서도 장타이옌을 칭찬하였다.
그는 벗 왕류탄王六潭에게 보낸 편지에서, "항저우에서 새로이 일어난 학인
들 가운데, 행함이 의롭고 분별함이 통달한 것은 마땅히 쑨중위孫仲輿가
최고이고, 훈고사장訓詁詞章은 마땅히 장메이수章枚叔(장타이옌)가 최고이
며, 종교공리에 있어서는 곧 쑤이칭穗卿이 최고다. 만일 유송劉宋의 사학四學
으로써 세 사람을 평하자면, 쑨은 유학이고, 장은 문학과 사를 겸하였고,
샤夏(쑤이칭, 샤쩡유)는 곧 현학玄이다."라고 하였다. 장타이옌이 후광총독
湖廣總督 장즈둥에 의해 쫓겨난 후에, 쑹수는 곧 스승 위웨에게 청하기를,
스승의 벗인 후난순무湖南巡撫 천바오전陳寶箴에게 사정하여 장타이옌이
후난에서 발전을 모색할 수 있게 해달라고 하였다. 쑹수는 다시 스승에게
장타이옌의 근황을 알리면서, 장타이옌이 "그 뜻과 행함이 높고, 문장이
고아한데, 그 풍파에 찌든 행색으로 말하자면 견줄 게 없을 정도였습니다."
라고 하였다. 량치차오에게 보낸 편지에서는, "위항余杭의 경학문장은 오늘
날 저장에서 실로 그와 대적할 자가 없습니다."라고 썼다.[4] 장타이옌은
쑹수가 자신의 학술에 미친 영향에 대하여 "서른 살 무렵, 쑹핑쯔宋平子와
사귀었다. 핑쯔가 불서를 읽을 것을 권하면서, 처음에는 『열반星槃』, 『유마
힐維摩詰』, 『기신론起信論』, 『화엄華嚴』, 『법화法華』 등의 책들을 보고, 점차

---

4) 胡珠生, 「宋恕與章炳麟交往資料」, 『中國哲學』第9輯, 生活·讀書·新知三聯書店, 1983.

현묘한 경지로 나아가게 하고 (어떤 것 하나만을) 전문으로 하여 파고들게 하지는 않았다."[5] 이로부터 장타이옌이 불학을 연구한 것은 쑹수와 매우 관련이 깊음을 알 수 있다. 장타이옌이 위웨 사문에서 제적된 후에 사사한 스승은 쑨이랑인데, 그는 쑹수의 장인 쑨챵밍孫鏘鳴의 조카다. 쑨이랑의 서거 후, 장타이옌은 그를 위해 통곡하며, 쑹수에게 이 일을 언급하였다. 장과 쑹, 이 두 사람의 관계는 매우 밀접했다 하겠다. 샤쩡유도 장타이옌이 불학을 연구하는 데 영향을 미쳤던 저명한 학자다. 샤쩡유1863-1924(자는 쑤이칭穗卿, 항저우인杭州人)는 청말 민국초의 저명한 불학자이자 사학자다. 그의 『중학중국역사교과서中學中國歷史敎科書』는 백년 사학계 최초의 장절체 중국통사로서, 현대학술사에 광범위한 영향을 미쳤다. 장타이옌은 27세에 샤쩡유와 친구가 되었는데, 그는 장타이옌에게 불학을 연구하라고 열렬히 권하였다. 샤쩡유의 학문은 금문경 위주여서, 장타이옌의 학술 관점과는 서로 달랐다. 장타이옌은 『자정연보自定年譜』에서 "쑤이칭은 총명하여, 당시에 필적할 만한 이가 드물었고, 괴이한 논의를 바로잡은 것 또한 많았다." 장타이옌은 샤쩡유와 그의 내외종형 왕캉녠汪康年이 주관하는 『시무보時務報』의 저술을 맡았고, 이때부터 힐경정사를 떠나 정치와 학술의 길에 오르게 되었다.

---

5) 章太炎, 「自述學術次第」, 傅傑 編校, 『章太炎學術史論集』, 中國社會科學出版社, 1997, 391쪽.

민국 23년, 장타이옌은 쑤저우蘇州로 거처를 옮겼다. 후에 장은 국학강습회를 창립하였고, 진쑹천金松岑 등과 불화하였기 때문에, 반월간지 『제언制言』을 창간하였다.

장타이옌의 학술 공헌은 그의 제자 루쉰의 견해에 따르면 다음과 같다. "나는 선생의 업적은 혁명사革命史에 있고, 사실상 학술사에서의 업적보다 훨씬 위대하다고 여긴다."[6] 이는 당연히 루쉰 한 개인의 견해다. "학술의 화려한 곤룡포를 입고서 순수하게 유종儒宗이 된" 국학대사로서, 현대중국 학술에서 장타이옌의 지위는 누구도 비교할 수 없고, 감히 이를 바랄 수조차도 없다. 장타이옌의 명저 『국고논형國故論衡』, 『국학개론國學概論』, 『문시文始』, 『검론檢論』과 그의 제자가 각인한 『장씨총서章氏叢書』, 『장씨총서속편章氏叢書續編』 등은 백년 중국 학계의 중요 저작으로서, 문학, 사학, 경학, 음운학, 제자학 등 영역에 풍부한 학술 유산을 제공하였다. 장타이옌은 평생 수많은 근대 학자들과 사귀면서, 그 소원하고 친밀한 정도는 달랐는데, 자신과 학술주장이 일치하지 않는 학자들에 대해서는 있는

---

6) 魯迅, 「關於太炎先生二三事」, 『魯迅雜文選』, 上海人民出版社, 1973.

힘을 다하여 비난하였다. 왕런추는 장타이옌의 스승 위웨와 동년배의
저명 학자로서, 공양경학公羊經學이 그의 학술의 주된 영역이었다. 장타이옌
은 그를 매우 얕잡아 보았다. 캉유웨이는 청말 금문경학의 대가인데, 장타이
옌은 역시 진력을 다해 공격하였다. 장타이옌은 『여등실서與鄧實書』에서
"근세의 문사 왕런추는 그 울타리에서 노닐면서 오히려 겉만 번지르르한
것을 중시하는 기풍에 물들 일이 많았음에도 오히려 홀로 거기에 나아가지
않았다고 할 수 있겠습니다. 캉창쑤康長素는 때때로 좋은 말을 하기는 하지
만, 약간 속이는 점이 있고 멋대로 하는 측면이 있습니다."라고 하였다.
왕런추의 제자 랴오핑과 캉유웨이의 제자 량치차오가 장타이옌의 학술
관점에서는 모두 조롱거리였던 것은 다름이 아니라 그저 고문경학을 지켜
내기 위해서였을 뿐이다. 현대문화사상계의 저명학자인 량치차오는 의외
로 장타이옌의 학술성과에 대하여 매우 높이 평가했는데, 그는 『청대학술개
론淸代學術槪論』에서 장타이옌은 청학淸學 정통파의 전군殿軍이고, 새로운
지식으로써 구학舊學에 이로움을 덧붙이니, "정통파의 연구법을 응용하여,
그 내용을 확대하고 그 새로운 길을 개척하니, 실로 빙린炳麟은 크게 성공하
였다."고 하였다. 피시루이皮錫瑞는 근대 호상학파湖湘學派의 중심 학자인데,
그는 왕런추, 왕셴첸 등과 학술적으로 매우 밀접한 관계였다. 피시루이의
『경학역사經學歷史』, 『금문상서고증今文尙書考證』, 『오경통론五經通論』 등은
청말 경학사經學史에서 중요한 논저다. 피시루이의 경금문학經今文學 주장과
장타이옌의 고문경古文經이 팽팽히 대립했는데, 장타이옌은 이전에 『피시
루이의 삼서를 반박함駁皮錫瑞三書』을 지어 피시루이의 경금문학 관념을
격렬히 비판하였다.

장타이옌이 주편한 중국동맹회中國同盟會의 기관지인 『민보民報』와 발간사.

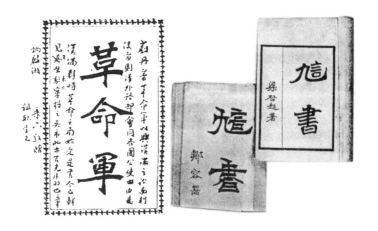

왼쪽: 『혁명군革命軍』은 장타이옌의 제첨본題簽本.

오른쪽: 장타이옌의 첫 번째 정치, 학술논문집으로, 1900년 초의 각본刻本, 량치차오 서명과 1904년의 수정본 쩌우룽鄒容 서명. 『민보』를 주편하고 『구서訄書』를 집필한 것은 장타이옌이 정치와 학술 사이에서 오락가락한 것을 나타낸다. 그 핵심은 문자로써 혁명하고, 문자로써 학술하는 것인데, 루쉰魯迅이 장타이옌이 학술사보다 혁명사에서 그 공헌이 크다고 한 것은 이러한 측면의 의미를 은밀히 내포하고 있는 것 같다.

그러나 장타이옌은 청대 경학사에서 피시루이의 지위를 그래도 비교적 높게 평가하였다. 장타이옌의 스승 위웨는 "소학小學을 익히는 것은 상주商周의 이기彝器를 수집하는 것이 아니다"고 하였는데, 장타이옌이 이 전통을 계승한 것 같다. 그는 청말에 나타난 갑골문자를 불신하고 위조품으로 간주하였다. 이는 뤄전위, 왕궈웨이가 갑골학을 창도하고 연구하였던 것과는 분명히 다르다. 그러나 삼체석경三體石經 연구 방면에서는 상통하는 학술적 흥미가 있었다. 후스는 신파 학자들의 영수로서, 장타이옌의 학문도 매우 존중하였다. 후스는 『중국철학사대강中國哲學史大綱』상권을 출판한 후에 장타이옌에게 한 권을 증정하며 그의 의견을 구했다. 장타이옌은 후스가 장자 철학을 연구할 때, 단장취의斷章取義해서는 안된다고 답장을 하였다. 「류이정柳詒徵과 학술을 논함與柳翼謀論學書」에서 장타이옌은 후스에 대해서도 전혀 거리끼지 않았다. 훗날 후스는 자신의 일기에서, 장타이옌이 "학술적으로 이미 반쯤 말라비틀어졌다."라고 썼다. 이는 아무래도 좀 감정적인 것이었다. 장타이옌의 학술이 하나의 강대한 학파를 형성한 까닭은 그의 주위에 첸쉬안퉁, 황칸, 우청스吳承仕, 주시쭈朱希祖, 선젠스沈兼士, 마헝馬衡, 저우수런周樹人, 쉬서우창許壽裳, 차오쥐런曹聚仁, 마쭝레이馬宗霍, 장량푸蔣亮夫, 쑨스양孫世揚 등등과 같은 대단한 제자들이 있었기 때문이다. 이들은 모두 현대 중국학술사의 중요 공헌자들이다.

7

"신사학新史學"의 최선봉

● 량치차오梁啓超 학기 ●

　량치차오梁啓超는 청말 학술사상계에 폭풍우를 몰고 온 인물이다. 한 세대의 천재 사상가로서 량치차오는 중국현대학술발전사상 선지선각자로서, 특유의 천부적 창조력으로 시대를 뛰어넘는 정신과 사상의 지혜를 풍부하게 하였다. 더욱이 량치차오의 지혜와 재사, 신정신의 추구가 없었다면 20세기의 중국인문학은 암담하고 빛을 잃었을 것이다. 한 시대는 반드시 그 시대의 학술사상가가 있지만 량치차오처럼 기상이 높고 유려하며 걸출

한 학자는 말할 것도 없이 백년에 한번 있을까 말까 할 것이다. 이미 량치차오는 문화사의 연구대상으로 그의 학술관념과 연구결론은 시간의 흐름에 따라 역사의 풍랑 속에서 드러났다. 역사의 한 수레바퀴를 따라 후인은 백년간의 학술변혁의 궤적을 회고할 때 량치차오가 그린 발자국에 멈춰서 머물면서 량치차오라는 역사인물이 그의 시대에 어떠한 학술유산을 남겼는가를 탐구하지 않을 수 없다.

량치차오 1873-1929는 광둥廣東 신후이新會사람이다. 광둥廣東은 중국근대사의 첫 장이 열린 곳으로 식민과 반식민의 색채가 농후했다. 광저우가 오구통상 최초의 도시 중 하나이고 홍콩香港 또한 영국의 식민지였기에 광둥은 "오랑캐의 분위기"와 "서양식"의 분위기가 많이 들어왔기 때문이다. 또한 광둥사람들은 대체로 상인이 많아 학문을 경시하여 학자들은 무시당하고 학술의 사승도 적어 광둥·광시廣西의 학술과 문화는 대개 강남과 중원에 비해서 낙후되어 있었다. 그러나 이 지역에서 많은 근대사상의 대사건이 발생하여 진보적인 지식인들은 해외로 눈을 돌리게 되었고, 그들은 자발적으로 서구에서 기술과 문화, 정치, 사상, 학술을 배운 선지자가 되었다. "청말의 광저우는 본래 문풍이 흥성한 곳이며 저명한 서원은 학해당學海堂, 월수粵秀, 월화粵華, 광아廣雅와 국파정사菊坡精舍 등 다섯 곳이었다. 이러한 서원의 산장은 대다수가 유명한 '석학 통유'로 총독, 순무, 학태로 임명되어 모두 존경을 표하였다."1) 량치차오의 출생 전후의 사회환경과 문인의 기풍이 이러하였다. 근대역사에서 광둥 출신 중에 지도자가 된 인물로는 정치의 쑨중산, 학계에서의 캉유웨이, 량치차오가 있다. 쑨중산이 없었으면 청나라는 멸망하지 않았을 것이고 량치차오가 없었더라면 현대의 학술문화는 발전하지 못했다고 할 정도이다.

---

1) 柯安, 『"萬木草堂精神"及其他』, 『學林漫錄』三集, 中華書局, 1981, 1쪽.

량치차오의 가학家學은 확실하다. 그의 아버지 량바오잉梁寶瑛은 향신鄕紳이었고 전통적인 유가의 전적에 대해 익숙했다. 량치차오의 할아버지 량웨이칭梁維淸은 유명한 수재秀才였는데, 그는 8명의 손자들 중에서도 량치차오를 제일 좋아했다. 량치차오는 일찍 글을 깨우쳤는데, 네다섯 살 때 그의 할아버지는 그에게 『사서四書』, 『춘추春秋』, 『시경詩經』을 가르쳤다. 6세 때 량치차오는 『오경五經』을 다 읽었다. 소년시절에 량치차오는 『사기史記』, 『강감역지록綱鑑易知錄』 중의 많은 문장을 암기했다. 량치차오는 『사기史記』에서 80-90여 편의 문장을 능숙히 암기했다. 량치차오가 만년에 자기의 제자 셰궈전謝國楨 앞에서 둥중수董仲舒의 『천인삼책天人三策』을 낭송해서 셰궈전은 많이 놀랐다고 한다. 량치차오는 웃으면서 "내가 『천인삼책天人三策』을 외우지 못한다면 어찌 만언서를 올릴 수 있었겠는가!"[2] 라고 하였다. 9세 때 량치차오는 이미 9000자의 문언문을 썼다. 량보오잉梁寶瑛이 자신의 아들이 천재인 것을 알고 기뻐할 때 량치차오에 대한 요구는 더욱 엄격해졌고 자신을 보통의 아이들과 같게 보지 말도록 가르쳤다. 동시에 그에게 『한서漢書』, 『고문사류찬古文辭類纂』을 보내 량치차오가 학업에 더 노력하도록 격려했다. 량치차오는 12세 때 광저우廣州 학해당에 들어가 돤위차이段玉裁와 왕녠쑨王念孫의 훈고학을 익히기 시작했다. 학해당은 칭 가경 연간에 양광총독 롼위안阮元이 창립한 것이다. 이 학당은 학생들에게 훈고와 사장 학문을 가르쳤는데, 학술적으로 매우 엄격한 기풍을 형성했다. 량치차오는 학해당에서 3년을 수학하였고 학업에서 큰 수확이 있었다. 후에 량치차오는 자신이 학해당에서 학습한 상황을 추억하면서 "천지간 사장과 훈고의 학문을 하는 외에는 학문이라는 것이 있는지 알지 못했다."고 하였다. 이것으로 학해당 시기에 량치차오가 얼마나 심취했었는가를 알 수 있다.

---

2) 謝國楨, 『瓜蒂庵小品』, 北京出版社, 1998, 60쪽.

량치차오가 학해당에서 경서를 충분히 공부한 후 16세 때 광둥에서 향시에 참가하여 8등으로 거인에 급제했다. 이듬해 그는 처음으로 상경해서 회시에 참가했는데 결국 낙방했다. 같은 해에 량치차오는 동학 천첸추陳千秋의 소개로 광둥의 근대 금문학자 캉유웨이를 알게 되어, 그는 학해당에서 캉유웨이가 주관하고 있는 만목초당萬木草堂으로 전학해서 캉유웨이의 문하생이 되었다. 량치차오는 『삼십자술三十自述』에서 처음에 캉유웨이와의 만남을 소개하고 있는데 "당시 나는 소년 과거합격생으로 시류에 따라 훈고와 사장학을 중시하고 좀 안다고 득의양양해 했었다. 선생이 큰 목소리로 수 백년간 무용의 구학문이라고 조목조목 반박하였다. 스스로 살펴보니 냉수를 뿌린 듯 갑자기 깨닫게 되어 일단 옛것을 버리고 뭘 해야 할지 막막하면서도 기쁘기도 하고 놀랍기도 하고 원망스럽기도 하고 겁나기도 하고 의심스럽기도 하여 침상에서도 밤늦게까지 잠들지 못했다. 다음날

캉유웨이. 광저우 만목초당萬木草堂에서 제자들에게 수업할 때 량치차오는 캉유웨이가 "넓은 바다에서 나는 바다 소리 같고, 사자처럼 포효했다."고 하였다.

다시 찾아 방침을 배우길 청하니 선생이 루주위안陆九渊과 왕서우런王守仁
심학心學을 가르쳐주고 또한 역사와 서학西學의 대강을 알려주어 이때부터
구학문을 버리고 학해당을 나와 남해에서 공부하게 되었는데 평생의 학문
이 여기에서 비롯되었다."고 하였다. 당시 캉유웨이의 따끔한 경고는 젊은
량치차오를 놀라게 하고 의아하게 했고, 이때부터 그는 스승인 캉유웨이를
따라서 학술연구 영역에서 전문적 연구를 하고 정치상에서 진취적이 되어
근대역사상의 저명한 계몽사상가이자 정치가가 되었다.

　　캉유웨이1858-1927는 광둥 난하이南海사람으로 공명세가 출신이다. 그
의 조부 캉짠슈康贊修는 롄저우連州에서 교사를 하였고 주자학에 능통했으
며, 작은 할아버지 캉궈치康國器는 광시 순무였다. 캉유웨이의 부친은 요절
하였고, 그의 초기의 스승은 조부인 캉짠슈康贊修였다. 캉유웨이는 18세
때 광둥廣東의 유생 주주장朱九江 선생으로부터 학문을 익혔다. 주주장은
캉유웨이 조부가 경외하는 벗으로서, 사학에 능통하고 경세치용의 학문을
하였다. 그는 "사행오학四行五學"을 학문방법으로 내세웠는데 "4행이라는
것은 효제를 실행하고 명절을 숭상하여 기개와 절개를 변화하고 엄숙하고
장중한 태도를 갖추는 것이다. 또한 5학은 경학, 문학, 장고학, 성리학,
사장학이다."3)라고 하였다. 이것은 캉유웨이가 이후에 학문을 하고 정치활
동에 종사하는데 큰 관련이 있다. 량치차오는 캉유웨이의 학술은 "공자학과
불학, 송명이학을 체體로 삼고 사학과 서학을 용用으로 삼았다"고 하였다.4)
캉유웨이의 『공자개제고孔子改制考』, 『신학위경고新學僞經考』는 청말의 학술
기풍을 변화시키고 문화의 창신을 자극한 중요한 저작으로 당시 학술계에
서는 이를 중국사상계의 큰 돌풍이라고 칭했다. 량치차오가 학해당으로부

---

3)　康有爲, 『我史』, 江蘇人民出版社, 1999, 6쪽.
4)　梁啓超, 「南海康先生傳」, 康有爲, 『我史』, 244쪽.

터 만목초당으로 옮겨 캉유웨이의 문하생이 된 것은 량치차오의 학문에 있어서 중대한 전환점이 되었다. 캉유웨이가 교내에서 가르침을 게을리 하지 않는 정신은 량치차오를 포함한 많은 제자들에게 큰 영향을 수었다. 량치차오가 만년에 회고를 하면서 "선생은 매번 정오가 지나면 고금학술의 원류를 강의하기를 매 2-3시간을 하는데, 강의하는 사람도 듣는 사람도 지루해하지 않았다. 한번 들을 때마다 모두 기뻐했으니 스스로 얻음이 있다고 여겼기 때문이며 돌아가 다시 생각하고 음미하면서 더욱 오래 지속하였다."라고 하였다. 캉유웨이는 금문경학의 중진이며 무술변법의 기수였다. 량치차오가 캉유웨이의 학술의 경로를 수용한 이후 캉유웨이와 같이 유명한 급진적 사상가가 되었다. 특히 변법유신을 선전하고 문화혁명을 제창하며 사상계몽 방면을 선전하는데 있어서 량치차오는 자신만의 천재적인 창조력과 청년들 특유의 새롭고 날카로움으로써 있는 힘을 다해서 당시 문화사상에 새로운 바람을 불어 넣었다. 량치차오는 그 후 정견의 차이로 인해 스승 캉유웨이와 갈라섰다. 량치차오는 "캉유웨이는 고정관념이 지나치고 나는 고정관념이 너무 없었다."고 하였다.5)

량치차오는 "신사학新史學"의 개척자다. 1902년으로부터 량치차오는『신민총보新民叢報』에『신사학』을 발표했고, 이것은 현대중국사학이 전통성에서 당대성으로 전환하는 것을 드러내는 것이었다.『신사학新史學』이 제목인 이 논문은『중국의 구사中國之舊史』,『사학의 계설史學之界說』,『역사와 인종의 관계歷史與人種之關系』,『논정통論正統』,『논서법論書法』,『논기년論紀年』총 6편의 문장으로 되어 있다. 량치차오의 기타 저작과 마찬가지로『신사학』도 미완성 작품이다. 그러나『신사학』이 20세기 첫 시기에 출판되어 백년 사학의 발전에서 지표가 된 의의는 명확했다. 량치차오가『신사학』에서

---

5)　梁啓超,『清代學術概論』, 上海古籍出版社, 1998, 89쪽.

제창한 핵심적 주장은 "사학계의 혁명史界革命"이다. 왜 "사학계의 혁명"을 제기했고 어떻게 "사학계의 혁명"을 실행해야 할지, 어떻게 "사학계의 혁명"을 실현하는 가에서 제출된 학술목표는 량치차오의 글 속에서 어느 정도 서술되었다. 량치차오는『신사학』서두인『중국의 구사中國之舊史』에서 거리낌 없이 솔직하게 전통사학의 4가지 폐단을 지적했다. 첫째 왕조가 있는 것만 알고 국가가 있는 것은 모른다. 둘째 개인이 있는 것은 알지만 집단이 있는 것은 모른다. 셋째 옛 자취를 이야기하는 것만 알고 현재의 일을 알지 못한다. 넷째 사실事實이 있는 것은 알지만 이상理想이 있는 것은 모른다. 또한 역사학자의 두 가지 병폐는 상세히 글을 서술할 줄 알지만 감별하여 취사선택할 줄 모른다는 것과 인습에 따를 줄은 알고 창작은 할 수 없다는 것이다. 량치차오는 마지막으로 "사학계의 혁명이 일어나지 않으면 우리나라는 구원될 수 없다. 만사에 이보다 더 큰 것이 있겠는가!"라고 하고 반드시 무엇이 역사인가, 무엇이 사학인가를 알아야 한다고 호소하였다. 량치차오는『사학의 계설史學之界說』에서 "역사라는 것은 진화의 현상을 서술하는 것이고, 인간 진화현상을 서술하는 것이며, 인간의 진화현상을 서술한다는 것으로써 그 공리와 공례를 구하는 것이다"라고 인식하였다. 그의『중국역사연구법中國歷史研究法』,『중국역사연구법 보편中國歷史研究法補編』등 저작에는 역사와 사학, 역사이론과 사학이론 등 학술명제에 대해 비교적 깊은 연구와 탐구가 들어있다. 량치차오의『청대 학술개론淸代學術槪論』,『중국근대삼백년학술사中國近三百年學術史』,『고서진 위와 그 연대古書眞僞及其年代』등 저작은 모두 다른 각도에서 중국의 역사와 문화, 학술과 사상을 연구한 걸작이다.

中国近三百年学术史

梁启超 著

北京市中国书店

리치차오가 청대학술사淸代學術史를 정리해 집대성한 저작. 훗날 "근대 300년
학술사近三百年學術史"라는 논저는 대개 량치차오를 모방한 것이다.

세기를 뛰어넘는 사상천재와 문화거성이던 량치차오는 청말에서 민국
초까지 여러 문학자와 학술대가들과 광범위하게 교류하였다. 량치차오는
황쭌셴黃遵憲의 초빙으로 『시무보時務報』의 주필을 맡았다. 당시 장타이옌은
고경정사詁經精舍를 졸업하고 이 신문사에 글을 싣게 되면서 량치차오와
알게 되었다. 그러나 그들의 학술주장이 물과 불 같아서 량치차오와 장타이
옌은 반목했다.

개량파改良派의 간행물. 량치차오는 스스로 붓끝에 늘 감정을 지닌 문자라고
했는데, 개량파의 간행물에 비교적 많이 반영되어 있다. 이러한 문자는
량치차오의 정치 개혁에 대한 노력과 추구를 설명해 준다.

이에 『시무보時務報』에 장타이옌의 문장을 싣는 것을 량이 반대하자,
장타이옌의 사형 쑹수宋恕가 량치차오에게 편지를 보내서 량치차오가 "올바
른 사람이 아니다"라고 하는 것에 이르렀다.[6] 왕궈웨이는 현대 국학대사로
서 그는 갑골문, 은상사, 둔황학, 몽원사, 금석학, 판본 목록학 등 학술영역에
서 모두 뛰어난 공적을 냈다. 량치차오는 만년에 칭화국학연구원에서
왕궈웨이와 동료가 되었다. 왕궈웨이가 호수에 뛰어들어 죽은 후 량치차오
는 매우 슬퍼했으며 만련 뿐 아니라 추도사를 쓰고 『왕징안 선생 기념호王靜
安先生紀念號』의 서문을 작성하여 왕궈웨이의 학술성과를 높이 평가했다.
그는 자신의 딸 량링셴梁令嫻에게 보낸 서신에서, 왕궈웨이의 학술성취에
대해서 매우 높이 평가하면서 "왕궈웨이의 학문방법은 매우 새롭고 세밀하
였다. 올해 51세였으니 만약 수명을 10년이라도 연장했다면 중국학계의
발전은 끝이 없었을 터인데."라고 하였다. 『왕징안 선생 묘전 추도사王靜安先

6) 胡珠生, 『宋恕與章炳麟交往資料』, 『中國哲學』第9輯, 446쪽.

生墓前悼辭』에서 량치차오는 "근 2년 이래 왕 선생은 연구원에서 우리들과 늘 함께 지내면서 우리들에게 막대한 감화를 주었고, 점차 하나의 학풍을 이루게 했다. 이러한 학풍이 확충되어 간다면 중국학계의 중진이 될 수 있을 것이다."[7]라고 히었다. 칭화국학연구원의 학생 류판쑤이劉盼遂는 자신의 스승 량치차오와 왕궈웨이를 기억하면서 "량치차오 선생님의 집의 창은 밝고 책상은 깨끗하며 큰 탁자위의 서적이 정연하게 놓여 있었다. 그가 흥미진진하게 이야기하면 사람들이 보자마자 빠져든다. 왕 선생은 반대로 탁자에 많은 책들이 쌓여 있었으며 자신이 작업할 수 있는 조그마한 자리만 남아 있었다. 사람을 만나서는 무슨 말을 해야 할지 몰랐다."[8] 량치차오는 샤쩡유, 탄쓰퉁, 류스페이劉師培, 천싼리, 황제黃節, 덩스鄧實, 천인커 등 학자들과 모두 교분을 나눴다. 량치차오가 창사의 시무학당時務學堂에서 총교습으로 있었을 때, 그리고 칭화국학연구원에서 지도교수로 취임했을 때 많은 우등생들을 배출했다. 창사長沙에서 량치차오는 『호남시무학당학약湖南時務學堂學約』을 제정하고 경학, 자학, 사학, 서학 등의 과정을 설립해 학생들을 양성했다. 량치차오가 시무학당에 있을 때의 제자로는 리빙환李炳寰, 린쿠이林圭, 차이어蔡鍔, 양수다楊樹達가 있다. 차이어는 민국을 재건하기 위한 호국운동에 큰 공헌을 하였던 근대역사상의 저명한 인물이다. 학술계에서 큰 공헌을 세운 제자로는 후난이 적인 양수다가 있다. 양수다1885-1956는 창사長沙인으로서, 20세에 일본으로 유학을 갔으며 귀국 후에는 오랜 세월 동안 대학에서 교편을 잡았다. 양수다는 갑골금문, 문자훈고, 언어학 등 학술영역에서 중요한 공훈을 세웠다. 양수다의 중요한 저작으로는 『사전詞詮』, 『고등국문법高等國文法』, 『중국수사학中國修辭學』,

---

7) 陳平原, 王楓 編, 『追憶王國維』, 中國廣播電視出版社, 1998, 96쪽.

8) 矗石樵, 鄧魁英, 「懷念劉盼遂先生」, 『學林漫錄』八集, 中華書局, 1983, 79쪽.

『적미거소학술림積微居小學述林』, 『적미거금문설積微居金文說』, 『적미거갑골
문설積微居甲骨文說』이 있다.9) 칭화국학연구원에서 직접적으로 량치차오의
학술을 전수 받은 사람은 야오밍다姚名達, 우치창吳其昌, 양홍례楊鴻烈, 류제劉
節, 세궈전 등이 있다.

1925년에 칭화대학 국학연구원 일부 교사들과 찍은 단체 사진. 앞의 왼쪽부
터 리지李濟, 왕궈웨이, 량치차오, 자오위안런趙元任. 이 사진에는 칭화국학
원의 저명한 지도교수들이 모여 있는데 민국시기 중국학술의 최고 수준을
대표하고 영향을 끼친 칭화학파淸華學派의 탄생을 예고하고 있다.

---

9) 申奧, 「錚錚哲人-記先師楊樹達先生」, 『人物』第3輯, 1986.

량치차오가 시무학당의 고지를 위해서 찬을 쓰다.

량치차오의 학술영향력은 대학 강단에서 형성된 것이 아니며 그의 제자들이 전승한 것도 아니다. 20세에 전국 학계에서 명성을 떨친 량치차오는 주로 신문과 잡지 등 새로운 매체를 통해 지식계에 이름을 날렸다. 량치차오는 "치차오의 사상계에서 파괴력은 적지 않고 건설함은 아직 들은 바가 없었다.……치차오가 널리 궁구하였으나 거둬들인 것은 거의 없었고, 학문이 경계를 넘어 더욱 논란을 더하였고 저술한 것은 모호하고 융통성 있는 이야기도 있었고 심지어 순전한 착오도 있어 스스로 발견하여 교정했즉 이미 전후 모순이 있었다! 냉정히 이를 논하니, 20년 전의 답답했던 학계는 이러한 수단을 쓰지 않고서는 새로운 국면을 열 수 없었다. 이러한 점에서 치차오는 신사상계의 교량이다"라고 하였다.[10] "신사상의 교량"으

---

10) 梁啓超, 『淸代學術槪論』, 89쪽.

로서 량치차오는『신민총보新民叢報』에 "중국의 신민中國之新民"이라는 글을
써서 특유의 감성적 문장과 활발하고 경쾌한 사상의 필체로써, 젊은이들에
게 영향을 주었다.

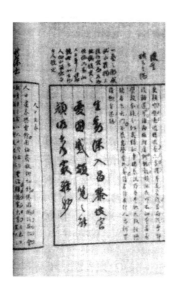

량치차오의 시 원고, 시계 혁명詩界革命의 필적. 량치차오는 "시계 혁명"을
제창했을 뿐만 아니라 "사학혁명史學革命"도 제창했다. 량치차오의『신사학
新史學』,『중국사서론中國史敍論』및 1920년대의『중국역사연구방법中國歷史
研究法』은 20세기 전기 중국사학을 새로운 학술수준에 이르게 했다. 량치차
오는 정치학, 문학, 역사학, 불학, 학술역사, 철학 등 많은 영역에서 체제를
처음으로 개창한 일대 대사였다.

량치차오의 문체에 감화를 받은 20세기의 유명한 학자들, 특히 역사학자
들은 그들의 젊은 시절에 량치차오의 영향을 받지 않은 사람이 없었다.
후스는 미국에서 박사학위를 취득한 후에 귀국하여 베이징대학 교수를
하면서, 신문화운동을 제창하고 백화문을 주장했던 5·4 시기 학술계의

右錄籍忠寅君挽梁任公先生詩

The Late Mr. Liang Chi-Chao (1873-1929)

1929년에 『학형學衡』 제 67기 량치차오 기념 특집호이다. 『학형』은 문화 보수파의 간행물이지만 량치차오의 학문 공적을 높이 평가하고 있는데 이는 소위 신학파들이 량치차오의 서거에 대해 무관심했던 것과 비교해 큰 차이를 보이는 것이다.

지도적 인물이다. 바로 이 유명한 후스도 젊은 시절 량치차오로부터 영향을 받았다. 후스는 『사십사술四十自述』에서 "량선생의 문장은 분명하고 유창하며 열정적이어서 독자로 하여금 그를 따라가게 하고 그가 생각하는 바를 생각할 수밖에 없게 했다.……나는 개인적으로 량치차오 선생에게 무궁한 은혜를 입었다. 지금 생각해보니 두 가지가 분명하다. 첫째는 그의 『신민설新民說』이고 둘째는 그의 『중국 학술사상 변천의 대세中國學術思想變遷之大勢』였다."[11] 후스는 자신의 학술성취로 민국 학계의 지도적 인물이 된 이후 량치차오에 대해서 많은 완곡한 비평을 하였다. 후스는 일기에 량치차오는 "반은 새롭고 반은 구태한 과도적 학자였다"고 하였다. 량치차오가 1929년에 병사한 뒤에 후스는 자신의 일기에서 량치차오에 대해서 평가했다. "비록 재능은 있었지만 체계적인 훈련을 받지 못했고 학문을 좋아했지만 좋은 스승과 유익한 친구를 얻지 못했으며 일찍이 사회에 뛰어들어 빠른 속도로 이름을 날려서 자임함이 너무 많았기에 그의 영향력은 심대했어도 자신의 성과는 미약했다."고 하였다.[12] 뤼쓰몐呂思勉은 현대에 손꼽히는 통사通史의 대가인데, 그는 24사를 3번이나 통독했으며 중국통사, 시대사를 편찬했고 사학이론, 문자학, 중국고대문학사, 철학사 등 여러 학과에 큰 공헌을 했다. 뤼쓰몐은 자신의 인생 궤적을 회상하며 자연스럽게 캉유웨이, 량치차오의 영향에 대해서 언급했다. 그는 "어린 시절 캉유웨이와 량치차오의 학설을 가장 신봉했다. 나는 평생 이름 있는 인사들을 방문하는 것을 좋아하지 않았고 교류를 원하는 사람과도 대개 정중히 거절했는데, 이런 것이 오히려 학문의 수양에 무익했기 때문이다. 그러므로 캉유웨이, 량치차오 두 선생 역시 모두 본 적이 없다. 그러나 사상면에서 두 선생의 영향이 가장 깊어서 사부師父라 할 만하다."[13] 고 하였다. 구제강은 20년대 일어난 "고사변古史辨"파의 주도자로 고사의 고증과 증명, 역사의 허위 분별 등의 방면에서 중요한 성과를 내었다. 구제강은 청년시기에 량치차오 사상의 영향을 받았다. 구제강의 회상에 의하면 "량치차오의 문장처럼 쉽게 통달하면서도 감정이 풍부한 것은 고문에서 읽어본 적이 없었기에 나는 사숙에서 공부를 한 외에 스스로 이 글을 찾아 읽었고, 그 중에『소년중국론少年中國論』,

---

11) 夏曉虹 編,『追憶梁啓超』, 中國廣播電視出版社, 1997, 210쪽.

12) 夏曉虹 編,『追憶梁啓超』, 434쪽.

13) 俞振基,『蒿廬問學記』, 生活·讀書·新知三聯書店, 1996, 223쪽.

『가방관자문阿旁觀者文』 등의 글은 매우 격조가 있어서 더욱 즐겁게 읽었다."14) 고 했다. 궈모뤄, 머우룬쑨牟潤孫, 장인린張蔭麟, 우한 등 저명사학자들은 모두 자신이 량치차오 사상에서 받은 영향에 대해 회고하였다. 이것이 바로 후스가 30년대에 말했던 것처럼, "그 시대에 이러한 글을 읽고 감동을 받지 못한 사람은 한명도 없다."고 한 것과 같다. 량치차오가 청말 민초 문화학술, 사상이론계의 혜성이라는 것은 의심할 바 없을 것이다. 20세기 초 그는 중국 역사의 획을 그은 거대한 사상의 빛이었고 한 시대의 역사가로서 학술계를 가로지른 빛나는 인물이었다.

---

14) 顧頡剛, 「我在辛亥革命時期的觀感」, 『中國哲學』第9輯, 512쪽.

8

"신사학"의 창시자

● 왕궈웨이王國維 학기 ●

　만일 지연地緣에 따라 현대학술가들을 대강 분류한다면, "절학浙學"이
아마 먼저 주도권을 잡고 백년 중국 학계의 제주祭酒가 될 것이다. 저장浙江
출신의 학자들은 당대 중국학술계에 그 숫자로 가장 앞설 뿐 아니라,
수많은 학술연구 영역을 개척해서 수많은 일대의 종사들을 배출해 내었으
니, 그 수는 이루 헤아릴 수가 없다. 저장 하이닝海寧 출신의 왕궈웨이王國維
1877-1927는 "절학浙學"의 대가로서 지난 백년 동안의 사학계에서 움직일

수 없는 위상을 갖는다.

　학술의 숲을 만들어낸 한 세대의 당당한 학자로서, 왕궈웨이가 지닌 학문수양은 후대에서도 그에 필적할 만한 것을 찾아낼 수가 없다. 왕궈웨이는 영어, 일어에 정통하였고, 독일어판 철학 원서도 충분히 읽어낼 수 있었다. 그가 국내의 학술 동향이 아니라 당시 국제학술 무대에서 시선을 집중할 것을 우선 감지하였다. 개방적인 사상적 시야 안에서, 왕궈웨이는 자신의 특유의 감성으로써 당대 학술의 발전법칙을 파악하였다. 이는 왕궈웨이가 학술계에서 종횡무진 활약할 수 있었던 큰 인연因緣이다. 철학자로서의 왕궈웨이는 중국학술계에서 칸트, 니체, 쇼펜하우어와 같은 현대 서양철학자를 연구한 선구자 중 하나다. 문학사학자로서 왕궈웨이의『인간사화人間詞話』,『송원희곡사宋元戲曲史』,『홍루몽평론紅樓夢評論』은 지금까

왕캉녠汪康年과 그가 창간한『시무보時務報』. 22세의 왕궈웨이가 하이닝海寧에서 상하이로 와서 "문화로 생계를 도모한" 첫 번째 정류장이 바로 이 신문사였다.

지 학술계에서 여전히 고전으로 받드는 명저인데, 아직까지 이를 능가하는 후학은 거의 없다. 사학자로서 왕궈웨이의 갑골학, "고사신증古史新證", 문자음운훈고학文字音韻訓詁之學, 고기물학古器物學은 당대 사학계에서 뛰어넘어 설 수 없는 학술공간이었다. 왕궈웨이가 창조하고 이로 인해 거대한 학술적 성과를 이뤄낸 "이중증거법二重證據法"은 당대 학술연구영역에서 수많은 학자들을 매혹시켰다. 그러므로 이러한 각도에서 왕궈웨이의 학술공헌을 관찰하면, 우리는 곧 한 시대의 학술종사學術宗師인 왕궈웨이의 독특한 매력을 깨닫고 이해할 수 있을 것이다.

　현대학술사학자들은 왕궈웨이의 학술사상과 학술성취를 연구할 때, 종종 그와 뤄전위羅振玉를 함께 거론하여 "뤄·왕의 학羅王之學"이라고 한다. 만일 "뤄·왕의 학"을 "갑골금석학"이란 말로 그 범주를 정한다면, 이러한 구분은 그다지 무리가 없다. 문제는 왕궈웨이의 학술성과가 일개 "뤄·왕의 학"으로 포괄시킬 수 있는 것이 아니란 점이다. "뤄·왕의 학"으로 왕궈웨이 평생의 학술공헌을 단순화시켜 개괄하는 것은 분명 단편적이다. 뤄전위는 왕궈웨이의 학술연구에 있어서 확실히 매우 중요한 인물이다. 그러나 왕궈웨이의 학문성과가 모두 뤄전위가 닦아놓은 기초 위에 세워진 것이라고 할 수는 없다. 왕궈웨이는 뤄전위를 알기 전에, 추자유褚嘉猷, 예이춘葉宜春, 천서우첸陳守謙과 함께 당시 사람들에게 "하이닝의 네 재사海寧四才子"라고 불렸는데,[1] 이는 왕궈웨이가 타고난 자질이 뛰어나고 매우 재능이 있었음을 알려준다. 왕궈웨이는 22세에 결혼한 후에 왕캉녠汪康年이 창간한『시무보時務報』에 들어가 동창 쉬무자이許默齋를 대신하여 서기를 맡았고, 서학을 흠모하기 시작하여 신학문에 뜻을 두게 되었다.『시무보』에서 서기를

---

1)　王國華,「王靜安先生遺書·序」, 陳平原·王風 編,『追憶王國維』, 生活·讀書·新知三聯書店, 2009.

하면서 왕궈웨이는 동문학사東文學社에 입학하였는데, 이 때 뤄전위와 알게 되었다. 뤄전위와 동문학사가 도대체 어떤 관계인지는 확실히 규명해볼 만하다. 뤄전위는 『하이닝 왕충각공전海寧王忠慤公傳』에서 "이듬해 나와 우현吳縣의 학박學博이었던 장보푸蔣伯斧(보푸伯斧는 장푸蔣黼의 자)와 상하이上海에 농학사農學社를 만들어서, 동서 각국의 농학서보를 번역하기로 하였는데, 번역 인재가 부족하였고, 마침내 무술년 여름에 동문학사東文學社를 육성하고, 일본의 후지타 토요하치藤田豐八 박사를 교수로 초빙하였다." 뤄전위는 만년의 회고록 『집료편集蓼編』에서도 거의 일치하게 서술하였다. 사실상 동문학사는 결코 뤄전위 일인이 출자하여 창립한 것은 아니다. 『동아학회잡지東亞學會雜誌에 게재한 동문학사 사장社章에 동문학사는 『시무보』의 동인들이 공동 창립했다고 분명히 새겨져 있다. 주요 발기인은 장팅푸蔣廷黼, 디바오셴狄葆賢, 왕캉녠汪康年, 추셴邱憲, 뤄전위다. 왕궈웨이는 경제적으로 곤궁하여 뤄전위가 학비를 주었는데, 이는 동문학사 사장社章의 규정을 이행한 것이다. "학생이 가난하여 수업료를 낼 수 없는 자는 보증인의 보증을 거쳐 사社에 와서 학습할 수 있고 수업료를 내지 않는다. 단 장래 배움이 완성되면 반드시 사에서 번역을 하고 번역료로써 학비를 갚는다. 봉직기간은 배운 햇수다. 번역을 하는 기간 동안 다른 것을 하고자 하는 자는 앞서 담보로 잡았던 것보다 배로 해서 학비를 변상하게 했다." 후에 『시무보』가 정간되었을 때, 뤄전위는 왕궈웨이를 동문학사의 서무로 초빙하였고, 이때부터 왕궈웨이는 뤄전위와의 합작관계를 시작하게 된 것이다. 이 시기는 합작이라기보다는 "다만 공밥을 먹는 것에 늘 마음의 가책을 느끼던 것"으로부터 벗어난 것이었다.[2] 그러므로 왕궈웨이는 일본어를 열심히 배우는 동시에 필사적으로 일본어 간행물들을 번역하였다. 이재에

---

2) 『王國維全集・書信集』, 浙江敎育出版社, 2010, 18-19쪽.

밝았던 뤄전위는 왕궈웨이, 판빙칭樊炳淸 등이 번역한 역사, 지리, 물리,
화학 교과서를 출판하였는데, 매우 잘 팔렸다. 동시에 왕궈웨이는 뤄전위를
대신하여 글을 쓰고, 농학, 교육학 등의 저작을 번역하였다. 그러나 왕궈웨
이는 뤄전위로부터 억압을 받는 것도 매우 많았다. 왕궈웨이는 26세에
장지즈張季直의 초청을 받아 통저우사범학교通州師範學校에서 교편을 잡았다.
왕궈웨이는 장지즈와 3년을 계약하고자 하였으나, 뤄전위가 동의하지
않아서 부득이 1년 계약만을 할 수밖에 없었다. 1년 전에 뤄전위는 상하이에
서 잡지『교육세계敎育世界』를 창간하였는데, 왕궈웨이는 시종 세심하게
잡지에 원고를 썼고, 비단 통저우사범학교에서 수업을 하고 있더라도
마찬가지였다. 1911년 이전에 왕궈웨이의 학술연구는 기본적으로 뤄전위
와 아무 관계가 없었다. 왕궈웨이가 서학을 번역소개한 것에 대해서, 일어와
영어를 배우지 못한 뤄전위는 간여할 수 없었고, 서양철학이론연구와
송원희곡사연구는 뤄전위로서는 너무 요원한 일이었다. 따라서 왕궈웨이
는『자서自序』에서 "나아가자니 사우師友의 도움이 없고, 물러서자니 생계로
인한 제약이 있었다."라고 하여, 왕궈웨이는 서문에서 자신이 "독학시대"에
처했음을 강조하였다. 왕궈웨이의 30세 전의 학문은 완전히 자기 자신이
모색해 낸 것이고, 뤄전위와 어떤 관계가 있었다고 말할 수 없다.

　뤄전위가 진정 왕궈웨이 학술연구에 영향을 준 것은 시간상으로는 신해
혁명 이후이고, 영역 면에서는 갑골금문, 둔황경전, 고기물 등의 영역으로,
그 중에 갑골학에 가장 깊이 영향을 끼쳤다고 할 수 있다. 뤄전위는 갑골학
영역을 창조한 데 공로가 매우 크다. 그러나 만일 왕궈웨이가 갑골문자
자료로써 은殷·상商의 역사를 실증하지 않았다면, 현대의 과학적 갑골학,
나아가 중국상고사는 존재할 수 없었을 것이다. 이러한 의의에서 왕궈웨이
의 역사고증은 갑골학 연구의 신국면을 열었다. 가장 먼저 갑골을 수장했던
이는 금석학자 왕이룽王懿榮이고, 가장 먼저 갑골 탁본을 책으로 인쇄한

것은 뤄전위의 사돈 류어劉鶚이며, 가장 먼저 갑골문자를 연구한 것은 청대 고증학자인 쑨이랑이었다. 뤄전위는 계승자로서 쑨이랑의 고증해석을 가장 불만스러워했다. 뤄전위는 쑨이랑의 『계문거례契文擧例』를 좋게 평가하지 않았는데, 그는 『「은허서계전편」서「殷墟書契前編」序』에서 "중룽仲容 (쑨이랑의 자)은 『창倉』, 『아雅』, 『주관周官』에 조예가 깊은 학자이나, 『거례 擧例』에서는 주지主旨를 상세히 밝혀내지 못하였다."고 하였다. 갑골학 영역에서 뤄전위의 가장 큰 공헌은 있는 힘껏 갑골문 조각을 수집하고 그것을 책으로 엮어 널리 유통시킨 것이다. 그 다음은 처음으로 갑골문자를 고증, 해석한 것이다. 뤄전위의 『은상정복문자고殷商貞卜文字考』는 이 방면에 비교적 중요하고 성취가 있는 대표적 저작이다. 『은허서계고석殷墟書契考釋』이 뤄전위의 저작인가 아니면 왕궈웨이의 저작인가 하는 문제는 아직 학술계의 의견 일치를 보지 못했다. 궈모뤄는 『루쉰과 왕궈웨이魯迅與王國維』에서, "예를 들어 『은허서계석고』는 사실상 왕궈웨이의 저작이나, 뤄전위의 이름으로 서명한 것은 본래 학술계가 모두 아는 비밀이다."라고 하였다. 그러나 뤄전위의 제자 상청쭤商承祚는 「왕궈웨이의 죽음에 관하여關於王國維之死」에서 다음과 같이 썼다. 고고학자 천멍자陳夢家가 그에게 말하길, 『은허서계석고』의 원본이 천멍자에게 팔렸는데, 완전히 뤄전위의 필적이었고 위에 왕궈웨이의 첨주簽注가 있었다는 것이다. 천멍자는 룽겅 옌징대학容庚燕京大學의 연구생인데, 학행學行으로 말하자면, 상청쭤의 후배다. 천멍자는 상청쭤를 집으로 청하여 『은허서계고석』의 원본을 보여줬는데, 상은 이렇게 중요한 일에 대하여 왜 못 들은 체 하였을까? 근 반세기 후에 상청쭤가 지난 일을 또 다시 끄집어내는 것은 확실히 기이하다. 상청쭤는 천멍자가 죽은 후에 『은허서계고석』 원본은 중국과학원 고고연구소에 귀속되었다고 하였다. 천멍자는 1966년에 죽은 사람이고, 현재까지 『은허서계고석』의 원본이 발견되었다는 소식은 전혀 없으니, 이 또한 확실히 이해하기 어려운 일이다. 뤄전위의 손자 뤄지쭈羅繼祖는『「관탕서찰」을 다시 발문함「觀堂書札」再跋』에서, 천명자가 자신이『은허서계고석』을 보았다고 한 사실을 인용하였는데, 정말이지 조부의 무고함을 변호하기 위함이었다. 뤄전위의 외손자 류후이쑨劉蕙孫도 그의 외조부의 억울함을 씻기 위해 글을 썼다. 뤄전위의 후손들이 쓴 이 번안문飜案文들은 그 심리상태가 의심의 여지가 없지 않다. 천명자의 소위『은허서계고석』원본이 발견되기 전에는 성급하게 뤄전위의 저작임이 분명하다고 단언할 수는 없다. 왕궈웨이가『은허서계고석』에 전후서前後序를 써준 것과 이 책에서 왕궈웨이가 당시 이미 발표했거나 아직 발표하지 않은 갑골학 연구성과를 인용했다는 사실로부터

왕궈웨이 왼쪽 첫 번째, 뤄전위 왼쪽 두 번째 등의 단체 사진. 왕궈웨이가 30세 이후에 한 문사고증학文史考證學, 갑골은상사甲骨殷商史 연구는 뤄전위와 절대적 관계를 갖는다. 왕, 뤄의 만년의 관계는 좋지 못했고, 여러 사람의 의견이 분분하여 어느 말이 옳은지 판단할 수 없을지라도, 하나의 핵심은 왕궈웨이가 "오로지 공밥을 먹는다는 것이 항상 마음의 부끄러움을 자극하였던" 것과 깊은 관련이 있는 것 같다.

상하이 창성명지대학_{倉聖明智大學} 시절의 왕궈웨이 오른쪽 첫 번째. 이곳에
서 왕궈웨이는 자신의 명저『은복사중소견선공선왕고_{殷卜辭中所見先公先王}
_考』를 발표하였다.

분석하자면,『은허서계고석』은 뤄와 왕, 이 두 사람의 합동 연구성과라고
해야 할 것이다.

위대한 학자는 반드시 의탁하여 자신의 학문을 탁월하게 만들어내는
학술환경이 있어야 한다. 왕궈웨이가 학술연구의 디딤돌에 올라 학술의
심원한 경지로 바로 들어갈 수 있게 된 것은 그가 교제한 학자들, 장서가들과
매우 관련이 깊다. 청말 민국초에 영향력을 가졌던 유명장서가들의 거의
대부분이 왕궈웨이와 학술적으로 교류하였다. 뤄전위는 어떤 의미에서는
장서가다. 왕궈웨이가 처음으로 갑골문을 접한 것은 뤄전위의 소장품을
본 것이었다. 뤄전위는 비교적 장서를 풍부히 소장하고 있었는데, 주로
새로 나타난 사료들을 집중적으로 수장하였다. 뤄전위는 갑골자료도 비교

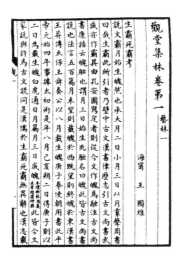

왕궈웨이『관탕집림觀堂集林』의 서영書影. 왕궈웨이 생전에 선정한 학술 전집으로서,『관탕집림』은 장서가 장루짜오蔣汝藻가 출자하여 간행하였고, 이전에『베이징대학일간北京大學日刊』에 판매 광고가 실렸으며, 학술계에 미친 그 영향이 심원하였다.

적 많이 소장하였고, 둔황경서와 한위비각漢魏碑刻 등도 풍부하게 소장하였다. 뤄전위가 일본에서 은거하던 때, 왕궈웨이는 뤄전위의 대운서고大雲書庫를 마음껏 훑어볼 수 있었다. 송원희곡사를 계속 연구하는 것 외에, 뤄전위의 영향 및 당시 학술조건의 한계로 인해 왕궈웨이는 판본목록학, 금석학, 갑골학 연구에 착수하였다. 1916년에 귀국한 후에 왕궈웨이는 상하이의 영국계 유태인 하둔Silas Aaron Hardoon이 세운 창성명지대학倉聖明智大學에서 교편을 잡고,『학술총편學術叢編』을 주편하는 데 전력을 다했다. 하둔의 장서도 매우 풍부했는데, 왕궈웨이는 하둔이 수장한 다종다양한 선본善本 도서들을 실컷 볼 수 있었다. 귀국한 다음해에, 왕궈웨이는 뤄전위와 서신왕래를 통해 갑골문자고석의 학술문제를 빈번히 토론하는 동시에 저명한

『은복사중소견선공선왕고殷卜辭中所見先公先王考』를 발표했다. 얼마 후에는 하둔을 위해『전수당소장은허문자戩壽堂所藏殷墟文字』를 편집하였고,『전수 당소장은허문자고석戩壽堂所藏殷墟文字考釋』을 썼다. 류청간劉承幹은 저명한 장서가인데, 그의 가업당嘉業堂이 근대 지식계에 미친 영향이 매우 컸다. 왕궈웨이가 일본에서 돌아오던 해, 류청간은 상하이에 송사松社를 세우고 왕궈웨이에게 참가할 것을 요청하였다. 류청간은『구서재총서求恕齋叢書』 를 출판하였는데, 왕궈웨이가 이 총서 중 하나인『왕계생연보회전王溪生年譜 會箋』에 서문을 써주면서, 이 책을 매우 높이 평가하였다. 류청간의 간행본 중에서 왕궈웨이가 직접 살펴보고 교정한 것이 5종으로,『희고루금석췌편 希古樓金石萃編』10권,『형통刑統』30권,『백탑산인연보白夯山人年譜』1권,『단씨 이묘연보段氏二妙年譜』2권,『낙범루문집落帆樓文集』24권이다. 왕궈웨이는 연 구를 위해 종종 류청간이 상하이에서 머무는 집에 가서 책을 빌리기도 했는데, 류청간은 늘 선선히 이에 응했다. 먀오취안쑨繆荃孫은 청말의 저명 판본목록학 대가인데, 왕궈웨이가 그에게서 고적판본학 교감감정을 배운 것이 적지 않았다. 일본 망명 기간에 왕궈웨이는 먀오취안쑨과 서신왕래를 빈번히 했다. 왕궈웨이는 먀오취안쑨을 선배로서 존경했으며 그의 학문을 매우 추앙하였다. 먀오춘쑨은 왕궈웨이에게 자신이 편집출판한『우향소습 藕香小拾을 보내주었는데, 왕궈웨이가 이 총서를 매우 높이 평가하여, "실로 최근에 새긴 총서 가운데 으뜸"이라고 생각하였다. 왕궈웨이는 또 먀오취안 쑨에게 편지를 보내어, 그의『운자재감필기雲自在龕筆記가 "한 세대 문헌에 도움이 된 것이 지대하다"고 하였다. 왕궈웨이는 편지에서 먀오취안쑨에게 자신의 학술근황과 연구의 심득心得을 종합하여 보고하기도 하였다. 1914년 7월 17일 먀오취안쑨에게 보낸 편지에서는 "요사이 삼대三代의 학을 전문적 으로 연구하려고 하는데. 먼저 고문자에서 시작하여 차차 송대와 본조本朝 의 여러 학자들의 설을 두루 살펴볼 생각입니다."라고 하였다. 1920년 먀오취안쑨이 상하이에서 병으로 세상을 떠나자, 왕궈웨이는 다음과 같은 만련挽聯을 썼다. "그의 고증학은 경과 전을 포괄하고, 남북에 걸쳐 활동하면서 평생 강학講學 하는 것을 즐겨하였다, 그의 저록은 너무나도 방대하며, 금석에 관해서는 두 가지 책을 남겼는데, 여전히 학계에서 중시되고 있다."고 함으로써, 이 선배학자를 흠모하는 마음을 드러내었다. 장루짜오蔣汝藻는 저장 우청烏程의 저명 장서가다. 1919년 왕궈웨이는 누군가의 소개를 통해, 장루짜오의 밀운루密韻樓를 위해 장서목록을 편찬하였다. 『밀운루장서지密韻樓藏書志』를 쓸 때, 왕궈웨이는 장루짜오의 장서중에서 국내 유일본을 많이 발견하여 안목을 크게 넓혔다. 몇 년간 밀운루장서지를 정리서술하면서, 왕궈웨이는 장루짜오와 친해졌다. 왕궈웨이는 장루짜오를 위해 『전서당기傳書堂記』를 써서, 장씨 가문이 대대로 책을 소장하여 물려준 역사에 대하여 서술하였다.

장루짜오의 취진판聚珍板 덕분에 왕궈웨이의 획기적인 명저 『관탕집림觀堂集林』을 간행할 수 있었다. 왕궈웨이가 초고를 완성하고 뤄전위가 수정한 『관탕집림』 서문에서 왕궈웨이는 자신의 학술연구의 특징을 다음과 같이 총결하였다. "무릇 그대의 학문은 실로 문자와 음운으로부터 시작해서 고대의 제도와 문물을 및 그 제도가 그렇게 된 이유를 고증하였다. 그 학술은 널리 살펴보는 것에서 시작해서 간략함으로 귀결되고, 의혹으로부터 시작되어 진실된 것을 얻고 어그러지지도 않고 미혹되지도 않는 데 힘썼으며, 이치에 부합하고 나서야 그쳤다." 만일 장루짜오가 없었다면 왕궈웨이의 『관탕집림』이 의고疑古라는 학술적 함성 속에서 이렇게 일찍 학술계에 출현하지는 못했을 것이다. 왕궈웨이의 폭이 넓으면서도 정밀한 학술기상은 근대의 유명 장서가들과 슬픔과 기쁨을 같이 했다고 할 수 있는데, 왕궈웨이의 제자 야오밍다姚明達는 스승의 문장을 기념하면서, "신해辛亥 이후 병진丙辰까지 상위上虞의 뤄전위의 서적, 비판碑版, 금석,

갑골을 보았다. 병진 이후 임술壬戌에 이르기까지 영국인 하둔, 우싱吳興의 장루짜오, 류청간의 서적으로 연구하였다. 계해癸亥, 갑자甲子에는 청 왕실의 고서古書, 이기彝器를 검열하였다. 을축乙醜 이후 정묘丁卯까지 칭화학교淸華學校의 도서만을 선택하였다."고 하였다.3) 이는 왕궈웨이의 학술연구와 장서 가들의 불가분한 관계를 매우 분명히 나타낸다.

왕궈웨이 학술연구의 뚜렷한 특징은 자신감이 강하지만 독단적이지는 않다는 점이다. 견강한 학술적 자신감은 성숙한 사학자의 중요한 표지다. 1913년 5월 13일 왕궈웨이는 먀오취안쑨에게 보낸 편지에서 자신이 쓴 『명당묘침통고明堂廟寢通考』가 "모두 금문, 구복문龜卜文에 근거하고, 경서로써 이것을 고증하니, 맞지 않는 것이 없습니다."라고 하였다. 같은 해 11월에 다시 먀오에게 편지를 보내어, 자기가 쓴『진군고秦郡考』와『한군고漢郡考』에 대하여, "내 스스로 보기에 배인裴駰으로부터 시작해서, 본조의 취안全, 첸錢, 야오姚 제가의 쟁론에 이르기까지 모두 이 책에서 하나로 결론을 맺게 되었습니다."라고 하였다. 『유사추간流沙墜簡』을 언급할 때, 왕궈웨이는 먀오취안쑨에 대하여, "지리 부분에 있어서 보충되고 도움되는 것이 가장 많고, 그 나머지 제도와 사물의 명칭에 관계된 것 역시 자못 새롭게 얻은 것이 있다고 하겠는데, 설령 주팅선생竹汀先生(첸다신)과 같은 사람들로 하여금 다시 공부를 하게 한다 하더라도 이를 넘어설 순 없을 것입니다."라고 하였다. 『은주제도론殷周制度論』 저술을 마친 후에, 왕궈웨이는 뤄전위에게 편지를 보내어, "그 대의는 주가 상의 제도를 바꾼 것인데, (아버지를 중심으로 한 부계의) 정통을 중시하는 데서 나온 것이 적자와 서자를 구분하는 제도이고, 이로부터 파생된 것이 세 가지가 있는데, 하나가 종법, 두 번째 상복제도, 세 번째가 위인후爲人後 제도입니다. …… 그 글이

---

3) 袁英光, 劉寅生,『王國維年譜長編1877-1927』, 天津人民出版社, 1996, 354쪽, 재인용.

도합 약 19쪽 분량인데, 이 글이 고증하는 가운데 경세經世의 의미를 담았으니, 가히 팅린선생亭林先生(구옌우)에 가깝다 할 수 있습니다." 왕궈웨이의 학술적 자신감의 원천은 자신의 심후한 학문수양인데, 이는 실제로 그의 학술적 판단력을 반영한 것이기도 하다. 독단에 흐르지 않고 자기만이 옳다며 고집을 부리지 않으려면 학자로서 뛰어난 담력과 식견 그리고 역사적 식견史識을 가져야만 한다. 이 두 가지 조건을 모두 갖추지 못한다면, 그 연구의 결론은 가히 짐작할 수 있다.

왕궈웨이의 유서

왕궈웨이 기념비와 그 비의 음각 탁본. 천인커가 문장을 쓰고, 1929년 칭화대학교 원내에 세움. 천인커는 왕궈웨이 학술의 특성을 규명할 때, 중국학술의 운명에 대하여 크게 주시하였다. 이 비문도 공화국 초기 천인커가 궈모뤄에게 반문하는 하나의 사상 원천이기도 하다.

왕궈웨이와 베이징대학의 제자 구제강의 학술 통신

　한 세대의 학술 대가로서 왕궈웨이는 국내외 저명학자들과 학술교류를 밀접히 하였다. 프랑스 파리학파의 저명 한학자인 엠마누엘 에두아르 샤반Emmanuel-èdouard Chavannes, 폴 펠리오Paul Pelliot는 왕궈웨이와 둔황학敦煌學, 한진목간漢晉木簡방면에 관한 심층토론을 통해 절차탁마의 이로움을 얻었다. 왕궈웨이가 호수에 투신자살하였을 때, 펠리오는 『통보通報』에 왕궈웨이를 기념하는 글을 실었다. 폴리오는 "왕궈웨이의 오랜 친구로서, 나는 그의 이름을 자주 언급했고, 여러 차례 그의 광대하고 풍부한 성과를 인용하였다. 나는 각계 인사들과 함께 나의 동행同行에게 꾸준히 경의를

표해왔으며, 그의 못다 한 작업에 대하여 비할 수 없는 슬픔을 느낀다."고
하였다. 일본의 교토학파京都學派의 저명 한학자인 카노 나오키狩野直喜, 신조
신조新城新藏, 스즈키 토라오鈴木虎雄, 나이토 코난內藤湖南, 하야시 타이스케林
泰輔, 야나이 와타루箭內亙 등이 모두 왕궈웨이와 학문의 우의를 나눴다.
왕궈웨이 사후, 그의 일본인 제자들도 "정안학사靜安學社"를 조직하여 왕궈
웨이의 학술연구정신을 발양하였다. 중국내 학술계에서 왕궈웨이에 대하
여 비교적 크게 영향을 준 것이 선쩡즈沈曾植였다. 선쩡즈는 민국초 국내
"문화유민권文化遺民圈"에서 "석학통유碩學通儒"로 여겨졌다. 선쩡즈는 술이
부작述而不作의 고훈古訓을 준수하였고, 체계적으로 완성시켜 출판한 저작물
은 매우 적었다. 그는 시학詩學, 서학書學, 불학佛學, 율학律學, 사학史學 등의
영역에서 모두 비교적 깊이 있게 수련하였다. 왕궈웨이는 일본에서 귀국한
후에 선쩡즈를 찾아가 음운학을 배우고자 청하였다. 선쩡즈는 왕궈웨이의
학술연구에 대해서도 매우 높이 평가하여서, 뤄전위의 앞에서 왕궈웨이의
『간독검서고簡牘檢書考』가 "설령 이 책이 아주 작은 소책자이라 하더라도
어찌 금세기 학자들이 능히 할 수 있겠는가? 징안靜安의 신서를 평가하여,
『석폐釋幣』및 지리를 고증한 여러 저작들과 같은 것들은 진실로 신빙성이
있고, 후세에 전하는 데 있어서 조금도 유감이 없소이다."라고 하였다.[4)]
선쩡즈의 70세 생일에 왕궈웨이는『선이안선생 칠십수 서沈乙庵先生七十壽序』
를 지어 선쩡즈가 구옌우, 다이전, 첸다신의 학술적 지위와 일치한다며
그의 학술을 매우 칭송하였다. 선쩡즈 사후에 왕궈웨이는 감성적이고
문장이 아름다운 만련挽聯한 폭을 썼다. "대시인이고, 대학자이며, 더욱이
대철인哲人, 사방을 환히 비추는 마음의 빛心光, 어찌 보잘 것 없는 말로
오늘로서 생을 끊었다 할 수 있겠는가是大詩人, 是大學人, 是更大哲人, 四照炯心光,

---

4) 羅振玉,「五十日夢痕錄」,『雪堂自述』, 江蘇人民出版社, 1999.

豈謂微言絶今日. 가문을 위해서는 효자이었고, 국가를 위해서는 순신純臣이었으며, 세상을 위해서는 선각자였다. 나를 알아준 벗을 위해 한번 슬퍼하고, 천하를 위해 선생에게 곡을 하고자 한다爲家孝子, 爲國純臣, 爲世界先覺, 一哀感知己, 要爲天下哭先生." 왕궈웨이가 만년에 요, 금, 원사 연구로 바꾼 것은 선쩡즈에게 영향을 받은 것과 관계가 없지 않다. 커펑쑨은 『신원사新元史』의 저자로서 저명한 역사학자다. 커펑쑨은 이전에 뤄전위에게 부탁하여 자신의 아들 커창지柯昌濟를 왕궈웨이 문하에서 갑골문자를 익히게 했지만, 왕궈웨이는 커창지가 고문자학 방면에 전혀 재능이 없다고 여겼다. 왕궈웨이는 커펑쑨의 『신원사』에 대해서도 전혀 긍정적으로 평가하지 않았다. 그는 자기 제자에게 쑹롄未濂이 재편한 『원사元史』는 체제가 결코 나쁘지 않아서 『원사』는 수정할 필요가 없다고 하였다. 왕궈웨이와 사우관계인 이들로서 또 장얼톈, 마헝馬衡, 쉬썬위徐森玉, 장더첸張德謙, 천인커, 량치차오梁啓超 등이 있다. 왕궈웨이의 제자 중에 칭화국학연구원淸華國學研究院 이전 시기 제자로는 룽겅容庚, 탕란, 상청쭤商承祚, 천방화이陳邦懷, 커창지 등이 있고, 칭화국학연구원 시기 제자로는 자오완리趙萬里, 우치창吳其昌, 류제劉節, 쉬중수, 팡좡유方壯猷, 장량푸薑亮夫, 류판쑤이劉盼遂, 다이자샹戴家祥 등이 있다. 왕궈웨이를 사숙私淑한 제자는 이루 헤아릴 수조차 없다. 자신이 왕궈웨이의 학술을 따라 걸었다고 드러내놓고 말한 이로서는 저명 사학자 궈모뤄, 허우와이루侯外廬가 있다. 왕궈웨이를 학술의 종주宗主로 삼은 전문적 연구가 20세기 중국의 사학연구의 절반을 구성했다고 해도 과언이 아닐 것이다.

고금에 통달하고 근본으로 돌아가
새로움을 개창하다

● 류이정柳詒徵 학기 ●

　현대 중국사학계에서 류이정柳詒徵의 명성은 후세에 일어난 새로운 학술의 물결 속에서 침몰했다. 민국시기 일찍이 중앙연구원원사였던 류이정은 그 시대의 사학계에서 손꼽을 만한 인물이었다. 사회의 변혁, 시대의 전환, 역사의 바퀴는 모두 그 시대에 맞는 궤적을 만들어 냈다. 대대로의 학술 영웅이 퇴색되는 것은 학술문화유산을 정리하는 후대 사람들에게는 유감

이 아닐 수 없다. 그러나 학술에서의 신인이 옛 사람을 대신하는 철칙은 역사에서 일종의 위안을 얻게 한다. 잊히는 것은 영원히 절대적이고, 영원히 기억하는 것은 또한 불가능하다. 학술의 기원이 일종의 특유한 시대에 어느 사하자 집단에 의해 모색될 때 기억의 문이 열리고 뛰어난 역사가를 통해 후배 학자들은 다시 기억하게 되는 것이다. 류이정柳詒徵이 바로 이러한 유형의 사학자이다.

류이정柳詒徵1880-1956의 자는 이머우翼謀이고 호는 취탕劬堂이며 장쑤 전장鎭江인이다. 그는 지식인 가정에서 태어났으며 그의 아버지는 사숙의 교사였다. 아버지가 일찍 돌아가셔서 가정이 곤경에 처했고 류이정은 발분해서 공부하여 과거 급제로 가문을 다시 일으킬 뜻을 세웠다. 아버지의 영향인지, 아니면 학자가문의 학문적 영향 때문인지, 어려서부터 총명했던 류이정은 16세에 수재로 급제했으며 20세에 세시歲試에서 3등을 했다. 본래 관료로 큰 포부를 지녔지만 민족의 위기가 나날이 심각해지자 서생으로서의 품성을 지녔던 류이정은 부친의 유지를 따라 학문을 했다. 1901년에 21세의 류이정은 소개를 통해 강초편역국江楚編譯局에 들어갔다. 강초편역국은 서방학설 수용의 창구로서, "새로운 책을 편역하여 새로운 기풍을 연다."는 것을 종지로 하였다. 류이정은 이런 새로운 학풍에 물들어 광범위하게 서양이론과 학설을 접하기 시작했다. 그는 강초편역국에서 『역대사략曆代史略』을 창작했다. 이 책은 총 6권이며 첫 4권은 일본학자 나카 미치요那珂通世의 『지나통사支那通史』를 개편해서 만든 것이며 마지막 2권은 류이정이 혼자서 편집한 것이다. 전책은 상세사上世史, 중세사中世史, 근세사近世史 3단계로 나뉘었고 당우삼대唐虞三代로부터 명조의 역사까지 질서정연하였다. 『역대사략曆代史略』은 1902년에 강초편역국에서 출판하고, 초등학교 교과서로 사용한 중국 최초의 장절체 통사의 하나이다. 사학자 샤쩡유가 편찬한 『최신중학역사교과서最新中學曆史教科書』는 1904년 상무인서관에서 출판 발

행했으며 류이정의『역대사략曆代史略』보다 2년 늦게 출판되었다.『최신중
학역사교과서最新中學曆史教科書』는『중국고대사中國古代史』로 책명을 바꾸고
"대학총서"로 재판되었으므로 영향력은 자연히『역대사략曆代史略』보다
컸다. 1903년 23세의 류이정은 저명한 학자 먀오취안쑨繆荃孫을 따라 일본에
서 교육을 고찰하였다. 먀오취안쑨繆荃孫은 청말에 저명한 목록학자이자
개인 장서가였다. 먀오취안쑨繆荃孫으로부터 류이정은 판본목록학에 대한
지식을 익혔고 풍부한 고적선본의 검정방법을 알게 되었다. 당시 사람들이
류이정을 먀오취안쑨繆荃孫의 제자로 생각한 것은 당연하다. 일본에서 귀국
한 뒤 "교육구국" 사상이 생긴 류이정은 난징에 일찍이 사익소학당思益小學堂,
상업학당을 건립했다. 그러나 류이정 학술의 귀착점은 학교설립이 아니라
대학교육의 영역이었다. 1916에서 1925년까지 10년간 그는 난징고등사범
학교, 둥난대학에서 문학과 역사교수로 일했고 이 때가 그의 학자 생애의
첫 번째 눈부신 시기였다. 난징 10년은 민국초기에 학술계에 극렬한
변화가 발생한 시기였다. 고금의 논쟁, 중서 논쟁, 신구 논쟁이 격렬하게
일어났고 전통과 현대, 국수와 서학, 보수와 개방이 다른 학술배경을 지닌
학자들 간에 여러 반응을 일으키며 학자들의 사상 상황을 드러내고 있었다.
이 시기 류이정은 경력이 풍부한 중년의 사학자로 그의 학문 방식은 이미
틀을 이루었는데 구학문의 기초가 탄탄해서 보수적이고 전통적이며 국수
적인 사상이 강했고, 이로 인해 류이정의 학술연구는 보수적 성향을 띠었다.
그는 둥난東南대학에서 학생들과 함께『사지학보史地學報』,『사학과 지학史學
與地學』,『사학잡지史學雜志』등 잡지를 창간했고 학술연구에 힘쓰며 적극적
으로 학술쟁논쟁에 참여했다. 장타이옌은 당시 경학, 소학, 제자학의 태두
이자 학술문화의 중진이었다. 류이정은『사지학보史地學報』에서 장타이옌
의 공자론을 비방하는 문장에 대해서 반박하여 큰 영향을 끼쳤다. 장타이옌
은『류이머우와 독서를 논함與柳翼謀論學書』을 써서 자신이 10여년 전에

『민보民報』에 발표한 것을 고쳤으며 류이정에게 사과 및 감사의 글을 남겼다. 장은 글에서 후스를 비꼬아 "『주례周禮』가 위작이라는 것은 한대漢代 금문학자들의 주장이다. 『상서尚書』가 역사가 아니라는 것은 일본인에게서 취한 것이다. 육경은 모두 유가가 탁고한 것이라는 것은 캉유웨이가 나를 욕보이기 위한 것이었"라고 하였다. 장타이옌은 류이성이 그의 학술상에서의 쟁쟁한 벗이라면서 칭찬했다. 신학파의 영수 후스, 장문의 전문가 첸쉬안퉁의 제창으로 당시 사학계는 날카로운 의고의 분위기가 형성되었다. 베이징대학의 젊은 강사 구제강은 첸쉬안퉁과 후스의 격려 아래, 고사를 고변하는 학술연구를 시작했다. 저명한 "고사변古史辨"파가 이렇게 시작된 것이다. 국수를 보존하는 입장인 류이정은 구제강을 중심으로 한 "고사변古史辨"파로부터 격렬한 비평을 받았다. 1924년에 류이정은 『설문으로써 역사를 증명하는 것은 먼저 설문의 의례誼例를 반드시 알아야 함을 논함論以說文證史必先知說文之誼例』을 편찬했으며 구제강이 "위禹"를 벌레로 해석한 잘못에 대해 비난했다. 구제강은 이것 때문에 『류이머우선생에게 답함答柳翼謀先生』이라는 글을 썼으며, 『고사변古史辨』의 제1책에 수록되었다. 구제강의 류이정에 대한 비평은 탐탁치 못한 것이었다. 후에 그의 자전에 류이정이 나의 고사설을 비판하는 것은 오만한 데서 비롯되었으나 그에게 예의로 답장하였는데 이는 내가 거짓으로 겸허한 척을 한 것이 아니라 학문은 본디 시비를 일시에 결정할 수 없기 때문이며 나는 이렇게 생각하고 그는 저렇게 생각하면서 토론에 참가해야만 일정한 결론을 천천히 내릴 수 있어서였다고 하였다. 그와 토론하는 것은 원래 매우 환영할만한 것이었다. 6만자의 『〈고사변〉 제일책 자서〈古史辨〉第一冊自序』에서 구제강은 특별히 류이정을 비롯한 국내 학자들의 그에 대한 비판과 비평을 수록했다. 구제강은 "그들이 마음껏 나를 반박하면 할수록 얕은 상상력에 멈추는 데 만족하지 않도록 한다. 내가 원하는 행운은 나의 관점을 반박하는 사람이 항상 있어서 내가 작은 부분이라도 자기의 학문이 부족하다고 느끼며 지식을 구하는데 노력할 수 있게 되는 것이다."라고 하였다. 류이정의 반박과 비평은 확실히 보수적인 바가 있었다. 반박과 토론에 참여가면서 류는 경륜있는 중년학자였고 구제강은 불과 30여 세의 젊은이였으므로 류가 "고사변古史辨"을 우습게 여긴 것은 자연스러운 일이었다.

1928년 류이정이 50세 때 난징고등사범학교南京高等師範學校 학생들과 함께 찍은 사진이다. 앞줄 왼쪽의 첫 번째는 판시쩡範希曾이며 왼쪽 세 번째는 징창지景昌極, 뒷줄 오른쪽 세 번째는 장치원張其昀이다. 판시쩡은 류이정의 판본목록학을 계승했으며 징창지는 철학을 전문적으로 연구했고 장치원은 역사학을 배웠다. 이들은 류이정이 창립한 동남역사지리학파의 뛰어난 학자들이었다.

류이정과 후셴쑤, 우미, 메이광디梅光迪가 난징에서 창간한 『학형』 잡지 제1기. 이 간행물은 학자들의 오해를 받은 학술간행물이었으나 사실 중국의 전통문화와 전통학술을 지키려는 엄정하고 신중한 정신을 담고 있다.

국학대사 우미. 중국 근현대번역문학, 중외비교문학 영역에서 우미는 전형적인 학술선구자였다. 우미의 시학과 시가창작은 사람들의 주목을 받았다. 특히 우미와 칭화국학원 지도교수 천인커는 평생 학술우정을 유지했다.

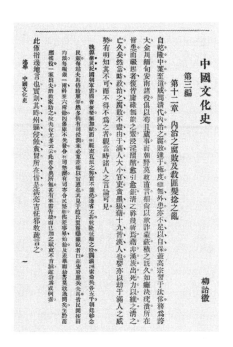

류이정은 『학형』 67기에 중요한 학술 저작 『중국문화사中國文化史』를 발표
했다. 이는 류이정 학술의 넓고 풍부한 기상을 대표하는 것으로 후에 유사한
저작에서도 류이정이 세운 방식을 뛰어넘은 것은 없었다.

류이정은 둥난대학에 적을 두고 있을 당시, 미국유학 출신이면서 둥난대
에 부임했던 젊은 교수들과 『학형學衡』을 창간했다. 발간사는 류이정이
기초했는데 "신구의 융합과 조화로 국수를 밝혀 드러낸다融化新知, 昌明國粹"는
것을 종지로 한다고 하였다. 『학형學衡』의 출판은 보수성을 유지한다는
의미였다. 처음부터 끝까지 『학형學衡』을 담당한 둥난대학 서양문학과
우미교수는 『학행學衡』의 관점과 서로 다르고 적대적이었던 간행물로는
첫째 상하이上海의 "문학연구회文學研究會"의 마오둔茅盾 일파가 당시 마오둔
을 총편집장으로 하여 펴내는 『소설월보小說月報』가 있다. 둘째 상하이上海

류이정의 서예작품. 류이정은 만년에 회고록에서 자신의 서법은 가풍으로
전해지는 것으로서나, 스승을 통해서 이룬 것이 아니며 완전히 비석과
첩본을 본떠서 형성된 것이라고 하였다. 『장청비張遷碑』를 모사한 이후
다른 사람들을 위해 글씨를 써주기 시작하였고 그의 서법은 점차 세인의
주목을 받기 시작했다.

『민국일보民國日報』로 사오리쯔邵力子가 펴낸 『학등學燈』의 부간이다. 셋째
상하이 "창조사創造社" 궈모뭐 일파였다. 사실상 『학형學衡』은 당시 베이핑
학술계를 비평의 중심으로 여겼는데 반박의 주요 대상이 『신청년新青年』을
위주로 하는 신문화운동으로 그 대표인물은 후스, 천두슈陳獨秀와 그의
관련자들이었다. 그러므로 "5·4"운동에 참여한 젊은 학자들은 만년의 회고
에서 "『학형』은 『신청년』의 반대 사조였다"고 하였다. "신구의 융합과
조화로 국수를 밝혀 드러낸다"는 『학형』의 문화태도를 표현한 것이나
『학형』 잡지 내부는 "신구의 융합과 조화"파와 "국수를 드러냄"의 두 진영으

로 나뉘어 있었다. 신구의 융합과 조화를 주장하는 경우는 미국유학생 일색이었다. 예를 들면 둥난대학 부교장으로 미국 서북대학 철학박사인 류보밍劉伯明, 서양문학과 주임이며 하버드대학 석사인 메이광디梅光迪 교수, 생물학과 주임이고 미국에서 식물학 박사를 한 후셴쑤, 서양문학과 교수이고 하버드대학 문학석사였던 우미 교수, 경제학과 주임이며 미국에서 경제학을 전공한 사오춘진蕭純錦 교수, 역사학과 주임이고 미국에서 교육학을 전공한 쉬쩌링徐則陵 교수 등이었다. "국수를 드러낸다"는 주장은 구학의 성과가 두터운 류이정, 마쭝휘馬宗霍 두 사람이 했다. 류이정은 유학 배경이 없는데 당시 둥난대 역사학과 교수가 되었고, 마쭝휘馬宗霍는 왕샹치王湘綺 만년의 제자이며 경학에 밝았으며 이후 장타이옌의 제자가 되어 소학의 방법에 능력이 뛰어났다.[1] 이를 볼 때 『학형學衡』잡지 내부에는 확실히 신, 구 두 파가 있었다고 할 것이다. 류이정은 별로 환영을 받지 못한 것 같다. 류이정이 『학형學衡』의 발간사를 단지 4가지 간단한 글로 쓰자 마쭝휘馬宗霍는 그가 요령을 피우고 어려운 일을 피하고 쉬운 일만 찾는다고 풍자했고 메이광디梅光迪도 류이정에 대해 열정이 없다고 하였으며 다른 사람에게 그를 소개할 때 그의 성씨만 알지, 다른 것은 모른다고 하였다. 둥난대 부교장 류보밍劉伯明은 그의 친구 쉬쩌링徐則陵을 역사학과 주임으로 임명하여 류이정이 몇 년 동안 맡았던 역사지리학부의 주임과 역사학 주임을 취소시켰다. 신파 학인들이 보기에 류이정의 학문은 "국수를 드러내는" 데만 빠진 것 같았다.

---

1) 吳宓, 『吳宓自編年譜』, 生活・讀書・新知三聯書店, 1995, 227-228쪽.

1948년에 중앙연구원 학자들의 단체 사진이다 앞쪽 우측 두 번째가 류이정이
며 네 번째가 후스, 두 번째 줄 우측 네 번째가 펑유란馮友蘭이며 우측
여섯 번째가 마오이성茅以升. 이는 민국시기 학술중진들의 모임으로, 여기에
모인 저명한 학자들은 20세기 중국학술계의 최고수준을 대표한다. 일년
후 대부분의 학자들은 대륙에 거주하고 소수 일부 학자들은 타이완台灣으로
갔다. 1955년에 중국과학원 학부위원의 구성원 대부분이 이들 원사에서
선출되었다.

   류이정의 "국수를 드러내려는" 대표적인 저작은『중국문화사中國文化史』
이다. 이 책은 류이정이 난징고등사범학교 때의 강의록인데, 당시에는
체계가 없었고 일부분을 유인물로 학생들에게 나누어 주었다. 1919년부터
1923년간에 걸쳐 작성했다. 류이정의『중국문화사中國文化史』가 책으로 만
들어진 이 시기는 바로 신문화운동이 왕성했던 때였다. 각종 이론, 학설,
사조가 학술계에 발전하기 시작했으며 격렬하고 자유로운 학술논쟁이

나타났다. 특히 동서문화논쟁이 격렬했다. 당시 남정서원南菁書院 출신이며 영국에서 몇 년 동안 유학한 학자 우즈후이吳稚暉가 후스와 대응한 것이 가장 큰 영향을 끼쳤다. 우즈후이는 후스의『중국철학사대강中國哲學史大綱』, 량수밍梁漱溟의『인도철학개론印度哲學槪論』, 주첸즈朱謙之의『주역철학周易哲學』에 대해서 비교하고 비평했다. 우즈후이는 후스의『중국철학사대강中國哲學史大綱』이 오직 30%만 중국사상이고 70%는 서방사상이라고 하였고, 량수밍의『인도철학개론度哲學槪論』은 오직 30%만 인도사상이고 70%는 중국사상이며, 주첸즈의『주역철학周易哲學』은 오직 30%만 중국사상이며 70%는 인도사상이라고 하였다. 류이정의『중국문화사』는 중국전통문화 본위의 관념에서 출발하여 "우리의 진정한 문화를 드러내고자" 한 것이었다.『중국문화사』는 민족허무주의를 반대하고 주례를 중국전통문화의 근본이라고 주창했다. 류이정은 요순우탕문무堯舜禹湯文武 시대의 성세를 찬미했고 구제강을 위주로 하는 "고사변"파의 주장과 확실히 대립하였다. 일관된 복고주의 정신과 한 치의 어김이 없는 도덕결정론의 문화사관이 『중국문화사』의 핵심이었다. 이 책은『학형學衡』잡지에 실렸고 그 후에 난징중산서국南京鍾山書局에서 출판한 뒤 학술계의 비교적 큰 반향을 끌어냈다. 후스가『칭화학보淸華學報』에「류이정 저,『중국문화사』를 평함 評柳詒徵 著《中國文化史》」를 써서『중국문화사』라는 책에 대해서 격렬하게 비판했다. 후스가 류이정의 "옛 것을 그대로 믿고信古", "옛것에 집착하는泥古" 사상경향에 대해서 불만을 가졌고, 류이정이 "고대 전설에 대해 관심이 지나친 반면 후세에 나온 상세하고 믿을만한 문화사료에 대해서는 흥미가 박약하다."고 비평했다. 이 비평은 후스가 주장한 "옛날 것을 의심해서 잃어버리는 것이 옛것을 믿고 잃는 것 보다 낫다"는 정신의 표현이었다. 사실도 이와 같아서 류이정의『중국문화사中國文化史』에서 86쪽이나 "주례"에 대해서 썼는데 전 책의 1/12분량을 차지하였다. 그러나 당대唐代문학에 대해서는 단지 158자로서 대충 작성했다. 류이정은『중국문화사中國文化史』에서 "차라리 믿음이 지나친 것이 의심이 지나친 것 보다 낫다"는 생각을 드러내었고 이러한 설명은 류의 지식이 짧다는 결함을 보여주었다고 할 만하다. 단볼만한 것은 현대학술사상에서 "서구의 예를 따르는" 종합적인 문화통사를 작성한 것이『중국문화사』의 학술적 가치를 높여주었다는 것이다. 이 책은 고대 서적 600여 종을 인용했으며 매번 풍부한 자료를 인용해서 설득력이 있었다. 1980년대 중엽에 학술계에 또 문화연구열이 일어나

1949년에 70세 류이정 우측 첫 번째, 상하이 문물보관위원회에서 촬영. 좌측으로부터 우징저우吳景周, 선마이스沈邁士, 인스궁尹石公, 쉬썬위徐森玉 이다. 이 저명 학자들은 중국의 진귀한 문물을 보존하고 감정하며 전통국학을 연구하는 데 결출한 공헌을 하였다.

학자들이 많은 문화문제와 학술주제를 제기해서 세기초에 다시 출판이
되었다. 비록 새로운 해설을 나오고 다른 이론이 운용되었어도 옛 항아리에
새 술을 담지 못한다는 틀을 벗어났다.

　류이정의『중국문화사』의 재판은 새로운 문화학자들을 놀라게 하였다.
20년대에 류이정은 중국문화의 모두를 크게 드러내었다. 이후의 학자들로
새로운 발견을 하지 못한다면 누구도 감히 그가 어떻다고 할 수 없다.

　『국사요의國史要義』는 류이정이 40년대 전기에 저술한 전통 사학이론
저작이다. 전책은 사원史原, 사권史權, 사통史統, 사련史聯, 사덕史德, 사식史識,
사의史義, 사례史例, 사술史術, 사화史化 10개의 전제로 나뉘어 중국전통문화,
특히 역사 문화의 특징을 드러냈다.『중국문화사』와 목적이 같은『국사요
의』도 전통사학의 시시비비를 가리는 동시에 중국본토화의 인문정신을
나타냈다. 당시 외래의 문화이론과 사학이론이 대량으로 중국학계에 번역
되었던 배경 아래, 류이정은『국사요의』로서 중국 고대 이래의 일맥상승한
문화정신을 서술하고 폐단을 구하려는 작용을 하려했다. 류이정이 전통사
학이론을 해독할 때 현묘하고 글자에 얽매이지 않고 세태를 따르고 역사자
료에 의거하여 논리를 세웠기에 학자들이 설득될 수 있었다. 류이정의
『국사요의』의 내용은 "군중의 언어를 소사하고 백가지 성씨를 찾아보고
육예를 근본에 두며 관례의 기원을 찾았으며 쓰마첸司馬遷과 반구班固에서
한 대의 유장劉章을 드러내고 아래로는 명청 옆으로는 역외까지 정치를
학술적으로 평가하고 기원을 따라 올라 가지를 세웠다." 비록『국사요의』는
농후한 국수주의 색채를 지녔지만 비교적 일찍, 비교적 계통 있는 전통사학
이론저작이며 오늘날 우리가 중국사학의 전통화를 연구하는데 있어서는
『국사요의』에서 제출한 학술명제를 벗어날 수 없다. 일찍이 10년 동안
장쑤성립국학도서관관장직을 맡았던 류이정은 판본 목록학자이기도 했
다. 그는『국학도서관소학國學圖書館小史』,『국학도서관개황國學圖書館概況』,

『중국판본략설中國版本略說』을 저술했고 100여종의 진본비적을 편집해서 인쇄했으며 그 중에도 적지 않은 지방의 문헌이 포함되어 있다. 수립과 정리, 보존과 학술문화의 전파의 방면에서 류이정은 중요한 공헌을 한 것이다.

류이정의 학술전수와 학술적 영향력은 주로 둥난대학에 있다. 류이정의 동료 우미 교수는 "난징고등사범학교의 성적, 학풍, 성망은 전적으로 류선생 개인에 의해 이루어진 공이 크다. 지금 둥난대학의 인재를 논하라 해도 역시 류선생이 가장 제일인자라고 할 수 있다."[2] 라고 하였다. 류이정의 둥난대학 제자로는 먀오펑린繆鳳林, 징창지景昌極, 장치원張其昀 등이 있다. 먀오펑린은 박학하며 글을 잘 쓰고 평론하는 것을 좋아하고 역사학 방면이 뛰어나 일찍이 둥베이대학東北大學 역사학과 교수를 맡았으며 저작으로는 『중국통사강요中國通史綱要』가 있다. 장치원은 둥난대 졸업 이후에 상무인서관에서 4년 동안 편집장직을 맡았으며 그 후에 저장대학에 가서 역사지리학과 주임 및 문학원 원장으로 13년 동안 일했으며 미국하버드대학에서 2년 동안 방문교수로 있었다. 1949년 장치원은 타이완台灣에 가서 타이완 역사학계의 중요한 인물이 되었다. 장치원의 대표작으로는 『중화오천년사中華五千年史』, 『중국지리학연구中國地理學研究』가 있다. 일찍이 학문 세계의 온갖 풍파를 거쳤던 류이정은 만년에 기운이 앙양하였다. 자신의 학문이 낡았다면서 고희의 나이에 류이정은 맑스 레닌주의 이론을 배우겠다고 하였고, 상하이 문물관리위원회의 위원으로 임직했을 때에는 『인민생활사자료人民生活史資料』, 『노예사자료奴隷史資料』를 저술하였다.

---

2) 吳宓, 『吳宓自編年譜』, 228쪽.

10

베이징대학의 "귀곡자鬼谷子"[1]

• 선인모沈尹默 학기 •

근대 중국학술발전사에서 베이징대학의 학풍과 문풍, 학술사승의 연원은 관련이 깊다. 그러나 경사대학당이 베이징대학으로 바뀐 초기 역사에서 베이징대학 교수초빙과 베이징대학학풍의 양성에서 선인모沈尹默1883 -1971(저장 우싱인吳興人)는 결코 소홀히 할 수 없는 중요한 인물이다. 선인모는 결코 학자가 아니고, 사승도 없으며, 그의 지식구조는 모두 가학家學

---

1)　전국战国시대 종횡가纵横家의 시조 鬼谷子 왕쉬王詡를 빗댐. 제자들이 묶어낸 책명이 『鬼谷子』가 전해짐. ─역자주

과 독학에서 유래한 것이어서 "많은 스승이 나의 스승이다"라는 것이 선인모의 일생 동안 시가의 창작과 서법 활동에서 개괄할 수 있는 바라 하였다. 1913년부터 베이징대학 예과에 들어가서 1929년 베이징 대학을 떠날 때까지, 선인모는 16년 동안 베이징대학 체제의 전환, 신구문화의 교체, 학술분위기의 큰 변화를 목격한 중요한 증인이었다.

민국초기의 베이징대학은 여전히 전통 속에 빠져 있었으며, 동성고문파 桐城古文派가 매우 세력이 있었다. 야오융가이姚永概, 왕펑짜오汪鳳藻, 마치창馬 其昶은 동성고문파의 중견인물이었다. 허위스何燏時가 베이징대학 교장, 후런위안胡仁源이 예과학장이 된 이후부터 베이징대학北京大學의 동청파는 점차 도태되었다. 저장 우싱 출신인 후런위안胡仁源은 자연히 당시 학술계에서 지위가 높았던 장타이옌의 제자들을 등용했으며 이후 베이징대학이 새로운 학술, 새로운 사상, 새로운 문화영역에서의 혁명을 위한 정신을 준비하고 그 토양을 제공했다. 베이징대학을 근 20여 년 동안 장악한 "여항학파余杭學派"가 이때부터 형성되기 시작했다. 선인모는 이러한 국면을 형성하는데 큰 역할을 하여 학자들은 때로 그를 장타이옌의 제자로 보지만 이것은 정확한 것이 아니다. 일각에서는 천완슝陳萬雄의『오사신문화의 원류五四新文化的源流』는 선인모와 황칸, 마위짜오馬裕藻, 선첸스沈兼士, 주쭝라이朱宗萊, 첸쉬안퉁, 주시쭈朱希祖를 "장타이옌 문하의 제자"라고 하고, 중앙문사연구관에서 편찬한『관원전략館員傳略』의 "선인모" 전기에서도 "1905년에 셋째 동생과 같이 일본으로 학문을 하러 갔고 장타이옌의 국학강습회에서 수업했다."고 기록되어 있다. 확실히 이것은 선인모를 장타이옌 문하라고 판단하고 있는 입장이다. 장타이옌의 국학강습회는 1906년 8월에 일본 도쿄東京에 성립했으며 강습은 예과, 본과, 예과수강문법, 작문, 역사였고 본과는 문학과 역사, 학제, 제도학, 송명이학, 불교의 경전학인 내전학을 강의했다.[2] 선인모는 일본에서 9개월간 머물고 귀국했으며 시간상으로는 1906년 상반기였고 이때 장의 국학강습회는 아직 성립되지 않았었다.

선인모 스스로도 자신이 장타이옌의 제자가 아니라고 하였다. "사실 나는 일본에 9개월 머물고 귀국했으며 장타이옌선생으로부터 수업을 받은 적은 없다."[3]라고 했다. 그렇다면 학자들은 왜 장타이옌의 제자도 아닌 선인모를 장타이옌의 제자로 보는 것일까? 두 가지 원인이 있다. 하나는 선인모의 셋째 동생 선첸스沈兼士가 장타이옌의 유명한 제자이고, 그의 문자학은 장타이옌에게서 온 것이기 때문이다. 다른 하나는 베이징대학北京大學 예과 학장 후런위안胡仁源이 선인모를 베이징대학으로 초빙할 때 선인모의 동생 선첸스沈兼士가 장타이옌으로 부터 수업을 받았기에 일본에서 귀국한 선沈 씨 역시 장타이옌의 문하라고 생각했던 것이다. 선인모는 후런위안胡仁源 앞에서 자신이 장타이옌의 제자가 아니라는 사실에 대해서 분명히 언급하지 않았는데, "염치불구하고 장타이옌 선생님 문하라는 명패를 가지고 베이징北京으로 갈 수밖에 없었다."[4] 라고 하였다. 이로부터 아마도 선인모가 비교적 일찍이 장타이옌이라는 깃발로 성공한 학자가 되었던 것 같다. 장타이옌의 제자라는 것은 확실히 금명패였으나, 그의 만년에 제자들이 많았기 때문에 장의 제자라는 기치를 든 자가 적지 않았고, 이것은 학자들의 불만을 불러 일으켰다. "장타이옌은 청대 학문의 대가로서 동시대 학자들 중에서 오직 쑨이랑만이 그와 같이 설 수 있으며 그의 스승 위웨俞樾를 아울러서 연배가 비슷한 왕셴첸王先謙도 그의 상대가 아니다. 그러므로 그의 명성이 높아 그를 이용할 가치가 컸다. '장타이옌의 제자'로부터 '재전 제자', '삼전 제자'까지 모두 부적과 같은 효과와 작용을 발휘했다. 심지어 『이십삼부음준二十三部音准』과 『문시文始』를 이해하지 못하면서도, 『국고논 형國故論衡』과 『검논檢論』을 읽지 못해도, '장타이옌의 삼전제자'라는 금패와

---

2)   湯志鈞 編, 『章太炎年譜長編』, 214-215쪽.

3)   沈尹默, 『我和北大』, 『文史資料選輯』第六十一輯.

4)   沈尹默, 『我和北大』, 『文史資料選輯』第六十一輯.

자격을 갖는데 문제가 되지 않았다.")[5] 선인모는 일부러 장타이옌의 제자라고 하지 않았고, 1913년에 베이징대학北京大學에 들어갔을 때에도 장타이옌의 제자가 학술계에서 큰 영향을 미치지 못했다. 이렇게 볼 때 선인모는 장타이옌의 문하가 아니지만 많은 장타이옌 제자들을 베이징대학北京大學에 들어오게 하여 여항학파가 베이징대학北京大學에서 세력을 만들고 장타이옌의 학술영향력을 확대하게 했다고 볼 수 있다.

『신청년新青年』의 원명은 『청년잡지青年雜誌』로 1915년 상하이에서 창간되었다. 1916년에 『신청년』으로 개명되었으며 "5·4"운동 전후에 신문화운동을 창도한 중요 간행물이었다. 선인모는 이 간행물에 백화시를 발표했으며 신문화운동을 위해서 많은 힘을 썼다.

---

5) 夏平, 『急就二集』, 中華書局香港分局, 1978, 70쪽.

1920년대에 저장의 저명학자가 샤오싱紹興의 저우쭤런周作人의 고우재苦雨
齋에서 만나는 장면이다. 여기에서 왕래하는 사람 가운데 일반인은 없었고,
모두 유명한 학자들이었다. 학자 사이의 교제로 조직되는 것이 학문의
망인데, 또한 누가 학인관계망이 조직되지 않았다고 할 수 있겠는가.

청말 민국 초 중국학술계에서 절학浙學의 지위를 모르는 사람이 없으나,
어떻게 북쪽으로 가서 베이핑 학계의 종주적 지위를 가지게 되었는가는
생각해 볼 필요가 있다. 베이핑은 청말민국초 학술문화의 중심으로서,
자연스럽게 전국각지에서 온 수많은 저명한 전문가와 학자들이 모여들었
다. 예로부터 문인들이 많이 모인 곳이던 장저江浙 지역은 전국의 이름
있는 학자와 종사가 많았고, 학풍이 순수하며 사승의 계통이 분명하고
학맥이 뚜렷해서, 다른 지역과 비교해 대학자를 키워 낼 문화토양이 매우
심후했다. 다른 성省의 학자들은 만약 힘을 다해서 공부하고 자기 스스로
터득하여 학계에 드러나더라도 비록 학술의 명성은 있으나 소수였을 뿐이
고 학인집단을 형성하기 어려웠다. 이것이 저장과 장쑤 학자들이 민국초
학술계에서의 지배적인 영향력을 행사하게 된 이유이다. 일본에서 강학을

한 시기의 장타이옌은 확실히 전문적인 제자를 양성하였다. 이들 대부분이 저장지역의 사람들이었고, 민국초기에 이들은 여러 경로로 베이핑北平의 문화교육계에 들어가서 서로 작용하고 접촉하며 학술계에 적지 않은 세력을 형성했다. 그들은 형제관계, 부형의 계승, 친척관계, 장인과 사위 관계 등을 통해, 베이핑 학계로 들어갔다. 당시 학술계는 새로운 것을 표방하고 유학생을 높이 평가해서 일본에서 유학한 소장파 학인이 베이징대학에서 먼저 선발되었다. 선인모가 베이징대학에서 있었던 의의는 단지 그가 일본 유학을 한 그와 나이가 비슷한 청년학자를 이끌었다는 것뿐만이 아니라, 베이징대학 초기의 교정에서 자신의 사람을 뽑았다는 것이다. 차이위안페이蔡元培는 비록 선인모가 힘써서 베이징대학으로 끌어온 사람은 아니지만, 그가 베이징대학에 새로운 학파를 창립한 것은 선인모와 큰 연관이 있었다. 차이위안페이蔡元培가 아직 베이징대학 교장에 임명되지 않았을 때, 베이핑北平으로 가서 의학전문학교의 교장인 친구 탕얼허湯爾和를 방문했는데, 탕얼허는 차이위안페이蔡元培에게 "문과 예과의 상황은 선인모군에게 묻고 이공과의 상황은 샤푸쥔夏浮筠군에게 묻게나."[6]라고 하였다. 차이위안페이蔡元培가 처음에 베이징대학에 갔을 때 공개적으로 알지 못하는 선인모를 방문했다고 한다. 선인모는 차이위안페이蔡元培에게 세 가지의 건의를 했다. 첫째 베이징대학의 경비는 보장 되어야 하고, 둘째 베이징대학교사평의회를 조직해서 교수가 학교를 다스리는 방안을 실행하며, 셋째는 강사와 학자를 선발해서 외국으로 유학을 보내는 것이었다. 이 세 가지 중에서 "교수가 학교를 다스린다敎授治校"는 베이징대학에서 철저히 실현했으며 큰 효과를 거두었다.

천두슈陳獨秀가 베이징대학으로 들어간 것도 선인모와 관계가 있다.

---

6) 『蔡元培全集』第六卷, 中華書局, 1988, 349쪽.

천두슈陳獨秀는 청말에 항저우杭州의 육군소학에서 학생을 가르쳤고, 동료인 류싼劉三과 관계가 좋았다. 그때 류싼劉三의 시문은 유명하여서, 선스위안沈士遠, 선인모 형제와도 두터운 정을 나눴다. 천두슈陳獨秀는 류싼劉三의 집에서 선인모가 쓴 한편의 시를 보고 좋아했으며, 선인모에게 소개하여 알게 되었다. 차이위안페이蔡元培가 베이징대학 교장이 된 후에 선인모 등의 추천으로 상하이上海에서 『신청년新青年』 잡지를 창간한 천두슈陳獨秀를 베이징대학北京大學 문과학장으로 임명했고, 『신청년新青年』도 베이징北京으로 옮겼다. 천두슈陳獨秀가 베이징대학北京大學에서 문과학장을 하는 동안 그는 학술 연구에서 특출한 것은 없었지만 그의 사상과 지혜를 불러일으킨 언론은 민국초에 사람들을 일깨웠다. 『신청년新青年新』 잡지가 베이핑에 없었더라면 신문화운동도 없었을 것이고 신청년잡지가 베이핑으로 옮겨오지 않았다면 베이징대학의 학술문화의 웅장한 신기상도 볼 수 없었을 것이다. 이 점에서 선인모를 더 깊이 이해하고 인정할 수 있다. 『신청년新青年』의 7대 편집위원인 천두슈陳獨秀, 저우수런周樹人, 저우쮀런周作人, 첸쉬안퉁, 후스, 류반눙劉半農, 선인모는 모두 뛰어난 인재였다. 저우씨 형제의 문학, 첸쉬안퉁의 음운학, 후스의 철학, 류반눙劉半農의 언어학, 선인모의 시학은 당시 베이핑문화계, 심지어 전국의 학술계에도 큰 영향을 미쳤다. 선인모의 말에 의하면, 그가 눈병이 났기 때문에, 『신청년』을 차례로 편집하는 일은 첸쉬안퉁과 류반눙劉半農으로 대체되었고 편집위원에는 이름만 들어간 것이라 했다.

선인모는 신문화운동 창시자의 한사람으로서 그는 『신청년』잡지에 많은 백화시를 발표했다. 류반눙劉半農은 1932년 『초기백화시고初期白話詩稿』를 편집할 때, "민국 6년1917에 백화문을 제창한 것은 불온하고 대역죄를 짓은 것인데, 하물며 백화시를 제창하는 것에서랴."라고 하였다. 『초기백화시고初期白話詩稿』의 목록에 의하면 리다자오李大釗가 한 수, 선인모는 아홉

수, 그의 셋째 동생 선첸스沈兼士는 여섯 수, 저우쭤런周作人은 한 수, 후스가 다섯 수, 천헝저陳衡哲는 한 수, 천두슈陳獨秀 한 수, 루쉰魯迅 두 수였다. 이중에서 선인모의 백화시가 제일 많이 수록된 것을 알 수 있다. 선인모의 백화시는 언어를 새롭게 사용하고 활발하고 생동감 있으며 일정한 성법이 없었기 때문에 마음 내키는 대로 하며 때때로 평범하면서도 새로운 것을 볼 수 있고 평범하면서도 사람의 마음을 움직였다. 예컨대『인력거부人力車夫』라는 시에서 사회 하층사람들에 대한 동정심을 표현했는데 "햇빛이 담담하고 구름은 유유하며 바람이 살얼음 위에 불고 강물은 흐르지 않는다. 밖을 나가 인력거꾼을 불렀다. 거리의 행인의 왕래가 많았지만 뭘 하는지 알 수 있는가? 인력거의 사람은 모두 옷을 입고 소매에 손을 넣고 앉아 바람이 부는 것을 느끼며 몸만 추울 뿐이다. 인력거부는 단벌은 찢어졌지만 그의 흐르는 땀이 송알송알 맺혀 아래로 흐른다."고 하였다.[7] 묘사법을 써서 인력거의 위와 아래를 강조하고 냉온을 대비하며 수레를 타는 것과 수레를 끄는 것을 대비하고 한가한 사람과 바쁜 사람을 대비하는 동시에 음률과 압운의 조합을 추구하면서 시인의 모든 감정과 편애를 표현했다. 『적라라赤裸裸』에서는 "사람이 세상에 올 때는 본디 발가벗었고 본래 오염된 바가 없었으나 의복을 겹겹이 걸치게 되니 이것은 왜인가? 청백의 몸은 보이기가 어려운가? 그 오염된 의복을 입는 것이 치욕스러움을 면하게 해 줄 것인가?"라고 했다.[8] 심각한 철학적 이치를 쉬운 시구로서 이해하가기 쉽게 했고 전통적인 구속을 벗어나는데 있어서 영혼의 자유와 해방을 추구하며 동시에 시인의 현실사회에 대한 사고와 비평을 표현했다. 선인모는 베이징대학에서 비교적 일찍 교수가 되었고 그의 지역관념은 견고했다.

---

7) 『沈尹默詩詞集』, 書目文獻出版社, 1983, 7쪽.
8) 『沈尹默詩詞集』, 書目文獻出版社, 1983, 4쪽.

선의 사상은 지나치게 급진적인 것은 아니었고, 백화시의 창작과 그가 즐기는 고전시사의 교학과 창작도 충돌하지 않았으며, 소위 문학혁명, 학술창신, 사상해방 등 영역에서 선인모는 자신의 독특한 견해와 주장을 제기하지도 않았다. 그는 유학 배경이 없었으며 일본에서 9개월 동안 있었지만 그의 학문에 도움이 된 것은 아니었고, 다만 그가 베이징대학北京大學에서 단단히 뿌리를 내릴 수 있었던 것은 주로 자신이 육성한 인사 관계 덕분이었다. 『신청년』의 동인으로 선인모와 후스의 관계는 긴밀하지 못했던 것 같다. 후스가 선인모보다 나이가 8세 어리고 선인모보다 4년 늦게 베이징대학北京大學에 들어갔다. 그러나 차이위안페이蔡元培의 중용, 천두슈陳獨秀의 추천으로 27세 후스가 미국에서 유학하고 돌아와서 베이징대학北京大學 강단의 교수가 되었다. 후스의 『문학개량추의文學改良芻議』, 『건설 중의 문학혁명론建設中的文學革命論』, 『중국철학사대강中國哲學史大綱』권상 등 저작이 학술계에서 큰 영향을 미쳤다. 선인모는 후스 학술성취 때문에 경시하지 않았고 그의 명성이 하루아침에 높아지는 것을 질투하지도 않았다. 그러나 선인모와 후스가 어떤 원인으로 서로 미워하게 되었는지에 대해서는 지금까지도 모른다. 그러나 한 가지 확인할 수 있는 것은 저장학파가 아니었던 후스가 저장학파 학자들을 기용하지 않았다는 것이다. 『신청년新青年』의 편집위원 중에 장쑤 장江陰 출신인 류반눙劉半農은 유학을 하지 않았기에 박사학위가 없어서 후스에게 조롱을 받았고, 후스는 류반눙劉半農이 『신청년新青年』을 편집하는 것을 반대하였다. 후스가 베이징대학으로 불러오고 『신청년新青年』잡지에 후스의 논저를 발표했던 안후이安徽 동향 천두슈陳獨秀는 정치얘기를 좋아하고 후스와 의견이 달라지자 역시 분화하였다. 저우씨 형제 중의 루쉰魯迅과 후스도 주장이 달라서 제각기 흩어졌다. 『신청년新青年』잡지의 분화는 개인의 원한 때문인 것이 아니라, 개인의 정치입장과 정치주장이 다르기 때문이었다. 동시에 홀시할 수 없는 요소는 학술상에서의 견해가 다르기 때문이었다는 것이다. 학문의 추세가 다르면 장기적으로 합작할 수 없으며 또한 이런 사람들은 모두 재치 있고 개성이 있으며 주장이 있고 의견이 있었기 때문에, 자연히 다른 사람의 비난을 참을 수 없었다는 것이다. 신인모는 베테랑 베이징대학 교수로서 막 사회에 발을 디딘 후스를 안중에 두지 않았을 것이다. 베이징대학의 첫 번째 교무장직 임명을 겨눈 논쟁도 선인모와 후스가 서로 미워하게 된 원인 중의 하나였다. 후스는 교무장을 맡고자 했지만 이과교수들의 반대하여, 결국 법과 교수였던 마인추馬寅初가 맡게 되었다. 선인모를 수뇌로 한 저장적 교수들의 반대 때문에 후스가 교무장직을 맡지 못하게 된 것이어서, 후스는 매우 화가 났으며 바로 눈앞에서 선인모에게 불만을 표했다. 자연히 선인모

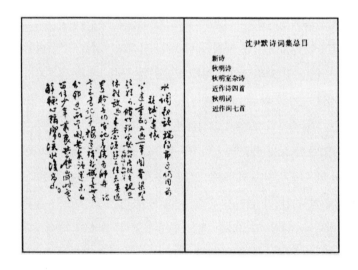

1982년 출판한 선인모의 시사집총목이다. 『신청년』시기 선인모는 비교적 백화시 창작에 분투하였는데, 류반능劉半農이 편집한 『초기백화시고初期白話詩稿』 중에 9수 이상 게재되었으니, 선인모가 얼마나 창작에 힘썼는지를 알 수 있다.

의 후스에 대한 호감도 사라졌고, "후스 이 사람은 때를 만나 거짓명성을 얻었을 뿐이며 사실은 이익에 밝은 정객일 뿐이지, 학술이 깊은 문사도 아니다"라고 평했다.[9]

선인모는 후스의 학문 방식도 탐탁히 여기지 않았다. 후스가 임시로 자료를 찾아 학문을 하는 방법이 그의 학술강연을 듣는 학자들에게 그대로 답습되는 것으로 여겨지자, 선인모는 "첸쉬안퉁도 후스가 유리창의 고서점에서 책 한권을 찾아서 거기에 덧붙여서 학문을 만든다는 사실을 알았다."고 회고했다. 5 · 4 운동기 후스가 그의 학생 뤄자룬羅家倫, 푸쓰녠 등을 동원하여 베이징대학을 상하이上海의 조계로 옮기려 할 때, 선인모, 선스위안沈士遠, 마유위馬幼漁, 첸쉬안퉁, 천다치陳大齊 등이 강력히 반대하였다. 후스는 매우 화가 나 선인모에게 "이후 베이징대학北京大學에 무슨 일이 생기면 당신 책임이다!"라고 하였다.[10] 선인모와 후스의 관계가 악화된 것은 차이위안페이蔡元培가 후스를 중시한 것과 관련이 있다. 선인모는 차이위안페이蔡元培가 서생 기질이 심한데, 민국초에 교육부 시절에는 상무인서관의 장위안지에게 저지되었고 베이징대학 초기에는 저장 교수들에게, 중앙연구원 시기에는 후스와 푸쓰녠에게 저지를 받았다고 회고하였다. 선인모와 후스, 그리고 푸쓰녠은 물과 불 같아서 후스와 푸쓰녠의 방해로, 선인모는 중앙연구원 원장인 차이위안페이蔡元培의 얼굴조차도 보지 못하였다. 1951년 12월 상하이上海 대공보大公報는 "후스사상비판좌담회"를 열었다. 차이상쓰蔡尚思, 우쩌吳澤, 구제강, 저우구청, 선인모, 왕윈성王芸生 등이 출석하였다. 선인모는 「이 후스라는 인간」이라는 제목으로 후스의 학술관점을 비판하였으며 이는 국내에서 가장 먼저 후스를 비판한 강도 높은 소규모학술회의였다.

---

9) 沈尹默, 「我和北大」, 『文史資料選輯』第六十一輯.
10) 沈尹默, 「我和北大」, 『文史資料選輯』第六十一輯.

구제강은 당시 일기에 자신이 후스와 직접적 관계를 가진 유일한 사람이었고 이번 좌담회는 베이징北京의 명을 받들어서 개최한 것이었다고 생각하였다.[11] 1962년 후스가 병사한 4년 뒤 83세의 선인모는 『나와 베이징대학我與北大』라는 회고록에서 후스의 베이징대학北京大學에서의 활동을 비판하였다.

선인모는 베이징대학 예과에서 역사를 가르쳤다. 그는 예과 학장을 담당하면서, 천한장陳漢章이 선인모 대신 예과 역사를 가르치게 되면서 선인모는 국문과에서 교편을 잡고 시가를 강의하였다. 5·4전에 선인모는 중국문학과 교수였다. 선인모는 교내의 활동에 적극 참여하였다. 그는 베이징대학北京大學 편역회의 평의원이었고 진덕회進德會의 회원이었으며 학여구락부學餘俱樂部성원이었고 국사편찬처 편찬원이었다. 선인모는 베이징대학北京大學 교수 중의 원로였으며 많은 인사가 모두 그의 의견과 견해를 받아들였다. 때문에 저우쮜런周作人이 그의 회고록에서 선인모는 베이징대학北京大學에서 "귀곡자鬼谷子"라는 호칭을 가지고 있다고 얘기하였다. "선군은 생각함에 있어서 차분하고 비록 만사에 뒤로 물러서지만 실질적으로 우두머리 역할을 한다. 친구들이 그에게 "귀곡자"라는 별명을 줬고, 그도 기쁘게 받아들였다."[12]고 하였다. 구제강도 선인모에 대하여 선은 계획을 잘 세우기 때문에 그의 별명이 '귀곡자'였다."고 하였다. 구제강의 말에 따르면 선인모는 천두슈陳獨秀가 창간한 『신청년新靑年』에서 신시新詩로 유명했다고 한다. 천두슈陳獨秀와 후스의 세력이 나날이 강대해지고, 안후이安徽 사람들이 저장浙江사람들을 압도하는 것을 보았기 때문에, 선인모는 베이징대학北京大學에서 "분과제"를 취소하고 문과학장인 천두슈陳獨秀를 강제로 직무에서 떠나게 하였다.[13] 명망이 높은 교수들이 적지 않게 베이징

---

11) 顧潮, 『曆劫終敎志不灰—我的父親顧頡剛』, 華東師範大學出版社, 1997, 246쪽.
12) 周作人, 『知堂回想錄』, 敦煌文藝出版社, 1998, 243쪽.

대학北京大學으로 간 것은 선인모가 이끈 것과 관계가 있었다. 처음으로 공가점孔家店을 타도하자는 견해를 제출한 쓰촨 출신의 교수 우위吳虞는 선인모의 추천으로 베이징대학北京大學에 들어가게 되었다. 우위는 자신의 일기 속에서 "첸쉬안퉁이 점심을 먹고 식후에 베이징대학北京大學에서 나를 초빙한다는 얘기를 내놓았는데 주동자는 선인모였고 처음 초빙했던 사람은 이바이사易白沙였지만 병이 나서 올 수 없었고, 인모는 국문과 사상이 구태의연하다며 두 사람을 초빙해야 한다고 주장했다."고 썼다.[14] 우위吳虞는 촉학蜀學의 창설자인 랴오핑廖平의 제자로 학문은 스스로 했고, 일본 유학시 일본한학자들과 관계가 꽤 좋았으며, 일본학자들도 그의 경학연구를 매우 칭송하였다. 우위는 공교孔敎를 맹렬하게 비판하였으며 천두슈陳獨秀의 『신청년新靑年』잡지에 많은 글을 발표하여 당시 사상계와 학술계에 큰 영향을 미쳤다. 하지만 우위가 베이징대학에서 교편을 잡은 후 그의 전반적인 의견은 첸쉬안퉁, 후스 등과 달라서 그는 시대에 뒤쳐졌다는 비평을 받았다. 어찌되었든 선인모가 교수를 뽑는 이유는 그와 같은 취미를 지니고, 같은 학술배경을 가진 학자와 함께 일하기 위해서였다. 베이징대학에는 "3선 2마三沈二馬"설이 있다. "3선三沈"은 선스위안沈士遠, 선인모, 선첸스沈兼士 삼형제를 말한다. 선스위안沈士遠은 큰 형이지만 그의 명성은 두 동생보다 못했다. 선스위안沈士遠은 베이징대학의 '선천하沈天下'의 다른 이름이었다.

13) 『世紀學人自述・顧頡剛自述』, 北京十月文藝出版社, 2000, 28-29쪽.
14) 「吳虞日記選刊 [二] 」, 『中國哲學』第七輯, 314쪽.

1936년 9월 저우쭤런, 마위짜오馬裕藻, 첸쉬안퉁, 선스위안沈士遠, 주티셴朱逷
先, 선젠스沈兼士, 쉬서우창許壽裳의 단체사진이다. 신월파新月派 시인이자
문학비평가 천퉁보陳通伯는 소위 "저장 출신浙籍"의 교수인데, 이 사진에
직관적으로 드러난다. 선인모와 이러한 저장 출신의 교수들과 관계는 아주
긴밀했다.

그는 예과에서 국문학을 가르치며 『장자·천하편莊子·天下篇』에 대해
강의를 한 학기씩이나 했다. 당시 그의 학생이며 후에 진한사 전문가였던
마페이바이馬非百가 수업 중 선스위안沈士遠의 강의에 대해 불만을 가져
"이 한편뿐인 고문은 스스로 봐도 30분도 안 걸린다. 그런데 선선생은
거의 일년이나 강의를 했다. 나는 수업 중 선생님께 편지를 썼다. 내가
매년 몇 백 위안의 학비를 내고 베이징北京에 와서 공부를 하는데 선생님은
다른 사람들이 다 아는 고문을 가지고 일년씩이나 강의를 한다. 이 고문의
한 글자 한 글자가 보배라 해도 우리가 학비를 내는 것보다는 귀하지
않다. 미안하지만 오늘부터 나는 정식으로 수업을 듣지 않겠다."15)라고

하였다는 것이다. 확실히 선스위안沈士遠도 베이징北京대학에서 환영을 받
지는 못했다. 이후 선스위안沈士遠이 베이징대학에서 서무주임으로 또 이후
에 베이징대학을 떠나 옌징대학에서 국문과 교수를 했다. 중화인민공화국
이 성립한 후에 선스위안沈士遠은 고궁박물관에 취직했으며 그의 불손한
제자 마페이바이馬非百는 역사박물관에서 일했다. 선스위안沈士遠은 고고학
자 푸전룬傅振倫에게 부탁해서 마페이바이馬非百를 고궁박물관으로 불렀다.
선첸스沈兼士는 선인모의 셋째 동생이다. 선씨 형제는 함께 일본으로 자비유
학을 갔는데, 경비문제 때문에 선인모는 9개월 만에 귀국했고, 선첸스沈兼士
는 일본 도쿄대 물리학교에 합격했다. 그러나 선첸스沈兼士는 이과에 관심이
없었고 일본에서 강학하던 국학대사 장타이옌을 숭배하고 그의 초기 제자
가 되었다. 선첸스沈兼士가 장타이옌의 학문에서 문자학을 계승했는데,
베이징대학에 들어가서 학생들을 위해 문자학 과정을 개설하고 자기도
『문자형이학文字形義學』을 편찬했으며 중국고대문자 변환에서 "문자그림
화"의 개념을 제기하였는데, 저명한 고문자학가 탕란이 그것을 인정하였다.
선첸스沈兼士와 마찬가지로 선인모도 베이징대학 국문과 교수였고 베이징
대학 연구소 국학문이 성립될 때 선첸스沈兼士가 주임을 맡았다. 선은 일본의
방법을 따라 연구소국문학에 고고학연구실을 설치하였고, 서신을 써서
당시 일본 서경대학西京大學에서 유학하고 있는 형 선인모에게 상황을 알아
보라고 부탁했다. 선인모는 동생의 서신을 도쿄 제국대학의 유학생인
장평쥐張鳳舉에게 보여 주었고 장평쥐는 상세하게 제국대학의 고고학 과정
설립상황을 소개했고 책 마지막에 서목을 부기했다. 선첸스는 국학문연구
소를 책임졌으며 연구소에 저명한 왕궈웨이를 통신지도교수로 초빙했고
왕궈웨이의 『관탕집림觀堂集林』이 출간된 후 『베이징대학일간北京大學日刊』

---

15) 『世紀學人自述·馬非百自述』, 北京十月文藝出版社, 2000, 101쪽, 129쪽.

에 며칠 동안 이 책의 출간을 광고했다. 베이징대학『국학계간國學季刊』이 발간될 때, 창간호에 왕궈웨이의 『오대감본고五代監本考』가 발표되었다. 고사변으로 유명했던 젊은 학자 구제강도 선첸스沈兼士가 연구소 국학문에 초빙하여『국학계간國學季刊』의 편집을 담당하게 했다. 선씨 형제와 후스의 관계는 좋지 않았다. 선첸스沈兼士가 연구소 국학문을 책임지는데, 후스 또한 국학문 연구소의 위원이어서 국학문의 연구활동, 간행물편집지침, 인사채용과 일상의 학술간담회 등에 대해 알 권리가 있고 자기의 의견이나 주장을 세울 수 있었다. 하지만 선씨 형제와 장타이옌 제자들 대부분은 후스에게 불만을 품고서, 연구소의 일에 후스가 관여하지 못하게 하여 후스는 매우 불쾌해 했다. 그러므로 구제강은 훗날 베이징대학北京大學의 영미파 교수와 프랑스 일본파 교수간의 갈등이 존재했다고 회고했던 것이다.16) 영미파 교수는 후스, 천위안陳源, 리쓰광李四光이 주도했고 프랑스 일본파는 선인모 선첸스沈兼士, 마유위馬幼漁, 저우 형제가 주도했다. 선첸스沈兼士는 선씨 형제 중 학문이 가장 깊지만 수명은 가장 짧은 사람이어서, 1947년 60세 나이로 병사하였다.

선인모는 베이징대학北京大學에서 저우씨 형제와 사이가 좋았는데, 이것으로써 선인모는 저장 사람을 중심으로 베이핑北平학계에서의 지위를 굳히려는 뜻을 가졌던 것을 알 수 있다. 선인모가 어떻게 루쉰魯迅과 알게 되었는가는 분명하지 않다. 대략 민국 교육부장 차이위안페이蔡元培와 관련 있는 것으로 추측된다. 차이위안페이蔡元培는 사오싱紹興사람이고, 루쉰은 그와 동향이다. 루쉰과 쉬서우탕許壽裳이 교육부에 갔을 때 루쉰은 사회교육사 제2과 과장이었던 것은 차이위안페이蔡元培가 그를 추천한 것과도 관계가 있다. 루쉰은 1912년 교육부를 따라서 난징南京에서 베이핑北平으로 옮겼는

---

16) 『世紀學人自述·馬非百自述』, 北京十月文藝出版社, 2000, 101쪽, 129쪽.

데, 이듬해 쉬서우탕許壽裳의 연회에서 루쉰과 선인모가 동석하게 되었다. 그 다음날 일요일에 선인모와 주시쭈朱希祖 등이 루쉰을 방문하였다.[17] 이후 한동안 주시쭈朱希祖, 선인모, 마유위馬幼漁, 첸타오쑨錢稻孫 등 저장 출신들이 베이핑北平의 문단과 교육계인사들을 방문하고 식사를 대접하고 유리창琉璃廠을 함께 돌아다니고 고서비첩을 찾아다니면서, 학자들과 빈번한 교류를 해나간 것이다. 장타이옌이 1915년 베이핑北平에 감금되었을 때 루쉰이 찾아갔었는데, 선인모, 첸쉬안퉁, 주시쭈朱希祖, 마유위馬幼漁, 쉬서우탕許壽裳, 마쉬룬馬敘倫 등도 장타이옌의 집에 함께 있었다.[18] 루쉰은 편찬한 『회계고서잡집會稽故書雜集』도 선인모, 선첸스沈兼士 형제에게 한 부씩 주었다. 루쉰이 집을 바다오만八道彎으로 옮겼을 때, 선인모는 주시쭈朱希祖, 첸쉬안퉁, 첸타오쑨錢稻孫, 마유위馬幼漁, 류반눙劉半農과 함께 축하했다. 루쉰은 선인모와 서신왕래를 했고 선인모는 시사詩詞를 써서 루쉰에게 보냈다. 선인모는 그의 친구 베이징대학北京大學 영문과교수 장펑쥐張鳳舉를 루쉰에게 소개했으며 자신의 시사집 『추명집秋明集』을 루쉰에게 선물했다. "여사대女師大 사건"에서 선인모는 꿋꿋하게 저우씨 형제 편에 서서 학술 패권 양인위楊蔭楡에게 반대했다. 1929년부터 선인모는 베이징대학北京大學을 떠났고, 리스쩡李石曾의 건의를 받아들여 허베이河北성 교육청장을 맡았다. 후에 루쉰과의 연락은 없었고, 『루쉰일기魯迅日記』에도 이후 다시는 선인모에 대한 소식을 적은 것이 없었다. 선인모와 저우쭤런周作人이 서로 알게 되고 연락하게 된 것은 루쉰과 관련이 있다. 1917년 4월 저우쭤런이 베이징대학北京大學 국사편찬처 편찬원이 되었다. 3개월 후 저우쭤런周作人이 베이징대에 가서 차이위안페이蔡元培를 방문하면서 첸쉬안퉁과 선인모

---

17) 『魯迅日記』, 47, 154쪽.
18) 『魯迅日記』, 47, 154쪽.

를 만나게 되었는데, 이 때 『저우쮜런일기周作人日記』에서 처음으로 선인모에 대해서 언급했다.[19] 1918년 『저우쮜런일기』에서 선인모에 대한 기록이 많아지기 시작했다. 많은 일들이 선인모가 주관한 것 같은데, 예를 들면 후스의 어머니 별세에 대한 부의금을 저우쮜런周作人은 선인모에게 주었고 리다자오李大釗가 죽고나서 그의 아들을 부양하는 문제에도 선인모 등이 나섰던 것이 『저우쮜런일기』에 기록된 바가 있다.

루쉰상. 1925년에 5월 28년 왕시리王希禮가 러시아어로 번역한 『아큐정전阿Q 正傳』에 들어간 것이다.

---

19) 「周作人日記」, 『新文學史料』 1983年 第3期, 220쪽.

선인모의 자필

말하자면 선인모의 제일 눈부셨던 시기는 베이징대학北京大學에서의 16
년이다. 선인모는 베이징대학에서 이직하고 허베이河北성 교육청청장, 베
이핑대학 교장을 했으며, 중법문화교환출판위원회 주임위원직도 맡았었
다. 그러나 그를 다시 보아야 하는 부분은 서예 및 고전시가에 대한 깊은
수양이다. 중화인민공화국 성립 초기에 선인모는 상하이上海의 시장 천이陳
毅가 방문한 첫 번째 문화명사였는데, 천이陳毅는 선인모의 오랜 친구 리스쩡
李石曾의 제자였었다. 선인모는 저우언라이周恩來 총리에게 "국보"로 불렸고
『선인모행서묵적沈尹默行書墨跡』, 『선인모서법집沈尹默書法集』, 『대해자첩大
楷字帖』, 『선인모논서총고沈尹默論書叢稿』는 중국 서예의 진귀한 유산이다.

11

통사 가풍의 긴 여운

● 뤼쓰몐呂思勉 학기 ●

통재通才와 전문가는 현대 역사학의 학문방식에서 대표적인 두 가지 유형이다. 그에 맞추어 학술연구행위는 박博과 약約의 두 가지 층차로 나뉜다. 각양각색, 상하의 관통, 넓은 포용, 이것이 박이다. 분류하고 분석하며 철저하게 탐구하고 오로지 정진하여 연구하는 것이 약이다. 근대 학과체계가 확립됨에 따라 학술연구의 방식은 명석해지고 박약을 겸비하며 다재다능과 전문가의 융합이 거의 연구의 추세가 된 것 같다. 학술사는 한

학자의 학술의 특징과 연구 풍격을 분석할 때에 항상 그의 저작을 대상으로 한다. 물화된 문자 형태의 논저 중에서 우리는 대체로 계량화된 표준으로 전문가의 연구에 순위를 매긴다. 일대 역사가로서의 뤼쓰몐呂思勉은 그의 박대한 역사학저작으로 다재다능의 형상으로 20세기 중국역사빌전사의 비석에 영원히 새겨졌다.

　장쑤 우진武進 출신의 뤼쓰몐1884-1957(자는 청즈誠之)은 역사학 영역에서 탁월하게 자수성가한 기상을 지녔는데, 그가 속한 사회와 시대의 학술분위기와 불가분의 관계에 있다. 심지어 저장 학단의 농후한 학풍도 뤼쓰몐과 같은 통사通史 대가를 배출하게 하는 바탕에 있었다. 청말부터 민국시기까지 우진武進의 저명한 역사학자는 뤼쓰몐 한사람만이 아니고, 널리 알려진 원사元史 전문가 투지, 청사연구의 개조 멍썬孟森 또한 장쑤 우진 출신이었다. 투지, 멍썬 두 사람과 비교하면 뤼쓰몐은 만년후배였다. 학행으로 보아도 투지, 멍썬 두 선배가 전문가의 길을 걷고 있을 때 뤼쓰몐은 통사의 길로 들어섰다. 투지1856-1921(자는 징산敬山)는 소년 시절에 태평천국전쟁을 겪고 몸이 많이 쇠약해서 깨우침이 늦어 11세의 나이에서야 외전으로 나아갔고 배운 것은 첩괄帖括이었다. 과거에 합격하지 못한 투지는 오랜 시간 동안 숙사를 했으며 30세가 되어서야 거인이 되었다. 장즈둥이 양광총독일 때 투지는 광아서국廣雅書局에 초빙되었으며 이때부터 그는 학술에 평생 뜻을 두었다. 장즈둥이 호남과 호북의 양호로 옮기면서, 투지는 양호서원에서도 가르쳤다. 40세에 헤이룽장黑龍江에 가서 막하漠河금광을 조사하면서 투지는 요금사에 관심을 보이기 시작했고 여유 시간을 이용해서 『원밀사주元秘史注』 15권을 편찬했다. 이후에 투지는 경사대학당 역사지리 강사 겸 국문수업을 맡았다. "매일 수업을 했지만 책을 가져 간 적이 없으며 입으로 강의하고 손으로 그림을 그려도 모자라지 않고 신묘함이 바람이 이는 것 같고 흐르는 물과 같아 깊게 알고 편안하게 거하여 순조롭게 취할 수 있었다."[1] 상서尚書 룽루榮祿와 의견이 달라 투지는 경사대학당을 떠나 펑티엔대학당奉天大學堂총교습직을 맡았다. 51세의 나이에『몽올아사기蒙兀兒史記』를 편찬하기 시작했다. 민국초기 베이징北京대학 교장 겸 국사관 관장 차이위안페이蔡元培가 서신으로 국사관 총편집장으로 초빙했다. 투지의 사학에 대한 조예는 매우 깊었고 비록 그가 66세로 세상을 떠날 때까지『몽올아사기蒙兀兒史記』를 결국 완성하지는 못하였지만, 그의 연구 성과는 전문적이면서 심도가 깊었기 때문에 여전히 몽원사의 전문가로서 학술계의 인정을 받고 있다. 뤼쓰몐과 투지는 단지 선후배의 관계가 아닐 뿐만 아니라, 두 사람 모두 학술상의 연원이 있었다. 뤼쓰몐은『나의 역사학습의 경과我學習歷史的經過』에서 자신을 회고하며 "나이 21세의 투지가 독서열보사讀書閱報社에서 원사를 강의할 때 나도 이것을 들었다. 선생은 원사 전문가로서 고증이 섬세하였는데 내가 후에 민족문제에 대해서 논하기를 좋아한 것은 이 때문이다."라고 했다. 뤼쓰몐은 투지에게서 수업했고, 투지의 맏아들 투위안보屠元博와는 상저우부중학당常州府中學堂 동료였다. 뤼쓰몐은 27세에 난퉁국문전수관南通國文專修館 교수직을 맡았다. 국문전수관은 장지즈張季直가 투자하여 창립한 것이다. 장지즈張季直는 투지를 국문전수관 관장으로 초빙했으며 투지는 즉시 자신의 제자 뤼쓰몐을 초빙해서 수업을 하게 했다. 멍썬1868-1938 역시 뤼쓰몐과 같은 고향 선배였다. 멍썬과 장지즈은 우정이 깊었다. 멍썬과 투지의 관계도 괜찮았다. 투지의『몽올아사기蒙兀兒史記』가 완성된 후, 멍썬이 서문을 써 주었다. 멍썬은 일찍이 일본에서 유학하면서 정치를 하였고, 민국시기에 들어서는 역사학 연구에 몰두했으며 난징대학南京大學, 베이징대학에서 차례로 교편을 잡기도 했다. 멍썬은 근대 청사연구의 개조로서 특히 청조 개국사 연구에서

---

1) 屠孝實,「先君敬山府君年譜」,『中國元史研究通訊』, 1982年, 第2期.

탁월한 성과가 있었다. 뤼쓰몐은 연구에서 멍썬의 영향을 받지 않았다는 것은 확실하다. 그러나 그 당시의 베이징대학北京大學 저명한 교수, 청사연구의 한 축인 멍썬의 학술영향력은 향후 뤼쓰몐에게 잠재적으로 영향을 끼쳤을 것이다.

뤼쓰몐 학술저술의 일부분. 뤼쓰몐은 저명한 통사학자이자 시대사 전문가였는데, 그의 학술영역은 비교적 광범위하며 철학사, 문학사, 역사이론, 문자학 등 여러 분야에 모두 저술을 남겼다. 학식이 풍부한 지사의 풍부한 저작이 20세기 중국학술과 문화를 위한 풍부한 정신적인 유산으로 남았다.

뤼쓰몐에 대해, 그의 재전 제자이자 타이완台灣의 역사학자 옌겅왕嚴耕望은 "통달한 시대사가"라고 칭했다. 뤼쓰몐의 저술은 풍부하고 그가 발을 들여놓은 영역은 아주 넓었으며 그 중에서도 사학, 사학이론, 문학, 문자학, 문헌학 등 방면에서 모두 저작이 남겨져 있다. 그러나 그가 평생 동안 노력한 것은 여전히 국학 범위 내에서의 사학이며, 사학 중에서도 통사로써 학술계에 이름을 남겼다. 뤼쓰몐이 현대 학술계에서 중시된 것은 그가 『이학강요理學綱要』, 『송대문학宋代文學』, 『사통평史通評』 등의 책을 썼기 때문이 아니라, 그가 혼자 힘으로 엄청난 양의 중국통사를 저작하고 편찬했기 때문이었다. 『백화본국사白話本國史』는 뤼쓰몐의 첫 번째이자 가장 영향력 있는 통사 저작이다. 이 책은 뤼쓰몐이 장쑤성립제일사범, 선양고등사범沈陽高等師範 등의 학교에서 교편을 잡았을 때 했던 강의를 기초하여 편찬한 것이다. 『백화본국사白話本國史』는 192-30년대에 발행량이 제일 많았던 중국 통사이고, 여러 대학에서 이 책을 교재로 삼았으며, 역사 영역에 광범위한 영향을 미쳤다. 첫 번째의 중국통사는 뤼쓰몐이 편찬한 것은 아니다. 샤쩡유가 편찬한 『최신중학중국역사교과서最新中學中國歷史敎科書』가 후에 상무인서관의 대학총서인 『중국고대사中國古代史』로 개정되었는데, 이것이 중국에서의 최초의 장절체 중국통사다. 샤쩡유는 역사진화론에 의거해서 중국역사를 "상고", "중고", "근고"로 나눴으며, 이것은 현대통사저작편찬에 새로운 사조를 열었다. 『백화본국사白話本國史』는 기본적으로 샤쩡유의 "상고", "중고", "근고"의 이론을 기준으로 만들어 졌으나, 이후 나온 책들로 인해 『최신중학중국역사교과서』보다 독자들의 환영을 받았다. 뤼쓰몐이 저작한 『백화본국사』는 "5·4" 신문화운동 이후 현대 백화문이 보급된 이후의 직접적인 성과였다. 40년대 말기에 구제강은 당시의 통사저작을 회고하고 평가할 때, "중국통사의 저작은 오늘날까지 출판한 책이 비록 적지 않지만, 이상적인 것은 적었다. 본래 한사람의 힘으로 통사를 쓴다는 것은 제일 곤란한 사업이고, 중국역사상 고증이 필요한 부분이 많기 때문에 모든 통사는 대개 천편일률적이고 피차 서로 표절한 것이다. …… 중국통사를 편집한 사람이 제일 쉽게 범하는 병폐가 사실을 조목별로 나누어 열거하고 견해가 부족하다는 것인데, 그 책들은 변함없이 『강감집람綱鑑輯覽』 혹은 『강검이지록綱鑑易知錄』의 류로 극도로 지루한 것이었다. 뤼쓰몐 선생은 이 점을 고려해서 풍부한 역사지식과 유창한 필체로 통사를 썼으니, 통사 창작의 신기원을 열었다."[2]라고 생각했다. 뤼쓰몐의 저술로는 또

---

2)   顧頡剛, 『當代中國史學』, 77쪽.

『여저중국통사呂著中國通史』상,하편,『중국근대사中國近代史』,『중국민족사中國民族史』,『중국제도사中國制度史』 등 통사형 저작들이 있다. 뤼쓰몐은 시대사 연구 영역에서도 성과가 컸다. 뤼쓰몐은 시대사 전문서를 많이 썼는데,『선진사先秦史』,『진한사秦漢史』,『양진남북조사兩晉南北朝史』,『수당오대사隋唐五代史』 등이 있다. 『수당오대사』는 뤼쓰몐의 마지막 저작이며 그가 세상을 떠난 뒤에 그의 부인이 제자들에게 "『수당오대사』라는 책이 목숨을 재촉했다"라고 말했다고 한다.

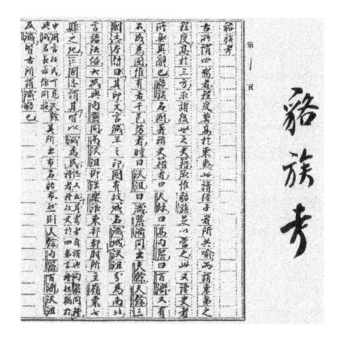

뤼쓰몐의 중국민족사연구는 매우 일찍 시작되었고『맥족고貉族考』는 그 중의 하나다. 뤼쓰몐의 민족사연구는 문헌방법으로서, 1930년대에 흥행했던 민족구역조사연구, 민족학이론을 운영한 탐구와는 큰 차이가 있었다.

뤼쓰몐과 화동사범대학교 총창 멍셴청孟憲成, 50년대 초기에 찍은 사진. 만년에 화동사범대학에서 교편을 잡은 뤼쓰몐은 사상개조는 아주 힘들었지만 지식인을 개조하는 과정에서 저술한 학술이력과 개인회고는 후세에 뤼쓰몐의 학술과 사상을 연구하는 데, 진귀한 자료를 제공 하였다.

뤼쓰몐이 평생 동안 저술하고 출판한 것은 50여 종의 학술저작이며 글자 수로는 이미 1000만 자를 초과했다. 혼자 힘으로 중국통사시대사 포함라는 엄청난 규모의 학술 작업을 하는 것은 현대사학사에서 뤼쓰몐뿐이었고, 『이십사사二十四史』를 세 번 읽어서 역대사학자 중에서 세상을 놀라게 한 사람도 뤼쓰몐 한 사람뿐이었다. 그러나 뤼쓰몐의 사학연구는 민국시기, 중화인민공화국성립시기에 그다지 알려지지 않았는데, 이것도 깊이 생각해봐야 할 학술현상이다. 타이완台灣사학가 옌겅왕嚴耕望은 뤼쓰몐을 천인커, 천위안陳垣과 비교했을 때, 뤼쓰몐은 "이천二陳, 천인커와 천위안"의 성취에 못 미친다고 하였다. 옌겅왕은 뤼쓰몐의 학술이 "이천"의 그것보다 못했던 것은 근대학풍, 연구추세, 개인의 성격, 이 세 가지 요소 때문이라고 분석하였다. 옌겅왕嚴耕望은 근대사학풍조는 첨단尖端을 발전시키는 쪽으로 치우쳤고, 이런 풍조는 작은 부분을 중시하고 전문적으로 깊게 연구하여 새로운 문제를 제출하고 새로운 의견을 발휘하는데, 박통博通함은 충분하지만 신중하고 엄밀함이 부족한 학인들에 대해서는 경시하기 쉽다. 뤼쓰몐은 이러한 박학博學에 속하였기에 일반인에게는 낮게 평가되기 쉬웠다. 근대의 사학연구는 특히 새로운 사료를 중시하였는데, 새로운 사료는 사학저작을 평가하는 중요한 기준이었다. 뤼쓰몐의 중요저작의 자료는 주로 정사正史로부터 왔으며 기타 사료는 많이 사용하지 않았으며, 새로운 사료는 더더욱 적었다. 이 때문에 사람들은 그의 저작을 낮게 평가했다. 뤼쓰몐은 긴 시간동안 상하이 광화대학光華大學에서 교편을 잡았다. 광화대학은 사립학교이기에 국내 대학 가운데 지명도가 없었으며, 상하이에서도 민국시기 학술 중심은 아니었다. 뤼쓰몐의 동기 사학가들 중의 대다수가 당시 학술중심인 베이핑의 여러 유명대학에서 교편을 잡았는데, 이것도 뤼쓰몐의 사학저작과 개인 명성이 그 당시 사람들에게 주목받지 못한 원인이었다. 뤼쓰몐의 성격은 내성적이고 사람들과 사귀는 것을 싫어하며 학문에만 몰두하고 유명해지기를 구하지 않은것도 뤼쓰몐이 민국 사학계에서 명성이 드러나지 않은 원인 중의 하나였다.3) 신중국 건립 이후 뤼쓰몐이 있던 광화대학이 화동사범대학에 합병되어서, 그는 화동사범대학의 역사학과의 교수직을 맡았고, 1957년에 병으로 사망했다. 오랜 세월동안 뤼쓰몐의 역사학 저작은 사학계의 중시를 받지 못했다. 뤼쓰몐의 통사, 시대사 저작은 자신만의 명확한 역사사상과 역사관점이 없고, 자신만의 사학이론체계도 없다. 역사유물주의가 학계를 주도하는 상황에서 건국후 신사학은 주로 사회발전사의 관점에서 연구를 진행했고,

---

3) 嚴耕望, 『治史三書』, 181쪽.

찬양을 받은 것은 오직 사관史觀을 핵심으로 한 역사저작이었다. 학술말년에 뤼쓰몐은 일시에 자신의 관념을 역사유물주의의 연구노선으로 전향할수 없었고, 그는 여전히 자신의 일이관지一以貫之하는 학술풍격을 유지했다. 이처럼 뤼쓰몐은 "후금박고厚今薄古"의 학풍의 세례 속에서 성장한 청년사학자들에게 경시와 홀시를 당했다. 뤼쓰몐이 50년대에 병사했다. 그가 역사학계에서 묵묵히 일했지만 일찍 세상을 떠났기에 그의 역사저술은 학자들에게 의식적으로 혹은 무의식적으로 잊혀졌다. 사상이 해방된 80년대 초기 뤼쓰몐의 제자 양콴楊寬과 뤼쓰몐의 딸 뤼이런呂翼仁은 동분서주하여 힘을 다해 정리한 덕에 뤼쓰몐의 유저와 유고가 드러나기 시작했다. 90년대 들어서서 그의 저작이 전부 출판 판매 되었고 학술계의 환호를 받았다.

　뤼쓰몐은 독서세가讀書世家 출신이었다. 그의 부친 뤼더지呂德驥는 현縣의 학생學生으로 만년에 장푸현江浦縣 교유敎諭로 선임되었다. 뤼더지呂德驥는 경훈經訓을 마음에 새기고 경세經世를 말하기 좋아하며, 사서 읽기도 좋아했다. 그의 모친 청중펀程仲芬은 우진의 명사 청짜오진程兆縉의 차녀로 경사經史에 통달하고 시문을 지을 줄 알았는데, 이것이 뤼쓰몐에게 영향을 미쳤다. 소년 시절부터 뤼쓰몐은 역사학에 대한 농후한 흥취를 느꼈는데 그 후에 그가 회상에서 말하기를 "내가 사학과 관계를 맺은 것은 8세 때이다."라고 하였다. 여덟 살 때 뤼쓰몐의 모친은 그에게 『강감정사약편綱鑑正史約編』에 대해서 설명해주었고, 그의 누나 뤼융쉬안呂永萱도 그에게 그렇게 해주었다. 얼마 후에는 뤼쓰몐 스스로 독송할 수 있게 되었다. 숙사塾師 웨이사오취안魏少泉으로부터 학문을 배우고 난 뒤, 뤼쓰몐은 『강감이지록綱鑑易知錄』을 읽기 시작했다. 『강감정사약편』은 절반을 읽었으며 『강감이지록綱鑑易知錄』은 전부 읽었다. 그의 부친은 또 그에게 구옌우의 『일지록日知錄』, 자오이趙翼의 『이십이사찰기二十二史劄記』 및 『경세문편經世文編』을 강의해주었다. 그러므로 뤼쓰몐이 50년대 초기에 쓴 『삼반과 사상개조학습의 총결三反及思想改造學

習總結』에서 "역사와는 어릴 적부터 친했다."라고 했던 것이다. 14세 때 친척 형인 뤼징산呂景柵이 뤼쓰몐에게 『통감집람通鑑輯覽』을 알려주었고, 17세에 이르러서 이미 『통감通鑑』, 『속통감續通鑑』, 『명기明紀』를 통달했으며, 또 웨이위안의 『해국도지海國圖志』, 왕타오王韜의 『보법전기普法戰紀』, 황쭌셴黃遵憲의 『일본국지日本國志』 등도 읽었다. 『이십사사二十四史』의 숙련 정도에 관하여 뤼쓰몐은 일찍이 "이십사사 중에서도 나는 『사기史記』, 『한서漢書』, 『삼국지三國志』를 제일 많이 읽었으며 모두 4번이나 읽었다. 『후한서後漢書』, 『신당서新唐書』, 『요사遼史』, 『금사金史』, 『원사元史』는 3번을 읽었으며 기타 남은 것들은 모두 2번만 읽었을 뿐이다."(『역사학습 과정 자술自述學習歷史之經過』)이라고 하였다.

1942년 뤼쓰몐 부녀와 학생들이 함께 찍은 사진이다. 뤼쓰몐의 딸 뤼이런呂翼仁은 만년에 부친이 남긴 유저를 정리하고 출판하는데 힘을 다했으며 뤼쓰몐의 제자 양콴楊寬, 황융녠黃永年의 지지로 뤼쓰몐 저작의 대부분이 세상에 공개되었다.

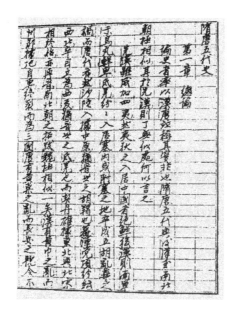

『수당오대사隋唐五代史』의 수고. 이는 뤼쓰몐 학술생명의 최고의 작품으로
정사正史를 문헌 전공으로 삼고, 시대사 저술을 핵심으로 했던 뤼쓰몐의
학술의지와 학문신념이 여기에 집중적으로 체현되어 있다.

광서·선통 연간에 쑤저우蘇州, 창저우常州 일대의 학자가문에는 다른
지역과는 다른 독서기풍이 형성되어 있었는데, 『사고전서총목제요四庫全書
總目提要』를 읽는 것이었다. 『사고전서총목제요』로부터, 천하에 학문은
어떤 갈래가 있는가, 각각의 원류파별은 어떤 것인가, 중요한 서적은 총
몇 권인가와 같은 문제는 실상 학문의 중요한 공부였다. 뤼쓰몐이 16,
17세의 나이에 이 방면에 힘을 썼는데, 그의 학문이 박통하고 견문이
좁지 않은 것은 그가 열심히 『사고전서총목제요四庫全書總目提要』를 읽은
것과 관련이 깊다. 뤼쓰몐의 사학연구의 특징은 그가 소년, 청년시대에
읽은 정사와 깊은 관계가 있지만, 그가 당시의 학풍에 물들지 않았다면

그의 학술활동은 그 후의 기세에 이르지 못했을 것이다. 당시 영향을
준 명사로서 뤼쓰몐은 캉유웨이, 량치차오, 장타이옌의 세 사람을 잊을
수 없었다. 뤼쓰몐은 "나의 역사 연구가 고증을 잘 말하는 것은 『일지록日知錄』,
『이십이사찰기二十二史劄記』 두 책과 량런궁梁任公 선생이 잡지에 발표한
논문에서 영향을 제일 많이 받았다. 상타이옌 선생의 글도 내게 상당한
영향을 미쳤다."[4]고 하였다. 장타이옌은 사학에 대해서 더 많은 공헌을
하지 못했고 박학 대사였을 따름이지만, 경학, 문자학, 음운학, 제자학,
불학 등 영역에 조예가 깊었다. 뤼쓰몐의 역사학은 확실히 장타이옌으로부
터 어느 정도 이론적 양분을 흡수했다. 량치차오는 근대 신사학의 창시자로
써 그의 학술은 광범위했고 문학, 역사, 철학, 경학, 법학, 불학 등의 영역에
걸쳐 성과를 내었다. 청말 민국 초기 문화, 학술, 사상계의 거인으로서,
민첩한 관찰력, 빠른 이해력, 새로운 사상이 풍부한 판단력과 활달하고
창조적이며 웅건한 필력으로 량치차오는 대대로 학자들에게 영향을 주었
다. 특히 역사학 영역에서 탁월한 성과를 낸 사학가들은 모두 량치차오의
학술노선을 따라 성장했다. 뤼쓰몐도 예외가 아니다. 뤼쓰몐이 13세 때
량치차오의 문장을 읽고 나서, "학문을 조잡하게나마 알게 된 것은 선생
덕분이었다, 비록 친히 가르침을 받은 것은 아니었지만."(『변량런궁음양오
행설지내력辨梁任公陰陽五行說之來曆』)이라고 하였다. 소위 "직접 가르침을 받
은 사우師友"라면 하나는 투지이고, 다른 하나는 딩구이정丁桂徵을 말한다.
투지는 앞에 말한 바와 같고 딩구이정丁桂徵은 뤼쓰몐의 이모부였다. 뤼쓰몐
은 딩구이정이 경학 명가라고 했지만, 사실상 딩구이정은 정통 경학계에서
지위가 없다. 뤼쓰몐이 직접 가르침은 받은 사우師友는 당시 학술계에서
호소력이 결핍되었다고 할 수 있고, 또한 그가 "신사초新史鈔"를 주장하고

---

4) 俞振基, 『蒿廬問學記』, 232쪽.

실천했기 때문에 민국시기의 역사학계에서 명성이 그다지 높지 않았다. 소위 "신사초"는 뤼쓰몐이 1920년대 저술한 『백화본국사白話本國史』에서 제기한 학술주장이다. 그는 "나는 한 부의 신사초를 만들고자 중국역사상의 중요한 일을 수록해서 여러분께 보여주고 싶었다.……"라고 하였다. 옛 사람이 만들어 낸 책이 너무 단편적이고, 현세인이 낸 책은 너무 간단해서 뤼쓰몐은 "중국의 역사를 개인의 입장에서 자세히 그의 중요점을 골라내고 근엄한 방법으로 원문을 수록하였으며, 생략한 바는 있지만 고친 것은 없다. 자신의 의견은 후에 주로 밝혔을 뿐이다."라고 주장했다. "신사초" 때문에 오랫동안 사학계에서 많은 사람들이 뤼쓰몐의 중국통사, 시대사 저작은 오로지 정사 사료를 베껴서 모은 어리석은 것이라고 생각했다. 사실상 이것은 뤼쓰몐 역사학에 대한 오해인 것이다.

후스와 자오위안런. 칭화국학원 지도교수인 자오위안런은 현대중국언어학, 방언학方言學 창시자의 한 사람이다. 뤼쓰몐은 자오위안런의 중학교 스승인데, 자오위안런은 뤼쓰몐 선생을 아름답게 추억하였다.

　비록 뤼쓰몐이 평생 대부분의 시간을 광화대학에서 지냈고 그의 많은 저작은 광화에 있을 때 저술한 것이었으나, 저명한 통사 대가로서 그는 동시대 학자들과 교류하였다. 뤼쓰몐의 제자의 회상에 의하면, 뤼쓰몐이 통사물로써 역시학계에 이름을 날린 후에 베이징대학을 관리하던 후스가 뤼쓰몐을 베이징대학으로 초빙했었다고 한다. 뤼쓰몐은 광화대학을 떠나기 싫어했으며 친구 첸지보와 감정을 상하기도 싫어서 후스의 초빙을 완곡히 거절했다. 첸지보는 문학사 전문가이고, 뤼쓰몐과 깊은 학술우정을 나눴다. 진쑹천金松岑은 장인江陰의 남청서원南菁書院 출신인데, 학문의 뿌리가 있었고 시문이 아름다웠다. 그는 일찍이 쩡푸曾樸와 함께 『얼해화孽海花』를 지었고, 장타이옌과 애국학사에서 함께 일했으며, 장타이옌이 진쑹천金松岑의 『천방루문언天放樓文言』에 서문을 지어주기도 하였다. 진쑹천金松岑은 뤼쓰몐의 광화대학 동료였고, 뤼쓰몐의 사학, 사장을 매우 좋아하였다. 광화대학의 국문 교수 리쉬촨李績川은 마퉁보馬通伯의 출중한 제자로서 젊고 다혈질이라서 쉽게 다른 사람을 인정하지는 않았다. 리쉬촨은 『중국통사呂著中國通史』상책을 자세히 읽고 나서, 진쑹천金松岑에게 "뤼쓰몐선생의 『중국통사中國通史』를 읽지 않고서는 그분의 위대함을 알 수 없습니다. 이 책은 소재가 매우 상세하고 의논하는 것이 치밀하니 탄복할 따름입니다."라고 하였다.5) "고사변"파의 구제강은 뤼쓰몐과 아무 사승 관계가 없었고, 뤼쓰몐도 소위 옛것을 의심하고 위작을 판별하는疑古辨僞것에 완전히 찬동하지 않았지만, 구제강은 뤼쓰몐을 아주 존경하여서 그에게 보낸 서신에서 계속 자신을 후학이라고 칭했을 정도다. 상하이가 함락되어 "고도孤島"가 된 후에 구제강의 제자이자 "고사변"파의 실력자인 퉁수예童書業가 상하이에 도착했다. 뤼쓰몐은 퉁수예을 위해서 교직을 구해주었고, 퉁수예는

---

5)　俞振基, 『蒿廬問學記』, 232쪽.

『고사변古史辨』제 7집을 편집할 때 뤼쓰몐에게 참가를 요청했고 뤼쓰몐의 여러 중요한 논문을 책에 넣었다. 뤼쓰몐은『고사변古史辨』제 7책의 서문을 써주면서 자신이 고사를 재건하는 신념에 관해서 표현하기도 했다. 장웨이챠오蔣維喬는 우진 출신으로 뤼쓰몐보다 10세 연하였으나, 뤼쓰몐은 항상 장웨이챠오 앞에서 자신을 고향 후배라 하였다. 제자들이 그에게 묻자 뤼쓰몐은 "장웨이챠오선생이 일찍이 사귄 사람은 모두 나의 아버지뻘이고, 나는 그에게 있어서 후배다."라고 하였다. 장웨이챠오가 둥난대학 교장직을 대리할 때, 그는 뤼쓰몐을 둥난대학 역사학과로 초빙하였다. 장웨이챠오의 70세 생일에 뤼쓰몐은 그를 축수祝壽의 글을 선사하였다.[6] 뤼쓰몐은 제자들이 많았는데, 중학교에서 교편을 잡았을 때와 광화대학에서 근무할 때 제자들은 더욱 많았다. 저명한 언어학가 자오위안런趙元任은 뤼쓰몐의 시산학교溪山學校 시절의 제자이다. 1920년에 미국에서 돌아온 자오위안런趙元任은 상하이에서 난징으로 가는 길에 자신의 국어 선생을 만났다. 자오위안런趙元任은『나의 어언자전我的語言自傳』에 스승과 만난 장면을 추억하였다. 자오위안런趙元任은 그 후에 칭화대학에 가서 교수가 되었고, 현대중국 언어학 연구 영역에서 중요한 공헌을 했다. 독학을 통해 우수한 성과를 거둔 첸무錢穆는 뤼쓰몐의 창저우부중학당常州府中學堂 시절의 제자다. 첸무는 마치 뤼쓰몐의 학문의 정수를 전수받은 것 같은데, 통사와 고증 방면에 조예가 깊었고 그 중에서도 중국문화사, 중국학술사, 중국사상사에 크게 공헌하였다. 첸무와 뤼쓰몐은 창저우부중학당을 떠난 지 40년 만에 같이 모교에 갔다. 첸무는 "이 학교의 40년 전의 선생님이 40년 전의 학생을 데리고 이 강연을 하였다……오늘 이 40년 전의 늙은 학생의 강의는 40년 전의 스승의 강의에 미칠 수가 없다."고 하였다.[7] 이것은 첸무의 스승에

---

6) 俞振基,『蒿廬問學記』, 180쪽.

대한 존경과 칭송을 표명한 것이다. 탕창루唐長孺는 위진남북조수당사의
학술전문가인데, 그도 뤼쓰몐의 제자이다. 뤼쓰몐이 50년대에 『수당오대
사隋唐五代史』를 편찬할 때 직접 자기 제자의 성과를 인용했으며 탕창루唐長孺
라는 이름을 자신의 책에 넣었다. 뤼쓰몐의 유명한 제자로 또 문헌전문가
후다우징胡道靜, 전국사전문가 양콴楊寬, 당사전문가 황융녠黃永年 등이 있다.
뤼쓰몐은 혼자의 힘으로서 10여 부의 중국통사와 시대사를 편찬했고,
기본적으로 개인이 여러 통사를 편찬하는 학술행위는 종결되었다. 뤼쓰몐
이후에 중국통사의 편찬은 주편제主編制를 특징으로 하면서 집단적으로
나누어 함께 작업하는 것이 되었다. 뤼쓰몐의 제자 중에는 첸무를 제외하고
대다수는 단지 (특정 분야의) 전문가일 뿐이었다.

7) 錢穆, 『八十一雙親・師友雜憶』, 生活・讀書・新知三聯書店, 1998, 62쪽.

12

혼자 힘으로 일어난 종사宗師

● 우메이吳梅 학기 ●

20세기 중국학술발전사에 여러 가지 새로운 학술영역을 개발한 학술종사들이 탄생했다. 그러나 시운이 불행하고 인생길이 순탄하지 못하였고 또 우리 시대와 너무 멀었기에 현대학술계로부터 의식적 무의식적으로 잊혀졌고, 심지어 누구도 언급하지 않고 기념하지도 않았으며, 심지어 그를 연구할 필요가 없다고도 하였다. 학술사의 발전은 계속 끊임없이 새롭게 교체되기 마련인 규칙을 따르면서, 한 시대의 학인의 뒷모습이

사라져가는 가운데 다시 한 시대의 학인이 이어서 일어나는데, 결코 단순히 반복하는 것이 아닌 순환을 형성한다. 시간의 바퀴가 한 시대, 또 한 시대를 밟아나감에 따라, 저 길을 가는 이들을 이끌던 것은 새롭고 기이한 것을 추구하는 사람들의 시선 속에서 희미해져서 멀리 가버린 듯하다. 이것이 바로 학술 생존의 발전사이고, 이것이 바로 학자가 잊혀지는 잠재적 이유다. 우리가 수많은 중국문학사 저작을 읽을 때, 간혹 우메이吳梅의 이름을 볼 수 있다. 그러나 우리의 시선 중에서 사라진 것은 단지 두 개의 문자부호가 대표하는 생명의 의의만이 아니라, 또 다른 층차의 함의는 일찍이 독보적으로 사곡詞曲 문학을 이끌었던 한 시대의 선구자가 학술계에 남겨준 풍부한 정신적 유산도 무시되었다는 점이다. 사곡에 학술적 의의를 부여함으로써, 정통 학문에서 멸시되었던 문학작품을 학술의 전당에 올려놓았던 것, 이것이 우메이 사곡 연구의 현대적 가치이다. 중국문학사 내용이 장중하다는 것은 우메이와 그의 사곡학파가 한 계통으로 이어간 학문의 전수와 정심한 학술 연구에 유익하다고 해야 할 것이다.

중국문학발전사상에서 사곡은 아주 중요한 예술 영역이다. 재치를 누설하고 성령을 묘사하고 기교를 부리고 화려한 글에 낭만적인 심정을 표현하는 기이한 구성으로 되어 있다. 이것이 사곡의 농후한 예술적 품격이다. 그러나 사곡의 탄생과 발전은 정통적인 문인학자들의 중시되지 않았고, 사곡은 잔재주이고 고상한 지위에 오를 수 없는 것이라고 간주되었다. 심지어 주변부 문학으로 분류되는 등 사곡은 중요하지 않은 문화적 존재였다. 왕궈웨이, 우메이가 나타난 후에야 이 학문은 비로소 학림에 우뚝 올랐으며 학인의 공부와 연구에 전문분야가 되었다. 왕궈웨이가 37세에 저술한 『송원희곡사宋元戲曲史』는 이러한 신학문의 출현을 상징한다. 왕궈웨이가 이런 고전 저작의 서문에서 "세상의 이와 같은 학문이란 것이 나로부터 시작하니, 이 학문에 그 기여한 것 또한 이 책이 가장 많으니,

우리들이 재능을 옛사람에게 쏟지 않은 것은 실상 아직 옛사람을 학문(의 대상)으로 삼지 않은 까닭이다."라고 하였다. 이것이 비록 조금 자만하는 것이더라도, 학리의 방면에서 연구도 확실히 이러하다. 이러한 의미로부터 볼 때 왕궈웨이는 중국희곡사학의 창시자라고 해도 손색이 없다. 그러나 왕궈웨이는 중년 이후에 자신의 학술시야를 고문자학, 갑골문, 상주사商周史, 몽원사 등 영역에 집중했으며 희곡에는 더 이상 마음을 쓰지 않았다. 왕궈웨이는 송원 이후의 희곡은 "죽은 문학"이고 연구할 가치가 없다고 확신했다. 이것이 왕궈웨이의 인식 범위를 제한했다. 왕궈웨이가 역사의 각도에서 송원희곡을 연구한 것이지 희곡의 각도에서 희곡을 연구하지 않았다는 것과 희곡발전의 역사과정을 탐구하는데 힘을 썼던 것이지, 희곡 본래의 문학형식을 연구하지 않았고 더구나 예술창작으로는 말할 필요도 없었다는 점은 지적할 필요가 있다. 왕궈웨이와 정반대로 우메이는 평생의 정력을 희곡 연구와 사곡詞曲의 창작과 극곡劇曲의 연출에 썼다. 그는 단지 서재에서 순수한 학술연구를 한 것이 아니라 서재에서 나와서 연기를 실천했다. 그는 단지 사곡을 연구하는 학자이기만 했던 것이 아니라, 사곡학문을 가르치는 교육자이자 사곡을 창작하는 문학가였다. 이는 우메이를 핵심으로 하는 사곡학파가 항상 사람들이 충원되고 대대로 전수되어 20세기 중국 사곡학의 주류와 정통이 되게 하였다.

우메이1884-1939의 자는 쥐안瞿安, 호는 솽야霜厓이고, 장쑤 창저우長洲현 쑤저우蘇州인이다. 청말 민국초의 쑤저우는 문화의 고향인데, 역사상 수많은 문화명인과 깊은 인연이 있었다. 학술사의 각도에서 보면, 쑤저우蘇州 출생의 구옌우, 후이둥惠棟과 같은 경학 대가가 세상에 알려져 있고, 문인들은 마치 물고기가 강을 지나가는 것 같이 많아서 그 수를 헤아릴 수가 없다. 쑤저우에는 문화 분위기가 그윽하고 학술공기가 농후한 문화토양이 형성되어 있었는데, 이 지역에서 성장한 학자들은 자연스럽게 자신의 운명과 학술문화를 연결시켰고, 오랜 시간이 지나면서 지식인들의 사상 깊은 곳에 "배우고 익혔어도 더욱 배워야 한다."는 관념이 양성된 것이다. 우메이가 생활한 시대는 왕조 말의 처량함과 쇠락이 넘쳤으나 동시에 새루운 문화와 학술의 서광도 배태되고 있었다. 지식인들은 하나의 정권을 뒤엎은 동시에 학술문화의 창조에도 참여했다. 그러나 우메이는 적극적으로 정치투쟁에 참여하지 않았고, 그가 성장하는 청년시절에는 열심히 과거시험에 참가했으며 시험을 통해서 성공한 인사가 되려고 하였다. 이것은 그의 가정배경 및 그가 받았던 조기교육과 관련이 있다. 우메이는 쑤저우蘇州의 관리 집안에서 태어났으나 우메이 대에 와서는 집안이 쇠락했다. 우메이의 증조부 우중쥔吳鍾峻은 도광道光 12년의 장원으로, "한림에서 일을 했고 관직은 예부시랑에 이렀고, 절학浙學의 학문을 보고 호남의 시험을 주관했다"라고 한다. 조부 우칭옌吳淸彥은 향시에 급제했으며 일찍이 형부원외랑 직을 맡았으나 42세에 별세했다. 부친 우궈전吳國楨은 시사詩詞, 문부文賦, 희곡戲曲을 좋아했으나 우메이가 3세일 때 22세의 젊은 나이에 병사하였으니 공명은 말할 것도 없었다. 이것으로 알 수 있는 것은 우메이의 가정은 비록 문학으로 세워졌지만, 가장들이 단명한 탓에 가문이 중도에 쇠락하고 진흥하지 못한 것 같다. 그러므로 우메이는 일찍이 제자들에게 자신은 "혼자서 일어섰다"고 말했다고 한다. 우메이는 힘겹게 과거에 응시했는데, 12세에 처음으로 과거에 참가했으나 낙방했고, 19세에 난징의 거인시험에 참가했으나 역시 낙방했으며, 20세에 또 다시 난징南京 장난江南 향시에 응했으나 불합격했다. 이로써 우메이는 벼슬길에 마음을 접었으며, 가르치는 일에 전심하고 저술을 자신의 소임으로 했다. 지식인이 선택의 길에서 좌절하는 것은 한사람의 심지를 씻겨낼 뿐만 아니라 한 사람의 꿈을 없앨 수도 있다. 공명의 마음이 침몰하고 추모의 뜻이 무너질 때에 정신적인 고통이 그림자처럼 따라다니고 사람으로 하여금 사상적인 반항의 실마리를 찾아내는 인격의 강렬한 대조가 형성된다. 우메이의 시대와 사회에 대한 불만은 자각적이고 주동적인 것이 아니라, 생존방식의 곤궁함과 일이 뜻대로 되지 않은 것으로 인한 일종의 본능이었다. 그러나 관운과 벼슬길에 대한 응어리는 또 우메이를 조정에 대한 반항의 길에서 평온한 지대로 이끌었으니, 그는 그저 자신의 어떤 불만, 심지어 적대감마저도 문자로 표현해냈고, 일부러 정치활동을 자신의 인생궤도에 집어넣지 않았으며 유민의 정서도 없었다. 20세 이후에 『혈화비血花飛』전기傳奇, 『풍동산風洞山』전기傳奇, 『난향루暖香樓』곡본曲本으로 나타난 것은 우메이의 문학천재라는 점이다. 비록 문장으로 선열, 선현, 조정의 부패에 대한 불만을 표현하기도 했지만, 이것이 우메이가 강렬한 저항의식이 있다는 것을 의미하는 것은 결코 아니다. 1907년 24세의 우메이는 류야쯔柳亞子, 덩스鄧實, 황후이원黃晦聞, 천취빙陳去病, 류싼劉三, 선창즈沈昌直와 함께 상하이 장원張園에 신교사神交社를 성립했으며 이는 정치활동을 주로 하는 결사가 아니라 보다 많은 문인들이 함께 모이는 학사로서, 부賦와 시를 부르고 답가를 하고 술과 문학에 더욱 관심이 많았던 단체였다. 1909년 천취빙陳去病, 류야쯔柳亞子 등이 쑤저우蘇州 후추虎丘에 남사南社를 세웠는데, 이때 허난河南 카이펑開封에 있는 우메이는 발기인 명단에 들어가지 않았다. 이로부터 2년 뒤에 류야쯔柳亞子 소개로 우메이는 남사에 참여하게 되었고, 이때는 청이 멸망하기 1년 전이었다. 우메이는 적극적인 지식인이 아니었고 정치에 대한 관심은 학술에 대한 관심보다 훨씬 더 적었으니, 이런 면에서 볼 때 우메이의 사상의식과 문화정신은 보수적이라고 할 수 있다. 출사의 뜻이 사라지자 우메이는 자신의 심력을 서재에 집중시켜서 글로써 심지를 박고, 글로써 미치고, 글로써 이름을 얻으니, 그는 문단에 몸을 담고서 문학예술계의 최고봉에 이르는 것처럼 되었다. 그때 누군가 청년 우메이의 호방함에 대하여 마음에 새기기를 "한 소년이 손으로 탁자를 치고 발로 땅을 구르며 때로 웃고 때로 통곡하니, 사람들은 미친 것으로 알았다. 그에 대해 물으니 성은 우吳씨이고 자는 쥐안瞿安이며 경사에 능숙하나 사곡을 좋아하고 영웅의 간담과 여성의 심정을 글에서 드러냈다"라고 하였다.[1] 호방하고 미친 모습하며 예의에 구속되지 않고 노래하고 춤을 춘 것은 문인인 우메이

난징 중앙대학 시절 곡학曲學의 대가 우메이뒤 우측과 톈한田漢, 앞 우측, 쭝바이화宗白華 뒤 중간, 장시만張西曼 뒤 좌측, 후광웨이胡光煒, 앞좌측의 단체사진이다. 이 시기 중앙대학에는 명사들이 모여들어 학파가 나뉘었는데, 각기 뛰어난 학술인재들이었다. 우메이의 곡학, 톈한의 희곡, 종바이화의 미학과 철학, 후광웨이의 문학과 역사학은 모두 당시 학술계의 최고봉이었다.

---

1) 王文濡, 『中國戲曲槪論序』.

가 당시 정치에 대한 불만을 드러내고 다른 사람과 같은 길을 걷기 싫다는 것을 드러낸 일종의 표현 방식이었다. 이러한 호방함과 형식에 구속되지 않은 자유분방한 태도가 우메이의 문인심정을 매우 적절하게 드러냈다. 문장 속에서 살고, 문장 속에서 생활의 취미를 찾고, 문장으로 문화 예술계에 자리를 잡으면서, 우메이는 자신의 창작과 연구를 누구도 오를 수 없는 경지로 올려놓았다. 이 때문에 사곡 영역에서 우메이는 더욱 깊이 사고하고 탐구하기 시작하였다.

한 시대의 사곡 연구 기풍을 연 종사로서 우메이는 가학家學이 없었고, 이 영역에서 연구를 시작할 때에 명확한 사승師承도 없었다. 그러면 어떤 이유에서 우메이는 사곡 영역에서 학술연구를 하게 되었을까? 다시 말해 우메이가 사곡을 연구하게 된 직접적이고 간접적인 원인은 어디에 있는 것인가? 마땅히 지적해야 하는 것은 우메이가 생활한 청말 민국초 이 시대의 학술기풍과 문인의 풍조가 학자가 학문을 하는 것과 직업을 선택하는 데 영향을 미쳤다는 점을 반드시 지적해야 한다. 청말에 백화운동이 홍기하고, 학자들은 이전에는 중시하지 않았던 소설, 희곡, 전기傳奇 등의 영역으로 시선을 옮겼으며 각종 통속적인 백화 잡지, 신문들이 소설과 전기로써 독자들을 유인했으니, 문학 전파의 새로운 길과 기풍이 초보적으로 형성되었다. 특히 본래 문풍文風이 아주 홍했던 상하이와 쑤저우 지역에서는 신식 신문과 잡지, 예컨대 『소학월보小學月報』, 『소설림小說林』, 『국수학보國粹學報』 등, 새로운 지식전파의 주요 경로가 지식인들의 관심 대상이 되었다. 독서인으로 비록 과거에 급제하지 못했지만 필력으로 재치를 드러내는 것에 우메이는 아주 능숙했다.

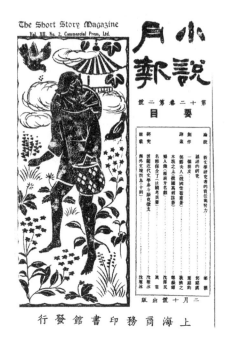

The Short Story Magazine
Vol. XII. No. 2, Commercial Press, Ltd.

小說月報

1910년에 창간한 『소설월보小說月報』 제12권 제2호.

이 커다란 문화배경을 관찰해보면, 우메이의 사곡문학은 그가 생활한 시대의 학술문화 분위기에서 양성되어 나온 것이지 우메이가 우연히 만들어낸 것은 아니었다. 그러나 청소년시대에 뼈에 사무친 곤곡昆曲은 자주 보고 들어서 익숙하고 습관이 되었던 것은 확실히 우메이가 결연히 사곡문학 영역으로 들어가게 한 보조적 추진 장치였다. 쑤저우蘇州는 곤곡의 기원지인데, 이러한 민간문예품은 소년 우메이의 마음이 지혜를 일깨우는 데 큰 영향을 미쳤는데, 오랜 곤곡예술에 물든 것이 우메이에게 영향력을 갖지 않을 수 없었다. 팔고문을 짓는 것에서 옛 문장을 읽는 것까지, 또 스스로 스스로 시사를 짓는 것을 배우기까지, 우메이의 문학 영감은 자연스레 곤곡에 집중되었다. 우메이가 17세에 곤곡을 애호하는 쩌우루이화鄒瑞華

와 결혼한 후에, 부창부수로 곤곡에 더욱 심취하게 되었다. 이후 그는
사곡 영역의 어두운 길에서 암중모색을 시작했다. 우메이는 회상을 하면서
"내가 18,9세 때 곡을 읽는 것을 좋아하기 시작했는데, 좋은 스승의 가르침이
없어서 마음이 답답했다.…… 이장里老이 재주가 능하여, 상세하게 이 일을
물었는데, 왕왕 눈만 휘둥그레 뜨고는 한 마디도 답을 안하고, 혹 곡의
공척방보에 한하여 경중과 완급의 방법을 가르쳐주는데, 그 연유를 따지면,
말하기를 내가 알 것이 아니라고 하고 노래하는 것은 이를 물을 필요가
없을 것이라 한다. 내가 매우 화가 나서, 결국 고금의 잡극전기를 취하여
그것을 널리 보고 상세히 대조한 것이 4, 5년이 되었는데, 나가서 이장과
서로 문답하니 모두 깜짝 놀라 가버리고, 비록 피리 선생과 고수일지라도
내가 미쳐서 가까이 하지 않는다고 하였다."[2] 소위 "이장"의 자극이 우메이
가 곡을 배우게 된 하나의 원인이 되었다고 할 수 있는데, 그가 서술한
것으로 보아, 이장이 그를 자극한 것이 매우 크게 작용한 것이다. "이장"의
사곡 경험은 18,9세의 우메이가 희곡에 대해 캐묻는 것을 만족시켜줄
수 없었고, 그는 자기 스스로 탐색하기 시작하였다. 둥우대학당東吳大學堂의
교습으로 오기 전까지 우메이는 이미 적지 않은 사곡과 전기 작품을 창작했
고, 이미『중국백화보中國白話報』에『풍동산風洞山』전기를 연재하고 있었다.
둥우대학당에서 교학한 후에 우메이는『사미타실곡화奢靡他室曲話』를 저술
하기 시작했으며 사곡의 심원한 경지로 진입했다. 1909년 26세의 우메이가
카이펑開封에서 차오짜이안曹載安의 막료를 했던 것은 그가 사곡에 몰두하게
된 커다란 인연이었다. 카이펑開封은 명태조 주위안장朱元璋의 손자 주 헌왕
憲王 주유둔朱有燉의 봉지다. 왕손 주유둔朱有燉은 명초의 저명한 곡가曲家였
는데,『성재악부誠齋樂府』와 30종의 잡극을 저술했다. 음률에 능숙했던 주유

---

2)   吳梅,『顧曲塵談·原曲』, 上海古籍出版社, 2000.

둔朱有燉은 명대 사곡에 중요한 영향을 일으켰다. 사곡학 애호가로서 우메이는 자연히 바람을 맞으면 술잔을 들고서 선현이 옛 생각을 곰곰이 하던 것을 마음에 품지 않을 수 없었다. 사곡대가의 옛터를 떠나기 아쉬워했던 우메이는 그가 창작한 산곡散曲, 사부詞賦에 감개무량함을 기탁하였다. 이때부터 우메이는 학리의 의의에서 사곡의 근원과 역사적 흐름 및 곡가 이야기의 본말을 집록하는 것에 심혈을 기울였다. 신해혁명으로 청조가 멸망할 때까지, 우메이는 한결같이 사곡학 전문가로서 문단과 학계의 인사들과 사귀었다.

우메이 자필 『상애전사도霜厓塡詞圖』. 사곡詞曲 창작가였던 우메이가 서예 방면은 깊이 연구하지 않았던 것이 분명하다. 그는 자신의 학술을 사곡 학문 영역에 몰두하여 크고 깊은 성취를 이루었다.

사곡학의 종사로서 우메이의 『사미타실곡화奢靡他室曲話』, 『고곡주담顧曲麈談』, 『중국희곡개론中國戲曲概論』, 『원극연구元劇研究』, 『곡학통론曲學通論』

및 『상애시록霜厓詩錄』, 『상애곡록霜厓曲錄』, 『상애사록霜厓詞錄』, 『상애삼극霜厓三劇』은 최근 중국사곡학 연구의 영역에서 고전적인 의의가 있고, 그가 학술문화계에 헌납한 큰 정신적인 재부였다. 우메이는 곡을 만들고制曲, 가사에 곡을 붙이고譜曲, 곡에 맞추어 노래를 부르고度曲, 곡을 연출하고演曲 하는 데 뛰어났고, 시와 문, 사, 곡에 심오하였는데, 이는 그가 사곡문학의 기치를 세우는 것으로부터 스스로 부상하며 격식에 얽매이지 않은 최초의 시도이기도 했다. 우리가 우메이의 학술발전과정을 정리할 때, 우메이라는 사곡학 창시자의 "갖가지 고생 속에서 개척하여 학림을 일깨운다."는 창업 정신에 감탄하지 않을 수 없다. 세속에 얽매이지 않고 다른 일에 뒤얽히지 않으며 한평생 한결같이 사곡문학 영역에 몰입함으로써, 우메이는 새로운 학문을 창조했으며 동시에 학술적 명성도 얻었다. 만약 자신의 취미를 시와 고문사古文辭 영역에 집중했더라면, 만약 과거시험에서 성공했더라면, 우메이는 사곡문학에서 탁월한 성과를 이루지 못했을 것이다. 대학자 우메이의 인생은 순탄하지 못하고 고생스러웠다. 1939년에 윈난雲南의 다야오산구大姚山區에서 병으로 사망할 때까지 생활의 고통과 곤궁함에서 벗어나지 못했다. 그러나 이와 같기 때문에 우메이의 학자로서의 인생이 우뚝 솟은 것이며 그의 학문과 수양, 학식을 후세사람들이 탐구하게 된 것이다. 뜻을 이루지 못하고 마음먹은 대로 되지 못한 것이 우메이 학술연구 의 본색을 구성한 것 같다. 우리가 우메이의 학술기점을 탐구할 때 물론 그가 스승이 없이 혼자서 성공했다는 점에 주의를 기울여야 하지만, 그가 학문을 시작할 때부터 사귄 학자들로 봐서 우메이 학문의 다른 출처를 탐색할 수 있다. 바꾸어 말하자면, 우메이의 사곡학의 기원과 깊고 넓게 통달했던 것은 그가 사귄 동시대의 사우師友들과 관련이 깊다. 우메이를 둥우대학당에 소개한 황무한黃慕韓은 우메이 초기 학문에 영향을 미친 문화명사인 것 같다. 황무한은 우메이보다 18세 연상인데, 구속됨이 없는 활달한 학자였다. 황무한은 여러종류의 학자들과 사귀는 것을 좋아하고 성격이 호방했기 때문에, 자기 이름을 스스로 황모시黃摩西, 황런黃人으로 바꿔부르기도 했다. 그는 일찍이 남사에 참여했고, "남사의 재사"라고 불렸다. 그는 1913년에 47세로 별세했으며 후에 『마서유고摩西遺稿』가 전해졌다. 황무한黃慕韓은 청말의 유명한 학자로서 쑤저우의 둥우대학東吳大學에서 중국문학 강사를 맡았다. 저서로는 『중국문학사中國文學史』가 있고 그가 주편한 『소설림小說林』에 우메이의 논문을 게재했고, 우메이가 사곡학에 몰두할 수 있도록 일깨워줬다. 우메이와 황무한黃慕韓은 주로 시문을 통해 교류하였는데, 그는 「황무한에게 주는 단가短歌贈黃慕韓진원振元」을 지었는데, 시에서 황무한은 "배우기를 매우 좋아하고 애마벽愛馬癖이 있는 협객이고, 옷은 찢어졌고 씻지도 않고 머리는 산발이며, 집을 버리고 떠돌아다니기를 좋아하며, 들어가면 오직 보잘 것 없는 첩이 있을 뿐이라"라고 묘사했다. 문학으로 이름 날린 장저江浙 문단의 쩡푸曾樸와 우메이는 일찍부터 사귀었다. 소설림사小說林社가 우메이의 『풍도산風洞山』 전기傳奇를 출판한 것은 쩡푸曾樸가 소개한 덕분이었다. 쩡푸의 자는 타이푸太朴 또는 멍푸孟朴이고, 필명은 동아병부東亞病夫로 장쑤 창수常熟 출신이다. 일찍이 광서연간에 거인이 되었고, 소설 『얼해화孽海花』로 문단에 이름을 날렸다. 그는 청말에 세운 소설림서점小說林書店과 월간 『소설림小說林』은 비교적 영향력을 가졌다. 그는 전형적인 문인으로서 학술연구에서 발전은 없었다. 우메이보다 12세 연상이던 쩡푸는 우메이의 문학 재능을 알아보고서 중시했으며, 우메이는 이로 인해 당시 문단에서 두각을 나타낼 수 있었다. 1935년 쩡푸曾樸가 향년 63세로 세상을 하직하였을 때, 우메이가 「쩡멍푸를 애도하며挽曾孟朴」이란 시를 지어 애도의 마음을 표현했다. 우메이와 신교사神交社를 발기한 천취빙陳去病도 우메이의 사곡학에 영향을 끼친 것 같다. 천취빙陳去病은 훗날 남사南社를 세운 창시인 중 한 사람이다. 우현吳縣 출신인 천취빙은 우메이와 동향인으로서 10세 연상이었고, 급진적인 지식인이었으며, 반청 투쟁의 선전가인 동시에 유능한 활동가였다. 천취빙이 창간한 『이십세기대무대二十世紀大舞台』는 극본, 소설, 유명배우의 이야기 등을 주로 게재하였다. 천취빙이 저술한 『희극의 유익함을 논함論戲劇之有益』은 혁명을 선동하는 동시에 희극을 제창하고 새로운 기풍를 만드는데 유익했다. 민국기에 들어 천취빙은 둥난대학에서 교수직을 맡았을 때 우메이와 시문을 왕래하였다. 이들은 함께 『국학총간國學叢刊』을 출판하고 이 간행물에 시사작품을 발표했다. 우메이의 사곡학의 성과는 컸으나, 사승은 없었고, 스스로 암중모색하고, 스스로 체험으로 이해하고, 전반으로 사실과 서로 같은 것을 보았다. 시, 사, 연곡演曲 등의 방면에서 유명한 선배나 동년배 학자들과 교류하는 가운데, 우메이는 절차탁마할 수 있었다. 우메이가 일찍이 자신의 시, 사, 연곡의 출처에 대해서 "시는 싼위안노인散元老人으로부터 얻었고, 사는 강촌유민彊村遺民으로부터 얻었으며, 곡은 속여선생粟廬先生으로부터 얻었는데, 느긋하게 한담을 나누면서 얻은 것이 많았다."고 했다.3) 싼위안노인은 천싼리다. 천싼리는 자는 보옌伯嚴이고, 호는 싼위안散原이고 장시江西 이닝義寧 사람으로, 일찍이 이부주사吏部主事 직을 맡았었다. 그의 부친 천바오전陳寶箴은 쩡궈판의 막료 지식인으로 후난순무湖南巡撫였다. 후난순무를 지낼 동안 신학을 실행하고 시무학당을 창립하였으며, 남학회南學會와 『상학보湘學報』의 창간을 지지했다. 후난湖南에서 변법을 시행하는데 천싼리가 그 일을 들었다. 그후에 천씨 부자는 조정에서 파면되었으며 "영원히 등용되지 못하게" 되었다. 천싼리는 일찍이 시인으로 명성을 얻었던 사람으로, 그저 일개 유신 인사이지만은 않았다. 그는 청말 동광체시파同光體詩派 중요 영수 중 한사람으로서, 그 시는 송시宋詩 일파를 본받았고,

---

3) 王衛民, 「『吳梅年譜』注」, 『吳梅戲曲論文集』, 中國戲劇出版社, 1983, 520쪽.

성질이 수더분하고 호방하며 일부러 고전을 사용하고 기발한 말을 만들기를 좋아했다. 그러나 천싼리는 송시를 종지로 삼았어도 다른 시파를 배척하지 않았으니, 다른 사람의 장점을 널리 수용하는 특징을 가졌다. 민국 이후에 천싼리는 청의 유신으로 칭하면서 민족의 절개를 중시했다. 1937년 천싼리가 병사하고 우메이가 『애싼위안장哀散原丈』으로 애도의 마음을 표현했다.

1922년 창간된 『희잡지戲雜誌』. 매기마다 모두 병매관病梅館의 무대의상을 입은 중심인물들을 표지화로 하였다.

강촌유민은 주샤오짱朱孝臧이다. 그는 민국 이후에 청의 유신임을 자청하고, 새로운 정부와 함께 하지 않으면서 사학詞學의 명사가 되었다. 주샤오짱朱孝臧의 다른 이름은 쭈머우祖謀이며 자는 구웨이古微이고 저장 구이안歸安 사람이자 광서光緖 연간에 거인이 되었고, 서길사庶吉士로서 한림원편수가 되었고, 나가서는 광동학정廣東學政이 되었다. 사학詞學 대가 왕펑윈王鵬運과

通論
南北戲曲概言

吳梅

『국학총간國學叢刊』제1권 제3기에 발행한 우메이의 유명한 『남북희곡개언
南北戲曲概言』

교류를 한 덕분에, 시詩에서 사詞로 들어갔다. 그의 『강촌총서彊村叢書』,
『창해유음집滄海遺音集』, 『호주사정湖州詞征』은 학자들에게 사학詞學의 보물
이라 불렸고, 그 영향력이 대단하였다. 우메이와 주쭈머우朱祖謀 사이에는
학문에 대한 질문이 빈번했다. 주쭈머우는 우메이보다 27세나 연장인데다
가 청의 공명인사로서 사학에 능했기 때문에, 자연스럽게 우메이의 스승이
되었다. 주쭈머우朱祖謀와 함께 청말 사학詞學대가라고 불렸던 저우이周頤와
샤징관夏敬觀도 우메이의 사학과 시학에 큰 영향을 미쳤다. 샤징관夏敬觀이
[우메이에게] 특별하였는데, 우메이는 죽기 전에 샤징관이 자신의 사학詞學
저술에 서문을 지어주기를 원했다. 샤징관夏敬觀은 자는 젠청劍丞, 장시江西
신젠新建 사람이다. 광서 연간의 거인이며 민국시기에 저장성 교육청장을

맡았었다. 그는 저명한 시인이었으며, 사학과 그림에 능했다. 룽위성龍楡生은 샤징관夏敬觀에 대해 말하기를, "집이 정갈하고 부엌엔 음식이 있고, 항상 사詞가 집안에 흘렀다. 경,사에 통달하고, 시와 사에 능숙하였다."고 하였다.[4] 우메이는 샤징관夏敬觀이 자신의 저작에 서문을 지어주길 원했고, 샤징관夏敬觀이 서문을 완성하자 우메이는 세상을 하직하였다. 우메이는 연곡演曲 지식은 위쑤루兪粟廬의 가르침에서 얻은 것이다. 위쑤루兪粟廬는 곤곡의 대가로서, "강남곡성江南曲聖"이란 명성이 있었다. 곤곡 예술가인 위쑤루兪粟廬가 후배 우메이와 서로 절차탁마한 것은 자연히 곤곡발전의 역사 및 노래곡조와 악보집의 변화이고, 동시에 이는 우메이가 "이장"에게서는 얻을 수 없었던 곡학의 지식이었다. 우메이가 사곡학詞曲學 대사가 된 것은 단지 이들 대학자들이 있어서만은 아닌데, 위에서의 언급한 인물은 주요인물일 뿐이지, 전부를 개괄하기엔 아직 부족하다. 우메이의 일생의 학술성과와 문학창작이 연관된 영역은 비교적 넓다. 그는 시, 문, 사, 곡 등 영역의 학자들과 교류를 맺었다. 소위 "들어갈수록 더욱 깊고, 그 견해는 더욱 기이하다."는 말은 바로 우메이의 사곡학의 깊이와 그가 다른 시기에 인연을 맺은 문인학자들의 학문과 저술이 각기 출중함을 설명한다. 우메이의 인생에서 교편을 잡았던 베이징대학과 둥난대학은 그가 대범함과 정심함, 그리고 박통博通의 학술기상을 형성하여 학계에 이름을 날린 중요한 강단이자 우메이의 곡학을 국내학계에 전파하는 계기이자 교량이기도 했다.

---

4) 『北京大學日刊』, 人民出版社, 1981影印, 951쪽.

황제黃節. 청말 유력잡지『국수학보國粹學報』를 주편했다. 베이징대학에서
교편을 잡았을 때 신파 학자들에게 무시를 당했는데, 성격이 강직하고
오만하였다.

1917년에 34세의 우메이가 정식으로 중국내 최고학부 베이징대학에
진출하여, 처음으로 사곡학을 대학의 국문과에 도입하였다. 우메이가 베이
징대학에 들어간 후에『소설월보小說月報』,『희잡지戱雜志』,『여자세계女子世
界』,『춘성잡지春聲雜志』에 전기傳奇, 산곡散曲, 사작詞作 및 사곡詞曲 저작의
발문와 서문이 대량으로 게제되었다. 베이징대학에서 우메이는 사곡 전문
가로서 대학의 강의실에 나타났다. 처음 시작할 때 우메이는 고대의 악곡을
전수했지만 그 후 과목이 변화했다. 우메이이가 1922년 가을 베이징대학을
떠날 때까지 그가 베이징대학에서 교편을 잡은 시간은 5년이 넘었었다.
우메이는 베이징대학 국문과와 문과 본과에서 "중국근대문학사", "사전詞
典", "중국문학"을 강의했으며, 그는 국문교수회 회원이면서 학여구락부學餘
俱樂部의 발기인이기도 했다. 1922년 우메이가 베이징대학 국문과에 "중국고

성율中國古聲律", "희곡사", "희곡갑을戱曲甲乙" 과정을 개설했다.5) 같은 해
베이징대학에서 국문학과 과정 지침서를 보면, 문학에서 사를 나눴는데,
즉 "사사詞史 2시간, 류위판劉毓盤. 희곡사戱曲史 2시간, 우메이. 소설사小說史
2시간, 저우수런周樹人."이 있었다.6) 베이징대학에시 교편을 집는 동안
우메이는 학문의 흥미가 같은 학자들과 친분을 맺은 덕에 그의 사곡학은
날로 더욱 성숙하고 조예가 깊어질 수 있었다. 이 시기 우메이와 빈번하게
왕래한 사람들로는 시학詩學 분야의 황제節와 뤼잉궁羅廮公, 사곡학 분야의
류위판劉毓盤, 장명취張孟劬, 쉬즈헝許之衡이 있었다. 황제黃節는 우메이가
청말 상하이 신교사神交社에 있을 때부터 사귀었던 오랜 친구이며 남사의
회원이다. 그 시기 황제黃節도 베이징대학 국문학과에서 시학을 강의했는
데, 우메이와는 자연스럽게 취향이 맞았다. 뤼잉궁羅廮公은 황제黃節와 같은
광둥 순더順德 출신이나, 태어나기는 베이징에서 태어났다. 그는 광야서원廣
雅書院을 졸업했으며 그 후에 만목초당萬木草堂에 들어가서 캉유웨이의 제자
가 되었다. 뤼잉궁羅廮公은 희곡을 좋아하고 극본을 창작하기도 했으나,
그는 역사학과 판본학 방면에 주력을 집중하였다. 우메이가 베이징에
있는 동안 황제黃節와 뤼잉궁羅廮公의 사이가 매우 좋았는데, 그 시에 "남사南
社가 북곤곡北崑曲을 맴도니, 한순간 두 시인을 매혹하였다."라고 한 것에서
당시의 풍모와 기개를 짐작할 수 있다. 류위판劉毓盤은 자가 쯔판子盤이며
저장 장산江山 출신으로 사학詞學의 유명 인사이자 우메이와는 베이징대학
동료였으며 국문학과에서 "사사詞史"와 "중국문학사"를 강의했다. 우메이
가 13세 때 『풍동산風洞山』곡曲 24절折을 창작했고, 30세 류위판劉毓盤은
이를 위해 〈금루곡金縷曲〉한 수를 지었고, 또 시범적으로 말하기를 "「금루곡

---

5) 周作人, 『知堂回想录』, 274쪽.
6) 王衛民, 「『吳梅年譜』注」, 『吳梅戱曲論文集』, 中國戱劇出版社, 1983, 520쪽.

金縷曲」은 반드시 이런 방식으로 각 율律에 부합해야 하는데, 당시 사람이 지은 것은 절대 배울 수 없으나, 의당 규율과 법도를 준수해야 한다.”고 하였다.7) 우메이는 일찍이 류위판劉毓盤를 위해서 〈우미인虞美人〉『단몽이 한도斷夢離恨圖』를 지었고, 그가 베이징대학을 떠난 후에 류위판劉毓盤은 우메이에게 편지를 써서 베이징대학의 제자 쳰난양을 우메이가 제자로 받아달라고 부탁했으니, 이로부터 류위판劉毓盤이 우메이의 사곡학을 존중했던 것을 알 수 있다. 쉬즈헝許之衡(자는 서우바이守白)은 베이징대학 국문학과에서 우메이를 이어서 희곡을 강의한 두 번째 교수였다. 저우쮀런周作人의 말에 의하면 쉬즈헝許之衡이 베이징대학에서 교직을 맡은 것도 우메이가 추천했기 때문이다. 쉬즈헝許之衡은 베이징대학에서 학자의 신분으로 학생들 앞에 나타났다. 저우쮀런周作人의 회상에 의하면 “그의 모습을 보면 골샌님인데, 차림새가 조금 특별했다. 양복 한 벌을 입고서 중머리를 했는데, 이마에 손바닥만 한 머리카락을 남겨둔 것이 마치 복숭아 같았고, 길이가 약 4,5푼이었다. 대체 이것이 무슨 뜻인지 모르겠는데, 비꼬기 좋아하는 사람이 그에게 ‘여도공餘桃公’이라는 별명을 지어주었다.”고 했다.8) 쉬즈헝許之衡은 베이징 쉬안우성宣武城 남쪽에 살았는데, 우메이가 살고 있는 판교우재板橋寓齋와 아주 가까웠다. 우메이는 베이징北京대학을 떠나기 전 반년 동안 쉬즈헝許之衡과 매우 빈번하게 학담을 나누었다. 우메이가 일찍이 쉬즈헝許之衡의 『곡율역지曲律易知』를 위해서 서문을 지었는데, 쉬즈헝許之衡의 저작이 자신의 저작 『고곡주담顧曲麈談』의 부족한 점을 보충하였다고 매우 칭찬했다. 장명춰張孟劬는 우메이의 존고학당存古學堂 시절의 오랜 동료였는데, 이 둘은 학문에서의 뜻과 학술 취지, 인격의 품평과 절개의

---

7) 周作人, 『知堂回想錄』, 274쪽.
8) 周作人, 「北京大學感舊錄」, 『文史資料選輯』第八十三輯, 152쪽.

품격이 거의 비슷했기 때문에, 두 사람은 빈번하게 문장을 교류했고 또 학술동향을 관찰하고 당시에 재덕을 갖춘 인사에 대한 평가가 고도로 일치하였다. 장멍취張孟劬는 저장 첸탕錢塘 출신으로, 사학詞學, 시학詩學, 사학史學 분야의 저명인사였다. 우메이보다 10살 많은 장멍취張孟劬기 존고학당에서 서무를 담당하던 때에 우메이는 검찰관을 맡았었다. 장넝취의 『사미史微』가 출판될 때 우메이가 축하의 의미로 시를 지어주었다. 장멍취張孟劬가 청사관淸史館에 들어간 후, 베이징대학에서 교편을 잡게 된 우메이는 「해명취승효사관정향화즉차기운借孟劬崇效寺觀丁香花即次其韻」, 「답명취사관견회지작答孟劬史館見懷之作」, 「명취첩운소화인차운재답孟劬疊韻所和因次韻再答」 등의 시를 지었다. 우메이는 일찍이 〈청평악淸平樂〉『화장맹취이전和張孟劬爾田』을 창작했는데, 사구詞句에 "근래 분별없음을 지우며 남루에서 생황 연주를 들어본다. 사랑함은 평소와 같을 따름이고, 꾀고리와 제비가 맹약을 깨뜨리는 것은 알 바가 아니다年來銷得狂名, 南樓試聽調笙. 只是尋常風月, 不關鶯燕寒盟"라고 하였다. 장멍취張孟劬와 우메이 두 사람의 활달하고 호탕한 성정이 드러났다. 베이징대학에서 5년 동안 교편을 잡았을 때 우메이는 『사원詞源』, 『사여강의詞餘講義』, 『고금명극선古今名劇選』등 저작을 출판했다. 여기서 우리는 우메이가 무엇 때문에 베이징대학를 떠났는지에 대해서 알아볼 필요가 있다. 저우쥐런周作人의 말에 의하면 우메이는 북방의 음식이 입에 맞지 않아서 남방으로 돌아갔다고 한다. 그는 "우쥐안吳瞿安이 몇 년을 가르쳤으나, 남방사람이 북방음식에 익숙해지질 않아 후에 난징대학으로 옮겼으며 쉬서우바이許守白를 그의 후임으로 추천했다."고 하였다.9) 저우쥐런周作人의 이런 의견은 조금 억지다. 왜냐하면 우메이는 이미 베이징北京에서 4,5년을 생활했으니 음식이 익숙하지 않다는 문제는 존재하지 않는다.

---

9) 『王國維全集・書信』, 216쪽.

더 깊은 원인은 우메이가 당시 국문과에서 새로운 것을 추구하는 교수들과 서로 뜻이 맞지 않은 것과 관련 있는 것 같다. 그때는 신문화운동이 왕성하게 일어났으며 학술연구의 새로운 조류가 형성되었는데, 우메이의 사곡학은 고증을 엄수하고, 새로운 설을 세우지 않는 것이어서 신문화 충격의 중점이 되었기 때문이다. 우메이는 사상이 보수에 기울어져있고 유민遺民 정서를 갖고 있던 선배 학인들과 서로 왕래하였고, 신파와는 시종일관 대립 상태였던 것 같다. 그는 신파학자들이 "음양사성陰陽四聲이 통하지 않고 쌍성 첩운을 모르며 한자 일이천 자도 모르는 허풍선이 학자들"이라는 것에 크게 불만스러워했다. 우메이의 성격은 견결하며 속물들과 상대하는 것을 부끄러워했다. 이것은 우메이가 이 시기에 쓴 시사에서 증명된다. 안후이계 군벌 영수 중의 하나인 쉬수쩡徐樹錚은 우메이의 사곡학을 좋아해서 특별히 우메이를 자신의 비서로 초빙했는데, 우메이는 〈자고천鷓鴣天〉『답서우쟁수쟁答徐又諍樹錚』을 썼고, 그 안의 "한결같은 광일함에 탁주를 올리고, 아름다운 꽃으로 문안을 드린다. 依然濁酒供狂逸, 那有名花供起居"라는 사구로써 쉬수쩡의 후의를 거절했다. 1919년은 "5·4"운동시기이며 우메이는 〈정궁전면도正宮纏綿道〉

『시부옹제생示北雍諸生』이라는 사를 창작했는데, 여기에서 우메이의 숭고한 절개와 경솔하지 않은 성격을 알 수 있다. 사에서 그는 베이징대학의 제자들이 "진중하게 독서를 하는데 귀밑머리가 하얗게 변하네, 남자라면 스스로 진정함이 있어야 하니, 좋은 시절엔 누군들 영웅이 아니겠는가? 문장에 기개가 있는 젊은이를 배양해내기를 기다"리기를 희망했다. 1920년에 만든 〈정궁잔저경장생正宮杯底慶長生〉『경신제석庚申除夕』에는 "평생 애락과 성쇠를 따지는데, 남의 자랑하는 것을 들으며, 우산吳山을 향하여 공동空同을 찾기를 기다리누나."라는 사구가 있는데 "5·4"이후에 우메이의 의기소침하고 우울한 심정을 표현한 것 같다. 『경사판교유재작京師板橋寓齋作』에서는 "서쪽으로 장안에 음식을 구걸하는 것보다 누항에 의탁해서 도시락과 표주박을 먹는 것도 괜찮다."라고 했는데, 생존 때문에 다른 사람한테 구걸하지 않겠다는 뜻을 나타냈다. 우메이가 베이징대학를 떠날 때 작성한 〈난룽왕蘭陵王〉『남귀별경화고인, 청진운南歸別京華故人, 次淸眞韻』에서는 자신의 우울한 심정을 나타냈다. "기러기의 흔적을 알아봄을 비통하게 읊고, 정초正草는 추문秋門을 암시하고, 꽃은 주연을 사양하는데, 배고픔에 던져주는 음식에 머리를 숙이는구나哀吟認鴻跡, 正草暗秋門, 花謝瑤席, 餞驪低首嗟來食." 겉으로는 생활의 압박 때문인 것 같지만 사실상 우메이의 "패기와 줏대를 가지고서 떳떳이 살아간다"는 절개를 나타낸다. 마음 깊은 곳에 있는 유민 정서, 배우고 익히고 직업으로 한 것이 전통학문의 정수인 것, 절개를 숭상하고 절개를 중히 여기고 소홀하지 않은 성격 및 시인 특유의 호방한 의지와 모든 것을 깔보고 모든 사물을 우습게 여기는 것은 자연히 우메이가 소위 신흥학자들과 거리를 두게 했다. 새로움을 추구하는 신흥 학자들에 눈의 비친 우메이는 유학을 다녀온 적도 없고 국학을 고집하고 융통성이 없으며 새로운 학술과 문화에 비판적이었기 때문에 장애물로 여겨졌고, 당연히 한껏 조롱의 대상이 되었다. 우메이가 둥난대학에서 교편을 잡은 후에도 여전히 자신의 지조를 지키며 〈선여해삼정仙呂解三酲〉『시남옹제생示南雍諸生』에서 "학인들이 관료사회에 섞여 들어가는 것을 꿰뚫어보지 못하고 오히려 온 도시에 문생을 심는다. 토끼풀 한 접시도 통유通儒를 배불리게 할 만한데, 세 길이나 되는 쑥이 그저 선비에게 떨어져 처하는 것이 어떤 것인지는 분명하다讀書人猜不透官場性, 還是種桃李遍江城, 便一盤苜蓿也值得通儒飽, 三徑蓬蒿只落得處士淸"고 하였다. 이것은 여전히 베이징대학에서 "실력자에게 아첨하지" 않은 것에 대한 자기 선전인 것이 분명하다.

천중판陳中凡, 구스顧實가 창간한 『국학총간』. 이 잡지는 장타이옌이 쑤저우에서 창간한 반월간 『제언制言』보다 10여 년 빠르게 나왔는데, 1920년대에 발간되었던 같은 유형의 학술간행물 중에서 『국학총간』의 영향력이 비교적 컸다.

베이징대학이란 이 최고 학부에서 우메이의 사곡학을 국내학술계에 전파했고, 지식인 집단에서 사곡학연구라는 새로운 사조를 형성하였다. 우메이는 비록 베이징대학에서 가르치는 동안 유쾌하지 않았고 심지어 배척을 받았지만, 어디까지나 그가 처음으로 근대적 의미의 대학 강의를 할 수 있게 된 곳이었다. 베이징에서의 생활은 우메이에게 잊을 수 없는 추억이었다. 베이징대학에 들어갈 당시의 우메이는 사곡학에 비교적 성과가 있는 학자에 불과했다면, 베이징대학을 떠날 때의 우메이는 끊임없이 저작을 하고 연구가 심오하며 하나를 보면 열을 아는 전문가였다. 심지어

학계의 으뜸가는 사곡학 교수였다고 할 수 있다. 우메이는 이 시기에 다른 사람의 도움을 청하지 않고 자기 스스로 학파를 이루었다고 할 것이다. 둥난대학에서 교편을 잡았을 때 우메이의 사곡학은 정심함이 특출하였고, 최고로 숙련된 학술 경지에 도달했다. 6조고도六朝古都인 난징南京은 민국시대에 정치의 중심이 되었기 때문에, 우메이가 고향에 돌아왔을 때 자연스럽게 친밀감과 만족감을 느꼈다. 동료들의 논박과 논쟁이 있었고, 학생이 몸을 굽혀 가르침을 바라는 것이 있는가 하면 서로 간 절차탁마하는 것도 있었다. 이 모든 것이 우메이의 학술경지를 넓혀주었다. 그러므로 둥난대학에 가서 교편을 잡은 일은 우메이에게 기쁜 일이었다. 이 시기 우메이와 친분을 쌓고 왕래가 제일 많았던 이들은 둥난대학 국문과의 교수들과 젊은 학우들이었다. 왕궈웨이, 장멍취張孟劬와 함께 "상하이의 삼공자"라고 불렸던 쑨더첸孫德謙은 우메이와 사이가 좋았다. 쑨더첸孫德謙과 우메이는 존고학당의 동료였다. 쑨더첸孫德謙이 『제자통의諸子通誼』를 편찬할 때 우메이는 부시賦詩를 써서 축하의 뜻을 표현했다. 쑨더첸孫德謙이 학문을 하는데 있어서 "모두 후이지會稽의 장스자이 선생章實齋, 장쉐청에게서 제대로 배웠으니, 독서는 대요大要를 한데 모으는 것이고 장구로 조각내지 않는 것이다皆得法於會稽章實齋先生, 讀書綜大略, 不爲章句破碎之學"라고 하였다. 왕궈웨이가 말하기를 쑨더첸孫德謙은 양한의 경학, 선진의 학술역사에 대해서 많은 연구를 했으며 이전에 『한서예문지거례漢書藝文志擧例』의 서문을 왕궈웨이에게 부탁하기도 했었다. 왕궈웨이는 비록 그를 위해서 서문을 써주기는 하였으나, 뤄전위에게 보내는 편지에서 쑨더첸孫德謙이 "글을 세밀하게 썼으나 깨달은 바心得는 전혀 없다."고 하였다.10) 우메이와 쑨더첸孫德謙의 학문은 서로 달랐는데, 우메이가 둥난대학에 가서 천중판陳中凡, 구스顧實 등과 『국학총간

國學叢刊』을 창간하자 쑨더첸은 우메이에게 편지를 써서 천중판과 구스顧實가 자신을 "좋은 독서인"이라고 칭한 것에 대해 감사의 뜻을 표현했으며, 또한 『국학총간國學叢刊』에서 천중판과 구스의 논문이 주장하는 "진한秦漢경서의 해설은 방사方士가 한 것이라는" 관점에 대해서는 다른 의견을 내어 놓았다.11) 쑨더첸孫德謙이 서신에서 우메이에게 "공께서는 사곡으로써 스스로 일가를 이뤘고, 모든 경사經史의 학업은 그다지 배우지 않았습니다." 라고 하며, 둥난대학에서 천중판, 구스顧實 등과 학술을 논의할 수 있음을 나타냈다. 쑨더첸孫德謙은 또 우메이와 당시의 학술풍기에 대해서 논했는데, 뤄전위와 왕궈웨이의 학문적 지향에 대해서는 불만스러워했다. 쑨더첸孫德謙이 우메이에게 보낸 서신에서 "수윈叔蘊뤄전위와 징안靜安왕궈웨이은 모두 친구인데 징안은 세밀함이 지나쳐서 고기古器를 보면 옛 탁본을 얻어 상세히 고증하고, 혹 잘못 해석했는지 의심하곤 했지만 우의에는 영향이 없었다. 어느 때는 단독으로 새로운 해석을 했는데, 예를 들어 '사주史籒' 두 글자를 번역하면서 글자체로 하지 않고, 사람들마저도 그것에 의거하여 쉬수중許叔重(許愼, 『설문해자』의 저자)을 번복합니다. 배움을 위해 팅린亭林의 '옛것을 믿되, 의혹이 있더라도 주관적으로 추측하지 않는다信古闕疑'는 뜻을 따르지 않는 것은 인심풍속에서 또한 크게 관련이 있습니다."라고 하였다.12) 우메이가 쑨더첸孫德謙이 뤄전위, 왕궈웨이학풍을 비판한 것에 대해 어떤 태도를 지녔는지는 알 수 없다. 왜냐하면 우메이의 학문과 소위 고고학, 고문자학과는 거리는 너무 멀기 때문이다. 왕둥汪東자 쉬추旭初과 우메이는 쑤저우蘇州 동향인데, 우메이보다 6살이나 어린 왕둥汪東은 남사 회원이고 두 사람은 비교적 일찍부터 알고 지냈다. 왕둥은 젊은 나이에 일본에 유학 갔으며

---

11) 『國學叢刊』第一卷 第三期, 商務印書館, 1923, 154-156쪽.

12) 程千帆, 「憶黃季剛先生」, 『學林漫錄』八集, 48쪽.

동맹회에 참가했고 동시에『민보民報』를 편집하는 일에 참여했고 캉유웨이, 량치차오와 글로 논쟁했다. 민국 이후에 한동안 난징南京임시정부 내무총장 청더취안程德全의 비서직을 했으며 또 샹산象山, 우첸於潛, 위항余杭의 지현知縣 직을 맡았다. 왕둥은 장타이옌의 제자다. 우메이가 둥난대학 후에 중앙대학 中央大學으로 갔을 때, 왕둥이 국문과 주임이었다. 시와 사를 좋아하는 왕둥은 우메이와 시문을 주고받았다. 왕둥은 장추수張楚叔와『오소합편吳騷 合編』을 편집했는데, 우메이가 그 서문을 써주었다. 1924년 왕둥은 상하이에 서『화국월간華國月刊』을 창간하여, "학술을 밝혀 국가의 영광을 발양하자" 고 호소하였다. 우메이의『후저우수湖州守』잡극,『조야신성태평악부교감 기朝野新聲太平樂府校勘記』는 차례로『화국월간華國月刊』에 발표되었다. 그는 또〈남여나화미南呂懶畫眉〉『제왕욱초동題汪旭初東〈북호간화도北湖看花圖〉』 를 지었는데 "맑은 호수에 해와 같이 노를 저어가며 한잔의 술로 님의 장수를 축원하노니, 님께서는 나무마다 붉은 노을이 일제히 물드는 것을 볼 수 없으리이다晴湖有日同移棹, 把一尊酒祝君難老, 君不見萬樹紅霞一齊開泛了"라는 사구는 뜻이 경쾌하며 시원하여 왕둥과 우메이 두 사람이 서로 융합한 것을 보여준다. 우메이와 국문과 교수 황칸(자 지강季剛)은 서로 뜻이 맞지 않았다. 황칸은 장타이옌의 중요한 제자이자, 음운학의 대가였다. 황칸의 훈고학, 경학,『문심조룡文心雕龍』에 대한 연구는 학계에 이름이 널리 알려져 있었다. 우메이와 마찬가지로 황칸 역시 베이징대학에서 5년간 교편을 잡았고 1919년에 황칸은 베이징대학을 떠났는데, 우메이와는 2년 동안 동료관계였으나 거의 교류가 없었던 것 같다. 황칸의 성격은 괴상하고 욕하기를 좋아하는 사람이며 보수적인 대학자였다. 둥난대학 및 그 후의 중앙대학에 있을 때 우메이와 황칸 두 교수는 서로 어울리지 않았다. 1934년, 1935년 진링대학金陵大學에서 교편을 잡던 우메이와 황칸은 제자들 과 함께 술을 마시며 시를 짓다가 추태를 부리며 말다툼을 하였는데,

황칸은 자기 제자들 앞에서 우메이만 곡曲子을 가르칠 수 있는 게 아니라 자기도 할 수 있다고 주장했다.[13] 중앙대학교 학생 위안홍서우袁鴻壽의 회고에 의하면, "황지강黃季剛 선생님은 일찍이 곡학曲學이 보잘 것 없는 것이라고 하고 심지어는 사곡을 하는 사람과 같은 중문과 교수인 것이 부끄럽다고 욕을 하다가 싸움으로 번졌다."[14]고 했다. 장타이엔의 대제자로서 황칸의 학문은 뛰어났다고 할 수 있고, 중앙대학도 황칸을 아주 존중하였는데, 특히 교수 휴게실에 황칸을 위한 소파를 둘 정도로 그를 극진히 대접하였다. 한번은 휴식시간에 우메이가 소파가 빈 것을 보고서 앉았다. 그 후에 황칸이 교수 휴게실에 도착해서 우메이가 소파에 앉아 있는 것을 보고는 화를 내면서 "당신이 무슨 자격으로 여기에 앉는 것인가?"라고 하자 우메이가 "나는 사곡으로 여기에 앉아 있다."고 답했다.[15] 이것은 비록 야사의 흥미로운 맛이 나는 것이나 이것으로 우메이와 황칸의 관계가 원만하지 못했던 것을 알 수 있다. 우메이와 둥난대학의 문학교수들 예컨대, 후샤오스胡小石, 왕보항王伯沆, 천페이스陳匪石, 왕피장汪辟疆, 천중판陳中凡 등과 많이 가까웠다. 그 중 후샤오스는 우메이가 1912년에 장쑤제4사범학교江蘇第四師範學校에 있을 때의 동료였는데, 그는 진링대학의 국문과 주임을 하던 때 월급 60위안으로 우메이를 "금원산곡金元散曲" 과정 강의에 초빙하였다. 진링대학에서 "국학 대학원생반"을 창설하자, 후샤오스는 우메이를 사곡 강사로 초빙했다. 난징南京에서 우메이와 후샤오스는 평소 시로서 정을 의탁하고 마음이 잘 맞았으니, 우메이 사후에 후샤오스는 시를 지어 그 슬픔을 표현하고 사곡학 대가의 죽음을 아쉬워 하였다.

---

13) 袁鴻壽, 「吳瞿安先生二三事」, 『學林漫錄』三集, 8쪽.

14) 顧國華 編, 『文壇雜憶續編』, 上海書店出版社, 1999, 266쪽.

15) 「吳梅戲曲題跋上」, 『文獻』第十二輯, 11쪽.

견실한 문헌자료를 기초로 하고, 광범위한 극곡 가사 대본을 좌표로 삼고, 신중하고 엄격한 고증을 근본으로 하여 거짓을 분별하고 해석하는 것을 방법으로 삼음으로써 우메이의 사곡학이 비로소 크게 이루어졌으니, 내용이 풍부하고 기세가 드높으며 교화의 기운을 뿜어내는 것이었다. 청말 함풍·동치 연간 이래 "노래하는 사람은 율을 모르고 문인은 음을 모르며 작가는 악보를 모른다"고 할 정도로 사곡학은 쇠락하고 있었다. 그러나 우메이는 "퇴세를 역전시키는" 심오한 연구를 통해 이 실전失傳을 앞둔 학문을 학술의 전당으로 끌어올려 넣었다. 청소년 시절의 우메이가 창작한 사곡이 감수성이 풍부하고 자아를 표현하고 고민을 토로하고 마음을 위로하는 특징이 있는 것이라고 한다면, 중년 이후의 우메이는 사곡학을 자신의 연구 분야, 전공으로 삼은 것이었다. 이 절학絶學은 우메이가 대량의 문헌사료를 수집, 정리, 연구한 기초 위에서 확립되었다. 그러므로 이러한 각도에서 분석하자면 학자로서의 우메이는 또 사실상 아주 많은 책을 보유한 장서가다. 그가 수집한 장서는 주로 악부樂府, 곡본曲本, 전기傳奇이고, 진귀한 국내 유일본도 적지 않았다. 우메이는 아주 일찍부터 곡본을 수집했는데, 그는 "나는 18세에 곡을 좋아했고, 책방에서 전기를 보면 바로 샀다."고 하였다.16) 우메이는 26세에 카이펑開封에서 쑤저우蘇州로 돌아와서는 "의식을 아껴서 도서를 구매하고 할 수 있을 만큼 다하여 모두 상자를 보관하니, 사곡 전적들을 모두 찬연히 갖추었다".17) 그러나 대량의 곡본 수장은 베이징대학에서 교편을 잡았을 때 시작된 것이었다. 우메이는 "이후 제자들과 베이징의 국자감에 가서 견문을 넓히고, 류리창琉璃廠, 하이왕촌海王村, 룽푸사隆福寺 거리에 돌아다니지 않은 날이 거의 없고, 돌아다니면 반드시 차의 뒤를 가득 채웠으니, 정사丁巳년부터 임술壬戌년까지 6년 동안에

---

16) 王衛民, 「『吳梅年譜』注」, 『吳梅戲曲論文集』, 524쪽.

17) 王衛民, 「『吳梅年譜』注」, 『吳梅戲曲論文集』, 530쪽.

구한 책이 2만권 가량 된다."고 하였다.[18] 우메이는 자신의 장서실을 "백가실百嘉室"이라고 이름을 짓고, 『백가실장서목百嘉室藏書目』를 집필했다. 우메이의 장서로는 "원나라 간행본 원공溫公의 『절운지남切韻指南』과 『어우양공문집歐陽公文集』, 양차오잉楊朝英의 『태평악부太平樂府』 등 3종, 명 영락제 때의 『불곡佛曲』, 홍치본弘治本 『참동계參同契』 등 80여 종, 청대 채색인쇄본套印本 『흠정곡보欽定曲譜』 등 50여 종 등이 있고 이밖에 원·명·청본의 곡목이 129부, 476종이 있는데, 모두 백가실의 걸출한 수장품들이다."[19] 우메이는 백가실에 소장한 곡본을 중심으로 해제를 작성하는 형식으로 초보적 연구를 시작했다. 그는 자신이 소장한 선본에 대해서 판본 원류를 고증하고 착오와 우열에 대해서 살펴보고 차이점을 비교하고 빠진 것을 보충하며 배치하고 가치를 평가했다. 이러한 고거학 능력 덕분에 우메이의 사곡학은 착실한 기초 위에서 세워졌다. 이와 동시에 우메이는 또 여러 저명한 장서가와 왕래하면서, 그들의 장서를 통해 안목을 키우고 판본, 교감, 목록학의 지식을 얻었으며, 자신의 감상능력도 배가시켰다. 창쑤 우진武進 출신인 둥캉董康(자 서우징授經)은 광서 연간의 진사로서, 일찍이 형부주사를 맡았었고, 민국시기에는 사법총장, 재무총장을 역임했으며, 만년에는 베이징대학의 교수를 했다. 둥캉은 판본 중심의 장서가로써 유명했는데, 일찍이 일본에 방문해서 고본古本 희곡소설과 사곡을 구했으며 『서박용담書舶庸談』을 지어 그 일을 기록하였다. 둥캉董康의 『독곡총각讀曲叢刻』은 우메이의 학문과 서로 통하며 『송분실총서誦芬室叢書』 중에서의 『성명잡극盛明雜劇』은 특히 우메이의 취향이 같았다. 그러므로 둥캉董康과 우메이는 학술상 교류하였다. 1928년에 상하이 광화대학에서 교편을 잡고 『사미타실곡총奢靡他室曲叢』을 출판한 우메이는 둥캉董康의 『곡해曲海』에 서문을 써주었다.

---

18) 王謇, 「續補藏書紀事詩·吳梅」, 『辛亥以來藏書紀事詩』外二種, 153쪽.
19) 「吳梅戲曲題跋 上」, 『文獻』第十二輯, 11쪽.

우메이보다 10살 많은 류스헝劉世珩(자 충스蔥石, 호 추위안楚園)은 안후이 구이츠貴池 사람으로서 저명한 장서가다. 거인 출신인 류스헝劉世珩은 민국 시기에 유신을 자칭했는데, 그도 저명한 사곡가였고, 그의 장서는 대부분은 사곡본이었다. 우메이는 일찍이 류스헝劉世珩의 사곡 장서를 교감했으며 여러 곡본에 대해서 발문을 썼다. 특히 우메이는 류스헝劉世珩이 소장하고 새긴 고본『서상기西廂記』를 교감하면서, 깊은 깨달음을 얻었다. 그의『신간 합병동해원서상기이권新刊合並董解元西廂記二卷』의 발문에서 "나는 이전에 구이츠, 류충스가 교감한 이 책에서 돋보일 수 있는 것을 감별하면서 꼬박 한 달만에 마쳤다. 나는 이전에 이 책처럼 마음을 다하여 몰두해서 읽었던 것이 없었다."고 하였다.20) 류스헝劉世珩이 다시 새긴『장생전長生殿』과『자채기紫釵記』,『남가기南柯記』등 잡극은 우메이가 발문을 썼고, 그 경위를 말하고 잘못을 수정하며 가치를 판단했다. 우메이는「남가기발南柯記跋」에서 "추위안楚園이 나를 알고 잠시 즐거웠던 것이 수일이었을 따름이다."라고 했다.21) 이것은 우메이와 류스헝劉世珩의 친분이 일반 고객 관계가 아니라, 서로 학문을 논한 것임을 보여준다. 우메이보다 11살 많은 왕지례王季烈(자 쥔주君九)는 우메이와 쑤저우 동향이다. 왕지례王季烈도 곡을 수장하고 공연하고 사곡을 연구하여 우메이와 학문취향이 일치하였으니, 이 두사람의 관계는 사우師友 관계였다. 왕지례王季烈는『원명고본잡곡제요元明孤本雜劇提要』,『집성곡보集成曲譜』,『정속곡보正俗曲譜』등을 썼고, 또한 수많은 곡본을 소장했다. 우메이가 베이징대학에서 강의할 때 왕지례王季烈와 "주연에서 함께 술을 마시고 얘기하다가 왕래하게 되어, 늘 이 예술을 논하였다." 왕지례王季烈와 류펑수劉鳳叔가 고증한『집성곡보集成曲譜』옥집玉集에 우메이가 서문을 써서, 왕지례王季烈의 인품과 사곡에 대해 높이 평가했다.

20)『国学丛刊』第一卷 第三期, 112쪽.
21)『世纪学人自述・唐圭璋』, 北京十月文艺出版社, 2000年.

우메이의 평상복 사진 장포 한 벌, 신발
한 켤레로서, 곡학대사 우메이의 평민
학자로서의 본색이 드러난다.

　곡학의 태두이자 일대의 종사로서 우메이는 주로 남북 각 대학에서
강의했으며 사곡영역에 있어서 다양한 충차의 학자, 사곡가, 사곡장서가들
과 폭넓은 교류를 하여, 박식하고 호방한, 가난하나 도도한, 불합리하면서도
보편적이고, 섬세하면서 남김이 없는, 호탕한 학문 풍격을 형성했다. 심시
어 우메이의 사곡학은 이제까지 그 누구도 해본 적이 없는 것이자 후대를
일깨워 주는 것이라고 할 수 있다. 20세기 중국문학발전사상에서 우메이를
학술종주로 하는 사곡학파는 광범위한 학자들이 포진하고 있으며, 전문적
이면서 정심한 학문을 전수하는 학맥 체계를 형성하였다. 우메이 이후의
사곡학 전문가는 기본적으로 우메이의 문하에서 나왔다. 학문 전수의
연원이 없어도 우메이와 가르침을 청하고 받는 관계가 있었다. 우메이가
차례로 베이징대학, 둥난대학, 진링대학, 중산대학, 중앙대학에서 강의를
맡았고, 우메이의 사곡학을 전수받은 사람은 주로 베이징대학과 둥난대학

후의 중양대학에 모여있었다. 런얼베이任二北1897-1991(이름은 너訥, 자 중민中敏, 장쑤 양저우揚州 출신)는 우메이의 베이징대학 제자로서, 우메이 문하 초기 사곡학의 중요 계승자였다. 그는 1918년 베이징대학 국문과에 입학했고, 뤄창페이羅常培, 장쉬張煦와 동창이었다. 그의 홍미는 사곡에 있었고, 우메이가 매우 깊이 아꼈다. 베이징대학을 졸업한 후에 난징南京, 양저우揚州으로 가서 그곳의 중학교에서 가르쳤다. 1923년에는 쑤저우 둥오대학에서 가르칠 때 우메이의 집에서 살았는데, 전문적으로 우메이의 사미타실奢靡他室에 소장된 사곡 전적을 읽었고 동시에 상세한 독서 필기를 작성했는데, 이것은 런얼베이의 초기 저작『독곡개록讀曲槪錄』의 일부가 되었다. 1928-1931년 런얼베이는『신곡원新曲苑』,『산곡총간散曲叢刊』,『사곡 통의詞曲通議』를 썼다. 우메이는『산곡총간散曲叢刊』에 서문을 써서 런얼베이 의 이 책이 자신이 산곡의 허점을 보충할 수 있다고 했는데, "총명하여 여러 책을 잘 섭렵했고 아침에 보고 저녁에 쓰며 교통수단이 닿는 한 모으지 않은 것이 없었으며, 비록 감별하고 모은 것이 원서와 어떠한가를 알지 못하면 힘껏 부지런히 하여 린구이臨桂, 구이안歸安을 계속 하는 것이 셋이 될 뿐 아니라, 또한 엄연하기는 쑨구孫谷, 마궈한馬國翰이다."라고 생각 했다. 런얼베이의 산곡연구는 독자적인 특색을 가졌는데, 사곡이 묘사하는 영역을 확대했을 뿐만 아니라 처음으로 자신의 곡학 체계를 세웠다. 스승 우메이 곡학 기초 위에서, 런얼베이는 위로 밀고 아래로 연장하며 사곡학의 범위를 최선을 다해서 확대했다. 그의『당희롱唐戲弄』,『둔황곡초탐敦煌曲初 探』,『둔황곡교록敦煌曲校錄』,『당성시唐聲詩』등 저작은 스승의 학문영역을 더욱 더 넓으면서도 깊이있게 표현해내었다. 저장 핑후平湖의 첸난양錢南揚 1899-1987은 우메이의 사숙 제자라고 할 수 있다. 첸난양이 베이징대학에 입학했을 때 우메이는 이미 국문과를 떠나서 남방으로 갔기 때문에, 첸난양 은 우메이를 강의에서 만날 수는 없었다. 첸난양을 사곡연구 영역으로 이끈 사람은 우메이의 사우인 류위판劉毓盤과 쉬즈헝許之衡이었다. 류위판劉

毓盤의 관계 때문에 우메이는 첸난양을 제자로 받아들였다. 런얼베이와 마찬가지로 첸난양은 쑤저우蘇州에 갔을 때마다 늘 우메이의 집에서 투숙했다. 그의 『송원남희백일록宋元南戱百一錄』은 바로 우메이의 집에서 독서하고 자료를 수집해서 완성한 것이다. 첸난양의 전공은 송원대 희문戱文인데, 이 영역은 우메이는 거의 관심을 두지 않았던 영역이었다. 첸난양의 만년의 대표적 학술저작은 『희문개론戱文槪論』인데, 남방 희문의 기원, 체제, 내용, 창법, 연출 등에 대해서 깊이 연구한 것으로서 학계의 정론이 되었다. 난징 출신인 루첸盧前1905-1951(자는 지예冀野, 호는 샤오수小疏)은 우메이가 둥난대학에서 가르쳤던, 저명한 사곡학 제자이다. 루첸의 동창생인 탕구이장唐圭璋은 "지예는 어린시절 영특하였고 재능이 넘쳐서 '강남제자'라고 불렸다."고 하였다.[22] 루첸은 둥난대학에서 우메이를 따라서 곡학을 전공했고, 스승의 연구방법을 운용해서 고대희곡을 탐색하여 많은 것을 일궈냈다. 희곡 자료를 정리하는 방면에서 루첸은 『음홍이소각곡飮虹簃所刻曲』, 『음홍이교각청인산곡이십종飮虹簃校刻淸人散曲二十種』 등을 편집했다. 학술 연구 방면에서 루첸은 『남북곡의 근원을 거슬러올라감南北曲溯源』, 『산곡개론散曲槪論』, 『사곡연구詞曲硏究』, 『명청희곡론明淸戱曲論』 등을 지었다. 루첸의 『음홍이곡총飮虹簃曲叢』, 『원인잡극전집元人雜劇全集』이 출판될 때, 우메이는 서문을 써주고, 매우 칭찬하였다. 곡학 외에, 장서를 좋아한 루첸은 판본학도 연구하였는데, 특히 민국초기의 출판업에 대한 이해가 깊었다. 그가 1947년에 편찬한 『서림별화書林別話』는 민국시기의 중요한 판본학 연구서다. 우메이가 별세한 이후, 루첸은 그의 유저를 정리하면서 일부는 우메이년보로 편집하여 스승을 기념하였다. 루첸보다 3년 늦게 둥난대학에 입학한 왕지쓰王季思1906-1996(저장 원저우溫州 융자永嘉 출신)도 고전희곡 연구의 저명한 전문가다. 그는 처음에 『서향기西廂記』, 『홍루몽紅樓夢』에

---

22) 龙榆生, 「记吴瞿安先生」, 『走近南大』, 四川人民出版社, 2000, 158쪽.

관심을 두었다. 원저우가 남희의 발원지이기 때문에 왕지쓰는 어릴 적부터
희곡에 대한 애정이 있었다. 난징南京에 와서 대학에 입학한 후에 우메이가
강의한『곡선曲選』을 들었는데, 그의 작문을 격려하는 평가를 듣자 왕지쓰는
곡학을 연구하기로 결심했다. 왕지쓰의 말에 의하면 그는 스승 우메이의
궁조, 유율학을 배우지 못했다. 왕지쓰가 곡학을 연구할 때, 주로 왕인즈王引之,
위웨俞樾, 쑨이랑孫怡讓이 선진제자先秦諸子를 고증한 방법을 써서 희곡소설
을 연구하였다. 곡학 방면에서 왕지쓰의 중요저작은『서상오극주西廂五劇注』,
『〈앵앵전〉에서 〈서상기〉까지〈鶯鶯傳〉到〈西廂記〉』,『옥륜헌곡론玉輪軒曲論』
이 있다. 왕지쓰는 단지 곡학을 연구하는 것이 아니라 전문적으로 중국고전
문학을 연구하였는데, 유궈언遊國恩, 샤오디페이蕭滌非 등과 함께 4권의『중
국문학사中國文學史』를 썼으며『옥륜헌고전문학논집玉輪軒古典文學論集』을 출
판했다. 우메이의 학문을 전수받은 제자 중에 희곡과 소설 전문가로서
유명한 학자로는 완윈쥔萬雲駿과 후스잉胡士瑩 등이 있다. 우메이의 사학詞學
을 전승을 받은 중요한 제자 중에는 인재가 적지 않다. 저장 더칭德淸문화명
문 출신인 위핑보俞平伯1900-1990는 우메이가 베이징北京대학에서 가르쳤던
제자다. 위핑보의 사곡학은 주로 우메이의 영향을 받았다. 그러나 위핑보는
학문에 대한 취향이 광범위했고 신사상을 깊이 추구하였기 때문에, 후스,
저우쭤런周作人로부터 받은 영향도 비교적 컸다. 특히 "홍학가紅學家"로서의
면모를 드러낸 위핑보에게서 우메이의 그림자는 거의 찾아볼 수 없다.
그러나 베이징대학에서 공부하던 시절 우메이는 그의 사곡학에 확실히
영향을 미쳤다. 위핑보의 증조부 위웨俞樾는 쑤저우蘇州에 유원俞園을 건립했
는데 같은 쑤저우인이던 우메이가 소년시절 책을 볼 때 위웨의 풍채를
본 적이 있었다. 20년 후 베이징北京대학에서 가르친 우메이는 이 일을
서신으로 그 증손자인 위핑보에게 알려줬고, 또 동시에 위핑보俞平伯를
위해서『곡선曲選』의 참고서목을 작성하였다. 위핑보가 곡학에 힘을 쓰지
않고, 오히려 사학詞學에서 성과를 거뒀는데, 그의『당송사선唐宋詞選』은

학계에서 명성이 높았다. "사학종사詞學宗師"로 불리는 탕구이장唐圭璋1901-
1990은 우메이의 둥난대학 시절의 저명한 제자다. 우메이가 둥난대학에서
"사학통론詞學通論", "사선詞選" 과정을 개설해서 사학지식, 사학명저, 사사詞
史, 사가詞家에 대해 강의해주는데, 탕구이장唐圭璋은 강의에 푹 빠져든 것이
마치 봄바람 속에 앉아 있는 것 같았다고 하였다. 우메이는 또 학생들과
잠사簪社를 조직하고 사곡을 창작하여, 제자들이 학문에 매진하기를 독려하
였다. 탕구이장唐圭璋은 우메이의 직접 가르침을 받아 사학대가로 성장했다.
탕구이장은 십여년의 시간을 들여 거작『전송사全宋詞』를 편찬했고, 이어서
『송사삼백수전宋詞三百首箋』,『사화총편詞話叢編』,『전금원사全金元詞』 등의
명저를 출판했다. 탕구이장唐圭璋은 우메이의 사학을 깊이있고 풍부하고
폭넓게 이끌었을 뿐 아니라, 스승의 기초 위에 자신의 가파家派를 형성했으
니, 청출어람의 기세를 이루었다. 탕구이장唐圭璋의 동창인 자오완리趙萬里
더 사詞에 전력을 다했는데, 일찍이『송금원인사교집校輯宋金元人詞』을 출판
했다. 자오완리는 이후 칭화국학원에 가서 사학대사史學大師 왕궈웨이의
학술 조수를 하였다. 베이핑도서관에 들어간 이후에 자오완리는 송원판본
宋元板本에 전념하여 저명한 판본학자가 되었는데, 이는 스승인 우메이의
사곡학과는 한참 거리가 멀다. 탕구이장唐圭璋과 함께 사학대사詞學大師로서
유명한 샤청타오夏承燾는 우메이의 강의를 직접 들은 적은 없으나, 우메이의
사숙 제자라고 할 수 있다. 주쭈머우朱祖謀의 제자인 샤청타오夏承燾는 만년
의 우메이에게 사학詞學에 대한 가르침을 청하여, 서신을 통해 많은 가르침
을 받았다. 사학 전문가 룽위성龍楡生 역시 주쭈머우朱祖謀의 제자인데,
그가 편찬한『근삼백년명가사선近三百年名家詞選』은 우메이의 사詞 네수를
수록하고 있다. 룽위성龍楡生의 말에 의하면, 자신과 우메이의 관계는 "평생
의 의리로 맺은 사우師友였다."[23] 이로부터 우메이의 직계 제자는 각자

---

23) 龍楡生,「記吳瞿安先生」,『走近南大』, 四川人民出版社, 2000, 158쪽.

사학詞學, 곡학曲學 영역에서 문파를 수립하였고, 우메이가 창건한 사곡학詞曲學은 중국고대문학의 모든 영역으로 확장된 것을 알 수 있다.

13

"한 거리의 두 원사院士"

● 위자시余嘉錫 학기 ●

국학대가 천위안陳垣이 "공거징사록公車徵士錄"이라 불리는 중앙연구원의 첫 번째 원사로 선출된 것은 민국 말기 학술계가 주목한 중대한 문화적 사건이었다. 후스가 기초한 원사 명단 가운데는 위자시余嘉錫는 없었으나 푸쓰녠이 처음 초안을 작성한 명단에는 위자시와 류이머우柳翼謀 두 사람 가운데 한 사람을 선택하기로 되어 있었다.[1] 원사 선출 전날밤 위자시는 양수다楊樹達에게 편지를 써서 "형은 반드시 격식에 부합할 것입니다만,

무릇 각 방면으로부터 고려하고 단서를 짐작하되, 근거 없이 마음대로 말하는 것은 아닙니다."라고 하였다.[2] 천위안陳垣이 변명하는 식으로 원사선거를 이야기하는 것을 보고서, 자신이 선출될 수 있을지 여부에 대해 위자시는 심중에 자신이 없었던 것이다. 선거 결과, 위자시, 천위안 양수다楊樹達가 명단에 올랐다. 푸런대학輔仁大學에서 함께 교편을 잡고있고, 베이핑北平 싱화쓰가興化寺街에서 살던 위자시와 천위안陳垣이 동시에 당선되자, 당시 사람들은 그들을 "한 거리의 두 원사院士"라고 불렀다 한다. 이것은 위자시의 학술연구가 이미 민국시기에 학계에서 공인되었던 것을 보여준다.

왕카이윈王闓運의 초상화. 왕카이윈은 청말 호상학파湖湘學派의 대표인물이며 시문으로 이름을 알렸다. 그의 금문경학은 캉유웨이의 『신학위경고新學僞經考』의 직접적인 학술 원류가 되었다.

---

1) 耿雲志 主編, 『胡適遺稿及秘藏書信』, 黃山書社, 1994.
2) 楊樹達, 『積微翁回憶錄』, 上海古籍出版社, 1986.

피시루이皮錫瑞. 호상학파의 핵심인물의 한 사람으로서, 그의 경학사經學史 저작에는 금문경학이 두드러지게 나타나 장타이옌에게 공격을 받았다. 저우위퉁周予同은 피시루이의 『경학역사經學歷史』에 대한 주석으로 저명한 경학사 전문가가 되었다.

"후난湖南 독서종자: 대대로 학문하는 혈통" 예더후이葉德輝. 후난에서 일어난 학자들은 예더후이가 보수적이고 완고한 것을 싫어하여, 그를 "예마葉麻, 예곰보"라고 불렀다. 예더후이는 원래부터 곰보였기 때문이었다.

기류적寄留籍이 후난湖南 창더常德인 위자시는 청말부터 민초 호상학풍湖湘學風에 영향을 받고서 성장한 출중한 학자였다. 후난湖南의 저명한 학자 양수다楊樹達가 근세 호남학풍을 논할 때, "후난의 선비들은 청대에 대개 송유宋儒의 학을 익혔다. 도광 연간, 웨이위안이 금문학의 방법을 활용하였고, 그 유파를 계승한 자로 왕카이윈王闓運, 왕셴첸王先謙, 피시루이皮錫瑞 등이 있었으나, 금문학의 방법을 사용하는 사람들은 모두 소학小學으로 들어가지 않았다"고 여겼다. 후난학자와 호남학풍은 근현대 중국학술역사 상에서 중요한 역할을 했다. 그들의 박식함과 대량의 저작, 격식 있는 학설 및 풍격이 독특한 학자적 기개는 근대학술 전승에 있어서 맥락이 분명하고 스스로 체계를 만들어서 우리가 중국 학술사상의 발전사를 상세히 논할 때, 호상학풍을 초월할 수가 없다. 국학종사國學宗師 장타이옌은 웨이위안이 "불고불금不古不今의, 한대漢代의 것도 송대宋代의 것도 아닌 학문"이라고 확신했고, 왕카이윈王闓運은 "경서를 해설하는 것이 비록 간략하나 또한 겸하여 현재를 점치는 것을 채택하니" 창저우학파常州學派가 아니라고 하였다. 일찍이 피시루이皮錫瑞와 경학에 대해 논쟁하였던 장타이옌은 피시루이의 삼부작, 『경학역사經學歷史』·『왕제전王制箋』·『춘추강의春秋講義』가 "대단히 날조되고 황당무계"한 것이라고 단언하였다.[3] 이는 확실히 고문경학의 입장에 선 일종의 편향성이 뚜렷한 비평이다. 쩡궈판의 제자 왕셴첸王先謙은 『속황청경해續皇淸經解』와 『속고문사류찬續古文辭類纂』으로 학계에 이름을 알렸으며, 그의 『한서보주漢書補注』, 『수경주합전水經注合箋』은 고거학考據學의 대표작이다. 즈웨이청支偉成이 왕셴첸의 학설을 "건륭과 가경의 궤적을 따라 고거를 더욱 중시했다."고 평한 것은 맞다.[4]

3) 章太炎, 「駁皮錫瑞三書」, 『章太炎學術史論集』, 中國社會科學出版社, 1997.
4) 支偉成, 『淸代朴學大師列傳』, 嶽麓書社, 1998.

역사고증考史은 왕셴첸의 역사학에서의 큰 공헌인데, 이것은 그의 경학연구 성과보다 더 오랜 생명력을 지닌 것이었다. 왕셴첸이 학계에 오래 동안 영향을 미친 것은 『한서보주漢書補注』백 권이고, 그의 학문을 계승한 양수다楊樹達의 『한서보주보정漢書補注補正』은 민국시기의 훌륭한 학술서다. 국학 대사 황칸이 양수다의 조카 양보쥔楊伯峻에게 선물한 시구에 "교감하고 책으로 엮어 놀라게 하고, 호리병박에 역사를 간수해두고 한가로이 진을 거닌다鉛槧編書驚子駿, 葫蘆藏史閒遊秦"라고 한 것이 있는데, 양수다의 『한서漢書』 연구를 추앙한 것이다.[5]

천위안陳垣. 91세의 고령으로 별세한 천위안은 한평생 서재를 생활의 무대로 여겼다. 마오쩌둥이 국보라고 칭한 천위안은 1950년대에 자신이 교회대학에 서 하였던 모든 행위들을 솔선하여 "검토"하였다.

5) 楊伯峻, 「黃季剛先生雜憶」, 『學林漫錄』二集, 中華書局, 1981.

가령 왕카이윈王闓運, 왕센첸王先謙, 피시루이皮錫瑞가 호상학파의 선대학
자이고, 그들이 청대 호상학파의 최고 학술수준을 대표하는 것이라면,
예더후이葉德輝, 쩌우다이쥔鄒代鈞, 쩡윈첸曾運乾, 천이陳毅는 청말 민국초
호상학파의 과도적 인물이라고 할 수 있다.

위자시余嘉錫는 역사고거의 방법으로 송조의 경전저작을 연구했다.

예더후이葉德輝는 저명한 수구파 학자다. 판본목록학 영역에서 예더후이
는 극복하기 어려운 대가다. 그의 『서림청화書林清話』, 『서림여화書林餘話』는
판본학의 고전이고, 지금까지 학계의 모범으로 받들어지고 있다. 저명한
장서가이기도 한 예더후이의 관고당觀古堂은 장위안지가 『사부총간四部叢刊』
과 백납본百衲本 『이십사사二十四史』를 새기는 데 특별한 공헌을 했다. 판본학

자로서 예더후이는 남다른 혜안으로 양서우징이 고적판본에 불성실하게
농간을 부린 부분을 가려냈다. 장타이옌의 눈에 후난 "독서종자讀書種子"라
고 불렸던 예더후이는 장타이옌이 깊이 연구를 했던 중의학 영역에서
장타이옌과 대화할 수 있던 것 자체가 그의 학문이 특출한 점을 말해준다.
1920년 예더후이는 일본 학자 모로하시 테츠지諸橋轍次와의 필담하면서,
자신의 원적은 장쑤 우현江蘇吳縣이고, 학파는 후난湖南과 다르다고 하였다.
예더후이는 자신은 한학자이며 왕카이윈王闓運, 왕셴첸王先謙과 다른데, 왕
카이윈王闓運은 시문학자이고 왕셴첸王先謙은 동성桐城 고문학자로 모두 한
학자가 아니다라고 말했다.[6] 쩌우다이쥔鄒代鈞은 후난 신화新化 출신으로,
청말의 저명한 지리학자다. 그는 일찍이 쩡궈판의 아들 쩡지쩌曾紀澤를
따라 유럽에 다녀왔고, 중국과 러시아의 변경을 확정하는 작업에 종사했으
며 자신의 박학다식한 지리학 지식으로써 변경확정 작업에 크게 공헌하였
다. 쩌우다이쥔鄒代鈞이 양호서원兩湖書院에서 가르칠 때 지리를 강의했으며
제자들을 위해서 중러변경확정기中俄勘界記 과정을 개설했다.[7] 쩌우다이쥔
鄒代鈞은 일찍이 경사대학당京師大學堂에서 교편을 잡았었다. 그는 지도작성
에 능통했는데, 그는 이전에 제작한 94장의 서북지도를 자신의 학생
루비盧弼를 통해 일본의 역사학자 나카 미치요那珂通世에게 보냈다.[8] 정원첸
曾運乾은 매우 내공이 있는 음운학자인데, 그의 『유모고독고喻母古讀考』와
황칸의 음운학은 우열을 가리기 어려울 정도다. 황칸의 수제자 뤄창페이羅
常培는 일찍이 정원첸曾運乾의 『유모고독고喻母古讀考』는 첸다신의 저작에
비견할 만하다고 말했다. 양수다楊樹達는 정원첸曾運乾이 "일대종사一代宗師"

---

6) 李慶 編, 「東瀛遺墨」, 『葉德輝和諸橋轍次的筆談』

7) 陳英才, 「回憶兩湖書院」, 『湖北文史資料』第八集.

8) 李慶 編, 「東瀛遺墨」, 『陳毅致那珂通世的信』.

이며 "그러므로 샹湘의 학자들은 위로는 동한東漢의 쉬선許愼과 정쉬안鄭玄의 학문을 계승하여 소학小學, 음운, 훈고로써 시작하는데, 더 나아가 경학을 연구한 것은 수백 년 동안 오직 정원첸 한사람뿐이다"라고 했다. 정원첸曾運乾이 후난대학湖南大學 중문과에서 수업을 했을 때 학생들에게 『상서尚書』와 『사기史記』를 강의한 적이 있다. 그의 『상서정독尚書正讀』은 서경書經의 문법을 연구한 것으로, 영향력이 컸다. 그러나 호상학파의 저명한 학자로서 정원첸曾運乾의 이름은 시종일관 세상에 알려지지 않았다. 진커무金克木은 정원첸曾運乾의 학술명성이 알려지지 않은 이유는 정원첸曾運乾이 여전히 고대학자의 습관으로 함부로 글을 쓰지 않았고, 특히 발표를 하려 하지 않았으며, 글을 쓰는 데 삼가했을 뿐 아니라, 말재주가 없고 교수방법도 학생들에 쉽게 이해되질 않아서 세상에 이름이 알려지질 않았고, 그저 음운학계에서만 유명했다고 하였다.9) 후난 샹샹湘鄉의 천이陳毅는 유명하지 않은 역사학자다. 양호서원을 졸업한 천이陳毅는 선쩡즈, 쩌우다이쥔鄒代鈞의 제자이자 양호서원의 조교였다. 선쩡즈는 사학史學, 율학律學, 불학佛學, 서학書學에 정통했는데, 특히 몽고사, 원사, 중서교통사, 서북여지학에 몰두했다. 천이陳毅가 주로 계승한 것은 선쩡즈의 역사학 방면의 전통적 연구방법론이다. 천이는 후광총독湖廣總督 장즈둥의 명을 받아서 여러 번 일본을 방문했으며 일본학술계와 학술적 우의를 나누었다. 그는 일본 교토학파의 한학자 나카 미치요那珂通世, 나이토 코난內藤湖南과 서신을 통해 몽원사蒙元史 관련 학술문제를 토론하였다. 근대 중일 학술교류의 방면에서 볼 때 천이陳毅는 비중 있는 인물이지만 그의 사학연구는 오히려 감추어져 드러나지 않았다. 호상학파의 과도적 학자군 중에 쩌우다이쥔鄒代鈞의 지리학은 실전失傳된 학문이라 할 수 있는데, 이러한 학문도 겨우 학술사적 의의가 있을

---

9) 金克木, 「記曾星笠運乾先生」, 『學林漫錄』九集, 中華書局, 1984.

뿐이고, 신진 호상 학자들 중에서는 지리학의 발자취를 찾을 수 없다. 정원첸曾運乾의 음운학도 독보적이나 전수자가 없었고, 진정으로 현대 학술에 영향을 준 것은 황칸이 위상과 그의 제자의 저작들이다. 천이陳毅는 비록 비교적 빨리 일본의 한학대가들과 학술관계를 맺고 있었고 그들에게 한문 자료를 제공했지만 천이陳毅 본인은 이 영역에서 영향력 있는 저작이 없어서, 그의 학술적으로 그다지 주목받는 위치는 아니었다. 예더후이葉德輝의 판본목록학은 한 학파의 절학絶學은 아니었으나 그의 저작이 권위가 있었기 때문에 호상학파 학자들에게 오래도록 영향력을 미쳤다. 우리는 위자시의 학술연구에서로부터 이러한 학문의 연속성을 볼 수 있을 것 같다.

근세 호상학파는 결코 나름의 학술체계, 이론구조, 학술종주가 있는 완전한 이론적 의의에서 학술유파는 아니다. 수많은 후난湖南 학자들은 서로 같거나 가깝거나 혹은 비슷한 학문방법, 학술기상, 저작의 풍격 및 학자 품격자질의 학술 집단으로부터 추상해낸 광범위한 학술범주를 포괄한 것이다. 또한 소위 호상학파라는 것이 간단히 지연을 연결고리로 한 학술유파는 아니고, 학문을 하는 지역공간도 단지 후난에 한정한 것이 아니다. 그러나 사실상 호상학자 대부분은 샤오싱瀟湘 출신으로, 학문의 명성도 전국 학계에서 찬란히 빛났다. 학문은 지역성은 없으나 학문에 힘쓰는 시작 단계와 처신에서의 "후난품격"은 농후한 지역적 특징을 갖는데, 이는 분명 호상학파라고 인정할 때의 기본적인 시각이다. 호상학풍에 영향을 받은 위자시는 그 독서의 특성, 학문방법과 저술의 풍격은 후난의 선배학자들의 학문의 방식의 어떤 계승이다. 위자시는 후난이라는 이 폐쇄되지 않은 지역에 있을 때, 그의 학문의 기초교육과 최초 학문의 기점은 가학家學이었다. 위자시1884-1955의 자는 지위季豫이며 후난 창더인常德人이다. 그의 아버지 위쑹칭余嵩慶은 광서光緒 2년에 진사에 급제했고,

일찍이 허난河南 상추商丘의 현령을 지냈다. 처 천씨陳氏의 숙부들은 모두
진사 출신이었다. 그러므로 위자시의 청소년시절은 공명이 있는 학자가문
에서 성장한 것이다. 학자가문의 자제로 성장하는 것과 공부하고 관리가
되는 것은 밀접한 관련이 있다. 위자시의 소년시절노 당연히 예외일 수
없었다. 아버지의 엄격한 가르침 하에 위자시는『오경五經』,『사서四史』,
『초사楚辭』,『문선文選』을 통독했으며 많은 서적을 읽으면서 독서에 대한
농후한 흥취를 배양했고 학문하는 습관도 형성하였다. 위자시는 사람들에
게 그는 젊은 시절에 많은 책을 읽으면서 저술하겠다는 뜻을 세웠다고
말했고,『공자제자년표孔子弟子年表』,『오월춘추주吳越春秋注』를 저술했다.
과거를 치르던 시절에 위자시는 "지식과 재주를 모두 익혔으면 응당 벼슬에
나아가야 한다學而優則仕"는 과정으로 나아갔고, 18세에 위자시는 향시 거인
으로 급제했으며 이부문선사주사吏部文選司主事가 되었다. 시험에서 위자시
는 자신의 좌사座師인 커펑쑨과 친분을 맺고, 그의 문생門生이 되었다.
커펑쑨1850-1933(산둥 자오저우인膠州人)은 근대 북방의 저명한 대학자다.
커펑쑨은 광서光緒 연간에 진사의 신분으로 한림에 들어갔으며, 학정學政으
로부터 제학사提學使로, 전예원학사典禮院學士에서 경사대학당의 경과감독經
科監督이 되었다. 민국 이후 커펑쑨은 자오얼쉰의 뒤를 이어서 청사관총찬淸
史館總纂 겸 대리관장을 맡았다. 커펑쑨의 학술상의 중대한 공헌은 혼자의
힘으로 257권의『신원사新元史』를 저술한 것이다. 커펑쑨의 입문 제자 머우
룬쑨牟潤孫은 커펑쑨의 학문방법은 장쉐청의『문사통의文史通義』를 본받은
것이라고 하였다. 커펑쑨은 1933년 83세의 고령으로 별세했으며 위자시가
장례식에 참석했다. 그러나 냉정하게 말하자면 위자시는 커펑쑨의 학문의
방법을 계승하지 않았다. 커펑쑨은 경학, 사학에 전념했으며 특별히 시대사
연구를 중시했으나, 위자시는 그렇지 않았다. 커펑쑨이 평생 전심전력을
다한『신원사新元史』저술에서 나타나는, 학문을 할 때의 불변의 박학정신이

오히려 위자시의 저작에서 강렬하게 드러났다. 커펑쑨의 학문의 정수를 전수 받지는 못했으나, 그것이 위자시의 학술이 커펑쑨의 영향을 받지 않았다는 뜻은 아니다. 커펑쑨의 소개로 위자시는 베이징으로 올라가 『청사고淸史稿』 주편 자오얼쉰을 만났고, 자오얼쉰의 집에서 가정교사를 하는 한편, 그를 도와 『청사고淸史稿』의 초고를 심사하며 읽는 것을 보조하였다. 자오얼쉰1844-1927은 동치 연간의 진사이고, 한림원편수를 지냈다. 청말 자오얼쉰은 명예와 지위가 있던 중신이었다. 그는 안후이安徽, 산시陝西 각 성의 안찰사按察使, 후난순무湖南巡撫, 성징장군盛京將軍, 후광총독湖廣總督을 역임했고, 민국시기에는 펑텐총독奉天總督을 지냈다. 자오얼쉰은 오랫동안 관직생활을 하면서 학문적 업적을 쌓지는 못했다. 그가 청사관 관장직을 맡은 이유는 문화 유신들이 그의 명망에 의지하고자 했기 때문이다. 위자시 본인과 가족들은 청말에 관직이 없었고, 자오얼쉰의 집에 있을 때도 단지 도필리刀筆吏였기에 청나라의 역사에 대해서 연구할 흥미가 없었는데, 이는 또한 매우 자연스러운 것이기도 했다.

"학술을 분별하고 원류源流를 참조증명하고 본보기로 삼는다"는[10] 것은 위자시의 학문방법의 기본적인 정신이다. 목록학은 위자시가 현대 중국학술사에서 전문적으로 자신의 지위를 정립한 학문이다. 심지어 위자시 같은 박학한 학자가 나타났기에 중국 전통학문 중의 목록학이 비로소 현대의 새로운 학과 체계가 되었다고 할 수 있다. 『목록학발미目錄學發微』는 위자시가 이 영역에서 스스로 체계를 만든 대표적인 작품이다. 목록학은 중국 고대에서는 역사가 유구한 전통학문이다. 『장자・천하莊子・天下』, 『순자・비십이자荀子・非十二子』, 『한비자・현학韓非子・顯學』으로부터 쓰마탄司馬談의 『육가요지를 논함論六家要指』은 목록학의 각도에서 학술의 변천

---

10) 周祖謨, 「余嘉錫先生的治學與育人」, 『文史知識』 第九期, 1991.

을 서술했고, 류샹劉向의 『별록別錄』과 류신劉歆의 『칠략七略』으로부터부터 반구班固의 『한서‧예문지漢書‧藝文志』까지, 롼샤오쉬阮孝緒의 『칠록七錄』과 『수서‧경적지隋書‧經籍志』로부터 『숭문총목崇文總目』과 『통지‧예문략通志‧藝文略』까지, 차오궁우晁公武의 『군재독서지郡齋讀書志』와 천전쑨陳振孫의 『직재서록해제直齋書錄解題』로부터 장쉐청의 『교수통의校讎通義』와 장즈둥 『서목답문書目答問』까지, 중국의 목록학과의 발전 맥락은 분명한데, 역대 왕조들이 모두 혁신을 계승했던 것이다.문헌 고적이 빈번하게 각인되던 시기에, 각 왕조의 학자들은 또한 실제 상황에 의거하여 학술적으로 판단하고 새롭게 범위를 정한 것이었으니, 이는 목록학의 성숙과 발전을 매우 촉진하였다. 동시에 장서업藏書業이 보급화되고 고적 진본이 민간을 향해감에 따라, 학술연구의 개인화 경향도 더욱더 분명해졌다. 문헌목록편집을 관이 주도하던 것에서 민간으로 퍼지게 되자, 목록학이 크게 발전되었다. 위자시는 중국의 전통목록학의 발전에 특수한 공헌을 했으니, 목록학을 단순히 전통적 의미의 학문의 도구가 아닌 학과체계 및 전공의 지위로 승격시킨 것이다. 다음으로 목록학 영역에서 심도깊은 연구와 독특한 인식을 통하여, 민국 시기 각 대학 중문과에 목록학 과정을 개설함으로써 중국 목록학연구를 보급화시켰다. 위자시는 장서가는 아니었지만 그의 학술활동은 장서가의 문화적 사명과 일치하였다. 그러나 장서가와의 가장 큰 차이점은 위자시의 연구는 때때로 장서루에 출입하지만, 장서가가 자기 서재의 목록을 정리하는데 그치는 한계를 훌쩍 뛰어넘었다는 점이다. 룬밍倫明의 『신해 이래 장서기사시辛亥以來藏書紀事詩』에서 위자시를 장서가라고 거명하는 것은 사실상 과분한 말이고, 위자시를 "고금목록학을 깊이 탐색한 사람"이라고 했는데, 사람을 잘 알아본 말이라고 생각한다. 룬밍倫明은 위자시보다 11세가 많으며 광서 27년1901에 거인으로 급제 했으며 위자시 역시 거인 시험을 치뤘다. 룬밍은 위자시를 동기라고 했는데 이는 겸손히 한 말이었다. 룬밍1873-1944(자는 저루哲如, 광둥 둥관東莞 출신)은 경사대학당을 졸업했다. 그는 책을 모으고 소장하는 것을 좋아했으며, 그의 장서처는 "속서루續書樓"라고 이름붙였다. 위자시와 마찬가지로 룬밍倫明도 목록학을 연구하였다. 신해혁명 이후 룬밍은 차례로 베이징대학北京大學, 푸런대학輔仁大學, 베이핑사범대학 등의 학교에서 학생들에게 목록학을 강의하였다.[11] 집에 많은 장서가 있고 견해가 넓으며 또한 여러 장서가들과 왕래하였을 뿐 아니라, 룬밍 스스로 통학재서점通學齋書店을 개설하였고, 고적판본 검정에 능했기 때문에 고서 검정을 요청받아 일본에 가기도 하였다. 저명한 판본학가 쑨야오칭孫耀卿의 회상에 따르면, 룬밍은 "만년의 학문이 더욱 정밀해졌고 책에 대한 기호가 독특하며 검증을 정밀히 하고 수집을 더욱 풍부히 해서, 진귀한 고본 비책이 있다는 곳에 대해 들으면, 혹 얻을 수 없으면 정성껏 빌려서 베끼고 부본을 갖췄다."고 하였다.[12] 룬밍이 저작한『판본원류版本源流』는 당시 많은 찬사를 받았다. 룬밍과 위자시는 같은 학술취미를 지녔는데 목록학 영역에서뿐만 아니라 학술운동에서『사고전서四庫全書』의 연구 등에서 더 일치했다. 룬밍의 일생의 바람은『사고전서총목四庫全書總目』을 이어서 연구하는 것이었는데, 그는 일찍이『속사고전서제요續四庫全書提要』와『속수사고전서추의續修四庫全書芻議』를 저술했다. 칭화국학원이 창건되었을 때 룬밍은 국학원 지도교수인 량치차오에게 서신을 보내어 자신이『속사고제요續四庫提要』직을 전담하기를 바랐으나, 후에 이 일은 결정이 나지 않았다. 룬밍은『신해이래장서기사시辛亥以來藏書紀事詩』에서 위자시를 칭찬하기를, "사고서四庫書를 수정개편하는데, 관의 신하들이 초안한 것이 너무 건성이었다. 시간이 지나면 응당

---

11) 徐信符,『廣東藏書紀事詩·倫明·續書樓』, 北京燕山出版社, 1999.
12) 孫耀卿,「論倫哲如先生」,『文苑掇英』, 北京出版社, 2000, 32쪽.

타산지석他山之石이 있고, 정밀한 식견은 우펑셰吳彭謝만 못하다."고 하였다. 위자시는 50여 년간의 공력을 들여 80만 자의『사고제요변증四庫提要辨證』을 저술했으며 이 책은 "박대정탐博大精深"이라는 네 글자로 개괄할 수 있다. 이 대단한 저작은 위자시가 현대중국학술사에서 확고한 지위를 차지하게 했을 뿐 아니라, 삼백여 년의 "사고학四庫學"의 수준을 더욱 높였다고 할 수 있다.

사학대가 천위안陳垣과 목록학대가 위자시는 베이핑의 푸런대학에서 사귀고 서로 깊이 이해하게 된 것은 위자시의 학술생애에 있어서 새로운 출발점이었다고 할 수 있다. 타이징눙台靜農이 회고하길, 위자시가 푸런대학에 들어갈 수 있었던 이유는 천위안陳垣의 추천 때문이었다고 한다. 그러나 천위안의 소개로 위자시가 베이핑의 학술문화계에 들어갈 수 있었다는 것이 위자시의 학문 자체가 특출했다는 점을 말하는 것이기도 하다. 위자시의『사고전서제요四庫全書提要』연구는 매우 일찍 천위안의 학술시야에 들어 갔었을 것이고, 이로부터 천위안이 사람을 보는 안목이 남다르다는 것도 알 수 있다. 천위안1880-1971, 자 위안안援庵, 광둥 신후이인新會人은 저명한 원사전문가, 고대종교사전문가, 고전문헌학전문가였다. 그는 교감학, 연력학年歷學, 피휘학避諱學, 몽원사 등의 영역에서 재능이 뛰어 났으며, 공인된 일대사학종사一代史學宗師였다. 천위안은 위자시보다 4세 연상인데, 위자시와는 달리 젊었을 때 관직을 중요하게 여겼고, 민국 초기에 국회의원직을 맡았던 적이 있었다. 천위안은 독실한 기독교 신자였기 때문에, 정치를 버리고 학문을 선택했으며 중국고대종교사 연구를 시작했다. 천위안의 학문은 사승이 없고, 완전히 목록학 저작 독서에 의지하여 학문연구의 방법을 찾아냈다. 천위안은『사고총서총목제요四庫全書總目提要』를 여러차례 읽어서『서목답문書目答問』은 더욱 익숙하다고 사람들에게 말했다. 이것은 위자시의 학문방법과 일치한다. 천위안은『사고四庫』는 어떻게 책으로

만들어졌는가, 어떠한 책들이『사고四庫』에 수록되었는가,『사고』라는 책
은 어떤 판본이 있는가에 착안하여『사고전서四庫全書』를 연구했다. 이
세 가지 점을 중심으로 천위안陳垣은 차례로『사고서목고이四庫書目考異』,
『〈사고총서〉편찬시말編纂〈四庫全書〉始末』,『문진각〈사고전서〉책수면수표
文津閣〈四庫全書〉冊數頁數表』,『〈사고전서〉중 만 쪽을 넘는 책〈四庫全書〉中過萬頁之
書』등의 논저를 지었다. 분명히 천위안陳垣의『사고四庫』연구와 위자시의
연구는 방법은 다르지만 효과는 같았다. 위자시의『사고제요변증四庫提要辨
證』은 주로 고거의 각도에서 공을 들인 것으로, 잘못된 것을 바로 세우고
모자란 것은 보충하고 어지러운 것에는 체계를 세웠으니,『사고전서四庫全書』
에 최고의 공을 세웠다. 위자시와 천위안陳垣은 나이가 비슷하지만, 위자시
가 늘 천위안에게 가르침을 구했다. 위자시는『사고전서四庫全書』의 서목의
일부를 뽑아 소각시켜버린 상황을 이해하지 못했는데, 천위안은「위지위에
게 사고 훼손의 경위를 답함致余季豫函答四庫抽毀書原委」를 지었다. 이를 보면
위자시와 천위안이 매우 깊은 학술우정을 맺었다는 것을 알 수 있다.
항일전쟁이 일어났을 때, 천위안과 위자시 등의 노교수는 베이핑北平에
체류하면서, 시종일관 정직한 학자의 품격과 절조를 지켰다. 천위안은
『구오대사집본발복舊五代史輯本發覆』,『남말초허베이신도교고南末初河北新道
教考』,『통감호주표미通鑑胡注表微』등의 책을 저술하였는데, 학자의 민족적
품격을 은근히 표현하였다. 천위안과 마찬가지로, 위자시는 이당시에 학생
들에게 구옌우의『일지록日知錄』을 강의하면서 "학문은 널리 배우고, 행위의
부끄러움을 안다博學于文, 行己有恥"는 것을 선도하고『송강삼십육인고실宋江
三十六人考實』,『양가장고사고신록楊家將故事考信錄』,『세설신어전소世說新語箋
疏』를 저술함으로써, 양심을 바르게 하고 학자의 기풍을 단정히 하였다.
중국인민공화국 이후, 학자로서 만년에 접어든 천위안과 위자시는 수도에
서 자리를 잡고 서로 소식을 주고 받으며 학술을 논했다. 1954년 위자시가

중국과학원 언어연구소의 전문위원을 맡았을 때 천위안은 중국과학원 제2연구소 소장을 맡았다. 민국 시기의 "두 원사兩院士"가 공화국 시대에 들어와 학술의 요지를 장악하였으니, 여러 사람의 기대를 저버린 것이라 해야 할 것이다. 1955년에 위자시가 병으로 별세하자, 천위안은 애통함을 이겨내지 못하고 마음에 담고 그리워하였다. 7년후 중화서국中華書局은 『위자시논학잡저余嘉錫論學雜著』를 출판했다. 천위안이 이 책에 장편의 서문을 지어서, 위자시의 학술성과를 높게 평가하는 동시에 자신과 위자시의 학술우정을 회고하였다.

위자시가 베이핑北平 학계에 몸을 담게 된 것은 천위안과의 학술인연과 연계되어 있다. 당시 학계의 노장들과의 교류를 통해, 위자시는 학술연구의 중심으로 인도되었다. 위자시는 1928년에 베이징대학에서 목록학을 강의했다. 당시 학술계의 리더인 후스와의 친분도 천위안이 소개한 덕분이었다. 1928년 2월 위자시가 후스에게 서신을 보내 "선생의 이름은 익히 들었으나 한 번도 볼 기회가 없었습니다. 작년 베이핑도서관에 가서 선생이 계신 것을 알고서 사람이 많은 가운데 결국 나아가 대면하였으나, 알아보지 못하여 매우 겸연쩍었습니다."라고 말하였다. 이것으로 알 수 있듯이 위자시는 후스의 이름이 알려진 십수 년 후에도 친분을 맺을 수 없었다. 편지에서 또 위자시는 후스의 학술성취에 대하여 "소위 한시대의 호걸이라 할 만하니 만고의 학문을 개척한 것은 후학에게 은혜이며, 국내를 평정하였기에 비루한 저는 칭송할 수도 없습니다."라고 상찬하였다. 편지의 대부분은 후스의『수호전水滸傳』연구의 오류에 대한 비판이다. 이는 위자시가 학술에 대해서 강직하고 소홀히 하지 않는 본성이 있음을 나타내는 것 같다. 위자시와 후스의 서신이『후스논학왕래서신선胡適論學往來書信選』에 수록된 것은 2통뿐인데, 다른 한통의 편지는 1943년에 쓴 것으로 위자시의『역림易林』연구와 딩푸바오丁福保『사고총록四庫總錄』및 위자시의『사고제요변증四庫提

要辨證』과 관련된 것을 담고 있다. 이로부터 위자시와 신파 학자 후스의 관계가 밀접하지 않았다는 것을 알 수 있다. 이는 위자시와 후스의 연구 영역이 완전히 일치하지 않았던 것과 관계가 있다고 해도 될까? 베이징北京에 있는 샹적湘籍 학자 양수다楊樹達1885-1956(후난 창사長沙)와 교류한 것은 위자시의 학술조예가 깊어지는 계기가 되었다. 위자시가 상경한 다음해에 양수다楊樹達와 알게 되었다. 양수다楊樹達는 자신의 회고록에서 "내가 베이징에 와서 벗을 구하는 뜻이 있었으나 샹인湘人으로서 베이징에 거주하는 자 가운데 진정한 독서인이 하나도 없었는데, 자시를 얻어서 이 유감스러운 점을 채울 수 있었다."고 하였다. 위자시가 1927년 전 아직 베이핑北平에 오기 전에 양수다楊樹達는 베이징을 여행하는 후난湖南인사들과 밀접히 교류하였다. 장스자오章士釗, 리진시黎錦熙는 베이핑北平학술계의 대표적인 샹적인사들인데, 자연히 양수다楊樹達는 장스자오章士釗, 리진시黎錦熙와 왕래를 하였다. 그런데 양수다는 무엇 때문에 "샹인으로서 베이징에 거주하는 자 가운데 진정한 독서인이 하나도 없었다."라고 하였을까? 이는 양수다가 자신은 너무 높게 여기고 다른 사람을 무시하는 것은 아닌가? 실제 사정은 전혀 그렇지 않다. 장스자오章士釗는 대부분의 시간에 정치활동을 하고 그가 창간한 『갑인甲寅』과 신문화에 빈대논조를 펴는 것이 진정한 학문은 아니다. 또한 장스자오章士釗의 전공은 법학이며 그의 대표 학술성과는 『류문지요柳文指要』와 논리학연구였다. 이 모든 것은 양수다의 학문취미와 관련이 없다. 리진시黎錦熙는 국문연구회의 발기인이고 어법, 수사, 문자, 음운, 방언, 사전 등 방면에 연구를 많이 했고, 또한 양수다와 "사변사思辨社"의 동료인데, 양수다는 자신의 일기에 리진시에 대한 이야기를 많이 썼다. 양수다와 리진시 두사람은 학문상에서 교점은 있으나, 학문의 지향점은 달랐다. 양수다는 신파 학자는 아니다. 그는 량치차오가 창립한 시무학당을 졸업했고, 20세에 일본으로 유학을 갔다. 민국기에 들어서 양수다는 차례로 후난성립제일사범湖南省立第一師範, 베이징사범대학北京師範大學, 칭화대학淸華大學, 후난대학湖南大學에서 교편을 잡았다. 그러나 그의 학술연구 영역은 주로 호상 학인의 연구범위에서 시작된 것이다. 예더후이葉德輝는 양수다楊樹達의 스승이고, 판본목록학방면에 나름의 방식이 있었다. 양수다楊樹達는 또한 왕셴첸王先謙의 『한서漢書』연구를 계승하고, 최후에 소학, 문자, 음운, 훈고에 들어감으로써 그의 학문기상을 다양하고 견실하게 했다. 『사전詞詮』, 『마씨문통간오馬氏文通刊誤』, 『중국수사학中國修辭學』은 양수다가 언어학 영역에서 이룬 중요한 성과물들이다. 또 『적미거소학술림積微居小學述林』, 『적미거금문설積微居金文說』, 『적미거갑골문설積微居甲骨文說』은 양수다가 고문자학 영역에서 이룬 대표작이다.[13] 위자시가 양수다의 『한서漢書』 연구에 탄복하기를, "양수다가 반멍젠班孟堅, 반구班固의 책을 암송하는데, 책장을 전혀 건드리지도 않으면서 끝까지 단 한 글자도 빠뜨리지 않았다"고 하였다. 양수다의 『적미거소학금석론총積微居小學金石論叢』이 출판될 때 위자시가 서문를 썼다. 위자시는 서문에서 "완성된 한 편을 펼쳐보니 참 훌륭하다."다며 높이 칭찬했다. 첸쉬안퉁은 양수다의 학문에 감탄하여, 일찍이 양수다에 대하여 말하기를, "당신의 학문은 단어에 반드시 근거가 있고, 사실을 강구하는 것이 후난湖南의 선배들이 한 것과는 다르고 사람됨이 곧 완전히 후난의 풍모다."라고 하였다. 첸쉬안퉁의 사형師兄인 황칸은 음운학 대가로서 다른 사람을 칭찬하는 일이 드물었다. 1932년에 황칸이 그의 스승인 장타이옌을 따라서 북상해서 강학할 때 양수다, 위자시 등 학자들과 학문에 대해서 논하게 되었다. 난징南京에 돌아온 후에 황칸은 제자 뤄훙카이駱鴻凱에게 "베이징의 국학을 연구하는 사람들로 우청스吳承仕, 첸쉬안퉁錢玄同외 위자시, 양수다 두 사람은 가르치는 것이 부끄럽지 않을 것 같고 다른

---

13) 申奥, 「錚錚哲人—記先師楊樹達先生」, 『人物』1986年 第三期.

사람들은 안다고 할 수 없을 것이다."라고 하였다. 이를 보면 위자시의
국학이 황칸에게 매우 중시 받았다는 것을 알 수 있다.

근세 호상학파가 전국학술계에서의 중요한 위상을 차지한 것은 위자시,
양수다와 같은 학자들의 부지런한 연구, 직접 체험과 실천, 그리고 학문에
전념하는 정신과 분리될 수 없을 것이다. 위자시, 양수다와 같은 학자들은
왕카이윈王闓運, 왕셴첸王先謙, 예더후이葉德輝의 학문을 계승하면서 새로운
방법·방식으로 체계를 세운 것은 그 정밀함에서 선배들을 초월하는 것인
데, 사람됨의 강직함과 구차하지 않음, 독자성, 탁월한 자립, 주저하지
않는 "후난품격"은 선배학자들과 일맥상통한다. 이것이 호상학파의 학술문
화에 대한 창조정신이다. 너무 소심하지 않고 모방을 하지 않으며 남의
관점을 무조건 따르지 않고 사람들이 감히 말하지 못한 말을 하고 감히
행동으로 옮기지 못하는 행위를 행동으로 옮기는 것이 호상학인의 일종의
기품이자 품격이다. 위자시, 양수다의 학문방식은 또 후배 호상학파에게
새로운 방식과 다양한 풍격의 학술연구의 방법을 개척해 주었던 것이다.

한 시대의 학술과 문화의 대표적인 인물인 위자시의 학문은 넓고 깊으며
기세가 드높았다. 호상학파에 기계적인 계승인은 없었고, 간단한 학술전달
자도 없었다. 그러나 위자시를 흠모해서 그의 학술을 진하는 일은 흔히
있었다. 위자시의 후배인 장순후이張舜徽는 위자시 학문의 전파자였다.
위자시는 장순후이의 고모부인데, 조카인 장순후이가 학문에 뜻을 세웠을
때 고모부인 위자시가 학문의 모범이 되었던 것이다. 장순후이1911-1992
(후난 위안장沅江)는 대학의 학위와 학술사승이 없었고, 그가 체득한 지식과
학문방법은 기본적으로 가정교육의 결과였다. 장순후이는 학자가문에서
출생하였고 그의 부친은 일찍이 우수한 사범학당의 산학算學 교습敎習으로
서 천문산법에 정통했다. 장순후이는 매우 일찍부터 고문자 교육을 받았는
데, 15세에는 왕쥔王筠의 『설문구독說文句讀』, 『설문석례說文釋例』와 돤위차이

段玉裁의『설문주說文注』, 하오이싱郝懿行의『이아의소爾雅義疏』를 읽고 깨우
쳤다. 그의 부친의 가르침에 따라, 장순후이는 장즈둥의『서목답문書目答問』
을 방법으로 삼아 스스로 터득하기 시작했다.[14] 부친이 사망한 후 장순후이
는 베이징에 와서 친구를 찾고 스승을 찾았는데, 고모부 위자시가 그의
학문에 비교적 큰 영향을 끼쳤다. 장쉐청의 "학술을 분별하고 원류를
찾는다辨章學術, 考鏡源流"는 것은 위자시, 장순후이 두 세대가 공통으로 실행
한 학술정신이었다. 장순후이와 위자시余嘉錫 학문의 최대의 차이점은 고문
자학, 청대학술사상사 두 영역에서 드러난다.『설문해자약주說文解字約注』,
『설문해자도독說文解字導讀』은 장순후이의 고문자학 영역에서의 중요한 저
작이다. 장순후이가 청대 학술사 정리에서 크게 깊이 공력을 쏟은 것은
『구팅린학기顧亭林學記』,『청대양저우학기淸代揚州學記』에서『청유학기淸儒
學記』까지인데, 청대학술사상사에서 "원류를 찾는다"는 문화적 관념을 보여
주는 것이다. 그러나 위자시 학술연구와 일치하는 것은 문헌학, 목록학,
사학연구 영역이었다. 장순후이의『중국역사요적소개中國歷史要籍介紹』,『중
국고대사적거요中國古代史籍舉要』,『중국문헌학中國文獻學』은 대부분 위자시
를 포함한 선배 학자들의 저작의 변형이다. 위자시의『목록학발범目錄學發凡』,
『고서통례古書通例』는 장순후이의 같은 유형의 저작에서 그 흔적을 찾을
수 있다. 당연히 이는 결코 표절한 것이 아니라, 같은 문헌을 읽는 과정에서
연구의 시각이 일치하거나 유사한 결론을 내린 것이라고 할 수 있다.
역사학 영역에서 위자시가 섭렵한 것은 방대하지 않았다. 반대로 장순후이
는 비교적 광범위한 논저가 있다. 장순후이는 일찍이 10년이라는 시간을
이용해서『이십사사二十四史』를 통독하여, 사학연구 영역에서 매우 깨달은
바가 있었다. 그의『사학삼서평의史學三書平議』,『중화인민통사中華人民通史』

---

14)『世紀學人自述·張舜徽自述』, 北京十月文藝出版社, 2000.

는 이 영역의 중요한 저작이다. 장순후이의 사촌 남동생 첸젠푸錢劍夫의 학술연구도 특색이 있는데, 현대 호상학자들의 어려움을 두려워하지 않고 학문에 뜻을 세우는 정신품격을 구현하였다. 첸젠푸(후난 창더常德)는 창더 국학전수관常德國學專修館, 후난국학연구원湖南國學硏究院에서 일했고 문사文 史에 대한 일정한 지식이 있었다. 첸젠푸의 학문은 기본적으로 독학으로 이룬 것이다. 그는 소설을 쓴 적이 있고, 신문잡지를 편집하였으며, 사론을 쓰고 교편을 잡기도 했으며, 재정경제 방면의 논저를 저술한 적도 있다. 30여 세의 나이에 사람들에게 "저명한 재정학자"로 불렸다. 중화인민공화 국 성립 후에 첸젠푸는 진한秦漢경제사를 연구하기 시작했다. 그의 저작 『진한부역제도고략秦漢賦役制度考略』은 사촌 형 장순후이의 소개로 후베이인 민출판사湖北人民出版社에서 출판되었다. 첸젠푸는 양수다의 "문외제자門外 弟子"인데, 샹적의 저명한 학자인 천쯔잔陳子展은 첸젠푸가 『한서漢書』연구로 부터 문자훈고학으로 학문노선을 바꾼 것에 대하여, 양수다와 마찬가지로 격찬하였다. 푸단대학復旦大學의 저명한 역사학자이자 샹적 학자인 저우구 청周谷城교수도 첸젠푸의 학문을 극찬하하였다.[15] 첸젠푸와 선배학자 위자 시의 학문 방법은 매우 다른데, 그의 고종사촌형 장순후이의 연구방식과도 크게 다를 뿐 아니라 전문적으로 홀로 나아갔다는 특징이 명확하다는 점이 매우 두드러진다. 그러나 그들의 학문 방식의 공통점은 첫째, 널리 섭렵하고 기본적으로 읽지 않은 책이 없어서 널리 두루 익혀 그 요점을 취하고博學約取, 오직 정진하여 스스로 가파家派를 이뤘다. 둘째 사승師承이 없으며 대부분 자신의 생각에 의지하며 남의 의중을 이해하여 유독 상세히 밝혀냈다. 장순후이와 첸젠푸는 스승이 없이 독학하였고 스스로 학술 기풍을 달리한 저우쭈머우周祖謨는 오히려 정규 교육을 받았다. 저우쭈머우

---

15) 『世紀學人自述・錢劍夫自述』, 北京十月文藝出版社, 2000.

周祖謨는 위자시의 외조카이지만 그의 학문은 외삼촌 위자시의 전통적 방법과는 완전히 달랐다. 저우쭈머우1914-1995(베이징인)는 초등학교 시기에 량치차오, 장타이옌의 학술강연을 들은 적 있었다. 중학교 시절 국어 선생인 둥루안董魯安의『초사楚辭』, 샤위중夏宇眾의『중국시사中國詩史』, 우싼리吳三立의 문자학 강의를 들었는데, 이것이 지식을 탐구하던 저우쭈머우에게 깊은 인상을 주었다. 1932년 저우쭈머우는 베이징대학 중국언어문학과에 입학했다. 그때 베이징대학 총장은 장멍린蔣夢麟이었고, 문학원 원장은 후스였다. 중문과에는 당시 학술계의 훌륭한 사람들이 모여 있었다. 뤄잉중羅膺中은 중국문학사, 마유위馬幼漁는 중국 음운학개요, 선첸스沈兼士는 문자학개요, 정뎬鄭奠은 역대문학작품선을 주로 강의했다. 저우쭈머우의 외삼촌 위자시도 베이징 대학 중문과에 겸직하였다. 대학교 2학년 때 저우쭈머우는 류반눙劉半農의 음운학, 웨이젠궁魏建功의 운서韻书연구, 방언연구를 수강했다. 류반눙 사후에 뤄창페이羅常培가 그 뒤를 이어서 언어학을 강의했다. 대학 졸업 때 저우쭈머우는 뤄창페이를 지도교수로 하고『전예만상명의중지원본옥편음계篆隸萬象名義中之原本玉篇音系』를 저술했다. 이후에 저우쭈머우는 중앙연구원역사어언연구소에 입학해서 전문적으로 언어, 문자, 음운학의 연구에 종사했다. 차례로『광운교본부교감기廣韻校本附校勘記』,『방언교전方言校箋』,『한위진남북조운부연변연구漢魏晉南北朝韻部演變研究』,『당오대운서집존부고석唐五代韻書集存附考釋』, 『이아교석爾雅校釋』 등을 저작했다.16) 뤄창페이는 음운학 대가인 황칸의 제자이며 저우쭈머우는 황칸의 재전제자라고 말할 수 있다. 저우쭈머우와 외삼촌 위자시의 문학영역과 연구노선은 완전히 달랐다. 그러나 저우쭈머우는 위자시의 학문을 설명하는데 있는 힘을 다했다. 그는 위자시의 학술성과와 학문방법을 소개했을

---

16)『世紀學人自述 · 錢劍夫自述』, 北京十月文藝出版社, 2000.

뿐만 아니라, 위자시의 중요한 저작『고서통례古書通例』를 정리하고 출판하여 후세 학자들이 호상학파에 대해서 숭배하고 존경하며 경모하는 정을 표현하였으니, 이는 학술 계승 과정 중에 스승과 제자의 계승관계와 같았다. 위자시의 아들 위쉰余遜은 저명한 진한사 전문가다. 푸런대학을 졸업한 위쉰은 천위안陳垣의 제자라고 할 수 있으나 천위안의 학문 노선과는 달리, 위쉰은 전문가의 길을 걸었다. 고거에 편중하고 첨단尖端연구를 주장한 것은 천위안과 비슷하다. 이것은 그의 아버지 위자시의 학문의 방식과 서로 일치하는 것이다. 이렇게 보면 위쉰의 학술연구는 가학에서 영향을 받은 것과 관련이 깊다. 시대사 연구를 중시하는 것은 민국시기 사학계의 일종의 분위기였으나, 학술계의 지도적인 인물은 젊은 학자들이 진한사연구에 종사하는 것을 반대하였다. 후스는 그의 제자 우한에게 "진한 시대의 자료가 너무 적어 초보자가 정리할 수 없으니, 성숙한 학자가 작업하게 하지."라고 하였다.[17] 위쉰이 진한사를 연구의 중심으로 삼고서 많은 노력을 들여 한간漢簡을 정리한 것은 샹적 선배학자 왕셴첸王先謙, 양수다 등의 영향을 받았다는 것을 보여준다.

---

17) 胡適, 『讀書與治學』, 三聯書店, 1999, 298쪽.

저명한 역사학자 장순후이張舜徽와 그의 대표작 『중화인민통사中華人民通史』
총 3권. 저명한 학자 차오쥐런曹聚仁은 장순후이의 국학이 첸무와 비견될
만하다고 여겼다. 고전철학, 문헌학, 역사학, 사학이론, 문자학, 경학, 학술사
영역에서 장순후이는 모두 세밀하고 깊은 연구를 했다.

위자시의 학문의 방법은 박학적, 전통적, 고거적이고, 심지어 유행을
따르지 않는 것이라고 할 수 있으며, 계승하는 것도 문제가 되지 않는
것 같다. 그러나 진정 이 전통적 학문방법으로부터 학술의 한계를 찾는
것은 결코 그리 쉽지 않은데, 소위 "평범한 것처럼 보이는 것이 가장 특이하
고, 쉽게 이룰 수 있는 것 같은 것이 오히려 어렵다." 위자시의 학문은
사승이 없고 경사자집을 통독함으로써 매우 높은 학술경지에 올랐다.
모아서 풍부해지고, 두루 익혀 요점을 취하니, 박博으로부터 약約으로 돌아
가고 박약博約을 겸제兼濟하였으며, 붓을 대니 글이 되고, 선인이 아직 번복하
지 못한 것을 하고, 학자들이 이미 간략히 한 말을 상세히 하였다. "선배
학자가 평소에 독서하고 키워낸 것이 두텁고, 점점 쌓여서 완성된 것이
깊으므로 책에 붓을 대었을 때 일이 모두 순조롭고 깊고 현묘한 이치가

차례로 나타난다."18) 이 평가는 있는 그대로의 평가다. 책을 읽고, 가르치고, 저작한 것이 위자시 학자 일생의 궤적이다. 평생의 심력을 광박한 고적서의 바다에 기울여, 학문하는 것을 생명의 최종의 도착점으로 한 것이 위자시의 인문에 대한 관심의 기점이었다. 바로 이러한 집착 같은 신념에 기대어 위자시는 저술하여 이론체계를 세우는 불후의 영역에서 정성을 기울여 공부를 계속하고 스스로에게 엄격하고 타인은 너그럽게 대하였다. 높은 데만 바라보지 않으면서 성공과 눈앞의 이익에 급급하지 않고, 자만하지 아니하며, 문인끼리 서로 경시하지 않는다. 담백하면서 조용함이 멀리까지 간다. 이러한 학자의 풍모와 기개는 자신의 총명함만을 믿고 교만하게 굴지 아니하고, 실리를 부러워하지 않는 선비가 능히 실현할 수 있는 인생의 경지다. 이런 의미에서 말하자면, 위자시의 문화에 대한 상징성은 더욱 강렬하고 선명하다. 이것이 언제 근세 호상학파가 학술계에 제공한 사상의 정수가 아니라고 하겠는가?

---

18) 周祖謨, 「余嘉錫先生的治學與育人」, 『文史知識』1991年 第九期.

14

괴이하고 고집스럽게 절학絕學을 강구하다

● 황칸黃侃 학기 ●

　　근세 후베이湖北의 학자들은 대체로 괴이한 것을 궁구하고 절학絕學을 즐겼다. 양서우징의 "지학", 황칸黃侃의 "음운학音韻學", 슝스리熊十力의 "불학佛學", 탕융퉁湯用彤의 "불교사학佛敎史學", 리쓰광李四光의 "지질학地質學"이 모두 그러하였다. 황칸1886-1935은 근대 국학대사로서 타고난 소질과 후천적인 자질로써 화통하고 다방면의 도리와 이치를 체계적으로 철저히 이해하여 스스로 전공하는 학술기상을 형성하여 한 세기 중국고전학술사에 선명

한 색채를 남겼다.

아는 바와 같이 황칸은 21세에 일본 도쿄의 민보사民報社에서 장타이옌의 제자가 되었다. 이러한 사제 간의 정은 황칸이 1935년에 병사 할 때까지 변하지 않았다. 그러나 이렇다고 해서 황칸의 학술이 모두 장타이옌으로부터 유래한 것이라고 말할 수 있겠는가? 사실상 중화민국 창립 이후에 남북 지역의 각 대학에서 교편을 잡은 황칸은 문자, 음운, 훈고학 영역에서 이미 스스로 가파家派를 이루었으나, 스승을 존경하고 도리를 중히 여긴다는 옛 사람의 교훈 때문에 황칸은 줄곧 스스로 문호門戶를 세우지 않았다.

장타이옌을 스승으로 모시기 전에 황칸의 가학 연원 및 사승관계는 분명했다. 그의 아버지 황윈구黃雲鵠는 쓰촨성 안찰사를 지냈고, 일찍이 장닝江寧의 존경서원尊經書院, 강한江漢, 경심經心 및 양호서원兩湖書院의 산장山長이었고 소학, 경학, 제예制藝를 깊이 연구하였다. 황칸은 어릴 적에 아버지로부터 『설문해자說文解字』를 전수 받았고, "이로써 어려서 성음聲音, 훈고학에 대한 근본을 갖췄다."[1] 황칸의 집안에는 장서가 많았고 어려서 일찍이 아버지로부터 글을 배웠으니, 연원에 그 원인이 있다. 아버지 친구 중 하나인 왕런추王壬秋는 호상학파湖湘學派의 중요인물인데, 황칸은 어릴 적부터 왕런추의 가르침과 칭찬을 받았다. 장즈둥은 강기대신疆寄大臣이고 또 한학에 정통하였는데, 황칸이 보통학당에 입학하고 일본으로 유학간 것은 장즈둥이 그를 "오랜 친구의 아들"이라고 여겨 배려한 덕분이다. 황칸은 4살 때 유명한 스승을 구해 글을 깨우쳤고, 푸젠福建의 저명한 학자 장한江瀚은 이전에 황칸의 집에서 가르쳤다. 결혼하고 딸을 낳은 후에 사상이 점차 성숙한 황칸은 장타이옌의 제자가 되었다. 한평생 "위항 장선생의 이름을 감히 부르지도 못하"며 예의를 지키고 매우 공경하던 것은 황칸이

---

1) 劉成禺, 『世載堂雜憶』, 248쪽.

"학문을 궁구하는 것보다 스승을 구하는 것이 낫다"는 신념을 지킨 것이다. 그러나 사실 황칸의 학문은 스승의 방법을 뛰어넘어 자기 자신의 방법을 구축한 것이었다. 장타이옌은『황지강묘지명黃季剛墓志銘』에서 그를 "능숙하게 고운古韻을 다루는데, 시작은 내게 묻는 것에서 하였으나, 후에 스스로 가법을 이루어" "20년간 제자가 45명에 이르렀다"고 하였다. 그러므로 장타이옌이 황칸을 말하기를, "그 학문이 완전히 스승에게서 전수받은 학문에 의거하니, 감히 법도를 잃지 못하였다."는 것은 좀 과장이다.

국학대사 류스페이劉師培. 이 천재형 학자는 35세에 별세했다. "좌전학左傳學" 전문가였던 류스페이는 베이징대학에서 저명한 국고파國故派의 리더였다. 류스페이에게서『좌전』을 배운 장타이옌은 그를 "독서종자讀書種子"라고 하며 존경하였다.

1907년 12월 허난河南 출신 일본유학생이 편집한『허난』이 도쿄에서 창간되었다. 중국 최초로 무정부주의 학설을 널리 전파한 간행물이었다.

황칸의 다른 한명의 스승은 그보다 2살 많은 류스페이劉師培였다. 청말부터 중화민국 초 중국학술계에서 "이숙선생二叔先生"이라 부른 저명한 인물이었다. 소위 "이숙선생"의 하나는 위항 장타이옌(자 메이수枚叔)이고, 다른 한명은 이정儀徵 류스페이劉師培(자 선수申叔)다. 장타이옌의 스승은 경학經學 대가 위웨俞樾로, 사승의 전수가 분명하다. 류스페이의 가학 연원은 그 래원이 있는데, 증조부 류원치劉文淇로부터 한집안의 4대가『좌씨전左氏傳』을 좌우한 명문가였다. 장타이옌은『좌씨전』을 전공했고, 그가 명성을 쌓은 저작은『춘추좌전독春秋左傳讀』이었다. 장타이옌은 자신의 경학 특히 『좌전左傳』에 대한 솜씨가 아직 미숙하며 수집할 필요가 있다고 생각해서 때때로 류스페이와 학술에 대해서 논했다. 그가『류스페이와 공부함與劉師培 論學書』에서 가장 많이 토론한 것은 여전히『좌전』에 관한 학술문제였다. 그는 류스페이劉師培에게 "당신 가문은 대대로 좌씨『左氏』를 연구하였는데,

그야말로 그 정수를 마땅이 기록하여 후대에게 보여주어야 한다."고 하였다. 류스페이는 "근시에다 말을 더듬고"하여 말을 잘하지 못하나 그의 영리함은 남달랐고, 책을 보는데 있어서 한 눈에 열 줄을 보며 기억력이 놀라웠다. 류스페이가 양저우부시揚州府試를 치룰 때, 채점관인 마오허팅冒鶴亭은 "선수의 시험지의 글씨가 화문각 같이 가늘고 못생긴 것이 책이 되지 못했다."라 하였다. 그러나 마오허팅冒鶴亭은『목란원을 읊다詠木蘭院』중의 경구 "모란은 이미 시들고 나는 여전히 비천한데 꽃가지를 가리키며 헛되이 의심하는 것을 비웃노라木蘭已老吾猶賤, 笑指花枝空自疑" 때문에 일등으로 뽑았다.[2] 저우쭤런周作人은 류스페이와 베이징대학 국문과 일학년 동기였는데, 그의 회상에 의하면 류선수劉申叔가 문장을 쓰는 것에 있어서 시작하면 천 마디를 하고 자세히 기록하고 인증하고 자료를 널리 보고 말하는 것이 조리가 정연하되 쓸 수 없는 문장이 없었다고 하였다. 그러나 선수申叔 선생의 필체는 정말 끔찍해서, 거의 어린아이가 쓴 것과 비슷하고 필순에 따르지 않았다고 했다.[3]

류스페이가 학술 명문가 출신이며 경서를 많이 읽었고 집에 장서도 풍부했고, 이 때문에 장타이옌, 덩스鄧實, 황제黃節 등과 상하이에서 국학보존회를 창립하고『국수학보國粹學報』를 창간했으며 중국 고유의 학술과 문화를 선양했다. "이숙선생二叔先生"의 많은 거작들은 먼저『국수학보』에 게재되었고 학술계에도 광범한 영향을 미쳤다. 황칸도『국수학보』의 적극적인 기고자였다. 류스페이는 또 차례로『천의보天義報』,『허난河南』의 총편집장을 했으며 이로써 무정부주의를 선양하고 모두가 인정한 무정부주의 학설의 최초 창시자가 되었다. 이것은 장타이옌이 주필인『민보民報』의

---

2) 劉成禺,『世載堂雜憶』, 120쪽.
3) 周作人,『知堂回想錄』, 321쪽.

반청反淸을 주장하고 공화정부를 건립하자는 사상과는 반대였다. 이후에 류스페이는 돤팡端方에게 가서 복벽제제復辟帝制의 "주안회籌安會"에 참가하여서, 정치적으로 학자들에게 무시되었고, 제자인 황칸마저도 분연히 그와 인연을 끊었다. 그러나 류스페이의 넓고 심오한 학문은 여전히 학자들에게 중시되었다. 장타이옌은 일찍이 그의 제자에게 "사람들이 독서하지 않는 것을 걱정하나 선수는 독서를 너무 많이 해서 기억하는 것이 너무 번잡한데 생각하는 것은 오히려 적으며, 만약 저서를 쓰려 하면 조금 쓰고서는 한 쪽에 던져두고서는 보질 않고 약간 잊은 연후에 집필하는데, 거의 기억할 수 있다고 한다."라고 하였다. 류스페이의 목숨을 살리고자 중화민국 초기에 장타이옌과 차이위안페이蔡元培가 『대공화일보大共和日報』에 공동 서명으로 「류선수을 찾는 계사尋找劉申叔啓事」를 게재하였다. "류선수는 학문이 매우 깊고 고금古今을 환히 꿰뚫는데, 전에 소인배에게 빠져 곤경에 처하였다. 지금 민국民國이 유신維新하는데, 국학國學에 심오한 학자들이 고결한 기풍을 제창하고 절학絶學을 유지하기를 바란다. 그런데 선수申叔의 행방이 묘연하고 생사를 알 수가 없다. 만약 어디에 살아있다면, 『국수학보』관『國粹學報』館으로 한통의 편지를 보내서 동지들의 그리움을 위로해주기 바란다."라고 하였다.4) 이 광고는 며칠 동안 계속 게재되었는데, 장타이옌과 차이위안페이蔡元培가 류스페이劉師培를 염려하는 것이 잘 나타났다. 후에 류스페이가 쓰촨 쯔저우資州에서 구속된 것을 알고서 차이위안페이가 쑨원 대총통에게 류스페이의 석방을 청했으며 또한 교육총장의 명의로 쓰촨四川 도독부로 하여금 류선수劉申叔를 교육부까지 호송하도록 요구하면서, "석학碩學을 숭상하자"고 했다. 민국6년1917에 천두슈陳獨秀는 류스페이를 베이징대학으로 초빙해서 교편을 잡도록 했다. 천두슈는 류스페이를

---

4) 高叔平 編, 『蔡元培全集』第2卷, 中華書局, 1984, 128쪽.

보호하기 위해서 일찍이 동료들과 연명으로 쑨중산孫中山 대총통에게 글을 올려서 "류스페이에 대해 불쌍히 여기고 계속 글을 읽고 글을 쓰게 해서, 그가 죄를 씻게 해주십시오."라고 청하였다. 이때 류선수 선생은 절에 살고 있었는데, 몸이 쇠약해져 있었다. 천두슈가 그를 보러 가서는 그에게 교편을 잡고 싶지 않은가 물었더니, 류스페이는 하고는 싶으나 현재 몸 상태가 좋이 않아서 단기간 휴양이 필요하다고 답하였다. 이후 차이위안페이蔡元培의 허락 하에 류스페이는 베이징대학 국문과 교수직을 맡았다. "5·4"운동 전후에 류스페이는 황칸, 추이스崔適, 천한장陳漢章과 함께 베이징 대학 국학파의 대표적 인물이 되었다.

황칸은 전통을 흠모하고 옛 법도를 철저히 준수한 인물이다. 황칸은 베이징 대학 시기에 많은 문사文史 전문가들을 양성했는데, 판원란의 경학, 진위푸金毓黻의 문헌고증학, 쑨스양孫世揚의 고전문학, 류보핑劉博平의 문학 및 음운 학은 모두 황칸이 전수한 것이다. 황칸의 학문은 특별했고, 그 성정의 괴팍함 또한 대단하였다.

황칸과 그 가족 친지의 사진. 황칸의 자손들은 기본적으로 그의 심오한 학문을 계승하지 않았고, 오히려 그의 조카 황줘黃焯가 자신의 학자로서의 인생에서 황칸 학문의 어떤 부분을 계승했다.

황칸의 제자 류보핑. 오랜 세월동안 우한대학武漢大學 중문과에 있었으며 우한대학 "다섯 어른五老"의 한 사람이었다. 광지廣濟 출신 류보핑과 황칸은 동향 출신이었다.

류스페이 집안은 5대에 걸쳐 『춘추좌전春秋左傳』의 학을 연구했다. 황칸은 자신의 경학이 류스페이 보다 못하다는 것을 알고 류스페이를 스승으로 섬기고자 했다. 류스페이는 정중히 황칸에게 "당신이 나를 따라서 경의훈고학을 연구하려고 하면...무릎을 꿇고 스승의 례를 올린 연후에 학문을 가르쳐줄 것이고, 별도로 의관을 갖출 필요는 없소."라고 하였다. 황칸은 의관을 정리하고 류스페이를 윗자리로 모신 후 큰 절을 올려서 정식으로 류스페이의 제자가 되었다.[5] 적지 않은 논저에서 류스페이와 황칸이 베이징대학에서 교편을 잡을 때 류스페이가 병이 중했고 황칸은 폐백을 올려 제자가 되었다고 한다. 그러나 확실한 것 같지는 않다. 류청위劉成禺의 기재에 의하면 황칸이 류스페이에게 절을 올려 스승으로 삼았을 때 류스페이의 심신은 모두 건강한 상태였고, 의례 또한 매우 장중했다고 한다. 류청위는 황칸이 직접 구술한 것을 얻은 것이어서, 비교적 진실일 것이다. 장타이옌은 "류스페이가 황급히, 또 폐백을 행하고 제자라고 칭했다"라고 했는데 이것이 그 의견의 근원이었던 것 같다. 관련 사실史實에 의하면, 황칸이 류스페이에게 스승의 예를 올렸을 때, 장타이옌이 그곳에 있지 않았던 것은 의심할 나위가 없다. 장타이옌의 말은 확실히 소문이고 결코 진실이 아니다.

황칸은 비록 서학의 영향을 받고 시대와 같이 전진하였으나, 전통을 그리워하고 옛날의 가르침을 충실히 따르는 인물이기도 하였다. 성현의 가르침을 전하는 수업에서 황칸은 그가 류스페이를 스승으로 삼는 예를 올렸던 것처럼, 제자들이 폐백을 올리고 무릎을 꿇고 절하는 예를 행하기를 진심으로 요구하였다. 향후 류보핑劉博平이 베이징대학에서 수학중이던 때 황칸에게 강의실로 불려갔는데, 집안끼리 잘 아는 사이인지라 황칸은

---

5) 劉成禺, 『世載堂雜憶』, 121쪽.

류보핑에게 "만일 정식으로 제자가 되고자 한다면, 내가 원하는 바다."라고
하였다. 류보핑은 그 말을 이해하지 못하고 "지금 이미 학교에서 수업을
듣는데 이미 선생님의 제자가 아닌가요?"라고 대답했다. 황칸은 정색하며
"지금 강의실의 학생은 아직 제자로서 대접할 수 없다."라고 하였다. 류보핑
劉博平이 절을 올려 스승으로 모시는 예를 올렸고, 황칸은 그를 제자로
받아들였다.[6] 류쩌劉賾1891-1978는 황칸의 출중한 제자인데, 황칸을 따라
서 고문자학, 음운학, 훈고학을 공부했다. 1917년 베이징대학 중문과를
졸업한 후에 그는 우창제일사범武昌第一師範, 톈진 난카이중학南開中學, 상하
이 지난대학上海暨南大學 중문과에서 교수직을 맡았으며, 1929년부터 별세할
때까지 황칸의 소개로 무한대학 중문과에서 일급교수직을 맡았다. 류쩌劉賾
는 학술상 황칸의 전수자이고, 장타이옌은 류쩌劉賾의『성운학표해聲韻學表
解』에 서문을 써주면서, 그가 자신의 "재전제자再傳弟子"라고 직접 칭하였다.
류쩌劉賾가 저술한『성운학표해聲韻學表解』,『설문고음보說文古音譜』,『설문
초문술의說文初文述義』와『소학찰기小學劄記』는 그가 장타이옌과 황칸의 학
술을 계승하고 발전시켜낸 중요한 학술 성과이고, 황칸의 학술을 더욱더
빛나게 했다. 류쩌劉賾가 깨알같이 쓴 해서체『설문고음보聲韻學表解』는
둥비우董必武로부터 소학의 집대성이란 상찬을 받았고, 궈모뤄는 서법의
진품이라고 칭송하였다. 훗날 저우언라이周恩來의 지시로 후베이인민출판
사에서 이 책 500부가 영인출판 되었다.[7] 양수다의 조카 양보쥔楊伯峻1909-
1992은 황칸의 중요한 제자였다. 양수다楊樹達는 후난湖南의 저명한 학자였
으며 황칸의 학문을 추숭하였다. 양수다는 그의 조카 양보쥔에게 황칸에게
스승으로 모시는 예를 올리라고 했는데, 예절은 은화 10위안을 넣은 붉은

---

6) 劉賾,「師門憶語」,『學林漫錄』八集,
7)『湖北省志‧人物志稿』第二卷, 光明日報出版社, 1989, 832쪽.

봉투와 함께 황칸에게 무릎을 꿇고 두 손을 바닥에 짚은 다음 머리를 조아려야 한다고 하였다. 양보쥔楊伯峻은 고두叩頭를 하고 싶어하지 않았으나, 양수다는 그에게 "지강季剛의 학문은 매우 훌륭하다. 고두를 하지 않으면 진정한 학문을 얻을 수 없으니, 너는 고두를 하지 않으면 안된다."고 하였다. 결국 양보쥔楊伯峻이 황칸의 집에 가서, 예물을 드리며 머리를 조아리며 절을 올렸다. 황칸은 그 자리에서 "이 시각부터 너는 나의 문생이다."라고 말했다. 황칸은 자신이 류스페이를 스승으로 삼은 이야기를 예로 양보쥔楊伯峻에게 말하며 자신의 학문도 머리를 조아려서 얻은 것이라고 말했다. 그러므로 내가 제자를 받을 때도 꼭 그런 과정을 통과해야 한다고 말했다. 황칸이 베이핑北平을 떠나기 전에 그의 제자들에게 대련對聯을 써주었다. 양보쥔楊伯峻에게 준 대련은 "교감하여 책을 엮으니(양수다의 『사전詞詮』을 가리킴) 쯔쥔子駿(류신劉歆의 자字)을 놀라게 하고, 호로장사葫蘆藏史(『한서漢書』를 가리킴)는 유친遊秦(『한서』에 주를 단 옌스구顔師古의 숙부)에게 묻는다鉛槧編書驚子駿, 葫蘆藏史問遊秦"였다. 여기서 서한의 전고로써 양보쥔楊伯峻의 숙부 양수다의 『사전詞詮』과 『한서보주보정漢書補注補正』을 찬양했으며, 동시에 양보쥔楊伯峻이 계속 가학을 하여 더욱 나아갈 것을 격려하였다.[8] 양보쥔은 언어학, 제자학, 사학 등 영역을 정심하게 연구하였다. 그는 22세에 『열자집석列子集釋』을 출판했고, 베이징대학 중문과에서 강의를 할 때 『문언어법文言語法』을 출판했다. 그의 『논어역주論語譯注』, 『맹자역주孟子譯注』는 전 세계의 학계에 광범위한 영향을 미쳤다. 양보쥔楊伯峻은 역사학 영역에서 크게 기여했는데, 24사를 교감하고 구두점을 찍는 일에 참여했고, 『진서晉書』의 표점교감을 책임졌으며, 『춘추좌전주春秋左傳注』를 저술했다. 양보쥔이 20년 동안 심혈을 기우려서 만든 200여만 자의 『춘추좌전주』는

---

8) 楊伯峻, 「黃季剛先生雜憶」, 『學林漫錄』二集, 中華書局, 1981.

중국 선진사 특히 춘추사 연구에 걸출한 성과였다. 사승의 전수는 황칸이
자신의 학술을 전파하는 중요한 방법이었다. 옛날 방식으로 제자를 받고
학식을 전수하는 것은 조금 극단적으로 고집을 부린 고지식한 것이라
할 수 있지만, 바로 이 점이 불세출의 국학대사 황칸의 학술 개성을 선명하게
나타냈다. 황칸이 베이징대학에서 교편을 잡았을 때 중요한 제자로는
또 "핑후平湖의 푸짜이馥哉 장원수張文澍, 하이닝海寧의 잉뤄鷹若 쏜스양孫世揚,
청두成都 선옌愼言 쩡젠曾緘, 창사長沙의 사오빈紹賓 뤄훙카이駱鴻凱, 랴오닝遼寧
의 징안靜庵 진위푸金毓黻, 상위上虞의 쥔청駿丞 중신鍾歆, 주지諸暨의 유징幼靜
러우웨이樓巍" 등이 있다.9) 진위푸金毓黻는 중국 고대사학사, 동북사, 고적판
본, 금석서화, 역사문헌학 등 영역에서 깊고 독특한 조예가 있는 학자였다.
진위푸 편찬한『요해총서遼海叢書』,『봉천통지奉天通志』는 동북고대역사연
구의 중요한 역사 자료이기도 하다. "황문시랑黃門侍郎"이라는 별칭을 가진
쏜스양孫世揚을 황칸은 매우 귀히 여겨서 일찍이 자신의 스승인 장타이옌에
게 소개하기도 했다. 쏜스양孫世揚과 쩡젠曾緘은 여러 편의 글을『제언制言』
에 발표하여 장타이옌 등 학자들로부터 호평을 받았다. 황칸이 중앙대학에
서 가르칠 때, 성과를 거둔 학술 제자들을 양성했는데, 잘 알려진 인물로는
황줘黃焯, 루쭝다陸宗達, 쉬푸徐復, 인멍룬殷孟倫, 판중구이潘重規, 청첸판程千帆
등이 있다. 황칸의 조카인 황줘黃焯는 황칸학술의 전승하면서, 황칸이 남긴
저작을 정리하고 황칸의 평생과 학술사상 등을 연구하여 중요한 성과를
남겼다. 황줘의 지도 아래 황칸의 중요 학술문헌이 출판되었는데, 황칸의
『수비백문십삼경手批白文十三經』,『문자성운훈고필기文字聲韻訓詁筆記』,『이
아음훈爾雅音訓』,『설문전식사종說文箋識四種』,『광운교록廣韻校錄』,『양수려
학기量守廬學記』 등의 문헌은 국학대사 황칸의 학술과 사상을 연구하는

---

9) 劉賾,「師門憶語」,『學林漫錄』八集.

데 중요한 근거가 되었다. 황칸의 사위 판중구이潘重規는 일찍이 장타이옌을 따라서 학문을 배웠는데, 쑤저우蘇州에서 장타이옌의 국학강습회에서 『이아爾雅』, 『목록학目錄學』, 『경학사經學史』를 풀이한 적이 있었다. 이후 판중구이潘重規는 타이완台灣에 가서 중국문화대학 문학원 원장과 교수를 맡았으며, 해외에서 황칸의 학술을 전파했다.

민국학술사상 장타이옌, 황칸 및 그의 제자들이 형성한 학자집단은 후세 학술사연구자들에게 "장황학파章黃學派"라고 불렸다. 앞에서 언급한 바와 같이 스승의 말을 따르는 황칸과 스승 장타이옌에게도 학술 경향에 큰 차이가 있었는데, 이는 주로 새로 발견된 갑골문자자료를 학술연구에 사용하는가에서 드러났다. 장타이옌은 갑골문을 믿지 않았으며 "오늘날 전해진 갑골문자는 증명할 수가 없고, 잘못된 것이 많다"고 여겼다.[10] 장량푸姜亮夫는 왕궈웨이의 칭화국학연구원에서의 제자이며 이후에 장타이옌을 스승으로 삼았다. 장타이옌이 장량푸가 이전에 왕궈웨이의 제자라는 사실을 알고서 그에게 소학의 공부방법이 연구의 기준이 된다고 하였다. 장타이옌이 갑골문자를 믿지 않은 주요 원인은 갑골이 "유래가 분명하지 않다"는 것이고, 갑골문자를 연구하는 류어劉鶚의 품행이 정직하지 않고 쑨이랑은 『계문거례契文擧例』에서 위증을 하였고, 제일 중요한 것은 갑골학이 일종의 새로운 학문으로서 사승이 없다는 점이었다. 가법과 사승을 중요하게 여기는 장타이옌으로서는 소위 갑골학이란 것을 절대로 받아들일 수가 없었다. 장타이옌과 달리 황칸은 비교적 갑골문을 믿었다. 20년대부터 그가 별세한 1935년까지 황칸이 구매했던 67종 고문자 서적 중 13종이 갑골문자도서였고, 그 중에는 갑골학 창시자인 뤄전위의 『은허서계殷虛書契』 등 4종이 있었고, 금석문자류 서적에는 뤄전위의 『진금석각사秦金石刻辭』

---

10) 章太炎, 『小說略說』, 傅傑 編校, 『章太炎學術史論集』.

등 6종이 있었다. 황칸은 그의 사위 판중구이潘重規를 시켜서 류어劉鶚의 『철운장구鐵雲藏龜』를 베껴 적기도 하였다. 갑골문자연구는 사실상 전통적인 소학小學의 한계를 돌파했고, 쉬선許慎의 『설문해자說文解字』를 신봉하여 규범으로 삼는 전통학문의 연구공간을 크게 확장시켰다. 황칸이 학술상에서는 시대와 같이 전진하고 자신을 스스로 제한하지 않으면서, 적극적으로 뤄전위와 왕궈웨이가 개척한 갑골학이라는 새로운 영역을 따른 것은 대학자의 학술의 품격을 드러내는 것이었다.

황칸에 대해서 세상 사람들이 모두 알고 있는 사실은 그가 욕쟁이라는 것인데, 황칸이 소위 욕을 한다는 것은 저자거리에서 무지막지하게 욕지거리를 해댔다는 것이 아니라, 자신이 스승에게서 전수받은 평가기준으로 모든 것에 코웃음 친 것이었다. 황지강黃季剛은 민국시대 학계에서 "행적에 구애받지 않고 방랑하는" "위진명사魏晉名士"로 보였다. 도쿄 유학시절 젊고

황칸의 친필. 학자들은 장타이옌의 제자인 황칸의 전서篆書 서법을 중시하였다.

황칸이 직접 비평한『설문해자說文解字』의 사진. 읽고 평하고 교정하는 것은 황칸이『설문說文』과『십삼경十三經』에 능숙했기 때문이었다. 스승 장타이옌과 달리, 황칸은 결코『설문』에만 집착하지 않고, 동시에 다방면으로 갑골문 자료를 찾아보았다.

다혈질이었던 황칸은 그를 몰라보는 천두슈를 큰소리로 꾸짖어 후베이 학인의 존엄함을 옹호하였다. 그 후에 천두슈陳獨秀와 황지강黃季剛은 차례로 베이징대학에서 임용되었는데, 한 사람은 신문화의 기수로서, 다른 한 사람은 국학의 주도자로서 활동했다. 저우쭤런周作人은 그의『즈탕회상록知堂回想錄』에서 한 번도 만나보지 못한 대사형을 회고하길, 황칸은 초기 베이징대학의 유명 인사로서, 그의 유명한 말이 있는데 "8부의 서적 외에 모두 개소리"라는 말이었다고 한다. 황칸이 신봉하는 경전저작 8부는『모시毛詩』,『좌전左傳』,『주례周禮』,『설문해자說文解字』,『광운廣韻』,『사기史記』,『한서漢書』와『문선文選』인데, 사실 한 가지 더『문심조룡文心雕龍』도 있었다. 황칸은 자신의 학문만 학문으로 보고 타인의 학술성취를 멸시해서 때때로

쉽사리 충돌을 빚었다. 천한장陳漢章은 『십삼경주소十三經注疏』, 『이십사사二
十四史』, 『구통九通』에 대해서 능숙하고 전통학문에 박학다식하였다. 황칸의
학문과 취향이 달랐기 때문에, 황칸과 천한장陳漢章은 서로 좋질 않았고,
심지어 크게 다투기까지 하였다. 첸쉬안퉁과 황칸은 모두 장타이옌의
고족제자高足弟子인데 첸쉬안퉁은 음운학에 있어서 로마자 발음표시를 주
장하였는데, 황칸의 주장과는 완전히 상반된 것이었다. 첸쉬안퉁과 황칸
두 사람은 이것 때문에 크게 다투었고, 장타이옌까지 나서서 중재하니
비로소 두 사람은 화를 가라앉혔다고 한다. 첸쉬안퉁은 황칸과의 관계에
대해서 "평소에 성정이 맞지 않아 때때로 거슬리는 말을 한다."고 하였다.
첸쉬안퉁은 "5 · 4" 전후에 백화문을 강력히 주장했고 신문화운동을 선도했
으며, 경전을 고수하는 것을 비웃었으며 전통문화에 대해서 비판했다.
이것은 황칸이 국학을 선양하고 전통을 지키는 것과 대립되었다. 첸쉬안퉁
의 소위 "성정이 맞지 않다"라는 것의 깊은 원인이 바로 여기에 있었다.
황칸은 젊은 나이에 별세했으며 후배인 첸쉬안퉁은 이 대학자를 위해
"소학의 근본을 전수하고, 또 음운의 연원을 열심히 찾고 고음古音에서
그 참뜻을 홀로 깨달았다. 문장은 육대六代를 숭상하고, 문체를 전적으로
깊이 생각하니 어찌 아름답지 않겠는가, 우리 동문이 출중한 재지才智를
갑자기 잃는구나."라고 장련을 써서 그를 애도하고, 그의 일생과 학술을
평가하였다.[11] 괴이하고 전념하며 통달한다는 것이 국학대사 황칸의 시종
일관한 학술 성정이었다. 황칸이 스스로 체계를 세워낸 문학, 음운, 훈고
영역의 "절학絶學"은 20세기 중국학술사에 영원한 매력으로 투사되고 있다.

---

11) 劉思源 編, 『錢玄同文集』第二卷, 中國人民大學出版社, 1999, 333쪽.

15

과격하고 완고하나 편견은 없구나

• 첸쉬안퉁錢玄同 학기 •

국학대사 장타이옌의 제자들이 민국초기에 학술계에 끼친 영향력은 모두가 아는 바이다. 학문에 근본이 있고 각자 전문 분야가 있었던 것이 장타이옌의 제자들이 민국 초기 수십 년간 학계에서 주도권을 잡을 수 있었던 이유였다. 첸쉬안퉁錢玄同은 장타이옌의 초기의 저명한 제자였다. 장타이옌은 학술성과가 높은 제자들을 대상으로 순위를 정하고서 그들을 "4대금강四大金剛"이라고 불렀다. 음운학자 우청스吳承仕의 말에 의하면, "4대

금강은 황칸, 왕둥汪東, 첸쉬안퉁 그리고 나인데, 타이옌은 황칸을 천왕天王으로 봉했다." 장타이옌이 제자들을 분봉하는 것이 그의 저작에서는 보이지 않아서, 한때의 농담이라고 할 수 있다. 또한 이것은 장문章門학파가 스스로를 높였다는 것을 증명한 것이라고 볼 수는 없다. 상타이옌은 학술의 차례를 자술할 때, "세사중 성취한 자는 치저우蘄州의 지강季剛(황칸의 자字) 황칸, 구이안歸安의 지중季中(첸샤錢夏, 첸쉬안퉁의 원명), 하이옌海鹽의 티셴逖先(주시쭈의 자字) 주시쭈朱希祖다. 지강과 지중은 모두 소학에 밝고 지강은 음운도 잘하였다. 티셴은 두루 다독하여 능히 조리를 알았다."라고 하였다. 이것은 분명히 강호江湖에서의 순위를 정하고 명호를 봉한다는 뜻은 아닐 것이다. 학술계에서 "장문제자章門弟子"에 대해서 반감을 지닌 사람은 부지기수인 것 같다. 샤핑夏平이 말하기를 "장문제자章門弟子" 더 나아가서 "재전제자再傳弟子", "삼전제자三傳弟子"……심지어 『이십삼부음준二十三部音准』과 『문시文始』를 이해하지 못하고, 『국고논형國故論衡』과 『검논檢論』의 단락을 읽지 못하더라도 자신이 "장문의 삼전제자章門三傳弟子"라고 자칭하는 간판과 자격에 방해가 될 것이 없었다는 것이다. 샤핑夏平은 진정한 재능과 건실한 학문이 있는 양수다楊樹達가 마쭝훠馬宗霍의 『설문해자인경고說文解字引經考』에 써준 서문을 예로 들어서, 장타이옌의 이름을 이용해서 자신의 몸값을 높이는 것은 일종의 유행이었다고 했다.[1] 이것은 장타이옌이 별세한 후에 있었던 일인 듯하다. 사실상 경서를 충분히 공부한 장타이옌의 초기 제자들 중에는 한 세대의 학술기풍을 개척한 저명한 학자도 확실히 있다. 그들은 각 전문분야에 몰두하고 새로운 성과를 많이 얻었으며 저술도 풍부하고 심지어 장타이옌도 그들에게 비견할 수 없을 정도였다. 첸쉬안퉁은 장타이옌의 초기 제자 중에서 탁월한 성취를 얻은 저명한 학자로서,

---

현대중국학술사와 사상사에서도 소홀히 할 수 없는 위상을 지녔다.

첸쉬안통1887-1939(저장 우싱吳興)은 어릴 적에 가학을 이었고, 고서를 읽는 것을 좋아했다. 그의 아버지 첸전창錢振常은 진사 출신으로 경학을 공부하고 고거학에 정통했으며 소학의 방법을 활용하여 문자의 변화의 궤적을 깊이 탐구했다. 만년에 첸전창은 사오싱紹興 롱산서원龍山書院, 창저우常州 악의서원樂儀書院의 원장을 맡았다. 훗날 베이징대학의 총장이 된 차이위안페이蔡元培는 바로 첸전창錢振常이 롱산서원에서 원장을 맡았던 시기의 우등생이었다. 첸쉬안통의 형 첸쉰錢恂은 청 말의 저명한 외교관이며 저술이 풍부한 학자였다. 첸쉰錢恂과 장타이옌의 관계는 아주 좋았고, 서로 학술교류도 하였다. 첸쉰이 병사한 후에 첸쉬안통이 그를 위해서 쓴 만련에는 "새로운 지식과 이치를 사용하여 어리석음을 깨우치고 스스로 자존에 힘쓰며 세속을 따르지 않는다"고 했다. 구학과 신지식이 서로 섞이고, 유학경술의 분위기가 농후했던 사숙 환경에서 소년시대의 첸쉬안통의 경서 암송으로 이름이 났다. 8세에 첸쉬안통은 둥서우추董壽初의 수업을 받았는데, 『설문說文』의 첫 부분을 외울 수 있었고 처음으로 반절사성反切四聲을 배웠다. 9세에 첸쉬안통은 『설문』의 자의字義를 해석하였다. 10세 때 첸쉬안통은 육경六經과 『설문』을 모두 읽었고, 제가주석諸家注釋에 대하여 모두 능숙히 암송하였다. 첸쉬안통은 14세 때 돤위차이段玉裁, 왕쥔王筠, 옌커쥔嚴可均 등 여러학자들의 『설문』 연구서를 열심히 읽었고, 육서六書의 대의와 전서와 예서의 변천에 매우 흥미가 있었다. 소년시대의 첸쉬안통은 또 팔고문八股文, 시첩시試帖詩를 쓰는 것을 좋아했고, 경의經義와 책론策論 쓰기를 시도해보았다. 이 시기의 첸쉬안통은 소학, 경학을 열심히 공부하는 데 완전히 빠져있는 시기라고 할 수 있고, 그는 책 밖의 세계에서 발생한 거대한 변화에 대해서는 완전히 몰랐다. 이때 첸쉬안통은 과거시험을 준비하고 있었다. 이로부터 공명이 소년시절의 첸쉬안통의 사상 깊은 곳에서 주도적 작용을 하고 있다는 것을 알 수 있다. 첸쉬안퉁이 17세 전에는 확고한 보황파保皇派였으며 그는 새로운 사조가 무엇인지에 대해서는 완전히 이해하지 못했다. 당시에 캉유웨이, 량치차오가 새로운 사상, 새로운 학설을 제창하고 변법유신을 주장했다. 한 때 캉유웨이, 량치차오는 청말 지식인 엘리트집단의 지도자였고, 그들의 학설은 천하에 널리 알려졌다. 소년시절의 첸쉬안퉁에게는 캉유웨이, 량치차오의 설을 반대하는 관념이 깊숙이 박혀져 있었고, 청조를 지지하는 입장이 매우 꿋꿋하였다. 그는 심지어 캉유웨이, 량치차오 학설에 대해서 귀를 막았다. 사숙선생인 펑루롄馮汝濂이 일찍이 첸쉬안퉁에게 새로운 책을 읽으라고 권하고 첸쉬안퉁은 싫다고 거절하였으나, 내심 점차 동요하기 시작했다. 량치차오가 편집한 『청의보清議報』와 『신민총보新民叢報』를 읽은 후에 캉유웨이와 량치차오는 비록 역당이지만 문장이 아주 유창하고 또 고서를 잘 안다는 것을 알게 되었다. 캉유웨이는 근대 대경학자라는 사실을 알게 되면서 첸쉬안퉁의 사상에 급속한 변화가 나타났다. 완고했던 첸쉬안퉁은 캉유웨이와 량치차오학설을 극단적으로 숭배하는 신파인물로 부상하였다. 장타이옌의 『캉유웨이가 혁명서를 논한 것을 논박함駁康有爲論革命書』을 읽고서 첸쉬안퉁은 사상에 격렬한 충격이 받았고 청조와 양립하지 않겠다고 맹세했다. 이때 첸쉬안퉁은 철저히 행동했으니, 그는 "이발사"를 불러서 문을 닫고 머리카락을 잘랐으며 이것으로 "청조에 뜻을 두지 않는다"는 뜻을 표현했다. 이후 첸쉬안퉁은 반청反清 행렬에 참가했고, 확고한 반청인사가 되었다. 중화민국 건축 초에, 반청 후에 복고復古하기를 주장한 첸쉬안퉁은 『예기禮記』, 『서의書儀』, 『가례家禮』 및 황쭝시黃宗羲 등의 "심의深衣"에 대한 고증을 참고해서 『심의관복설深衣冠服說』을 저술했다. 첸쉬안퉁은 또 자신의 고증을 근거로 "심의" 한 벌을 만들어서 입고 출근해서 동료들을 웃겼다. 이를

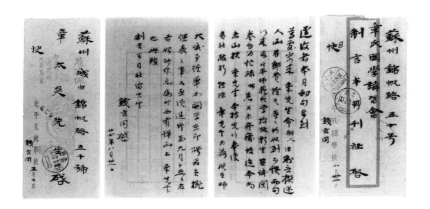

첸쉬안퉁이 반월간지『제언』장타이옌 창간에 보낸 글. 첸쉬안퉁의 서법에
는 학자의 기운이 있다. 그는 민국시기에 다수의 저명 학자들의 저작,
중요한 간행물에 기념문을 썼는데, 후세사람들에게 서예의 보배墨寶로서
받들어졌다. 전서篆로부터 예서隸로, 예서隸로부터 초서草로 첸쉬안퉁의
서법은 문풍이 농후하고 운격도 적절했다.

보면 첸쉬안퉁의 극단적이고 편벽된 점을 알 수 있다.

첸쉬안퉁과『신청년新靑年』의 창간자 천두슈陳獨秀의 관계는 아주 밀접했
다.『신청년』에서 시작한 신문화운동은 전 민족의 심각한 사상해방운동을
일으켰다. 지식인 엘리트집단이 발족한 문화유신文化維新이 신속히 사회
각 계층으로 영향을 끼치고 스며들어서 국가체제에 대하여 영향을 주었다.
이것은 만청滿淸 황권독재정치가 민국초 민주공화를 향해 체제를 전환하는
과정에서, 확실히 거침없고 철저히 새로워지는 문화혁명을 필요로 하고
또한 부르짖는 것이었다. 민국 초창기에 전통문화의 쇠락과 폐단에서
회복하고 진흥시키며, 낡고 좋지 않은 것은 버리고 새롭고 좋은 것을
받아들이는 중임을 능히 담당하고 또한 중화문화의 "중흥中興"의 국면을
능히 창조할 수 있는 것은 중서를 융통하고 고금을 한데로 모으며 국학의

천두슈陳獨秀의 『문학혁명론文學革命論』. "문학혁명"이라는 구호가 명확히
제기된 것은 이 문장 덕분인데, 신문학운동의 거센 바람을 불러 일으켰다.

근본을 깊게 하여 시대의식과 시대정신을 지닌 선지선각적인 지식인 집단
이었다. 첸쉬안퉁은 이러한 단체의 일원으로서, 그의 창조정신은 소년시절
유가경전에 과도하게 빠져 "지식과 재주를 갖추면 응당 벼슬에 나아가야
한다"는 꿈과 밀접하게 연결되어 있었다. 청년시기 계몽되고 주입된 전통학
문 양식은 눈사태처럼 붕괴되었고, 마음에서 생긴 강렬한 반항정신은
새로운 학문에서 문화적 위로를 찾았다. 첸쉬안퉁은 자신의 문화위로를
찾을 때 필사적으로 모든 반항정신을 만족시키는 데 전력투구하였다.
자신을 이루어낼 때, 완전히 자기 것이 아닌 일종의 새로운 문화정신을
창조하였다. 여러 『신청년』 및 "5·4"운동사 연구전문가들의 결론 중에는
왕왕 하나의 간행물, 예컨대 『신청년』이 학자들의 사상을 의식적 혹은
무의식적으로 분리해 놓았다고 하였다. 사실상 학자는 사상을 표현할
때 연구의 방식으로 나타내나, 사상가는 학자의 엄밀함을 가질 수 없고,

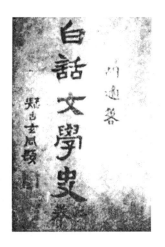

첸쉬안퉁이 기념문을 쓴『백화문학사白話文學史』의 표지. 후스가 저작한
이 책은 중국문학사에서 문학연구의 신영역을 개발해 낸 가치가 있었으나,
이후 "문학사"유형의 논저는 거의 일본, 유럽과 미국의 문학이론을 인용했으
므로 후스 저작과는 취지가 크게 달랐다.

따라서 학자적인 부자연스러움과 보수성도 없었다.『신청년』은 유력한
동인지였는데, 그 필진은 모두 학자와 사상가, 통가通家와 전문가라는 이중
적 역할, 이중적 신분을 가졌다. 예컨대 그 창간인인 천두슈陳獨秀는 바로
구학과 신지식을 통달한 인물이었다. 천두슈는 일본 유학을 다녀오고,
반청의 경력 및 심후한 국학기초를 지닌 인물이었다. 이것은 그가 학자와
사상가라는 이중역할의 갖도록 결정했다.『신청년』의 필진 중에 장타이옌의
제자, 예컨대 첸쉬안퉁, 루쉰魯迅, 저우쭤런周作人 등은 모두 천두슈와 같거나
비슷한 학력배경과 해외경력이 있었다. 첸쉬안퉁이 구식 문화진영에서
나와 신문화의 맹장이 된 것은 그의 비판정신의 집념으로 인한 것이었다.
미국에서 유학한 후스가 1917년 1월『신청년』에 발표한『문학개량추의文學
改良芻議』는 당시 베이징대학 음운학 교수인 첸쉬안퉁에게 높은 평가를

받았다. 첸쉬안퉁은 천두슈가『문학혁명론文學革命論』을 써서 후스의 문장
에 응답한 것과 같이 하지 않고, 천두슈와 후스에게 작은 비평과 큰 격려를
담은 장문의 편지를 써서 지지의 뜻을 표했다. 후스가 만년에 자서전을
구술하면서, 첸쉬안퉁의 지지에 대해 감사의 뜻을 표현했다. 후스는 "첸쉬
안퉁은 원래 국학대사 장타이옌의 제자다. 그가 유학생이 중국문학개량문
제를 논하여 쓴 글에 대하여 크게 칭찬을 해주니, 나는 과분한 칭찬에
몸 둘 바를 몰랐다."고 하였다. 후스는 계속해서 "첸교수는 고문의 대가인데,
뜻밖에도 이처럼 우리에게 공감해주니, 참으로 우리가 세를 떨칠 수 있게
해주었다."고 하였다.2) 이로써 첸쉬안퉁의 민국 초기 학술계의 지위와
해외 유학생에게 미친 영향력이 지극히 중요했었다는 것을 알 수 있다.

첸쉬안퉁과 류반눙의 기념사진. 첸쉬안퉁은 음운학의 명사였고 류반눙은
현대 성운학으로 이름을 알렸는데, 두 음운학자가 함께 찍은 것으로 잘
나온 사진이다.

---

2) 唐德剛 譯注, 『胡適口述自傳』, 華東師範大學出版社, 1993, 151-152쪽.

류반눙이 후스에게 보낸 서신. 후스박사가 일찍이 류반눙을 풍자하자, 이후
프랑스로 유학하기로 결심하고 프랑스 국가박사의 칭호를 취득했다.

"5·4" 시기 첸쉬안퉁과 류반눙劉半農이 "쌍황을 연주演雙簧"하는 형식으로
복고파를 비판한 것은 당시에 어리석은 자들을 일깨우는 역할을 하였다.
첸쉬안퉁은 "왕징쉬안王敬軒"이라는 필명으로 『신청년』에 통신 형식으로
신문화운동을 비판하고 변혁의 전통을 저주했으며 문언文言을 고수하고
고학古學을 부흥할 것을 주장하였다. 류반눙劉半農은 신문화운동의 입장에
서서 답변의 방식으로, 시시덕거리고 노하여 꾸짖고, 엄숙하고 조화를
나타내었고 차가운 조소와 신랄한 풍자를 하여, 완고파에게 심한 반격을
가하였다. 저우쭤런周作人이 류반눙劉半農을 회억하면서 "그는 꾸미지 않고
할 말을 하고 버릴 것은 버리고 욕하기를 두려워하지 않았고, 한편으로는
도리어 천진난만하여 누구에 대해서도 악의가 없었다."고 하였다.[3] 사실
첸쉬안퉁과 류반눙은 같은 성정을 지니고 있었다. 류반눙을 기념하는

글에서 첸쉬안퉁도 류반눙과 "쌍황을 연주"한 일에 대해서 언급했다. 첸은 "반눙은 나쁜 일이나 나쁜 사람을 원수처럼 증오하는 성격이 강한데, 15년 전에 그가 글을 써서 린수, '왕징쉬안王敬軒', 딩푸바오丁福保 등을 통렬히 꾸짖었던 때의 그러한 열광적 태도가 눈앞에 아른거린다."고 하였다.[4] 류반눙이 감정이 풍부하고 나쁜 일이나 나쁜 사람을 원수처럼 증오하는 성정을 인정한 것이 나타내는 것은 첸쉬안퉁 자신도 류반눙과 같은 "그러한 열광"을 있었다는 것이다. 만약 첸쉬안퉁과 같은 권위 있는 국학자의 지지가 없었더라면 문학혁명, 백화문운동 심지어 신문화운동은 모두 불가능한 일이 되었을 것이다. 저명한 국학자에서 신문화의 실력자로 첸쉬안퉁의 성격의 변화는 사람들의 주목을 끌었다.

백화문을 제창하고 백화문으로 글을 쓰자는 것은 청말부터 이미 단서를 잉태하고 있었는데, 시인 황쭌셴黃遵憲이 주장한 "내가 말한 것을 내가 친히 쓴다."는 것은 이러한 뜻을 명확히 드러낸 말이다. 민국 초 후스, 천두슈, 첸쉬안퉁 등의 백화문운동 제창은 청말에 싹튼 "내가 말한 것을 내가 친히 쓴다."는 사상주장의 논리적 결과였다. 첸쉬안퉁이 『신청년』에 글자 수가 상당히 많았던 수감록隨感錄을 발표했다. 그는 "동성파桐城派" 고문의 대표인물 린수가 문언소설로써 백화문을 공격하는 것에 대해서 직접적으로 통렬하게 공격을 하며, 그가 "동성파의 나쁜 종자", "배운 척하는 요마"라고 선포했다. 첸쉬안퉁은 "동성파를 몰아내려면 먼저 사악한 악귀를 제거해야하고 강륜綱倫을 타도하려면 독사를 몰아내야 한다."고 주장했다. 후스가 "차라리 속됨을 잃을 지언정, 문장을 잃지는 않겠다."며 대담하게 백화문 창작을 시도한 것을 권유하였다. 우즈후이吳稚暉가 "양심을 바르게

---

3) 周作人, 『知堂回想錄』, 241쪽.
4) 劉思源 編, 『錢玄同文集』第二卷, 295쪽.

하고, 그릇되고 간사한 말을 하지 그친다."는 소위 "성덕단盛德壇"에 빠지지 않으려는 것을 알려주고, 리다자오李大釗의 변혁정신을 따라 하고, 국학과 음운학 방면에서 자신이 가진 발언권을 이용해서 "전조에 충성을 지키는 신하遺老"과 "전조에 충성을 지키는 젊은이遺少"가 제창하는 고서를 읽고 국수를 보존하자는 것에 통증이 뼈에 사무치도록 비판하였다. 첫 번째로 제출한 "타도공가점打倒孔家店"의 우위吳虞사상의 보수성에 대해서 조금의 사정도 봐주지 않은 풍자를 퍼부은 것은 그가 세상 사람들을 속이고 명예를 훔치려고 하는 요지경을 폭로한 것이라고 한다. 첸쉬안퉁은 문제를 봄에 있어 아주 작은 사물도 명확히 관찰하고 변론을 잘하고 논전에 능한 특별한 풍격이 있었다.

장타이옌을 전승한 첸쉬안퉁은 소학, 음운학영역에서의 뚜렷한 성과가 있었고, 당시 학계의 공인도 받았다. 차오쥐런曹聚仁의『중국학술사상사수필中國學術思想史隨筆』은 장타이옌이『국고논형國故論衡』에서 문자음운훈고에 대해서 오직 첸쉬안퉁만이 주석을 달 자격이 있다고 말했다고 한다. 장타이옌은 첸쉬안퉁을 아주 중히 여겼으며 학술연구에서 양팔처럼 의지했다. 첸쉬안퉁도 스승을 존경하고 도리를 중히 여기는 것에 신경을 썼으며, 은사를 더욱 공경하였다.『장씨총서章氏叢書』를 인쇄할 때, 교정 작업은 주로 첸쉬안퉁이 담당했으며 장타이옌이 만년에 북방에 유학하여, 베이징대학 국학연구소에서 학술발표를 할 때 북방사람들은 그의 위항余杭 사투리를 알아들을 수 없어서, 첸쉬안퉁이 통역을 할 수밖에 없었다. 일설에 의하면 장타이옌이 발표할 때도 특별히 첸쉬안퉁이 판서했다고 한다. 장타이옌이 일본 도쿄에서 국학을 강의했을 때 첸쉬안퉁은 장타이옌의 저작『소학답문小學答文』을 전서체로 필사했는데, 소박하면서 힘이 있어서 장타이옌이 아주 좋아했다고 한다. 장타이옌은 한평생 저술할 때 문언문을 쓰고 백화문을 홀시하여 루쉰魯迅은 친구에게 편지를 보내서 장타이옌

선생님이 백화문을 반대하여서 자신은 그를 보기가 무안하다고 하였다. 첸쉬안퉁은 루쉰魯迅보다 더욱 더 철저했으며 언사도 더욱 극단적이어서, 그는 현대 백화문운동의 발기인 중의 한 명이 되었다. 확실히 첸쉬안퉁은 그의 스승과 다른 학술 경로를 걸었다는 것을 알 수 있다. 학술계승의 각도에서 보면, 첸쉬안퉁은 장타이옌의 학술노선을 완전히 따랐던 것이 결코 아니고, 자신만의 특색을 창조했다. 그의 국어표준음의 제정, 한자간체자의 확정, 문자병음화의 계정 등 방면에서 모두 특수한 공헌이 있다.

1918년 베이징대학 국문과 학생들의 단체졸업사진. 음운학자 첸쉬안퉁앞줄 좌측 두 번째, 고문자 전문가 마쉬룬馬叙倫, 좌측 첫 번째, 총장 차이위안페이 좌측 세 번째, 문과대학교 학장 천두슈 좌측 네 번째도 단체사진을 찍었다. 신문화운동 전야에 찍은 이 한 장의 사진은 결코 학문 중의 충돌을 응집시킬 수 없었다. 그 누구도 일 년도 되지 않아 중국의 운명을 결정할 "5·4"운동이 베이징대학에서 시작할 것이라고 예상하지 못했다. 사진 속의 학자들은 이 사건의 핵심인물들이다.

그러나 첸쉬안퉁은 극단적인 것을 좋아하여서, 흥분이 정점에 도달했을 때 한자를 폐지하고 세계적인 언어를 사용해야 한다고 말했다. 이러한 "지나치게 쏠리는" 정신은 단지 그 특수한 역사 시기에서만 일종의 문화추구가 될 수 있다. 첸쉬안퉁은 일찍이 "나의 사상은 량런궁梁任公(런궁은 량치차오의 호) 류에 가까워, 항상 주장을 변경하는 것이 마치 흔들리는 풀과 같다"고 하였다. 비록 첸쉬안퉁이 극단적인 것을 좋아하고 편벽에 이르기도 했으나, 그는 여태껏 자신의 의견을 고집하지 않았고 개인적인 편견을 품지도 않았다. 이것이 첸쉬안퉁이 학자로서 지닌 인격이며 "5·4" 운동 시대에 영향력을 지닌 학자들이 공통으로 지닌 매력을 보여주는 것이라 할 수 있다.

일본 유학시기에 첸쉬안퉁은 장타이옌을 스승으로 삼았고 귀국 후에는 이어서 경학대사 추이스崔適로부터 학문을 전수 받아서, 학술은 더욱더 깊게 정진하였다. 추이스는 첸쉬안퉁의 같은 고향 선배였다. 추이스은 가난한 집안 출신이며 평생 동안 힘들게 공부 하였다. 그는 청말 박학대가 위웨俞樾 문하의 제자였으며 항저우杭州 고경정사詁經精舍의 우등생이었다. 추이스와 장타이옌은 위웨俞樾 문하의 양대 학파였다. 추이스는 금문을 주장하였고, 장타이옌은 고문을 지키고자 했다. 추이스는 낡은 것에 전념하고 자신을 지키고 학업을 사명으로 삼았으나 세상에 평판을 드러내지 못하였다. 또 출신이 빈한해서 정치에 개입하지 못하고, 학술을 지키기가 어려워서, 그의 명성은 자연히 장타이옌보다 못하였고, 학계에서의 영향력 또한 약해졌다. 첸쉬안퉁은 1911년에 우싱吳興에 돌아가서 금문 경학가 추이스로부터 학술을 배웠는데, 추이스가 캉유웨이의 『신학위경고新學僞經考』를 이어서 쓴 저작 『춘추복시春秋復始』, 『사기탐원史記探源』 및 캉유웨이의 금지된 서적을 읽었다. "학문에는 원류가 있다"고 한 첸쉬안퉁은 이로부터 "고문경은 류신劉歆의 거짓된 창조"라는 것을 굳게 믿게 되었다. 이것은 첸쉬안퉁이 경전을 의심하게 된 이론적 지주였다. 첸쉬안퉁이 베이징대학의 차이위안페이蔡元培에게 추천해서 추이스는 베이징대학 철학과에서 경학을 강의하게 되었다. 추이스가 베이징대학에서 교편을 잡았을 때는 이미 70세가 넘었고, 그는 그의 저작인 『춘추복시』를 핵심으로 둥중수董仲舒, 허슈何休 등이 『춘추春秋』를 해설한 관점을 일일이 여러 번 진술하여, 위경학僞經學의 소재를 명확히 지적하였다. 당시 수업을 듣던 학생 중에 구제강이 그에게 깊이 탄복하였다. 구제강은 후에 "고사변古史辨"학파의 지도자가 된 것은 첸쉬안퉁의 격려와 지지를 받은 것 외, 첸쉬안퉁의 스승인 추이스로부터 받은 학술영향과도 불가분의 관계가 있었다. 만약 후스가 "문학혁명文學革命"운동을 제창해서 국학자 첸쉬안퉁의 지지를 받아서 자신의 지위가 강화되었던 것이라고 한다면, 구제강이 그 전조를 박탈하고 그 단서를 시작한 의고변위疑古辨僞 운동에 첸쉬안퉁은 단순히 지지만을 한 것은 아니었다. 첸쉬안퉁은 자신의 이름을 "의고疑古"로 개명하고 캉유웨이의 『신학위경고新學僞經考』를 매우 찬양했으며 구제강 등과 함께 경학, 사학 영역에서 부패한 세력은 쉽게 타도되고 의고변위를 주요특징으로 한 사학사상혁명을 불러 일으켰다. 첸쉬안퉁의 구제강에 대한 학술적 호소력은 거대했다. 1920년에 첸쉬안퉁은 구제강에게 "금문가가 고문가의 위조僞造를 공격하는 것, 이 말이 옳다. 고문가가 금문가는 공자의 진의를 얻지 못했다고 공격하는 것, 이 말도 옳다. 우리는 오늘날 고문가의 말로써 금문가를 비판해야 하고, 또 금문가의 말로써 고문가를 비평해서, 그들의 가면을 모두 벗겨낼 수 있을 것"이라고 하였다.[5] 구제강의 유명한 역사관인 "누층적으로 조성된 중국고대사설"은 바로 『첸쉬안퉁 선생과 고사서를 논함與錢玄同先生論古史書』에서 처음 제기되었는데, 이 글은 후에 『고사변古史辨』 제1책에 수록되어

---

5) 顧頡剛, 『秦漢的方士與儒生·自序』, 上海古籍出版社, 1998.

역사학계에 거대한 영향을 미쳤다. 후스와 다른 점은 첸쉬안퉁은 사학을 포함한 많은 학술 영역에 탁월한 공헌이 있다는 점이다. 첸쉬안퉁은 처음으로 이러한 기풍을 열었고, 또 사람들의 스승이 될 수 있었던 것은 모두 그의 심후한 국학기초와 불가분의 관계가 있다.

루쉰이 『신청년』에 발표한 소설과 잡문. 만약 첸쉬안퉁이 강하게 권고하지 않았다면 고비석 탁본하기를 즐겼던 루쉰이 문학창작의 폭발적인 힘을 드러낸 것은 훨씬 이후의 일이 되었을지도 모른다.

국학대사 장타이옌의 초기의 중요한 제자들은 민국초 학계에서 매우 뛰어난 인재이자 학계의 영걸이었다. 장문章門 제자들 사이에서 "저술을 전업"으로 하는 사람이 무척 많았다. 재능이 높고 낮은 것과 이해력이 민첩하고 둔하고의 구분이 있어서 각자의 학술교양과 성취는 자연히 차이가 있었다. 이로써 장문 제자들 사이에서 학문의 깊고 얕은 현상으로 동문간의 서로 경시하는 현상도 불가피하게 존재하게 되었다. 첸쉬안퉁과 루쉰, 황칸 사이의 불화는 아주 전형적인 예이다. 루쉰은 1907년에 일본 도쿄에서 국학진기사國學振起社를 창립했으며 장타이옌을 회장으로 추천한 발기인 중의 하나였다. 장타이옌이 도쿄에서 『설문說文』, 『이아爾雅』, 『문자학文字學』, 『육서음운표六書音韻表』 등을 강의할 때, 루쉰과 첸쉬안퉁은 모두 수강생이었다. 첸쉬안퉁과 루쉰 두 사람은 베이핑北平에서의 초기 관계는 아주 좋았다. 첸쉬안퉁은 수시로 루쉰이 거주하고 있는 사오싱회관紹興會館에 가서 이야기를 나누고 학문을 논했다. 첸쉬안퉁이 『신청년』과의 밀접한 관계 때문에 자연스럽게 저우 씨周氏 형제를 부추겨서 투고하게 하였다. 첸쉬안퉁의 재촉과 타이름으로 루쉰의 대표작이자 현대중국문학사상 첫 번째 백화소설인 『광인일기狂人日記』가 『신청년』에서 발표되었다. 루쉰이 별세한 후에 첸쉬안퉁은 「저우위차이군에 대한 추억과 간단한 평가我對于周豫才君之追憶與略評」라는 기념문을 썼다. 첸쉬안퉁은 글에서 루쉰魯迅과 서로 미워하게 된 것은 루쉰이 베이핑北平에서 샤먼廈門으로 갔을 때인데, 무엇 때문에 루쉰과 사이가 틀어졌는지에 대해서는 상세히 언급하지 않았다. 루쉰이 『양지서兩地書』에서 "첸쉬안퉁" 세 글자를 "진리인金立因"으로 바꿨고, 첸쉬안퉁이 "더욱더 번드르하게 뚱뚱해졌고, 잔소리를 하는 것이 여전하였다"라고 하였다. 첸쉬안퉁은 기념문에서 루쉰은 학문을 배우는데 있어서 매우 엄격하고 명예를 좋아하는 마음은 절대로 없었으며 역사를 읽는 것과 세상을 바라보는 눈빛이 날카롭다고 하였다. 첸쉬안퉁은 회피하지 않고 루쉰의 단점을 말하였다. 그는 루쉰이 의심이 많고 쉽게 믿고 화를 남에게 분풀이한다고 했다. 황칸은 장문章門학파 거장 중의 한사람이다. 황칸의 음운학은 그 누구도 초월할 수 없으며 황칸도 이 때문에 재능을 믿고 거드름을 피웠다. 첸쉬안퉁은 음운학에 있어서 황칸보다는 못하였고, 베이징대학에서 문자음운학을 가르칠 때 자주 황칸의 힘을 빌었다. 그 후에 황칸과 첸쉬안퉁의 관계는 매우 긴장되었다. 황칸은 첸쉬안퉁의 문자음운학에서의 성취를 무시했고 심지어 학생들 앞에서 첸쉬안퉁을 비웃었다. 황칸이 말하기를 첸쉬안퉁이 저술한 문자학강의는 황칸이 화장실을 갔을 때 첸쉬안퉁이 그의 필기를 표절한 것이고, 첸쉬안퉁이 지금 강의하고 있는 내용은 모두 자신의 구작舊作이라고 말했다. 그리하여 첸쉬안퉁과 황칸은 평소에 왕래가 매우 적었고, 말도 섞지 않았다. 한번은 스승 장타이옌 앞에서 황칸과 첸쉬안퉁이 말 한마디 때문에 불화하여, "결국 말다툼하게 되었다." 장타이옌이 나서서 조정하여 첸쉬안퉁과 황칸이 몸싸움은 하지 않았다. 황칸이 별세한 후, 극단적이었던 첸쉬안퉁은 『제언制言』 황칸에 대한 자신의 애도하는 마음을 표현하고, 사형 황칸의 학술에 대해서 있는 그대로의 적절한 평가를 하였다.

16

"시대를 예비"하나 "시대에 부합"하지는 않는다

● 첸지보錢基博 학기 ●

학술의 가장자리에서 배회하는데, 당시 학계에서 중시되지도 않고, 그 후의 오랜시간 동안에도 학자들의 칭송을 받지 못한 유형의 학자들이 청말 민국초 격변기에 한꺼번에 많이 나타났다. 그들의 존재는 학술의 과도적 시기에 마땅히 나타나는 문화현상이며 그들 스스로 학술계에서 은닉하고, 학자들이 나이를 이기지 못해 학술의 무대에서 은퇴하는 것

외에 다른 중요한 요소는 그들과 시대, 사회에 익숙하지 못하고 조화를 이루지 못한 것이다. 이러한 원인 때문에 그들은 당대학술사가에게 인위적으로 소홀히 여겨지고 무시되는 것이 당연한 이치로 여겨졌다. 첸지보錢基博는 있어도 되고 없어도 되는 학술존재로서 당대학자들의 문화가치를 판단하는데 있어서 "그를 반드시 연구하지 않으면 안된다."는 국면을 형성할 수는 없었다. 첸지보가 학술연구영역에서 침묵한지 30년이라는 세월이 지났고, 이는 중국학술계에 있어서 일종의 비통한 일이다. 그러나 사실상 첸지보의 몸에서 넘쳐나는 문화광채와 우리가 살고 있는 시대에는 큰 간격이 있다. 그러므로 사람들이 학술문화유산을 정리할 때, 첸지보와 같은 사람과 학문의 출현과 존재를 쉽사리 빼놓는 것이다.

학자들이 다시 새롭게 위상을 정하고, 대단한 지위에 놓이는 것은 시대가 이러한 것을 할 필요가 있는가의 여부에 있는 것이 아니라, 학자가 그가 처한 시대에 무엇을 제공했는가에 달려있다. 만약 비非학자적 요소로써 학자집단의 관심, 심지어 연구하기를 이끌었을 뿐, 학문적 욕구로서 활기차게 추진된 것이 아니라면, 이러한 관심은 조금만 지나도 사라져 버리는 것이다. 만약 학자들의 표면적 관심에 엷은 빛이 비춰져 지속적인 탐색열정을 불러일으키지 못한다면, 이른바 연구 항목의 대부분도 관례에 따라 공무를 처리하는 듯한 "기념"에 불과하다. 인위적으로 만들어낸 학술의 열정이 또 어떻게 진정한 학리상의 연구인가? 우리는 학술의 가장자리에 있는 학술단체를 인식할 때, 종종 "허위"의 연구라는 것을 뚜렷이 느끼고, 또한 진정한 학술연구가 필요한 것은 아니라고 생각한다. 이것은 확실히 깊이 생각할 필요가 있다. 만약 "인연으로 만나다因緣際會"라는 단어로 첸지보가 30년 동안 무명생활을 하다가 다시 학술계에서 언급된 것은 안성맞춤이다. 문화를 돌아보는 중 학자들이 다시 분류하고 조합하는 것은 필요한 일이고 이치에도 맞는다. 이러한 의미에서 학자들이 관심을 갖고 중시한 것은 결코 학술현상이 아니고, 학술사와 학술사적 영웅들의 문화변동의 궤적에 관심을 갖고 중시하는 것이다. 첸지보, 첸중수錢鍾書 부자의 학문은 계승관계가 학술사가들이 흥미를 갖는 화제인 것 같다. 학술 영웅을 잃어버린 시대에, 사람들은 항상 부러운 눈길로 과거에는 불가능하나, 현재에는 매우 긍정적인 "학술 엘리트"를 바라본다. 첸지보, 첸중수 부자가 중국고전문화의 연구를 새로운 수준으로 향상시켜놓았던 것은 자연히 깊이 파고들어 그 연원을 찾아야하는 이유를 갖는다. 첸지보의 학문에서 첸중수의 학문 경향의 자취를 찾는 것, 첸중수의 학술성취에서 그의 부친 첸지보의 요소를 분석하는 것, 이는 당연한 것이다. 설령 학문에 있어서 깊고 얕은 것과 박약博約을 일일이 기계적으로 대응하여 찾아낼 수 없더라도, 그 안의 계승성은 명백히 알 수 있다.

첸지보(1887-1957, 자는 쯔취안子泉, 호는 첸루潛廬)가 태어난 우시無錫는 송·원 때부터 문풍이 흥성했고, 이곳에는 천혜의 문화토양과 장기간 퇴적된 학자정서를 갖추어서, 대대로 후배학자들이 학문에 대한 뜻을 세우도록 분발시켰다. 명대 우시의 동림서원東林書院은 중국고대문화의 발전에서 특수한 의미를 지녔다. 우시無錫에서 일어난 구셴청顧憲成, 가오판룽高攀龍이 동림서원의 강단에서 조정을 비판하고 새로운 학술을 전파하며 사람의 마음을 뒤흔들고 학자들의 마음을 분발시킨 것은 지식인 계층이 정치에 도전한 최초의 시도였다. 우시의 선현들의 영향은 첸지보에게도 크게 미쳤다. 우리는 이후 첸지보의 저작 중에서 이러한 점을 쉽게 찾아볼 수 있다. 학문의 각도에서 분석해 보면, 청대 우시에는 전국적으로 유명한 학술대가는 거의 나타나지 않았는데, 이는 확실히 생각할 필요가 있는 문제다. 구둥가오顧棟高의 『춘추좌씨春秋左氏』학은 강희·옹정 황제 시기 학술계에서 중요한 위치를 차지했다. 구쭈위의 『독사방여기요讀史方輿紀要』는 20년 동안 온갖 심력을 다해서 지어낸 것이며 청대 역사지리학의

경전적인 저작이다. 그러나 경전을 연구하고 사서를 읽는 학문이 결코
전통으로 계승되지 못했고, 이후 우시의 학자들에게 관심을 받지 못했다.
농후하고 부드럽고 아름다운 문풍이 창작의 영감을 축적했고, 침착하고
내성적인 학풍은 사상을 일으킬 학자를 양성하였다.

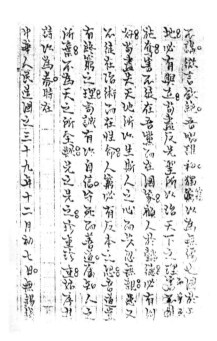

챈지보 자필. 챈지보가 낙관을 "중화인민조국中華人民造國"이라고 한 것은
민국정부에 대한 불만을 표현한 것 같다. 서예로 이름을 알리지는 못하였으
나, 챈지보의 글자체에서 보이는 인품은 예리하고 분명한 것 같다.

이것은 우시의 절묘한 자연환경과 품위 있는 문풍이 학자들의 문학적
사고를 격발시켜 새로운 작품을 창조하도록 이끌었기 때문이다. 그러나
학문의 뜻을 다하는 것과 단조롭게 침묵하는 것은 다른 것이다. 챈지보가

태어난 청말 민초는 다양한 학자, 다양한 교육방식이 그의 학문의 출발점을
개괄적 영역이 아닌 어느 곳에 고정시켰다. 사회가 급격히 불안해지고,
유신사상이 잇달아 출현하여 문화중심지역에 있는 우시의 학자들을 과거
시험으로 이끌 수는 없었다. 그러므로 이러한 의미로 볼 때 "지식과 재주를
모두 익혔으면 응당 벼슬에 나아가야 한다."라는 관념은 젊은 첸지보에게
심각한 영향이 일으킬 수 없었다. 그러나 학자 가문의 전통은 자식들이
서적을 버리고 농사를 짓는 것을 용납하지 않았다. 비록 시대가 변하고
학풍이 변하며 학문의 형태가 변화할지라도, 학문의 대개념은 변할 길이
없었다. 과거科擧에서 학문의 방법을 찾지 않는다고 하더라도 사회적 지위,
심지어 기본 생활을 유지하는 데 학문을 사용했다. 첸지보는 학자가문
출신이며 일찍부터 교육을 받았다. 첸지보의 자서전에 의하면, 5세부터
형들을 따라서 책을 읽었고, 9세 때 『사서四書』, 『역경易經』, 『상서尚書』,
『모시毛詩』, 『주예周禮』, 『예기禮記』, 『춘추좌씨전春秋左氏傳』, 『고문익古文翼』
을 암송했고, 10세에는 『사기史記』, 당송팔대가문선唐宋八大家文選을 익숙하
게 읽게 되었으며, 13세에 『자치통감資治通鑒』, 『속통감續通鑒』을 읽고서
7번이나 방점을 찍었다고 한다. 첸지보의 이러한 독서 과정은 이후 문학과
역사를 전공하는 데 단단한 기초를 다지게 했다. 그러나 이런 독서 경력은
청소년시대의 첸지보가 아직 새로운 지식과 사상을 섭취하지 못했다는
것을 보여주는 것일 뿐, 그저 전통문화를 공부하는 가운데 자신의 관점을
형성했다는 것이고, 시대와의 거리가 멀었음을 분명하게 보여주는 것이다.
첸지보 자신이 그의 독서행위의 전통성을 표현했을 뿐 아니라 교육을
접한 방식도 폐쇄적이었다는 것을 알 수 있다. 첸지보의 선조들은 자제들을
가르칠 때 "단지 박학朴學을 성실히 하는 것을 가범家範으로 하고, 빈객과
접하거나 소통하는 것을 허락하지 않았다", "문을 닫아걸고 독서를 하고,
학교에 들어가지 말며, 글을 잘 한다고 자신을 높이 드러내 이름을 누리지

말라"고 견결히 주장하였다."[1] 첸씨 가문의 독서방법과 교육방식에서 큰
폐단은 자제들의 학문을 좁은 영역에 한정하고 제자리걸음을 하게 했다는
점이다. 외부와의 학술교류를 하지 않고 학술에 대해서 절차탁마하지
않고 지혜가 더 높은 전문가에게 가르침을 청하지 않으면 자신의 지식과
학문을 학술계로 나아가게 할 수 없다. 자신을 고결한 인격자라고 여기며
스스로 만족하며 견문이 매우 좁고 자만하여 우쭐대는 문제점은 여러
시점에서 나타났고 스스로 견문이 좁고 극단적이고 고집스러운 성격을
드러냈다. "학교에 들어가지 않는다"는 교육방식은 단지 사숙과 학당이

『갑인甲寅』주간. 이 간행물의 간행자였던 장스자오章士釗와 첸지보의 관계
는 깊는데, 첸지보가 저술한 『근백년호남학풍近百年湖南學風』은 이 간행물
의 발간과 무관하지 않았다.

---

1) 『錢基博學術論著述』, 華中師範大學出版社, 1997, 2쪽.

철저하게 변한 것에 대한 분노로 인한 것인지는 명확하지 않으나, 학자가문이 지식을 축적하고 전파하는 경로에서 "자급자족"을 할 수 있었다는 것은 정확한 해석일 것이다. "나 스스로 존귀하며 다른 데서 구하지 않는다"라는 것은 문화, 교육전파에 근본적 변혁이 일어나기 전의 첸씨 가족의 보수적인 심리상태를 전형적으로 나타낸 말이다.

장젠張謇. 청 최후의 장원급제자로서, 그가 첸지보를 평가할 때 사용한 언어가 첸지보의 마음을 탄복하게 했다. 우쭐댄 것인가? 아니면 진정 훌륭하게 보였던 것인가? 알 수는 없다.

비록 첸씨 가족이 "글을 드러내 높이 내걸어 이름을 더럽히지 말라毋得以文字標高揭己, 沽聲名也"는 가훈으로 자제들에게 명예를 추구하지 말라고 독촉하고 있지만 책을 읽고 지식을 쌓는 것이 단지 기본적인 생존을 유지하기 위해서라면 그 근본적인 의미를 잃어버린다. 심지어 지식의 목적이 단지 생활을 위한 도구라고 말한다면 이 자체는 지식의 타락을 의미한다. 첸지보의 나중의 창작, 시문을 지은 것과 강의경력과 성과에서 볼 때 그는 가훈을 따르지 않은 것이 분명하다. 첸지보는 어려서 글을 깨우쳤다고 전술하였는데 이는 그가 문화계, 교육계에 들어가는 것을 앞당기는 데 조건을 만들어

주었다. 16세 때 그는 량치차오가 창간한『신민총보新民叢報』에 4만 자의 논문『중국여지대세론中國興地大勢論』을 발표했고 류스페이劉師培가 만드는 『국수학보國粹學報』에『설문說文』을 발표하여 처음으로 글 짓는 재능을 보여주었다. 그러나 첸지보는 글을 쓰는 영역에서 더 이상 발전시키지 않았으며 자신의 타고난 소질이 문학 창작으로 향하게 했다. 27세 정도에 첸지보는 『소설월보小說月報』에 적지 않은 소설 및 산문작품을 발표했다. 1921년 첸지보의『소설월보』는 상하이上海의 "원앙호접파鴛鴦蝴蝶派"의 간행물로서, 독자층이 넓었으나 품격은 높지 않았다. 첸지보는 이후『소설월보』에 투고하지 않았던 것은 첸지보의 문학창작이 당시의 문단에 그다지 영향력이 없었다는 것을 알려준다. 그 후에 첸지보는 자신의 주의력을 문학과 역사영역으로 돌렸다. 첸지보의 자술에 의하면 그와 장스자오章士釗는 연계되어 있었고, 장스자오가 창간한『갑인甲寅』에서 장스자오와 학문에 대해서 논하였다고 했지만 그 둘의 관계가 그렇게 밀접했던 것 같지는 않다.

린수林紓. 외국문학작품 번역으로 이름을 알린 린수는 첸지보의 선배인데, 첸지보가 그의 소설에 대해서 비평하자 첸지보를 압박하였기 때문에, 첸지보는 평생 그를 잊지 못하였다. 린수가 번역한 프랑스 작품.『춘희 巴黎茶花遺事』

한 사람의 추억과 자술, 특히 자신의 학술공헌에 대하여 서술한 것이
동시대 사람들의 조롱과 평가를 면하기 어려운 것은 과오를 가리고 심지어
사실보다 과장해서라고 생각한다. 또한 이후의 학자들의 시각에서도 어쩐
지 다소 진실이 아닌 것도 있다고 느껴진다. 만약 학계의 공인된 관점이
없다면 적어도 이러한 관찰은 합리성을 가질 수 있다. 첸지보는 그의
자술서에서 "박학에 기초하여 학문을 논하고 무한히 해박하도록 애썼다.
경전에 주석을 달고, 역사를 이야기하고, 백가를 섭렵하고 이로움과 병폐를
가려내고, 그 학문의 심오한 곳을 표현하는 것은 매우 드문 일일 것이다.
……논설, 서문과 발문, 비문, 서신을 쓴 것은 세상에서 꽤 칭송받았다."
라고 하였다.[2] 첸지보는 쩡광쥔曾廣鈞, 장젠章, 리선옌의 평가를 표준으로
자세히 설명했다. 쩡광쥔이 첸지보에게 보낸 편지에서 "사史를 녹이어
자子를 주조하고, 창리昌黎(창려선생은 韓愈의 별칭)를 재단하는데, 예전에
쑨위안루孫淵如가 이에 따라 싹을 틔웠으며, 첸주팅錢竹汀(첸다신)은 룬추輪
椎를 간단히 창조하였다. 그대는 더욱더 씩씩한 기운을 운용함에 건필健筆로
써 필적하였다. 사십이 된 후에 편제篇題가 날로 풍부해지니, 반드시 능히
문파를 열 수 있다.熔史鑄子, 裁以昌黎, 從前推孫淵如有此萌芽, 錢竹汀略創輪椎, 吾子益運以
豪氣, 抗以健筆"라고 했다. 쩡광쥔은 첸지보를 높이 칭찬했다. 쩡광쥔曾廣鈞(자
는 중보重伯, 후난湖南 샹샹湘鄉)은 쩡궈판의 적손이며 저명한 시인이자
『시경詩經』연구 전문가이다. 그는 광서 시기의 진사였고 한림원편수를
지냈으며, 민국 이후 유신으로 자처했다. 쩡광쥔의 시문은 대범하고 송시宋
詩의 격식을 갖추었다. 그가 연구한『시경詩經』은 한학과 송학에 얽매이지
않고, 스스로 가파를 이룬 것이다. 쩡광쥔은 청말의 광체시光體詩 단체와
관계가 좋았다. 민파閩派시인 영수 천옌陳衍과 쩡광쥔의 우정은 깊었으며

---

2)   『錢基博學術論著述』, 華中師範大學出版社, 1997年, 第 4쪽.

쩡광쥔은 시를 지어 천옌에게 선물했다. 그 중 "초의 선비는 북망을 바라보고 민산에서 특출한 것은 남쪽 가지南枝가 으뜸이네楚士蒼凉窮北望, 閩山秀絕最南枝"라고 한 것이 있는데, 이것으로 두 사람의 우정을 알 수 있다. 첸지보는 쩡광쥔의 평가를 인용해서 자신을 높였는데 그 자체가 그의 문장과 부와 사장이 이미 흠모하던 학계의 핵심에 진입했다는 것을 설명하는 것이다. 장젠張謇은 청조의 마지막 장원이며 첸지보의 장쑤 동향 친구였다. 장젠은 문작과 학문으로 이름이 널리 알려진 것은 아니다. 그가 청말 민국초 그의 지위는 경세치용과 실업진흥으로 결정된 것이었다. 경제적 역량으로 인해 민족자본가였던 장젠은 청말 정국에서 위상이 있었고, 동남입헌파의 영수였다. 장젠은 첸지보의 재능에 대해서 "북쪽에서 그만한 사람을 아직 보지 못했다"라고 평가했다. 선배로서, 또 강남 문인들의 영도자로서 장젠의 칭찬은 첸지보에게 자연스럽게 자랑스런 마음이 생겨나게 하였다. 그러므로 그가 자서전에서 자신이 장젠과 만난 적은 없지만 장젠이 자신에 대하여 이처럼 칭찬한 것을 쓴 것은 스스로를 치켜세우는 것이 아니었음을 설명하는 데 의의를 둔 것이다. 리선옌은 청말 민초 상주학파常州學派의 실력자로서 그의 학문은 문서해석과 증명을 위주로 하여 체계적인 학술이론 저작은 없었다. 리선옌은 위진시대의 문학과 문학이론을 깊이 연구하였다. "학술을 판별하고 원류를 증명하고 본보기로 삼는다"라는 말로 리선옌 학문의 특징을 개괄할 수 있다. 선배로서 리선옌도 국수학보國粹學報』에 문장을 발표했는데 첸지보와 사상경향이 비슷했던 것은 리선옌도 단지 책상물림이었을 뿐, 학문의 시야를 세상을 구원하는 데로까지 확장시키지 못한 것이다. 리선옌은 학계 인물의 기풍을 우습게 여기고, 신파와 합류하지 않고 고문파와 서로 화합하지 않은 것을 집중적으로 표현하였다. 이것은 변려문장가 리선옌의 큰 특성이다. 리선옌은 첸지보가 "독서를 많이하여 옛것을 잘 쓴다 "라고 칭찬했으며 두 사람의 생각은 서로 잘 맞았다.

만약 첸지보가 청말 민초 학계에 별다른 영향을 끼치지 않았다면 그와 린수(자는 웨이루畏廬)의 시문詩文과 서화書畫에서의 논쟁은 이루어질 수 없었을 것이다. 여기서 첸지보와 린수의 관계에 대해서 탐구하고 분석하는 것은 의미 있는 일이다. 린수는 첸지보보다 25세 많으며 저명한 고문가, 번역가, 소설가, 문학이론가였다. 그는 청말 민초 문학계와 학술계에 광범한 영향이 끼쳤으며 10여 년 동안 학계의 수장으로 있었다. "임역소설林譯小說"은 일찍이 한 시대를 풍미하였고, 대대로 학자들의 문학영감을 깨우는 역할을 했다. 그의 『춘각재논문春覺齋論文』은 동성고문학파를 대표하는 문예비판 이론이다. 린수는 작문은 글의 유파를 따르는 동시에 문법을 따라야한다고 제기했고, "예술적 경지, 척도, 기세, 성조, 조리, 유머, 정취, 신묘함"에 있어서 힘껏 깨달아야 하고 규율을 넘어서는 안된다고 하였다. 동시에 "기필, 복필, 둔필, 정필, 삽필, 성필, 효필, 수필"과 "글자를 쓰는 네가지 법", 즉 "글자를 바꾸는 법, 함께 병행하는 법, 의矣자를 사용하는 법, 야也자를 사용하는 법"이었다. 이러한 계통의 주장은 린수가 혼자서 발명한 것이 아니라 그가 중국문학논리의 발전, 특히 동성 고문파의 창작실천과 귀납, 융합, 관통을 총결한 것이다. 린수는 "5·4"운동 전에는 저명한 문화 반대파, 정치 보수파였다. 그는 백화문을 있는 힘껏 비방하고 새로운 문화운동에 대해서 적의가 충만하며 일찍이 베이징대학 총장 차이위안페이蔡元培에게 서신을 보내서 자신의 불만과 분노를 표현했다. 동시에 소설 『형생荊生』을 명목으로 첸쉬안퉁을 중심으로 한 신파학자들을 저주했다. 후배로서 첸지보와 린수의 논쟁은 문화의 신구, 중서, 정치에 있어서의 진보와 보수의 층면에서 표현한 것이 아니라 기본적으로 개인의 은원에서 시작한 것이다. 린수와 첸지보사이의 원한이 어떻게 형성되었는지에 대해서는 상세하게 모른다. 첸지보가 젊은 시절에 글을 잘 써서 매우 이름을 날렸고, 포부가 컸으며 거만했기에 자연적으로 선배 문인학자들은 안중에 없었다. 동시에 첸지보의 논문은 "종파를 이루지 못했고" 선배학자들에게 의지하지 않았으며 하룻강아지 범 무서운 줄 모르는 소년의 기개로 『소설월보小說月報』에 린수의 소설 『기격여문技擊餘聞』을 보충하고 심지어 비판하기까지 한 글을 실었다. 이 일은 당시 공을 세워 이름을 떨쳤던 린수를 불쾌하게 만들었다. 그러므로 장위안지가 주관하는 상무인서관이 첸지보의 저작을 출판하려고 할 때 린수의 한 마디에 첸지보의 저작이 출판되지 못하게 되었다. 베이핑사범대학교에서 첸지보를 국문과강사로 초빙하려고 했는데 그때 베이핑 문단에서 활약하던 린수가 방해했고, 첸지보는 부득불 베이핑사범대학에서 강의하고자 하는 열망을 포기할 수밖에 없었다. 첸지보는 린수가 자신의 학문과 학업을 방해하는 것에 불만이 쌓였고, 그는 "어찌 60여 세의 노인을 두려워하여畏廬, 후진을 크게 장려할 수가 없으니, 의견이 같은 자와는 한패가 되어 편을 들고 방법이 다르면 시기하는 것이 이와 같다."고 했다.[3] 첸지보가 이 말을 했을 때 린수는 이미 별세한 지 11년이 되었으며 그는 자신의 저술 『현대중국문학사現代中國文學史』에서 린수에 대해서 농후한 한마디를 쓰고 의분으로 감정적으로 쓰지 않고 평정심으로 논했다. 당연히 우리는 린수는 문화적으로 객관적으로 존재하여야 하며 개인적 감정과 상관없이 중국문학사상에서 누구나 린수에 대한 학술적 평가를 할 수 있다. 첸지보는 자신의 『현대중국문학사現代中國文學史』에서 린수에 대해 멋대로 쓰지는 않았으나, 첸지보가 개인적으로 린수에 대하여 불쾌감이 있었던 것은 나타났다. 하물며 『현대중국문화사』가 아무런 사감私憾이 없거리낌없이 포폄襃貶하지 않았다고 하겠는가.

첸지보의 학자 인생은 그다지 의기양양하지 못했고, 기본적으로 학술의 주변부에 있었다. 천인커는 천위안陳垣의 『돈황겁여록敦煌劫餘錄』의 서문을

3) 『錢基博學術論著述』, 華中師範大學出版社, 1997年, 第 5쪽.

왼쪽: 1933년 상무인서관에서 출판한 『독장자천하편소기讀莊子天下篇疏記』
오른쪽: 쳰지보의 『경학통지經學通志』 자서와 첫 페이지. 이 두 부분이 기본적으로 쳰지보의 전통학문 취향을 대표하는데, 경학사, 제자학 연구에 전력을 기울였으나, 새로운 연구방법을 사용하지 않았으므로 그가 학술에 끼친 영향은 자연적으로 약할 수밖에 없었다.

쓸 때 학술경지의 "예류豫流(유파에 참여하는 것)"와 "미불입未不入(일정 수준에 이르지 못하는)" 문제를 제기했다. 그는 "한시대의 학술은 반드시 새로운 재료와 새로운 문제가 있어야 한다. 이러한 재료를 사용하여 문제를 연구하는 것이 시대학술의 새로운 조류이다. 학문하는 선비는 이러한 조류에 참가하는 자로서 예류豫流(불교의 초과初果에서 차용)라고 한다. 아직 참가하지 못하면, 수준에 이를(불입不入) 수 없다. 이러한 고금 학술사의 통의通義는 저들 문을 닫고서 수레를 만드는 무리들은 함께 이해할

첸종수錢鐘書. 아들의 학문이 아버지를 뛰어 넘은 전형적인 인물. 구체적으로 말하면 첸종수는 전체적으로 그의 아버지의 학술성과를 초월했다.

수 없다고 할 것이다."라고 했다. 새로운 재료를 활용해서 학술을 연구하여 예류預流하는 것, 전통방법을 계속 사용하여 "미입류未入流" 한 것을 연구하니, 천인커는 새로운 사상, 새로운 관념, 새로운 학문, 새로운 경지를 창조했다. 첸지보의 문사학文史學은 재료의 선택에서 새롭게 돌파하지 못했고, 그 연구방법은 진부하여 주류학계는 그의 학문을 중시하지 않았다. "예류"와 "미입류"는 전체 의미로 보면 첸지보의 학문이 추앙받지 못하는 이유가 그가 받은 교육의 정도 및 학문배경과도 관련이 있는 것 같다. 첸지보와 비슷한 나이의 학자들은 거의 모두 신식학당에서 정규교육을 받았으며 만약에 형편이 되면, 외국에 유학을 갈 기회를 만들어냈을 것이다. 첸지보는 이러한 조건을 갖추지 못했다. 이것은 첸지보 학문의 보수성과 완고함을 결정했다. 국학기초가 탄탄해서 다른 문화계통에서 새로운 학문을 찾지 않았고 국학의 만족성과 학자 본인이 다른 사람에게 도움을 청하지 않는 자존심이 결합하여 첸지보의 학문시야를 제한했다. 청말 민국초 국학연구 영역의 두드러진 특징은 바로 학문 연원과 사승을 중시하는 것이었다. 첸지보의 학문은 완전히 가학에 의지했는데 첸씨 가족의 학문은 청말 학술계에서도 지명도가 없으므로 이것은 선천적으로 첸지보의 학문을 스스로 제한시켰다. 지식의 시야가 제한되고 학문방식이 동시대와 함께 가지 못하므로 천부적 재능이 뛰어나고 지식이 박식하였더라도 "걸어 다니는 책장"이었을 뿐 학술계의 주류에 들어가지 못하였다. 이러한 각도에 서 첸지보를 이해하고 연구하면 우리는 진실에 가까운 해석을 할 수 있을 것이다.

첸지보는 기본적으로 학원파學院派 학자이며 그의 저작 대부분은 대학강 의자료를 정리해서 만든 것이고, 학술적 영향력도 대학에 집중되어 있었다. 첸지보는 차례로 장쑤성립제삼사범, 칭화대학, 우시국학전수관, 상하이 성요한대학, 광화대학, 저장대학, 후난국립사범대학, 우창화중대학에서 교편을 잡았다. 건국 이후 화중사범학원에서 별세할 때까지 교편을 잡았다. 그 중 칭화대학에서는 겨우 일 년을 가르치고 상하이上海로 돌아갔으며 우시국학전수관, 광화대학에서 교편을 잡은 기간이 제일 길었다. 확실한 것은 첸지보가 교편을 잡은 학교는 민국시대에 일류는 아니었으며, 그가 만난 학자들도 학계의 일류가 아니었다. 이는 부분적으로 첸지보 학문의 전파 범위를 제한했고, 학계에서 첸지보의 지명도도 제약했다. 한사람의 인식으로 중국문화의 전적을 해독하고 개인적인 관점과 견해를 제출했으 며 더 나아가 수강하는 학생들에게 전파하면서 첸지보의 학문은 전통 유생들에게는 습관이 된 방법이며 매우 보편적이고 익숙하면서 광범위하고 난잡했던 것 같다. 첸지보는 전통학문의 경사자집을 두루 섭렵하였고 섭렵한 것들에 대한 견해도 있었는데, 이것이 바로 그가 깊이 있게 정통하지 못했고 독창적으로 이해한 것도 비교적 적어서, 여러 영역에서 학술계에서 이름을 남길만한 사상과 결론을 제출하지 못했던 것을 나타낸다. 첸지보는 긴 세월동안 교육영역에 종사하였으며 학우를 선택하는 데 있어서도 경향성이 분명하고 자신과 취미가 같은 학자들과만 교류했던 것은 학술적 배타성이 완고하고 학술교류내에서 폐쇄적이고 협소했던 것을 나타낸다. 첸지보가 교편을 잡은 우시국학전수관은 청 말 저명인사 탕원즈唐文治가 창립한 사립학교였다. 탕원즈唐文治는 이학理學을 전공했으며 유학사상으로 학교를 운영하고 국내학술계에서 지명도가 있는 문사인재들을 양성했다. 첸중롄錢仲聯, 왕취창王蘧常, 탕란, 우치창吳其昌, 웨이젠유魏建猷 등은 모두 우시국학전수관 출신이다. 그러나 그들의 추억 속에 우시국학전수관 국문 선생님 첸지보는 없다. 이것은 참 이해하기 어려운 일이다. 첸지보가 우시국학전수관에서 교수직을 할 수 있었던 것은 총장 탕원즈가 그를 매우 중시했기 때문이다. 탕원즈의 『여경당외집茹經堂外集』에 첸지보가 서문을 썼다. 첸지보는 서문에서 장타이옌, 뤼전위, 왕궈웨이, 후스, 캉유웨이, 량치차오, 장얼톈, 쑨더첸孫德謙, 량수밍梁漱溟의 6대 학파의 학문 취향과 학술 특징에 대해서 분석했고, 탕원즈의 학문 특징을 6대 학파 학자들과 비교하고 첸지보는 탕원즈를 "군자를 실천하고 사장의 암송을 다하네, 그 학문은 공자 『육경六經』을 궁구하며 송의 오자서五子書를 덕의 입문으로 여기는" 사람이라고 하였다.[4] 탕원즈는 타이창太倉사람인데 우시 선비들이 그의 학문에 탄복해서 토지를 구매해서 국학전수관을 건설하고서는 탕원즈에게 읍의 자제들을 가르쳐 달라고 요청할 정도였다. 첸지보가 『우시광복지無錫

---

4)　『錢基博學術論著述』, 華中師範大學出版社, 1997年, 第613쪽.

光復志』를 저술할 때 탕원즈에게 서신을 보내서 가르침을 청하면서 그를 "선배"라고 불렀는데, 탕원즈가 매우 불쾌해했다. 그러므로 탕원즈의『여경당외집茹經堂外集』의 서문을 쓸 때 첸지보는 탕원즈를 "읍로邑老"라고 부르고 자신을 "고향의 후학"이라고 하였다. 첸지보와 우시국학전수관의 저명한 교수 천옌陳衍과의 관계도 아주 깊었다. 천옌은 청말 동치 연간 광서체시파의 걸출한 영도자로 선쩡즈, 천싼위안陳散原, 정샤오쉬鄭孝胥, 천바오천 등과 시문으로 두터운 교우를 맺었다. 천옌도 저명한 시평론가로서 그의『석유실사화石遺室詩話』가 민국초 시단에서 널리 유행했으며 영향력도 컸다. 천옌의 시와 시화는 문단에서 지위가 있었으나 그는 정치상으로 보수에 가까웠고 농후한 유신遺臣 정서를 가지고 있었다. 첸지보는 시와 부의 고수가 아니어서, 자연히 그와 시로써 화답하기 어려웠다. 그러나 첸지보가 사장詞章에서는 고수였기에 이것으로 천옌과 공통의 지향을 지닐 수 있었다. 천옌이 80세 때 첸지보는『광화대학반월간光華大學半月刊』에「천스에게 팔십수 서를 남기다陳石遺八十壽序」라는 문장을 발표했다. 첸지보가 중국문학사를 쓸 때, 청말 문단의 일화를 잘 아는 천옌이 자연히 중요한 자료수집 대상이 되었다. 이 때문에 첸지보와 천옌의 교류는 밀접했다. 첸지보와 같은 문사에 흥미를 지닌 첸무와도 사이가 남달랐다. 첸지보, 첸무는 같은 우시 출신이며 첸지보는 첸무보다 8살이 많아 마땅히 "이첸二錢"은 같은 또래라고 해야하는데 사실은 그렇지 않았다. "장저江浙의 첸씨가 오대의 오월 무숙왕五代吳越武肅王을 시조로 하는 것은 보통 알려져 있는 계보이다. 우시의 첸씨는 혜산惠山에 같은 사당이 있으나, 나와 쯔취안子泉은 같은 분파는 아니다. 연로한 즉 숙부라 칭하고, 나이가 많은 즉 어르신이라고 했기에 나는 쯔취안을 숙부라 했고 중수鍾書도 나를 숙부라고 불렀다."[5] 1923년 첸무는 샤먼廈門

---

5) 錢穆,『八十憶雙親·師友雜憶』, 生活·讀書·新知三聯書店, 1998年, 第133쪽.

지메이학교集美學校에서 우시강소성립제3사범으로 옮겨가 국문강사직을
맡게 된 것도 첸지보의 소개에 의한 것이었다. 첸무는 제 3사범에 있을
때 첸지보 형제와 관계가 좋았으며 가끔 첸지보의 집에 놀러가서 이야기를
나누었는데, 첸지보의 아들 첸중수錢鍾書에게 깊은 인상을 받았다. 첸무와
첸지보의 동료로서의 시간은 그리 길지 않았으나, 그는 첸지보의 사람
됨됨이와 학문에 매우 탄복하였다. "평생 서로 우정을 나누고 학문을
성실히 하며 사람을 두터이 대하는 데 있어서 역시 쭈췬안이 으뜸"이라고
하였다.[6] 첸무는 대학 졸업증이 없고 유학을 다녀오지도 않았으나, 소학과
중학교에서 20년 동안 교편을 잡으면서 독학한 것으로 한 시대의 학술대가
가 되었다. 첸지보의 학문배경, 교학경력은 첸무와 놀랍게도 비슷한데,
다른 점이라면 첸무는 베이핑의 저명한 학교 예컨대 베이징대학, 옌징대학,
칭화대학에서 교편을 잡았고 당시의 학술명류들, 예컨대 후스, 구제강,
천인커, 탕융퉁湯用彤, 푸쓰녠 등과 교류했고, 주동적으로 학술의 중심에
들어갔다는 점이다. 그러나 첸지보는 시종일관 민국 학술의 주변부에
있었고 그의 학술명성도 첸무보다 못하였다. 첸지보는 1925년에 성립한
사립 광화대학의 창립자의 한 사람으로, 문학원 원장을 맡았으며 광화대학
의 발전에 특별한 공헌을 하였다. 저명한 사학자 뤼쓰몐이 국문학과 교수를
맡았으며 첸지보와 사이가 매우 좋았다. 1940년대 말에 첸지보는 『무한일보
武漢日報』의 편집장 우미가 편집한 『문사文史』 부간에서 그의 만년의 주요
저작인 『근 백년 이래의 후난학풍近百年湖南學風』을 발표했으나 첸지보와
우미가 어떻게 알게 되었는지에 대해서는 알 수 없다. 『학형學衡』 창간으로
학계에 이름을 알린 우미는 "새로운 지식을 융합하고 국수를 발전시킨다融化
新知, 昌明國粹"를 제창한 문화 보수파 인물이다. 문화경향이 같았기 때문에,

---

6) 錢穆, 『八十憶雙親·師友雜憶』, 生活·讀書·新知三聯書店, 1998年. 第134쪽.

첸지보와 우미가 만나게 되었을 가능성이 있다. 첸지보가 알고 있는 학자 중에 우미처럼 유학을 다녀온 사람은 그다지 많지 않았다.

 첸지보가 당대 학술계에서 기억되고 더 나아가 다시 연구의 대상이 된 것은 그의 개인적 풍격이 있는『현대중국문학사現代中國文學史』및 집부集部의 학문 외에, 그의 아들 첸중수錢鍾書의 학술명성과 깊은 관련이 있음이 분명하다. 첸중수는 가학을 계승했으며 또 유럽에 유학을 다녀왔고 창작과 연구 방면에 크게 공헌하였다. 그의『관추편管錐編』,『담예록談藝錄』및 장편소설『위성圍城』은 고전문학 이론계, 문예창작계에서 매우 중요한 지위를 차지했다. 첸중수의 학문은 아버지의 학풍이 있으면서도 더욱 세밀하고 깊고 풍부하며 정취가 있다. 20세기의 중국학술발전사에서 첸씨 부자의 학문 정신은 후학들을 깨우쳐 주었고, 학단을 움직이는 명성은 자연히 천추에 남게 된 것이다.

17

통사通史 · 통식通識 · 통인通人
● 덩즈청鄧之誠 학기 ●

한 세기 중국 사학계에서 통인通人으로서 학술유파를 세운 사람이 덩즈청 鄧之誠 혼자뿐이었다고 할 수는 없지만 그와 비슷한 사회배경, 풍부한 정치경 험을 가지고서, 후에 역사연구에 종사하여 학술적 명성을 누린 사람은 많지 않다. 학술전승을 전혀 받지 못한 학자가 사학연구 영역에서 스스로 성공할 수 있었다는 것은 그가 일반 사람과 다른 타고난 자질이 있다는 것을 말한다. 바로 심후한 가학연원을 계승하고, 사우師友와 절차탁마한

것은 덩즈청의 사학이 더욱 활달하고 철저히 대범해지며, 사상·학식이 능숙하고 정통하게 만들었다. 무려 200만 자로 이루어진『중화이천년사中華二千年史』는 역사학계 선배들의 칭찬과 장려, 후배학자들의 놀라움과 부러움의 갈채를 받았다.

덩즈청1887-1960(호는 밍자이明齋, 자는 원루文如, 원적은 장쑤 장닝江寧)은 쓰촨四川 청두成都에서 태어났다. 덩즈청은 명문의 후예라고 할 수 있는데, 그의 증조부 덩팅전鄧廷楨은 도광道光 연간에 민저총독閩浙總督을 지냈다. 덩팅전은 가경 연간에 진사에 합격하였고, 민저총독을 맡기 전에 안후이순무安徽巡撫와 양광총독兩廣總督을 지냈다. 민저총독 시절 덩팅전은 아편금지에 주력했으며 린쩌쉬林則徐와 친밀한 동료관계였다. 아편전쟁 5년 후에 덩팅전이 산시순무陝西巡撫를 하던 중 사망했다. 덩팅전은 민족적인 정의감이 강한 정치가이자 애국자였으며, 시가 창작을 좋아하여『쌍연재시초雙硯齋詩鈔』를 세상에 남겼다. 조부 덩원지鄧文基 역시 출사하였고, 쓰촨四川과 윈난雲南에서 관직을 지냈다. 아버지 덩샤오주鄧小竹는 청말 거인이며 학문이 깊었다. 덩즈청이 이런 가정에서 태어나 성장했기에 그의 인격, 학문 수양이 잘 이루어질 수 있었다. 조부와 부친이 서로 학문을 토론하는 것을 자주 보고 들으며 자라서 익숙해졌던 덩즈청은 이로 인해 글을 일찍 깨우쳤다. 어려서부터 독서를 좋아하고 문장 쓰는 것을 좋아했다. 가정환경이 우월했기 때문에 덩즈청은 청두成都 외국어전문학교 프랑스어학과에 입학하였다. 그 후 부친 덩샤오주를 따라서 둥촨東川, 멍화蒙化, 텅웨騰越, 카이화開化, 광난廣南, 윈난雲南 등에 가게 되었다. 덩샤오주 선생은 공무처리 외의 시간에는 아들에게 강학을 해주었으니, 덩즈청 학문의 시작은 주로 부친의 가르침에서 비롯된 것이다.

청말에 출생한 세대로서, 청조정에 대한 그들의 정치태도와 입장은 가정배경에 따라 다른 점이 있었다. 일반적으로 고위층 관료들은 자신의 운명을 왕조정치에 단단히 묶어서 보았기 때문에, 이 계층에서는 자각적으로 청나라 조정과 대립하는 사람은 아주 적었다. 반항 정신이 있을 가능성이 가장 큰 계층은 원래는 고위층 관료였지만 이후 차차 쇠락게 된 집단이다. 증조부가 고위관리이고 조부가 중급 관원, 부친은 막료인 공식에 따르면 일종의 나선식 하강형 가족발전 형태가 출현했다. 이 가족 형태의 제4대손이 출현한 때에 이르러, 청조의 진정한 매장꾼이 나타나게 된 것이다. 내리막길을 걷는 관료가족의 자제들은 종종 청조를 전복할 제일 좋은 조건을 가졌다. 이러한 가족들은 비교적 경제력을 갖추었으며 농후한 학자분위기를 지녔으며 뼈 속까지 정치의식을 갖고 있었다. 전통학문과 신학문을 배울 때, 몰락할 지경이었던 관료자제들이었으나 충분히 우월했다. 그의 가족, 가정을 충분히 살펴보면, 덩즈청은 청조와 대립하는 데 가장 자격과 능력을 갖춘 사람이다. 덩즈청은 청두成都 외국어전문학교 프랑스어학과를 졸업한 후에 윈난양급사범학당에 입학해서 신식교육을 받았다. 당시 윈난양급사범학당은 문과, 무과의 두 학과로 나뉘어 있었다. 덩즈청은 문약한 서생으로 자질이 조용하고 문학과 역사를 좋아해서 문과를 익혔다. 덩즈청과 함께 학당에 입학한 리건위안李根源은 체구가 우람하고 체력이 남달라 전문적으로 군사를 배웠다. 덩즈청과 리건위안 두 사람은 한 사람은 문과, 또 한 사람은 무과에서 의기양양했으며 모두 경세치용의 뜻을 가지고 있으므로 두 사람은 막역지우莫逆之友가 되었다. 리건위안이 정치생활을 시작한 후에 쑨중산孫中山, 황싱黃興 등과 깊은 우정을 나누는 사이가 되었고 국민당의 원로가 되었다. 리건위안은 북양정부 때는 농상총장, 총리서리를 역임하였다. 덩즈청은 비록 리건위안과 같이 직접적으로 무기를 들고 비판을 한 것이 아니었고 그가 들었던 것은 비판이란 무기였지만 그들의 목적은 일치했으니, 그것은 철저하게 청정부를 전복시키는 것이었다. 윈난양급사범학당을 졸업한 후에 덩즈청은 『전보演報』사에서 편집장을 맡았으니, 서생이 국가를 구하는 정치인생을 시작하게 되었다.
그가 『전보』사에서 몇 년 동안 편집장을 맡았을 때 대량의 논문을 저술했다.
문필이 유창하고 유신정신을 갖추었기에 덩즈청의 논문은 강력한 계몽의
식을 갖게 되었다. 그 후 23세인 덩즈청은 쿤밍제일중학교에 초빙되었으며
그곳에서 역사 지리 과정을 강의하였다. 덩즈청이 역대 역사지리학에
대해서 손바닥을 보듯 훤히 꿰뚫을 정도로 익숙했고, 당시의 국내외 정치
정국에도 관심이 있었다. 청조 정치의 부패 때문에 젊은 덩즈청은 강렬한
반청의식이 생겼다. 쿤밍제일중학교에서 교편을 잡는 동안 덩즈청은 자신
이 심취하고 있는 역사지리학의 기초를 견고하게 다졌다. 이것은 덩즈청이
이후 역사 연구에 종사하게 된 원인이 되었다. 그 시대의 열혈청년들처럼,
덩즈청은 그의 청춘시절 전부 정력을 학술연구에 투입하지는 않았으며,
서생의 각도와 입장에서 청조를 전복하는 정치활동에 참여했다. 그의
동창생 리건위안은 쑨중산孫中山을 따라서 초기 동맹회 회원이 되었다.

예풍노인藝風老人 먀오취안쑨繆荃孫은 일찍이 강남도서관江南圖書館의 총재
였다. 먀오취안쑨은 덩즈청의 고모부이며 그에게 민국초기의 저명한 학자
들을 많이 소개해주었다. 덩즈청이 학술계에 자리를 잡을 수 있었던 것은
그가 학술계의 명류들과 교류한 것과 크게 관련이 있다.

리건위안의 영향을 받아서 덩즈청은 신해혁명 전야에 곳곳으로 돌아다니
며 소리쳤고 우창武昌 봉기 이후 열정이 분방한 덩즈청은 시문을 지으며
혁명의 성공을 노래했다. 민국초기 반위안스카이법으로 덩즈청은 쑨중산
孫中山, 황싱黃興 등의 혁명 지도자들을 알게 되었으며 서남지방의 실력파
인물 차이어蔡鍔, 탕지야오唐繼堯, 루룽팅陸榮廷, 천환陳宦, 탕샹밍湯薌銘 등과
가까워졌다. 덩즈청은 시종 일개 서생이었고, 비록 그가 이러한 정계 유명인
사들과 이런저런 관계를 맺기도 하고 본래 관직에도 있어보려 했었으나,
덩즈청은 180도로 급회전을 해서 머리를 책궤에 파묻고서 사학 연구를
시작하였다.

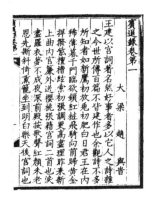 

민국시기 먀오취안쑨이 복각한 송서宋書 붕본柵本『빈퇴록賓退錄』(좌측)과
먀오취안쑨의『예풍장서기藝風藏書記』(우측). 판본학자 먀오취안쑨은 저명
한 장서가로 그가 정밀하게 교정하고 인쇄한 총서는 민국초기 출판계의
정품이 되어 학술계에서 칭송을 받았다.

1917년 30세의 덩즈청이 베이징대학에 들어갔고, 국사편찬처에서 교학
과 학술연구 활동에 종사했으며 이후 민국 역사학계에서 통인의 길을

걸으며 통사通史로 학계에 이름을 알렸다. 덩즈청은 베이핑 학계의 중심 영역에 들어갈 능력과 자격이 있었는데, 당시 저명한 학자들이 추천, 선발해 준 것과도 불가분의 관계가 있었다. 덩즈청 일생의 학문 취향에 영향을 끼친 사람은 먀오취안쑨繆荃孫이었다. 덩즈청과 먀오취안쑨은 친척이었다. 먀오취안쑨의 부인 쫭씨莊氏는 덩즈청의 처고모였으니, 즉 먀오취안쑨은 덩즈청의 처고모부였던 것이다. 1917년에 30세였던 덩즈청이 처음으로 상하이上海에 가서 먀오취안쑨을 만났다. 먀오취안쑨은 덩즈청의 말투가 저속하지 않다고 생각했고 그의 학식에 대해서 칭찬을 아끼지 않았으며 장차 크게 이룰 인재라고 생각해서, 그에게 베이핑에 가서 발전을 도모하라고 제안했다. 덩즈청의 학술 명성은 선배학자 먀오취안쑨이 격려하고 이끌어 준 것과 밀접한 관련이 있었다고 볼 수 있다. 먀오취안쑨1844-1919 (장쑤 장인江陰)은 광서 연간에 진사에 급제하였다. 그는 평생 학술 연구에 종사했으며 청말 민국초의 저명한 목록학자였다. 그는 문하생이 천하에 가득한 교육자였다. 먀오취안쑨은 차례로 회심서원淮心書院, 경심서원經心書院, 남정서원南菁書院, 종산서원鍾山書院에서 교편을 잡았으며 또 일찍이 경사학감京師學監, 한림원편수翰林院編修를 지냈었다. 후광총독湖廣總督 장즈둥이 저술한『서목답문書目答問』이라는 책은 먀오취안쑨이 대찬代撰한 것이라고 한다. 또한 먀오취안쑨은 특출한 개인 장서가였다. 그의 예풍당藝風堂에는 송원 시기의 선본善本장서가 상당 수량 소장되어 있었다. 청말에 먀오취안쑨繆荃孫은 또 강남도서관을 창립했고, 당시 이름 있는 학자들과 널리 교류하였다. 먀오취안쑨은 뤄전위, 왕궈웨이, 선쩡즈, 커펑쑨, 푸쩡샹傅增湘, 장위안지 등 학자들과 학문적으로 교류를 하며 많은 도움을 받았다. 먀오취안쑨의 저술로는『속비전집續碑傳集』,『남북조명신년표南北朝名臣年表』,『청학부도서관방지목清學部圖書館方志目』등이 있다. 먀오취안쑨은 청의 유신으로서『청사고清史稿』찬수撰修에도 참여했다. 먀오취안쑨과 다른 학자들은『근의

개관판법구조僅擬開館辦法九條』에서『명사明史』체재를 저본으로 하여『청사
고淸史稿』를 편찬할 것을 제기했고, 청사관 관장 자오얼쉰은 이 주장을
채택하였다. 1917년 먀오취안쑨은『청사고淸史稿』의 체재를 쓰기 위해 일부
러 상하이에서 베이핑으로 갔으며 이때 덩즈청은 예한葉翰의 소개로 베이징
대학에서 교편을 잡고 있었다. 먀오취안쑨이 베이핑北平에서 머문 몇 개월
동안 덩즈청에게 베이핑학술계의 원로 석학들을 많이 소개해 주었다.
먀오취안쑨의 소개로 덩즈청은 당시 베이징대학 총장 겸 국사관관장이었
던 차이위안페이蔡元培를 알게 되었으며 차이위안페이蔡元培는 곧 덩즈청을
국사관에 초빙하였다. 이후 국사관은 국사편찬처로 개명되어 교육부에
속하게 되었고 차이위안페이는 처장을 겸하게 되었다. 덩즈청은 후배학자
의 신분으로 국사편찬처에서 한가하게 있으면서 박학한 대학자들과 함께

덩즈청의 학생이자 저명한 청사淸史 학자인 왕중한王鐘翰. 덩즈청의 학술노선
은 왕중한의 논저에서 조금 나타나고, 새로운 고거학 사조 아래 개별적으로
고증하는 것이 많이 드러났는데, 이것이 덩즈청과는 크게 다른 점이었다.

어울리게 되었다. 당시 국사편찬처에서 근무한 학자로는 투지, 류스페이劉
師培, 예한, 퉁이한童亦韓, 장샹원張相文 등이 있었다. 투지는 저명한 몽원사
전문가로서, 저작으로『몽올아사기蒙兀兒史記』가 있다. 류스페이는 고문
경학자인데, 사람들은 그를 "독서종자讀書種子"라고 불렀다. 장샹원張相文은
근대 지리학의 개척자인데, 그의 연혁지리沿革地理는 타의 추종을 불허하였
다. 덩즈청이 이러한 학계의 훌륭한 사람들과의 서로 알고 사귀었으니,
그의 학문은 나날이 발전하게 되었다.

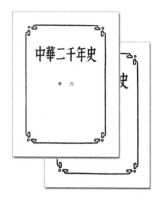

덩즈청의『중화이천년사中華二千年史』(1958년 판본). 이는 덩즈청이 이름을
알리게 된 작품이며 민국역사학계에서 이름을 남기게 된 학술 초석이기도
했다. 자료가 풍부하고 인용이 풍부하며 스스로 체제를 형성했다는 것이
이 통사의 탁월한 특징이다.

1921년 덩즈청이 베이징대학 역사학과 교수가 되어 중국통사를 저술하
기 시작했다. 당시의 역사학계는 의고疑古의 분위기가 농후해서 덩즈청은
이러한 점을 주의했으나, 이 새로운 학술활동에 참여한 적은 없었던 것
같다. 덩즈청은 베이징대학에서 10년 동안 교편을 잡았으며 그 후에 옌징대

학에서 교편을 잡았다. 그의 강의는 아주 독특했는데, 덩즈청의 제자의 회상에 의하면 "덩즈청 선생님의 수업은 학생들의 환영을 받았는데, 역사학과 이외에 많은 타과 학생들도 중국통사를 수강신청 했고, 수업을 듣는 학생이 항상 100-200명은 되어서, 제일 큰 계단식 강의실에서 수업을 할 수밖에 없었다. 덩 선생님은 그때 나이가 40세가 채 되지 않았으나 항상 장삼長衫을 입었고 겨울에는 붉은 모자와 마고자를 입으셨다. 강의를 하실 때는 표정이 단정하고 장중한 것이 자연스러웠고, 내용이 흥미진진했다. 몇 천 년 역사 속의 중대한 사건들이 그의 세밀하고 조리 있는 분석으로 순식간에 의문점이 사라지고 당일의 수업에서 마치 눈앞에서 발생한 것처럼 선명하게 보였다."[1]라고 하였다. 이로인해 덩즈청은 통사강의로써 교단에 이름을 알렸다. 당시의 학술계에서는 신식 고거학考據學이 학술연구의 새로운 방향을 대표했고, 적지 않은 학자들이 이러한 방향을 향하여 탐색을 했다. 덩즈청은 24사의 자료수집에 집중했는데, 민간야사, 필기소설, 금석비명金石碑銘 및 지하에서 출토한 문물사료에 대해서는 그다지 중시하지 않았다. 그러므로 역사학계에서 덩즈청의 학술에 대한 태도가 약간 애매했던 것 같다. 당시의 역사학단의 학자들은 덩즈청이 고거학에 능하지 않았다고 생각했나. 왜냐하면 통사 저술을 중시하고 전문가의 길을 걷지 않았기 때문에, 논문의 질로써 학자의 수준을 평가하는 새로운 기준 하에서는 덩즈청의 사학이 여론의 중시를 받지 못했던 것은 매우 당연하다고 해야 할 것이다. 덩즈청도 확실히 끈질기게 통인의 길을 걷고 있었다. 그는 쓰마광司馬光의 『자치통감資治通鑑』을 매우 중히 여겼다. 덩즈청의 학생이자 청사 전문가 왕중한은 "덩즈청 선생님은 사적史籍에 능숙하며 매번 강의 전에 한 시간 동안 고요히 앉아 계셨고 교재를 들고 와서

---

1) 『王鍾翰學述』, 第23쪽.

강의를 한 적이 없었고, 이십사사二十四史, 『자치통감』은 마음속에 간직하여
수시로 뽑아내어 막힘없이 사용하셨다. 팔분체八分體로 칠판에 판서하였는
데, 웅건하고 힘이 있어서 나는 덩즈청 선생님께 매우 탄복했었다"고 회상하
였다.2) 덩즈청 중국통사의 발단은 그가 베이징대학에서 통사를 강의하던
것에서 기원한 것이다. 국사편찬처에 있을 때 덩즈청은 주로 민국사 편찬을
책임졌고, 여가 시간에는 『남북조풍속지南北朝風俗志』를 썼다. 베이징대학
에 가서 역사학과 교수를 맡은 후에 중국통사의 편저를 시작했다. 훗날
『중화이천년사中華二千年史』라고 이름 붙였던 중국통사 거작은 그가 베이징
대학에서 강의할 때 『중국통사강의中國通史講義』라는 이름으로 출판해서
교재로 사용했다. 덩즈청은 『중국통사강의』를 쓰는 데 매우 자신이
있었다. 그의 말에 의하면 "세상에 사마광 같은 재주가 없어 이천년의
일이 정사正史, 잡사雜史, 역사를 기재하고 고증하는 헤아릴 수 없이 많으니,
어떻게 모은 연후에 오점을 남기지 않고서 학문을 할 것인가"라고 하였다.
덩즈청은 그의 통사가 "감히 실사구시라고 할 만하고 자기도 그르치고
남도 그르치고 싶지 않았다"고 하였다. 『중국통사강의』는 상무인서관에서
출판하면서 『중화이천년사』라고 개명했으며 "대학교총서大學叢書"로 편성
되었다. 덩즈청은 일찍이 『중화이천년사』를 위해서 국학대사 장타이옌에
게 서문을 부탁했다. 장타이옌은 서문을 써주지는 않았고, 그에게 회답의
서신만을 보냈다. 장타이옌의 답서는 서문을 대신해서 이 책의 소개글
앞에 영인되었는데, 재판을 찍을 때는 삭제되었다. 『중화이천년사』라는
서명은 장타이옌이 제첨題簽한 것이다. 사실상 장타이옌은 역사학연구에
대해서는 그다지 관심을 갖지 않았고, 이 방면에 대한 학술성과는 미약하다
고 보아야 할 것이다. 덩즈청이 장타이옌에게 서문을 청한 것은 단지

---

2) 『王鍾翰學述』, 제23쪽.

장타이옌의 명성을 빌어서 자신을 높이려고 했을 따름이었던 것 같다.

덩즈청은 연배 때문에 그와 같은 취미를 가진 학자들과 사귀는 것을 좋아했고, 마음 깊은 곳에 일종의 수구적인 의식이 있었던 것 같고, 그래서 그와 신파 학자들은 서로 용납하지 못했던 것 같다. 후스는 미국유학 출신 철학박사이며 27세에 베이징대학 강단에 올라섰다. 당시 후스는 학술계에서 권위가 대단했던 인물이다. 그가 외국에서 이끌어 온 학리는 사람들에게 보고 듣는 것이 다 새롭게 느껴지게 했으며, "대담하게 가설하고 소심하게 증거를 찾는다"는 것은 청년 학자들의 신조가 되었다. 덩즈청은 후스보다 4세가 많지만 후스보다 2년 늦게 베이징대학에 들어왔다. 젊은 나이에 정력이 왕성한 후스와 비교해 본성이 정직한 덩즈청은 그렇지 않았다. 심지어 덩즈청은 근본적으로 유학생을 무시했다. 후스를 중심으로 신문화운동가의 기세가 드높아지기 시작했을 때 덩즈청은 소극적인 반대 태도를 취하였다. 한 학교의 동료로서 덩즈청과 후스는 일을 논하는데 있어서 때때로 불화했다. 후스파가 베이징대학에서의 세력이 점차 커지자 덩즈청의 입장이 난처해졌다. 그래서 덩즈청은 베이징대학를 떠나서 다른 자리를 찾으려 했다. 정식으로 베이징대학을 떠나기 전에 덩즈청은 베이핑 사범대학, 푸린대학, 베이핑대학 문리여자학원에서 수업을 겸했다. 또 국사편찬부의 동료 예한의 소개로 덩즈청은 옌칭대학 문과학장 홍예洪業를 알게 되었다. 홍예는 예한의 가장 친한 친구 궈원관郭雲觀과는 미국 유학시절의 절친한 친구였고, 예한과의 관계로 인해 덩즈청의 학식에 탄복하게 되었다.

덩즈청의 판본 목록학의 원고. 덩즈청이 수십년 동안 작성한 원고가 아직 공개출판되지 않았을 때, 그가 직접 작성한 원고가 민간에 흘러 들어가 고적경매시장에 넘겨졌는데, 가격이 높았다. 그의 서법과 문헌적 가치로 인해 현대 장서가들에게 애호되었다.

1930년 가을이 덩즈청은 정식으로 베이징대학를 떠나서 옌칭대학에서 교편을 잡기 시작했고 퇴직할 때까지 떠나지 않았다. 1952년 전국의 학교가 조정되어 옌칭대학이 베이징대학에 합병됐고 덩즈청은 베이징대학의 퇴직 교수가 되었다. 옌칭대학에 있을 때 덩즈청은 역사학과 교수인 훙예, 장얼 텐, 구제강, 장싱랑張星烺, 멍썬 등과 관계가 아주 좋았다. 장싱랑은 독일 유학을 다녀왔고, 덩즈청이 국사편찬처에 있을 때의 동료 장샹원張相文의 아들로 덩즈청의 후배였다. 구제강은 후스의 제자였으나 덩즈청과의 사이 에서 의견이 명확하게 충돌한 것은 없었던 것 같다. 멍썬은 덩즈청의 선배인데 두 사람은 경력이 비슷했고 청사를 좋아하며 학업에서 마음이

맞았다. 멍썬은 덩즈청이 베이징대학에 있을 때의 동료이며, 덩즈청이
옌징대학에서 교편을 잡았을 때 멍썬을 초빙해서 학과의 젊은 강사들에게
강의하도록 했었다. 장얼톈은 민국초의 저명한 학자이며 청나라 말 유학자
이다. 일찍이 청의 지방 지현知縣을 지냈던 장얼톈은 청의 일화에 대해서
능숙했으며 경사를 좋아하고 학술에서의 명성이 전국에 알려졌다. 장얼톈
은 선쩡즈, 왕궈웨이와 친분이 있었고, 몽원사에 대한 연구를 많이 하였다.
민국초에 청사관을 열 때 장얼톈은 찬수로 초빙되었으며『청사고清史稿』의
『악지樂志』8권,『형법지刑法志』중의 1권,『지리지地理志』중의 장쑤江蘇 1권,
『열전列傳』중에서의『투하이, 리즈팡전圖海,李之芳傳』1권 및『후비전後妃傳』
은 모두 장얼톈의 작품이다. 덩즈청은 장얼톈의 박식한 학문에 탄복하며
때때로 자신의 제자더러 장얼톈 선생님께 가르침을 청하라고 하였다.
옌징대학에서 교편을 잡는 동안 덩즈청의 마음은 유쾌했다. 뜻이 같은
친구가 있었으며 너그럽고 여유있는 연구환경이 있었으며 사우들이 서로
이끌면서 말년의 덩즈청의 학술은 나날이 발전했다. 이 시기에 덩즈청은
『골동쇄기骨董瑣記』,『골동속기骨董續記』,『골동삼기骨董三記』를 저술했다.
1955년 삼련서점에서 "삼기三記"를 하나로 편집해서『골동쇄기전편骨董瑣記
全編』이라는 제목으로 출판했다. 덩즈청이 별세한 지 30년 후에 그의 아들
덩커鄧珂가 유고『송감소기松堪小記』를『골동쇄기』에 합편하여 중국서점中
國書店에서 출판했다.『골동쇄기』는 명청사의 필기야사인데, 위정셰俞正燮
의『계사류고癸巳類稿』와 흡사하다. 예컨대 금석金石, 서화書畫, 도자기陶瓷,
자수雕繡, 인쇄印刷, 인물고증人物考證, 민족풍속民情風俗 등이 모두 기록되어
있으며 명청사 연구의 중요한 단서를 제공했다. 먀오취안쑨繆荃孫의 영향을
받아서인지 덩즈청은 평생 고적선본 수집에 애착을 가졌다. 그는 책에
대해서 보지 않은 것이 없었는데, 옌징대학에서 교편을 잡은 20여 년 동안
옌징대학 도서관과 하버드옌칭학사의 수십 수백 종의 선본善本, 고본孤本,

고본稿本, 전초본傳抄本을 검정하고 감정했다. 덩즈청은 책을 찾는 것搜書, 책을 베껴 쓰는 것鈔書, 책을 인쇄하는 것印書를 좋아했으며 그는 자신이 소장한 책들로『상원독서기桑園讀書記』를 지었다. 1937년부터 덩즈청은 청나라 초기 순치, 강희 연간의 집부集部를 전문적으로 모으기 시작했다. 항전 시기에 일본인에 의해 감옥에 갇히면서도 덩즈청은 책을 모으는 일을 잊지 않았다. 출옥 후 "강의가 한가하게 되면 순치, 강희 연간의 집부 수집에 더욱 힘썼다." 옌징대학이 폐교되고 덩즈청의 생활에 문제가 생겼으나 그는 여전히 "의식주를 절약하여 구하고 여의치 않으면 좋은 책으로 바꾸어 구했다." 유리창에 있는 적지 않은 서점에서 덩즈청을 위해 판본이 다른 순치, 강희 연간의 저작을 모아 주었다. 20여 년의 심혈을 기울여 관리한 덩즈청의 수장은 매우 훌륭했다. "대략 극히 얻기 어려운 것이 5,60종이 있고, 만날 수는 있어도 얻기는 어려운 것이 5배가 있었다. 서점의 책이 나날이 적어져서 이 7백종은 다시 구하려 해도 쉬운 일은 아니었다." 덩즈청은 총 700여 종의 순치, 강희 연간의 집부를 모았으며 자신의 수장한 것을 토대로『청시기사초편淸詩紀事初編』을 서술했다. 시문집 자료로써 청초의 역사를 연구하는 일이 덩즈청으로부터 시작된 것은 아니나, 700여 종의 순치, 강희 여간의 집부를 소유하고서 두문불출 연구하면서 논리를 견고하고 믿음직하게 했던 사람은 역사학계에서는 덩즈청 한 사람 뿐이었다.

덩즈청의 말년은 쓸쓸했으며『중화이천년사中華二千年史』의 제 5권 명청사 부분을 수정하는 데 공력을 다 소모했다.『청시기사초편淸詩紀事初編』이 출판 된 후에 700여 종의 순치, 강희 연간의 집부 장서가 그를 떠나 멀리 가버린 것 같았다. 덩즈청이 거주한 청푸촌 장자후퉁 2호成府村蔣家胡同二號는 1950년대에 시내에서 멀린 떨어진 곳이었다. 그는 밖에 자주 나가지 않았을 뿐 아니라 시내에도 자주 가지 않았다. 취침 전에 항상『옹동화일기翁同龢日記』

와『이견지夷堅志』를 읽는 것을 좋아했다. 덩즈청의 말년 제자 쉬핑팡徐蘋芳의 회상에 의하면 "그는 매일 일기를 쓰기를 몇 십 년을 하루같이 단한 번도 멈춘 적이 없었으며 별세하기 열흘 전까지 작성했다. 그는 술을 마시지 않았으나 담배는 많이 태웠다. 그는 담배 포장지들을 모아서 메모지로 사용하였고 어떤 기록들은 담배 포장지 위에 작성한 것이었다."[3] 별세하기 일년 전 덩즈청은 후사를 준비하면서 700여 종의 순치, 강희 연간저작들을 중국과학원 도서관에 기증하기로 했다. 도서관의 직원들이 그의집에 가서 도서를 정리할 때 덩즈청의 기분은 좋지 않았으며 약간 비애에잠겼다. 평생의 심혈이 여기에 있었으며 자신이 생명같이 여겼던 700여종류의 순강인집부를 모두 가져간다고 여기면서 덩즈청의 정신세계는무너지기 시작했다. 이로부터 그는 다시 서재에 들어가지 않았으며 반년도지나지 않아 73세의 저명한 역사학자 덩즈청은 갑자기 별세하였다. 덩즈청의 학술 제자로서 베이징대학의 저명한 학자들로 라오간勞幹, 산스위안單士元, 셰싱야오謝興堯, 푸전룬傅振倫이 있으며 옌징대학에는 탄치샹, 덩쓰위鄧嗣禹, 윙두젠翁獨健, 녜충치聶崇歧, 치쓰허齊思和, 펑자성馮家昇, 저우이량周一良, 류쯔젠劉子健, 왕중한이 있으며, 건국초기의 저명한 제자로는 왕젠잉王劍英, 쉬핑팡徐蘋芳 등이 있다.

---

3) 徐蘋芳,「憶鄧文如先生」,『學林漫錄』, 二集.

18

문학과 역사에 능하고 서예에 뛰어나다
● 후샤오스胡小石 학기 ●

    현대 중국학술발전에서 강절학파江浙學派는 대단히 중대한 영향을 끼쳤다. 청말 민국초의 강절학자들을 서열과 연령으로 나누면 비교적 명확하게 학술단체로 구분되며 특히 19세기 말부터 20세기 초는 학술문화가 극렬한 변혁이 발생한 역사적 시기여서 강절학자들의 학문도 크게 나뉘어졌다. 즉 정치경향, 학문특성, 연구방식, 지연관계를 대체적인 표준으로 하여 비교적 분명하게 강절학자단체를 문화학술의 보수파와 급진파의 두 계파

로 나눌 수 있다. 우리가 구체적으로 청말 민국의 학술사를 정리할 때, 강절학계江浙學界에서 매우 가치 있는 학자들의 현상을 발견할 수 있다. 바로 혁명·유신·정치·학문의 형식에 따라, 학자들의 학문 범위를 정할 수 있다. 급진적 정치활동에서 서재로 물러나서 학술연구를 진행한 이러한 학자들의 학문은 신구新舊가 융합되고 이전의 것을 계승하여 앞길을 개척하는 특징을 지녔다. 류스페이劉師培, 장타이옌 및 기타 여항학파余杭學派는 이러한 유형에 속한다. 과거시험에 참여해서 벼슬길을 걷고 은퇴하여 고향에 돌아가 은거하고, 학문을 하는 형식을 따라 학자들의 학술연구 특징을 구분하면, 국학 전통을 지키고 경전과 역사에 통달하고 전문적으로 문학을 하며 박통하면서도 전문적이다. 또한 정치적으로 보수적이고 시대에 뒤떨어진 것으로 표현되며 학문으로는 각자 전공이 있고 새로운 지식을 융합하며 근원을 깨우친다. 문사에 통달하며 건가 고증의 새로운 노선을 걷는다는 것이 그들의 뚜렷한 학술적인 특징이다. 선쩡즈, 먀오취안쑨繆荃孫, 뤄전위, 류청간劉承幹, 주쭈머우朱祖謀, 쉬나이창, 왕궈웨이 등이 모두 이러한 유형에 속한다. 사숙私塾, 서원書院, 신식학교, 학문의 형식으로 학자들의 유형을 나눠보면 하나의 범주로 나뉠 수 있다. 이러한 유형의 학자들의 최초의 학습 경험은 전통적인 사숙에서 온 것이고 사서오경四書五經, 『사기史記』, 『자치통감資治通鑒』 등이 지식 축적의 최초의 단계라고 할 수 있다. 사숙이 학교로 바뀐 후에 그들은 신식 학과지식을 배웠으며 학술연구의 시야를 넓혔다. 왕조가 변하고 사회가 변하고 시대가 변하며 학풍도 변하였지만 그들의 학문에 대한 흥취는 큰 변화가 없었으며, 정치참여도 거의 하지 않았고 서재에 머리를 두고 전문적으로 저작을 하며 일생 동안 교편을 잡고 저술하는 것을 직업으로 하며 학문으로서 학계에 서는 것, 비교적 전형적인 학원파學院派 학자인 것이다. 그들은 전문적으로 연구하는 것을 능사로 여기거나 넓게 바라보는 것을 높이 평가한다. 이러한 유형의

학자로서는 멍썬, 뤼쓰몐, 첸지보, 덩즈청, 첸무 등이 대표적이다. 후샤오스
胡小石의 학문 특징은 혁명과 유신, 정치와 학문의 양식으로 합쳐질 수
없고, 과거를 보고 관료 생활을 하다가 은회 후 고향에서 은거하며 학문했던
이러한 유형과도 크게 다르고 사숙과 서원, 신식학교, 학문이란 방식으로
범위를 정하는 것도 모호하다. 그렇다면 우리는 어떻게 후샤오스의 학문을
학술의 연원에서 분석해 볼 수 있을까?

문학과 역사학 대가 후샤오스의 논저. 이 저작은 문학과 역사 연구 영역에서
후샤오스의 공헌을 설명해 주지만, 그의 서법예술과 서학이론은 이 그림서
적에서 표현될 수 있는 것이 아니었다. 후샤오스의 학문 영역은 풍부하고
심오하였는데, 그는 학문은 다른 사람의 장점을 수용하고 스스로 깨우쳐야
함이 필요하다고 설명했다.

양강사범 감독 리루이칭李瑞清과 그의 자필. 만약 "칭다오런清道人"이라
자칭한 리루이칭이 출현하지 않았다면, 후샤오스의 학술 인생은 단촐했을
것이다. 적어도 서법의 영역에서 후샤오스의 성과는 이와 같았다.

후샤오스가 1948년, 60세에 쓴 글(족자). 예서隸를 해서楷에 포함하고 해서를
예서에 흘러 들어가게 하여 자신의 서예 격식을 완성했다. 문장의 기운이
무겁고 침착하며, 외방하면서도 내성적이니, 긴장과 이완이 적절한 후샤오스
의 서예에는 문사文史의 공력이 드러나 있다.

후샤오스(1888-1962, 자는 광웨이光煒, 호는 첸인倩尹 또는 샤루夏盧, 원적 저장 쟈싱)는 장쑤 난징南京에서 태어났다. 후샤오스의 학문의 시작은 그의 아버지 후지스胡季石와 깊은 연관이 있는데, 가학家學은 후샤오스가 학문에 입문하고 형성하는 데 중요한 의의가 있었다고 할 수 있다. 후샤오스의 아버지 후지스는 청조의 거인擧人이며, 청의 저명한 경학자이자 문학 이론가인 류시짜이劉熙載가 말년에 상하이上海 용문서원에서 강의하던 때의 문하門下 제자였다. 류시짜이는 장쑤 싱화興化사람이며 그의 경학, 문학과 역사학은 함풍, 동치 연간에 명성을 떨쳤으며 즈웨이청支偉成의 『청대박학대가열전淸代朴學大師列傳』에서는 그가 "사람됨이 안으로는 맑고 밖으로는 온화하며 독서는 미세한 것을 목도하고 약속한 말은 지킨다"고 하였다. 류시짜이는 경학을 전문적으로 연구했으며 "한漢과 송宋의 문호門戶 등을 따지지 않고" 학파에 대한 편견도 갖지 않았다. 즉 금문경학의 새로운 것을 추구하던 의식을 지니면서 또한 고문경학의 심후함에도 관심을 지녔다. 류시짜이는 건가 고증학풍을 계승했으며 경학을 전공으로 하고 성운聲韻과 산술算術에 능통했으며 자子, 사史, 시詩, 부賦, 사곡詞曲, 서법書法도 다뤘다. 그는 소학명물학小學名物學 연구에 대해서 건가의 여러 학자들을 본받고 정쉬안鄭玄의 설을 겸하여 취했다. 『사음정절四音定切』, 『설문쌍성說文雙聲』, 『설문첩운說文疊韻』은 류시짜이가 성운학聲韻學 영역에서의 이룬 중요한 저작이다. 문학이론가로서의 류시짜이는 중국고전 문학비평 영역에서 중요한 역할을 하였다. 그가 저술한 『예개藝槪』는 "연원을 더욱 깊이 연구"한 것으로 문단에서 이름을 알렸다. 『예개』는 "문개文槪", "시개詩槪", "부개賦槪", "사곡개詞曲槪", "서개書槪", "경의개經義槪"의 여섯 부분으로 크게 나뉘어져 있었고, 다양한 각도에서 고대문학창작의 이론과 실천을 서술했으며 문예비평의 기본 표준을 제출한 것으로서, 청대의 숭앙 받는 문학이론 저작이었다. 이를 보면 류시짜이가 넓게 공부하였고, 견해와 결단이 정밀하고 넓었으며 학문에 있어서 박학博學하였다는 것을 알 수 있다. 후지스는 류시짜이의 학문에 영향을 받아서 후샤오스의 초기교육은 문자훈고文字訓詁, 명물제도名物制度로부터 시작하였다. 『이아爾雅』는 중국의 최초의 사서詞書로서 고대사회의 변화를 연구하는 관건인데, 고증명물제도도 『이아爾雅』가 제공하는 고전적인 해석을 뛰어넘을 수 없다. 부친의 지도하에 후샤오스는 어려서부터 『이아』를 외우기 시작했으며 후샤오스는 만년에도 『이아』의 구절을 외울 수 있었다. 후샤오스의 연구생 제자 저우쉰추周勳初의 회상에 의하면 "『이아』의 글은 서로 연관이 없어서 기억하기 힘들었지만 어릴 적부터 외웠기 때문에 늙어서도 잊지 않았으며 58년도 내가 연구생이던 때, 선생님께서는 어릴 적의 가정교육을 얘기하면서 입에서 나오는 대로 1, 2조를 외웠다. 초初, 재哉, 수首, 기基, 봉肇, 조祖, 원元, 태胎, 숙俶, 락落, 권여權輿, 시야始也. 임林, 승烝, 천天, 제帝, 황皇, 왕王, 후後, 벽辟, 공公, 후侯, 군야君也.……' 계속 쫄쫄쫄 외는 것이 선생이 어렸을 때 얼마나 깊이 익혔는가를 알 수 있었다."[1] 『이아』를 배우고 외는 것에서부터 시작해서 문학과 역사를 배우고 문자文字, 성운聲韻, 훈고의 영역으로 발전했다. 그러나 후샤오스는 이러한 새로운 학문의 길에서 계속 나아가지 못했고, 집안의 경제적 변고 때문에 신식학당에 입학해서 자연과학 과정을 배우기 시작했다. 1906년 18세의 후샤오스는 양강사범학당兩江師範學堂에 입학하여 농박분류학과農博分類科에 들어가서 생물, 광물, 농학 등의 교과목을 배웠다. 자연과학이 운용하는 분석, 분류, 사례추출, 귀납, 종합, 배치와 비례 등의 방법 및 실물 참조를 중히 여기고 실천능력을 강조하는 규칙은 이후 후샤오스의 학술연구에 큰 영향을 끼쳤다. 농박분류학과에서 설치한 교과과정은 후샤오스가 소년시절에 배운 『이아』 중의 일부내용과 통하는 바가 있었다.

---

1) 周勛初, 「胡小石师的教学艺术」, 『学林漫录』, 第九集.

즉 사서詞書에서 말하는 명물제도는 신식학당의 과정에서 일종의 대응관계를 찾을 수 있었고, 당연히 그가 살고 있는 시대가 가지고 있는 과학지식을 추가했다. 양강사범학당에서 공부한 시기에 후샤오스의 평생의 학문방향이 정해졌다. 그러나 후샤오스의 학자생활의 관건인 입문스승 리루이칭李瑞清의 출현으로, 후샤오스의 학문은 새로운 세상으로 이끌렸다. 리루이칭은 양강사범학당의 감독이었는데, 그는 『의례儀禮』를 제목으로 학생들에게 출제했다. 후샤오스의 집에는 장후이옌張惠言의 『의례도儀禮圖』가 소장되어 있었고, 그는 어릴 적부터 『의례도』에 흥미가 있었다. 학당 감독 리루이칭이 출제한 제목은 마침 그가 배운 경서와 서로 맞았으므로 후샤오스는 요구에 따라 꽤 수준 높은 글을 써냈다. 리루이칭은 새로운 학문, 새로운 지식에 청년들이 열중할 때, 농과를 배우는 신입생이 『의례儀禮』를 익혔다는 것을 의외라고 여겼다. 그러므로 후샤오스를 많이 좋아했으며 각별히 총애했다. 후샤오스는 리루이칭의 직계 제자이다. 리루이칭(자는 메이안梅庵, 호는 칭다오런清道人, 장시 린촨臨川사람)은 광서 25년에 진사에 급제했고, 장닝제학사江寧提學使 겸 양강사범학당의 감독을 했다. 우창봉기 때 리루이칭은 난징南京에 남았으며 민국 이후에 스스로 칭다오런이라고 부르면서 상하이上海에서 그림과 글씨를 팔아서 생계를 유지했으며 상하이 유신들과 서로 소식을 전하며 서예계의 거두가 되었다. 시, 서, 화의 기예가 절묘한 경지에 이르렀으며 "시는 한과 위진남북조가 종주이며 아래로는 도연명과 사사명을 섭렵하였다. 글자체는 각 체體를 모두 갖췄는데, 특히 전서체와 예서체를 좋아했다. 일찍이 '전서는 반드시 두 리李를 안중에 두지 않고, 삼대三代(하, 은, 주)의 상고인들과 신교神交하니 비로소 아름답다'"고 하였다.[2] 그가 시서화로써 학계를 우습게 여겼기에, 스스로 특수한 학문의 품격을 형성했

---

2) 『清史稿 · 文苑传 · 李瑞清』

다. 칭다오런은 그 행적에 얽매이지 않으며 호방하고 초연하면서도 시인의
영리하고 민첩한 기질과 창의력이 있으며 또한 예술가의 시원스러움과
탈속함이 있었다. 칭다오런은 후세 학자들에게 인격의 감화를 주는 동시에
자신의 독특한 깨달음과 창작사유를 제자들에게 전수했다. 후샤오스는
양강사범학당을 졸업한 후에 부속중학박물교사로 학교에 남았다. 이후
후샤오스는 차례로 장쑤제4사범학교江蘇第四師範學校, 전장중학鎭江中學, 장사
명덕중학교長沙明德中學, 장쑤제일여자사범학교江蘇第一女子師範學校에서 교
편을 잡았으며 30세에 들어서는 후샤오스는 칭다오런가淸道人家의 사숙
스승이 되었으며 이 후의 3년 동안 후샤오스와 칭다오런은 함께 지내면서
학문도 나날이 전진했다. 후샤오스는 이 시기에 칭다오런에게 진수를
전수받아 익혔고, 칭다오런이 교류하는 학술집단에 들어가서 상하이에
머무려 생활하는 청 유신들과 서로 사귀면서, 다른 학문 영역의 선배들에게
배움을 청했다. 이로써 후샤오스의 학문은 박통博通과 간략簡略이란 특징을
갖추게 되었다. 시학 영역에서 후샤오스는 시학종사인 천싼리를 칭다오런
에게서 소개받아, 천싼리에게 시를 작성하는 방법을 배웠다. 천싼리(호는
싼위안散原)는 일찍이 이부주사吏部主事를 지냈고, 청의 유신을 표방했다.
천싼리는 청말 동광체시파同光體詩派의 지도자 중 하나로서, 송시宋詩를 시의
종주로 삼았으나 대중의 장점을 찾기도 하였고, 학파에 구속되지 않았다.
후샤오스는 일찍이 제자들에게 천싼리가 자신에 미친 영향에 대해서 "싼위
안散原 선생님은 제자들에게 송대의 시만 전공하라고 가르치지 않았으며
자신의 시도 배우지 말라고 하고 자기 감정에 따르는 것을 주장하며 하나의
체제 하나의 학파로부터 이미 만들어진 언어에서 벗어나서 여러 사람들의
장점을 받아들여서 자신의 것으로 만들었다."[3] 경사經史 영역에서 칭다오런

---

3) 吳白匋,「胡小石先生传」,『文献』, 1986年, 第2期, 第141쪽.

은 후샤오스에게 저명한 학자 선쩡즈를 소개했다. 후샤오스와 같은 자싱 출신인 선쩡즈는 후샤오스의 선배이다. 선쩡즈와 후샤오스의 아버지 후지스는 같은 해에 과거에 급제했으나 선쩡즈의 명성이 후지스보다 높았다. 선쩡즈의 학문은 건가학파 원로의 고증학을 본받았으며 전문적인 저작은 없었다. 그러나 주석簽注, 제사와 발문, 위쪽 여백에 써 넣는 평이나 주석 등의 형식으로 자신의 역사학, 경학, 불학, 시학 등에 대한 견해를 표현했다. 선쩡즈는 서북사지학西北史地之學, 중서교통사中西交通史에 능통했고 만년의 선쩡즈는 자신의 정력을 모두 몽원사 영역에 역량을 집중했다. 후샤오스의 학문 특징으로 볼 때 시학, 제자학, 서화 등 영역에서 선쩡즈의 영향을 받은 것 같다. 그러나 자싱 선학의 학문에 대한 태도와 방식 및 신중한 학풍은 후샤오스에게 큰 영향을 끼쳤다. 선쩡즈는 후샤오스에게 "자싱의 선배학자는 정확한 인식과 투철한 견해가 없고, 무겁게 글을 썼으며, 종종 각종 서적을 두루 다루며 한 글자도 놓치지 않는 것에 있다"고 하였다.[4] 이것은 선쩡즈의 자만스런 이야기가 아니라 학문전통에서의 신중함을 표현한 것이었다. 후샤오스의 저술 특징과 선쩡즈의 가르침은 관련이 있었다. 서화書畫의 감상에 능하며 서학書學에 독특한 성취가 있는 선쩡즈는 후샤오스의 이후 서법예술 영역에도 잠재적인 영향을 끼쳤다. 칭다오런의 관계로 후샤오스는 정원줘鄭文焯, 류쥐칭劉聚卿, 뤼전위, 왕궈웨이 등 명사들과 왕래하였으며, 사학詞學, 판본감상, 비석학, 고문자학 영역에서 농후한 기초를 다졌다. 정원줘(호, 다허산런大鶴山人)는 청말 사학의 종사였고 『냉홍冷紅』, 『수필瘦筆』, 『비죽여음比竹餘音』, 『초아여집苕雅餘集』으로 세상에 이름을 알렸다. 류쥐칭의 이름은 스옌世珩이며 저명한 장서가이다. 그가 인쇄한 『옥해당경송총서玉海堂景宋叢書』, 『귀지선철유서貴池先哲遺書』 등은 정교함과

---

4)　吳白匋, 「胡小石先生傳」, 『文獻』, 1986年, 第2期, 第142쪽.

절묘함으로 유명하다. 후샤오스는 정원줘와 류쥐칭에게서는 사학詞學을 주로 배웠고, 아울러 문학과 역사학을 익혔다. 뤄전위와 왕궈웨이는 고문자학 특히 금석, 갑골학의 창시자로 불리는데, 그들의 갑골문자의 탁본, 고증, 해석과 연구는 기본적으로 전통 소학의 새로운 영역을 열었다. 그러므로 후세에서는 갑골문자를 "뤄왕지학羅王之學"이라 부르기도 한다. 어떤 의미에서 후샤오스의 고문자학의 전승과 학술의 기원은 "뤄왕지학"의 체계에서 찾아야 마땅하다. 뤄전위, 왕궈웨이와 선쩡즈의 관계가 매우 깊었고 자신 후배였던 후샤오스에 대해서도 당연히 중시했다. 후샤오스는 갑골학의 핵심 학자와 사제師弟 관계를 맺었고, 시작단계였던 신학문에 깊이 파고들게 되자 자연스럽게 이해가 깊어지면서 탁월한 성과를 내게 되었다. 여기서 청말의 "비석학碑學"의 발전과 "갑골학甲骨學"의 관계에 대해서 살펴볼 필요가 생긴다. 원래 송대의 금석학은 청 중엽까지는 단순한 골동품의 소장, 서법예술, 비석명과 탁본의 감상을 단순히 하는 것에서 점차 경사의 고증, 문자의 보충, 글자체 변천과 같은 전문적인 영역으로 발전해 나가게 되었다. 우다청吳大澂, 쑨이랑에서 뤄전위, 왕궈웨이까지, 비석판금석학을 갑골문 영역으로 확장했고 이로써 전통 소학의 범위를 크게 확장하였다. 후샤오스가 칭다오런을 따라서 서법을 배우면서 글자체의 변화와 한자를 쓰는 형태에 대해 이해하고 연구했는데, 당시의 갑골문자는 소수의 학자들만이 연구를 하고 있을 때였기에 후샤오스는 그 사이에 들어가 자연스럽게 물고기가 물을 만난 것 같이 큰 이익을 얻었다. 1924년에 후샤오스는 『갑골문례甲骨文例』를 저술했으며, 1927년에 『설문고문고說文古文考』를 편찬하고 교정했다. 이후에 후샤오스는 차례로 『금문석례金文釋例』, 『고문변천론古文變遷論』, 『제초고금표齊楚古金表』 등 문자학에 관한 논저를 저술했다. 『갑골문례』는 전문적으로 갑골문의 쓰는 양식과 어법수사, 장구단락에 대해서 연구했으며 이로써 여러 가지 갈래의 상례로 나누어 놓았다. 이런 상례를 기준으로 갑골문자의 글자형태, 독음을 고증하였다. 그후 갑골문 전문가 둥쭤빈이『갑골문 시대사연구의 예甲骨文斷代研究例』를 저술했으며 후샤오스의 연구를 체계화, 과학화했다. 이때문에 둥쭤빈의 갑골문 시대사 연구의 실질적인 기원은 후샤오스의『갑골문례』라고 할 수 있다. 후샤오스 가 둥쭤빈의 저작에 대해서는 긍정적으로 평가했는데, 그는 "고거학에 있어서 후인이 마땅히 선인을 뛰어넘어야 하고, 장악한 자료들은 선인이 아직 보지못한 것이 많다. 둥쭤빈은 거북이의 전체를 볼 수 있었고, 1차자료 에 근거했는데, 내가 본 것은 그저 조각난 갑골편이었을 뿐이니 도달할 수가 없을 따름"[5]이라고 하였다.『설문고문고說文古文考』는 주로『설문해자 說文解字』의 글자의 기원을 고증한 것에 의거한 것으로 전국시기 문자로 고증을 하였는데 이는 왕궈웨이의 학술 주장과 일치한다.

　가학에서 연원하여 건가시기 고거학을 익혔고, 한창 공부할 때 배운 것은 자연과학이었기 때문에, 후샤오스는 문사 영역에서 지식을 축적시키 기가 어려웠다. 그러나 바로 칭다오런이 있었기에 후샤오스, 이 전도유망한 청년이 학문의 세계에서 노닐 수 있게 되었다. 선쩡즈, 천싼위안陳散原, 정다허鄭大鶴, 유쥐칭劉聚卿, 뤄전위, 왕궈웨이와 같이 상하이 학술계에서 활약한 유신들과 교류하였으나, 그들의 보수적인 정치 태도가 후샤오스의 학문에 영향을 주지는 않았다. 선배학자들과의 만남이 후샤오스의 젊은 시절 경사지식의 부족한 부분을 보충했으며 또한 그가 여러 학술대가, 시와 사의 대가들에게서 얻은 깊은 학문적 수양은 직접적으로 그가 학문을 하는데 필요한 각종 방식과 방법을 터득할 수 있게 하였다. 만약 이러한 대학자들의 가르침이 없었더라면, 그들의 깊고 넓은 학식의 시범이 없었더 라면, 후샤오스의 학문은 여러 영역에서 자신의 학술연구의 품격과 가파家派

---

5)　吳白匋,「胡小石先生传」,『文献』, 1986年, 第2期, 第146쪽.

를 세울 수 없었을 것이다. "구학의 궁리가 세밀함을 더했고 신지식이 깊은 탐구를 가능케 했다"라는 이러한 시구는 후샤오스의 학술연구의 특징을 말해 주는 것이다. 전통학문이 후샤오스와 같은 학자들에게서 나타날 때 쇠락한 처지를 표현했지만 그들 시대의 학문과 함께 발전했기 때문에 새로운 연구방식을 사용해서 폐단을 막았고, 이를 통해 구학을 새로운 경지로 발전시켰다라고 할 수 있는 것이다. 전통적인 "소학小學"은 문자학文字學, 훈고학訓詁學, 성운학聲韻學, 갑골학甲骨學으로 발전했으며 사실상 학문의 영역을 크게 확장하였다. 문학과 역사학의 전통적인 고증은 한순간에 사라질 수 없었지만 고거의 내용과 형식, 방법과 방식, 영역과 전통적인 건가시기 고거학은 거리를 좁혔으며 확실히 시대학문의 특징을 갖추게 되었다. 후샤오스는 "구학문"의 기초 위에서 "신지식"을 세워 스스로 전공의 영역에서 독특한 학문적 기상을 정립했다. 그의 스승 칭다오런과 같이 후샤오스의 서법예술과 시와 사의 창작은 최고의 공력을 갖췄다. 청말 민국초의 저명한 서법학자 쩡시曾熙(자 눙란農髯)는 칭다오런과의 관계가 아주 밀접했으며 서화에서의 진정한 친구였고 당시 "남쩡북리南曾北李"라고 불렀다. 쩡눙란曾農髯은 후샤오스를 아주 높게 평가했으며 후샤오스가 "대전, 소전, 예서, 한 대의 팔분서, 육조의 예서, 초서에 대해 배우지 않은 것이 없었다"고 크게 감탄하였다. 그는 칭다오런 앞에서 "샤오스小石의 서체는 수만의 말이 달리는 형세를 여유있게 고삐로 다루는 것이 육조의 쑹둥宋董을 덮을 만하다."고 하였다. 쩡눙란은 후샤오스의 인품에 대해서도 "그 사람됨은 홀로 뛰어나며 나무랄 데가 없으며 예리한 칼날도 두려워하지 않았다. 스승을 공경하고 벗을 잘 따르는 것에는 옛 사람의 기운이 있다"고 칭찬하였다.6) 후샤오스의 서법은 전서, 예서, 해서를 겸했다. 전서는 칭다

---

6) 『学苑奇峰—文史学家胡小石』, 南京大学出版社, 2000年, 第33쪽.

오런의 필법筆法를 계승해서 삽필澁筆을 사용하기 시작했는데, 필법을 바꾸고 바람처럼 날아가듯 움직였다. 그는 필법 기세를 제齊와 초楚의 두 파로 나누어 "제서齊書법은 넓은 것으로 붓을 곧게 하여 장엄하게 흐르게 한다. 초서楚書법은 부드럽게 흘러 붓이 많이 부드러워지면 괴이하게 흐른다."고 하였다. 후샤오스의 한대 예서, 분서는 오로지 방필을 사용해서 강건하게 하고 정돈된 서체를 완성하여 서예의 정품이 되었다. 해서는 전서체로 들어가서는 해서체로 나오는데, 대체적으로 기상이 있고 정밀함을 두루 써서 후씨정해胡氏正楷, 행해行楷를 만들었다. 후샤오스는 뛰어난 서법예술의 정품을 이루었을 뿐 아니라 그의 오랜 서법 실천을 서법이론으로 승화시켰다. 선배들의 서법 모사기법을 정리해서 자신의 창작실천과 융합했다. 그는 서법을 전형적인 국학으로 만들어 발전시켰다. 1934년 진링대학金陵大學에서 "국학연구생반國學研究生班"을 만들었고, 후샤오스는『중국서학사서론中國書學史緒論』과『청야오텐금석학程瑤田金石學』과정을 개설했다. 1943년에 서남연합대학 중문과 주임교수 뤄창페이羅常培의 초청을 받고서, 후샤오스는 서남연합대학에서 주최하는 "문사철강연회"에서 "중국 서학사書學史에서 팔분서八分書의 지위八分書在中國書學史上的地位"란 제목의 초청강연을 하였다. 저명한 교수 탕융퉁湯用彤, 푸장칭浦江淸이 후샤오스의 강연에 대해서 탄복하였다. 50년대 초 후샤오스가 난징박물원에서『중국문자와 서법中國文字與書法』에 대해서 강연을 하였다. 서학의 영역에서 후샤오스는 국내서법예술계에서 영향력 있는 서법가를 양성했으며, 그 중 저명한 제자로는 우바이타오吳白匋, 유서우遊壽, 쑨쉰孫洵, 허우징창侯鏡昶 등이 있다.

후샤오스의 일생의 학술활동은 기본적으로 대학교에서 이루어졌고 특히 난징대학시기가 절정기였다. 교편을 잡은 대학은 베이징여자고등사범학교北京女子高等師範學校, 우창고등사범학교武昌高等師範學校, 시베이대학西北大學, 둥난대학東南大學, 진링대학金陵大學, 윈난대학雲南大學, 중양대학中央大學,

난징대학南京大學 등이었다. 연령과 세대관계, 학문영향 및 수업과정에서의
특징으로 후샤오스는 동년배 학자들과 다양한 학술교류를 하였고, 특히
진링대학, 둥난대학, 중양대학, 난징대학에서 교편을 잡는 동안 우메이,
황칸, 천중판陳中凡, 후샹둥胡翔冬, 왕피장汪辟疆, 쭝바이화宗白華 등 저명한
학자들과의 교류를 하면서 어느틈에 중국학계에서 일류학사로의 지위를
확립하게 되었다. 우메이(자는 취안瞿安, 호는 솽야霜厓, 쟝쑤 창저우長洲)는
후샤오스보다 네 살 연상이고, "곡학曲學의 권위자"로 칭송받았다. 그는
사곡을 연구하고 사곡을 창작했을 뿐만 아니라 명청 학자들의 사곡詞曲
저작을 소장하고 작곡譜曲, 노래演唱도 하였던 진정한 학자이자 연기 예술가
였다. 1917년부터 우메이는 베이징대학 국문과에서 "중국근대문학사中國近
代文學史", "사곡詞曲" 과정을 강의했다. 그 후에 진링대학, 둥난대학에서
사곡을 강의했으며 후샤오스와 동료가 되었다. 진링대학에서 "국학연구생
반國學研究生班"을 주관할 때 우메이는 사곡을 강연하고 후샤오스는 서법사書
法史를 강연했다. 후샤오스의 시문은 저명한 스승으로부터 전수 받아서
근본이 있었으며 우메이와 각자 노래로 화답하였다. 1943년 우메이가
윈난雲南 다야오大姚에서 객사하자 후샤오스는 『곡취안哭瞿安』으로 애도의
마음을 표시했다. "성률의 실력은 더 비할 바가 없고, 술을 소중히 하니
병病 또한 능하다"고 하여 고인에 대한 마음을 표현했다. 황칸은 국학대가
장타이옌의 제자로서 음운학, 훈고학에 통달 했으며 『문심조룡文心雕龍』을
깊이 연구했다. 황칸은 우메이와 같은 베이징대학국문학과에서 "중국문학
中國文學", "중국문학개론中國文學槪論", "한위육조문학漢魏六朝文學", "당송문학
唐宋文學"을 강의했다. 그가 베이징대학에 있을 때 저명한 보수파 교수였으며
신학문과는 뜻이 맞지 않았다. 후에 우창武昌고등사범학교에 가서 후샤오스
胡小石와 동료가 되었다. 황칸은 학문이 깊었고, 시문이 모두 훌륭했으며
후샤오스의 학문지향과 일치해서 두 사람의 관계는 아주 좋았다. 이후

쭝바이화. 미학의 태두 쭝바이화와 후샤오스의 문자의 인연은 서예에서 시작했다. 철학, 시학으로부터 미학으로 전입한 쭝바이화는 중국의 전통회화, 서예를 좋아했으며 후샤오스와 기질이 똑같았으며 취향이 맞았다.

황칸과 후샤오스는 둥난대학에서 같이 교편을 잡게 되었고 또 다시 동료가 되었다. 난징대학에 있을 때 후샤오스와 황칸은 시문을 빈번히 주고받았다. 황칸이 50세의 나이에 일찍 별세하자, 후샤오스는 슬픔을 멈출 수 없었다.

　후샤오스와 같은 또래인 천중판陳中凡(장쑤 젠후建湖)은 후샤오스와 함께 양강사범학당에 다녔으나, 재학중에는 서로 모르는 사이였다. 천중판은 일찍이 후샤오스의 시에 대한 명성을 들었지만 만난 적은 없었다. 1919년 상하이의 칭다오런의 집에서 후샤오스와 천중판은 처음으로 만났으며 후샤오스는 자신의『금석번금집金石蕃錦集』을 천중판에게 선물하였다. 양강사범학당을 졸업한 천중판은 베이징대학 철학과에 입학했으며 후에 베이징대학 국사편찬처에 취직했고 베이징여자고등사범학교에서 겸직하

였다. 후샤오스는 베이징여자고등사범학교, 둥난대학교에서 교편을 잡았
는데, 이는 모두 천중판의 추천 덕분이었다. 1926년에 진링대학교 국문과에
서 교편을 잡은 천중판은 후샤오스와 세 명의 국문과 강사 예창칭葉長靑,
팡정方壯, 수스청束世澂과 함께 중영강관위원회를中英庚款委員會를 주재하는
후스에게 공동으로 서명한 서신을 보내서 일년에 7,000원의 경비밖에
없는 진링대학교 국문과에 경비를 좀더 많이 지급해주기를 요청했다.
그 결과가 어떻게 되었는지 알 수 없으나 천중판, 후샤오스 등의 국학을
보존하고자 하는 마음은 알 수 있다.

1923년 평위안쥔馮沅君(두 번째 줄 좌측 두 번째)과 가족이 함께 찍은 사진.
뒷줄 우측 첫 번째가 평유란. 후샤오스의『중국문학사中國文學史』는 평위안
쥔의 영향을 많이 받았고,『중국시사中國詩史』,『중국문학사간편中國文學史
簡編』에서 평위안쥔의 학문은 스승 후샤오스의 품격을 나타냈는데, 이는
학술의 계승을 말해주는 것이다.

1962년에 후샤오스가 병사하고, 천중판은 "삼년을 함께 공부하고 십년을 함께 일했으며, 지자季割가 친구에게 선물을 주어 의기투합한 것을 부끄럽게 여겼으니, 덕행은 한없이 끊임없는데, 지기知己는 몇이나 될까. 네 권은 원고로 남아있고, 다섯 권은 제목으로 남아있는데, 쯔징이 죽고서 사람과 금琴이 모두 묘연해짐을 탄식하고, 하늘 끝 서늘한 바람을 슬퍼하는데, 어디서 초혼招魂을 할까?(三年共學, 十年共事, 愧季割縞紵相投, 蒼茫流水高山, 幾人知己. 四卷存稿, 五卷存目, 歎子敬人琴俱杳, 惆悵涼風天末, 何處招魂?)"라는 만련을 써서,[7] 고인에 대한 그리움과 존경을 표현했다. 후샹둥胡翔冬, 왕피장汪辟疆은 모두 시문의 명가인데, 그 중에서도 왕피장은 목록학, 고전소설, 시가에 대해서 깊고 철저한 연구를 했다. 청말 민초의 시단의 장고掌故에 특히 관심을 가졌으며, 그가 저술한『광선시단점장록光宣詩壇點將錄』,『광선이래시단방기光宣以來詩壇旁記』를 보면 충분히 고증된다. 후샤오스와 후샹둥, 왕피장은 성격은 비슷하고 시를 짓고 글을 쓰는 것을 좋아하여서 때때로 같이 시를 지어 주고받으며, 뜻이 서로 잘 맞았다. 왕피장이 70세 되던 때 후샤오스 등 저명한 학자들이 함께 가서 생일을 축하했다. 후샤오스보다 9살 어린 쫑바이화는 저명한 철학가이자 미학가로서, 이치대로 말하자면 후샤오스의 학문과 큰 교류가 없었을 것이다. 그러나 같이 둥난대학에서 교편을 잡았고, 서법예술 때문에 그들은 서로 글을 주고받게 되었다. 쫑바이화는 일찍이 퉁지의공학교同濟醫工學校 독일어학과에서 공부했으며 상하이上海 시사신보 "학등學燈"부간을 편집할 때 궈모뤄의 시가를 적지 않게 게재했으며, 일본에서 의학대학에 유학중이던 궈모뤄와 서신왕래를 했다. 궈모뤄의 희극친구인 톈한田漢도 쫑바이화를 통해서 알게 된 것이다. 궈모뤄의『삼엽집三葉集』은 바로 쫑바이화와 톈한 두사람이 재촉하여 만들어낸 것이다.

---

7) 『学苑奇峰—文史学家胡小石』, 第40쪽, 南京大学出版社, 2000年.

1920년 쭝바이화는 독일로 유학갔다. 그가 둥난대학교 철학과에서 교편을 잡은 시기는 1925년이며 후샤오스와의 교류도 이 시기 이후인 것 같다. 후샤오스의 서예는 중국내 서예계에서 유명했고, 괴테를 사모하던 것에서 시학, 미학으로 전향한 쭝바이화는 중국전통 회화, 서법, 시사 등에 취미가 생겼고, 또 철학, 미학의 이론적 수준을 높였다. 쭝바이화의『중국 서예 속의 미학사상中國書法裏的美學思想』은 후샤오스의 서법사에 대한 관점을 인용했다. 후샤오스가 별세하기 전에 쭝바이화의 문장을 옆에 두었던 것에서 그가 쭝바이화의 글로 맺은 인연을 얼마나 소중히 여겼는지 알 수 있다. 우메이, 황칸, 천중판陳中凡, 후샤오스, 후샹둥, 왕피장 등 저명한 학자들이 둥난대학교에서 발붙이고 각자의 학술상의 성취로서 동남지역의 문사연구의 엄격한 학풍을 완성했으며, 강절학풍이 중국학술계의 모범이 되게 하였다. 북방의 대학들과 경쟁하는 와중에도 자신만의 선명한 특색을 드러났다. 후샤오스는 이러한 학풍이 형성되는 과정에서 중요한 역할을 했다.

"문하생이 천하에 가득하다", "뛰어난 재주를 가진 대학자들이 후씨학문胡門에서 나왔다"는 말로써, 현대중국학술계에서 후샤오스의 공헌을 나타내는 것은 결코 과장이 아니다. 후샤오스가 베이징北京, 우창武昌, 난징南京에서 교편을 잡으며 걸출한 제자들을 양성했고, 그들은 후샤오스의 학문을 전수받아 현대중국문사학의 발전에 큰 공헌을 하였다. 후샤오스가 베이징여자고등학교에서 교편을 잡았을 때의 저명한 제자로는 펑위안쥔馮沅君, 청쥔잉程俊英 등이 있다. 펑위안쥔馮沅君은 저명한 철학가 펑유란馮友蘭의 여동생인데, 베이징여자사범대학교를 졸업하고 베이징대학 국학문에 연구생으로 입학했다. 그녀의 남편 루칸루陸侃如와 함께 저술한『중국시사中國詩史』,『중국문학사中國文學史』는 학계에 영향력이 있었다. 청쥔잉程俊英은 청말 한림이자 저명한 법률학가 청수더程樹德의 딸이었다. 그녀는 저명한

『시경詩經』연구 전문가이며 만년에 후샤오스와 비교적 밀접한 관계를 유지했다. 후샤오스가 우창고등사범대학교武昌高等師範大學校 시절의 저명한 제자로는 류다제劉大傑, 리쥔민李俊民 등이 있다. 류다제劉大傑는 『중국문학발전사中國文學發展史』로서 학계에 이름을 알렸다. 1920년부터 후샤오스는 각 대학에서 "중국문학사" 과정을 강의했으며 그의 『중국문학사강고中國文學史講稿』상권은 이후 같은 종류의 저작을 편집하는 데 모범이 되었다. 류다제의 『중국문학발전사中國文學發展史』는 스승인 후샤오스의 영향을 받은 것이 분명하다. 후샤오스의 진링대학에서의 저명한 제자로는 쩡자오위曾昭燏가 있다. 쩡자오위는 쩡궈판의 다섯째 남동생 쩡궈황曾國璜의 맏증손녀로서 저명한 고고학자이다. 그녀가 진링대학 재학 중에 후샤오스의 갑골문, 금문 강의에 탄복해서 자주 방문하여 가르침을 청했다. 후에 쩡자오위은 영국 런던대학에 가서 고고학 대학원생으로 입학했으며 스승인 후샤오스와 연락을 계속 유지했다. 1939년 쩡자오위의 어머니가 쿤밍昆明에서 별세했을 때, 후샤오스가 묘지墓誌를 썼다. 1950년에 난징박물원이 성립하고 부원장을 맡은 쩡자오위는 후샤오스를 고문으로 초빙했으며 또 그에게 남당이릉南唐二陵의 고고발굴과 사실고증史實考證 참가를 청했다. 1962년 후샤오스가 난징南京에서 별세하자, 쩡자오위는 「난징대학교 교수 후선생님의 묘지南京大學敎授胡先生墓志」를 저술했다. 후샤오스와 쩡자오위의 사제관계는 죽음에 이르러서도 변하지 않았다. 1950년 이후 후샤오스의 난징대학에서의 제자 저우쉰추周勛初, 우신레이吳新雷 등이 스승의 학문을 따르면서 새로운 것을 발명해 나갔다.

19

대가大師의 그 위대함

● 천인커陳寅恪 학기 ●

천인커陳寅恪1890-1969의 역사학은 20세기 중국사학발전사의 중요한 문화유산으로서, 학술계의 관심과 연구를 받았다. 천인커는 혜안으로써 사식史識과 일이관지하게 "자유의 사상, 독립의 정신"을 견지한 사학자의 품격을 갖추었고, 아울러 한 세대의 학술 풍조와 중서융합의 실증적 연구노선을 개척하여, 장차 선현과 당시인의 여러 학술 연구 영역을 초월하여 세상의 둘도 없는 경지로 끌어올렸다. 천인커의 역사학의 궤적을 세세히 독해하면,

우리는 천인커의 정밀하고 넓은 학문이 심후한 가학家學에서 연원할 뿐만 아니라 당시에 솟아났던 여러 학파와도 밀접한 관계가 있었음을 초보적으로 깨달을 수 있다.

천인커와 타이옌太炎 제자 장타이옌 문하의 제자가 청말민국초 중국 학술계에 미친 영향을 매우 심대하다. 첸쉬안퉁, 우청스吳承仕의 경학經學, 황칸의 음운학, 주시쭈朱希祖의 사학, 선젠스沈兼士의 문자학, 저우씨周氏 형제의 문학 등등, 현대중국의 학과영역과 학술범위 방면을 확립하는 데 모두 창업적 공헌을 하였다. 타이옌 선생 전기前期의 중요제자들은 대부분 일본에서 유학하였다. 천인커는 1902년에는 천스쩡陳師曾, 1904년에는 천룽커陳隆恪를 따라 일본에 유학했었다. 이때 장타이옌 선생을 추종하는 재일학자在日學者 무리들은 모두 정도는 다르지만 청조에 반대하는 활동에 종사하였다. 천인커는 관료 집안의 자제였고, 장타이옌의 재일제자들에

도쿄東京에서 형제 3인의 합영. 왼쪽부터 룽커隆恪, 인커寅恪, 헝커衡恪. 천씨 삼형제는 모두 일본에 유학하였는데, 학술 방면에서 각자의 전문 분야가 있었다.

비해 나이도 어렸다. 원칙 대로라면, 천인커는 타이옌의 제자들과 학술
교류가 불가능하다. 그러나 천인커 선생이 20년대 말 당시 학술계에 우뚝
솟아오르니, 십수년간 학계에서 주도권을 쥐고 있던 장타이옌 문하의
제자들은 모두 이 새롭게 출현한 천재형 학자에게 더욱더 호감을 갖지
않을 수 없었다.

왕둥汪東은 우현인吳縣人으로, 타이옌 선생 전기의 중요 제자 중 한 사람이
다. 장타이옌은 왕둥이 "세속을 따르지 않고 행동한다."고 칭찬하였다.
왕둥이 『화국월간華國月刊』을 창간할 때, 장타이옌이 발간사에서 왕둥이
"학술을 밝게 고찰하고, 국가의 영광國光을 발양한다."고 써주었다. 타이옌
선생 별세 후, 왕둥은 『위항선생묘지명余杭先生墓誌銘』을 썼다. 왕둥의 부친
왕펑잉汪鳳瀛은 청조에서 공생貢生으로 선발되었고, 후난 창더부常德府 지현,
창사부長沙府의 지현을 역임하였다. 민국기에는 참정원參政院 참정參政, 총통
부의 고등고문을 맡았다. 관직으로 말하자면, 왕펑잉은 천인커의 조부
천바오전陳寶箴의 아랫사람이라 해야할 것이다. 왕둥이 일본에서 유학할
때, 천스쩡, 천룽커 형제와 사이가 매우 좋았다. 천스쩡의 후처 왕춘치汪春綺
는 왕둥의 누나였고, 『천스쩡유시陳師曾遺詩』에는 왕둥에게 적어준 시문이
꽤 있다. 왕둥의 『기암수필寄庵隨筆』에도 천스쩡과 주고받은 일사軼事들을
기재한 것이 적지 않다. 이로부터 볼 때, 천인커와 왕둥은 친척관계이고,
두 사람의 관계가 소원하지 않았던 것은 당연하다. 첸쉬안퉁의 형 첸쉰錢恂
은 이전에 주독대사관 참사관이었고, 민국기에 들어서는 참정원 참정이었
다. 첸쉰의 아들 첸다오쑨錢稻孫도 일본에 유학하여 일본문학에 정통하였는
데, 외국문학의 번역에 크게 공헌하였다. 첸다오쑨의 사위 류제劉節는 칭화
연구원淸華硏究院의 학생으로, 천인커의 제자다. 해방 후 천인커와는 중산대
학中山大學의 동료가 되었다. 천선생이 "문혁" 때 받아서는 안될 비판을
받을 때, 류제는 조금도 주저없이 자신의 노스승을 위해 "비판을 받았다."

황칸의 음운학은 장파章派학술에서 상당히 영향력이 있었다. 황칸도 자신의 학술이 수준이 높다고 생각하였고, 보통의 학자들은 그의 눈안에 들지 못하였다. 장량푸簞亮夫는 칭화연구원에서 수학하였고, 천인커의 제자였다. 이후 장량푸는 다시 황칸에게 배워 타이엔선생의 후기 중요제자가 되었다. 칭화연구원, 장타이엔의 문하를 드나든 것은 장량푸의 뜻에 의한 것이었는데, 늘 천인커 선생의 폭이 넓으면서 정밀한 학문을 찬미하였다. 장량푸는 한번은 황칸의 면전에서 천인커선생이 8, 9개 국어를 안다고, 자기는 천선생에게 비할 수가 없다고 말한 적이 있다. 황칸은 우리같은 옛날 사람이 누가 또 8,9개 국어를 할 수 있겠는가? 그들이 설마 아무 성취가 없겠는가? 왕녠쑨王念孫이 비록 아는 외국어가 하나도 없다 하더라도, 설마 그가 대학자가 아니란 말인가? 그가 아무런 성취가 없다는 말인가? 라며 반박하였다.[1] 황칸이 천인커의 학문을 결코 학문으로 여기지 않았고, 그 자신이 깊이 연구한 문자학, 음운학을 학술의 척도로 삼고서 당시 학계에 출현한 새로운 학술연구의 경향을 평가하였던 것은 분명하다. 천인커는 이전에 고대동방어문을 추축으로 삼고서 불경, 몽고사, 둔황학 등 생소한 미개척 영역을 개척하여, 학술계의 패권을 노렸다. 그런데 장타이엔 선생을 스승으로 모신 황칸이 연구한 문자음운학도 일종의 "절학絶學"이다. 학술연구 영역의 차이도 천인커와 황칸이 직접적으로 교류할 수 없었음을 보여준다. 이는 황칸 선생이 한창 나이에 작고한 것과도 상당한 관계가 있다고 해야 할 것이다.

---

1) 簞亮夫,「憶淸華國學硏究院」, 王元華 主編,『學術集林』卷一, 上海遠東出版社. 1994.

만년의 저우쭤런周作人과 첸다오쑨錢稻孫. 첸쉬안퉁의 조카인 첸다오쑨은
저명한 번역가, 일본문학연구자였다. 항일시기에 한간漢奸이 되었기 때문
에, 계속 학자들에게 경멸받았다.

역사연구는 천인커의 본업이고, 이 영역에서 천선생이 이뤄낸 공헌이
가장 크다. 추호의 과장 없이 천인커 선생은 20세기 중국에서 가장 학술적
매력을 갖춘 사학대가라 할 수 있다. 장문彰門 제자 중에 역사학을 전문으로
한 것은 주시쭈朱希祖를 꼽아야 한다. 주시쭈는 타이옌 제자 중 가장 먼저
베이징대학에 들어간 베테랑 교수다. 그는 사형인 황칸과 관계가 그다지
좋지 않았다. 주선생의 강의실에서 학생인 판원란, 쑨스양孫世揚이 이전에
질문공세를 펴며, 교수의 강의에 문제가 있다고 지적하며 주선생을 매우
곤란하게 만들었다. 판원란과 쑨스양은 모두 황칸의 애제자들인데, 쑨스양은
"황문시랑黃門侍郎"이란 아칭도 있었다.[2] 주시쭈와 푸쓰녠의 명 성조成祖생모

에 관한 논쟁은 당시 베이핑 학술계에서 유명한 논쟁이었다. 천인커와 푸쓰녠은 동시에 독일에서 유학했는데, 푸쓰녠의 부인 위다차이兪大綵는 천인커의 직계 고종사촌여동생으로, 이 이중적 관계는 자연히 천인커와 푸쓰녠 두 사람의 관계를 천인커와 주시쭈 사이보다 훨씬 더 가깝게 했다. 주시쭈와 푸쓰녠의 논쟁에서 천인커가 푸쓰녠을 응원하는 것은 자연스러운 일이었다. 논쟁에서 푸쓰녠의 설득력을 강화시키기 위해, 천인커는 그에게 『명시종明詩綜』, 『도암몽억陶庵夢憶』, 『조림잡조棗林雜俎』의 관련 자료를 제공해주었다. 푸쓰녠은 자신의 『명성조생모기의明成祖生母記疑』에서 천인커에 대한 감사를 특별히 언급하였다. 주시쭈는 수당사隋唐史를 연구할 때, 당황실의 부계가 룽시隴西 이씨에서 나왔다고 줄곧 주장하였다. 그런데 천인커는 당황실의 부계는 결단코 룽시 이씨가 아니라 자오쥔趙郡 이씨에서 나왔다고 생각하였다. 천선생과 주선생은 후에 여러 편의 논문을 발표하여 학술상 서로에게 영감을 주었다. 주시쭈의 사위인 뤄샹린羅香林은 천인커 선생의 칭화연구원 시절 제자인데, 객가客家의 원류와 객가문화 연구 영역에서 천선생으로부터 직접 가르침을 받았다. 뤄샹린은 천인커 선생을 회고하는 글에서 천선생과 주선생은 학술상으로는 논쟁하고 엇갈렸을지라도, 결코 이는 두 사람이 개인적 우의를 유지하는 데 방해되지 않았다고 썼다. 천인커는 승리출판사에 뤄샹린이 『당태종전唐太宗傳』을 쓰도록 추천하기도 하고, 중산대학에서 강연하면서 뤄샹린이 『당태종전』을 쓴 일을 언급하기도 하였다. 천선생이 다음과 같이 말했다. 내가 뤄선생을 짐작컨대 이렇다, 저술을 시작할 때, 당 황실의 성씨 문제에 대하여 마음으로 매우 붓을 들기 어려워했다. 도대체 선생님의 의견을 따르는 것이 좋은가? 아니면 장인의 견해를 따르는 것이 좋은가?3)

---

2) 周作人, 『知堂回想錄』, 香港三育圖書文具公司, 1970, 237쪽.
3) 羅香林, 「回憶陳寅恪師」, 錢文忠 編, 『陳寅恪印象』, 學林出版社, 1997, 53쪽.

여기에서 보자면, 천인커 선생은 주시쭈 선생과의 논쟁을 매우 중시했다. 루쉰은 장타이옌의 대제자라고 불릴 자격이 있으나, 루쉰은 타이옌의 제자라는 것을 간판으로 삼아 남을 으른 적은 없다. 같이 일본유학을 했던 이유인지, 아니면 문인이어서 서로 친한 것인지는 알 수 없으나, 루쉰은 천인커의 장형이자 당시 저명 화가 치바이스齊白石의 스승이기도 했던 천스쩡과 사이가 매우 좋았다. 자연히 루쉰과 천인커도 학술교류가 있었다. 『루쉰일기魯迅日記』 1914.4.6.를 보면, 루쉰은 이전에 자신의 『역외소설域外小說』제1, 제2집과 『탄화炭畵』각 1책을 천인커에게 증정했다고 한다. 천인커는 이 일을 다른 사람에게 거의 언급하지 않았다.

루쉰魯迅과 저우쭤런이 함께 번역한 단편소설집 『역외소설域外小說』, 모두 2책, 1909년에 도쿄에서 차례로 출판되었다. 저우 형제의 이 번역 작품은 원래 부족한 유학경비를 보충하려는 것이었는데, 뜻밖에 그 원대한 문학창작 열정을 불러 일으켜, 이후 루쉰은 동유럽 문학작품을 번역했고, 저우쭤런은 북유럽 소설을 집중적으로 소개하였는데, 모두 여기에서 기인한 것이다.

선젠스沈兼士는 수많은 타이옌의 제자들 중 하나로, 물리학을 익히다가 전공을 바꾸었는데, 문자학의 형성形聲, 즉 "우문문제右文問題"를 전문적으로 연구하여 유명해졌다. 선젠스는 천인커 선생의 칭화연구원 동료이자 국학 대가인 왕궈웨이와 사이가 참 좋았다. 1922년 베이징대학연구소에서 선젠스가 연구소 주임을 맡았는데, 그는 베이징대학의 외부인사인 왕궈웨이를 통신지도교수로 초빙하였다. 선젠스는 또 특별히 왕궈웨이와 서신으로 연락했는데, 왕궈웨이는 그런 까닭에 저명한 "연구발제研究發題"를 썼다. 이 관계로부터 보아, 천인커와 선젠스가 교류한 것은 매우 당연했다. 선젠스와 천위안陳垣의 친분도 매우 깊다. 베이징의 시산西山에서 요양하던 때, 선젠스는 푸런학사輔仁學社의 천위안과 알게 되었다. 천위안이 푸런대학輔仁大學의 교장을 맡았을 때, 선젠스는 이 학교 문학원장이었다. 천위안과 천인커는 "사학이천史學二陳"이라 불렸는데, 두 사람의 관계가 매우 밀접했다. 천인커는 천위안의 여러 편의 학술저작물에 서문을 써주기도 했다. 선젠스는 만년에, "때가 되면 평소에 언어와 문자를 고증한 것들을 모아서 출간을 의뢰하려고 한다."라고 하였다. 그는 멀리 윈난雲南에 있는 천인커에게 편지를 써서, 자신의 『단연재잡문段硯齋雜文』에 서문을 써주기를 청했다. 천인커가 홍콩에 머무를 때, 선젠스는 또 편지를 보내는데, 자신이 이미 출판한 저작과 미간행 논문을 함께 보내어 천인커에게 읽고 검토해주기를 청했다. 선젠스와 천인커 두 사람은 학술적으로 서로 존중했다고 할 수 있다.

천인커와 장문章門 제자 사이의 학술교류는 20세기 중국학술발전사에서 하나의 중요한 경계표로 여길 수 있다. 이로부터 위로는 파도를 헤치고 근원을 탐구하였으며, 또 근본으로까지 소급했으니 가히 청말 민국초 시기의 학술사상, 학파, 학술의 여러 구조의 변혁과 그 맥락을 섭렵했다 할 수 있으며, 아래로는 근원을 미루어 지류까지 도달했고 세세한 곳까지

뻗어나갔으니, 오늘에 이르기까지의 학술 기풍, 학술 모델, 학술 방향의
이합집산의 정황을 세밀하게 분석할 수 있다.

소위 "불고불금不古不今의 학學"

천인커는 「펑유란『중국철학사』하책 심사보고馮友蘭『中國哲學史』下冊審查報
告」에서 자기 학문의 속뜻을 이미 밝혔었다. "인커 평생 불고불금의 학不古不
今之學을 하여, 사상은 함풍鹹豊, 동치同治 시기에 국한하고, 의논은 쩡샹샹曾湘
鄕(쩡궈판)과 장난피張南皮(장즈둥)의 중간 정도에 가깝다." 뒤의 두 구절은
천인커 선생의 문생 제자 및 일반적 연구자들의 의견이 거의 일치하고,
답을 구하기란 어렵지 않다. 천인커가 말한 "불고불금의 학"은 여러 사람들
의 의견이 일치하여, 천선생이 매우 부지런히 연구하고 크게 성과를 낸
"위진수당사魏晉隋唐史"영역이라는 것이다.

천인커가 쓴 「펑유란『중국철학사』하책심사보고」는 1934년에 발표되었
는데, 그때 천선생은 44세였다. 민국 12년『국학논총國學論叢』에 발표한
첫 번째 학술논문 「대승도천경수청소발大乘稻芉經隨聽疏跋」에서 헤아려보면,
천인커가 학문을 한 기간은 겨우 11년이다. 그런데 이 11년 중에 천인커는
모두 36편의 논문(학술성 제사「題詞」와 발문「跋文」포함)을 발표했다.[4] 이
11년간 발표한 논문 36편으로부터 "인커 평생 불고불금의 학을 하였다寅恪平
生爲不古不今之學"고 한 것의 진짜 함의를 탐구해낼 수 있다고 단정할 수
있다.

---

4) 張天樞, 「陳寅恪先生論著編年目錄」, 『陳寅恪先生編年事輯』增訂版, 上海古籍, 1997.

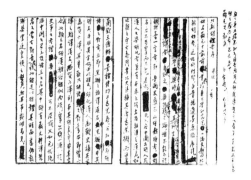

『북조호성고서北朝胡姓考序』 친필 원고

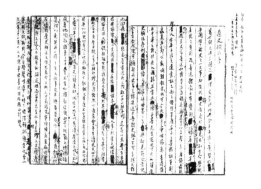

『요사보주서遼史補注序』 친필 원고

이 36편의 논문에서 몽고사, 원사를 연구한 것이 5편, 둔황학과 관련된 것이 4편, 불경번역과 관련된 것이 11편, 위진수당사 관련된 것이 8편이며, 제발題跋, 비명碑銘, 심사보고가 8편 더 있다. 이 논문들에서 천인커는 몽고어, 티베트어, 산스크리트어, 만주어 등의 언어를 운용하여 통찰력 있는 연구를 하였고, 이는 다른 사람이 쉽사리 따라할 수 있는 것이 아니었다. 여기에서 천인커가 말한 "불고불금의 학不古不今之學"이 위진수당사를 가리키는 것이

천인커의 제자 지셴린季羨林은 산스크리트어, 토카리아어 등에 정통하였다. 독일에서 10년간 유학하였고, 중국, 인도 불교문화사의 저명학자가 되었으며, 만년에 천인커 학술을 더욱 확대 발전시키는 데 크게 공헌하였다.

아니란 것은 더욱더 명백해진다 하겠다. 1927년, 1929년에 칭화국학연구원의 저명한 스승 왕궈웨이와 량치차오가 차례로 세상을 떠났다. 학교 측은 장빙린章炳麟, 뤄전위, 천위안陳垣을 초빙하려 했으나, 세 사람 모두 완곡히 거절하였다. 1930년 국학연구원이 폐원하였다. 천인커는 중문역사과中文歷史系에 합빙교수合聘敎授로 부임하였다. 이 시기에 천인커는 외국에서 20년 이상 연마하였던 십 수종의 언어, 특히 그 중에서 다른 사람들은 거의 관심을 갖지 않았던 고대동방언어를 직접 연구에 활용하였다. 그의 말에 따르면, 지하地下의 실물實物과 지상紙上의 유문遺文을 취하여 서로 해석하고 증명하고, 이민족의 고서古書와 중국의 구적舊籍을 서로 보정하며, 외래의 관념과 고유의 자료를 취해 서로 참조하고 증명하였다.

그러면, 천인커의 "불고불금의 학"이 가리키는 것은 도대체 무엇일까?

중국인이 창시, 흥기시킨 동방학東方學을 가리킨다고 생각한다. 19세기 말, 서방에서 흥기한 고대동방학은 식민지 색채가 심각하게 짙은 학술 경향이었다. 그러나 과학적, 이성적 연구방법을 활용했기 때문에, 고대동방학은 근대의 새로운 학문으로서 식민지와 비식민지 국가의 학자들로부터 깊은 관심을 받았다. 첸다신, 허추타오何秋濤, 웨이위안에서 홍쥔, 투지, 커펑쑨, 선쩡즈沈曾植, 왕궈웨이가 모두 각기 여기에 기여하였다. 그러나 이러한 성과는 진정한 의미에서의 고대동방학연구와는 크게 동떨어져 있다. 첫째, 이들은 고대 변경 부족의 언어를 알지 못하여서, 음절을 분석하고, 감합을 맞추어 볼 때, "한 음의 전환과 같은 음의 통가通假" 등 과학적 근거를 결핍한 견해를 써서 억지로 풀어냈다. 둘째, 문을 걸어닫고 수레를 만드는 격처럼, 당시 세계 학술연구의 전체적인 경향을 알지 못하였다. 천인커는 "떼 지어 동쪽의 이웃에게 가서 국사를 배우는" 데 자극을 받아서, 결연히 동방학이 가장 발달한 구미 여러 나라에 가서 학문을 탐구하였다. "동방학의 고향'이라 불린 독일 베를린대학에서, 천인커는 4년을 머물렀다. 그곳에서 중앙아시아, 남아시아, 동북아시아 고대 부족의 이미 단절돼버린 사어死語에 대하여 깊이 파고들어 연마하였다. 천인커의 제자 지셴린季羨林의 소개에 따르면, 천인커가 독일 유학에서 남긴 학습필기 64권 중에 어문에 대한 것이 14종에 달한다고 한다. 그것들은 티베트문, 몽고문, 돌궐위구르문, 토카리아문, 서하문, 만주문, 조선문, 거로문佉盧文, 산스크리트문, 팔리문, 힌디문, 러시아문, 히브리문, 동터키문이다. 이로부터 천인커가 고대동방학 영역에서 섭렵한 것이 매우 넓다는 것을 알 수 있다.

천인커는 독일에서 돌아온 후에, 칭화국학연구원에서 고대동방학 관련 강의를 개설했다. 주요 연구 과제는 서양 동방학의 목록학, 불경번역문학, 연역학年曆學, 고대 비문碑文, 그리고 이민족 관련 비교 연구, 마니교 경전과 위구르문 번역문의 연구, 불경견전 상의 각종 문학의 비교연구, 몽고·만주

『금명관총고이편金明館叢稿二編』의 원고. 천인커는 『금명관총고』에서 평생
의 학문을 총결한 것 같은데, 단 당시 문화 상황이 좋지 않아서, 천인커의
"글자 하나하나가 모두 강렬한 것이 심상치 않은" 이 논저는 시종 빛을
보질 못하였고, 그가 후차오무胡喬木에게 말한 "관 뚜껑을 덮는 것은 기한이
있는데, 출판은 아득하여 기한이 없다."고 한 것이 참언讖言이 되었다.

의 서적, 비문碑文과 역사와 관련된 연구였다. 이때부터 그가 발표한 관련
논문들에서 보면, 확실히 천인커가 고대 동방학 영역에서 매우 숙달된
학술감각을 드러냈음을 알 수 있다. 그리고 이는 당시 학자들은 필적하기가
매우 어려웠던 것이고, 후배학자들은 따라잡을 엄두조차 낼 수 없는 걸작들
로서, 그에게 학술적 영예를 가져다주었으며, 현대중국학술사에서 지워낼
수 없는 지위를 다져주었다. 천인커는 자신이 배운 십여 종의 언어를
모두 학술연구에 활용하지는 않았다. 지셴린은 천인커가 "안에 쌓은 것이
많으나 밖으로 드러낸 것은 적다"고 하였다. 사실 천인커로서도 자신이
장악한 모든 언어를 학술연구에 이용하기란 불가능했다. 자료의 한계,
개인의 학술적 흥미의 이동, 사회의 불안정 및 건강상황의 제약으로 인해,
천인커는 학술의 중점을 수당사 연구로 옮겼다.

천인커의 "명문가 자제" 자의식

세상이 모두 알 듯, 천인커는 명문세족 출신이다. 조부 천바오전陳寶箴(유밍右銘), 부 천싼리(보옌伯嚴)는 청말 민국초 정치계, 학계에서 청예淸譽를 누렸다. 천바오전이 샹푸湘撫에 임직하여, 근대 후난湖南에 새로운 기풍을 열었다. 천싼리는 "청말 4대 공자"중 하나로서, 동광체시파同光體詩派의 뛰어난 인물이었다. 학자가문에서 가르침을 받아서 남보다 일찍 선견을 얻고, 당시의 조리가 분명하고 요체를 연마한 선비와의 시詩나 사詞를 통한 교제는 천인커에게 깊은 인상을 주었다. 후스는 이전에 천인커가 "전조前朝에 충성을 지키는 젊은이" 기운이 있다고 했는데, 이는 분명 틀린 말은 아니나, 너무 표면적인 것 같다. 그가 "전조에 충성을 지키는 젊은이" 기운을 가졌다 기보다는 그에게 심각한 "명문가자제" 자의식가 있었다고 하는 것이 훨씬 실제와 부합한다.

"추운 밤에 내일의 창성을 말하던 것을 회고하니回思寒夜話明昌, 남방 사람을 볼 적마다 눈물을 흘리네相對南冠泣數行."이는 천인커가 자기보다 열세 살 손위인 왕궈웨이를 애도한 시구다. 왕궈웨이는 청말에 공명功名이 없었고, 기본적으로 일개 순순한 선비였다. 그의 명성은 학문에서 신국면을 연 힘 덕분이었다. 왕궈웨이와 천인커는 칭화원淸華園에서 "추운 밤에 내일의 창성을 말하고", 청말의 역사적 일화를 이야기하고, 관료사회의 부침을 이야기하며, 탄식하며 개탄하기를 금할 수 없었다. 천인커는 이전에 왕궈웨이가 알려준 청궁견문淸宮見聞을 푸쓰녠에게 전했는데, 푸쓰녠은 그것을 자신의 글 「관가와 민간 기재의 비교官家民間記載之比較」에 적어 넣었다. 천바오천, 선쩡즈, 판쩡샹樊增祥, 정샤오쉬鄭孝胥, 먀오취안쑨繆荃孫, 커펑쑨은 왕궈웨이가 잘 아는 선배들인데, 이들은 또한 천인커의 부친, 조부와도 서로 아는 사이였다. 이런 의의에서, 소위 "남방 사람을 볼 적마다 눈물을 흘리네."라고 한 것은 매우 진실되고 자연스러운 것이었다. 따라서 천인커는 형제들에게 자신은 청말의 역사를 연구해서는 안된다. 연구하기만 하면 곧 너무 감정에 빠져든다고 말하곤 했다.[5] 부친, 조부 세대의 역사에 빠져들고, 가족이나 가족 이외의 이미 세상을 떠난 이들의 영광을 애석해하며, 이미 배운 것을 심층적 역사에 기탁한 뜻은 천인커가 겉으로 드러내지 않고 마음에 드러낸 "명문가 자제" 자의식의 축소판이다. 그러므로 우리는 천인커의 여러 사학 저작에서 이러한 재미있는 현상을 발견할 수 있으니, 즉 천인커가 가족 혹은 왕조의 원류와 개인의 경험을 참고하고 증명한 것은 매우 전형적이면서 또한 다채로웠던 것이 「우치창의 『량치차오전』서를 읽고서讀吳其昌撰「梁啓超傳」書後」에서, 천인커는 량치차오가 타오위안밍陶淵明의 가문과 출신을 이해하지 못했다고 노골적으로 지적했다. 왜 그랬을까? 량치차오가 빈한한 가문 출신이었기 때문이다. 출신을 중시하고 근원을 따지는 것은 천인커의 역사 서술에 관통하고 있는데, 이는 분명히 유래가 깊은 것에 기탁하는 천인커의 역사가로서의 소회를 드러낸다.

천인커는 자신이 명문가 출신이고, 그러기에 그가 교류하고 친구로 사귄 이들은 대부분 명문가의 후예다. 특히 천인커가 자신의 부친, 조부 세대와 연원이 있는 명문가의 후손들을 매우 중시했던 것은 명백하다. 쩡궈판과 천바오전은 선후배 관계인데, 천바오전이 혁혁히 출세할 수 있었던 것은 쩡궈판과 매우 깊은 관련이 있다. 쩡, 천 두 가문은 친척간이기도 했다. 천인커의 어머니, 천싼리의 후처인 위부인兪夫人은 쩡궈판의 삼남 쩡지훙曾紀鴻의 딸 쩡광산曾廣珊의 남편 위서우청兪壽丞의 누이고, 위서우청의 아들 위다웨이兪大維의 부인은 천인커의 동복여동생이다. 위서우청의 동생 위커스兪恪士와 쩡광쥔曾廣鈞, 그리고 천싼리는 시계詩界에서 절친한

---

5) 石泉, 李涵, 「追憶先師寅恪先生」, 錢文忠 編, 『陳寅恪印象』, 學林出版社, 1997.

친구가 되었는데, 천인커는 이들 선대들과도 왕래가 있었다. 중화인민공화국 성립 후에 천인커는 여전히 쩡궈판의 후손인 쩡자오위曾昭裔와 시가詩歌를 함께 부르며, 빈번히 왕래하였다. 원팅스文廷式와 천싼리는 함께 장시江西 향시鄉試에 합격하였다. 천인커는 이전에 원팅스의 『운기헌시집雲起軒詩集』을 위해 시를 지었는데, 거기에서 "돌이켜 생각할 적마다 눈물이 흐르는 듯하다.此意思一泫然"고 하였다.

위핑보俞平伯는 청말 대학자인 위웨俞樾의 증손이다. 천인커와 위핑보의 교류가 밀접하여, 위핑보는 일찍이 "나와 인커는 첫 만남이 마치 오랜 친구를 만난 듯하였고, 말하는 것조차 불필요할 정도의 친한 사이 같았다"라고 하였다. 천인커는 또 위핑보를 위해 「위곡원선생 병중에서 뱉어낸 말에 대한 발문俞曲園先生病中囈語跋」을 썼다. 1953년 가을, 위핑보가 『홍루몽 연구紅樓夢研究』로 비판을 받았을 때, 천인커는 곧 「무제無題」 칠율七律 한 수를 지었는데, 시문 끝에 이렇게 썼다. "30년을 회고하면서 시의 말미에 서문을 적게 되었는데, 훌륭한 학자들의 틈바구니에 있으면서 눈물겨운 노력을 한 덕택이라네回首卅年題尾在, 處身夷惠泣枯魚". 차이어蔡鍔와 양수다楊樹達 는 천바오전이 샹湘, 후난성 지역을 다스리던 때, 시무학당時務學堂의 고재생 高材生이었다. 차이어는 호국護國으로 후세에 명성을 남겼는데, 천인커가 한때 잠시 그의 비서를 맡았던 적이 있었다. 칭화원淸華園 시절에 천인커는 시무학당에서 차이어를 가르쳤던 량치차오와 차이어에 대한 이야기를 나눴는데, 세상의 변화무쌍함에 탄식을 금하지 못하였다. 양수다는 천인커와 동갑으로 칭화에서 함께 가르쳤으며, 평생 천인커의 학문을 존경하였다. 천인커는 양수다의 저작 여러 편에 서문을 써주어 벗의 학술을 추장推奬하였다. 취쯔주瞿子玖는 청말 중신으로서, 신해혁명 이후 "상하이의 우공 海上寓公" 노릇을 하였으며, 생활이 풍족하였다. 그의 아들 취두이즈瞿兌之는 청말의 장고掌故를 잘 알았고, 역사도 많이 연구하였다. 천인커와 취두이즈는 시가로써 교제하였는데, 서로 매우 잘 맞았다. 캉유웨이는 무술유신운동의 지도자인데, 연배상으로 말하자면, 캉유웨이는 천바오전보다 아래고, 그 아들 천싼리와는 동년배다. 캉, 천 두 집안의 관계가 어떠한지는 "소남심사所南心史"를 밝히려고 하는 것 같아 보인다. 실마리는 천인커가 1958년 음력 무술년 캉유웨이의 100세 생일에 「남해세장백세생일헌사南海世丈百歲生日獻詞」를 쓴 것에서 찾을 수 있다. 왜냐하면 같은 해에 천인커는 캉유웨이의 딸 캉퉁비康同璧가 베이징의 거처에서 제사를 준비한 것을 알게 되어서 시를 지어 올린 것이다. 그러나 천인커의 시가 왜 부쳐질 수 없었는지는 아마 아무도 풀 수 없는 수수께끼일 것이다. 천인커 개인의 혼인에서도 그가 가문의 연원을 매우 중시했음을 볼 수 있다. 천의 아내 탕샤오잉唐曉瑩은 타이완순무臺灣巡撫 탕징쑹唐景崧의 손녀다. 천인커가 처음으로 탕샤오잉의 처소에 가서 먼저 주의를 기울였던 것은 벽에 걸린, "남주생南注生"이라고 낙관을 찍은 족자였다. "남주생"은 탕징쑹의 칭호다. 마찬가지로 순무의 손자였던 천인커는 38세에 부친이 원하는 정혼을 거절하고 탕샤오잉과 결혼하는데, 그 안에 포함된 것이 단순히 인연과 인생에 대한 기대는 아니다.

　천인커의 제자 진커무金克木, 베이징대하의 저명 교수로서, 산스크리트어에 능통했다는 그가 90년대 말에 쓴 『천인커유찰후기陳寅恪遺劄後記』에서, 천인커, 탕샤오잉 부부가 진커무의 아내 탕지융唐季雍(탕지융은 저명 사학자 탕장루唐長孺의 누이)과 가업당嘉業堂의 류청간劉承幹이 친척인 것을 듣고는 탕지융과 다른 사람에 대해 서로 이러쿵저러쿵 말하며 무척 즐거워하였다고 하였다. 진커무는 탕샤오잉의 집안과 가업당이 어떤 관계인지를 알지 못했는데, 류씨와 탕씨 양 집안이 모두 청조 유신의 가문으로서, 공통의 화제가 있었다고 하겠다. 손아랫사람인 진커무는 "나도 그와 옛 이야기를 나눌 정도에는 미치지 못했다."고 하였다. 천인커가 "옛 이야기를 나눈다."

고 한 것은 모두 청말 이래의 슬픈 역사다. 그의 아버지뻘, 혹은 할아버지뻘
의 지인들 및 그 사우師友가 차례로 작고하였고, 천인커 자신은 부득불
역사를 자신의 마음속에 간직할 따름인데, 때대로 기회와 인연을 얻으면
시를 지어 읊음으로써 아득한 그리움에 몸을 맡겼다.

20

시대의 풍조를 열어 많은 모범을 전하다

● 궈모뤄郭沫若 학기 ●

민국사학民國史學에서 중화인민공화국의 신사학新史學으로 체제를 전환할 때, 궈모뤄郭沫若는 매우 중요한 인물이다. 우리가 1949년의 개국을 분계선으로 하여 궈모뤄1892-1978의 역사학을 나눌 수는 없을지라도, 1949년 직후 궈모뤄의 사학연구는 분명히 높은 기상과 기개를 지녔다. 1952년판 『노예제시대奴隸制時代』를 읽으면 건국 초기 궈모뤄 역사학의 궤적을 대략 찾아낼 수 있다. 『노예제시대』를 해독하면, 그 안에 담겨있는 깊은 의미는

이 책이 사람들에게 새로운 학술관념과 학술결론을 제공했던 것에 있는
것이 아니라, 개국 초의 궈모뤄의 학술심경, 기개, 역사학자의 잠재의식과
변증법의 예봉을 사람들에게 드러냈던 데 있었다.

1945년 궈모뤄는 과거 15년에 중국고대사를 연구한 것에 대하여 체계적
정리를 하여, 『청동시대青銅時代』, 『십비판서十批判書』의 전문 역사서 두
권을 집성하였다.

『노예제시대』는 1952년 상하이신문예출판사上海新文藝出版社에서 출판되
었다. 6월에 제1판 5000권을 인쇄했고, 8월에는 제2판 9000권을 인쇄했다.
판매량이 비교적 많았고, 광범위한 영향력을 가졌다. 이 책에 수록된 글은
16편이다. 궈모뤄는 책의 「후기後記」에서 "내가 최근 2년간 써낸 중국 고대
관련 연구를 이 작은 문집으로 편집하여, 『십비판서十批判書』의 보충으로
삼았다."고 하였다. 이 책에 의하면, 1950년에서 1952년 사이에 궈모뤄의
학술적 흥미는 역사학 영역에 주로 집중된 것 같음을 알 수 있다. 이

영역에서 궈모뤄는 특히 중국고대사 시대구분 문제, 즉 중국 고대노예제도
와 봉건제도가 도대체 어느 때에 나뉘는지에 관심을 기울였다. 『노예제시
대』에 관련된 여러 문제는 모두 중국고대사 시대구분이라는 핵심문제와
떼어내기 어렵다.

1952년 여름, 궈모뤄의 『노예제시대奴隷制時代』가 세상에 나왔다. 궈모뤄는
중국노예제사회와 봉건사회의 계급과 주요 사회모순의 변화를 서술했고,
이전에 노예제의 시산석 하한을 논했던 것을 개정하였는데, 노예제의 하한을
반드시 춘추와 전국 교체기, 즉 기원전 475년에서 찾아야 한다고 생각하였다.

1950년에서 1952년까지 중국 신사학新史學의 연구활동은 여전히 분산된
상태였는데, 학술상의 통일성을 형성하지 못했고, 신시대와 부합하고 중대
하고 폭넓은 영향을 가진 학술연구과제는 더더욱 제출하지 못했다. 1951년
중국사학회中國史學會가 세워졌다. 궈모뤄가 회장으로 당선되었고, 우위장
吳玉章, 판원란이 부회장으로 당선되었으며, 판원란이 중국사학회의 일상
업무를 주관하였다. 중국사학회를 조직한 것은 학술공헌이 다채롭고 학술

유파가 다양하며 연령대도 다른 역사교육종사자들을 하나의 공통된 기치 아래, 각자 한 방면에 집중하는 집단연구를 전개하게 하려는 것이었다. 이는 전국의 역사연구 종사자 각자를 진陣의 부분으로 삼아 조직화, 체계화 시켰다. 베이징중국사학회北京中國史學會와 멀리서 협력하였던 것은 카이펑 開封의 지원푸嵇文甫 1895-1963인데, 그는 카이펑에서 중국사학회 허난성분회河南省分會를 창건하고, 동시에『신사학통신新史學通訊』후에『사학월간史學月刊』으로 명칭을 바꿨다을 창간했다. 이 잡지는 중국사학회 창건 후 가장 먼저 출현한 역사학 전문지일 것이다.『노예제시대』에 수록된 것 중에「카이펑중국신사학연구회분회開封中國新史學分會에 드리는 편지」가 있는데, 여기에는 지원푸와 그의 동료들을 격려하고 지지하는 것이 매우 분명하게 드러난다. 궈모뤄는 이 편지에서 유물사관의 사학연구에 대한 중요성을 강조하여, "방법에 정통하고, 운용을 유연하게 하며, 상을 잘 차려내는 일은 간단한 일이 아니다"고 하였다. 중국사학회가 70년대 말기에 이미 거의 활동을 정지했던 것은 반드시 언급해야 한다. 1980년 4월 8일에서 13일에 중국사학회가 베이징에서 재건되었다. 125명의 사학자들이 참가한 집회에서, 정톈팅鄭天挺, 저우구청, 바이서우이白壽彝, 류다녠劉大年, 덩광밍鄧廣銘의 5인이 재건된 중국사학회의 이사회주석단의 구성원이 되었다. 이 회는 1951년 초 창립 당시처럼 회장, 부회장을 세우지 않았는데, 다시는 궈모뤄처럼 도량이 크고 신망이 높은 사람을 인선할 수 없었기 때문이다. 이는 한 세대가 늙어 죽은 이후, 역사학 영역에 다시는 궈모뤄, 판원란과 같이 영향력 있고, 호소력 있는 사학 대가가 출현할 수 없었던 것을 설명해준다. 역사학의 전문가시대의 도래는 중국역사학계가 "제후할거諸侯割據, 백가쟁웅百家爭雄, 각영풍소各領風騷" 구조가 정식으로 형성된 것을 뜻한다. 1952년판『노예제시대』를 읽으면, 실제로 궈모뤄가 어떻게 동시대 사람들과의 학술비판과 논쟁을 통해 자신의 역사학 이론체계를 완성했고 결국 자신의 저작으로써 중국사학회의 "서열 제1위"의 지위를 확립해 나가기 시작한 과정을 엿볼 수 있다.

『노예제시대』를 읽을 때, 만일 시선을 학술연구의 본질명제로부터 더욱 철저한 이론사고를 하는 것으로 옮겨간다면, 이 문집의 행간에서 마음이 트이고, 궈모뤄가 건국초기에 대중을 우습게 여겼던 것, 남다르고 자주적이고 자존하는 사학자의 풍모를 지녔던 것을 탐구하고 음미할 수 있다. 변증유물주의와 역사유물주의는 당시 궈모뤄를 학술영수로 한 신사학 인물들이 추숭하였던 결정적인 학술준칙이었다. 그러나 1950년에서 1952년에 이르는 공화국 초기에 변증유물주의와 역사유물주의를 자신의 학술연구에서 비교적 능숙하게 장악하고 실제적으로 운용한 이들은 실제로 그다지 보이지 않는다. 그 핵심과 정수를 깨닫는 것에 대해서는 더욱이 논하지 않는다.

민국시대부터 공화국 신시대까지, 지식인의 역할의 변화는 결코 그림자가 몸을 따라다니듯 한 것이 아니고, 특히 민국시기에 성취한 학자들은 더욱 그러했다. 학술연구에서 신구, 시대와 사회의 신구는 결코 늘 정비례하지 않는다. 따라서 많은 학자들이 변증유물주의와 역사유물주의에 망연해졌을 때, 궈모뤄는 선지선각자로서 따끔하게 충고하여 깨닫게 하는데, 견책과 타이름, 논평과 관심을 겸유했다고 해야 한다. 시대에 빌붙어 새로운 것을 따르는 것이 학자의 성정이 되어서는 안되고, 강직함과 홀로 우뚝 서는 것 또한 학자가 새로운 것을 거절하는 구실이 되어서는 안된다. 그러나 궈모뤄처럼 정통적 변증유물주의와 역사유물주의 역사학자로서 자처하는 이는 자연 신사학자 집단으로부터 환영받지 못했다. 정상적 학술쟁명 중이라 하더라도 쌍방이 불평등한 지위에 처해있기 때문에, 쟁명시의 필전筆戰은 자연히 일리는 있지만 너무 지나친 감은 좀 있었다. 『노예제시대』에 실린 대다수 논문은 모두 겉으로는 소박한 듯하나, 실제로

는 높이 앉아 내려다보는 기세가 있다. 매우 분명히, 이는 궈모뤄의 인품과
학문의 일관된 풍격을 충분히 반영했다.

궈모뤄와 판원란의 중국고대사시대구분에 관한 학술쟁명에서는 궈모뤄
의 학자로서의 특수한 개성이 드러난다. 판원란1893~1969은 저장浙江 사오
싱인紹興人으로서, 1917년에 베이징대학 국학문國學門을 졸업하였고, 저명
학자 황칸에게서 사사하여 고대문자, 음운, 훈고를 연구하였던 장타이옌의
재전제자再傳弟子다. 판원란과 궈모뤄의 학술은 같은 중에 다른 것이 있고,
다른 중에 같은 것이 있다. 마르크스주의를 전파하는 역사유물주의 이론
체계에서, 궈모뤄와 판원란 모두가 기풍을 만들어냈다. 궈모뤄의 『중국고
대사회연구中國古代社會硏究』는 규정을 창조하고, 중국역사를 마르크스, 엥
겔스가 세운 인류사회발전모델에 포함시켜, 학술계에 거대하고 깊은 영향

궈모뤄는 1918년에 일본 큐슈대학九州大學 의학부에 재학 중이었다. 의학에
서 문학으로, 문학에서 사학으로 간 것인데, 궈모뤄의 학술연구는 왕왕
부분에서 출발하여 전체로까지 널리 확대시켰으며, 조그마한 조짐에서
전체의 경향을 꿰뚫어보는 특성이 매우 뚜렷하였으니, 이는 그가 재량적載量的
사식史識을 지녔음을 분명히 나타낸다.

1955년 6월, 궈모뤄는 중국과학원 학부 성립대회 개최를 주관하였다. 4개 학부가 동시에 세워졌고, 궈모뤄는 철학사회과학부 주임을 겸임하였다.

을 생겨나게 했다. 판원란이 옌안延安에서 쓴 『중국통사간편中國通史簡編』은 유물사관을 이론핵심으로 삼은 첫 번째 중국통사中國通史인데, 출판 이후 대대로 역사연구자들에게 영향을 미쳤다. 판원란과는 달리 일본 큐슈제국 대학九州帝國大學의 의과醫科에 유학했던 궈모뤄의 국학 기초는 기본적으로 중학생 때 쌓은 것인데, 보통사람과는 완전히 다른 천부적인 재능과 이해력에 기대어 형성된 것이었다. 그는 현대 촉학蜀學의 창시자 랴오핑廖平의 재전제자라고 할 수 있는데, 선진문헌전적先秦文獻典籍을 해석할 때, 금고문학今古文學 사이에서 유리되어 취사선택한다. 그가 중국고대사회를 연구한 기점은 뤄전위, 왕궈웨이가 처음으로 개척한 학술구역에 서있다. 심지어 궈모뤄는 왕궈웨이의 사숙제자私淑弟子라고도 할 수 있다. 판원란의 『문심조룡文心雕龍』 연구와 중국경제사연구는 학계에서 이름을 떨쳤다. 궈모뤄의 갑골·금문연구, 사극사론史劇史論, 문학예술창작은 홀로 학계를 장악하였다. 1949년 이전에 궈모뤄의 학술연구는 "국통구國統區"에서 전개되었는데, 그는 흡사 당시 역사유물주의학파의 중진이 된 듯하였다. 판원란은 당시의 정치중심인 옌안에서 역사연구를 주로 하였다. 1940년 옌안마르크스레닌주의학원延安馬列學院 역사연구실의 주임을 맡은 후에, 판원란은『중국통사간편』저술 작업을 시작하였다. 궈모뤄가 홍콩에서 동북해방구東北解放區를 거쳐 베이핑北平에 도착하여 중화인민공화국개국대전中和人民共和國開國大典에 참가할 때, 판원란은 화베이대학華北大學을 따라 베이징으로 옮겨가, 중화전국사회과학공작대표회의주비회中華全國社會科學工作表會議籌備會로부터 추천을 받아서 전국정치협상회의全國政治協商會議에 참가하였다. 1950년 중국과학원中國科學院이 성립하고, 화베이대학 역사연구실은 중국과학원 중국근대사연구소中國近代史研究所로 변경되었고, 판원란은 이 연구소의 소장을 맡았다. 판원란, 궈모뤄 이 두 사학 대가는 베이징에 한데 모여 사업상으로는 합작하고, 학술상으로는 논쟁하는 황금시기를 열었다. 판원란, 궈모뤄의 학술 논쟁의 핵심은 주로 서주西周가 노예사회인가 아니면 봉건사회인가라는 문제에 집중되었다.

1930년에 출판한『중국고대사회연구』부터 1952년『노예제시대』출판까지, 궈모뤄의 중국고대사 시대구분에 관한 의견은 일변一變, 이변二變, 삼변三變을 거쳐, 최후의 형태를 완성시켰다. 그는 1972년에 인민출판사人民出版社에서 출판한『노예제시대』에 쓴「중국고대사의 시대구분문제中國古代史的分期問題」에서, "노예제의 하한에 관하여, 나는 앞뒤로 세 가지의 다른 견해가 있었다. 처음에 나는 두 사회제도의 교체는 서주西周와 동주東周가 바뀌는 때, 즉 기원전 770년 무렵이라고 생각했다. 후에 나는 이러한 인식을 바꿨다. 나는 진한秦漢 교체기, 즉 기원전 206년 전후로 개정하였다. 계속해서 1952년 초에 나는『노예제시대』를 썼는데, 나는 비로소 노예제의 하한을 춘추와 전국 교체시기 즉 기원전 475년으로 단호히 구분하였다." 1952년 중국고대사 시대구분설을 최후의 형태로 완성한 후에 궈모뤄는 학술적 자신감을 강하게 드러냈다. 그는 "오늘날 은주殷周는 노예사회라는 견해는 내가 일찍이 접했던 자료들로 보아, 확실히 이미 확정된 것이다."[1]라고 하였다. 동시에 궈모뤄는 자신의 이전의 관점이 독자들에게 여전히 영향력을 가진 것에 대해서도 거듭 사과하였다. 그는 "내가 20여 년 전에 중국고대사회를 연구하기 시작했을 때, ……, 그때 나는 매우 경솔하게 은대殷代가 금석병용시대金石竝用時代라고 잘못된 판단을 내렸다. ……이 착오는 나 스스로 일찍이 교정했으나, 친구들에게 남긴 영향이 매우 깊어서, 참으로 내가 책임을 져야만 한다."[2] "1950년 4월 26일 나는 베이징대학에서 '중국노예사회'에 관한 강연을 한 번 했다, ……, 나는 여기에서 공개적으로 선언했던 것에 책임을 져야 하니, 그 강연록은 반드시 폐기되어야 한다. 그 강연록에는 어떤 새로운 것도 없고, 있는 것이라고는 그저 진대秦代도 노예사회에 포함시켰던 부정확한 견해일 따름이다."[3] 판원란과 중국고대사의 시대구분 문제를 연구하였을 때, 궈모뤄는 반어적인 풍자마저 없지 않게 자조적으로 말하길, "나는 종종 내 입을 때리는데, 이런 일은 당연하다. 사람이 잘못하는 것은 자주 있는 일이고, 잘못은 즉시 고치면 충분하고, 결코 치욕이 아니다."[4] 궈모뤄가 "종종 내 입을 때린다."고 한 것과 다르게, 판원란은 자신의 착오를 수정할 때, 줄곧 자신의 마르크스주의이론 수준이 낮아서 이 방면에 부단한 보충, 몰두, 향상이 필요하다고 하였다. 『중국통사간편』의 일관된 "서주봉건설西周封建說"은 판원란이 계속해서 굳건히 지켜낸 것이었다. "서주봉건설"

---

1)　郭沫若, 『奴隸制時代』, 新文藝出版社, 1952, 72쪽.
2)　郭沫若, 앞의 책, 80쪽.
3)　郭沫若, 앞의 책, 188쪽.
4)　郭沫若, 앞의 책, 98쪽.

은 판원란이 처음으로 제창했던 학설은 결코 아니다. 학술계의 의견에 따르면, 뤼전위呂振羽가 "서주봉건설"의 창도자다. 1936년에 출판한『은주시대의 중국사회殷周時代的中國社會』에서 뤼전위는 궈모뤄가 사용한 문헌자료와 같은 것을 사용했지만, 궈모뤄가『중국고대사회연구』에서 "은주는 노예사회다"라고 한 것과는 완전히 상반된 결론을 내렸다. 판원란이 아직 옌안에 도착하지 않았을 때, 옌안학술계는 "서주봉건설"을 주장하고 있었다. 우위장이 앞장서서 은주는 노예사회이고 서주는 이미 봉건사회로 진입했다는 관점을 제기하였다. 마오쩌둥毛澤東이『중국혁명과 중국공산당中國革命和中國共産黨』교재를 편저할 때, 우위장의 관점을 채택하여, "이 봉건제도는 주진周秦 이래로, 계속해서 3천년 가량 지속되었다."고 하였다.『신민주주의론新民主主義論』에서 마오쩌둥은 "주진周秦 이래 중국은 봉건사회다."라고 하였다. 판원란이 옌안에 도착한 후 쓴 첫 번째 논문「상고역사단계에 관한 논의關於上古歷史階段的商榷」에서 "은대는 노예사회이고, 서주는 봉건사회다. 이는 우리 당 역사학자 우위장 동지의 주장이다."라고 명확히 제출하였다. 판원란은 이 관점에 동의하고 또한 계속해서 논증하여,『중국통사간편』에서 "서주봉건설"을 더욱 완벽하게 만들었다.[5] 1952년 전의 십수년,『중국통사간편』은 혁명적이고 진보적인 지식인들에게 광범위한 영향을 미쳤다. 1951년, 58세의 판원란은『신건설新建設』제4권 제2기에「「중국통사간편」에 관하여關於「中國通史簡編」」를 발표했는데, 이 글에서 학술적으로 자기를 비평하는 동시에 "서주봉건설" 주장을 계속 자세히 설명하였다. 이로부터 궈모뤄는 판원란과 중국고대사 시대구분에 관한 일대일 학술논쟁을 시작하였다. 궈모뤄의「주대사회에 관한 토의關於周代社會的商討」는「「중국통사간편」에 관하여」를 직접 겨눈 것이다. 인간순장人殉과『시경詩經』해석의 두 방면에서, 판원란의

---

5)　範文瀾,『範文瀾歷史論文選集』, 中國社會科學出版社, 1979, 82쪽.

관점을 반박했다. 귀모뤄는 "토의"에서 반복해서 마르크스주의 관점을
인용하여 증명하였는데, "판선생은 『소련공산당사』의 규정을 인용하여,
자유학살이 가능한지 여부로써 노예와 농노를 판정한다. 그 규정은 정확한
것이나, 판선생의 운용은 그다지 정확하지 않다."라고 하였다.[6] 귀모뤄는
판원란의 『시경』 해석에 대해서도 그다지 동의하지 않았는데, "비판은
엄밀해야 하고, 해석은 근신해야 하는데, 이는 역사유물주의자가 『시경』
내지 일반 사료에 대하여 반드시 갖춰야 하는 기본태도"라고 비평하였다.[7]
"토의" 문에서 귀모뤄는 "동시에 다른 문제도 덧붙여서 토론하고 싶다"고
하였다. 이 "다른 문제"란 판원란이 동조하고, 지원푸가 제기했던 "중국
고대사회의 조숙성" 관점을 가리킨다. 베이징대학 철학문哲學門을 졸업한
지원푸는 20년대에 일찍이 소련 모스크바 중산대학에서 직접 스탈린의
강의를 들은 적이 있다. 그의 마르크스주의의 이론적 깊이는 비교할 수
있는 이가 거의 없다. 고향 허난河南에서 교편을 잡았을 때, 베이징대학의
친구인 판원란과 비교적 깊은 우정을 나눴다. 지원푸는 고대 동방사회의
특수발전법칙에서 중국고대사회의 조숙성을 탐구하였는데, 확실히 깊이
생각할 만한 일이었다. 귀모뤄는 이 관점이 매우 "신선"하지만, "조숙"했다고
여겼다. 그는 "지선생은 발전적으로 문제를 보는 데 충분히 익숙치 않은
것 같다, …… 역사발전의 결과를 위기에 처하게 했다."고 하였다.[8] 귀모뤄는
지원푸가 "조숙성'이라는 가설을 교묘하게 세워내니, 이래서 나는 마르크스
의 역사유물주의를 취소했다고 간주한다."고 하였다.[9] 귀모뤄는 계속 강조
하여 말하기를, "나는 지선생의 '조숙성'이 '조숙'하다고 생각한다. 또한

---

6) 郭沫若, 앞의 책, 92쪽.
7) 郭沫若, 앞의 책, 98쪽.
8) 郭沫若, 앞의 책, 104쪽.
9) 郭沫若, 앞의 책, 100쪽.

본질적으로 마르크스학설을 취소할 위험이 있다고 생각한다."고 하였다.[10] 궈모뤄, 판원란, 지원푸의 중국고대사 시대구분에 관한 학술논쟁은 사실 전체적으로 보아 누구는 옳고 누구는 그르다고 할 문제가 아니다. 고대사 시대구분은 문헌고증해석, 출토문물고증, 고문물 감정 등과 같은 모든 문제들과 관련되고, 더욱이 역사유물주의 이론체계에 대한 이해와 관련되었기 때문에 사람들의 의견이 다양한 것이 정상일 것이다. 소위 공인된 표준결론을 인위적으로 연구해내는 것은 확실히 시의에 맞지 않는다. 궈모뤄는 자신의 연구결론에 대하여 지나치게 자신했기 때문에, 여러 논박문에서 공인된 결과가 있어야 한다고 반복해서 강조했다. 그는 "질질 끌어 결론을 찾으려 하지 않는 것은 물론 절대 안될 일이지만, 결론을 찾는 데 조급하여 인위적인 통일을 갈망하는 것도 독단에 치우칠 것이다. 나는 질질 끌고 싶지도 않지만, 감히 독단에 치우치지도 못한다. 20년간 부단히 자료를 탐구하고, 부단히 자신을 평정하였다. 나는 단호히 믿는다. 문제는 총회가 정설을 얻으려는 것이고, 혼돈이 영원히 혼돈으로 지속될 리 만무하다."[11] 이후 궈모뤄가 『중국사고中國史稿』를 주편하여 "춘추・전국봉건설"을 관통시켰고, 판원란의 『중국통사간편』은 "서주봉건설"을 관통시켰으며, 상웨尙越가 주편한 『중국역사강요中國歷史綱要』는 "위진봉건설魏晉封建說"에 집중하였으니, 3개가 일시에 역사학계에서 정립鼎立한 중요학설이 되었다. 마오쩌둥의 지지를 얻은 것으로 인해, 궈모뤄의 "춘추・전국봉건설"은 최고 권위자의 결정으로 인해 지배적 지위에 놓인 학설이 되었다. 궈모뤄의 "감히 독단에 치우치지 않는다"는 것은 마치 아이러니처럼 되었다.

 궈모뤄의 1950년에서 1952년까지 역사연구의 학술논쟁에서 두드러진

---

10) 郭沫若, 앞의 책, 101쪽.
11) 郭沫若, 앞의 책, 105쪽.

현상은 논쟁의 한 쪽을 변증유물주의와 역사유물주의를 알지 못하고不懂, 정통하지 못하고不精, 이해하지 못하고不通, 서툰不熟 것으로 분류하는 것이다. 『노예제시대』에 수록된 여러 편의 논쟁글들은 이러한 형세를 드러냈다. 판원란의 "서주봉건설"을 보좌하는 왕위취안王毓銓이 당시 궈모뤄와 논쟁할 때 겨우 40세에 두각을 나타낸 중년학자였다. 그의「주대는 노예사회가 아니다周代不是奴隷社會」는 글은 시원시원하게 궈모뤄를 직접 겨누었다. 왜냐하면 왕위취안은 고대 그리스, 아테네 시기의 "헬로트Helots"의 관련 특성을 논쟁에 도입하여 고대사분기의 논쟁을 좀더 심화시켰던 것 같다. 궈모뤄가 자못 불쾌감을 느꼈던 것은 "왕선생의 글은 매우 가볍고 풍자적인데, 그는 주대가 노예사회인가 아니면 봉건사회인가라는 논쟁을 '그저 명사 차이'라고 생각한다."는 것이다.[12] 왕위취안의 글을 진술, 반박한 후에 궈모뤄는 "나는 왕선생이 발전적으로 문제를 보는 데 그다지 익숙하지 않은 것 같다고 느꼈다."고 하였다.[13] 궈모뤄는 확실히 왕위취안이 제출한 "헬로트"에 대하여 그다지 알지 못하였는데, 신중하기 위하여 그는 타오멍허陶孟和에게 가르침을 청했고, 타오멍허는 중국과학원 사회연구소의 왕징위汪敬虞에게 고증해줄 것을 청하였다. 왕징위가 고증한 결과, "헬로트"는 노예임을 인정하였다. 그러나 왕위취안이 근거로 생각한 모리스는 "반마르크스주의" 학자로 여겨졌다. 궈모뤄는 이를 근거로, 글의「보기補記」의 말미에서 왕위취안을 험담하기를, "나는 마오 주석의『우리의 학습을 개조한다改造我們的學習』의 한 구절을 인용하여 여러분들이 주의해주기를 청한다. '마르크스레닌주의는 과학이고, 과학은 성실한 학문이다. 일말의 어떠한 잔꾀도 절대 안된다. 변함없이 성실하자!'"[14]

---

12) 郭沫若, 앞의 책, 116쪽.
13) 郭沫若, 앞의 책, 119쪽.
14) 郭沫若, 앞의 책, 126쪽.

귀모뤄의 갑골복사 방면의 저술 일부: 『복사통찬卜辭通纂』, 『은계췌편殷契萃編』

귀모뤄의 금문 방면의 저술 일부: 『은주청동기명문연구殷周靑銅器銘文硏究』, 『금문총고金文叢考』. 일본에서 10년간 머물면서, 귀모뤄는 저명한 갑골학자가 되었는데, 그가 소위 선진先秦에 대하여 각고의 노력을 했다는 것은 바로 이 방면을 가리키는 것이다. 절학絶學이라 불린 갑골금문연구는 귀모뤄가 학계 군웅을 비웃는 자본이 되었으며, 그가 민국기에 중앙연구원 원사에 당선되는 학술적 디딤돌이기도 하였다.

―――――
『모뤄문집沫若文集』17권이 1957년에 인민문학출판사人民文學出版社』에서
잇달아 출판되었다. 궈모뤄의 "5 · 4"시기부터 1950년대까지의 시가, 희곡,
소설, 산문, 자서전, 평론과 역사, 고고 등의 분야에서 주요 작품을 재편성하
였다. 궈모뤄는 시인의 흩날리는 영감과 소설가의 충만한 격정, 역사학자의
신중한 심오함, 서예가의 무지개를 꿰뚫을 듯한 높은 기상을 지녔으니,
절세 천재 궈모뤄는 백년에 한 번 나올까 말까한 무리 중의 준걸이라 할
수 있다.

1950년에서 1952년까지의 궈모뤄는 학술논전에서 능수능란함, 장중함
과 익살스러움의 조화, 차가운 조소와 신랄한 풍자의 풍격을 지켰다. 환갑이
된 궈모뤄가 학술면에서 이와 같이 청춘의 활력을 지녔고, 확실히 공화국의
새로운 시대가 그에게 새로운 연구공간을 주었다. "국통구國統區"의 사람들
과 논쟁을 계속해나간 기풍, 같은 기치 아래 같은 신념을 받던 학자들을
색다른 유형으로 융합시키는 것은 이 시기 사학논쟁에서 드러나는 궈모뤄
의 특징이다. 당시에 신중국을 향한 역사 종사자들은 모두 제각기 많든지
적든지 간에 마르크스주의학설에 대하여 이론준비를 하였다. 비록 깊고

철저하게 이해하지 못하고 숙련되게 운용하지도 못했을지라도, 논쟁에서 진리는 논쟁할수록 더 명백해진다는 정신에 의거하여, 중국고사분기 연구를 새로운 높이로 추진하였다. 궈모뤄는 논문에서 자신이 논쟁하는 학자들에게 마르크스학설을 "취소", 역사유물주의 방면 추론과 논리를 "이해하지 못하는 것 같음" 이라고 하는 것을 특히 좋아했는데, 냉정히 말해서 상내방이 달갑게 심복할 수 없게 만든 게 분명하다.

「도마뱀의 잔몽蜥蜴的殘夢」은 궈모뤄의 『십비판서十批判書』의 개정판 후기인데, 매우 평범한 글이라 해야 할 것이다. 그러나 이 글이 1950년에 쓰여진 것은 그것이 궈모뤄를 학술영수로 삼은 공화국역사학계가 정식으로 중화민국학술民國學術과 관계를 단절한 것을 선포함을 암시한다. 궈모뤄 사학의 전체 토대는 고문자·고기물학의 연구 위에 정립하였는데, 특히 그는 지하의 고고발굴에 기대었다. 중국 상고사연구는 문헌자료가 결핍된 것이 공인된 난제였기 때문이다. 연구의 돌파를 얻고자 하면, 반드시 고고발취위 안료에 의지해야 한다. 궈모뤄는 "나는 다소 역사벽歷史癖이 있는 사람이다. 단, 역사에 관한 연구는 진秦 이전의 한 시기에 나는 비교적 각고의 노력을 하였고, 진 이후에 대해서는 감히 큰소리를 치지 않았다."15) 그가 "진秦 이전 시기에 나는 비교적 각고의 노력을 하였다"라고 말한 것은 선진문헌에 대하여 정리했던 것 외에 또 본토에서 기원하고 근대정신을 갖춘 고고학과 구미에서 근원하여 중국에서 흥기한 현대고고학의 중요한 성과 덕분이다. 전자는 류어劉鶚, 쑨이랑, 뤄전위羅振玉, 왕궈웨이를 주요대표로 하고, 후자는 리지李濟를 대표로 한다. 「도마뱀의 잔몽」에서 궈모뤄는 "이전에 필드를 다루는 고고학자들은 대체로 사회발전사 지식을 결핍했는데, 심지어 어떤 이는 근본적으로 사회발전사의 단계 구분을 믿지 않았으니,

---

15) 郭沫若, 『歷史人物·序』.

그들은 이러한 사료에 대하여 중시하지 않고 고기물의 척도, 경중을 따지는
데 전전긍긍하거나 훗날의 역법에 근거하여 소위 '은력殷曆'을 계보로 받드
는 것推譜은 참으로 금그릇을 두 손으로 받들고서 구걸을 한 것이라고
할 수 있다."16) 궈모뤄는 고고학 명가이나, 그는 일평생 필드에서 고고발굴
을 한 적이 없다 여기에서, 궈모뤄의 소위 "금그릇을 두 손으로 받들고서
구걸했다"는 것은 리지를 학술의 핵심으로 삼은 전 중앙연구원中央研究院
역사어언연구소歷史語言研究所의 고고조考古組를 비웃는 것이다. 리지1896-
1979는 후베이湖北 중샹鐘祥 사람이다. 하버드대학에서 인류학 박사학위를
취득했다. 1925년 칭화대학 국학연구원 인류학 강사로 초빙되어, 평생
선사시대 사회의 필드고고발굴에 종사하였는데, 현대의 영향력을 크게
미친 대형고고발굴은 모두 리지가 단독으로 주관한 것으로, "중국고고학의
아버지"라는 명성을 누렸다. 매우 분명한 것은 궈모뤄가 선진고전문명사에
관한 연구에서 리지의 지하고고발굴성과를 피해갈 수 없다는 것이다.
궈모뤄와 리지 사이에 자연 학술적 교류가 있었다. 궈모뤄와 리지는 서로
만난 적은 없으나 흠모한 지는 오래되었다. 그러나 두 사람은 평생에
겨우 두 차례 만났고, 대화를 나눈 시간도 그리 길지 않았다. 1929년 리지는
제3차 은허발굴을 주재하여, 은상시대殷商時代의 정복문자貞卜文字를 가득
새긴 저명한 "대귀4판大龜四版"을 발견하였다. 이때 일본에서 망명중이던
궈모뤄가 『복사통찬卜辭通纂』을 짓고 있었는데, 그는 이 소식을 들은 후에
바로 역사어언연구소에 편지를 썼다. 소장 푸쓰녠은 이 때문에 리지, 둥쭤빈
의 의견을 구했는데, 리지와 둥쭤빈은 궈모뤄의 처지를 동정하여, "대귀4판"
의 아직 발표하지 않은 전체 탁본을 궈모뤄에게 부쳐주었다. 궈모뤄는
곧 이것을 『복사통찬』에 편입하였는데, 이 책이 출판된 후에야 비로소

---

16) 郭沫若, 『奴隷制時代』, 69쪽.

사어소史語所에 통지하여, 리지의 입장을 매우 곤란하게 만들었다. 그는
『복사통찬』서문에서 리지와 둥쭤빈을 칭송하기를, "함께 은허발굴의 신기
원을 개척하다"라고 하였다. 1946년 궈모뤄가 난징에 가서 정협준비회의에
참가하는데, 리지와 만나서는 그에게 매우 준중의 우호적인 태도를 품었다.
그는 『난징인상南京印象』에서 리지에 대해서 이렇게 썼다. "어찌된 일인지,
마치 가족을 만난 것 같았다. 중국의 영광의 한 면과 접촉했다." 『난징인상』
이 1959년 『모뤄문집沫若文集』에 편입될 때, 이 구절은 삭제되었다. 1948년
"중앙연구원"에서 원사院士를 선거할 때, 궈모뤄의 당선은 당시 리지의
추천으로 된 것이었다. 그러나 이때 궈모뤄는 이 원사에 대하여 이미

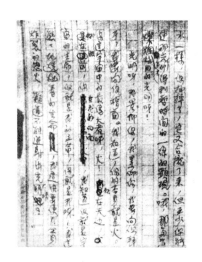

역사극『취위안屈原』의 친필 원고. 역사와 예술을 결합시킨 "사극史劇"은
궈모뤄 문학 창작의 중점이었다. 그 안에서 드러낸 개인의 심경과 정치적
견해가 분명했고, 궈모뤄는 역사가의 정서와 시인의 심정을 "사극"의 절정으
로 만들어 내었다.

그리 중시하지 않았다.[17] 『도마뱀의 잔몽』에서 궈모뤄는 "이전에 들판 파내는 고고인을" 도마뱀류의 파충류로 비유했는데, 타이완의 리지도 이전에 반박하는 글을 썼었다. 다만 양안 학술문화교류의 단절했으니, 궈모뤄는 리지의 응답을 알 도리가 없었을 따름이다.

『도마뱀의 잔몽』에서 직접 이름을 거론하며 풍자하고 비평한 것은 둥쥐빈이다. 은상갑골문자연구 분야에서 첸쉬안퉁은 "갑골사당甲骨四堂"(뤄쉐탕羅雪堂, 왕관탕王觀堂, 궈딩탕郭鼎堂, 둥옌탕董彦堂를 가리킨다) 중 하나인 둥옌탕이라 칭송되었는데, 궈모뤄(딩탕)에게 무시받았다. 뤄전위(쉐탕)는 궈모뤄의 평가 속에서, 앞뒤가 전혀 딴판인 사람이다. 1930년판 『중국고대사회연구』의 서문에서 궈모뤄는 뤄전위의 공로는 진실한 사료를 무수히 공급해주었던 것이라고 하였다. 그의 은대 갑골의 수집, 보존, 유전流傳, 고증해석은 실로 중국의 최근 30년래 문화에서 대서특필해야만 하는 일이라고 하였다. 또 금석기물, 고적, 산실된 책에 관해 망라하여 반포하였는데, 그 내용이 풍부하고, 선별이 엄격하고, 성과가 매우 많으며, 방법이 참신한데, 그의 지적인 능력 외에 막대한 재력도 있어야만 가능할 것이라 생각했다고 썼다. 당시 뤄전위가 아직 살아있어서, 둥베이 뤼순旅順에서 고적정리연구를 계속하였다. 16년 만에, 즉 1946년에 궈모뤄기 『루쉰과 왕궈웨이魯迅與王國維』를 쓸 때, 뤄전위에 대한 평가는 완전히 상반되었다. 궈모뤄는 "뤄전위는 극단적 위군자僞君子로, 그는 가짜 골동품으로 일본인들의 돈을 사취하였다. 일본인들도 이를 얘기할 것이다. 그가 스스로 청의 유신임을 자임하는데, 사실 이 또한 허위니, 이를 빌어 명예와 존경과 이름을 살 따름이다."라고 하였다. 이때 뤄전위는 이미 작고한지 7년이 지난 무렵이었다. 절개가 온전치 못한 뤄쉐탕은 궈모뤄에 의해 이렇게 비판받았고, 자연히 반박하려

17) 李光謨, 『鋤頭考古學家的足跡: 李濟治學生涯瑣記』, 中國人民大學出版社, 1996, 147-149쪽.

는 사람도 없었다. 둥쭤빈이 뤄쉐탕의 전기를 쓸 때, 순수하게 그 학술성과에 착안하고, 가능한 한 정치 비평을 피하려고 했으니, 비교적 객관적인 것 같다. 그러나 궈모뤄는 둥쭤빈에 대하여, 50년대초에 서로의 학술견해가 달랐던 것 외에 또 있는 힘껏 정치적으로 얽어매었다. 궈모뤄는 "둥선생이 겨우 한두 글자를 잡았지만, 자신의 적개심에 근거해서 마음대로 논리를 펼쳐내니, 즉 신민臣民이 노예의 본질이라는 것을 부정했고, 은대는 노예사회라는 견해를 부정했다. 이는 근본적으로 학자의 태도가 아니다. 이러한 비학자적 태도가 둥선생을 지금 타이완으로 도망쳐 가 순장을 준비하게 만들어 버렸는데, 이런 것들은 충분히 이해할 줄 수 있다."라고 하였다.[18] 그러나 궈모뤄가 일본에서 10년간 갑골, 금문, 은상사殷商史를 연구한 것은 둥쭤빈을 포함한 국내학자들이 크게 지지한 덕분이라는 것을 알아야 한다. 비록 궈모뤄가 둥쭤빈이 "문자사지文字史地의 학에 얽매여있지" 않다고 했다 하더라도, 그가 같은 시대의 학자의 연구성과를 초월할 수 없었다. 뤄전위에게 배우고, 왕궈웨이로부터 탕란, 커창지柯昌濟, 상청쭤商承祚와 함께 "갑골학"의 신예라고 칭송되었던 룽경容庚은 궈모뤄가 갑골, 금문 학술을 연구할 때 가장 가까운 학문의 벗이었다. 당시 옌징대학 교수이자 『옌징학보燕京學報』의 주편이었던 룽경은 궈모뤄가 일본에서 보내준 『갑골문자연구甲骨文字硏究』를 받았다. 룽경은 베이핑 학계의 유명인사들에게 읽어보라고 원고를 보냈고, 궈모뤄에게 『역사어언연구소집간歷史語言硏究所集刊』의 푸쓰녠이 이 논문을 게재하고 싶어한다고 회신하였다. 궈모뤄는 "주의 곡식을 먹는 부끄러움恥食周粟"을 이유로 들며 거절하였다. 궈씨는 또 『갑골문자연구』를 상하이상무인서관上海商務印書館에 보냈는데, 상무인서관은 궈모뤄가 문인이지 고문자학자가 아니라는 것을 알고, 이 책의

---

18) 郭沫若, 『奴隷制時代』, 71쪽.

출판을 거절했다. 결국 궈모뤄는 친구에게 부탁하여 고향, 쓰촨四川에 소재
한 대동서국大東書局을 찾아 비로소『갑골문자연구』를 출판할 수 있었으니,
궈모뤄가 그 당시에는 학계에서 그다지 영향력이 없었음을 알 수 있다.
궈모뤄의『중국고대사회연구』가 출판된 이후, 둥쭤빈이 서평을 썼다. 그는
"이 책은 민국 18년 11월에 초판을 찍었는데, 21년 10월에 5판이 되었을
때, 3년 동안 이미 9천 책을 찍었다. 그는『시詩』,『서書』,『역易』의 지상紙上
사료를, 갑골복사甲骨卜辭와 주周 금문金文의 지하地下 자료와 한 화로에서
정련하여 유물사관의 중국고대문화체계를 제조해낸다."고 하였다.19) 둥쭤
빈이 그 안에 은근히 내포한 불만은 매우 생생하다고 해야 할 것이다.
궈모뤄가 "둥선생이 지금 타이완으로 도망쳐 가 순장을 준비한다"고 한
것은 근거가 있었다고 할 만하다. "타이완으로 도망쳐가 순장을 준비"하지
않은 궈바오쥔郭寶鈞은 은허발굴에 참가했다. 궈모뤄는 서주가 노예사회라
는 것을 논증하고 싶은데, 이는 반드시 은허발굴 자료의 힘을 빌려야
했다. 그러나 당시 은허발굴의 성과는 타이완으로 운송되었고, 필요한
자료를 얻을 수 없었다. 그는 궈바오쥔에게 발굴 관련 상황을 물었다.
궈바오쥔은 궈모뤄에게 편지를 써서, 관련 자료를 모아주고 또 자신의
기억이 닿는 대로 발굴 상황을 이야기해주었다. 궈모뤄는 귀한 보물을
얻은 것과 같아서, 궈바오쥔의 편지를 발표했다. 후에 궈바오쥔이 다시
「은주 순인의 사실을 기록함記殷周殉人之史實」을 썼는데, 순장된 사람이 노예
인지 아닌지에 대하여 매우 조심스러운 태도를 지켰다. 궈모뤄가「은주
순인의 사실을 기록함」을 읽다讀了「記殷周殉人之史實」에서, "바오쥔선생은 사
회발전사에 대하여 초보적으로 접했으나, 구사학舊史學의 속박으로부터
결코 충분한 해탈을 얻지 못했다."고 하였다.20) 주둥룬朱東潤과 한『이소離騷』

---

19) 董作賓,『先秦史研究論集』, 238쪽.

문제에 관한 논쟁은 그저 고전문학 토론 같은데, 실제로는 고대사 시대구분
이라는 주제를 다룬 것이기도 하다. 40년대에 궈모뤄의 『취위안연구屈原研究』
는 랴오핑, 후스가 취위안屈原의 존재를 부인하는 결론에서부터 시작하여,
몇 편의 논문을 연속적으로 써서 그 학설을 피력하였다. 주둥룬은 1951년에
연거푸 6편의 글을 발표했는데, 익명으로 하여서 궈모뤄와는 반대로 하였
다. 궈모뤄는 취위안 관련의 일련의 문제를 다루는 것, 특히 "초사楚辭",
"이소", 취위안屈子 본인에 대한 고증문제는 쉬운 죽 먹기여서, 논쟁을
일으키는 것도 자유자재로 하였다. 그는 결론에서 "지금까지 주선생은
여전히 후설胡說(후는 후스를 가리킴-인용자)을 완전히 믿고 관계하지
않고, 또한 후스의 사풍邪風을 더욱 진일보 전개시키려 하니, 이는 우리들이
경탄하게 하지 않을 수 없다."[21] 궈모뤄는 주둥룬의 "초사" 연구가 두
가지 "대담한 가설假說"이 있다는 것을 전제로 하는데, 하나는 후스의 가설이
고, 다른 하나는 주선생의 가설이다. 글에서 궈모뤄는 주둥룬이 "후스보다
더 대담하다"고 생각하였다.[22] 이는 갑자기 논전자의 입을 붙게 했고,
다른 사람들도 말을 할 수 없게 했다. 1951년 주둥룬의 논쟁은 학술계,
특히 고전문학 연구 전문가들의 호응을 끌어내지 못했다. 손뼉을 쳤으나
소리가 나질 않았으니, 몹시 답답해보였다. 40년대 궈모뤄와 논쟁하였던
루칸루陸侃如 등을 포함하여 일군의 전문가들은 관망적 태도를 지속하였다.
이 점을 궈모뤄는 항상 마음에 두고 있었다. 3년 후, 즉 1954년 후스 비판을
시작하는데, 궈모뤄가 먼저 언급했던 것이 자신과 주둥룬의 논쟁이었다.
그는 "『광명일보光明日報』 '학술' 칼럼이 이전에 차례로 6기 지면에 주둥룬의

20) 郭沫若, 앞의 책, 77쪽.
21) 郭沫若, 앞의 책, 168쪽.
22) 郭沫若, 앞의 책, 167쪽.

취위안 연구를 개제했다. 주둥룬의 취위안 연구의 관점과 방법은 기본적으로 후스의 방법이다. 나는 이전에 『학술學術』에서 주둥룬을 비평하는 글을 썼었다. 그러나 수많은 동료들이 내 글을 본 이후에 도리어 내가 '너무 지나치다'고 했다. 취위안을 연구하는 전문가들은 주둥룬의 견해에 대하여 반박하지 않았고, 내 견해에 대해서도 지지하지 않았다. 나는 지금까지도 정말 이상하다고 여긴다."라고 하였다.[23] 50년대 중후기에 후스사상胡適思想은 대규모의 비판을 받았고, 중국과학원 원장으로서 궈모뤄는 자연히 앞장서서 사람들을 이끌고 분연히 후스를 비판하였다. 더군다나 궈모뤄는 후스비판의 베테랑이니!

중화인민공화국 신시대 학술기풍을 연 궈모뤄, 그의 『노예제시대』는 논문 한 편이라기보다는 논문집이고, 선언서다. 이후 중화인민공화국 시대의 수많은 문화사상운동에서 궈모뤄가 1950년에서 1952년에 발산한 학술적, 비학술적, 연구적, 비연구적인 어떤 정신의 영향을 받을 수 있었다. 궈모뤄의 학자적 또는 시인적, 이성적 혹은 비이성적인 사상 고동鼓動에 영향을 받았다.

---

23) 『胡適思想批判』第1輯, 生活・讀書・新知三聯書店, 1955, 4쪽.

21

새로운 풍조를 열었으나 스승이 되기는
어렵구나
• 후스胡適 학기 •

20세기 중국학술의 전승, 지연地緣·학파의 전환, 학자의 풍조의 변화, 학술 사상의 잇단 바뀜, 학술단체의 범람은 후스라는 학술 인물이 분연히 굴기한 것과 절대적인 관계를 갖는다. 청말, 민국 교체기에 학술 유파가 여러 계통을 만들어내 종횡무진 뻗어나가며 학문의 경로가 각각 달랐는데, 학파를 끊어내고 새로운 국면을 개척하며 스스로 수단을 내고 또한 학술의

새로운 기량을 성취한 것은 오직 후스胡適 한 사람일 따름이었다. 후스의
학문이 다룬 학술 영역은 매우 광범위하였는데, 문학, 철학, 제자학, 역사,
문헌고증, 고전문학, 언어학, 종교학 등 학문 분야에서 모두 각기 다른
정도로 창조적인 학술을 새겨 넣었다. 현대중국학술사에서 처음으로 풍조
를 열고, 불변의 지위를 지닌 학술대기學術大師 후스는 자신이 구체적 학술
부문에서 지금까지 여전히 통용되는 학술 결론을 새로 세운 것으로써
이름을 알렸다기보다는 학술의 새로운 언어·방법·비결을 개척하고 학
술의 새로운 영역을 확장하고 학술의 새로운 단체를 제휴, 재건함으로써
학술사가들에게 명기되었다.

후스의 자전 구술. 서 있는 사람은 탕더강唐德剛이다. 만일 안후이 동향同鄕
탕더강이 없었다면, 후스의 사람됨과 학문의 비교적 특수한 일면을 상상할
방법이 없었을 것 같고, 더욱 상상할 수 없는 것은 만년에 후스가 민국학술사
에 대하여 어떻게 표현해 냈을지도 모를 일이다. 탕더강 식의 풍격을 지닌
산문은 후스의 장중한 풍치의 여러 가지 면모를 한꺼번에 독자들에게 보여주
었다.

실증주의 사상가 듀이 초상화 앞에 서 있는 후스. 후스의 학술의 연원은
주로 미국에 있는데, 듀이의 실험주의는 후스가 구미방법론을 중국에 수입
하는 과정에서 돌연 명성을 얻게 했다.

기류적寄留籍이 안후이安徽 지시縣溪인 후스1891-1962는 학술 지연의 층면
에서 탐색하면, 확실히 환파皖派 학술 단체의 걸출한 인재다. 환남산구皖南山
區의 후이저우徽州는 인문이 모이고 학풍이 진중하였다. 휘저우에 소속된
슈닝休寧 우위안婺源, 지시縣溪, 서현歙縣은 상商으로써 문文에 들어가고, 문으
로써 상에 종사하는데, 상을 중시하고 유儒를 숭배하며, 학술 풍조가 면면히
이어져 두텁고, 오래도록 전승되었다. "수백년간 사람들은 좋은 일을 많이
했는데, 가장 좋은 일은 오직 독서다." 후이저우에 전해져온 이 대구는
젊은 후진들이 학문에 뜻을 기울이는 데 후이저우 학풍이 미친 감화력을
설명해준다. 송대의 저명 학자 주시朱熹는 후이저우인으로, 전통유학을

신유학으로 변환시킨 대표인물이 되었다. 그가 고증, 전석箋釋, 저술한
유학경전은 원, 명, 청 세 왕조의 과거고시에서 봉행한 전범이 되었다.
청조의 저명한 건가학파乾嘉學派, 수많은 저명 학자들이 후이저우에서 나왔
다. 장융江永(우위안인婺源人)은 "음률과 고금의 제도, 또 음률과 성운, 그리고
지리에 대해서 미세한 부분까지 밝히고 그 본원을 헤아리지 않은 것이
없었다."[1] 환파경학阮派經學의 창시자이고, 더욱이 건가학파 안후이 학술집
단의 선구자다. 다이전戴震은 건가학파의 학술 중견으로 그의『맹자자의소증
孟子字義疏證』,『원선原善』은 불후의 저작이다. 후스와 다이전의 학술 관계는
바로 자신의 학술 명망이 매우 높았을 때, 자신의 고향 선배가 교감한
『수경주水經注』의 시비를 (가리기)위해 후반생을 바쳤던 것이다. 서현의
진방金榜, 청야오톈程瑤田, 훙방洪榜, 왕룽汪龍, 링팅칸凌廷堪은 모두 한 때의
준걸들로서, 그들은 환파 학술을 전파하는 데 있는 힘을 다했다고 할
만하다. 그리고 후스와 같이 지시에 속한 후쾅중胡匡衷, 후페이후이胡培翬,
후수胡澍 조손祖孫의 경학은 홀로 정심精深하니, 당시 사람들에게 흠모를
받았다. 후스가 민국초 학술계에 이름을 떨쳤던『중국철학사대강中國哲學史
大綱』 상권을 출판하였을 때, 베이징대학 교장인 차이위안페이蔡元培가 이
책에 서장을 써주었는데, "스즈適之 선생은 "한학漢學"이 대대로 전해져
내려온 지시績溪 후씨胡氏 집안에 태어나, "한학"의 유전자를 받아서, 비록
어려서 신식 학교에 갔을지라도 "한학"을 독학할 수 있었고, 지금까지
계속하였다."[2] 차이위안페이는 후스를 지시의 후쾅중, 후페이후이, 후수와
조손祖孫 관계로 연관시켰는데, 이는 당시 학술 엘리트들에게 후스의 학문이
뿌리가 매우 깊은 것으로 보였다는 것을 알려준다. 후스는 지시의 후쾅중,

---

1) 支偉成,『淸代朴學大師列傳』, 嶽麓出版社, 1998, 69쪽.
2) 『蔡元培書話』, 浙江人民出版社, 1998, 93쪽.

후페이후이, 후수와 조손祖孫 관계가 아니었으나, 공개적으로 이를 정정하지도 않았다. 이는 후스가 자기 고향의 선대 학자들에 대하여 감탄하고 있다는 것을 나타내는 것이기도 한데, 마음속 깊은 곳에서 그들로부터 깊거나 얕거나 한 영향을 받았던 것은 매우 당연하다. 후이저우 학술 기풍이 후스에게 미친 영향은 매우 큰데, 만년에 미국에서 그는 자기 조수인 탕더강唐德剛(안후이 진자이인金寨人)에게 "대도시에서 오래 살았기 때문에 우리 후이저우인은 문화면에서나 교육면에서나 시대의 풍조를 앞설 수 있었다."라고 하였다.[3] 후스가 여기에서 회상한 것은 역사이나, 실제로는 자신을 과시한 것이다. 후스의 선조 중에 학술적으로 유명인사는 없다. 그의 부친 후촨胡傳은 쑤저우의 저명 금석학자 우다청吳大澂의 막료로서, 관료가 되는 것과 선비가 되는 것 사이에서 흔들렸던 사람이다. 그러나 후이저우인의 상업 수완은 시골 출신의 이 소년 후스로 하여금 청말의 최대도시 상하이로 들어가게 했고, 자신의 총명함과 민첩함에 기대어 십리양장에서 다시 당시 세계에서 가장 발달한 국가인 미국으로 갈 수 있게 되었다. 이는 후스의 인생 경지와 학술 기량을 비약적으로 새로운 단계에 올라서게 했다. 유럽의 바람으로 머리를 빗고 미국의 비로 몸을 씻으니, 새로운 서학과 미국학, 자신의 특유의 시각으로 중국 학술과 서양 학술의 우열장단을 논형論衡 하니, 후스는 민국초 학술연구와 문화비판의 요진要津과 같이 되었다.

---

3)　唐德剛 譯注, 『胡適口述自傳』, 華東師範大學出版社, 19931, 4쪽.

新青年是中國文學史和思想
史上劃分一个時代的刊物。最近
二十年中的文學運動和思想改
革差不多都是從這个刊物出
發的。我們當日編輯作文的一班朋
友往往也不容易收存全份，所以我們
歡迎這回新青年的重印。

胡適

1936년 후스는 『신청년』 재판再版을 위해 기념문을 썼다. 후스의 서법은 거침이 없는 가운데 "매력적인 자태媚態"를 지녔는데, 이 글자체는 일찍이 민국의 수많은 학술명저의 겉표지에 나타났었다.

메이광디梅廣迪. 그는 후스의 학자 인생에 중대한 영향을 끼친 안후이安徽 동향인이자 후스의 신문학 주장을 가장 강렬히 비판한 학자이기도 했다. 안타깝게도 56세에 병사하였다.

본받을 만한 학술거인은 결국 시대가 부여해준 학술 기연機緣과 언제나 부앙俯仰한다. 그의 학술통제능력으로서는 시대가 필요로 하는 학술자원을 결코 창조할 수 없었을 때, 시대와 사회가 제공하는 사상 토양에서 학술적 능력을 흡수하는 것은 매우 자연스러웠다. 후스의 의미는 학술의 전환 시대에 고집함이 없었다는 것이다. 실제로 미국 유학 전후에 그는 확실히 중국전통학술 영역에서 미련을 갖고 지키려 하는 것이 없었다. 근대학술의 지연화地緣化로부터 분석하자면, 후스는 귀국 전후에 받아들인 학술적 영향 덕분에 이후 중국 학술 무대에서 능히 종횡으로 조종할 수 있게 되었다고 할 수 있으며, 변함없는 안후이 학인 일파라 하겠다. 천두슈陳獨秀는 안후이 화이닝인懷寧人이다. 그가 창간한『청년青年』잡지는 후에『신청년新青年』으로 개명했고, 중국 신문화운동의 발원지가 되었다.『청년』잡지는 시작하자마자 동인지가 되었는데, 작가군이 기본적으로 창간인 천두슈와 지연, 학연, 업연業緣 관계에 있었다. 가오이한高一涵은 안후이 류안인六安人, 류수야劉叔雅는 안후이 허페이인合肥人, 가오위한高語罕은 안후이 서우현인壽縣人, 판짠화潘贊化는 안후이 퉁청인桐城人, 셰우량은 기류적은 쓰촨四川이나 아주 어려서부터 안후이 우후蕪湖에서 살고 교육받았다.[4] 이들은 안후이 지연이란 특성을 가진 학자군으로서, 후스가 민국학술문화권에 진입하는 데 중요한 지지 역량이 되었다. 출판지를 상하이에서 베이징으로 옮긴 후의『신청년』은 미국 유학을 한 후스가 관심을 갖고 투고했던 잡지가 되었다. 상하이 사립중국공학을 졸업하고,『경업순보競業旬報』을 주편했으며, "소년 시인少年詩人"의 칭호를 가진 후스는 자연히 자신의 학술적 흥분점과 투고하고자 하는 흥미를 문학 영역에 집중시켰다. 후스의『문학개량추의文學改良芻議』는 천두슈의『문학혁명론文學革命論』으로부터 큰 호응을 받은 것과 첸쉬

---

4) 陳萬雄,『五四新文化的源流』, 生活·讀書·新知三聯書店, 1997, 2-6쪽.

안퉁의 격려를 거쳐, 신문화운동의 첫 번째 포성이 되었고, 문화, 학술과 사상의 신시대가 탄생함을 예시하였다. 안후이 동향인 천두슈가 유학청년 후스에게 학술무대를 만들어주지 않았다면, 후스는 그토록 운이 좋을 수는 없었을 것이다. 미국 유학 기간에, 후스에게 비교적 큰 영향을 미쳤던 것은 역시 그의 안후이 동향인 메이광디梅光迪였다. 메이광디1890-1945는 자 진좡覲莊, 안후이 솬청인宣城人이다. 그는 후스보다 일년 늦게 미국에 유학 갔는데, 후스가 코넬대학에서 농학을 공부했던 것과는 달리 메이광디는 미국 노스웨스턴대학, 하버드대 대학원에서 문학을 전공하였고, 신인문주의의 대가 어빙 배빗Irving Babbitt으로부터 서양문학사를 배웠다. 일찍이 상하이에서 메이광디와 후스는 서로 알고 있었는데, 미국에 도착한 후에 두 사람은 매우 친밀해졌다. 후스는 자신의 일기를 메이광디에게 보여줬고, 두 사람은 유학생선거를 조직하기도 하였으며, "공교회孔敎會", 선진제자철학先秦諸子哲學, 고전문학 등의 방면에서 광범위한 모임을 개최하였다. 메이광디는 심지어 후스와 편지를 주고받는 가운데, 후스가 농학에서 문학, 철학으로 옮겨가는 데 매우 핵심적인 역할을 하였다. 그는 후스에게 보낸 편지에서, "코넬 농과가 가장 유명하나, 족하足下는 농부가 되고자 합니까?" 라고 하였다.[5] 메이광디와 후스가 중국고전철학, 송대유학의 심성이론, 청대 고증학과 동성파문학桐城派文學 등을 토론한 것은 귀국 전후의 후스의 학술에 영향이 전혀 없을 수가 없었고, 후스로 하여금 이를 문학혁명에 영원히 아로새기게 한 것 같다. 메이광디는 중국고대문학이 결코 사문학死文學이 아니고 문언文言이 사문자死文字가 아니라는 것을 견수하여, 후스와 격렬히 논쟁하였는데, 이 "문학혁명"이란 표현은 메이광디에게 써준 시에서 무심결에 나온 말이었다. "매생매생 스스로 무시하지 마오! 신주神州 문학이

---

5) 『梅光迪文錄』, 遼寧敎育出版社, 2001, 111쪽.

오랫동안 시들고 문드러졌고, 오랫동안 아직 활기 있는 것이 일어난 적이 없으니. 신사조의 도래는 멈출 수 없고, 문학혁명의 때로다!梅生梅生毌自鄙! 神州文學久枯餒, 百年未有健者起. 新潮之來不可止, 文學革命其時矣!"[6] 후스가 일거에 명성을 얻도록 한『문학개량추의』는 그가 최초로 제출한 "문학혁명"과는 매우 다르다. 후스는 1917년에 귀국하여 베이징대학의 교수가 되고 학술계에서는 신사조가 용솟음치던 때에, 1919년에 귀국한 메이광디는 천진 난카이대학南開大學에 갔다가 이어서 난징의 둥난대학東南大學으로 가서는 그의 동문인 류보밍劉伯明, 우미와 함께『학형學衡』잡지를 창간했다. 그들은 『학형』의 창간 종지를 "학술學術을 논구論究하고, 진리眞理를 천구闡求하고, 국수國粹를 창명昌明하며, 신지新知를 융화融化한다. 정직하고 공정한 식견으로써 비평의 직무를 행하고, 무편무당無偏無黨하며, 불격불수不激不隨한다"라고 제기하였다. 메이광디는『학형』에서「신문화를 제창하는 것을 평함評提唱新文化者」,「요즘사람이 학술을 제창하는 방법을 평함評今人提唱學術之方法」, 「지금 우리나라 학술계의 요구를 논함論今日吾國學術界之需要」등의 논문을 잇달아 발표하여, 베이징대학을 핵심으로 한 신문화운동에 대하여 학술비평을 하였다. 소위『학형』파와 신문화운동의 대립은 루쉰魯迅, 저우쭤런周作人, 첸쉬안퉁, 후스 등의 논저에서 모두 다룬 바 있다. 이전의 학술 동인이 후일의 문화 논적論敵이 되었는데, 이는 마치 후스·메이광디 교류사의 총결어 같다. 학술 분류의 각도에서 분석하면, 안후이 학인 집단이 후스의 학문 역량을 만들어 내는 데 매우 공력을 들였던 것 같다. 후스는 학술을 연마하면서 급격히 변화하였다. 미국유학생 후스는 새로운 양식이 유행하는 학술간행물들로부터 신지식을 녹여내는 학술적 창조력을 자극받았다. 심후한 학술전통, 근면하고 온화한 학술기풍, 대대로 이어지는 학술명망가

---

6) 胡適,『四十自述』附錄, 嶽麓書社, 1998, 78쪽.

들, 그리고 후이저우의 순후한 문화풍토는 해외에 있던 후스가 다시 새롭게 중국의 학술과 환파문화晥派文化을 살펴보려 할 때, 치밀한 판단력을 갖추게 했다. 시종 시대의 학술의 최고봉에 자리한 지도자로서, 후스는 매우 간결하고 세련되며 명쾌한 언어를 사용했고, 심지어 거의 구호에 가까웠던 표어는 민국시대의 수많은 학과 영역에 학문신조治學信條를 확립시켜주었다고 할 수 있다. "대담한 가설, 세심한 구증大膽的假設, 小心的求證"이라는 학술연구방식을 제출하여 다룬 영역은 비교적 광범위하다. 그러나 그것과 중국의 전통적 고증학 방식은 방법이 비교적 교묘하게 결탁하였다. 철리哲理의 의미에서 판단하자면, "대담한 가설, 세심한 구증"은 후스의 스승인 듀이의 실용주의 철학에서 근원하는데, 이 간결한 방법은 공리주의를 존숭하여 고증학에 깊이 빠져든 중국 학인 집단의 학문심리상태에 적용했다. 이 학문방식이 다른 영역은 비교적 광범위하다. 고전문학, 역사학, 판본교감학, 문헌학, 중국고대철학 등 허다한 학과 영역에서 모두 운용할 수 있다. 후스가 이 방법을 고전문학 영역에서 운용한 것은『홍루몽紅樓夢』,『수호전水滸傳』,『성세인연전醒世姻緣傳』 등 고전소설을 고증한 것이었다.『성세인연전』은 후스가 매우 공을 들였던 소설인데, 그는 "시저우성西周生"이라고 서명한 작가가 실은『요재지이聊齋志異』의 작가 푸쑹링蒲松齡이라는 것을 텍스트의 내재적 증명文本內證이란 방법을 써서 비교 검토했는데, 조예가 매우 깊었다. 그러나 직접적인 문헌자료가 뒷받침되질 않아서, 후스의 고증은 일개 학설일 뿐이다.『홍루몽』의 고증은 후스 학문의 중점이다. 그가 매우 공들였던 것은 판본학의 각도에서 이 소설 원본의 작가와 소설이 반영한 시대를 고증하는 것인데, 후스가『홍루몽』분야를 계속 연구해나가지 않았을지라도, "신홍학新紅學"의 출현에 대하여 그는 개창자로서의 의의를 갖는다. 만년의 후스의 말에 따르면, 그의 "고증학적 방법"은 "선입관에 사로잡힌 편견을 피하고, 증거를 찾고, 증거를 존중하며, 증거가 우리들을 당연함으로 향하도록 인도하게 하는 것이 논리적 결론에 부합한다."[7] 후스가 여기에서 말한 "고증학적 방법"과 그가 민국초에 제기한 "대담한 가설, 세심한 구증"의 학문원칙은 일정한 거리가 있다고 해야 한다. 이 방법으로 철학사 영역에서 운용하는 것은 선진제자先秦諸子, 선종학禪宗學 등을 포함하여, 노자가 공자 이후인지 아닌지에 관한 것이다. 후스는 당시 펑유란馮友蘭, 구제강, 첸무들이 노자가 전국戰國 후기에 출현했다는 것을 인정한 것과는 다른 의견을 가졌다. 그는 특히 펑유란, 첸무, 구제강의

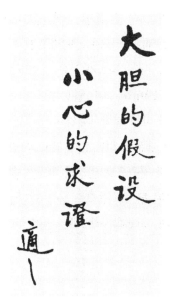

후스가 일평생 준수한 학문 방식이다. 한 권의 책, 한 구절의 구호는 후스를 현대중국학술사에 영원히 새겨 넣게 했으니, 일찍이 학계에 영향을 미쳤던 "대담한 가설, 소심한 구증"은 수많은 학자들의 우수한 논저를 탄생시켰다.

---

7) 唐德剛, 앞의 책, 241쪽.

고증방법에, 즉 소위 "사상적 실마리"란 것에 대하여 학술적 의심이 생겼다. "대담한 가설, 세심한 구증"을 실제로 운용하는 중에 자신의 예상과는 다른 것이 나타났을 때, 후스가 오류를 바로잡은 방식은 결코 본질적으로 자신이 주장한 고증방법을 기각하는 것이 아니라, 다른 각도에서 자신이 제의한 학술방법을 수정하는 것이었다. 민국초기 학술계에서 후스의 명성을 하루아침에 높아지게 한 것은 『중국철학사대강』상권이었다. 후스는 천보타오陳伯弢를 대신하여 베이징대학 철학문에서 중국철학사를 강의하면서, 본류를 절단하고 직접 춘추전국부터 강의를 시작하여, 『시경』를 자료로 삼아 전설시대史前時代를 일률 삭제하였다. 이는 당시 학술계에 엄청난 파장을 일으켰는데, 전임교수 천보타오가 후스의 『중국철학사대강』을 비웃으며 덧붙이길, "나는 후스가 불통不通이라 했었는데, 과연 불통이다. 그의 강의 이름만 보아도 그가 불통이란 걸 알 수 있다. 철학사는 철학의 대강인데, 지금 다시 철학사대강이 있다는 것은 어찌 대강大綱의 대강이 되지 아니한가? 매우 조리가 없다."라고 하였다.8) 그럼에도 불구하고 중국학술발전사에서 처음으로 엄청난 파장을 불러일으킨 저작으로서 『중국철학사대강』상권은 당시 처음으로 풍조를 만들어냈고, 한 세대 학술의 조류를 이끌었으며, 청년학자에 대한 영향력이 지대하였다.

---

8) 馮友蘭,「"五四"前的北大和"五四"後的淸華」,『文史資料選輯』, 第34輯.

中國哲學史大綱 卷上

北京大學叢書之一

胡適著

————
후스 저, 『중국철학사대강中國哲學史大綱』

做學問要在不疑處有疑, 待人要在有疑處不疑.

胡適

————
후스의 자필. 관심을 두지 않았던 사물에 대하여 회의懷疑할 것을 제창하고, 회의한 후에는 가설을 세우고, 가설을 세워서 구증求證을 하고, 구증을 하여서 대담해지는 것은 모종의 사상적 연결고리를 형성한 것 같았다. 만일 고리가 부족하면, 후스가 제창한 "회의" 정신은 장차 학리學理의 의미를 잃을 것이다.

사학자 치쓰허齊思和는 "나는 1921년에 톈진 난카이중학에 입학하였는데, 거의 모든 동학들의 서가에 후스의 '중국철학사대강'(1919년 초판)이 있는 걸 보았고, 나도 한 권을 샀다. 당시 읽어보니 또한 홍미진진하였다. 이후 후스의 '상시집嘗試集', '문존文存' 등이 계속 나왔는데 또한 무척 잘 팔렸고, 당시 학생들이 분분히 사서 읽었다."9) 일찍이 후스와 강의를 한 인연이 있는 펑유란은 칭화대학 임직 중에,『중국철학사中國哲學史』를 썼는데, 후스의 영향을 받은 것이 매우 분명하다.『중국철학사대강』권상의 노장에 관하여, 묵자에 관하여, 공자에 관하여 등의 저술 체제는 모두 "대담한 가설, 세심한 구증"의 "실험주의"적 정신을 그 안에 관철시켰다. 역사 영역에서 "대담한 가설, 세심한 구증"의 운용은 그다지 명확하지 않은 것 같다. 그 자신이 사학을 다룬『정전변井田辨』은 정전제도의 유무에 대하여 정면으로 답안을 제출하지는 않았고, 그저 방법상 다뤄봤을 뿐이다. 『설유說儒』는 후스 스스로 매우 만족해하는 사학 논문으로, 그가 "유儒"의 연원과 이 연원을 조사하는 초석인 "3년상三年之喪" 예제에 대하여 고증한 것은 가설을 선험하는 요소가 있다. 후스가 청대의 고증학자 추이수崔述을 상찬하고, 장쉐청의 학술을 탐구하며,『대동원의 철학戴東原的哲學』을 집필하는 등의 학술행위는 "의심치 않는 곳에서 의심을 품"기 위해 "경전을 의심하라"는 주장에 설득력을 더하는 것이 되었다. "대담한 가설, 세심한 구증"이 잘 드러내는 판본교감학의 의의는 후스의 본의本意를 놓고 말하자면 방법에 매우 치중한 주석인 것 같다. 천위안陳垣의『원전장교보석례元典章校補釋例』에 서문을 써주었을 때, 직접 "교감학 방법"을 제기했던 것이 이 점을 설명해주는 것 같다. 후스는 청대 학자들의 학문하는 방법을 반복해서 자세히 설명했는데, 고증학의 방법이 학인들과 서신에서 "작은 제목으로

---

9) 『胡適思想批判』論文匯編, 生活・讀書・新知三聯書店, 1995, 166쪽.

큰 문장을 짓다小題大做"와 "의문정신存疑精神"을 주장했다는 것인데, 기본적으로 후스의 학문이 방법에 대한 추앙임을 드러냈다. 자신의 학문 과정에서 후스는 20여 년의 시간을 『수경주』판본 원류와 교감을 비교대조하는 문제에 집중하였는데, 표면적으로 보기에 그는 안후이향의 선배 다이전의 오점을 해명하기 위해, 저명학자 왕궈웨이를 향하여 학술정의學術公道를 논하고 회답하였으며, 지리학 대가인 양서우징이 세운 력학酈學의 체계를 허물었다. 단 매우 확실한 한 가지는 후스가 스스로 학문적으로 실천하여, "대담한 가설, 세심한 구증"이란 학술신조를 실현하려하였다는 점이다.

　"국고정리國故整理"는 후스가 학술계에 광범위한 영향을 떨쳤던 하나의 구호, 혹은 주장이다. 베이징대학 연구소 국학문에서 창간한 『국학계간國學季刊』을 위해 써준 「국학계간발간선언國學季刊發刊善言」에서 후스는 "국고정리"의 주장을 제출하였다. 후스는 "국고정리"의 궁극적 목적이 "첫째, 역사의 안목을 써서 국학연구의 범위를 확대한다. 둘째, 체계적 정리를 통해 국학연구의 자료를 부서를 정하여 배치한다部勒. 셋째, 비교 연구를 하여 구학의 자료의 정리와 해석을 돕는다."고 보았다.10) 청말부터 "국학國學"이란 개념이 출현하여 "서학西學"과 서로 대응하였으나, "국학"이 주장하는 것, 주장할 수 있는 것, 그리고 포용하는 것이 도대체 얼마나 되는가? "국학"이 파생시킨 사상 내포와 정치 함의는 어떻게 대중들에게 받아들여졌는가? "국학"의 민국초 학술발전에 대한 학리學理 가치는 어디에 있는가? 이러한 것들은 모두 하나의 통일된 개설을 가질 수 없다. 이해가 서로 다르고, 해석이 서로 다르다. 학술과 정치 사이에 있는 개념에 대하여, 다른 고증과 해석은 매우 당연하다. 후스가 근무했던 베이징대학이 개설한 국학문이 "국학"에 대하여 가리킨 것은 비교적 광범위하다. 베이징대학의

---

10) 唐德剛, 앞의 책, 208쪽.

중국문학계, 사학계, 가요학회歌謠學會 등이 국학문 시스템에 들어갔는데, 대체로 고전문학, 역사학, 고대철학, 지리학, 금석비문학, 문자훈고학, 음운학, 고고학, 문헌교감학, 고적정리, 민족가요 등이 모두 그 안에 포함되었다. 만일 이 방대한 학술 분과체계가 그저 "국고정리"라는 것으로써 망라된다면, 무게가 없어 보인다. 그러나 당시 인문과학 영역에서 후스가 선언한 "국고정리"는 확실히 대다수 문사文史 학자의 관심을 역사학, 금석학, 제자문헌, 고전시가, 소설희곡을 연구, 정리하는 행렬로 옮겨가게 했다. 학술의 풍향계를 국고학國故學 영역으로 이동시킨 것은 당시 굴기한 신문화운동을 전통과 수구의 영역으로 방향을 바꾼 것인데, 이는 당시 문화사상계가 결코 보고 싶지 않아했던 현상이다. 궈모뤄, 루쉰, 청방우成仿吾, 선옌빙沈雁水 등 학자들의 비판을 겪은 후, 극변하는 정치 상황 아래, "국고정리"는 그렇게 성행하지는 못했던 것 같다. 그러나 그것은 학자들의 사상의 기층에 깊이 파고들어 학술에 강력하게 침투하였다. 민국시대에 고전문헌, 고전문학, 고전역사 등의 영역에서 출현한 연구성과는 후스의 "국고정리" 학술주장과 매우 관계가 깊다. "문제를 많이 연구하고, '주의'는 적게 말하라"는 것은 후스의 유명한 구호이기도 하다. 학술사학자는 쉽게 이 주장을 후스의 정치이념과 한 군데로 뒤얽는다. 베이징대의 동료이고, 마르크스주의를 신봉한 사학자 리다자오李大釗와 변론할 때 제출했던 "문제를 많이 연구하고 '주의'는 적게 말하라"라는 것의 정치층면에서의 요구는 매우 분명하다. 문제는 후스의 이 정치주장의 배후가 학술연구와 도대체 얼마나 관계가 있느냐다. "실험주의"를 추숭하고 실천하는 학자로서, 그의 정치주주장의 언외지의言外之意에 학술적 요구는 있는지? 청년학자들에게 "문제를 많이 연구하고, '주의'는 적게 말하라"고 간곡히 권고하던 때, "문제"와 "주의" 사이에서 중재할 수 없었음을 인정할 수 있는 걸까? 이후 학술발전의 과정에서 살펴보면, "문제를 많이 연구하라"는 것은 확실히 후스가 영향을 준 학자들이 서재로 물러나 학술의 새로운 성취를 창조하게 하였다.

중국학술발전의 공통적 학자현상은 통인通人과 전문가가 학자 한 사람의 몸에 완전무결하게 실현되기 어렵다는 것이다. 널리 통하고 두루 다루고, 널리 보며 많이 취하며, 한 가지 경전에 사로잡히지 않고, 한 가지 법칙에 치우치지 않으며, 한 문파에 국한되지 않으며, 여러 분야를 동시에 진행시키니, 박문약례博文約禮하여 구제하고, 황야를 개척, 간척하며, 학인 지도자는 학림學林을 선도한다. 만일, 학술사의 통칙으로써 후스의 학문을 평가한다면, 그는 확실히 통인 계통이다. 만일 우리가 존자尊者를 위해 기피하는 것을 하지 않는다면, 후스의 학술저작은 그가 처한 시대 혹은 잠시 후의 시대에서, 계속해서 새로이 일어난 학자들에게 초월될 것이다. 황야를 개척하고, 학풍을 인도하는 과정이란 실제로는 추월되고 도태되는 것을 지속하는 과정이다. 이는 "고증벽", "학문욕"을 가진 사람에 대하여 말하자면, 분명 괴로운 일이다. 후스는 일찍이 그의 절친이자 안후이 동향인인 가오이한에게 이렇게 말한 바 있다. "그는 '4불여四不如가 있다. 1 사상자유를 주장하는 것은 차이제민蔡孑民만 못하다. 2 정치혁명을 유장하는 것은 천두슈만 못하다. 3 공자접孔子店을 부수는 것은 우위吳虞만 못하다. 4 백화시白話時를 짓는 것은 캉바이칭康白情만 못하다."[11] 여기에서 후스는 자신의 학술성과를 판단하지는 않았는데, 소위 "4불여"가 실은 정치, 문화의 영역일 뿐이고, 저술과 학설의 각도에서 자신을 인지한 것은 아니었다. 역사학자 첸무가 처음으로 후스와 만났을 때, 후스의 "천하명인天下名人"의 위명威名에 겁을 먹었는데, 만년의 회고록에서 첸무는 후스를 이렇게 평했다. "내 생각에 후스는 고대 중국의 큰 스승 같지도 않고, 근대 서방의 학자 같지도 않다."[12] 26세에 미국 컬럼비아대학의 박사학위를 획득하고 베이징대학의

---

11) 高一涵, 『漫談胡適』, 『文化史料』叢刊, 193쪽.

교수 자리를 차지한 후스는 당시 문화사상계의 일군의 지식인들과 교류하
면서 백화운동, 신문화운동, 신사상운동, 신학술운동의 핵심에 위치했기
때문에, 서양 사회과학의 이론과 방법을 운용하여 중국 전통문화를 해부하
고, 국내 문화사상 영역에서 지식을 계몽시키고, 풍조를 이끌며, 무리에서
영수가 된 인물이니, 학술계 일군의 걸출한 인물들이 모두 그와 교제하였다.
후스는 내심 "배워서 뛰어난 즉 벼슬한다."는 잠재의식이 강렬하였고,
정치에 대한 열정이 충만하였다. 일개 서생 후스는 언론에 자신의 주장을
발표하였고, 이는 자연히 그와 민국시대 정치 지도인물이 밀접한 관계를
맺게 하였다. 학술사적 의의에서 분석하자면, 파벌의식에 바탕한 편견이
매우 강한 후스는 민국 초기의 수많은 학파에 대하여 내심으로는 판단을
내리고 있었으나, 겉으로는 포용성을 보여주었다. 후스가 초기에 교류한
이들은 『신청년』잡지를 둘러싸고서 모인 문화 엘리트들이었는데, 이들
문화 엘리트와 저명한 학술인사들은 대부분 일본에서 유학한 장타이옌의
제자들이었다. 루쉰과 저우쭤런 형제는 문학 창작과 번역에서 뛰어났는데,
『신청년』의 동인으로서 후스와 매우 가깝게 왕래하였다. 첸쉬안퉁은 장타
이옌의 유명한 제자인데, 음운학에서 특히 조예가 깊었다. 미국에서 유학할
때, 후스는 첸쉬안퉁이 여론에서 유학생들이 제출한 백화문 주장을 지지한
것에 대하여 감격을 표하였다. 이후의 국어운동, 신식 표점, 고사변운동古史
辨運動에서 첸쉬안퉁의 공헌이 특히 컸다. 마형馬衡, 마유위馬幼漁, 마롄馬廉은
베이징학계에서 지위와 영향력을 가졌는데, 마형과 마유위는 오랫동안
베이징대학 중국문학계에서 교편을 잡았고, 경력이 매우 풍부하였다. 선스
위안沈士遠, 선젠스沈兼士, 선인모沈尹黙(장타이옌의 제자는 아님)도 베이징대
학에서 오랫동안 교편을 잡았는데, 인망이 매우 높았다. 주시쭈朱希祖는

---

12) 錢穆, 『八十憶雙親・師友雜憶』, 生活・讀書・新知三聯書店, 1998, 147쪽.

베이징대학 사학계의 베테랑 리더로서, 판본학에 매우 정심하였다. 막 베이징대학에 진입한 후스와 이들 장타이옌 제자들은 관계를 잘 유지했다. 이들 저장적浙江籍의 타이옌 제자들은 문화주장, 사상경향과 학문에서 후스와 비슷하다는 친밀감을 가졌고, 타이옌 학파에 융합하는 것이 그의 학술 진전에도 방해가 되지 않았기 때문에, 후스는 베이징대학 초기에 임용되었던 그 교수들과 매우 사이가 좋았다. 후스가 베이징대학에서 기반이 튼튼하고 인맥이 탄탄해지면, 저장적浙江籍 교수의 세력범위에서 주고받는 것이 있을 때, 당연히 배척을 받을 것이다.[13] 베이징대학 영문부 교수회 주임, 교무장, 문학원 원장 겸 중문계 주임을 잇달아 맡았던 후스는 전통학문을 고수하고 신문학을 반대하지만 학술 품격을 가진 저명한 학자들이 베이징대학에서 계속 교수직을 유지하는 것을 싫어하였다. 황칸은 첸쉬안퉁과 함께 유명한 음운학 대가이자 장타이옌의 초기 제자 중의 유명한 학자였다. 그는 백화문에 대해 적의로 가득 찼으며, 베이징대학 학생간행물『국고國故』의 기고자였는데, 나날이 새로이 유행하는 학풍에 만족하지 못했기 때문에 베이징대학의 강단을 떠났다. 우메이는 저명한 사곡詞曲 전문가이자 사곡학詞曲學을 처음으로 대학 강의실로 들여온 학자이기도 하다. 그는 신문학과 서로 잘 어울리지 못하였고, 신파新派 학자들과는 거의 왕래가 없었다. 공공연히 배제당한 것은 아닐지라도, 그가 고향의 난카이대학에 가서 사곡학詞曲學을 강의한 데는 필경 부득이한 고충이 있었을 것이다. 덩즈청은 저명한 역사학자다. 철저히 이해하는 것을 중시하는 것으로써 학문을 하였고, 일조一朝 일대一代를 주장하지 않았다. 그의『중화이천년사中華二千年史,『골동쇄기骨董瑣記』등의 저작은 그가 중국통사영역에서 박식하다는 것을 나타낸다. 그러나 덩즈청은 후스를 핵심으로 한 신문화운동에 대해

---

13) 沈尹默,「我和北大」,『文史資料選輯』, 第61輯.

매우 반감을 갖고 있었고, 후스 본인의 학문에 대해서 흥미가 없었기 때문에, "이로부터 덩선생은 후스와 일을 논하는데 매번 불화하였고, 베이징대학을 떠날 생각이 싹텄다."[14] 후에 덩즈청은 베이징대학에서 교회학교인 옌징대학燕京大學으로 가서 가르치면서 자신의 사학자로서의 삶을 계속하였다. 장얼톈은 청말의 이름난 선비였는데, 민국기에 들어서는 비교적 전문적인 학술연구를 시작했다. 그는 민국초에 청사관淸史館에 들어가서, 『청사고』를 찬수했는데, 문화 유신遺臣의 풍취가 많이 풍겼다. 그의 『사징史徵』, 『옥계생년보회전玉溪生年譜會箋』, 『청후비전고보淸後妃傳稿補』는 학문의 발자취에서 서학과는 관계가 없고, 전통국학의 방법이 여전히 드러났다. 장얼톈은 류스페이劉師培가 병사한 후에 베이징대학에 교수로 왔다. 국학 기초만이 있을 뿐 서학을 익히지 않은 학자로서, 장얼톈은 베이징대학에의 신문화운동이 당연히 불만스러웠다. 그는 리선옌李審言에게 보내는 편지에서 이러한 감정을 드러냈다. "북교北校는 신숙申叔이 죽은 것에서부터 고아함의 도道가 사라지고, 새로운 문체新體가 아름다움을 다투고, 더하여 학문을 선택함이 '요마妖孽의 눈으로써 하는 것에 이른다."[15] 이 심리상태는 후스가 베이징대학에서 제창한 중서 소통의 주장과 서로 충돌하였고, 심성이 강직한 장얼톈은 자연히 베이징대학과의 인연을 다했다. 린궁둬林公鐸는 1913년에 베이징대학에서 자리를 잡았는데, 베이징대학의 베테랑 교수다. 린궁둬 본인은 베이징대학과 연원이 깊은데, 그의 외숙 천푸천陳黻宸이 경사대학당京師大學堂 시대에 교수로 있었고, 외숙의 사학, 철학, 사장학으로부터 린궁둬는 매우 깊은 영향을 받았다. 린궁둬는 팔방미인으로서, 펜을 들면 멈추질 않았고, 문장력이 뛰어났고, 조어가 화려했으며, 문장이 오래되

---

14) 『王鐘翰學述』, 浙江人民出版社, 1999, 26쪽.
15) 「張孟劬先生書劄」, 『學土』第1輯, 廣東高等敎育出版社, 1996, 39쪽.

고 심오하여 이해하기 어렵고, 기본이 심후하여, 특히 선진문학, 중고문학에 정심한 연구를 하였다. 린궁둬는 재주를 믿고 남을 멸시하고, 교만하여 제멋대로이며, 모든 것을 깔보면서 학문은 아름다우나 성질이 고약했던 황간과 매우 친했다. 린궁둬는 후스를 무시하였다. 마쉬룬馬敍倫이 린궁둬에게 말하길, "류쓰劉四가 자리에 있는 사람들은 모두 욕하는 병증이 있는데, 시시로 후스에게 야박하게 구니, 마침내 후스에게 배척되어 떠났다." 고 하였다. 린궁둬는 베이징대학이 그를 해고한 것에 대하여 매우 분노했는데, 포고문을 게시하여 항의를 표시했다. 그는 후스에게 편지를 써서, 후스가 "주먹과 독수를 중시하고, 그 문자에 깃들여있는 것은 비천함이다."라고 하니, 후스는 그에게 회신하여 반대로 책망하였다.[16] 후스가 린궁둬를 해고할 때, 류반눙劉半農이 깊이 동정하였으나, 린궁둬가 강의실에서 비방하는 것을 재주로 삼고, 학술상 진보를 구하지 않은 것에 대해서는 비난하였다.[17] 민국기 학술기풍의 변화는 대부분 후스 세대의 학자 집단이 지속적으로 학술의 새로운 구역을 개척한 것과 관계가 있다. 자신의 의기, 견지, 기량과는 다른 학자들을 학술의 중심부에서 밀어낸 것은 어떤 권위를 세우려는 것이었고, 따라서 후파학설胡派學說에 속하는 지경을 매우 쉽게 창조하였다. 그러나 자신의 학술권세를 운용하여 자기와 다른 이를 배제시키는 배후에서, 실제로 학술연구의 다원성을 소멸시켰다. 주류 학술단체의 일관성을 힘껏 만들어낸 동시에 학술 개성을 지닌 수많은 학술인물의 독창성이 사실상 붕괴되었다. 이런 의미에서 후스를 영수로 한 민국학술 집단에 깊이 연루되어 있는 것은 학술적 편견이고, 이는 중국학술발전사의 결함이고 누실이 아니라고 할 수 없다.

---

16) 『胡適來往書信選』中, 中華書局, 1979, 237쪽.
17) 嚴薇靑, 「北大憶舊」, 陳平原, 夏曉虹, 『北大舊事』, 生活·讀書·新知三聯書店, 1998, 477쪽.

민국기 주류 학술의 핵심인 후스는 동시대 학자의 학술 배경, 사승
관계, 문벌과 가파家派, 연구 노선, 학문 방식, 학술성과에 대하여, 비교적
깊이 이해하였다. 따라서 그가 학자를 평정할 때, 다른 혜안도 가졌다.
"현재의 중국학술계가 진정 매우 쇠퇴하고 쇠락하였다. 구식 학자는 왕궈웨
이, 뤄전위, 예더후이葉德輝, 장빙린의 4인만이 남았다. 그 다음에 반신반구半
新半舊의 과도기 학자도 량치차오와 우리 몇 사람뿐이다. 그 가운데 장빙린은
학술상 이미 반은 굳어졌다. 뤄전위와 예더후이는 조리가 없고, 왕궈웨이만
이 가장 희망이 있다."18) 후스의 학문은 학과 분류상 매우 넓게 걸쳐져
있어서, 그는 수많은 학술 영역의 선배, 혹은 신진학자들과 교류하였다.
왕궈웨이, 뤄전위, 예더후이, 장빙린, 량치차오는 후스의 학술 선배라고
할 수 있는데, 단 그들의 학문은 국학 범위에 있었고, 후스가 주장한 신문화
·신사상·신고증과는 일치하지 않았으나, 왕궈웨이를 신봉한 것은 왕의
학문방식이 건가를 융통하고 중서를 소통시켜 학술결론을 내린 것이 학계
에 공인되었기 때문이다. "내 공부의 폐단은 두루 폭넓게 하는 것을 좋아하
는 것이어서, 따라서 얕고 조잡하다."19)고 한 량치차오는 신파 학자 후스를
높이 평가하여, 그의『중국철학사대강』에 대하여 서평을 썼다. 『묵자학안墨
子學案』서문에서 량치차오는 후스가 묵학에 대하여 매우 독창적인 견해를
가진 것을 칭찬하였다. 후스와 량치차오가 베이징대학에서 묵자철학을
강의할 때 충돌한 것은 학술사의 미담이 되었다. 천인커는 민국 사학계에서
일언구정一言九鼎이라 할 만하다. 후스는 천인커와의 통신에서 일찍이 그에
게 불경번역, 서하문 사료 등의 문제에 대한 가르침을 청했는데, 일기에서
천인커를 추승하기를, "인커는 사학을 연구하는 데, 당연히 현재 가장

---

18) 『胡適的日記』下, 中華書局, 1985, 440쪽.
19) 梁啓超, 『淸代學術槪論』, 上海古籍出版社, 1998, 90쪽.

박학다식하고 가장 식견이 있으며, 가장 자료를 잘 다루는 사람이다"라고
하였다.[20) 탕융퉁湯用彤(자는 시위錫予)은 천인커, 우미와 함께 하버드대학
에서 유학하였고, 산스크리트어, 불경번역문학을 전공하였다. 그는 이전에
둥난대학에서 교편을 잡았었는데, 후에 후스가 베이징대학 철학계의 중심
진영으로 그를 초빙하였고, 그의 중국 불교사연구에 대하여 매우 호감을
나타냈다. 후스는 탕융퉁의 『한위양진남북조불교사漢魏兩晉南北朝佛敎史』가
매우 권위가 있다고 하였다. "시위(탕융퉁)의 훈련은 매우 정심하고, 공구도
좋고, 방법 또한 세밀하다. 따라서 이 책은 가장 권위가 있는 작품이다."[21)
"고교사고古敎四考"로써 학술계에 이름을 날리게 된 천위안陳垣은 종교사,
원사元史, 달력사年歷史, 피휘학避諱學, 문헌교감학 등 영역에서 모두 선구적인
학술공헌을 하였는데, 학술 방법은 건가고증학파와 같다. 후스는 천위안의
학문에 대하여 탄복하여, 천위안의 저작에 적지 않은 서평을 썼고, 또
천위안의 『원전장교보석례元典章校補釋例』에 서문을 써주었다. 문자어언학계
의 선배 학자 왕샤오항王小航과 학술배경이 다른 양수다楊樹達, 위자시余嘉錫,
류반눙, 리진시黎錦熙, 자오위안런趙元任 등은 후스와의 학술왕래가 소원하
지 않았다.

중국학술빌진사가 청말민국초에 들어가 이 신구, 중서, 전통현대가 극렬
히 충돌하는 비상 시기에 학술단체, 학술 유파들의 생성 메커니즘은 다른
시대와는 전혀 다른 특성을 나타냈다. 만일 후스를 민국 시기 제일대
학술종사라고 인정한다면, 생체 나이는 후스와 비슷하면서 학술적 나이는
후스보다 어린 학자들이 후스의 학술 신도가 되었고, 사승의 각도에서
보자면, 이 학자집단은 후스의 학생들이라고 볼 만하다. "고사변"파의

---

20) 『胡適的日記』下, 539쪽.
21) 『胡適的日記』下, 526쪽.

핵심인물인 구제강, 철학사학자 펑유란, 고고학자인 황원비黃文弼, "사료학"파 영수인 푸쓰녠, 철학자 주첸즈朱謙之, 음운학자인 뤄창페이羅常培, 청사 전문가인 정톈팅鄭天挺, 『홍루몽』 전문가인 위핑보兪平伯, 문학사학자인 루칸루陸侃如와 펑위안쥔馮沅君 부부, 소설사학자 쑨카이디孫楷第, 몽고사전문가인 야오충우姚從吾 등 일군의 인문학과 영역의 유명 학자들이 후스에게 쓴 편지에 모두 "학생學生" 혹은 "제자受業"라는 낙관으로 서명하였고, 이들 학자들 대부분이 베이징대학을 졸업하였고, 1917년에 베이징대학에서 교편을 잡은 후스와 사제관계를 가졌다. 그러나 그들과 후스의 나이차는 그다지 크지 않다. 후스는 구제강보다 2세, 펑유란보다는 4세, 황원비보다는 2세, 푸쓰녠보다는 5세, 주첸즈보다는 8세, 정톈팅보다 8세, 뤄창페이보다 8세, 쑨카이디보다 7세, 야오충우보다 3세, 위핑보보다 9세, 루칸루보다 12세, 펑위안쥔보다 9세 연상이다. 이들 베이징대학과 베이핑사범대학 출신의 학생들은 기본적으로 후스와 동년배인데, 그들은 후스와 교실에서 주고받은 정이 있거나 가르침을 청하여 계승한 이득이 있었다. 학술 연원 관계로부터 분석하자면, 문사철 학과에서 건설적 공헌을 한 일군의 학자들은 후스가 개척한 새로운 학술기풍과 후스가 제창한 새로운 학문방법을 계승하였는데, 진정 후스의 학문으로부터 어떠한 재주를 전승했는지는 후스 본인도 감히 지목할 수 없는 바다. 사실 신문화운동의 전체 배경 아래 전문화한 연구에 종사한 학자들은 "포스트5·4시대後五四時代" 건설형 학술 집단이라고 정의할 수 있다. 이 학술집단과 후스가 명백히 다른 것은 바로 후스 무리가 힘껏 이끌고, 이행하고 개척한 학술부문에서 자신의 창조적 학술연구를 시작한 점이다. 그들은 박식함으로써 남에게 보이려하지 않고, 새로운 학문으로써 자만하지 않으면서, 모 영역의 전문가 또는 권위자가 되었다. 그들은 민국기 학술 빌딩의 창시자이고, 학술 "원료毛坯"를 창건한 첫 번째 세대다. 구제강이 일으킨 "고사변"운동은 시작하자마자 후스가 그 기간을 계획하고 크게 부추겼는데, 구제강은 마치 정중앙에 자리한 주인공과 같이, 이 신사학운동의 핵심인물이 되었다. 평생 후스에 대하여 제자의 예로써 공경했던 푸쓰녠이 창설한 광저우중산대학廣州中山大學 역사어언연구소歷史語言硏究所가 기획건립한 중앙연구원 역사어언연구소는 민국시대의 최고 학술기구가 되었다. 베이징대학 "오사"신문화운동의 주요 지도자로서 푸쓰녠이 제출한 "사학은 곧 사료학"이란 말은 당시 사학계의 커다란 깃발이 되어 대단한 영향을 끼쳤다. 후스에게 학생이라고 서명하여 편지를 보내던 펑유란은 컬럼비아대학에서 박사학위를 받은 후 칭화대학에서 교편을 잡았는데, 그가 쓴『중국철학사』는 청출어람靑出於藍이었다. 그가 창립한 "신이학新理學" 철학 체계는 송대 이학 도통을 계승하였으며, 민국 철학계에서 공인된 대가가 되었다. 송명宋明 사상철학으로써 학술 기점이 된 황원비는 학문적 흥미를 고고학으로 돌렸고, 스웨덴인 스벤 헤딘이 조직한 서북과학고찰단에 참가한 후에 신강투르판 지구에서 고고학을 연구한 첫 번째 사람이 되었다. 베이징대학에서 졸업장을 따는데 개의치 않았던 주첸즈는 자신의 철학연구를 역사학 영역에 집중시켰는데, 그의『역사철학』은 순수이성의 각도에서 역사와 문화 변천의 본질을 탐색한 것이고, 그 이론의 깊이, 사상의 급진성은 후스를 능가하는 것이었다. 베이징대학의 보수적 간행물『국고』의 기고자 뤄창페이는 실제로 황칸, 류스페이의 학생이고 후스의 학문과는 조금도 관련이 없었지만, 후스에 대한 존경은 스승에 대한 것과 마찬가지였다. 현대음운학 연구 영역에서 뤄창페이는 황칸, 첸쉬안퉁, 쩡윈첸曾運乾, 자오위안런, 리팡구이李方桂의 후대를 이은 핵심인물이었다. 정톈팅은 뤄창페이의 베이징대학 동문인데, 그는 오랫동안 베이징대학에서 교직을 맡았고, 후스와의 왕래도 매우 잦았으며, 그가 계승한 스승은 명청사 분야의 공인된 대가인 멍썬이다. 쑨카이디는 베이징대학을 졸업하지 않았지만, 그의 연구 영역은 후스와 비교적 가까웠다. 그는 중국 소설사, 희곡사의 원전과 판본을 깊이 연구하여 성취한 바가 매우 컸다. 그는 후스가 『성세인연전』을 고증한 것에 대해서 의심스러운 점을 서로 논의하기도 하였다. 후스는 쑨카이디의 『일본동경에서 본 중국 소설 서목 제요日本東京所見中國小說書目提要』에 서문을 써줄 때, 쑨에 대하여 매우 높이 평가하였다. 야오충우는 베이징대학에서 수학중일 때 스승으로 모신 이는 지리학자인 장샹원張相文이고 그를 독일 베를린으로 유학을 보낸 것은 사학계 주임인 주시쭈였는데, 후스와 야오충우 사이에 사제간의 인연은 없었던 것 같다. 독일에서 유학한 지 10년 후에 야오충우의 동문인 푸쓰녠이 그를 베이징대학 사학계로 초빙하였다. 몽고사 전문가로서 야오충우는 후스와의 학문적 왕래는 매우 드물었다. 위핑보는 베이징대학의 학생간행물 『신조新潮』의 실력자이고, 신문화의 주력 작가 가운데 하나다. 『홍루몽』연구에서 그의 특수한 공헌은 그의 쑤저우 향우이자 베이징대학 동문인 구제강과 편지를 주고받았던 것과 매우 관련이 깊었으며, 당연히 당시 후스가 고전소설 고증기풍을 제창한 것의 학술적 성과가 되었다. 위핑보의 『홍루몽변紅樓夢辨』은 후스의 『홍루몽고증紅樓夢考證』을 계속 심화시킨 것이다. 루칸루는 베이징대학을 졸업한 칭화국학원淸華國學院 연구생이었다. 펑위안쥔은 베이징대학연구소 국학문의 연구생이었다. 루칸루와 펑위안쥔의 결합한 것에는 후스도 약간 관련이 있었다. 중국문학사, 중국시사中國詩史 등의 영역에서 루칸루, 펑위안쥔은 선구적인 학술 공헌을 하였는데, 그들의 스승인 후스도 여기에는 미치지 못하는 바다.

1962년 3월 2일, 후스를 장송葬送한 각계 인사가 5만 명에 달했다. 일개 학술계 인물이 세상을 고별하는데 타이완에 이와 같은 애도를 불러일으킨 것은 확실히 20세기 중국학술발전사에서 보기 드문 일이다. 학술 때문에 후스를 사회장社會葬 한 것이지 단순히 애도한 것만은 아니었다.

만약 후스와 나이가 비슷한 한세대 학자들이 그저 후스가 시작한 학풍을 계승하여 분연히 굴기한 것이라면, 나이가 후스보다 10세 이상 어린 청년 학자들은 후스가 가르친 대학에서 자연스레 후스의 문생과 제자가 되었다. 후스는 베이징대학, 중국공학中國公學 및 중앙연구원 역사어언연구소에서 근무하였고, 미국에서 대사를 맡은 때와 한거할 때, 의식적으로 자질이 총명하고 학술에 헌신하는 청년 학자들을 대량으로 뽑아서 양성하고 제휴 하였다. 이들 학자는 현대중국학술의 발전 과정에서 스승의 학예를 전승하 고, 학문을 널리 펼치고, 학술긴장감을 확장하고, 인문정신을 고양하였다. 자신이 힘을 기울인 학업의 성과를 쌓아나감으로써, 20세기 중국학술을 창조하는 데 사상적 지혜를 제공하였다. 베이징대학에서 수학한 일군의 학자들은 기본적으로 역사 영역에 있었다. 덩광밍의 송사宋史 후허우쉬안胡厚宣의 갑골학甲骨學, 장정랑張政烺의 갑골금문헌선진사甲骨金文先秦史, 푸러환傅樂煥의 송요금사宋遼金史, 왕충민王重民의 판본목록학板本目錄學, 펑자성馮家昇의 요사遼史, 라오간勞榦의 한간연구漢簡硏究, 취안한성全漢升의 봉건시대경제사中古經濟史, 딩성수丁聲樹의 언어학言語學, 왕수민王樹民의 문헌학文獻學, 펑원빙馮文炳의 고전문학古典文學, 우샹샹吳相湘의 중국근대사 등등의 현대중국학술사에서 각자 자신의 지위를 다졌다. 베이징대학의 이 학자들은 대부분후스와 강단에서 나눈 우의가 있어서, 전통적 의미에서 보면 사승관계라고할 수 있다. 중국공학中國公學을 졸업한 뤼얼강 羅爾綱과 우한은 베이징대학[출신들]보다 더욱 후스 학술의 직계 전승자들이라고 볼 수 있다. 뤼얼강은중국공학 졸업 후에 곧장 후스 집안에 가정교사로 들어갔고, 후스의 학문방법에 대하여 가장 잘 알고 가장 영향을 많이 받았다. 고고학 방법에 대해깊이 이해하고 있었던 그가 태평천국사太平天國史 분야의 일대종사가 된것은 후스의 권고와 앙양함, 그리고 간곡히 타이른 것과 절대적 관계가있다. 우한이 칭화대학의 편입생이 된 것은 후스의 추천과 절대적인 관련이있다. 그리고 그가 자신의 평생의 학술 방향으로서 명사明史를 선택한것은 후스가 칭화대학 사학계 주임인 장팅푸蔣廷黻에게 강력히 추천한결과이기도 하다. 우한의 학문방법은 기본적으로 "대담한 가설, 세심한구증"이란 후스의 신조를 관철하는 것이었다. 칭화대학을 졸업한 양롄성楊聯升은 사승관계가 없지만, 미국에 유학을 간 후에 미국에 있던 후스와학문을 논하였고 후스의 후반생 동안 미국의 한학계, 타이완 사학계에서매우 특수한 학생이자 학술 쟁우爭友가 되었다. 저우이량, 우위진吳于廑,이 두 사람은 세계통사世界通史 영역에서 연구 성과가 많은 미국 유학 박사로서, 후스와 학술교류가 매우 밀접하였다. 명문가 출신인 저우이량은 옌징대學燕京大學을 졸업했는데, 그의 위진남북조역사에 관한 연구논저는 천인커

에게 호감을 샀고, 자연히 후스에게도 알려졌다. 저우이랑과 후스가 비교적
빈번하게 학술견해를 주고받았는데, 베이징대학 교장을 맡은 후에 후스는
학업을 마치고 귀국한 저우이랑과 특별한 만남을 가졌다. 20세기 중국학술
사는 후스의 사우師友와 동지, 후스의 문생門生과 제자가 나라의 절반을
차지한 것을 확인할 수 있을 것 같다. 만일 후스의 제자들의 학술 업적을
누락시키거나 소홀히 한다면, 현대중국학술발전사는 필연적으로 훼손되
고 불완전해질 것이다.

학술기풍을 개창한 큰 스승大師이 영원히 역사에 기록되고, 학술의 격랑
을 요동치게 했던 대학자는 시종 자신의 학술 의석을 가졌다. 그의 저작이
시대에 침식되거나 역사에 추월되든 관계없이 그는 영원히 학술사에서
영속적인 화두다. 후스의 시대는 재현될 수 없었고, 일대 학술종사가 멀리
떠나버린 것이 의미하는 것은 그의 자욱한 학술기풍이 연기처럼 흩어지고,
그리하여 그가 육성하고 고수한 학술토양이 영원히 전승하고 파생하는
것이다. 그러나 풍조를 열었으되 스승은 되지 못한 심리상태와 패턴은
다양한 학술 분야를 개척하는 데서 후스 학술 기상의 성대한 대천세계를
완성하였고, 이는 동시대 또는 후대의 신진학인들의 성장과 스승이 되는
데 학술의 계난을 만들어냈다.

"많은 것을 구하고 널리 하는 데 힘쓰나" 또한 고독하다

● 구제강顧頡剛 학기 ●

20세기 중국사학의 현대화 과정에서 구제강顧頡剛은 피해갈 수 없으며 또한 거대한 영향력을 지닌 걸출한 사학자다. "고사변"파의 학술 지도자로서 구제강은 후스의 "대담한 가설, 세심한 구증"을 학문의 신조로 삼아, 송명에서 청까지 의고변위疑古辨僞의 전통학술정신을 최고의 경지로 추진하였고, 현대학술의 의미에서 "사학혁명史學革命"을 시작하였다. 장쉐청의

"육경개사六經皆史(육경은 모두 역사다)"에 대하여 역사적으로 초월한 후에 "중국의 역사가 중층적으로 조성되었다는 설", "오덕종시五德終始의 설에서 유래한 정치와 역사" 등 저명한 이론체계를 제기하였고, 과학적인『중국통사中國通史』저술과 중국고대사연구에 기념비적인 학술기초를 세웠다.

구제강1893-1980은 장쑤江蘇 쑤저우인蘇州人으로서 학자가문에서 태어났다. 구제강의 조부 구롄쥔顧廉軍, 부친 구바이녠顧柏年은 모두 청조의 수재秀才였다. 구바이녠은 이전에 장쑤성에서 선발되어 경사대학당으로 파견되었는데, 학당의 수당이 적어 가족을 부양할 방법이 없자, 귀향하여 소학교 국문 교원을 하였다. 구바이녠은 자신이 경사대학당을 마치지 못한 것에 매우 여한이 남아서, 그는 아들 구제강을 그곳에 보내 공부시킬 것을 맹세하였다. 후에 구제강이 베이징대학에 가서 수학하게 된 것은 곧 아버지의 소원을 실현시킨 것이었다. 구제강은 매우 일찍 글을 익혔는데, 3세 때『삼자경三字經』을 읽기 시작했고, 6,7세에『논어論語』를 읽었다. 집안에 장서가 있었는데,『논어』는 아직 다 마치지 못했기 때문에, 그의 부친은 『맹자』를 준비해주었다. 약 11세에 구제강은『강감이지록綱鑑易知錄』을 열독하기 시작했고, 그 이전에는 이미『좌전左傳』을 다 읽었다. 구제강은 역사학 방면에 관한 것들을 매우 일찍 섭렵하였을 뿐더러 여기에 가장 흥미를 갖게 되었으며, 후에 성과를 거둔 것 또한 매우 풍부하였다.

구제강의 조기 교육과 청말 민국초 쑤저우 지방의 농후한 학술문화 분위기는 매우 관계가 깊다. 쑤저우는 자고로 문화 연수淵藪이고 역대 명가가 모인 곳으로 인문 명당인 쑤저우 원림園林에서는 사람들이 사무치게 그리워하는 수많은 감동적인 고사와 전설을 널리 전해져왔다. 송원 시대에 쑤저우는 오중吳中 지구의 문화중심이 되었는데, 이곳에서 각서업刻書業, 골동품수장업, 민간예술, 시정문화가 매우 번영하였다. 원말, 쑤저우에서는 문인문객의 결사활동이 발전하기 시작하였는데, 그들은 시와 술로

교류하고, 산수를 떠나기 아쉬워하며, 시가를 읊조리고 그림을 그리며,
아름다운 역사의 단락들을 남겼다. 명청 시기에 이르러 쑤저우의 학술문화
가 맹렬히 발달하였다. 명대의 각서업은 쑤저우에서 가장 흥성하였고,
전국 서적의 십중팔구는 쑤저우를 거쳐 각지로 전파되었으며, 마오진毛晉의
경서, 펑멍룽馮夢龍의 소설 등이 매우 잘 팔렸고, 쑤저우는 엄연히 전국의
출판 중심이었다. 청대에는 쑤저우에서 겨우 18명의 장원을 배출하였다.

판본학, 경학, 고기물학은 구옌우顧炎武, 후이둥惠棟 등의 학자가 제창하고
몸소 실천한 것을 거쳐, 전국의 학술 요충지를 형성하게 되었다. 구제강
출생 시에 고색창연한 문화적 분위기는 아직 온전히 쇠퇴하지 않았고,

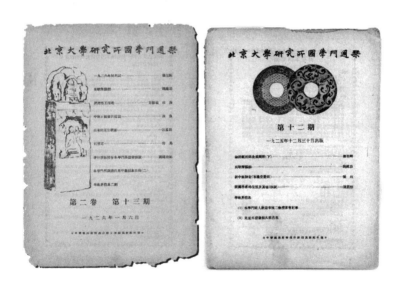

구제강이 베이징대학 재학 중에 가장 먼저 연구한 것은 도서관학으로서,
『베이징대학국학문주간北京大學國學門週刊』에 이 부류의 논문을 적지 않게
발표했었다. 후에 학교에 남아 가르칠 때 『베이징대학국학문주간』을 편집
하였는데, 자신이 역사를 공부하면서 체득한 것을 발표하기 시작하였다.

전통문화는 여전히 영향력을 크게 미쳤다. 그리고 이 시기에 구제강에게 가장 심각하게 영향을 끼친 것은 쑤저우에서 변함없이 발달하고 있던 고서적업이었다. 구제강은 자신의 소년 시절의 독서생활을 기억할 때, "이 때의 쑤저우는 아직 문화중심의 자상을 보존하고 있었고, 관전가觀前街 일대의 신구서점이 약 20여 곳이었는데, 구서의 가격이 매우 쌌다. 나는 일개 학생이어서 그저 조모와 부친에게 돈 몇 전을 구걸할 수 있을 뿐이었지만, 평소에 그들과 왕래할 수도 있었다. 나는 사점에 가서는 그 서가의 책을 펼쳐보는 것이 아니라, 서점 주인에게 판본지식에 대한 가르침을 청하였다. 본 책이 많으니, 자연히 목록학을 연구하는 데로 이끌렸다. 『사고총목四庫總目』, 『휘각서목彙刻書目』, 『서목답문書目答問』류의 책들은 모두 그때 펼쳐보아서 익숙하기 그지없는 것들이다."[1] 고서점에서 자주 책을 펼치고 사고 한 것이 일종의 자연스러운 문화 영향이었고, 일종의 잠이묵화潛移默化와 같은 이끎이었다. 인위적인 강제가 없이 완전히 자발적으로 발생하였기 때문에, 자신의 학식을 양성시키는 데 매우 좋은 것이었다. 구제강에게 만일 초년의 이러한 영향이 없었더라면 그의 역사학연구에 대한 흥미가 그렇게 강렬할 수는 없었을 것이다.

---

[1]   顧頡剛, 『古史辨』第一冊自序, 「當代中國史學」.

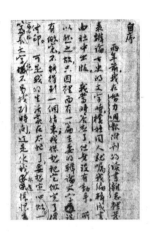

구제강의 『고사변제일책·자서古史辨第一冊·自序』 친필 원고. 이 6만자로
이뤄진 자서自序는 민국기 학자 자전自傳의 첫 시작을 열었다. 또한 당대
학술사에 훌륭한 자료를 제공해준 것이 되기도 하였다. 구제강의 행동과
학문은 무수한 청년학자들이 학문에 투신하도록 자극을 주었다.

반월간 『우공禹貢』 1-7권. 민족위기가 심각한 상황 아래 변방사邊疆史를
연구의 대상으로 삼은 『우공』반월간은 일종의 새로운 학문 조류를 일으켰
다. 이 간행물은 학술사, 출판사적 의의를 가졌을 뿐 아니라 그 당시 정치적
의미를 더욱 지녔다.

문화고성 쑤저우는 구제강에 대하여 활짝 펼쳐진 커다란 책이면서, 영원히 완독할 수 없는 책이기도 하였다. 그러나 진정 구제강의 인생에 거대한 변화가 발생하도록 한 것은 쑤저우라기보다는 쑤저우보다 문화적 분위기가 더욱 짙은 고도古都, 베이핑北平이었다. 1913년, 20세의 구제강이 막 부친의 명을 받들어 베이징대학 예과에 입학하였다. 이 때 이르러 구제강은 그의 반세기 이상의 학자로서의 인생을 출발하였다. 민국초의 베이징대학은 경사대학당에서 변화해 온 것인데, 교학체제에서는 어떠한 변화도 일어난 것이 없었다. 당시에 차이위안페이蔡元培는 아직 교장에 임명되지 않았었고, 학교는 아직 경전을 읽고 옛 것을 지키는 분위기가 가득하였다. 구제강이 막 예과에서 본과 철학문哲學門에 입학한 후에, 베이징대학의 학풍은 차이위안페이가 교장에 취임하여 취하고 받아들인 정책으로 인해 비로소 변화하였다.

구제강의 학술연구의 기점이 베이징대학에 있는 것은 아니라 하더라도, 베이징대학은 확실히 고집스러운 구제강이 학계에서 대담하게 경전을 의심하는 발걸음을 내딛게 하였다. 수많은 대학자들의 지혜가 구제강에게 의식적으로 집중되어, 현대사학사에 "고사변"파의 성세를 형성하였으며, "5·4"신문화운동 후 사학변혁을 계속시켜 이룬 직접적 성과가 되었다. 구제강은 이전에 장타이옌 학설에 도취되었던 청년학자였다. 베이징대학 예과에서 수학하던 때, 동학인 마오쯔수이毛子水와 함께 장타이옌의 국학 강연을 들었는데, 그가 고문경으로써 금문경을 비판하는 데 흥미를 갖게 되었고, 특히 장타이옌의 "통경치용通經致用"은 구제강에게 매우 큰 영향을 미치게 되었다. 예과의 선생님들 중에 국문을 가르친 마위짜오馬裕藻, 문자학을 가르친 선젠스沈兼士는 모두 장타이옌의 출중한 제자들이었고, 그로 인해 구제강은 국학의 길 위에서 계속 공부해나갈 것을 희망하였다. 예과에서 본과로 진학한 후에 구제강이 철학문哲學門에서 접한 선생님은 도리어

전통국학에 전념하던 그를 동요시켰다. 중국철학사를 가르친 천한장陳漢章은 박학한 학자인데, 학생들에게 매우 많은 자료들을 줄 수 있었으나, 후에 천한장을 대신하여 미국유학박사 후스가 서양이론을 가지고서 중국철학사를 해설한 것은 당우하상唐虞夏商을 신봉하는 학자들에게 커다란 충격이었으니, 후스가 "중국철학이 원형을 맺은 시대"는 주周 선왕宣王에서부터 시작했다고 강의했기 때문이다. 중국철학사 수업에서 후스의 새로운 학설을 접한 구제강도 자기보다 겨우 두 살 많은 후스의 충실한 제자가 되었다.

후스와의 관계 때문에 구제강은 1920년에 베이징대학을 졸업한 후에 학교에 남아 일을 하게 되었다. 또 후스와의 관계 덕분에, 당시 베이핑 학술계의 저명학자들과 알게 되었는데, 그 중에는 구제강에게 의고변위疑古辨僞에 중대한 영향을 미친 첸쉬안퉁도 있었다. 1923년, 상하이상무인서관上海商務印書館에서 근무하던 구제강은 『독서잡지讀書雜誌』에 「첸쉬안퉁선생과 옛 사서를 논함與錢玄同先生論古史書」을 발표하여, "누층적으로 조성된 중국고대사"라는 유명한 학술을 제출하였다. 구제강은 이 이론에서 시대가 뒤로 갈수록, 전설 속의 고대 시기는 더욱 길어지고, 시대가 뒤로 갈수록, 전설 속의 중심인물은 더욱더 방대해진다고 하였다. 여기에서 어떤 일의 진짜 상황은 알지 못하더라도 어떤 일이 전설 속에서 최초의 상황인지는 알 수 있다. 이 이론은 제출되자마자 학계에 대단한 반향을 일으켰다. "고사변"운동은 당시 역사학 분야에서 일종의 중요한 학술사조가 되었고, 구제강은 이로 인해 학계에서 자신의 지위를 확립하게 되었다.

하나의 학술 유파가 형성되는 것은 오로지 학술에 뜻을 품은 리더와 매우 관련이 깊다. 사승의 각도에서 말하자면, 구제강은 후스, 첸쉬안퉁 등의 제자다. 그러나 연구가 계속 심화됨에 따라, 구제강의 주변을 둘러싸고서 그를 리더로 삼는 학자 집단이 형성되었다. 구제강이 『고사변古史辨』을

편찬하고 옌징대학 역사계에서 수학하며 반월간지 『우공禹貢』을 창간할
때, 의식적으로 일군의 학술 제자를 양성하였다. 현대학술사가들에게 찬양
되는 "고사변"파와 "우공"학파는 모두 구제강의 학술연구와 관련이 있다.
구제강을 학술의 종주로 삼은 "고사변"파는 그와 친밀하면서 학술흥미가
비슷하거나 같은 학자군學者群을 발굴하였다. "고사변"파의 사학자들 가운
데 퉁수예童書業와 양샹쿠이楊向奎는 구제강을 보좌하여 세인의 주목을 끈
학자들이다. 퉁수예1908-1968는 대학 졸업장이 없이 완전히 자수성가한
역사학자다. 퉁수예는 저장 닝보寧波의 명문대가에서 태어났다. 그의 조부
는 청의 한림翰林이었고, 7살부터 15살까지 퉁수예는 『오경五經』, 『사서史書』
외에 『주례周禮』, 『의례儀禮』, 『공양公羊』, 『곡량穀梁』, 『효경孝經』, 『이아爾雅』,
『노자老子』, 『손자孫子』 등의 고서를 두루 읽어서, 비교적 착실하게 고대
문사文史의 기초를 닦았다.[2] 그는 『고사변』제1책에 사로잡혔기 때문에
역사학의 전당을 걸어가게 되었다. 퉁수예는 27세에 저장성립도서관에서
교정요원을 하였는데, 『저장성립도서관관간浙江省立圖書館館刊』에 발표한 논
문에서 구제강의 『상서연구강의尙書硏究講義』를 비평한 것이 그의 관심을
끌었다. 구제강은 퉁수예에게 베이핑에 와서 『우공』의 편집을 도와주고
또 옌징대학과 베이징대학에서 조교를 하면서 함께 춘추사를 연구하자고
청하였다. 그 후 퉁수예는 뤼쓰몐呂思勉과 함께 『고사변』7책을 편집했고,
그 자신은 몇 십만 자의 『춘추사春秋史』를 혼자 썼다. "고사변"파의 중요
학술 인물로서, 퉁수예는 구제강이 제기한 "누층적으로 조성된 중국 고대
사"라는 학술 기초 위에서, 고대가 "분화연변설分化演變說"의 이론을 제출하
였다. 퉁수예는 선진사 전문가이고, 중국회화사와 도자기사, 역사지리
등의 전문영역에서도 매우 정심한 연구를 하였다. 중화인민공화국 건국

---

2) 黃永年, 「記童書業先生」, 『學林漫錄』六集, 中華書局, 1982.

후에 퉁수예는 산둥대학山東大學 역사과의 초빙에 응하여 교수로 부임하고,
연구 분야를 세계상고사로 바꿨다.[3] 1952년 전국 범위의 지식인사상개조
운동에서 퉁수예는 산둥대학의 간행물『문사철文史哲』에「고사변파의 계급
본질古史辨派的階級本質」를 발표하여 구제강의 역사 학설을 비판하였다. 구제
강은 이 글을 본 후에 매우 상심하여 퉁수예의 글이 자신에게 "무정한
타격"을 주었으며 그를 이해할 방법을 "찾고자 힘껏 애썼으나, 그렇게
할 수가 없구나."라고 일기에 썼다.[4] 양샹쿠이는 베이징대학 역사계의
수재였는데, 그와 저명한 송사전문가 덩광밍鄧廣銘은 베이징대학의 교우이
자 산둥山東 동향인이다. 양샹쿠이는 베이징대학 역사계 재학중에 구제강의
"상서연구尙書硏究"를 읽었는데, 구제강이 금문경학을 강력히 주장한 데
매우 흥미를 느꼈다. 양샹쿠이는 당시 "고사변" 학술대토론에 매우 적극적
으로 참가하였다. 캉유웨이에 대하여, 소위 류신劉歆의 "탁고개제托古改制"설
과 그의 꼼꼼치 못하고 거친 학설이 매우 불만스러웠기 때문에, 양샹쿠이는
『좌전』과『주례』를 연구하는 데 전심전력을 다하였다. 양샹쿠이는 만일
『좌전』과『주례』가 위서僞書가 아니라면, "고사변"파의 이론은 근본적으로
동요할 것이라고 생각하였다. 따라서 양샹쿠이가 고사대토론에 참가하였
을 때, 퉁수예가 구제강의 학실을 진일보 발휘했던 것과는 다소 다른
점이 있다. 양샹쿠이의 말을 빌자면, "양이 지키고楊守" "퉁이 의심한童疑"
것이다. 어쨌든 제자로서 양샹쿠이는 스승 구제강의 학설을 존중하였다.
구제강이『우공』을 창간할 때, 양샹쿠이는 우선 "우공학회禹貢學會"에 가입
했고, 또한『우공』의 편집자 중의 하나가 되었다. 양샹쿠이가 훗날 기억하기
를, "구선생은 내가 구체적 직무를 맡아주길 바랬는데, 각 신문지상에

---

3) 徐鴻修,「博學多才的史學家童書業敎授」,『文史哲』, 1985年 第2期.
4) 顧潮,『我的父親顧頡剛』, 華東師範大學出版社, 1997, 247쪽.

역사지리 관련 방면의 소식을 찾아내어 선집으로 매 기期에 게재하는 것이었다." 양샹쿠이는 사학자 푸쓰녠의 「이하동서설夷夏東西說」을 겨누고서, 『우공』에 「하대지리소기夏代地理小記」를 발표하여 비판하였다. 구제강과 푸쓰녠이 불화하였기 때문에, 구제강과 관게가 밀접하였던 양샹쿠이는 푸쓰녠과 함께 있을 때 비교적 조심스러웠던 것 같다. 양샹쿠이가 노년에 회상하길, 항전 후에 푸쓰녠 베이징대학 대리교장은 당시 둥베이대학 교수이던 양샹쿠이에게 가르치고 싶은 곳에 소개해줄까 물었다고 하였다.

1937년 3월, 우공학회 전체 직원 단체사진(앞줄의 왼쪽 세 번째부터: 우즈순吳志順, 장웨이화張維華, 펑자성馮家昇, 구제강, 천쩡민陳增敏, 스녠하이史念海, 자오전신趙貞信. 뒷줄 왼 쪽 두 번째부터: 롼즈신欒植新, 펑스우馮世五, 퉁수예童書業, 한루린, 리슈지李秀潔, 구팅룽顧廷龍). 만일 『우공』학파를 그저 역사지리 위주로 이해한다면, 잘못이다. 사실, 장웨이화의 한대사 연구, 펑자성의 요사 연구, 한루린의 몽원사 연구, 구팅룽의 판본학연구, 스녠하이의 인문지리 연구는 모두 지리학 범주를 멀리 초월한 것이었다.

양샹쿠이는 푸쓰녠이 자신에게 베이징대학에 오라고 청하지는 않은 것을
생각하고서 그의 면전에서 자신은 산둥대학으로 가고 싶다고 하였다.[5]

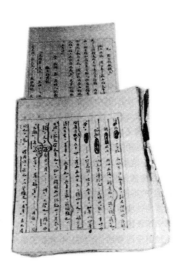

『대고역증大誥譯證』의 고증 부분 을乙의 친필 원고. 건국 후 구제강의 학술연
구는 거의 『상서연구尙書硏究』만이 남은 것 같다. 청년시대의 웅대한 연구
계획은 그저 앉아서 번역고증을 착실히 하는 데 머무니, 구제강의 마음속의
울적함은 말하지 않아도 알 수 있다.

5) 楊向奎, 「山東自古多英才 恭三走去不復回―紀念老友鄧廣銘先生」, 『學林漫錄』 十四集, 中華
書局, 1999, 1쪽.

루쉰의 『중국소설사략中國小說史略』의 표지. 구제강은 루쉰의 이 저작은 표절의 혐의가 있다고 질책하여 그와 충돌을 빚었고, 루쉰은 소설, 일기, 잡문에서 그를 격렬히 빈정대었다. 루쉰과 구제강의 불화는 심지어 재판으로 끌고 갈 지경에 이르기까지 했다.

인다尹達. 그는 이전에 중앙연구원 역사연구소 고고조의 보조연구원이었고, 후에 옌안延安으로 가서 혁명 사업에 종사하였다. 인다는 구제강의 충돌을 학술관료와 학자 사이의 거리로 설명하는데, 이 거리는 왕왕 당시의 정치요구와 매우 관련이 깊다.

퉁수예와 마찬가지로 양샹쿠이가 1952년, 『문사철』에 「고사변파의 학술사상비판古史辨派的學術思想批判」을 발표한 것은 당시 냉대 받고, 사상 문제에 처해 있던 구제강에게 매우 큰 타격을 주었고, 구제강은 양샹쿠이, 퉁수예가 "이전에 나를 따름으로써 출세수단으로 삼은 것"이라고 친구들에게 편지를 쓰기에 이르렀다.[6] 80년대 초, 양샹쿠이는 다시 『중화학술논문집中華學術論文集』에 「"고사변파"를 논함論"古史辨派"」을 발표하였고, 후에 이 글은 양샹쿠이의 『중국고대사론中國古代史論』에 수록되었다. 「"고사변파"를 논함」에서 양샹쿠이는 구제강의 이론은 "우주불가지론에 빠진" 것이고, 후스의 "문제를 많이 말하고, 주의는 적게 말하라"는 것의 또 다른 표현이라고 하였다. 양샹쿠이는 『좌전』과 『주례』는 위서가 아니고, "고사변"파의 이론학설은 근거를 잃었다고 여전히 고집스럽게 주장하였다.[7] "고사변"파의 다른 중요 학자들로서는 양콴楊寬, 뤄건쩌羅根澤, 쑨하이보孫海波, 첸무 등도 있다. 구제강의 학문에는 중요한 특징이 있는데, 규모는 펼쳐놓기가 매우 크고, 모양은 장관이며, 연구목표는 매우 거창하나, 실행해낸 것은 생각했던 것과는 완전히 다르다는 점이다. 구제강의 말에 따르면, 소위 "큰일을 하고 공세우기를 좋아하고", "많은 것을 구하고 널리 하는 데 힘쓰는" 학술성격의 결과다. 구제강은 매우 일찍 명성을 얻었기에 학술영역에서 정복할 수 없는 난제는 없는 것처럼 느꼈다. 명성을 얻는 것이 너무 빨랐기 때문에, 수많은 일들을 너무 쉽게 여겼고, 연구를 시작하는데 자기가 계획한 모든 과제를 모두 자신이 독단하지 못했던 것을 한스러워했다. 게다가 구제강은 고집스럽고 자기주장의식이 매우 강렬한 학자인데, 그의 학술명성이 최고조였을 때 동년배나 후배 학자들에 대하여 쥐락펴락 쩡쩡거리는 것도

---

6)　顧潮, 앞의 책, 248쪽.
7)　楊向奎, 『中國古代史論』, 齊魯書社, 1983, 113쪽.

배웠는데, 이는 마음속에서 추구하는 목표가 매우 높았던 구제강을 평생 학술연구에서 "고독孤獨"한 지경에 처하게 했다. 따라서 구제강 87년 인생에 현대의 수많은 저명 학자들, 명사들과 교류하였으나 지기知己가 된 이는 매우 적다. 푸쓰녠은 베이징대학 동학이자 중산대학의 동료다. 구제강이 의고변위에 힘쓰고 있을 때, 푸쓰녠은 비록 국외 유학중이었지만 구제강을 가장 힘껏 지지한 사람이었다. 푸쓰녠은 정치욕이 가장 강했고, 구제강은 학문욕이 가장 강했다. 중산대학에서 푸쓰녠의 지배욕을 참아내기 어려웠기 때문에, 구제강과 푸쓰녠의 사이가 악화되었고, 두 사람의 관계는 계속해서 긴장관계였다. 루쉰魯迅은 구제강과 학술적 연원은 없는데, 구제강이 루신의 『중국소설사략中國小說史略』은 일본인 시오노야 아쯔시鹽谷溫의 『지나문학개론강화支那文學槪論講話』를 표절한 혐의가 있다고 질책했고, 또 그가 베이징대학의 후스를 선두로 한 영미파 교수들에게 기울어져서 루쉰 등 일본, 프랑스에서 유학한 저장적浙江籍의 교수들을 무시했기 때문에, 구제강과 루쉰은 평생 원한을 맺고 사이가 나빴으며, "위禹는 한 마리 벌레"라는 말로써 루쉰에게 조롱당하기도 했다. 탄치샹은 중국 역사지리학의 창시자 중 한 명인데, 항렬상 탄치샹은 구제강의 후배이고 학생이다. 『우공』을 창간하고 우공학회를 창립하였을 때, 학술 풍격에서 그 취향이 서로 달랐기 때문에, 두 사람은 오래지 않아 서로 의견이 맞지 않았으나, 학술적 우의는 평생 동안 계속 유지되었다. 인다尹達는 전 중앙연구원 역사어언연구소 고고조考古組의 보조연구원으로서, 리지, 둥쭤빈, 량쓰융梁思永 등의 대가들에게 수학하였다. 구제강의 학술 명성이 최고조에 달했을 때, 인다는 그저 필드에서 고고학을 하는 평범한 연구원이었을 뿐이고, 두사람이 왕래하기란 불가능했다. 그러나 궈모뤄 사학의 영향을 받아서, 인다는 이후 옌안에 갔으며, 건국 후에는 중국과학원 역사연구소의 부소장을 맡았다. 그러나 구제강은 1952년에 명령을 받아 베이징에 가서 그 연구소의 일급 연구원을 맡게 되었다. 구제강은 만년에 인다와 한 연구소에서 같이 일하게 되었으나, 하나는 지도를 받고 하나는 지도를 하는데, 서로 대치하고 심지어 충돌하기까지 하였다. 구제강의 "많은 것을 구하고 널리 하는 데 힘쓰는" 연구태도는 그가 베이징에 간지 얼마 지나지 않아 「구제강사업계획顧頡剛工作計劃」을 낼 생각을 하게 했고, 그는 이것을 인다에게 제출하였다. 인다는 받아들이지 않았고, 구제강의 계획을 "속 빈 강정"이라고 하였다. 이 후, 구제강과 인다는 서로 사이가 틀어졌다. 사상개조운동, 후스사관비판, 반우파 등의 여러 운동에서 구제강은 시종 비판을 받고 검토를 받아야 하는 상태에 처했다. 마오쩌둥이 구제강의 "대위大禹는 한 마리 벌레다"라고 한 학설은 중용되어야 한다고 언급하였기 때문에, 구제강은 베이징에 가서 『중국역사지도집中國歷史地圖集』을 주편하고 『자치통감自治通鑒』과 『이십사사二十四史』의 표점교감을 주관하였다. 또한 "고증학은 반봉건적反封建的이다"라는 말 한마디 때문에 구제강은 연속된 비판을 받았는데, 평생 후스를 심복한 구제강이 중국과학원에서 "후스역사관념비판회"를 개최하였을 때 연루된 것도 당연한 일이다.

개인의 자질과 학술적 개성은 구제강의 풍부하고 정통한 사학 기상을 완성시켰고, 그와 수많은 명인들은 친해지고 미워하는 가운데, 이 사학 대가의 학술을 갈망하는 참된 마음에 닿을 수도 있었다. 구제강은 만년에 자기 일생에 그 진수를 전수받을 학술 조수가 한 명도 없는 것을 탄식하였는데, 이것과 "많은 것을 구하고 널리 하는 데 힘쓰는" 그의 학문 품격은 분명 아무런 관계가 없는 것일까?

23

마음에 미련을 남긴 채 세속을 초월하다

● 첸무錢穆 학기 ●

20세기 중국사학발전사의 기다란 화폭은 수많은 저명 사학자들이 글의 좋고 나쁨을 비평한 것과 세상을 그려낸 것들을, 모든 감정을 쏟아 부어서 한 폭에 담아낸 작품이다. 만일 학술연구의 중심에 자리한 후스, 리지, 푸쓰녠, 구제강 같은 이들을 "영재군웅회英才群雄會"라고 규정한다면, 완전히 독학하여 명성을 얻은 첸무錢穆는 백년 사학계에서 매우 전형적인 "고독한 협객"이라고 해도 될 것이다. 이 비교적 특수한 시각으로 첸무라는 근 한

세기를 살아온 사람의 인생 궤적과 사학활동을 이해, 연구, 논평하는 것에서, 우리들은 능히 이 백년사학계의 "고독한 협객"의 마음 속 깊은 곳에 숨겨진 속마음과 수수께끼를 파악하고 체험하며 이해할 수 있을 것이다.

95세의 고령으로 세상과 하직한 첸무는 20세기 중국사학 전체의 목격자라고 말할 수 있을 것이다. 한 세기 학술문화사조에 관칠된 정신은 첸무가 세상에 남긴 근 천만 자에 이르는 저작 중에 깊거나 얕은 흔적을 남겼다. 첸무 선생이 80세의 고령에 쓴『사우잡억師友雜憶』을 읽을 때, 민국시대의 표범이 돌진하고 폭풍이 이는 듯하며 각 영역에서 재능있는 학술 전문가의 연구 기상과 인품의 매력이 마음에 깊이 아로새겨진다. 선배학자의 "백성을 위해 입명立命하고, 선현을 위해 절학을 계승하고, 만세를 위해 태평세상을 연다"는 포부를 신복하는 동시에, 우리 후배들은 영원히 열정을 쏟으면서 부단히 캐묻지 않을 수 없게 된다. 중국문화의 전통성과 현대성이 어떻게 세기 전환기에 계속되고, 확장하고, 서로 융합하며, 공생하는가? 20세기 초 중국사회와 중국문화가 비슷하게 당면하였던 주제는 세기말에 다시한번 세간에 언급되었는데, 역사에 반복해서 나타나는 문화명제의 동일성은 재차 사람들이 한 세기의 특출한 학문가의 사상으로부터 경험이나 교훈을 찾게끔 하고 만다.

첸무1895-1990는 자 빈쓰賓四, 장쑤江蘇 우시인無錫人이다. 그는 5대가 한 집에 사는 대가족에서 태어났다. 쑤난蘇南의 유서 깊은 도시 우시에서 동남쪽으로 20km 떨어진 곳에서 함께 살았던 이 대가족은 대대로 선비집안 이었다. 첸무의 조부 첸쥐錢鞠는 초서抄書 서생 같았다. 그는 오경五經 한 질을 초록했는데, 초사를 마치고 얼마 되지않아서 그는 병으로 세상을 떠났다. 첸무의 기억에서 그의 조부는 손자들을 위해 적지 않은 책을 남겼는데, 그중에는 그가 이후 평생 동안 역사학 연구에 종사하는 데 영향을 준 대자목각본大字木刻本『사기史記』가 있었다. 첸무의 부친 첸청페이錢承沛는 어려서 신동이란 말을 들었으나, 오래 살지를 못했다. 첸청페이는 일생 공명을 얻지 못했고, 한창 나이에 죽을 때 자녀들에게 어떤 문화적 유산도 남기지 못하였다. 첸무의 학문, 그의 부지런함, 각고의 노력과 뛰어난 자질이 결부되었고, 청말 민국초 쑤난 지구의 전통적 교육체제가 첸무에게 미친 영향도 매우 컸다. 청말 민국초 쑤난의 교육체제는 신구新舊가 한데 섞여 있는 것이었는데, 옛것과 오늘의 것이 한 용광로에서 정련되었다. 사숙私塾이 아직 교육체제에서 완전히 퇴출되지 않은 짜임새였고, 신식학당의 교사는 완전히 신파 학자도 아니었다. 당지 인사는 여전히 교사를 숭경崇敬하는 시선으로써, 체육, 창가, 예술 등의 새로운 과목을 담당하는 교사를 대우하였다. 새로운 학교 체제 아래에서, 교사는 향신鄕紳이라고는 할 수는 없었지만, 그가 지닌 지식과 사상은 향신이 흔히 갖추지 못하는 것이기도 하였다. 첸무는 신식학교 교육을 접하는 과정에서 교육체제의 과도기에 나타난, 향신의 특성을 지닌 교사들로부터 깊은 영향을 받았다. 따라서 이 커다란 문화 배경에서부터 첸무의 소학, 중학의 사승師承이 있었고, 그가 사승한 교사들이 모두 당시 국내 학술계에서 영향력 있는 인물은 아니었을 뿐이다. 첸무가 수학한 학교의 체조교사는 첸보구이錢伯圭, 창가교사는 화첸쉬華倩朔, 국문교사는 구쯔중顧子重, 창저우부중학당常州府中學堂의 감독은 투샤오콴屠孝寬, 역사지리교사는 뤼쓰몐呂思勉, 국문교사는 둥페이董棐 등이었는데, 그 당시에는 모두 지위도 없고, 이름도 알려지지 않은 훈장들이었다. 그들의 학문과 품행은 그저 그 지역에서 영향력을 가질 따름이었다. 투샤오콴은 원사연구 전문가인 투지의 장남인데, 그는 학술연구 영역에서는 아무런 업적도 쌓지 못했고, 평생의 중학교육사업에만 종사했을 따름이다. 뤼쓰몐은 학문으로써 통달하였고, 박식함이 매우 뛰어났다. 민국기 주류학파가 새로운 자료, 과학적 고증에 중점을 두는 분위기 안에서, 뤼쓰몐의 "24사" 자료를 적록摘錄하는 공부는 자연히 당시 학계에서 중시되지 않았다. 따라서 이런 의미에서 첸무의 학술연구는 사승이 없이, 자기 자신이 세세히 체득한 것이라고 해야 할 것이다.

저명한 교육자, 국학자인 탕원즈唐文治. 그는 첸무의 학술 선배다. 두 눈을
실명한 후에도 탕원즈는 시종 학문적 정신으로 첸무에게 깊은 영향을 미쳤다.
우시국학전수학교武錫國學專修學校에 초빙된 대학자였으며, 더욱이 학문을
향한 첸무의 포부에 모범을 보여주는 의미를 지녔다.

1940년대의 첸중수錢鐘書. 첸중수는 첸무와 같이 우시武錫 첸씨이지만, 같은
가계家系는 아니고, 그저 동성同姓 관계 정도이지 혈연관계는 없었는데,
우시 첸씨에 문화 명사가 배출되자, 피차간에 꽤 왕래하였다.

1982년 봄, 첸무와 조카 첸웨이창錢偉長이 홍콩 중문대학中文大學에서 함께 찍은 사진. 대륙에서 도망쳐서 홍콩, 타이완으로 간 첸무는 만년에 "낙엽귀근 落葉歸根"의 집념이 더욱 강렬해졌고, 저명한 과학자인 첸웨이창과의 만남에서, 사학자 첸무는 고향을 그리워하는 감정을 때마침 드러내었다.

청말에 공명을 얻은 학자는 민국기에 들어선 후에 적당히 박식한 선비가 되었다. 이 계층의 사람들은 장난지구에서 그 수가 대단하였다. 그들의 공명을 논하자면, 청나라 유신의 일부분에도 이르지 못하지만, 그들은 확실히 처음에 민국의 기초를 닦은 이들과는 좀 마음이 맞질 않았다. 첸무는 청소년 시절과 교육직에 종사한 후에 이 학인들의 영향을 매우 많이 받았다. 이 학자들 중에는 진쑹천金松岑, 탕원즈唐文治, 첸지보, 멍신스孟心史 등이 있었다. 진쑹천은 우장인吳江人으로서, 남청서원南菁書院을 졸업했고, 구학의 기초가 심후하였다. 그는 이전에 쩡푸曾樸와 장편소설 『얼해화孽海花』를 창작한 적이 있었고, 국학대가 장타이옌과 애국학사愛國學社에서 함께 일했었다. 만년에 진쑹천은 자신의 글을 모아 『천방루문어天放樓文語』란 제목의 책으로 펴냈고, 장타이옌이 서문을 써주었다. 첸무는 쑤저우중학에서 수학할 때, 쑤저우에서 잠시 머물던 진쑹천과 사귀었다. 진쑹천은 당시 안후이성安徽省의 통지通志를 고치고 있었는데, 종종 첸무에게 장융江永, 다이전戴震의 학문에 대한 옛 이야기를 들려주었다. 그는 자신의 질녀를 상처한 첸무에게 소개하기도 하였는데, 띠가 서로 맞질 않아서 그만두게 되었다. 탕원즈는 근대에 유명한 교육가, 국학자이다. 그는 이전에 난양대학南洋大學의 교장으로 임명된 적이 있었고, 우시에서 국학전수관國學專修館을 창립하였다. 첸무는 우시의 장쑤성제3사범江蘇省第三師範에서 가르칠 때 탕원즈를 알게 되었다. 첸무는 장쑤성제3사범을 떠날 때, 특별히 탕원즈를 찾아갔다. 이 때, 탕원즈는 두 눈을 잃었고, 국학전수관에서 가르칠 때는 완전히 기억에 의지하여 암송하였다. 첸무가 이별을 고할 때, 탕원즈는 자기의 모든 저작을 첸무에게 선사하였다. 첸지보는 첸무가 우시의 장쑤성제3사범에서 근무할 때의 동료인데, 첸씨 족보에 따르면, 첸지보는 첸무보다 항렬이 하나 위로, 숙부라고 불렸다. 첸지보의『중국문학사』는 당시 매우 명성을 얻었다. 그는 또 고문사古文辭를 제창하였는데, 학술계에 꽤 영향을 미쳤다. 첸지보의 아들 첸중수錢鐘書와 첸무는 이전에 칭화대학의 동료였다. 멍신스는 유명한 명청사 전문가로서, 첸무가 베이징대학에서 가르칠 때, 원로교수 멍신스와 사이가 매우 밀접하였다.

첸무는 민국시대에 이름을 알렸으나, 민국기 학술문화의 중심에 속한 것은 아니었다. 이러한 주변성을 가진 학자 현상은 곰곰이 생각해볼 만하다. 한 시대의 주류 문화가 된다는 것은 배타성을 갖고, 이러한 문화를 보조하는 학자를 자연이 학술의 주변으로 물러나게 하니, 그렇다면 시대의 주류 문화라는 것은 피할 수 없는 위기를 만들어낼 것이다. 그리고 이 주류문화를 주도하는 시대도 거의 막바지를 행해 달리고 있었다. 만약 학술사의 각도에서, 이 감지할 수 있는 학자 현상을 관찰한다면, 첸무라는 이 특수한 사례의 분석으로부터 백년 중국사학발전의 궤적을 이해할 수 있을 것이다.

첸무의 역사문화연구는 민국시대에 세인의 관심을 받지 못했는데, 사승이라는 관점을 제쳐두고 보면, 그 자신의 인생경력과 큰 관련이 있다. 18세부터 첸무는 초, 중학교에서 가르쳤다. 싼젠소학三兼小學, 사립홍모학교私立鴻模學校, 우시현립제4고등소학無錫縣立第四高等小學, 허우자이초급소학後宅初級小學, 쑤저우중학蘇州中學 등의 초, 중학교에서 18년을 근무하였다. 일개 초, 중학교 교사가 자신의 근면함과 각고의 노력으로써 민국 학계의 주류의 반열 오르는 것이 치러야만 하는 정식적 대가는 가히 짐작할 수 있다. 자신의 논저로써 주류문화의 범위에 들어간다 할지라도, 학술 계단을 독점한 주류들에게 단번에 받아들여지는 것은 또한 얼마나 어려운 문제인가. 첸무는 후세인들이 보기에 두드러지게 불공정한 대우를 받았다. 그러나 유명대학의 졸업장이 없고 서양 유학 배경도 없는 것에서 볼 때, 첸무는 운이 좋았다고 해야 할 것이다. 왜냐면 그는 필경 학계에서 자기 자리 하나는 가졌기 때문이다.

첸무는 근성을 가진 학자였으나, 그렇다고 해서 결코 순수한 학자도 아니었다. 사서나 경서를 통하거나 활용하는 것은 그 시대의 학자들이 공유하는 특징인데, 이는 분명 전통적 중국지식인의 타고난 천성이라 해야 할 것이다. 첸무는 청년에서 중년까지 역사에 통달함으로써 세상에 명저를 남겼고, 반년에는 홍콩과 타이완에서 유가경전에 통달함으로써 학계에 명성을 떨쳤다. 백만 자에 달하는 그의 방대한 저서『주자신학안朱子新學案』은 규모가 웅대하고 사려가 면밀하여, 당시에 매우 명성을 얻어서 해외화인학자들에게 "신유가新儒家"로 불리면서 대륙의 철학사상가 펑유란, 슝스리熊十力, 진웨린金嶽霖, 탕융퉁湯用形과 그 이름을 나란히 했다. 정통, 그리고 학술연원의 배경을 중시하는 것은 민국시대 학술계가 늘상 학자들의 창조력, 연구흥미를 질식시키는 힘이었다. 독학으로 인재가 된 첸무에 대하여 말하자면, 이러한 무형의 정신적 구속력은 특히 대단하였다. 구미유학 경력이 없고, 서양의 현대사회과학훈련을 받지 않았으며, 오로지 건가이래의 전통적 고고학 방법을 계승하였으니, 첸무의 학술연구가 당시 사람들에게 인정을 받지 못했던 것은 당연지사였다.

첸무를 민국학술계의 중심으로 이끈 사람은 구제강이었다. 구제강은 광저우 중산대학에서 베이핑의 옌징대학으로 옮겨가게 되었는데, 그 사이에 고향인 쑤저우에 잠시 머물렀다. 당시 쑤서우중학에서 교편을 잡고 있던 첸무가 구제강과 알게 되었다. 구제강은 첸무의 서가에 『선진제자계년先秦諸子系年』이 있는 것을 보고서, 이 원고를 집으로 가져가서 읽었다. 첸무가 구제강을 방문하여 의견을 물었을 때, 그는 "군이 중학에서 국문을 가르치는 것은 걸맞지 않은 것 같네, 의당 대학으로 가서 역사를 가르쳐야지."라고 하였다.[1] 구제강은 또한 첸무가 『연경학보燕京學報』에 글을 쓰기를 바랐다. 캉유웨이의 『신학위경고新學僞經考』를 읽고 있던 첸무는 구제강에게 「류샹신부자연보劉向歆父子年譜」를 보냈다. 구제강은 자신의 학술관점과는 완전히 상반된 이 논문을 『연경학보』제7기에 게재시켰고, 그리하여 첸무는 베이핑학계에서 이름을 얻게 되었다. 첸무는 자신의 회고록『사우잡억』에 「류샹신부자연보」를 발표한 과정을 써넣지 않고, 의식적으로 감췄다. 「류샹신부자연보」는 첸무가 구제강에게 투고할 당시에는 이 제목이 아니라 「류샹류신왕망연보劉向劉歆王莽年譜」였는데, 후에 구제강이 이 제목으로 바꾸어서 발표한 것이었다.[2] 구제강이 창간한 『고사변古史辨』제5책에 첸무의 「구제강의 「오덕종시가 단정하는 정치와 역사」를 평함評顧頡剛「五德終始說下的政治和歷史」」을 실어, 구제강의 『고사변』과 금문학에 대하여 비평하였다. 구제강은 첸무의 논문을 추천하였을 뿐 아니라, 옌징대학,

---

1) 錢穆, 『八十憶雙親·師友雜憶』, 148쪽.
2) 顧潮, 『我的父親顧頡剛』, 139쪽.

베이징대학에서 가르칠 수 있도록 추천하여, 일개 소학교 교사가 국내 저명대학의 강단에 설 수 있도록 해주었다. 첸무와 구제강의 학술 교류는 도의와 학술 진리에 있었다. 첸무는 구제강에게 보낸 편지에서 자기와 구제강의 학문 특징의 차이를 비교하였다. "형의 장점은 길을 많이 열어주고 사람을 지혜롭게 해주는 데 있습니다. 아우는 천 번을 생각해야 하나를 얻는 자이니, 즉 갈등을 없애는 데서 사람의 미망迷妄을 제거합니다. 그러므로 형이 능히 번복할 수 있고, 능히 개척할 수 있다고 한다면, 아우는 그저 조금 얻는 바가 있고, 대부분 절충하고, 판단하는 데 있습니다."[3]

첸무의 『선진제자계년先秦諸子系年』의 표지. 1990년대 초에 첸무의 신아서원新亞書院 제자인 위잉스余英時가 궈모뤄의 『십비판서』가 이 책을 베꼈음을 인정하여, 확실히 학술계에 웃음을 자아냈다. 사실 연구 풍격이 완전히 다른 두 학자가 같은 자료를 가지고서 각자 해독한 것이다.

---

3) 顧潮, 앞의 책, 143쪽.

첸무(앞줄 오른쪽), 정톈팅鄭天挺(앞줄 왼쪽), 야오충우姚從吾(앞줄 가운데),
베이징대학 동학들이 함께 하였다. 야오충우는 독일로 유학하여 몽고사를
전공하였고, 후에 타이완에 가서는 첸무와 교류가 매우 적었던 것 같다.
정톈팅은 저명한 청사 전문가로서『청사탐미淸史探微』는 그 명저다. 야오충
우, 정톈팅이 전문가의 길을 간 것과 첸무의 박통함博通은 상반된 것이다.

첸무와 구제강의 인연은 군자의 사귐이었으나, 후스와는 마음이 맞질
않았다. 첸무가 쑤저우중학 교사였을 때, 후스가 강연 초청에 응하여 그곳에
왔다. 당시 한창「선진제자계년」을 쓰고 있던 첸무는 매우 생소한 문제
하나에 대하여 후스에게 가르침을 청했는데, 후스가 회답할 수 없었고,
매우 난처하게 되었다. 첸무도 "초면에 생소한 책으로 질문하는 것은
적절하지 않았고, 일이 난처하게 되었다."고 여겼다. 이로부터 첸무와
후스는 원한을 맺었다. 후에 첸무가 베이핑에 가서 가르치게 되었을 때,
구제강의 권유로 후스를 찾아가 인사하였으나, 후스는 첸무가 쓴 노자
관련 연구에 감정이 있었고, 이후 첸무와 후스는 거의 왕래하지 않았다.
첸무는 후스의 학술연구를 어떻게 보았을까? "나는 후스가 중국의 큰

학자, 현인이 아닐 뿐 아니라 서방 근대학의 전문가도 아니라고 생각한다. 세속의 명성이 이미 거대한데, 세속의 일도 곤란하고 피곤하게 만듦이 무궁하여, 그 성가심을 늘이지 않기를 바라니, 또한 그저 멀리 피함이 옳다고 생각한다."[4] 첸무의 관찰은 분명 자신의 이유가 있는 것이지만, 문인이 서로 우습게 보는 요소가 그 안에 없다고는 할 수 없다. 첸무는 학계에서 계속 배제되었다. 1948년 "중앙연구원"은 제1차 원사院士 선거를 거행하였는데, 첸무는 낙방하였고 원사가 되는 영예를 얻지 못하였다. 민국 시대에 전국 최고의 학술기구가 첸무를 배척했다는 것은 지식 통달을 추구한 역사학자가 신파 학술 진영에서 좌석 배치를 받지 못했다는 것을 설명해준다. 20세기 50년대 중기에 후스가 타이완 "중앙연구원" 원장에 임명되었다. 첸무의 제자 옌겅왕嚴耕望은 후스에게 원사 단체는 더는 자기와 견해가 다른 사람을 배척하여서는 안된다는 것을 제기하였으나, 첸무를 고립시켰다. 후스와 다른 원로 원사들이 상의하였는데, 일부 인사가 여전히 첸무를 원사에 당선시키는 것을 반대하였다. 1966년 중앙연구원 제7차 원사회의에서, 첸무가 추천되었으나, 이 때 첸무는 오히려 원사에 추천되어 뽑히는 것을 거절하였다. 첸무는 불공평한 것에 매우 화가 나서 자기 학생에게 "민국 37년 제1차 원사 선거의 당선자가 80여 명에 달했는데, 나는 도대체 그 수에 들어가시는 안되었다는 말이냐!'라고 하였다.[5] 1968년에 이르러 첸무가 이미 73세가 되어서야 비로소 원사에 선출되었다. 저명 고고학자 리지는 첸무를 매우 무시하였다. 첸무보다 한 살 어린 리지는 미국박사에, 난카이대학, 칭화대학, 중앙연구원의 교수, 연구원이면서, 계속해서 학술연구의 중심지에 있었다. 타이완에 온 후에도 리지는 여전히

---

4) 錢穆, 앞의 책, 147쪽.
5) 嚴耕望, 『治史三書』, 263쪽.

첸무를 얕보았다. 첸무가 한번은 타이베이에서 학술강연을 하는데, 리지가
시시각각 업신여기는 태도로 보였다. 그 자리에 있던 첸무의 제자 위잉스余
英時 또한 유감과 굴욕감을 느꼈다. 펑유란은 미국에서 유학한 철학박사인
데, 귀국 후에 오랫동안 칭화대학에서 교수를 하였다. 그의『중국철학사』는
저명 사학사 천인커의 심사를 거쳐서, 당시 학계에 매우 큰 영향을 미쳤다.
펑유란과 첸무가 칭화대학에서 함께 일할 때, 그는 첸무에게 자신의『신이
학新理學』을 읽은 후에 의견을 들려주길 청했는데, 첸무는 이 책이 "오직
이기理氣만을 논하고, 심성心性에 이르지 못해" 그다지 타당하지 않고, 또한
귀신론을 다루지 않았다고 여겼다. 펑유란은 개정『신이학』에 귀신의
장을 더하였다. 풍유란은 한번은 학술강연에서 "귀鬼라는 것은 돌아감歸이
다, 과거의 일이다. 신神은 폄伸이다, 미래의 일이다."라고 하였다. 그는
첸무를 가리켜 "첸선생의 사학 연구는 곧 귀학鬼學이다. 나의 철학 연구는
즉 신학神學이다."라고 하였으니, 면전에서 첸무를 야유한 것이다.[6] 첸무의
저작『선진제자계년』은 구제강이 "칭화총서清華叢書"출판을 건의하였는데,
원고의 심사인이 천인커와 펑유란이었다. 펑유란은 이 책에 대하여 반대하
는 의견을 내었고, 칭화대학은『선진제자계년』을 출판하지 않았다. 첸무는
주류학술그룹과의 관계가 원만하지 않았고, 자연히 자신의 교류범위를
비주류 학술 집단에 국한시켰다. 멍원퉁蒙文通은 금문학자 랴오핑廖平의
제자인데, 그는 자신의 동문인 탕용퉁의 소개를 통해, 허난대학에서 베이징
대학 역사계로 와서 가르쳤다. 그러나 일년이 못되어, 멍원퉁은 문학원
원장 후스에게 해임되었는데, 이유가 학생들이 멍원퉁의 수업을 알아들을
없다고 여긴다는 것이다. 첸무는 후스 앞에서 여러 번 간곡히 청하였으나,
멍원퉁은 끝내 베이징대학을 떠나게 되었다. 멍원퉁이 떠난 이후, 그가

---

6) 錢穆, 앞의 책, 213쪽.

담당했던 위진남북조사는 첸무에게 맡길 계획이었으나, 첸무는 조금도 머뭇
거림 없이 거절하였다. 첸무는 학계 주류에 들어가지 못한 먀오펑린繆鳳林,
장치윈張其昀과는 사이가 매우 가까웠다. 주류파 학자 천인커, 양수다楊樹達
등과는 사이가 평범하였는데, 어떤 교류가 있었다고 할 정도는 아니었다.

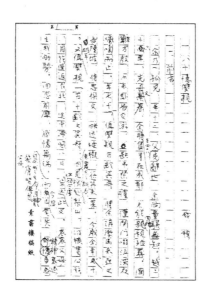

첸무가 만년에 집필한『팔십에 양친을 추억함八十憶雙親』의 필적. 첸무는
이 회고록에 혈육간의 정, 우정을 스미게 하여 노년 사학자의 학문을 하는
속내를 나타냈다. 이 책도 첸무의 학술 사상과 민국학술발전을 연구하는
데 중요한 자료가 되었다.

첸무의 제자이자 저명 학자인 옌경왕은 스승의 업적이 당시 사람들에게
경시되던 것을 평술하기를, "당시 학술계는 선생님의「유향흠부자연보」,
「선진제자계년」과「근삼백년학술사近三百年學術史」만을 중시하였다.『국사
대강國史大綱』,『중국문화사도론中國文化史導論』등의 책에 대해서는 여러

유명학자들이 홀시하였다."고 하였다.[7] 실제로는 「근삼백년학술사」도 사람들에게 중시되지 않았다. 첸무가 당초 베이징대학에서 "근삼백년학술사"를 강의할 때, 학자들은 첸무가 량치차오梁啓超의 『중국근삼백년학술사中國近三百年學術史』를 모방했다고 의심을 품었다. 첸무의 학문이 박학으로 저명하지만, 전문성專과 정교함精에서 결함이 없지 않았다. 그의 『국사대강』은 비록 수정증보 하였어도 시종 강의록이었고, 자신의 독창적인 연구가 없어서 자신만의 독특한 풍격을 만들어내지 못하였다. 해외 화교 학자 중에는 첸무와 슝스리, 탕융퉁, 진웨린, 펑유란 등을 신유가 연구자로 간주하기도 하는데, 사실상 첸무는 슝, 탕, 진, 펑처럼 개성을 갖춘 학술체계를 전혀 갖지 못했다. 첸무의 수많은 저작은 사료를 적록摘錄한다는 특성이 매우 강했고, 이는 첸무 저작의 학술성을 매우 약화시켰다.

중화문화의 도통 계승을 자신의 소임으로 삼은 첸무는 건가고증학이 현대 실증연구로 전환하는 과정에서, 자신의 심후한 공력과 풍부한 문자연구로써 다른 사람은 대신할 수 없는 중요한 역할을 하였다. 뤼쓰몐, 멍썬, 장얼톈, 구제강, 멍원퉁, 첸지보 등과 같은 사우師友를 기록할 때면, 이들은 중국문화의 운명에 대한 첸무의 최후의 관심을 절절히 회상하였다. 첸무의 『국사대학』, 『중국문화사도론』, 『주자신학안』 등의 저작이 당시에 기대만큼의 학술적 반향을 일으키지는 못했고 심지어 저자로서도 여전히 유감이었다 할지라도, 지식인들이 국가의 전도와 민족의 운명을 주시하기를 일이관지一以貫之하는 전통적 인문정신은 그의 연구논저와 인격으로 하여금 사람을 미혹시켜버리는 매력을 발산케 하였다. 만장한 학자의 인생에서 첸무의 역사연구생애는 현대중국학술사에서도 깊이를 말할 수 없는 흔적을 남겼고, 우리가 언급할 만한 학술문화유산이 되었다.

---

7) 嚴耕望, 앞의 책, 279쪽.

24

대범하고 통쾌함이 가장 분명하다

● 푸쓰녠傅斯年 학기 ●

청말부터 민국 초까지 산둥山東은 학술기풍이 농후하여 학술적 영향력을 갖춘 수많은 대학자를 배출하였다. 산둥의 바로 이웃은 당시의 학술 문화의 중심인 베이핑인데, 학풍이 신중하면서 소박하다. 또 이 지연 관계 때문에, 근대의 산둥 학자들은 대체로 형체와 정신을 겸비한 학자 집단을 형성하였고, 북방 학술계에서 중요한 위치를 차지하였다. 현대문화사가인 양샹쿠이楊向奎는 제·노문명齊·魯文明을 핵심으로 한 근세 산둥학자에 대하여 다음

과 같이 서술하였다. "나는 금세기 30년대 중기에 베이징대학 역사계를 졸업한 사람으로, 내 동급생이나 약간 앞이나 뒤의 동학 가운데 산둥 출신으로서 성과가 있는 사학자는 허쯔취안何玆全(현 베이징대학 역사계 교수), 덩광밍鄧廣銘(전 베이징대학 역사계 교수, 작고함), 푸러환(傅樂煥(작고, 전 중앙민족대학 역사계 교수), 장정랑張政烺(현 중국사회과학원 역사연구소 연구원)과 린관이林冠一(삭고, 시베이대학 역사계 교수)가 있다. 역사계가 아니면서 명성을 날린 학자들은 더욱 많은데, 예를 들어 물리계의 궈융화이郭永懷, 외국문학계의 리광톈李廣田, 철학계의 런지위任繼愈가 있고, 그들은 모두 국제적으로 유명한 학자들이다. 이상은 모두 내가 아는 사람들이고, 내가 모르는 사람들은 더욱 많을 것이다. 그래서 나는 '산둥은 자고이래 영재가 많다'고 한다."[1] 양샹쿠이가 "산둥은 자고이래 영재가 많다"고 한 말은 하나도 과장이 아니다. 그가 나열한 허쯔취안, 덩광밍, 푸러환, 장정랑 등은 푸쓰녠傅斯年의 후배들인데, 푸러환은 푸쓰녠의 조카이기도 하다. 푸쓰녠이 개창하고, 이미 전국에 그리고 다시 산둥으로 이어진 그 대범하고 통쾌한 학풍은 산둥 출신의 후배 사학자들이 부지불식간에 감화되는 영향력을 가졌다.

푸쓰녠1896-1950은 자 멍전孟眞, 산둥 랴오청인聊城人이다. 푸씨 가족은 루시魯西의 명문세족으로, 청초에 나왔던 유명한 대련에서 "절로의 성명은 무쌍사이고, 한 시대를 연 문장의 제일가"라고 했으니, 푸씨 가족이 시서詩書로써 가문의 융성한 기상을 전한 것을 알 수 있다. 푸쓰녠의 증조부 푸지쉰傅繼勛은 포정사布政司에 올랐고, 청말의 중신 리훙장李鴻章, 딩바오전丁寶楨이 모두 그의 문생門生이었다. 조부 푸간傅淦은 이전에 리훙장을 톈진天津에서 제때에 접견하지 못하자 화가 나서 고향으로 되돌아와 관숙館塾에서 가르치

---

1) 楊向奎, 「山東自古多英才, 恭三走去不復回─紀念老友鄧廣銘先生」, 『學林漫錄』十四集, 1쪽.

며 생을 마쳤다. 푸쓰녠의 부친 푸쉬안傳旭安은 비록 근면하고 열심히 공부하였으나, 과거에 급제하지 못하였고, 룽산서원龍山書院에서 여생을 보냈다. 푸쓰녠이 출생할 때, 집안 대대로 책을 전해주던 푸씨 가문에게 이미 어제의 눈부신 영광은 바래버렸다고 할 수 있으니, 부친과 조부, 2대에 걸쳐 뜻을 이루지 못하고 침울하여, 푸쓰녠의 소년시대는 우울하고 불안한 정서가 자리잡았다. 포부를 펼치기 어려웠던 푸간은 푸씨 가문을 다시 진작시킨다는 희망을 손자인 푸쓰녠에게 기탁하였다. 푸쓰녠의 기초교육은 매우 일찍 시작되었는데, 그와 동향인 동학 녜샹시聶湘溪의 기억에 따르면, "멍전은 네 살 때 조부와 함께 자면서 매일 동이 트면 아직 자리에서 일어나지 않았는데 바로 역사고사를 구두로 전수받았으니, 판구盤古의 천지개벽에서 명왕조까지 체계적으로 설명하였고, 4년이 경과하자 24사의 구전이 완결되었다. 그의 어린 마음에는 역사 연구에 흥미가 일었고, 훗날 역사학자가 되어 역사연구소 소장의 직무를 맡아 성과를 낼 수 있었던 것은 그 가학 연원과 뗄 수가 없다"고 하였다. 5세에 푸쓰녠은 랴오청에서 가장 명망이 높은 사숙선생인 쑨다천孫達宸의 숙관塾館에서 배웠다. 후에는 마뎬런馬殿仁이 가르치는 주가숙관朱家塾館으로 옮겨가 배웠다. 조부 푸간과 사숙선생인 쑨다천, 마뎬런의 독책督責 아래, 푸쓰녠은 해와 달을 거듭하여 "사서", "오경"을 접하고, 10세에는 십삼경十三經을 마쳤다. 10살의 소년의 입장에서 보면, 십삼경은 그야말로 천서天書이고, 너무나 심오하고 난해한 책인데, 소년 푸쓰녠은 대관절 얼마나 이해할 수 있었을까? 이해하던 못하던 간에, 이는 후에 푸쓰녠이 문사연구에 종사하는 데 절호의 훈련이었을 것이다. 푸쓰녠이 14세일 때, 허우쉐팡侯雪舫은 그를 톈진에 데리고 가서, 톈진부립제일중학당天津府立第一中學堂에 넣었다. 만일 허우쉐팡이 없었다면, 푸쓰녠의 인생은 완전히 달라졌을 것이다. 허우쉐팡은 가난한 도제 출신으로서, 매우 부지런하고 열심히 공부하였다. 푸쉬안이 풍산서원에서 훈장을 하던 때, 자기보다 겨우 다섯 살 어린 허우쉐팡을 서원에서 공부할 수 있도록 보살펴주었다. 허우쉐팡은 은사의 기대를 저버리지 않고 광서 계묘년에 진사에 합격하고 형부 주사에 임명되었다. 허우쉐팡이 랴오청에 돌아와 은사에게 감사드리고자 하는데, 뜻밖에 푸쉬안은 이미 세상을 떠나고 없었다. 그는 은사의 두 아이를 부양하여 인재로 키우겠다고 맹세하였고, 푸쓰녠이 14살이 되었을 때, 허우쉐팡은 그를 톈진부립제일중학당에 입학시켰다. 그곳에서 4년 반을 열심히 공부하고서, 17세의 푸쓰녠은 베이징대학에 단번에 입학하였다. 자신의 소년시대의 학업생활을 추억할 때, 푸쓰녠이 매우 감개무량해하며 "나는 가난한 사대부 가문에서 태어났는데, 극빈하여 생활이 고달픔을 알았으나 내가 받은 교육은 중산층 이상의 것으로서, 친척의 도움 덕분이었다."라고 하였다. 베이징대학에 들어간 것은 푸쓰녠의 인생에서도, 그 학술 생애에서도 중요한 전환점이었다.

차이위안페이蔡元培. 민국 시기의 학계 지도자로서, 또한 푸쓰녠의 스승이기도 하다. 푸쓰녠은 유럽에서 유학할 때 항상 차이위안페이에게 편지를 써서 외국 학술발전의 상태를 보고하였다. 중앙연구원이 창립한 후에, 차이위안페이가 원장으로 임명되었고, 푸쓰녠은 중앙연구원 역사어언연구소의 소장으로 임명되었다.

『신조新潮』 잡지. 당시 베이징대학의 스승과 제자가 창간한 『국고國故』월간
과 『신조』가 서로 대립하여, 두 잡지 사이에서 서로 비평함이 있었다.
『국고』의 영향력은 약한 편이고, 『신조』와 비교할 수가 없으니, 『국고』에
속한 베이징대학 학자 천중판陳鐘凡, 뤄창페이羅常培, 멍서우즈孟壽植 등의
명망은 모두 『신조』사의 푸쓰녠, 구제강, 뤄자룬羅家倫, 위핑보俞平伯에 미치
지 못하였다.

1919년 5월 3일 밤. 천 여명의 학생들이 베이징 대학 법과강당에 모여
다음날 '21개조'반대 시위를 하기로 결정했다. 푸쓰녠은 베이징 학생운동의
지도자가 되어 청년학자의 격정으로 학생운동의 바람을 일으켰지만 5·4
후반부에는 전향을 하면서 정치에 대한 열정은 거의 사라진 듯했다.

　　민국초기의 베이징대학은 1898년에 창립된 경사대학이 체제를 바꾼
것이었다. 1913년 푸쓰녠이 베이징대학에 입학하였을 때 마침 차이위안페
이蔡元培가 베이징대학에 교장을 맡기 직전이었다. 이 시기의 베이징대학은
체제의 다툼이 이미 일단락을 고하고 있고, 이어서 일어난 신구의 다툼도
이미 가닥을 잡고 있었다. 린친난林琴南, 야오융가이姚永概, 왕펑짜오汪鳳藻,
마치창馬其昶, 천옌陳衍, 쑹위런宋育仁 등 동성고문파桐城古文派의 중견이 이미
차례로 베이징대학을 떠났고, 이들을 대신하여 일어난 것이 소위 "여항파余
杭派"였다. "여항파"는 장타이옌의 중요 제자들 일군을 가리키는데, 베이징
대학의 신파 학자들을 말한다. 황칸, 첸쉬안퉁, 주시쭈朱希祖, 마쉬룬馬敍倫,
마위짜오馬裕藻, 주쭝라이朱宗萊, 선젠스沈兼士, 저우쭤런周作人, 류원뎬劉文典
등 장타이옌의 문생들이 베이징대학의 문학, 사학, 문자학, 음운학, 철학,
제자학諸子學 등 학과에서 교편을 쥐었다. 신식 학자들이 베이징대학에서
교편을 잡고, 베이징대학에 농후한 학술기풍을 형성해주었다. 뛰어난 스승,
학자들 사이에서 유유자적하면서, 푸쓰녠의 학업도 크게 향상되었다. 거의
같은 시기에 푸쓰녠은 장타이옌 학술의 충실한 신도가 되었다. 푸쓰녠의
국학기초는 착실하였다. 베이징대학 예과 때에 그의 경학, 제자학, 사학
등은 으뜸이었다. 그리고 이 때, 위안스카이에 의해 베이징에 연금되었던
장타이옌이 경학, 사학, 현학과 제자학을 전수하고 공교孔敎를 국교國敎로
삼는 것을 질책한 것은 당시 매우 커다란 영향을 일으켰다. 푸쓰녠은
장타이옌의 학문을 매우 존숭하였다. 베이징대학 국문문國文門에 들어간
후에 푸쓰녠은 류쓰페이劉師培, 황칸, 천한장陳漢章, 주시쭈에게 배워서 장타
이옌의 재전제자再傳弟子가 되어, 국학 진영의 신생 역량이 되었다. 그는
장타이옌의 저작『검론檢論』을 각고의 노력으로 연구하여 주필朱筆로써
비점批點을 찍어서 사생師生의 질시를 불러일으키기도 하였다. 푸쓰녠은
비교적 심수한 국학 기초 덕분에 류쓰페이, 황칸, 천한장 등에게 큰 기대와

함께 여항학파의 전통을 계승할 것을 기대받았다. 만일 바로 뒤의 신문화운동이 없었다면, 천두슈, 후스, 첸쉬안퉁, 저우씨 형제의 백화문운동과 문화혁명이 없었다면, 푸쓰녠이 여항학파의 전통을 준수하여, 고문경학파의 권위자가 되는 것은 예정된 일이었다. 그러나 신문화, 신사상운동은 사람의 마음을 정복하고 영혼을 씻어내며 맹진의 기세를 단호히 함으로써, 베이징대학 나아가 베이핑 학계의 모든 학자들에게 심각한 영향을 주었다. 진종일 도서관에 처박혀있던 푸쓰녠은 당연히 세상사에 관심이 없는 책벌레였으나, 보수적인 "젊은 유신遺少"도 아니었기에, 그가 온마음을 다하여 흠모한 국학대가들, 예컨대 류쓰페이, 황칸, 천한장이 신문화운동의 대립면, 수구파가 되어 신문화운동의 발전을 가로막고 있는 것을 마주하게 되었을 때, 푸쓰녠은 과감하게 혁명으로 전향하였고, 베이징대학의 학자 가운데 신파의 리더가 되는 데 이르렀다. 차이위안페이의 "모든 것을 두루 포용한다兼容幷包, 사상의 자유思想自由"라는 교학이념의 격려 아래, 베이징대학의 학풍이 일변하였다. 문과학장 천두슈가 창간한 『신청년』이 신문화의 중진과 핵심이 되었고, 베이징대학은 자연히 이 운동의 발상지가 되었다. 베이징대학 교수가 『신청년』을 창간한 것과 호응하여 푸쓰녠은 뤄자룬羅家倫, 양전성楊振聲, 캉바이칭康白情, 위핑보俞平伯 등을 선두로 한 베이징대학 학자들과 신조사新潮社를 만들었고, 『신조新潮』 잡지를 창간하였다. 주편을 맡은 푸쓰녠은 『신조』 창간호에 이 잡지의 종지를 제기하였다. 『신조』와 『신청년』의 창간 방향은 기본적으로 큰 차이는 없는데, 다른 점은 전자는 간단명료하여 알기 쉬운데, 후자는 심각하다는 점이다. 『신조』는 학술적 논쟁, 자유로운 연구, 문화지식의 계몽과 국민소양의 도야를 중시하였다. 푸쓰녠이 『신조』에 발표한 일련의 문장들에서 보면, 기본적으로 두 가지 경향이 나타난다. 하나는 학술연구와 학술비평이고, 다른 하나는 비교적 철저한 반봉건예교, 반봉건도덕이다. 푸쓰녠은 『신조』에 학술비평논문을 썼는데,

소위 국고와 국수, 국학대가, 심지어 장타이옌학파에 대해서도 갖가지
비판을 제출하였다. 예를 들어, 「청대 학문의 몇 가지 비결서淸代學問的門徑書
幾種」를 보면, 푸쓰녠이 장타이옌을 매우 못마땅하게 여기는 것이 드러난다.
"장선생으로 말하면, 과거의 인물이다." 이는 예전에 그가 장타이옌의
학풍을 대한 추모했던 것과는 참으로 천양지차다. 1928년 8월, 푸쓰녠은
「역사어언연구소 업무의 취지歷史語言硏究所工作之旨趣」란 중요한 글에서, 장
타이옌을 더욱 멸시하였다. 푸쓰녠은 "장씨가 문자학 밖에서는 일개 문인이
고, 문자학 안에서는 『문시文始』 한 부를 지었고, 쑨이랑을 한 걸음 거슬러
올라갔고, 우다웨이吳大澂를 두 걸음 거슬러 올라갔고, 롼위안阮元을 세
걸음을 거슬러 올라갔다. 스스로 새로운 자료를 사용할 수 없었을 뿐
아니라, 다른 사람이 이미 사용하기 시작한 신재료도 그는 말살하고 있다."
장문章門 제자인 마쉬룬의 『장자찰기莊子劄記』도 푸쓰녠에게 한 푼의 가치도
없는 것처럼 무시를 당했는데, 푸쓰녠은 "이 책은 그저 책을 베껴쓰는
능력이 매우 뛰어남이 용납되기를 바랄 뿐이다."라고 비평하였다. 그러나
푸쓰녠은 왕궈웨이의 학술연구에 대해서는 매우 높이 평가했는데, "근년
책방거리에서 각종 문학사와 문학평의를 판각板刻하는데, 오직 왕징안王靜
安의 『송원희곡사宋元戲曲史』가 가장 가치가 있다." 푸쓰녠은 "왕선생은 철학
을 하고, 외국어에 통달하고, 평소에 문장을 논하며, 늘 요지를 드러낸다."고
하였다. 여기에서 보건대, 푸쓰녠이 당시 학술계 인물의 학문 동향에 매우
관심을 기울이고 있었음을 알 수 있고, 왕궈웨이에 대한 평가는 그가
남다른 통찰력을 지녔음을 보여준다 하겠다.

　　베이징대학의 학생 리더로서, 푸쓰녠은 역사에 기록될 "오사"운동의
리더 중 하나다. 그는 톈안문天安門 앞에서 시위행진집회의 회의를 개최하였
고, 베이징대학의 시위 대오의 총지휘자였다. 푸쓰녠은 차오루린曹汝霖의
가택방화사건과 장쭝샹章宗祥 구타사건의 주모자 중 한 사람이었다. 그러나

산시陝西 출신의 동학 후피리胡霹靂와 논쟁이 붙어 금테 안경이 날아가자, 푸쓰녠은 매우 분격해서 학생회를 뛰쳐나갔고, 제3자로서 학생운동을 수수방관하였다. 이후, 푸쓰녠은 베이징대학 교수 천두슈, 리다자오李大釗와 날로 소원해졌고, 미국박사이자 베이징대학의 젊은 교수인 후스와는 더욱 가까워졌다. 푸쓰녠은 정치에 몰두하던 것으로부터, 급속히 문화학술 연구로 전향하였고, 1919년 여름 베이징대학 문과 국학문의 졸업장을 취득한 후에는 외국유학 고시를 치루었다. 이 해 말, 푸쓰녠은 산둥관비유학생山東官費留學生에 합격하고서는 곧 유럽으로 떠났다. 푸쓰녠보다 5살 연상인 후스, 동년배인 리지가 미국에서 박사학위를 취득했던 것과는 달리, 푸쓰녠은 유럽 유학에서 어떤 학위도 취득하지 않았다. 그는 우선 영국의 런던대학 대학원에서 실험심리학, 물리학, 화학, 수학을 공부했는데, 이는 아마 "오사" 전후의 "과학구국科學救國"이 그에게 영향을 끼쳤던 탓인 것 같다. 그는 상대성이론을 청강하고 지리학을 독학하였으며, 또 당시 독일에서 발전하기 시작했던 역사언어고고학파의 연구방법에 매우 흥미를 가졌다. 한없이 탐독하고 뼛속부터 좋아한 것은 문사文史이면서, 표면적으로는 자연과학을 폭넓게 접했던 것은 실상 그 시기 학자들이 학업을 추구하는 것이 모순적 심리상태였음을 반영한다. 실사구시實事求是적으로 말하자면, 푸쓰녠이 외국에서 공부한 자연과학은 그의 교학과 연구과제에 영향을 끼친 것은 거의 없다. 그의 논저에서 자연과학이 도대체 얼마나 비중을 차지하는지는 알아낼 수 없다. 오히려 독일 베를린대학에서 공부한 역사언어비교고증학의 이론과 방법은 푸쓰녠이 국내 사학계에서 힘껏 선전, 호소, 실천하여 거대한 영향을 끼쳤다.

푸쓰녠(왼쪽)과 후스(가운데)과 후쭈왕胡祖望. 푸쓰녠과 후스는 평생 스승과
제자의 관계를 유지하였다. 만약 후스가 민국 학계의 종주宗主라고 한다면,
푸쓰녠은 보필대신이라고 할 만하다.

1930년대의 민국 사학계에서 푸쓰녠은 전력을 다해 "사료가 역사학史料卽
歷史學"을 주장하여 유명해졌다. 그가 쓴 「역사어언연구소 사업의 취지」를
반복해서 자세히 설명하는 것은 역사학, 언어학을 조화시키는 것이었다.
거듭 창도한 것은 새로운 자료를 찾고 발굴하는 것이었다. 푸쓰녠은 다음과
같이 생각하였다. 무릇 능히 자료를 직접 연구할 수 있으면 진보한다.
한 학문이 능히 그 연구의 자료를 확장할 수 있으면 진보하지만, 그렇지
못하면 퇴보한다. 무릇 한 학문이 연구할 때 사용하는 공구를 확충할
수 있으면 진보하지만, 그렇지 못하면 퇴보한다. 푸쓰녠은 마지막에 다음과
같이 열렬히 호소하였다. 우리는 중국에서 과학적 동방학의 정통을 원한다.
이러한 사업 지침에 따라 세운 중앙연구원 역사어언연구소는 당시 학술계
의 중심이 되었다. 동시에 『중앙연구원 역사어언연구소집간中央硏究院 歷史語

言研究所集刊』은 문적文籍의 고증수정, 사료의 정리, 고고발굴 보고, 민속학, 비교언어학, 문자음운학 등 방면의 중요 논저와 문헌을 출간하였다. 『사료와 사학史料與史學』 "발간사"에서 푸쓰녠은 역사어언연구소의 학술연구의 종지를 다음과 같이 지명하였다. "본 연구소 연구원의 사학방법은 공론空論으로써 학문하지 않고, 또한 '사관史觀'을 급히 계획하지 않고, 이에 순전히 사료를 취함으로써 사실史實을 탐구한다. 사료가 있는 즉 조사하여 그 지식이 있다. 사료가 없으면 감히 억측하지 못하고, 또한 감히 기존의 법도를 견강부회하지 못한다." "중앙연구원" 역사어언연구소 소장으로서 푸쓰녠은 "사료로써 사실史實을 탐구한다."는 원칙을 함께 쥐고서 대규모 명청사연구와 정리를 전개하였고, 고고학자 리지와 함께 은허발굴을 주관하였다. 푸쓰녠은 고고학을 몰랐지만, 그는 리지, 둥쭤빈, 량쓰융梁思永 등이 주장하는 필드고고발굴사업을 적극적으로 제창하고 추앙하였고, 이론과 실천으로부터 고고학과 역사학의 내재관계를 강조하였다. 뛰어난 학술행정력으로써 푸쓰녠은 현대중국역사학에 크게 기여하였다. 사료와 역사학은 흡사 가죽과 털의 관계와 같으니, "가죽 없이 털이 날까?" 푸쓰녠은 온힘을 다하여 "사료가 곧 사학"임을 창도하였는데, 극단으로 치닫고 지나치게 과격했었다 할지라도, 당시 학술계에서 확실히 공소空疎함을 변화시켜, 예증을 통해 핵심이 되는 중요한 내용을 설명해주는 효용이 있었다. 55세의 한창나이에 죽은 푸쓰녠은 역사학 영역에서 저작을 많이 남기지는 않았다. 외국 유학을 7년간 하고, 귀국 후의 대부분은 역사어언연구소의 사업을 조직하는 데 열정적으로 종사하였고, 더욱이 영향력 있는 문화관리로서 각종 학술활동에 드나들었으니, 그야말로 조용히 앉아서 학문할 시간이 없었다. 푸쓰녠은 "오사"의 유명인사이고, 그의 여러 스승들, 동학, 친구들은 민국 정계에서 모두 요직에 있었는데, 이는 그에게 어느새 자극이 되었다. 그러나 푸쓰녠은 앉아서 "오사"밥을 먹는 사람도 아니어서, 그는 부득이 학술과 정치 사이에서 양다리를 걸치고서, 학문하면서 벼슬하는 면모를 드러냈다. 만일 학문하면서 벼슬하는 면모를 거리낌 없이 버렸다면, 푸쓰녠이 사학계에 남겨 준 것이『성명고훈변증成命古訓辨證』만은 아니었을 것이다.

『안양발굴보고安陽發掘報告』. 푸쓰녠은 편집인 중 하나였다. 고고학을 알지 못하는 푸쓰녠이『안양발굴보고』에 참여한 것은 상징적 의미를 가졌던 것 같고, 이 보고가 중앙연구원 역사어언연구소의 성과가 된 것은 당연히 소장인 푸쓰녠과 관련이 있다.

푸쓰녠의 학술 사승은 주로 국내에 있다. 그가 비록 독일 역사어언비교연구학파의 영향을 깊게 받고 그 학설을 국내에서 힘껏 제창하였을지라도, 푸쓰녠은 독일에서의 사승관계는 거의 말하지 않았다. 후스는 푸쓰녠이 베이징대학에 있었을 때의 교수였다. 26세에 베이징대학 강단에 선 후스는

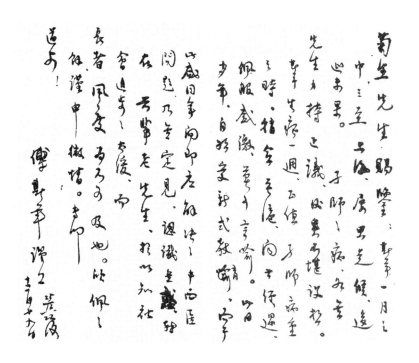

푸쓰녠의 필적. 푸쓰녠은 상무인서관의 원로이자 판본학자인 장위안지와
사이가 비교적 좋았고, 문화학술계의 유명 인사들과 모두 왕래하였다.
학술계의 조직자, 지도자로서 푸쓰녠은 연구방법, 학술사조에 의견을 제출
했고, 여기에서 그의 특출한 식견과 통찰력을 보여주었다.

국학 기초가 자기 수업을 듣는 학생들, 예를 들어 푸쓰녠, 구제강 같은
이들보다 오히려 부족했다. 그러나 그는 자신이 만든 강의안과 교수 방법으
로써 학생들에게 크게 환영받았다. 푸쓰녠은 평생 후스를 스승으로 섬겼고,
더욱 공경하였다. 이전에 후스의 집에서 가정교사를 하였던 뤄얼강은
"1934년 봄에 후스는 『설유說儒』를 썼다. 매주 일요일 오후는 그가 집에서
연구하는 시간이었는데, 푸쓰녠이 와서 함께 토론하였다. 후스의 책상에는
의자가 두 개 놓여있었는데, 후스는 안쪽의 의자에 앉았다. 바깥쪽에 기대어

둔 의자는 서재에 와서 그와 이야기하는 사람에게 앉으라고 주었다. 따라서 나는 업무실 안에 있어서 후스의 기척을 듣지 못했다. 푸쓰녠이 토론한 내용이 들리지는 않았더라도 그가 바깥쪽의 의자에 앉아서 공경하고 순종하는 목소리로 '선생님', '선생님' 하던 것은 매우 분명하게 들렸다. 나는 후스를 찾아온 어떤 학생도 푸쓰녠처럼 그리하는 것은 보지 못했다."[2]

베이징대학에서 『신조』를 창간할 때, 푸쓰녠은 후스에게 고문을 맡아줄 것을 청하였다. 유럽 유학 때 푸쓰녠은 후스와 서신왕래를 계속 자주하였다. 귀국 후에 베이징대학에서 임용된 후에 푸쓰녠은 다시 후스와 동료가 되었다. 후스가 과학적 국고정리를 제창한 것을 푸쓰녠이 역사어언연구소의 중요 취지로 만들었다. 후스가 『독립평론獨立評論』을 창간할 때, 푸쓰녠은 발기인 중 하나였다. 1950년 푸쓰녠이 뇌일혈로 돌연 사망하였을 때, 미국에서 머물던 후스는 푸쓰녠의 부인 위다차이兪大綵에게 조전弔電을 보내어, 자신과 푸쓰녠의 사이를 절절히 추억하였다. 후스는 "멍전孟眞은 내게 진실로 참 잘해주었습니다! 그의 학업은 나보다 깊고, 중국 고서를 읽은 것도 나보다 훨씬 많았지만, 내게 편지를 쓸 때 항상 자신을 '학생'이라고 칭하기를 30년이 하루와 같았습니다. 우리가 서로 만났을 때, 늘 '승강이를 벌이기'도 하고 변론하기도 했습니다만, 만약 다른 사람이 나를 공격하면, 멍전은 반드시 용감하게 나서서 나를 대신하여 변호하였습니다. 그가 항상 '당신들은 후선생을 욕할 자격이 부족하다.'고 말했습니다."라고 하였다. 푸쓰녠과 천인커는 사제간은 아니지만, 깊은 우의를 나누었다.

---

2) 羅爾綱, 『師門五年記 · 胡適瑣記』, 生活 · 讀書 · 新知三聯書店, 1995, 138-139쪽.

1945년 7월 1일, 황옌페이 등 6인의 국민참정회國民參政會 참정원參政員이
비행기를 타고서 옌안으로 가서, 중국공산당과 국공합작을 상담하였다.
오른쪽부터: 마오쩌둥, 황옌페이, 주푸청褚輔成, 장보쥔章伯鈞, 렁쑤이冷遹,
푸쓰녠, 쭤순성左舜生, 주더朱德, 저우언라이周恩來, 왕뤄페이王若飛. 푸쓰녠
이 옌안으로 비행기를 타고 갈 자격이 있었던 것은 그가 5·4운동에서
핵심적 역할을 했던 것과 관계가 있다.

　베이징대학 재학 중에 푸쓰녠은 천인커의 동생 천덩커陳登恪를 통해
천인커와 알게 되었다. 푸쓰녠은 영국에서 유학하던 때, 천인커, 위다웨이俞
大維가 독일 베를린대학에서 수학하고 있는 것을 듣고서는 자신도 독일로
옮겨가서 공부하여 천인커과 동학이 되었다. 1925년 천인커가 귀국하여
칭화국학연구원淸華國學硏究院의 지도교수導師로 부임하였다. 다음 해 푸쓰
녠이 귀국하여 중산대학中山大學에 초빙되었다. 1929년 역사어언연구소가
베이핑으로 옮겨갔고, 천인커와 푸쓰녠은 동료가 되었으니, 그들의 학술합

작시대가 시작되었다. 푸쓰녠은 타이옌 제자 주시쭈와 명明 성조成祖 생모 문제를 논쟁할 때, 천인커가 푸쓰녠에게 여러 개의 사료를 찾아주었다. 푸쓰녠의 부인 위다차이는 위다웨이의 여동생이고, 위다웨이의 부인은 천인커의 친여동생이니, 천인커와 푸쓰녠 두 사람에게는 친척간의 정도 있었다. 1950년 푸쓰녠이 타이완에서 병사하자, 천인커는 은유시 한 편을 써서 고인을 애도하였다. 천인커의 시제인 「『상홍감집』의 망해시에서 "등잔을 계속 밝히니 일월과 같으니, 번뇌에 잠 못 들기 때문이라네, 살지도 못하고 죽지도 못하는 사이에 이 품은 심정 어찌할까"라는 것을 읽고 느낀 바가 있어서 그 뒤에 적다霜紅龕集望海詩云: "一燈續日月不寢照煩惱不生不死間如 何爲懷抱"感題其後」에서, "살지도 죽지도 못해서 너무나도 고통스러워서 차라리 누구라도 붙잡고 말해볼까不生不死最堪傷, 擾說扶餘海外王. 함께 흥망과 번뇌의 꿈을 꾸었는데, 서리가 한 번 내리고 나니, 세상이 이미 변하였네同入興亡煩 惱夢, 霜紅一枕已滄桑."라고 하였다. 『상홍감집』은 청대 부청주傅青主의 시문집인데, 천인커는 이 시로써 푸쓰녠을 은유하였다. 천인커의 제자 덩광밍도 그가 이 시로써 기념한 것은 푸쓰녠이라고 단정한다. 구제강은 현대 저명 사학자인데, 그와 푸쓰녠이 베이징대학에서 같은 반 친구이고 국학기초도 비슷하다 하더라도, 그의 명성이 푸쓰녠보다 더 클 것이다. 푸쓰녠이 유럽에서 유학 할 때, 베이징대학에 남아 가르치던 구제강은 후스, 첸쉬안퉁의 고려 하에 의고변위疑古辨僞의 사학사상해방운동을 일으켰다. 구제강이 제출한 "누층적으로 조성된 고대사 학설"은 학술계에 진동을 일으켰고, 그는 "고사변"파의 학술 지도자가 되었다. 외국에 있던 푸쓰녠은 친구의 학술 성취를 매우 자랑스럽게 여기기도 했다. 푸쓰녠이 귀국하여 구제강과 동료가 된 후에, 두 사람의 "다른 사람의 뒤를 따라가는 것을 달가와하지 않고", 서로 패배를 인정하지 않는 성격은 결국 둘의 사이를 나빠지게 했다. 구제강은 자신은 공부 욕심이 극히 강하고, 푸쓰녠은 리더가 되려는 욕심히 극히 강했다고 하였다. 푸쓰녠은 성격이 불같아서 걸핏하면 성질을 부렸다. 늘 다른 사람이 자기 뜻에 굽혀 따르기를 바랬고, 다른 사람의 감정은 거의 신경쓰지 않았다. 이는 비록 그와 매우 잘 알고 절친한 사이라 하더라도 참아내기 힘들게 하였다. 하물며 구제강 또한 개성과 주관이 넘치는 학자이니 어떠하였겠는가? 한창 때에 세상을 떠난 푸쓰녠은 사학연구 영역에 매우 커다란 업적과 공헌을 남기지는 못했다. 그러나 푸쓰녠이 역사학에 쌓은 업적을 단지 논저로써만 평가해서는 안된다. 대범하고 통쾌한 푸쓰녠은 현대중국사학사의 혜성彗星이 아니라, 반짝반짝 찬란히 빛나는 항성恒性이다.

25

학계의 태두, 일대종사一代宗師

● 리지李濟 학기 ●

　1925년 창립한 칭화국학연구원清華國學研究院은 현대 중국학술이 새로운 단계에 이르렀다는 이정표였다. 량치차오, 왕궈웨이, 천인커, 자오위안런趙元任이 국학원 지도교수로 초빙되어 대학자들을 양성했다. 칭화국학원을 졸업한 학생들은 주로 역사학, 언어학을 전공했으며 그들은 스승의 학술을 계승하고 스승을 회상할 때, 모두 약속이나 한 듯 량치차오, 왕궈웨이, 천인커, 자오위안런 이 네 명의 대가가 끼친 대단한 영향력을 기억하는

데 집중하였다. 당시 국학원의 유일한 전임강사였던 29세의 리지李濟는 그의 학생들에게 의식적으로 혹은 무의식적으로 잊혀졌고 냉대를 받았다. 이것은 아마도 리지가 "자주 입원했기 때문이 아니라, 학교 밖에서 고고학 발굴에 종사했기 때문일 것이다. 또 생각할 수 있는 것은 1949년에 리지가 타이완으로 갔기 때문에 대륙에 남은 리지의 제자들은 자연스럽게 "마음 한 구석에 또 다른 느낌이 있게" 되었기 때문이었을 것이다. 사상해방이 전개된 80년대가 되어서야 30여년간 차단되었던 리지의 학술과 사상이 대륙 학자들에게 알려지게 되었다. 30년은 거의 3세대가 되는데 리지의 학술은 왜 대륙에서 "일찍 고사"되고 말았던 것일까?

개인학술성취의 각도가 아니라 현대학술사의 각도에서 고려해보면 리지도 중시할만한 저명한 학자이자 일대종사一代宗師였다. 그는 한 세기의 학술과정을 관통했으며 박학한 대학자들과 교제했는데, 이는 현대중국학술사상의 발전사에 있어서 불가결한 정신적인 재산이다. 칭화국학원의 역사는 지금까지 모호하고 일일이 정리해 낼 수가 없다. 왕궈웨이가 1927년에 호수에 뛰어들어 사망하고 량치차오는 1929년 오진으로 사망했으며 이어서 얼마 지나지 않아 칭화국학원은 정식으로 해산되었다. 왕궈웨이와 량치차오 두 대가는 국학원에 대한 회상을 남겨 놓지 않았고 리지보다 6세 많은 천인커가 왕궈웨이, 량치차오를 기념하는 글에서 중국 학술에 대한 생생한 관심을 표현한 것만이 있을 뿐이다. 칭화국학원에 관한 일에 대하여 천인커가 얘기한 바가 없다. 우리가 읽을 수 있는 칭화국학원에 대한 모든 일은 거의 국학원 학생의 회상에 의한 것이다. 그중 사실여부를 확인할 수 있는 것도 것의 없다. 교수의 시선으로 칭화국학원을 회상하는 사람은 아마도 리지 한 사람 뿐일 것이다. 그는『감구록感舊錄』에서 자신이 칭화국학원에 들어간 전말에 대해서 "민국 14년(1925)은 칭화학당清華學堂에서 국학연구원國學研究院을 창립한 첫 해였다, 이는 중국교육계의 초유의 사건이었다. 국학연구원의 기본 관념은 현대과학의 방법으로 국고를 정리하자整理國故는 것이다. 칭화가 연구소를 위해서 초빙한 첫 번째의 교수로는 왕궈웨이, 량치차오, 천인커, 자오위안런 등이 있었다. 나는 초빙된 강사 가운데 한 명이었다. 당시 화베이華北 학술계가 매우 활약하였는데, 근대 순수과학, 예컨대 생물학, 지질학, 의학 등에서 모두 적극적으로 연구하는 태도가 사람들에게 주목받았다. 바로 이것이 근대과학방법으로 국고를 정리하자는 호소도 사회에서 열렬한 호응을 얻었다."고 서술하였다. 당사자가 당시의 일을 회상하는 것은 진귀한 원시자료라고 할 수 있다. 이것은 국학원의 나이 많은 학생들의 회상보다 정확하다. 『우미일기吳宓日記』가 출판되어 칭화국학원의 준비, 흥기, 지도교수 초빙, 과정 설치, 학생 상황 등에 대해서 모두 상세하게 기재하였다. 우미는 칭화국학원 주임을 맡았으며 한결같이 국학원의 설립에 참여했다. 그의 기록은 직접적 원시자료다. 리지의 소위 "현대과학의 방법으로 국고를 정리"한다는 것은 당시 학술계의 연구동향에 대한 일종의 기대를 표명한 것이었다. 하나의 새로운 학풍이 일어나고 전파될 때 학자들은 끊임없이 몸소 체험하고 힘써 실천하며 힘껏 고취하려 했다. 만약 새로운 학문의 각도에서 현대사학의 기풍이 발전하고 전파되었다면 우리는 칭화국학원시절에서도 리지의 학술방식이 량치차오, 왕궈웨이, 천인거, 자오위안런 4대가의 학문과 완전히 다르다는 사실을 알 수 있었을 것이다. 그가 새로이 일으킨 것은 일종의 완전히 비중국현지화非中國本土化한 학문이었다. 리지가 칭화국학원에서 학생들을 위해서 개설한 수업과정으로는 먼저 인류학, 민족학이 있었으며 그 후에 보통인류학, 인체측량이 있었다. 지도 범위는 "중국인종고中國人種考"였다. 1927년부터 리지는 보통 인류학을 고고학수업으로 바꾸었다. 리지가 개척한 학술 영역은 완전히 새로운 방식이었으며, 당시 세계 학술범위 안에서 한참 흥기하고 있고, 과학적 방법으로 인류사회 자체의 발전, 변화를 연구한다는 학문이 중국에서 단초를 열고 있는 것이기도 했다. 리지가 처음으로 이러한 기풍을 개척한 것은 분명 후스보다 더 크게 공헌한 것이라고 해야 하지만, 실제로는 전문영역의 한계 속에서 리지의 학술명성과 사회영향력 이 후스보다 크게 낮았다 할 것이다.

리지1896-1979(자는 지즈濟之, 후베이湖北 중샹鐘祥)의 아버지 리취안李權은 시 짓고 글쓰기를 좋아한 지식인이었다. 리지가 미국 하버드대학교 대학원에 입학할 때 스스로 이력서를 작성했는데 그 중에 자신의 소년시대의 학습과정에 대해서 논한 바가 있다. "10세 때 그는 현립 고등소학당에 입학했으며 처음으로 새로운 교육의 맛을 봤으며 점차 공부한다는 것이 고통스러운 일이 아니라는 것을 느꼈다. 11세에 아버지와 함께 베이징에 가서 후베이성립 장한학당江漢學堂에서 6개월 동안 공부를 했으며 그 후에 류리창 창뎬廠甸에 있는 우청중학교五城中學校에 입학했다. 칭화학당이 창립 됐을 때 베이징에서 120명을 모집했는데 응시자가 천 명을 넘었다. 그도 흐리멍덩하게 가서 시험을 봤는데 어떤 영문인지 시험감독자도 흐리멍덩 하게 그를 합격시켰다."[1]라고 리지가 아주 유쾌하고 대범하게 회상했는데, 이것은 사실상 그의 천부적 자질이 매우 뛰어났음을 나타낸다. 칭화清華에 서의 7년 반은 리지 인생의 중요한 전환점이다. 당시 오로지 "서양 것"을 배우고자 했던 리지는 주로 영어를 배웠으며 정치, 종교에 대해서는 흥미를 느끼지 못했다. 리지가 칭화清華시절의 학생 생활을 회상하면서 "이 시기에 배운 것은 기술적인 것이 많았고 가치 관념에 관련된 것은 아주 적었다."고 하였다. 1918년 여름 리지는 미국 클라크 대학교로 유학을 갔으며 그 후 하버드대학교 인류학연구소에서 박사학위를 받았다.

리지의 학술연구는 중국의 전통적 학문방식과는 현저히 달랐다. 서재

---

1) 李光謨, 『鋤頭考古學家的足跡: 李濟治學生涯瑣記』, 8쪽.

밖으로 나가는 학문과 서재형 학문에 대한 그의 구별은 스스로 터득한 현대 서구학술이론, 방법, 체계창조를 충분히 활용하여 중국문화계통에 뿌리를 둔 새로운 학술원리, 체계를 창조했는가에 있었다. 이러한 학문은 전통적인 학술노선과는 완전히 다르며 연구자가 현대과학의 전문적 훈련과 탄탄한 이론을 준비할 것을 요구한다. 만약 이러한 훈련과 준비가 없다면, 리지가 창립한 학술세계에서 한자리를 차지하는 것은 상상할 수도 없는 일이었다. 하버드대학 인류학 연구소의 철학박사였던 리지는 계통적으로 심리학, 인구학, 사회학, 고고학, 체질인류학, 문화인류학, 인체측량학, 민족학의 과학적 훈련을 체계적으로 받은 이후, 점차 자신만의 독특한 학술관념을 형성해 갔다. 중국인종의 유형학, 인류고고학 영역에서 리지가 나타나서야 비로소 이 학과가 정식으로 확립될 수 있었다는 것은 과장이 아니다. 리지가 학술영역에서 인류학, 고고학 체계를 개척한 것은 미국 학술계의 정수를 받아들이고 철저히 이해한 끝에 이룰 수 있었던 것이다. 미국 유학 시기에 리지는 중국 인종학에 대해 깊은 흥미를 느꼈다. 하버드대학에 입학한 다음해에 리지는 미국 동부의 중국유학생과 교민들 사이에서 인구측량학 조사를 진행하여 처음으로 진귀한 기초 자료를 얻었다. 그의 『중국 인류학의 몇가지 문제中國的若干人類學問題』라는 학술보고는 당시에 미국인류학계에서 호평을 받았다. 1923년에 리지의 박사 논문 『중국민족의 형성中國民族的形成』이 심사를 통과했다. 같은 해 여름, 리지가 귀국해서 톈진天津 난카이대학南開大學에서 인류학, 고고학 교수가 되어 국내에서의 학술연구 활동을 시작하였다.

딩원장丁文江은 후스와 관계가 밀접한 지질학자로서, 리지가 국내학술계에 진입하는 데 디딤돌이 되어 주었다. 리지에게는 학술인맥이 학술 자체보다 더 기회와 인연으로서 작동하였다.

리지가 국내에서 처음 정식으로 고고활동을 한 장소-1926년 산시 샤현 시인촌山西夏縣西陰村 선사 시대의 유적지(발굴 전 촬영한 사진). 30세인 리지는 당시 꿈에서도 생각하지 못했던 이 고고발굴로써, 중국 선사 시대의 문명사를 바꿔 썼고, 리지의 학문영역도 확장되었다.

난카이대학교, 칭화국학원 시기에 리지가 주도한 학술연구는 인류학이었으나 당시 국내학술계에서 발생한 필드고고학사건으로 인해 우연하면서도 필연적으로 리지는 인류학으로부터 필드고고학으로 학문을 전환하였다. 난카이南開시기에 리지는 허난河南 신정新鄭의 고고학 조사에 참여하였다. 난카이대학교 학교장 장보링張伯苓은 27세에 하버드대학의 박사학위를 취득한 리지를 매우 신임하여 각종 학술활동에 참여시켰다. 지질학자 웡원하오翁文灝의 추천으로 리지는 지질학계의 선배학자인 딩원장을 알게 되었다. 이전에 리지는 딩원장의 인체측량데이터의 오차를 수정한 적이 있었고 게다가 리지의『중국 인류학의 몇 가지 문제中國的若干人類學問題』의 주요관점이 영국 저명한 철학자 러쎌Betrand Russell의 『중국문제中國問題』에 인용되었기 때문에, 딩원장은 자연스럽게 리지를 낯설어 하지 않았고, 매우 신속하게 리지를 베이핑의 고생물학계, 지질학계 학자들에게 추천했다. 리지가 허난 신정의 고고학발굴 활동에 참여한 것도 딩원장이 도운 것이다. 허난 신정河南新鄭 고고학조사에서 리지는 춘추시대의 동기銅器와 잔존한 인골人骨을 수집했을 뿐만 아니라, 중국에 고찰온 미국 프리어미술관의 학자 비숍C.W.Bishop을 알게 되었다. 이는 리지의 이후 연구의 기초가 되었다. 리지가 칭화국학연구원에 있을 때 칭화대학 교장인 차오위샹曹雲祥과 량치차오, 딩원장 등의 지지를 얻어 미국 프리어미술관과 학술연구를 시작하였다. 1926년 리지는 산시 샤현 시인촌山西夏縣西陰村 유적지의 고고학발굴을 주최했으며 지질학연구소의 위안푸리袁複禮도 고고학발굴에 참여했다. 이 발굴로 모두 60여 편의 석기와 진귀한 문물을 얻었다. 이듬해 리지가『시인촌 선사시대 유물西陰村史前的遺存』이라는 고고학 보고서가 출판되었고 시인촌 유적지는 중국의 신석기시대新石器時代의 문화유적이라고 판정되었다. 시인촌 유적지의 발견은 현대중국고고학사상 중국학자들이 주최한 최초의 과학적 야외 고고 발굴운동이었으며, 이로써 중국고고학의 새로운 시대가 시작되었다. 야외 고고발굴의 또다른 중대한 학술문화적 의의는 전통적 의의에서의 금석학의 개념과 내용이 선사문명으로 확장되었다는 데 있었다. 국학 대사 왕궈웨이가 정의를 내린 금석학의 범위는 출토 문물, 예컨대 청동이기鍾鼎彝器의 명문과 관지款識만이 학술적 연구가치가 있는 것이고, 그렇지 않으면 학술가치가 없는 것이었다. 왕궈웨이의 금석학에 관한 권위있는 학설은 당시 학술계를 장악하고 있었다. 시인촌 유적의 고고발굴 및 리지의 칭화국학연구원 총서의 하나였던『시인촌 선사시대 유물西陰村史前的遺存』의 출판은 사실상 왕궈웨이 금석학을 이론과 실천면에서 확장한 것이었다.

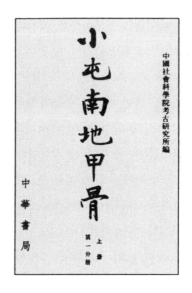

『샤오툰남지갑골小屯南地甲骨』의 표지. 중화인민공화국 시기 고고발굴은 제로 민국시대의 "은허"발굴 작업을 계승한 것이며 범위는 더욱 광범위해졌다 실. 샤오툰남지갑골을 발견하여, 은·상사殷·商史연구를 더욱 진척시켰다.

은허 두 번째 발굴시작 초기에 찍은 단체사진(우측 네 번째가 리지). 리지가
이끈 "은허" 고고발굴은 두 가지 측면의 함의가 있었는데, 하나는 중국의
필드고고학이 과학적인 발굴 모델을 갖추게 되었다는 것이고, 다른 하나는
중국고전문명이 이로 인해 더욱 분명하고 뚜렷해졌으며, 의지할 근거를
갖추게 되었다는 점이다.

1928년에 중앙연구원中央研究院 역사어언연구소歷史語言研究所가 창립되었
다. 연구원 원장 차이위안페이蔡元培의 초빙으로 리지는 칭화연구원을 떠나
서 중앙연구원 역사어언연구소 고고학조의 조장을 맡았다. 1928년부터
1937년까지 리지가 이끈 역사어언연구소 고고학조는 국내외를 놀라게
한 은허殷墟 고고학 발굴을 진행했다. 15회의 대규모 발굴을 진행하여
중국고전 문명사를 더욱 과학적이면서 더욱 뚜렷하게 세상에 드러냈으며
중화문명역사발전의 단층斷層과 결여된 내용을 비교적 빠짐없이 보충하였
다. 이는 은허 고고발굴의 영향력이 현재까지 중대한 학술가치로서 남아있
다고 볼 수 있다. 은허에 관한 연구논저는 20세기 1920~30년대 리지가

『샤오툰 지면하의 상황에 대한 초보적인 분석小屯地面下情形分析初步』, 『은상도기초론殷商陶器初論』, 『샤오툰과 양사오小屯與仰韶』, 『부신장俯身葬』등 중요한 논문을 저술하였다. 1940년대에 리지는 『상고 석기에 대한 알기 쉬운 설명遠古石器淺說』, 『샤오툰 지면 아래의 은대 이전의 문화층小屯地面下的先殷文化層』, 『중국 고대 옥 문제를 연구하는 과정에서의 새로운 사료硏究中國古玉問題的新資料』, 『샤오툰에서 출토된 청동기를 기록함記小屯出土之青銅器』등을 저술했다. 리지가 이끈 은허 고고학 발굴은 반박할 수 없는 역사 사실로써 1920년대 역사학 영역에서 발전하기 시작한 의고변위疑古辨僞의 학술사조에 대한 일종의 반작용이었다. 그는 현대과학의 고고학적 이론과 방법을 이용해서 문헌상의 기록에 머물렀던 은상의 문명을 연장시켰고, 동시에 전설과 역사 사이의 부합점을 찾아냈다. 왕궈웨이가 제기한 지하의 발굴로써 지상의 재료를 실증한다는 "이중증거법二重證據法"은 은허 고고 발굴에서 매우 충분히 체현되었다. 이는 중국역사학 영역의 과학화 과정을 힘껏 추진한 것이다. 의고변위학파가 발전시킨 무거운 파괴와 가벼운 건설이라는 역사학 경향은 리지를 핵심으로 하는 고고학자 집단에서 완전히 뒤바뀌게 되었다. 리지는 현대역사학의 건설, 특히 고고학의 건설에 경도되어, 40년대부터 연구 중심을 은허의 도기陶器, 청동기에 대한 체계적 연구로 옮겨갔고 성과도 뛰어났다. 리지가 이 영역에서 이룬 중요 저작으로는 『중국 고기물학의 기초中國古器物學的基礎』, 『은허기물갑편도기殷墟器物甲編陶器』, 『은허도기도보殷墟陶器圖譜』, 『고대 기물연구 전간古器物研究專刊』 1권에서 5권이 있다. 리지는 도기, 청동기의 공예, 형상과 구조, 무늬 장식, 분류 등을 깊이 연구했으며 성과가 풍부하였다.

민국시기 주류 학술의 중진으로서 리지가 발기한 현대과학적 고고학은 당시의 학계, 학풍을 지배했으며, 구미유학생이 국내 학술계를 좌우하는 국면을 형성하였다. 리지의 사승 연원과 학술의 출발은 중국본토가 아니라 미국이다. 농후한 서양식 교육체제를 갖춘 교회대학-칭화학당은 리지가 "외래문화"를 습득하는 데 대단한 영향력을 미쳤다. 그곳에서 리지는 7년 반의 시간을 보냈다. 진정한 현대과학이란 의미에서 학술은 찾아낸 것이 거의 얼마 없었던 것 같고, 정통 전통 국학도 마찬가지로 체계적으로 익히기에 부족하였다. 7년 반의 칭화학당 시절에 리지는 아직 정식으로 현대 고고학의 문턱을 넘지 못한 것이라고 할 수 있다. 미국에 갓 도착한 중국 유학생이 제일 배우고 싶은 것은 심리학이었다. 석사학위 취득 후 리지는 하버드 대학원에 입학했고, 그의 학술연구의 첫 번째 황금시기가 시작되었다. 하버드에서 리지의 스승은 확실하다. 체질인류학, 비교해부학과 선사고고학의 스승 후튼E.A. Hooton교수, 이집트 고고학 과정의 교사 라이스너 교수, 희랍 고고학과정의 교사 차이쓰柴斯교수이며, 그의 박사논문 지도교수는 하버드대학교의 저명한 인류고고학자 딕슨 교수였다. 영문으로 작성한 리지의 박사논문『중국민족의 형성中國民族的形成』은 1928년

둥줘빈의 초상화와 친필 서화. 처음에 베이징대학에서 청강하다 이후 베이징대학 연구소 국학문에 입학한 둥줘빈은 먼저 "역대명인의 생졸년표"를 연구했으며 갑골문연구는 이후에 하였다.

하버드대학교에서 출판되었으며 학술계에 중요한 영향을 주었다. 왜냐하면 리지가 개척한 현대의 과학적 야외 고고학은 공전의 것이었고 수준 높은 전문성을 요구 받았기 때문에, 동시대 학자들도 그를 지도할 수 없었다. 이 때문에 우리는 1920-30년대 고고 발굴 활동은 자연적으로 리지에게 부과된 것을 알 수 있고 이것은 아마도 중국전통에서 말하는 능력있는 사람이 스승이 된다(能者爲師)는 것이겠다.

1935년 봄 11번째 발굴단 단장 량쓰융梁思永과 발굴단 전인원이 리지의 쉬자좡 시베이강續家莊西北崗 발굴 시찰을 환영했다. 좌측에서 우측으로 왕샹王湘, 후허우쉬안胡厚宣, 리광위李光宇, 치옌페이祁延霈, 인다尹達, 량쓰융梁思永, 리지, 인환장尹煥章, 샤샤오夏鼐, 스장루石璋如이다. 리지 주변으로 모인 젊은 학자들은 사실상 그들이 새로운 역사를 창조하고 중국선사시대의 문명을 이어 쓰고 있다는 것을 몰랐다. 고생을 참아내는 가운데 민국에서 공화국까지의 고고학이 찬란하게 주조되었다.

중국현대고고학의 새로운 영역을 개척한 리지는 민국시대 많은 학자 대가들과 왕래하면서, 그 시대의 뛰어난 학술기상을 형성했다. 이지보다 세 살 많은 후스는 중국 신문화운동의 기수로서, 리지가 하버드에서 박사를 할 때 베이징대학에서 교편을 잡았으며, 후스는 당시 학술계를 이미 좌지우 지하고 있던 지도적 인물이었다. 이 미국 컬럼비아대학의 철학박사는 문학, 역사학, 철학 등 여러 영역에서 가장 먼저 새로운 풍조를 열었다. 후스의 박사학위는 분명하지 않은데, 그의 박사논문『중국고대철학방법의 진화사中國古代哲學方法之進化史』는 수정을 거쳐『중국철학사대강中國哲學史大綱』상권이라는 이름으로 출판되어 학술계에 큰 영향을 미쳤다. 리지의 박사학위는 어떤 의심의 여지도 없었으나, 그의 박사논문『중국민족의 형성中國民族的形成』은 소수의 학자들에게만 세평이 남겨져 있다. 비록 학술 에서 각자의 전공분야가 있고 영향력을 끼친 영역도 다르지만 이것이 리지, 후스 두 박사의 학계 태두로서의 종사宗師적 지위를 약화시킬 수는 없었다. 리지와 동년배인 푸쓰녠은 학문을 배우는 시기에 리지와 마치 "두개의 물줄기가 나뉘어 흐르는" 것 같았다. 베이징 대학을 졸업하고 푸쓰녠은 영국 에든버러대학교, 런던대학교에서 공부했다. 리지가 미국유 학 시절에 통계학, 심리학, 생물학 등 자연과학을 배운 것과 같이 푸쓰녠은 영국에서 실험심리학, 생리학 및 수학을 공부했다. 독일 베를린대학에서 푸쓰녠은 철학, 역사비교언어학을 연구했다. 푸쓰녠의 "사료가 곧 사학이 다"라는 유명한 사관은 독일 유학시기에 랑케의 실증주의사학분파의 영향 을 받아서 제기한 것이다. 리지와 푸쓰녠의 학술연구는 거의 교차점이 없었는데, 쉬즈모徐志摩는 "강직하고 순박하며 열심히 노력"한 리지가 전형 적인 학자의 성정을 지녔다고 여겼고, 푸쓰녠은 시인의 재능이 있고, 지도방 식과 조직력이 매우 뛰어났다고 보았다. "중앙연구원" 역사어언연구소가 푸쓰녠의 계획아래, 유명한 스승들과 능력 있는 학자들을 떼로 모아, 자못

장대한 학술적 진용과 연구의 구조를 형성하였다. 리지는 푸쓰녠이 제출한 "위로는 창천 끝 아래로는 손과 발을 움직여 찾아다녀야 한다"를 역사어언연구소 고고학조의 중요한 방침으로 삼았다. 리지와 푸쓰녠은 같은 곳에서 20년간 일을 했는데, 두 사람의 성격이 비슷하여 항상 말다툼이 일어났지만 고고학의 건강한 발전을 위해서 학술적으로는 일치하는 관계였다. 둥쭤빈은 "갑골사당甲骨四堂"의 한 사람으로서 유학경험이 없었고, 국내에서의 대학졸업장도 없었으나, 완전히 자신의 부지런함과 타고난 재질로써 학술적으로 조예가 매우 깊었다. 독학으로 인재가 된 역사학자 둥쭤빈은 처음으로 은허발굴을 시도한 리더였다. 리지와 둥쭤빈의 학술 합작과 개인적 우정은 두 번째의 은허발굴에서 시작되었다. 학술의 각도에서 말하자면 리지가 중시한 것은 야외고고학이었고, 옛기물의 분류학과 출토문물의 유형학을 연구했다. 그러나 둥쭤빈의 전공은 갑골학이며 갑골문 분석하는 것에서부터 은상殷商의 역사를 해독하는 데 착수함으로써 중국 상고사 연구를 진일보 촉진시켰다. 『은력보殷曆譜』는 둥쭤빈의 대표적인 저작인데, 천인커는 이 책에 바로 잡아야 될 곳이 있다고 평가했다. 둥쭤빈은 학술계의 공통의 원칙을 계승하였고, 자신의 연구 중의 결론을 조금도 꺼리거나 숨김이 없이 하였다. 둥쭤빈과 리지 두사람은 역사어언연구소에서 오래 동안 함께 일했으며 사이가 좋았다. 둥쭤빈은 리지보다 나이가 많았는데, 항상 리지와 말다툼하는 식으로 자유토론하면서 서로 깨우치며 연구 작업을 추진했다. 60년대 초기 둥쭤빈이 타이완台灣에서 병사하자, 리지는 고인의 명복을 비는 동시에 친구가 만년에 접대에 신경만 쓰고, 학술적 성과는 그다지 남기지 못한 것을 애석해했다. 량치차오의 아들 량쓰융梁思永은 역사어언연구소의 리지, 둥쭤빈과 함께 학계의 거두였다. 량쓰융梁思永과 리지는 하버드대학 선후배 사이이며 전공도 고고학이었다. 량쓰융梁思永은 이전에 일년 동안 량치차오의 조교를 맡았던 적이 있었는데 후에 량치차오가 아들을 리지에게 추천했다. 시인촌 고고발굴 때 리지는 발굴된 출토문물을 량쓰융이 연구하게 했다. 량쓰융梁思永의 석사논문「산시 시인촌 선사시대 유적지에서의 신석기시대의 도기山西西陰村史前遺址的新石器時代的陶器」는 바로 리지의 의견에 따라서 작성한 것이다. 고고학 팀에서 량쓰융梁思永은 유일한 고고학 전공자였다. 독립적으로 시작한 그의 야외 고고발굴 능력은 매우 훌륭하였고, 일찍이 많은 중요한 고고발굴작업을 주최하거나 참여했다. 리지의 거작『은허도기연구보고서殷墟陶器研究報告』는 바로 량쓰융梁思永의 격려와 지지를 받은 덕분이다. 량쓰융梁思永은 젊은 나이에 죽었으며 리지는 이를 매우 애석해 하였다. 기념문에서 리지는 량쓰융梁思永이 중국의 걸출한 고고학자라고 높이 평가하였다. 리지와 궈모뤄의 사이는 비교적

1954년에 리지와 장광즈張光直가 타이완에서의 합영. 리지의 학술은 장광즈에게 계승되었는데, 그의 저작의 정리도 주로 장광즈가 하였다.

좋았다. 궈모뤄가 일본에 망명한 후에 끈기 있게 끝까지 갑골문자를 연구했다. 은허에서 출토한 "대귀4판大龜四版"은 역사어언연구소가 리지와 둥쭤빈의 동의를 구하고서 그 탁본을 일본에 있는 궈모뤄에게 보내주었다. 궈모뤄는 『복사통찬卜辭通纂』에서 리지에 대해서 좋게 써주기도 하였다.

리지는 비공개적으로 궈모뤄가 천재이며 자질이 뛰어나다고 하였다. 건국 이후의 60년대 중엽 궈모뤄郭沫若는 이전에 성치행사에서 공개적으로 자신이 건국 이전의 저작은 모두 태워도 된다고 했다. 타이완台灣에 있는 리지는 이 일을 듣고서 궈모뤄가 학문을 하는데 있어서 스스로 규제하는 정신이 없다고 비판했다. 리지의 이런 비평을 궈모뤄가 알 방법은 없었다. 공화국 초기에 고고학계에서 활약한 이들은 대부분 리지의 제자들이다. 『중국의 신석기시대中國新石器時代』라는 책으로 고고학계에 이름을 날린 인다尹達가 바로 리지의 제자이다. 인다尹達는 역사어언연구소에서 6년 동안 작업 했으며 기본적으로 근대 고고학의 전문적인 지식을 잘 알았다. 1937년에 인다는 역사어언연구소를 떠나서 옌안延安으로 갔다. 인다는 여러 번이나 그가 연구한 고고학은 주로 궈모뤄의 영향을 받았다고 하였다. 학술전수의 계통으로 볼 때 인다尹達의 설명은 사실보다 과장한 것 같은데, 궈모뤄의 환심을 사려는 기색이 매우 짙었다고 해야 할 것이다. 갑골학의 대가 후허우쉬안胡厚宣, 청동기연구 전문가 궈바오쥔郭寶鈞, 고고학자 샤나이夏鼐, 왕샹王湘 등은 모두 역사어언연구소 고고조 출신이고, 모두 리지의 제자라고 할 수 있다. 타이완에서 리지의 저명한 제자로는 장광즈張光直, 쉬줘윈許倬雲, 쑹원쉰宋文薰, 리이위안李亦園 등이 있다. 장광즈張光直는 국제적으로 저명한 고고학자이며 리지의 학술을 직접적으로 계승했다. 장광즈張光直는 리지의 아들 리광모李光謨와 장장 100만 자의 거작 『리지고고학논문선집李濟考古學論文選集』를 편찬하기도 했는데, 기본적으로 한 시대의 고고학 종사宗師로서 리지가 추구한 평생의 학술과 학자 정신을 반영하였다.

시비와 은원은 언제 끝맺으려나

● 주둥룬朱東潤 학기 ●

　노인이 된 학자가 황혼에 자신의 연구과정을 회상할 때는 남다르게
이해하는 것이 있다. 인간관계의 혼란스러움은 눈앞에서 흩날리는 구름과
연기 같고 학문 세계를 탐구하는 데에서의 득과 실은 모두 계승자의 경험과
교훈으로 변했다. 그러나 주둥룬朱東潤의 만년의 학술자술과 자서전을 읽게
되면 그 분의 전기문학, 문학비평연구 전문가로서의 심후한 학문에 감복하
는 동시에, 그가 학자들 간의 은원恩怨을 애써 회피하려 세심히 살피던

것을 늘 다시 생각하지 않을 수 없다. 오늘날의 문화 관념과 사상 의식의 각도에서 주둥룬의 1920-30년대 학술활동을 보면 학자와 학자간의 시시비비, 은혜와 원망은 이미 시간의 연륜과 함께 역사의 먼지 속으로 사라졌어도 신구, 중서의 강렬한 문화적 충돌은 깊이 느낄 수 있다.

학술발전의 목격자이자 학자들의 대인관계의 시비와 은원을 한 몸에 담은 당사자였던 주둥룬은 민국, 공화국 시기의 학술활동, 학술성취, 학자관계에 대해 자신이 이해하는대로 회고하고 평가 하였다. 직접 겪고, 직접 실행하며 사건에 참여했기 때문에 그의 회상으로 친절하게 알 수 있다.

18세의 주둥룬(좌)의 영국 유학시절. 이때 호방한 기개가 왕성했던 주둥룬은 자신이 빈곤해서 일찍이 귀국해야 한다는 사실에 대해서 생각하지 못했다.

　그러나 주둥룬은 자신의 자리를 바로잡지 못했으며 사적인 감정이 많이 유입되어서 그의 회고는 과장된 부분이 있다. 문학 언어를 사용해서 소설을 창작하고 역사인물을 평가하는 전기 작가로서, 그는 자신의 일생을 회상할 때 만약 문장으로 잘못을 교묘하게 숨기고 자신과 충돌한 학자들을 지나치게 조롱하였다면 사람들은 남겨진 그의 회고문들을 마음 놓고 사용할 수 없을 것이다. 학술의 계승관계와 학풍의 시작은 대가의 학문, 품성, 품행 등과 큰 관련이 있다. 주둥룬의 중국문학비평사, 중국고전문학연구, 역사인물전기의 저작과 연구는 현대중국학술발전사에서 가치가 있다. 그러나 주둥룬의 학문을 계승한 학자들은 많지 않았는데 이 문제는 확실히 생각해 볼 필요가 있다.

1930년대 초기에 우한대학武漢大學에서 교직을 맡았던 주둥룬. 이미 서른살 을 넘겼던 주둥룬은 우한대학에서 국학파들로부터 억압을 받자, 그는 자신 을 신파에서 구파로 바꾸고 백화에서 문언으로 바꾸었다.

　주둥룬1896~1988은 장쑤江蘇 타이싱泰興인이다. 그는 학계에 명성을 떨친 전기문학가, 중국문학비평사 전문가였다. 주둥룬은 일찍 문자연文字緣을 맺었다. 17세 때 주둥룬은 창간한 지 10여일이 지났던 『공론보公論報』의 검수요원을 했으며 이 신문사를 위해서 초안을 저술한 적도 있다. 국민당 원로 우즈후이吳稚暉와 친분을 맺어 젊은 주둥룬은 꽤 순조롭게 유학을 떠날 수 있었다. 정규시험을 거치지 않았기 때문에 유명한 대학에 유학할 계획은 없었고 영국에 도착하여 근검공학勤儉工學을 하였던 관계로 주둥룬은 유학을 한 것으로 이름을 날리지 못했을 뿐 아니라 학업에서 요구한 것도 없었다. 자연히 주둥룬은 무엇도 배우지 못했다. 서양유학을 다녀왔으나 신문사에서 일하거나 광시廣西 우저우중학교梧州中學校에서 교편을 잡은 것을 볼 때 일찍이 영국 런던의 서남학원을 유학 다녀왔다는 주둥룬의 학식수준 정도를 알 수 있을 것이다. 우한대학武漢大學에서 교편을 잡기 전 주둥룬은 중학교에서 12년 동안 교편을 잡았다. 즉 주둥룬은 33세 전에 신문사 감수원, 정부 비서, 중학교 교사 등 다양한 직업에 종사했다. 집안 식구는 많은데 월급은 적어 생활이 불안하여 주둥룬은 여기저기서 수업을 하며 생활비를 벌었다. 기본적으로 학문에 신경을 쓸 수 없었고 을 학술계에서의 지명도가 거의 없었다. 주둥룬은 신중국 건립을 전후하여 차례로 우한대학武漢大學, 중양대학교中央大學, 장난대학江南大學, 치루대학齊魯大學, 후장대학교滬江大學, 푸단대학複旦大學에서 교편을 잡았다. 임기가 제일 길었던 곳은 푸단대학 중문과였지만 주둥룬이 만년에 저술한 학술 회고록에서는 우한대학에서 교편을 잡았던 33세 때의 불편했던 심정을 서술하는 데 매우 많은 지면을 할애 했다. 특히 우한대학 중문과에서 국학을 전공으로 한 교수들 예컨대 류보핑劉博平, 류융지劉永濟, 천덩커陳登恪 등에 대해서 항상 마음에 두고서 그들에 대한 불만을 생생하게 서술했다. 주둥룬이 우한대학교에서 교편을 잡게 된 것은 천위안陳源과 큰 연관이 있다. 주둥룬과 천위안은 영국 유학 동창이었지만 주둥룬은 집안 형편이 어려워서 졸업을 하지 못하고 귀국해서 생계를 도모했다. 천위안은 영국 유학에서 돌아온 후 당시의 문단에서 빨리 유명해지며 "신월시파新月詩派"

의 중요한 대표인물이 되었다. 그와 후스, 쉬즈모徐志摩, 원이둬聞一多 등의
관계는 밀접했다. 원이둬가 우한대학 문학원 원장이 되었을 때 천위안은
자연스럽게 자신의 동창인 주둥룬을 우한대학 영어 특약강사로 추천했다.
당시 중문과 주임교수 류쩌劉賾(자는 보핑博平)는 우한대학의 베테랑 교수였
다. 류쩌는 베이징대학을 졸업했으며 저명한 국학대사 황칸의 중요한
제자였다. 그는 황칸의 문자 성운학을 계승하고 체득한 바가 매우 많았다.
류쩌는 평생동안 『설문해자說文解字』를 연구했으며 "육서六書"에 대한 이해
가 매우 깊었다. 장타이옌의 재전제자로서 류보핑이 저술한 『성운학표해聲
韻學表解』는 장타이옌의 칭찬을 받았다. 그러므로 "장황학파章黃學派"에서의
류보핑의 학술지위는 아주 높았다. 국학이 류보핑에 이르러 더욱 정심해지
면서 그는 새로 등장한 학자들에 대해서는 매우 불만스러워했다. 류보핑과
서로 소식을 주고 받던 류융지劉永濟는 명문세가 출신으로 그의 조부 류창유
劉長佑는 청조의 직예直隸, 윈난雲南과 구이저우貴州의 총독이었고 류융지
본인은 상하이에서 거주하며 광저우이光周頤, 주쭈머우朱祖謀에게 사숙하였
고 사학詞學에 대해서 깊은 조예를 지녔다. 류융지의 사상은 보수적인 편으로
그는 『속성호전잡감칠수續成滬戰雜感七首』에서 "최근의 학풍은 구설을 반대
하는데 힘쓰고 새로운 것을 자처한다"고 하였다. 류융지와 같은 세가
출신이던 천덩커陳登恪는 프랑스에 유학하면서 장편소설 『서양체류외사留
西外史』를 창작했다. 천덩커陳登恪의 아버지 천싼리는 "동광체同光體"시파의
저명한 시인이며 사학대사 천인커가 그의 형으로 가학의 연원이 깊었다.
주둥룬과 천덩커는 이웃하여 거주하였는데 이후의 회고에서 주둥룬은
천덩커의 이름을 직접적으로 언급하지 않고 다만 "가오린高鄰"이라고 높여
불렀다. 천덩커는 이웃집에 놀러 다니면서 잡담하는 것을 좋아했다. 천덩커
는 세가의 자제였기에 청말 역사에 대해서 아주 잘 알았으며 주둥룬의
숙소에서 한밤중까지 이야기를 나누었다. 주둥룬은 천덩커가 이야기할

때 분위기를 끊기가 미안하여 천덩커陳登恪가 돌아간 후에야 비로소 호롱불
을 붙이고 『중국문학비평사대강中國文學批評史大綱』을 써나갔다.

항전시기의 주둥룬(좌측 첫 번째)이 쓰촨 러산 우한대학四川樂山武漢大學에
서 동료들과 찍은 단체사진. 이 시기 주둥룬은 우한대학에서 압박을 받고
있었으나, 젊고 패기에 넘쳤던 그는 큰 학술적 성과를 이루어내, 학계에서
자신의 자리를 만들어 냈다.

류보핑은 주둥룬이란 외국어를 배운 사람이 중국문학 방면에 얼마나
깊은 학문이 있겠는가라고 자기 나름으로 생각하고 주둥룬이 강의하는

중국문학비평사 과정은 선택과목이 아니어도 되리라 여겼다. 주둥룬이 『중국문학비평사대강中國文學批評史大綱』을 류보핑에게 심사 받았을 때 류보핑은 "넓게 다루었으나 요체가 부족하고 노력은 했으나 공은 적다"라고 평가했다. 주둥룬은 문언문을 써서 작성한 이 심혈을 기울인 저작이 학과주임에게 이와 같이 무시되자 마음이 우울하고 의기소침해졌다. 그때로부터 반세기가 지나가고 류보핑이 1978년에 우한대학에서 별세했지만, 주둥룬은 자서전에서 이 일에 대해서 여전히 그 불공평함에 대해 매우 분개해했다.

주둥룬이 전기문학을 깊이 연구한 것은 우한대학에서 시작된 것이다. 원래 주둥룬에게 배치된 강의는 전기문학이었는데 학과 주임교수 류보핑이 주둥룬에게 강의개설을 허락하지 않았으며 자신의 동문이자 장타이옌의 제자 쉬저둥徐哲東1898-1968에게 전기문학 과정을 강의하도록 시켰다. 쉬저둥의 전공은 공양학公羊學과 한위韓愈·류쭝위안柳宗元의 문장韓柳文이었고 전기문학을 연구한 것은 아니었다. 우한대학에 간 이후에 쉬저둥은 전기문학수업을 한류문韓柳文으로 수정했다. 주둥룬은 이에 대해서 매우 불만을 지녀 당시 충칭重慶국립편역관에서 창간한 『성기평론星期評論』간행물에 쉬저둥을 풍자하는 글을 썼고, 쉬저둥이 주둥룬을 공격하게 하였다. 그러나 주둥룬이 중국학술계에 자리를 잡고 영향력을 갖게 된 것에는 우한대학의 학술분위기가 큰 관련이 있다. 또한 류보핑의 학술적 압력과도 크게 관련이 있다. 주둥룬은 이후에 "나의 일생에서 일자리로 오래 있었던 기간은 우한대학에서의 13년이었으니, 참으로 긴 시간이었다. 이 13년간 나에게 일종의 교육과 양성의 기간이었다. 우한대학의 동료들 가운데 나에게 도움을 가장 많이 준 세 사람이 있었는데 첫 번째는 원이둬이고 두 번째는 오래된 친구 천퉁보陳通伯이며 세 번째는 류쩌였다. 그들의 도움으로 나는 평범한 중학교 교사에서 다방면으로 발전하면서 대학의 중문과 교수가 될 수 있었는데 나는 특별히 류쩌에게 감사해야 할 것이다. 만약 그의 압박이 없었더라면 나는 『설문해자說文解字』를 단순하게만 읽고 깊이 이해하려 들지 않았을 것이다. 그러나 그의 전공을 이해해야 했으므로 나는 이 책에 대해서 알아야만 했다. 전기문학에 관해 나의 관심을 이끌어 낸 사람이 류쩌였고 나로 하여금 열심히 일하고 전기문학을 자신의 평생의 일로 심게 한 사람도 역시 그였다.[1]라고 회상하였는데 주룬동의 이러한 회고는 평정심을 가지고 진심으로 말한 것으로 볼 수 있을 것이다. 주둥룬은 류보핑에 대해 분한 마음보다 감사하는 마음이 더 컸다.

주둥룬은 만년에 자신의 학술자서전에서 류보핑에 대해 "주임선생의 이러한 '박博'이란 평가는 불감당이고 '노勞' 역시 확실히 그렇다. 요체가 부족하고 공도 적다는 것 역시 내개 깊이 반성은 하였지만 현대 문학비평사 대가들은 나보다 더 '박'이 많기 때문에 당연히 요점과 공도 있었을 것이다."[2] 라고 하였다. 이러한 자술에서는 주둥룬의 불만과 원한의 심정을 볼 수 있다. 언어에 비꼬임이 꽉 차있고 문장에서 풍자가 나타난다. 성숙한 학자로서 그는 학술의 늘그막에는 비교적 개화했고 영리한 마음과 사상도 갖추고 있었다. 만약 시종일관 개인의 원한에만 잠겨있고 스스로 반성하지 않았더라면 자신을 좁은 도량으로밖엔 이끌 수밖에 없었을 것이다.

주둥룬이 1942년 우한대학을 떠난 것은 류보핑의 배척 때문이었으며 따라서 주둥룬은 예성타오葉聖陶가 우한대학에서 배척된 것도 류보핑이 처리한 것으로 탓하는 회고를 하였다. 칭화국학원 졸업생 가오헝高亨(자 진성晉生)의 학문, 예컨대 한비자韓非子 고증의 류도 역시 솔직 담백하게 류보핑의 비판을 받았었다. 그러니 너무 화풀이 한 것을 면할 수 없다.

---

1) 『朱自潤自傳』, 東方出版中心, 1999年, 261-262쪽.
2) 『朱自潤自傳』, 東方出版中心, 1999年, 267쪽.

주둥룬은 우한대학을 마음에 두고 학과 주임 류보핑을 마음에 둔 것은 우한대학이 그의 학술연구의 시작단계에서 큰 역할을 했기 때문이며 그가 우한대학에서 십수년 동안을 근무하여 학교에 대한 애정이 있었기 때문이었다. 설령 류보핑교수가 주둥룬을 웃음거리로 만들어 그를 난처하게 했을지라도 주둥룬은 우한대학을 떠나고 싶지는 않았다.

실사구시적으로 보면 주둥룬이 우한대학 중문과 류보핑 일파와 시비관계가 있었던 것은 결코 개인간의 순전히 은원때문이 아니라 매우 깊은 사상문화적 배경에 의한 것이다. 직접적인 원인은 민국 초 베이징대학 때 후스파胡適派와 장타이옌학파章太炎學派사이의 신과 구, 중과 서, 문언과 백화의 극렬한 투쟁에 있다. 간접적이 원인은 1930년대 전통과 현대, 개방과 보수, 국수와 서학사이의 학술문화 대결에 있다. 우한대학이 주둥룬의 재능을 만들었고 그에게 개인재능을 발휘하는 무대를 제공했다. 주둥룬이 학술계에서 부상한 적지 않은 저작은 우한대학의 학술분위기 속에서 저술된 것이고 우한대학의『문철계간文哲季刊』에서 발표된 것이기도 하다. 주둥룬은 우한대학의 학술번영을 위해서 자신의 지혜와 사상을 바쳤다. 주둥룬의 이해에 따르면 1930년대의 우한대학은 "상군湘軍"과 "회군淮軍" 두 파로 나눠져 있었는데 두 파 사이에서 학교정치를 장악하기 위한 상호간의 알력과 배척이 있었다고 한다. 그러나 주둥룬 역시 세속적인 것에 구애받지 않거나 초연하지는 못했다. 그와 "상군"중 묵자墨子를 연구하는 탄제푸譚戒甫는 동창이었고 천위안, 가헝, 예성타오 등과의 관계는 아주 가까웠다.

핍박에 못 이겨 우한대학을 떠난 주둥룬은 충칭 중양대학에서의 교직생활도 그다지 즐겁지가 못했다. 그가 보기에는 전쟁시기의 쓰촨四川의 대학은 기본적으로 파벌싸움이 있었고, 인사투쟁이 매우 심했다. 주둥룬의 회고에서 중양대학 중문과 주임 왕피장汪辟疆은 옛 명사들이 지닌 나쁜 습관을 갖고 있었지만 왕피장과 같이 둥난대학교東南大學 출신인 후셴쑤교수는 비교적 깨어있었으나 "사람에게 비교적 모질어서 정서적으로 대립하니, 중문과도 발전하기 어려웠다."[3] 고 하였다. 『학형學衡』잡지의 발기인의 한 사람인 후셴쑤는 신문화운동과 대립하게 되어 후스, 루쉰, 저우쭤런周作人, 첸쉬안퉁으로 부터 강력한 비판을 받았다. 이로 인해 후셴쑤와 주둥룬의 관계는 우호적이지 않았고 주둥룬은 자신의 회고록에 후셴쑤에 대해서 각박한 말을 했다. 주둥룬은 루쉰이『고학형估學衡』에서 후셴쑤를 "둥난의 명망인사人望"라고 조롱한 것을 차용해 썼고 또한 갑골문자를 전문적으로 연구하는 딩산丁山교수가 중앙대학에 오기 전에 후셴쑤 교수가 "즉시 문학 연구실의 명의로 도서관의 귀갑문에 관한 모든 서적을 대출했으며 딩산丁山은 텅빈 도서관의 서가를 멍하니 눈 뜨고 바라보는 수밖에 없었다."[4]고 회고 하였다.

주둥룬은 역사학과 먀오펑린繆鳳林교수에 관해서는 관심이 없는 듯 했다. 먀오펑린은 둥난東南대학 역사지리학과를 졸업했고 역사학 대사 류이머우 柳翼謀의 제자였다. 중국통사, 역사학이론 등 영역에 대해서 많이 연구하였다. 먀오펑린은 중앙대학에 친구강사들이 많았으며 자연스럽게 인맥도 왕성했다. 이는 외래에서 온 교수, 예컨대 주둥룬과 비교해 먀오펑린은 학자관계에서 익숙한 사람이 훨씬 더 많았던 것 같다. 그러므로 주둥룬의 회상 속에 먀오펑린에 대한 좋은 인상이 없었다. "먀오펑린 교수는 독서를 즐기고 도서관의 책을 대출해서 방 3칸이 미어터지게 쌓아 놓고서 천천히 열독했는데, 이생에서 모두 읽지 못하면 또 다음 생에서 계속 읽어야겠다"[5]라고 하였다는 회고를 했다. 주둥룬의 경멸감이 생생히 나타난다.

---

3) 『朱自潤自傳』, 東方出版中心, 1999年, 276쪽.
4) 『朱自潤自傳』, 東方出版中心, 1999年, 275쪽.
5) 『世紀學人自述・朱東潤自述』제1권, 159쪽.

주둥룬과 중앙대학 교수 뤄건쩌羅根澤의 관계는 괜찮았다. 뤄건쩌는 칭화국학연구원을 졸업한 후에 정식으로 학술연구의 전당에 들어갔으며 그의 제자들은 주로 칭화淸華학풍을 계승했으며 엄격하고 튼실하여, 『고사변古史辨』에 수록된 논저도 적지 않았다. 그가 스스로 저술한『중국문학비평사中國文學批評史』는 학술계에서 영향이 있었다. 주둥룬은 문학비평에 대해 많은 연구가 있어 그가 저술한『중국문학비평사대강中國文學批評史大綱』과 뤄건쩌의 저작은 다르기는 했어도 같은 효과를 내었다. 그러므로 중앙대학 에서 주둥룬과 뤄건쩌의 사이는 매우 가까웠다. 신중국이 성립하고 상하이 푸단대학에 들어간 주둥룬은 처음에는 교수이자 학자였을 뿐이나 그는 중국 과학원 원장 궈모뤄와 학술 논쟁을 했던 것을 강렬하게 기억하고 있는 것 같다. 1950년대 초기 주둥룬은 고전문학연구전문가의 신분으로 『광명일보光明日報』에 연속으로 6편의 취위안屈原 연구에 대한 논문을 발표 했는데 저명한 역사학자 궈모뤄의 관심을 받았다. 궈모뤄 역시 연속으로 문장을 작성해서 주둥룬을 반박했으며 또한 주둥룬을 후스학파의 항목에 넣었다. 궈모뤄의 반박문장이 학술계에 반응을 일으키지는 못했기 때문에 1954년에 전개된 후스를 비판하는 사상운동에서 궈모뤄는 주둥룬의 논쟁 을 마음에 두었다. 궈모뤄는 1940년대 논저에서『이소離騷』가 취위안의 저작이라고 했는데 주둥룬은 이러한 주장은 틀렸다고 생각한다며 자신의 관점을 말했었다. 궈모뤄는 주둥룬이『광명일보光明日報』에 발표한 문장을 보고서 웃음과 욕설, 풍자가 같이 나타난 상권문商權文을 썼으며 저명한 고문자학자 양수다楊樹達, 문학연구전문가 허치팡何其芳 등도 궈모뤄과 함께 주둥룬을 반박했다. 주둥룬은 자신과 궈모뤄가 필전을 하면서 "통렬히 공격"을 받았다고 여기며 마음을 불편해했다. 훗날『문학연구文學硏究』잡지 의 편집장을 맡은 허치팡何其芳이 주둥룬에게 원고를 청탁했는데, 주둥룬은 어물쩍하는 태도로 대했다.

후셴쑤(좌)와 후스가 1925년 상하이에서 찍은 사진. 후스는 "두 명의 반대하
는 친구"라고 제목을 적었다. 이 시기 『학형』잡지는 열정적으로 활동했고,
신문학운동의 목소리도 높아서, 양대 진영의 지도인물이 이처럼 함께 사진
을 찍은 것은 민국의 학계에서 아름다운 이야기임에 부족함이 없다.

후장대학滬江大學으로부터 푸단復旦대학으로 배치된 주둥룬의 학술적 영향
은 당시의 교수인 류다제劉大傑보다 못했다. 류다제劉大傑의『중국문학발전사
中國文學發展史』는 체제가 순수하고 문필이 유창하며 관점이 선명해서 학술계
에 귀와 눈이 번쩍 뜨이는 느낌을 주었다. 푸단대학에 도착한 뒤에 류다제는
눈부시게 활동하였다. 주둥룬은 류다제의 중국문학사 과정을 협동하여 작품
을 골라하는 강좌를 개설했다. 주둥룬의 회상에 의하면 그와 류다제의 관계는
아주 좋았지만 교학사상에서는 일치하지 않았다고 한다. 주둥룬이 학과주임
이 되는데는 류다제가 적극 도왔던 것이 큰 영향을 미쳤다.

주둥룬과 같은 푸단대학에서 교직을 맡은 류다제劉大傑. 반우파 운동 당시 황푸강에서 자살한 류다제는 호상학파의 기질을 갖추고 있었다. 총명하고 민첩하며 기질이 호방하고 깊었다. 『중국문학발전사中國文學發展史』로 학계에 이름을 알렸으나 개작본은 문학역사가들의 책망을 받았다.

류다제의 『중국문학발전사』.

궈사오위郭紹虞는 푸단대학 중문과 주임이자 저명한 교수이다. 궈사오위의 중국문학비평사연구는 학계에서 명성을 얻었다. 그러나 푸단대학에서 주둥룬과 궈사오위의 관계는 매우 경색되어 있었다. 궈사오위의 학과주임직이 주둥룬으로 대체되자 궈사오위는 매우 불쾌해했다. 주둥룬의 회상에 의하면 궈사오위는 대형 강의를 할 때 강의실에 확성기를 설치하고 위엄있게 분위기를 만들었다. 주둥룬은 이에 대해서 그렇게 여기지 않았다. 주둥룬은 교수, 부교수, 강사, 조교의 수업을 돌아가면서 들었는데 궈사오위의 공개수업을 들으려 할 때 거절을 당했다. 오랜 시일이 지나고 주둥룬과 궈사오위 간에는 엇갈림과 오해가 생겨났으며 이로 인해 원한이 더욱 깊게 쌓이기에 이르렀다. 이는『주둥룬자전朱東潤自傳』에 명확하게 드러난다. 당시 푸단複旦대학 중문과에는 국내학술계의 저명한 학자들이 모여 있었다. 장톈수蔣天樞는 고전문학연구, 자오징선趙景深은 희곡사, 왕신푸王欣夫는 판본목록학, 장스루張世祿는 언어학, 위상위안余上沅은 희곡교수학, 정취안중鄭權中은 문자훈고학 등 주둥룬의 학술에 모두 영향을 미쳤던 것 같고 그는 이들과 각기 왕래를 하였다.

주둥룬의 역사인물전기연구와 인물전기 저작은 학계에 큰 영향력이 있었으나 당시 학풍의 영향을 받아서 주둥룬 스스로가 탐구한 결과였던 것 같다. 현대전기문학을 연구하고 창작하는 것은 량치차오, 후스 등 저명한 학자가 대대적으로 제창한 덕분에, 당시 학술계에서 새로운 학과가 될 수 있었다. 량치차오의『리훙장 전기李鴻章的傳記』, 신자쉬안辛稼軒과 다이둥위안戴東原에 관한 전기도 역시 영향력이 있었다. 후스의『장스자이연보章實齋年譜』,『딩원장 전기丁文江的傳記』등은 학자들 사이에서 매우 호소력이 있었다. 후스가 베이징대학에서 교편을 잡았을 때 "전기문학"과정을 개설했다. 후스의 베이징대학에서의 제자 덩광밍鄧廣銘의 회상에 의하면 그는『천룽촨전陳龍川傳』를 저술했는데 후스가 아주 좋아했으며 그에게 95점을 줬다. 덩광밍은 그 후에 송사연구로서 학계에 이름을 날렸으나 그의 대표적인 논저는 『왕안스전王安石傳』이었다.

주둥룬의 전기문학연구는 당시학술계에서 창도한 것과 떼어 놓을 수 없다. 주둥룬 본인은 매우 부지런하고 그가 저명한 외국저작을 대량으로 읽어서 역사인물에 대한 저술방식을 비교적 투명하게 이해했다. 동시에 주둥룬은 쓰마첸司馬遷의 『사기史記』의 열독과 연구에 대해 강화하였고, 그가 저술한 『사기고소史記考索』는 기초가 매우 탄탄해 보인다. 동서를 결합하고 상하를 이해한 주둥룬은 전기문학연구와 창작영역에서 크게 성취를 이루었고, 1940년대에 출판한 『장쥐정대전張居正大傳』은 주둥룬이 영향력을 크게 얻게 된 전기 저작물이다. 주둥룬은 학자의 성정을 갖춘 전문가였으며 그는 우한의 『주위안장전朱元璋傳』에 대해서 상당한 불만을 가졌다. 그가 인정한 것은 "장제스전蔣介石傳"이었는데, 자신이 저술한 『장쥐정대전張居正大傳』에 대해서는 그렇게 여기지 않았다. 사실 우한은 역사학자의 필법史家筆法으로 제왕의 역사를 연구한 것이고 주둥룬은 문학사가의 방법으로 제국재상의 일생을 그린 것이다. 두 저작이 제각기 특색을 가진 것이고 누구를 겨냥하는가의 문제는 존재하지 않는다.

27

전문가의 학문이 심원함에 기탁하다

● 쉬중수徐中舒 학기 ●

첸무는 만년에 제자들의 학문과 명성을 얻는 것의 관계를 "칭화연구원의 학생들은 당시 유명한 스승의 지도가 있었기에 성과가 좋았으나 30세의 나이에 모두 교수가 되고 생활이 편해지자 학문연구를 끝냈다. 어찌 대성과를 얻었다고 할 수 있겠는가!"[1]라고 하였다. 독학으로 명성을 얻은 첸무의

---

1) 嚴耕望, 『治史三書』, 遼寧教育出版社, 1998年, 251쪽.

언급 속에서, 칭화국학원의 연구생들은 존중을 받지 못했다. 첸무의 학술 관점에 의하면 유명한 스승의 지도를 받은 칭화연구원의 학생들은 너무 빨리 교수가 되어, 편안해진 이후 학문은 별로 확실치 못했다는 것이다. 이런 기준으로 모든 학자들을 평가한다면 부당하다.

　쉬중수徐中舒는 칭화국학원의 최초의 연구생이었으며 왕궈웨이의 학술을 전수 받았고 저명한 선진사先秦史 전문가이자 고문자학자였다. 첸무가 말하는 소위 "대성과"의 기준은 도대체 무엇인가? 이에 대한 설명이 없기 때문에 어리둥절하다. 첸무의 학술연구에서의 성과인 "대성과"의 기준은 응당 역사와 지식에 능통하다는 면을 말한다. 그러므로 첸무의 기준은 단지 자신의 관념일 뿐 학술계의 공통적인 기준을 대표한다고 말할 수는 없다. 쉬중수의 학술연구노선을 분석해보면 전문가들이 학술의 발전을 추진하는데 선도적인 의의를 가지고 있었다고 할 수 있다.

　중국현대역사학의 발전사에서 쉬중수는 선배들의 학문을 계승하고 후배들에게 계몽 역할을 한 학술인물이었다. 갑골문자를 가지고 상주商周고대사를 고증한 그의 학문방식은 완전히 왕궈웨이의 "이중증거법二重證據法"연구노선을 계승한 것이며, 중국고대문명사의 연구를 새로운 학술 수준으로 발전시켰다. 그의 갑골문자연구는 쑨이랑, 뤄전위, 왕궈웨이의 연구방법은 서로 연결이 되는데, 깊고 철저하며 정교하고 박통의 특징을 지니고 있다. 그의 문헌전적을 고증하는 연구는 출토 문물과 서로 검증을 하므로써 많은 선진고적에 대한 신뢰도를 확립했다. 그의 파촉 문화연구는 대대로 전해온 문헌, 출토된 문물, 현대 민족, 민속학의 삼중결합을 중시한 연구로서 지역문화연구를 새로운 학술 경지로 끌어올렸다. 그러므로 이런 의의에서 말하면 쉬중수의 역사학은 중국학술계에서 중요한 위치를 차지한다고 할 수 있다. 우리가 학술사의 발전 궤적을 정리할 때 쉬중수가 제공한 학술지혜와 정신자원은 소홀히 하지 말아야 한다. 쉬중수는 통인通人의

길을 걷지 않았고, 고대사 전문가의 신분으로서 사학자들에게 관심을
받았다. 쉬중수는 단순히 학술풍조를 따르지 않았으며 일부러 학술의
유행을 따라가지도 않았고 자신이 믿고 있는 연구방식, 방법으로 역사학을
위해서 튼튼하고 근거를 지닌 학술결론을 제공하였다. 쉬중수 역사학의
두드러진 특징은 바로 "흐름의 예측"이었으며 그는 시종일관 학술 흐름의
중심에 서 있었다. 갑골문이 흥행한지 30년도 되지 않아서 쉬중수는 갑골문
학문의 창시자인 왕궈웨이로부터 학문을 배웠다. 그러나 대규모적인 은허
발굴이 시작된 후에 쉬중수는 다시 그 안에 참여하여 은허발굴성과에
있어서 최초의 학술 수혜자가 되었다. 또한 중앙연구원의『역사어언연구소
집간曆史語言硏究所集刊』에 실은 그의 논문은 "지하地下", "지상地上"을 결합하여
연구한 모범적인 저작이 되었다. 이 모든 것은 학술성과의 대소 고저는
학자가 "흐름을 예측"할 수 있는지 여부와 지극히 중요한 인과관계가
있음을 확고히 설명해주는 것 같다.

쉬중수1898-1995는 안후이성安徽省 안칭安慶사람이다. 안후이安徽는 청말
동성파桐城派의 고향으로 동성고문학파의 영향은 전국적으로 퍼져 있었다.
16세에 안칭제일사범학교安慶第一師範學校에 편입한 쉬중수의 스승인 후위안
쥔胡遠濬은 동성고문학파의 대가인 우루룬吳汝倫의 제자였다. 후위안쥔은
만년에 난징南京 중앙대학교 철학과에서 교편을 잡은 적이 있었고, 저작으로
는『노자통의老子通義』와『장자전고莊子詮詁』이 있다. 스승 후위안쥔과의
관계로 인해 쉬중수는 국문과 과목을 제일 좋아하였고 "삼대三代 양한兩漢의
책이 아니면 보지 않는다"는 일념으로 동서파의 복고학문을 하였다. 쉬중수
가 만년에 "사범에서의 3년 동안 나는 대부분의 시간과 정신을 국문과에
집중했으며 다른 과목은 합격만 하면 된다고 생각했다. 학문을 하는데
편애가 있었으며 이것이 이후 나의 학문의 방향과 범위를 규정했다."고
회고하였다.2) 쉬중수는 안칭제일사범학교를 졸업하고 잇달아 우창고등사

범학교 수리학과와 난징하해공정학교河海工程學校에 합격했다. 전공이 맞지 않아서 쉬중수는 퇴학하고 집에 있으면서 초등학교 교사, 가정교사를 한 바가 있었으며 동시에 고문을 독학하였다.

1925년 칭화국학원연구원이 성립되고 쉬중수가 최초의 연구생이 되어 학술의 전당에 발을 디뎠다. 유명한 스승을 사모하고 그림자를 따르는 것이 쉬중수가 칭화국학원연구원에 들어오고자 한 동기였다. 쉬중수는 자퇴하고 집에 있는 동안 박학대가 쑨이랑의『명원名原』을 구매했다.『명원』은 조각이 조잡해서 쉬중수는 이기彝器에 새겨진 갑골문자로써 그 빠진 부분을 보충할 수 있기를 바랬다. 뤄전위의『쉐탕총서雪堂叢書』와 하둔S. Hardoon의『광창학군총서廣倉學宭叢書』에서 왕궈웨이의 일련의 저작을 읽었다. 칭화국학연구원에서 쉬중수는 왕궈웨이에게 학술을 전수 받았으며 탁월한 성과를 낸 소수 제자 중의 한사람이 되었다. 쉬중수의 회상에 의하면 "칭화국학연구원에서 공부하는 일년 동안에 나는 대부분의 시간을 왕궈웨이 선생님을 따라서 고문자를 배웠으며 갑골문, 금문을 베껴 쓰면서 왕궈웨이 선생님이 제출한 이중증거법을 사용해서 고문자자료와 고대의 문헌서적을 서로 증명하고 보충하며 중국고대사의 탐색에서도 활용했다."고 하였다.3) 왕궈웨이가 지도한 졸업 논문『고서에서 본 은주민족從古書上所見的殷周民族』은 쉬중수가 중국고대사회를 연구하게 된 시작이었다.

칭화국학연구원을 졸업한 후 쉬중수는 푸단대학復旦大學, 지난대학暨南大學, 베이징대학北京大學, 쓰촨대학四川大學 등에서 교편을 잡았다. 지난대학 때의 유명한 제자로는 탄치샹이 있으며 그의 전공은 역사지리학이므로 쉬중수의 연구영역과는 관련이 깊지 않다. 오히려 쉬중수가 사료로써

---

2) 徐中舒,「我的治學之道」,『文史知識』, 1987年, 第 6期.
3) 상동.

말하려는 학풍을 탄치샹이 계승하고 발전시켰다고 볼 수 있다. 베이징대학교 시절 쉬중수는 "상주사료고증商周史料考訂"이라는 과목을 개설하여 많은 젊은 학자들의 중국고대사에 대한 관심을 이끌어 냈다.

쉬중수 문하의 유명한 제자로는 예컨대 후허우쉬안, 장정랑張政烺, 왕위저王玉哲 등이 있는데, 갑골문자와 은상사 영역에서 모두 탁월한 연구성과를 내었다. 후허우쉬안은 후에 갑골학의 "4탕四堂"을 계승하면서 중요한 갑골문자의 전문가가 되었으며 학술계에서 "국보"라고 칭해졌다. 그의『갑골학상사논총甲骨學商史論叢』의 연구는 깊고 철저하며 창의력이 끊임없이 나타났고 학술가치가 높았다. 쉬중수는 후허우쉬안의 저작에 대해서 학술적으로 높이 평가하였다. 신중국 건립 후 후허우쉬안은 푸단대학에서 중국과학원 역사연구소로 옮겨갔고, 저명한 갑골학 전문가인 궈모뤄와 동료가 되었다. 궈모뤄가 편집한『갑골문합집甲骨文合集』은 후허우쉬안이 편집장을 맡아 학술작업에서 크게 공헌하였다.

장정랑張政烺은 베이징대학 역사학과에서 공부할 때 갑골문자, 석고문石鼓文, 선진사에 흥미가 많았다. 그가 저술한『엽갈고석초고獵碣考釋初稿』는 쉬중수를 포함한 스승들과 선배들의 호평을 받았다. 난징중앙연구원 역사어언연구소에 들어간 후에 장정랑은 일련의 전문적인 논문을 발표했는데, 그 내용은 갑골문, 금문, 도문, 비각 등에 걸쳐 있다. 그중에서『육서고의六書古義』는 새로운 중국고문자학를 건립하는데 촉진적인 역할을 하였다. 신중국이 건립된 후 장정랑은 베이징대학 역사학과에서 교수를 하면서, 그는 쓰촨四川대학 역사학과에 재직 중인 은사 쉬중수와 왕래를 하였다.

왕위저王玉哲는 베이징대학 역사학과에서 공부하기 전에는 량치차오 논저의 영향을 많이 받았고, 대학교에서 역사학을 배우면서는 구제강의『고사변古史辨』의 영향을 받았다. 그는 베이징대학에서 공부하는 동안 첸무의 "중국상고사中國上古史", 펑유란馮友蘭의 "중국철학사中國哲學史", 류원뎬劉文

典의 "장자연구莊子硏究", 뤄창페이羅常培, 웨이젠궁魏建功의 성운학聲韻學, 원이
뒤聞一多의 『시경詩經』, 『초사楚辭』연구, 탕란의 고문자학에 큰 흥미를 보였
고 쉬중수의 "상주사료고정商周史料考訂"에도 역시 깊이 빠졌다. 왕위저王玉哲
는 후에 탕란의 연구생이 되었지만 고문자학 영역에서 큰 성과를 얻지
못하고 고대사 연구의 노선으로 나아갔다. 이는 쉬중수가 제창하고 실천한
역사학 방법과 일치하는 것이다.

1930년 『중앙연구원 역사어언연구소 집간中央硏究院歷史語言硏究所集刊』 제2
권 제1책에 쉬중수의 논문 「뢰사고耒耜考」가 개제되었다. 이 논문은 중국고
전 농업문명의 연구과정에 영향을 끼쳤다. 쉬중수의 논문은 그의 스승
천인커와 같은 시기 같은 간행물에 등장했는데 이는 쉬중수의 학술이 "주류
에 들어갔다"는 것을 설명한다.

먀오웨繆鉞는 비록 나이는 쉬중수보다 어리지만 학문의 기초가 탄탄하여,
역사학과 문학사 영역에서 뛰어난 연구를 하였다.

是日也天朗氣清惠風和暢仰
觀宇宙之大俯察品類之盛
所以遊目騁懷足以極視聽之
娛信可樂也
郭喉蘭亭序
嘉謀先生雅正
伴鋮時年八十二年

먀오웨 친필

평한지馮漢驥. 평한지는 리지와 같은 고향, 같은 학업, 같은 유학배경이 있는 고고학자이자 민족학자다. 중화인민공화국 건국 이후에 쉬중수와 깊은 학술우정을 나누었다. 평한지가 별세한 후, 쉬중수는 일찍이 그의 논문집을 위해서 심혈을 기울였으며, 그 서문을 작성했다.

쉬중수가 편집하고 주를 단『좌전선左傳選』은 그의『좌전左傳』연구의 최고 학술수준을 대표한다.

왕궈웨이의 "고대사이중증법古史二重證法"의 학술노선에 따라 쉬중수는 칭화국학연구원을 졸업한 후에 계속해서 갑골문자 및 상주사를 탐구하고 연구하는 일에 종사했다. 중앙연구원 역사어언연구소에 들어 간 후에 쉬중수는 마치 물고기가 물을 만난 것처럼 학술작업의 새로운 경지에 들어갔다. 그는 연속으로『뇌사고耒耜考』,『은인복상과 상의 남천殷人服象及象之南遷』,『은주문화의 나측殷周文化之蠡測』,『은주의 기사의 검토殷周之際史跡之檢討』 등 일련의 분량 있는 학술논문을 저술했으며 중국고대사회연구에 대해 자신의 이론체계를 형성하였다. 쉬중수보다 다섯 살이 많은 저명한 역사학자 구제강은 그의 유명한 저서『고사변古史辨』에서 쉬중수는 학술수준이 매우 높은 전문가라고 칭찬했다. 쉬중수가 중앙연구원 역사어언연구소에 들어갔을 때 안양 은허 고고 발굴은 최고조에 달했다. 쉬중수는 때를 잘 만났으며 대량의 고고발취위안료와 접촉하여, 자신의 풍부한 문헌자료와 지하자료를 서로 증명한 것에 이용해서『사오툰과 양사오를 재론함再論小屯與仰韶』을 저술하고 "고사이중증법古史二重證法"의 기초에서 학술연구의 새로운 길을 개척했다.

건국 이후 특히 1950년대 말기에 쉬중수는 중국고대사 시대구분 학술토론에 열정적으로 참가했다. 쉬중수는 "서주봉건설西周封建說"의 저명한 학자로 그는 절대로 판원란의 주장에 따르지 않았고 궈모뤄를 반대하지도 않았다. 단지 갑골문 전문가와 고대사 전문가의 이중신분으로 자신의 학술주장을 말한 것 뿐이었다. 서주봉건론은 쉬중수와 같은 고대사 전문가의 지지와 참여가 있었기 때문에 학술 주장의 견고함이 깊이 내재할 수 있었다. 1957년 쉬중수는『역사연구曆史研究』에「서주는 봉건사회임을 논함－겸하여 은대 사회 성격을 논함論西周是封建社會——兼論殷代社會性質」으로 발표한 논문에서 민족학, 고고학, 고문자학, 고문헌학의 각도에서 은주시기의 사회성격을 연구했다. 이 논문에서 쉬중수는 선진사학자 양콴楊寬이 자신의

"삼전제三田制", "뇌사형제耒耜形制"를 비평한 것에 대해 반대의 비평을 했다.

신중국이 성립하고 쉬중수는 쓰촨에 거주하면서 쓰촨대학에서 교편을 잡았는데 쓰촨은 서남학술의 중요 도시였다. 자연스럽게 쉬중수는 자신의 학술을 파촉지역문화 연구에 집중했다. 그가『쓰촨대학교학보四川大學學報』에 발표한『파촉문화초론巴蜀文化初論』에는 여러가지 많은 독창적인 견해가 있었지만 쉬중수의 쓰촨대학 역사학과 동료이자 저명한 학자 먀오웨繆鉞의 비평을 받았다.

먀오웨(자字 옌웨이彦威, 장쑤 리양溧陽인)는 허베이河北 바오딩保定에서 태어났다. 먀오웨의 부친은 교사이며 장서가 아주 많았고 이것은 그가 교육에 입문하는 데 큰 역할을 했다. 먀오웨의 학문작업은 목록학부터 시작한 것이다.『서목답문書目答問』,『사고전서총목제요四庫全書總目提要』를 수시로 뒤져서 조사하고, 그의 아버지가 훈고, 교감을 학문의 기초라고 알려준 것 등으로 먀오웨는 문학과 역사사연구의 길로 흥미를 갖게 되었다. 베이징대학을 수료한 후에 중학교에서 교편을 잡던 먀오웨는 허난대학河南大學, 저장대학浙江大學, 화시대학華西大學에서 교수를 했으며 문학과 역사학을 열심히 연구하여 성과를 냈다. 저장浙江대학 역사학과에 있을 때 먀오웨와 탄치샹, 허창췬賀昌群, 장인린張蔭麟, 천웨쑤陳樂素, 천쉰츠陳訓慈, 장치윈張其昀 등은 문학과 역사 전문가와 왕래를 하였다. 문학과 역사에 출입하면서 훗날 그는 중국문학사, 중국역사 두 영역의 연구에서 독특하면서도 깊이를 갖췄다. 먀오웨는 그 후 "나는 교학과 연구과정에서 항상 문사결합의 방법을 사용하였는데 하나를 보면 열을 알았고 서로 증명하고 연관이 넓으며 탐색이 깊었다. 나의 전문저작과 논문은 대부분 이러한 배경으로 쓰여진 것이다."라고 말했다.[4] 먀오웨는 문자, 음운, 훈고방면에 조예가

---

4) 繆鉞,「治學瑣言」,『文史知識』, 1982年, 第9期.

있었으며 중국고전문학도 깊이 연구하였다.

먀오웨의 매부 양롄성은 국제적으로 저명한 한학자로서, 그는 중국 제도사, 언어학, 중국고대사 등 영역의 연구에서 탁월한 성과를 얻었다. 저우이량과 양롄성은 하버드 동창이었는데 저우이량은 양롄성에 대해서 회상할 때 먀오웨를 언급했다. 저우이량은 "먀오웨와 양롄성 이 두 사람은 중국문학과 역사학계에서 모두 이름을 알렸으며 함께 중국과 외국에도 명성을 떨쳤다"고[5] 말했다.

역사학 영역에서 먀오웨는 분명한 전문가였으며 본인 역시 전국 위진남 조사 연구에서 권위 있는 한명의 학자였다. 쉬중수의 『파촉문화초론巴蜀文化初論』은 주로 먀오웨의 연구 영역과 연관되는데, 먀오웨가 저술한 『「파촉문화초론」 상권「巴蜀文化初論」商榷』에 수록된 논문에서 쉬중수를 비평하였다. 그 후에 먀오웨繆鉞는 자신의 『「파촉문화초론巴蜀文化初論」 상권商榷』을 학술 논문집 『독사존고讀史存稿』에 수록했다. 이로서 먀오웨繆鉞는 자신과 쉬중수의 학술논쟁을 매우 중요하게 여겼음을 알 수 있다.

쉬중수의 선진고서에 관한 연구는 정교했고 매우 짜임새 있고 섬세하다. 그가 저술한 『전국책의 편사 및 쑤친 관련 몇 가지 문제戰國策的編寫及有關蘇秦諸問題』에서 장이張儀가 쑤친蘇秦보다 앞선다는 고증의 결론은 10년 후 지하 고고발굴에 의해서 증명되었다. 쉬중수의 『좌전左傳』에 관한 연구는 학계에서 일치하여 수용한 학술주장이다.

쉬중수와 동년배인 저명한 고고학자 펑한지馮漢驥는 비록 쉬중수의 학술의 길과 일치하지 않았지만 두 사람은 40년 동안 사귀였으며 학문을 논하는 점도 일치하여 관계가 매우 밀접했다. 펑한지馮漢驥의 자는 보량伯良이고 후베이 이창宜昌인이다. 그는 24세에 우창문화대학武昌文華大學을 졸업한

---

5)   周一良, 『郊叟曝言』, 34쪽.

후에 샤먼대학夏門大學 도서관 주임을 맡았으며 루쉰과 함께 일했다. 루쉰과 왕래하면서 펑한지는 자신의 학술적 관심을 문물 고고 방면으로 바꾸었다. 1933년 펑한지는 하버드대학 대학원 인류학과로 가서 더욱 깊은 연구를 했으며 후에 필라델피아 펜실베이니아 대학 인류학과로 전학해서 할로웰 교수에게서 학문을 배웠다. 1936년 인류학 철학박사 학위를 취득했으며 다음해 펑한지는 귀국해서 쓰촨대학 역사학과에서 교수를 맡으면서, 쉬중수와 알게 되었고 두 사람은 친한 친구가 되었다. "이때부터 두 사람은 역사학자로서 서로 40년을 알았으며 함께 걱정하고 함께 비바람을 맞으며 깊은 우정을 나누었다."[6] 서구 인류학 이론을 이용해서 중국고대의 친속제도를 연구했으며 나아가 새로운 성과를 거두었다. 이것이 펑한지 역사학 연구의 가장 큰 특징이기도 하다. 그가 저술한『중국친속제도中國親屬制』라는 글은 "서술식친속제도敍述式親屬制"와 "분류식친속제도類分式親屬制"의 원칙을 이용해서『공양전公羊傳』,『좌전左傳』,『이아爾雅』,『예의儀禮』,『백호통의白虎通義』등 중국 고대의 혼인형태의 역사에 대해서 탐색했으며 학술계에 큰 영향을 미쳤다. 신중국 건국 초기 충칭重慶에서 서남박물관을 설립하자 쉬중수가 원장을 맡았고 펑한지가 부원장을 맡았다. 두 사람은 힘을 합쳐 쓰촨 고고학 사업에 크게 기여 하였다. 서남박물관이 문을 닫자 쉬중수는 쓰촨대학 역사학과에서 교편을 잡았으며 펑한지는 쓰촨박물관 관장을 맡았으며 동시에 쓰촨대학 역사학과에서 교편을 잡기도 했다. 1977년 펑한지가 병사하고 그의 제자 퉁언정童恩正이 스승을 위해 고고논문집을 편집하였는데, 쉬중수가 머리말을 작성하여 절친했던 오랜 친구 펑한지馮漢驥와의 학술우정을 회고했다.

천인커는 칭화대학 국학연구원의 지도교수로 명분상으로만 쉬중수와

6)　童恩正, 「馮漢驥」, 『中國歷史學年鑒』, 1984, 人民出版社, 394쪽.

사제관계였다. 왜냐하면 쉬중수는 갑골문자를 전공하고 은상주 역사를 연구하여 천인커의 학술영역과 달랐기 때문이다. 쉬중수가 중앙연구원 역사어언연구소에 간 후에 스승 천인커와 동료가 되면서 두 사람의 관계는 밀접해졌다.

원유聞宥1901-1985는 상하이인이며 저명한 언어학자이다. 그는 고문자학, 한어역사, 서남민족어문, 한·장계언어비교 등 영역에서 독특한 성과를 냈다. 원유는 쉬중수와 쓰촨대학 동료였고 원유보다 두 살 많았던 쉬중수와 고문자학, 서남민족언어 등 영역에서 일치하는 바가 있었다. 원유는 만년에 청두成都 쓰촨대학의 제자 장용옌張永言과의 여러 서신에서 그의 학술 친구인 쉬중수에 대해 언급한 바가 있으며 그 안에는 쉬중수의 나이, 학술방향 및 오랫동안 연락이 없었던 것을 근심한 내용 등이 들어있다. 쉬중수는 1975년에 『쓰촨대학학보四川大學學報』에 『갑골문에 보이는 유가甲骨文中所見的儒家』를 발표해서 이를 중앙민족학원에 있는 원유에게 보냈었다. 원유는 제자에게 보낸 서신에서 쉬중수의 논문이 "매우 창의로운 견해를 지녔다"라고 칭찬했다.7) 쉬중수의 오랜 친구 펑한지가 별세했을 때 쉬중수는 서신으로 소식을 베이징에 있는 원유에게 알렸다.

쉬중수는 1978년 제 2기 『고고학보考古學報』에 발표한 『서주장반명문전석西周牆盤銘文箋釋』을 원유에게 보냈다. 원유는 쉬중수의 전석이 탕란보다 좋다고 말했다. 만년의 쉬중수와 원유는 긴밀하게 학술 왕래를 하였다. 쉬중수와 원유는 서로 주시하고 관심을 가졌는데 이는 선배 학술자들이 신구의 전환시기에 처해 중국역사학에 대해 중시하고 관심을 가지는 것을 보여주는 것이었다.

쉬중수의 "문혁"시기 운명은 처참했으며 그는 일찍이 쓰촨대학에서

---

7) 『聞宥遺劄』(上), 『學術集林』 卷 五, 上海遠東出版社, 1995年, 58쪽.

쫓겨나 생활이 매우 어려웠다. 역사학자 자오리성趙麗生이 쉬중수를 방문했을 때 쉬중수의 가정상황에 대해서 "탁자, 의자, 상자 등의 가구들이 어지러이 쌓여 바닥부터 천정까지 두 노인이 각기 잘 수 있는 작은 침상과 두 사람이 함께 사용하는 작은 탁자가 있었을 뿐이고 끓여놓은 맹물이 담긴 병을 기울여 손님을 접대했다."[8]고 하였다. 여기서 전국적으로 이름을 날린 대학자이자 저명한 역사학자 쉬중수의 "문혁"시기의 생활이 얼마나 빈곤하고 처참했는가를 알 수 있다. 그러나 제일 참을 수 없는 것은 쉬중수가 멍원퉁蒙文通의 비판 투쟁 회의에 들어가 종이로 만든 높은 비판의 모자를 쓰고 단상에서 정신적으로 육체적으로 고통을 받았다는 것이다. 자오리성의 회상에 의하면 90세 고령의 쉬중수는 치매에 걸려서 어린애들이 보는 책조차 볼 수가 없었던 상태였다고 한다.

왕궈웨이는 "신사학新史學"의 창시자였고 그의 제자였던 쉬중수의 중국사 영역에서의 지위는 확실했다. 학술적 명성을 얻은 쉬중수는 민국시기 성과가 많았으며 공화국 시기에도 많은 성과를 내었다. 1980년 중국사학회가 베이징에서 재건되자 82세의 쉬중수는 많은 표를 얻어 중국역사학회 이사에 당첨되었다. 97세의 인생여정에서 쉬중수의 『선진역사논고先秦史論稿』, 『파촉문화를 논함論巴蜀文化』, 『갑골문자사전甲骨文字典』등 저작은 중국역사학의 과학적 체계를 세우는데 불후의 명작이 되었다.

---

8) 趙麗生, 『蘿槿堂自敍』, 上海古籍出版社, 1999年, 156쪽.

28

두 개의 통사通史 하나의 이론理論
● 저우구청周谷城 학기 ●

98세 고령에 사학계를 떠난 저우구청周谷城1898-1996은 현대중국사학의 중요한 실천자 중의 한 사람이라고 할 수 있다. 저우구청의 모든 사학저작으로 볼 때 그는 어느 한 분야에 국한된 전문가가 아니라 여러 분야에 두루 통달한 전문가通家로서 백년 사학 발전사에 이름을 남겼다. 저우구청의 『중국통사中國通史』, 『세계통사世界通史』의 특수한 저작형태와 학자의 풍격은 학술계에 영향을 주었고 기본적으로 저우구청이 중국 역사학계에서의

부동의 지위를 형성하게 하였다.

호상학파湖湘學派가 학술계에 미친 영향은 쩡궈판시기로까지 거슬러 올라갈 수 있다. 근현대 후난湖南의 지사들은 모두 많든 적든 간에 상군의 지도자이자 중흥의 명신인 쩡궈판과 매우 긴밀한 관련을 맺고 있었다. 과거시험에 합격하거나 상군의 의용군이 되어 가족이 부자가 되는 것은 후난지역에서는 매우 보편적인 것이었다. 신식 학교가 출현하기 이전 후난의 종족 혹은 가족 교육체제는 매우 보편적인 것이었고, 매우 발달한 것이었다. 또 쩡궈판이 대대적으로 제창하였기 때문에 가족교육은 후난 전 지역에서 매우 성행하였다. 함풍과 동치, 광서와 선통제에서 민국초기까지 종족교육의 전통은 여전히 후난 대부분의 지역에서 세력과 영향력을 지녔다. 저우구청의 증조부는 목공이었으며 조부는 빈농이었는데, 아버지는 일찍이 한림이 된 종조부 저우구이룽周桂榕에게 그를 양아들로 보내서, 생활은 잘할 수 있었다. 저우구청의 외조부는 수재秀才 출신이었다.

저우씨족 중에 저우서우산周壽山는 상군湘軍의 고급 장교였기 때문에 저우씨 집안은 그 지역에서 세력이 있었다. 저우구청은 어렸을 때 저우씨 종족이 설립한 몽관蒙館, 경관經館에서 공부를 했다. 경관은 후에 저우씨 집안에서 세운 양등소학兩等小學이 되었고 저우구청은 이 소학을 졸업했다. 부친은 그에게 무예를 배울 것을 권했으나 저우구청은 단호하게 거절하고 창사長沙에 가서 영어를 배우고 중학교에 진학하여 영문반에서 공부했다. 교장은 푸딩이符定一였고 담임 선생님은 양창지楊昌濟였다. 양창지는 후에 후난제일사범학교에 가서 강사가 되었고, 마오쩌둥의 국어교사로서 마오쩌둥의 학문과 수양, 인격에 큰 영향을 끼쳤다. 양창지는 1917년 베이징대학교에서 교편을 잡았으며 마오쩌둥은 일찍이 베이징대학 도서관에서 자료원을 했으며 후에 양창지의 사위가 되었다. 저우구청과 마오쩌둥은 나이가 비슷했고 같은 스승에게 공부를 했으며 오래 전부터 서로 교제를 하여

정이 깊었다. 저우구청은 중학교를 졸업한 후에 베이징고등사범학교에 입학했다. 중학교에서부터 국문과 영어에 능통했던 저우구청은 베이징고 등사범대학에서 영어책을 능숙하게 읽을 수 있었다. 아마도 양창지가 성리학을 가르쳐준 영향을 받아서인지 대학시절 저우구청은 철학을 매우 좋아했다. 당시 베이핑北平은 명실상부하게 전국 학술문화연구의 중심이었 다. 천두슈가 『신청년新靑年』잡지를 창간한 것은 청년을 특히 대학의 청년학 자들에게 거대한 영향을 끼쳤다.

1981년저우구청. 만년의 저우구청은 계속 상하이 푸단대학에서 교편을 잡고서 박사연구생을 지도했다. 민주당파 구삼학사九三學社 책임자로서 저우구청은 일찍이 전국인민대표대회의 부위원장을 맡았으며, 그의 정치적 지위와 학술적 명성은 매우 높았다.

"5·4"운동 60주년 때 직접 이 유명한 운동에 참가했었던 저우구청은 「"5·4"시기의 자유변론 "五四時期的自由辯論」이라는 기념글을 썼다. 글에서 저우구청은 60년 전의 문학, 역사, 철학 및 정치 방면의 논쟁과 토론에 대해서 썼다. 문학영역에서는 문언과 백화문의 논쟁, 평민문학과 고전문학의 논쟁, 『신청년』과 『학형』의 논쟁을 역사영역에서는 구제강을 대표로 한 "고사변"학파를, 철학영역에서는 신파학자의 지도자인 후스와 량치차오, 우즈후이吳稚暉가 후스가 지은 『중국철학사대강中國哲學史大綱』에 대하여 전개한 학술논쟁, 딩원장丁文江, 장쥔마이張君勱 사이의 인생관 논쟁을, 정치영역에서는 개량과 혁명, 무정부주의와 마르크스주의의 논쟁 등등이 있다. 이러한 저명한 학자들 간의 자유변론이 저우구청의 학술에 대해 끼친 영향력은 거대했다고 하지 않을 수가 없다. 저우구청의 영어실력은 매우 좋아 서구의 새로운 이론과 학설을 받아들이는 것에 민첩해서 『신청년新靑年』을 위시한 당시의 급진적 간행물들이 선양하던 과학과 민주사상에 대하여 매우 잘 깨닫게 되었다. 현대중국 역사발전에 영향을 미친 "5·4"운동이 일어나자 베이징고등사범대학의 대학생이던 저우구청은 의연히 "5·4"운동에 참여했으며 유명한 학생 지도자가 되었다. 학생시절의 저우구청은 정치에 대해 열정이 많았는데, 이후 그의 학술연구에서의 궤적과 특징을 여기에서 찾아볼 수 있다. 간단하게 저우구청의 대학 졸업 후의 사회경력을 서술해 보면 사학자로서의 저우구청을 알아보는 것이 더욱 의의가 있을 것이다.

1952년 사상개조 시기에 푸단대학에서 교편을 잡았던 저우구청은 자신의 경력에 대해 "1921년 베이징고등사범대학을 졸업하고 창사제일사범대학에서 가르치면서 교육주임을 겸직했다. 1926년에 광둥廣東에 도착하고 이후 헝양衡陽, 창사 성농민협회長沙省農民協會와 성 농민운동 강습소에서 작업했으며 또 한커우전국농민협회 주비위원회에서 비서 겸 청년부 간사

를 했다. 1927년 상하이노동대학에 갔다가 쫓겨났다. 상하이 『교육잡지教育
雜志』에서 글을 쓰며 지난대학暨南大學 부속중학교에서 교편을 잡았다. 또
광주 중산대학 사회학과로 가서 주임을 했으며 『진리보真理報』를 창간해서
소련의 민족정책을 소개하고 헤겔의 책을 번역했으며 후스를 '매판교수買辦
教授'라고 칭했다. 적색교수의 혐의로 내지입법원에 들어 갔다가 후에 푸단
대학에서 임직한 이래로 지금까지 십년을 넘겼다."[1]고 하였다. 더 이상
간단히 설명할래야 설명할 수 없는 것은 저우구청이 23세에 대학을 졸업한
후에 학술연구기관에 가서 전문연구를 한 것이 아니고 대학에서 교편을
잡았으며 오랜 동안 사회학과에서 교편을 잡으면서 강한 정치 색채를
지닌 농민운동 작업에 참여했다는 것이다.

1983년 인쇄된 『중국통사中國通史』. 민국 시기의 개명판본開明版本과 비교해
보면 이 판본의 『중국통사中國通史』는 여전히 저우구청의 사학이론 「역사완
형론歷史完形論」을 삭제하고 있다.

---

1) 葛劍雄, 『悠悠長水—譚其驤前傳』, 華東師範大學出版社, 1997年, 192-193쪽.

1930년대 초기 저우구청은 자신의 통사편저작업을 시작했다. 『중국통사』
를 편저하는 과정을 회상하면서 저우구청은 "1932년 가을 나는 지난대학에
서 교편을 잡으면서 교수 겸 역사사회학과 주임을 맡았다. 당시의 문,
이, 법 각 학원에서 모두 중국통사를 가르쳐야 했는데, 수업은 많고 강사가
적어 내가 정식으로 중국통사를 가르치도록 배치되었다. 2개 반 총 6시간이
었다. 이때 수업을 듣는 사람이 많아 강의시간이 3시간 중복되었고 더구나
나는 이미 『중국사회의 구조中國社會之結構』, 『중국사회의 변화中國社會之變化』
와 『중국사회의 현실中國社會之現實』를 쓰면서 여전히 12시간의 강의를 해야
했지만 그럼에도 부담은 없었다. 그러므로 『중국통사中國通史』를 편저해야
한다는 마음이 생겼고 쓰기 시작하였다."고2) 했다. 『중국통사中國通史』
상·하책은 약 75만자이며 초판은 상하이 개명서점開明書店에서 1939년에
출판되었다. 저우구청의 『중국통사中國通史』는 당시 통사 편수열풍 속에서
출현한 것이다. 왜냐하면 역사를 전체적인 관념으로 꿰뚫고 주지가 선명하
고 간략하고 명쾌하며 글의 품격이 새로웠기 때문에 출판 이후 문화독서계
에서 좋은 평가를 받았다. 건국이후 『중국통사』는 차례로 신지식출판사,
상하이인민출판사에서 출판되었다. 1983년에 상하이인민출판사上海人民出
版社에서 『중국통사中國通史』를 재판할 때 80세가 넘은 저우구청은 『제 2차수
정 재판 서언二次修訂重版序言』에서 "이 책은 첫 출판에서 1957년까지 총
14쇄를 찍었는데 수정본은 출판한 적이 없었다. 1957년에 상하이인민출판
사로 인계할 때 첫 번째 수정 이후에 두 번을 인쇄했다. 현재 백가쟁명의
호소에 부응하기 위해서 다시한번 수정 출판한다."고 하였다. 저우구청
본인 저작의 출판역사에 대한 서술에서 알 수 있듯이, 『중국통사』는 초판부
터 1980년대의 수정 출판까지 매우 광범위하게 전파되었고 학술계에 미친

---

2) 『周谷城史學論文選集』, 人民出版社, 1983年, 110쪽.

영향도 아주 컸다. 그러나 현대 중국사학발전사상 명작 중의 하나임에도 여러 이유로『중국통사』는 심하게 불공정한 대우를 받았다. 1980년에 82세의 저우구청은『제 2차 수정 재판 서언』에서 "현재 백가쟁명의 호소에 응답하기 위해서 다시 수정하여 출판한다."고 했는데, 여기에는 선배 역사학자들의 마음 속의 감회와 회한이 내포되어 있다.

저우구청은『중국통사』에서 자신의 사학이론체계를 제기했는데, 이것이 소위 "역사완형론歷史完形論"이다. 저우구청은 역사라는 명사는 항상 역사의 객관적 존재와 역사 문자의 표현을 대표하고 있고 역사 자신은 여전히 객관적으로 독립적으로 존재한다는 것이다. 차이위안페이蔡元培가『명청사료서언明清史料序言』에서 제창한 "역사학은 원래 사료학"이라는 것은 부정확한 것이고, 사료는 그저 역사를 찾는 이정표로서 보아야 하고 역사를 대표하는 것 또는 일부 흔적으로 보아야 하는 것일 따름이지, 역사 그 자체는 아니다. 사관 역시 역사 그 자체가 아니고 사관이라는 것도 역사에 대한 의견으로 보아야 할 따름이다. 인류사회의 과거활동이 역사이고 독립적으로 존재하는 것이다. 저우구청은 거울로 삼는다는 관념은 역사자체를 파괴하는 분명한 장애이며 이러한 관념을 깨지 않으면 역사의 객관적인 독립적 존재는 끝내 지켜낼 수 없다고 하였다. 역사학자는 역사를 분석하고 연구하는데 있어서 반드시 역사의 완결성을 중시하고 역사의 부분과 전체의 관계를 파악해야 한다. 저우구청은 이렇게 중국역사 발전사에서 사서편찬체계의 역사에 대한 분할과 해체를 자체 비평함으로써, 통사에 대한 새로운 개념을 제출했다. 저우구청은 인류과거활동 자체를 대상으로 삼은 것이 통사이고, 통사는 주제사의 합이 아니라고 생각했다. 이것은 주제사가 통사의 서술에 들어갈 수 없다고 말하려는 것이 결코 아니다. 오히려 통사의 완벽함, 과학성은 완전히 주제사의 정진에 의거해서 이루어진다. 저우구청은 "역사완형론"에서 역사의 전체성과 총체적 발전추세를 강조하며 거시적 각도에서 역사의 공통성과 개성을 이해하여 자신의 이론체계를 형성하였다. 이 역사이론은 1930년대에 비교적 큰 영향을 끼쳤다. 왜냐하면 "역사완형론"은 당시 역사학계에서 유행한 사료파, 사관파, 통사파를 통렬히 비평하면서 체계를 만든 것이었기에저우구청이 이 이론을 제출하자마자 각 방면에서 제각각의 평가가 쏟아졌다. "사학은 본디 사료학이다史學本是史料學"를 비평하자 차이위안페이蔡元培, 푸쓰녠 및 이 주장을 찬성하는 역사학자들은 당연히 "역사완형론"에 대해 불만스러워했다. 사관파가 역사의 진실을 찾아내지 못했다는 것을 인정하자 궈모뤄, 뤼전위呂振羽, 허우와이루 등을 포함한 마르크스주의 역사학자들도 이러한 이론에 대해서 높은 평가를 하지 않았으며, 문화사관의 역사학자집단, 예컨대 타오시성陶希聖, 레이하이쭝雷海宗 등도 저우구청의 "역사완형론"에 대해서 호의적이지 않았다. 기전체, 편년체, 기사본말체로부터 샤쩡유의 장절체까지저우구청은 모두를 비판했다. 당시 학술계에서 흥기했던 통사 저작의 역사학자 예컨대 뤼쓰몐, 첸무, 덩즈청 등도 자연적으로 저우구청의 "역사완형론"에 대해서 높이 평가해 줄 수가 없었다. 그러므로저우구청의 "역사완형론"은 개명판『중국통사』에서 "서론"의 형식으로 처음 나타난 이후에, 저자는 어떤 필요로 이 이론을 해체하였다. 건국 이후 출판된 각종 판본의『중국통사中國通史』는 "역사완형론"의 이론을 다시는 독자 앞에 드러내지 않았다. 우리는 역사학자 저우구청이 자발적으로 자신의 역사학 이론체계를 꺾은 것인지 아니면 어떤 정신을 드러내기 위해 필요한 수정을 했던 것이었는지 알지 못한다. 그러므로 어찌되었든 꼬리만 보이고 머리는 보이지 않는 "역사완형론"은 독자들에게 좋은 것은 아니었고 저우구청에게 도 위로가 되었던 것은 아닌 것 같다. "역사완형론"에 의거하여 저우구청은 『중국통사』를 저술하고 출판한 이후에 인위적인 이유로 연구방향을 세계역 사로 바꾸었다.

저우구청의『중국통사』는 출판되자마자 바로 금지되었고 학교에서는 그에게 세계역사와 세계사학사를 강의하라고 지정했다. 이때부터 세계사를 퇴직할 때까지 강의했다. 1940년대 초 저우구청은 푸단대학에 들어가서 세계통사를 강의했다. 매주 3시간의 수업이 있었기 때문에 저우구청은 다시『중국통사』를 본떠서『세계통사』를 저술하려고 구상했다.『세계통사』의 이론 기초에 관해서 저우구청은 후에 "내가『중국통사』를 저술할 때 통사通史의 전체적인 통일을 힘써 추구하는데, 그 초판 서론에서 역사완형론을 언급한 것은 역사사건의 유기적 구성과 필연적 규칙을 밝히려는 뜻에서였다. 세계통사를 저술할 때도 마찬가지로 전체적인 통일 혹은 유기적 구성이 또한 필요하다." 라고 회고하였다.[3]

저우구청의『세계통사』는 유럽중심론을 타파하였고, 세계역사의 다양성의 통일을 중요하게 생각하고 세계 각 민족이 공통으로 인류문명을 창조하는 것을 강조하여 지금까지도 자신의 특색을 잃지 않은 중요한 역사서라 볼 수 있다.『세계통사』의 저술을 얘기할 때 저우구청은 "내가 저작한 세계통사는 비록 전체적 통일을 높은 식견으로 이뤄냈다고 할 수는 없으나, 유기적 구성을 찾고 전체방면을 통일시켜내기 위해 크게 공력을 기울였다."고 하였다.[4] 사실상 지우구청은『세계통사』를 저술할 자격이 있고 능력이 있으며 역사지식도 있었다. 그는 외국어능력이 뛰어났고 또『중국통사』를 저술한 경험도 있었다. 중국의 세계사 교육과 연구에서 선배 역사학자로서 저우구청은 자신의 학술성과가 풍부할 뿐만 아니라 수많은 세계사 학술인재를 양성했다.

---

3) 『周谷城史學論文選集』, 人民出版社, 1983, 111쪽.
4) 『周谷城史學論文選集』, 人民出版社, 1983, 112쪽.

저우구청의 대학 동창이며 동료인 저명한 경사학자 저우위퉁周予同. 저우구
청이 "통인通人"의 길을 걸었던 것과 달리, 저우위퉁은 경학사 전문가가
되었다.

저우위퉁의『경금고문학經今古文學』등 저작. 저우위퉁의 "경학사"연구의
중요한 학술원천은 그의 루이안瑞安 고향선배인 쑨이랑으로부터 내재적
영향에서였다.

저우구청의 사승이 그가 역사학에서 매우 큰 성과를 얻게 한 중요한
계기가 되었다. 저우구청이 공부한 베이징고등사범대학은 당시 베이핑지
역 대학에서 특별히 뛰어난 곳은 아니다. 그러나 베이징고등사범대학에는
당시 전국의 일류 학자들이 모여 있었다. 저우구청은 자신의 동창이자
동료인 저우위퉁周予同을 기념하면서, 사승을 서술했다. 저우구청은 "주시
쭈朱希祖, 마유위馬幼漁, 첸쉬안퉁은 모두 저우위퉁의 스승이자 나의 스승이
며 이 세 사람은 모두 장타이옌의 제자였다."[5]라고 하였다. 이를 보면
저우구청은 장타이옌의 재전제자라는 것을 알 수 있다.

주시쭈는 장타이옌의 초기 제자 중 역사학연구로서 이름을 알린 학자로
서, 장타이옌의 많은 제자들 중에서 비교적 일찍 베이징대학에 임용되었다.
장타이옌은 일찍이 주시쭈의 지식에 대해서 높이 평가했다. 저우구청은
고서 수집을 좋아했고 판본 감별에 능했다. 그는 명청사를 연구하였고
일찍이 역사학자 푸쓰녠과 명성조明成祖의 생모에 대해서 논쟁했으며 천인
커와 당황실唐皇室의 가족기원문제에 대해서도 논쟁했다. 주시쭈는 후에
그의 사위 뤄샹린羅香林을 따라 광저우 중산대학으로 가서 교수를 하였다.

마유위馬幼漁, 첸쉬안퉁의 학술 연구범위는 문학류에 속하는데, 특히
첸쉬안퉁은 문자 음운학 영역에서의 대가로서 두각을 나타냈으며, 그를
따라잡을 만한 학자는 거의 없었다.

첸쉬안퉁은 금고문경학 방면을 깊이 연구하였고, 서한西漢부터 청말의
경학파에 대해서 속속들이 알고 있었다. 현대 신문화운동에서도 첸쉬안퉁
은 맹장이었다. 저우구청이 스승의 견해를 계승한 것은 아마도 주시쭈,
첸쉬안퉁의 학술연구 속에서 단서를 찾아볼 수 있을 것 같다. 유명한
스승의 가르침이 없었더라면 신망이 높은 스승들의 간곡한 타이름이 없었

---

5)　『周谷城史學論文選集』, 人民出版社, 1983, 425쪽.

더라면 저우구청이 스스로 학파를 만드는 것은 상상할 수 없는 일이었다.

저우구청의 학술성과는 학자들간의 논쟁을 통해 더욱 뛰어나게 되었다. 저우위퉁周予同과 저우구청은 대학 동창이며 같은 베이징고등사범대학의 '5·4'시기 학생 지도자로서 후에 푸단대학에서 교편을 잡았으며 역사학과 교수를 했다. 저우구청은『저우위퉁교수님을 추억하면서懷念周予同教授』라는 글에서 애틋하게 회상하면서 "친구들은 항상 위퉁과 나를 푸단대학 '이저우二周'라고 놀렸다. 나와 위퉁은 같은 해에 태어났으며, 같은 성을 가지고, 또 같은 대학 출신이자 같은 직업을 하고 있어 '이저우'라고 부르는 것이 당연했다. 때로는 '동주서주'라고 부르는데 이것도 의미가 없는 것은 아니다. 저우위퉁은 경전을 연구하면서 중국역사를 연구하였다. 나는 중국역사를 연구하면서 세계사를 연구하였다. 중국사와 세계사는 동과 서로 칭할 수 있으므로 '동저우 서저우'라고 칭하는 것은 비웃는 것이 아니라 우리 두 사람의 관계가 더욱 밀접하다는 것을 증명하는 것일 뿐이다."고6) 하였다.

저장 루이안瑞安 출신인 저우위퉁은 첸쉬안퉁의 뒤를 이어서 판원란과 같은 유명한 경학자이며 저우위퉁과 판원란은 모두 장타이옌의 재전제자였다. 어떤 의미에서 말하자면 저우위퉁의 경학은 판원란보다 성실하였다. 저우위퉁의『경학역사經學歷史』주석본,『군경개론群經概論』,『한학스승기선주漢學師承記選注』,『경금고문학經今古文學』등 저작 및「"효"와 "생식숭배"孝與 "生殖崇拜"」,「경제연구와 역사연구治經與治史」,「한학과 송학漢學與宋學」등의 논문은 현대경학사 연구영역에서의 획기적인 논저였다. 저우위퉁의 경학사연구는 분명히 저우구청의 사학연구를 촉진하는 역할을 했을 것이다.

1950년대 초기 사상개조운동에서 저우구청은 "나는 전문가가 되지 않았

---

6)　『周谷城史學論文選集』, 人民出版社, 1983, 425-426쪽.

고 스스로 통인通人으로 자칭하며 지식탐구를 일종의 향락으로 생각했다."
고 하였다.[7] 이것은 사실이며『중국통사』,『세계통사』가 증명한다. 통인으
로 자칭하며 저우구청은 다방면으로 깊은 연구를 했다. 1940년대 저우구청
은 유명한 철학역사가인 펑유란의『신이학新理學』,『신원인新原人』, 슝스리熊
十力의『신유식론新唯識論』을 비판했다. 펑유란, 슝스리熊十力는 당시 및 이후
의 학자들에게 "신유가新儒家"로 간주된다. 저우구청은 자신이 장악한 풍부
한 현대서양철학이론을 이용하여 정치가 아닌 학술에 입각하여 자신만의
비평을 작성했는데, 표현이 냉정하고 질박하며 객관적이었다.

　건국이후 한 동안 저우구청은 미학, 문학, 철학의 형식논리에 대해서
많은 논쟁을 일으킨 중요한 글을 저술했다. 그와 주광첸朱光潛, 왕쯔예王子野,
야오원위안姚文元간의 학술투쟁은 당시의 학술계에 큰 영향을 미쳤다(적지
않은 논쟁문이 저우구청의『사학과 미학史學與美學』에 수록되었다).

　저우구청과 그보다 6세 연상인 저명 역사학자 궈모뤄의 관계는 단지
일시적인 것이었는데, 학술에 있어서 저우구청과 궈모뤄는 크게 엇갈렸다.
충칭重慶 시기에 궈모뤄는 중국노예사회와 봉건사회의 시대구분에 대해
매우 명확하게 자신의 관점을 제기했다. 건국초기에 궈모뤄는 춘추, 전국시
기를 노예사회와 봉건사회의 시대구분으로 획정하였다. 이것은 저우구청
이『중국통사』저작 속에서 표준을 나누는 것과 크게 달랐다. 1950년대
『중국통사』의 수정본을 출판할 때 저우구청은 궈모뤄의 중국고대사회시
대구분에 대해서 고대사시대구분의 하한은 "가장 적절한 것이 서한 말
혹은 왕망王莽의 신新 초기로 보자"[8]고 하였다. 1950년 저우구청이『문회보文
匯報』에『중국노예사회론中國奴隸社會論』을 발표했는데, 이것은 궈모뤄가 같

---

7)　葛劍雄,『悠悠長水─譚其驤前傳』, 187쪽.
8)　周谷城,『中國通史』, 上海人民出版社, 1957年, 30쪽.

은 해에 발표한 『노예제시대奴隷制時代』와는 관점이 서로 달랐다. 후에 저우구청은 자신과 궈모뤄는 변론하지 않았고 각자 자신의 말을 했을 뿐이라고 하였다. 궈모뤄가 조예가 깊었던 갑골문의 영역에서, 저우구청은 그 관점과 매우 불일치하였다. "난亂"자, "규전圭田", "시庶"자에 대한 고증과 관련하여, 저우구청의 해석과 궈모뤄의 의견은 서로 반대였다. 의지하는 바가 있어서 통인通人이라고 자부하였기 때문에, 저우구청은 자신이 잘 알지 못하는 학술영역을 다룰 때, 남다른 관점을 가지고서 논쟁을 일으켰다. 이는 아마도 근대 후난湖南학자들의 공통적인 특성일 것이다.

29

학문의 고아한 외침, 스스로 이룬 가파

● 탕란唐蘭 학기 ●

송 대부터 절학浙學은 동・서학파로 나뉘었다. 절동학술浙東學術은 전형적인 통인通人의 학문이고 절서학술浙西學術은 전문가의 길을 걸었다. 통인의 학문은 두루두루 다독하는 것을 숭상하고 기상을 말하며 광대한 것을 중시한다. 전문가의 학문은 정밀하고 깊은 것을 숭상하고 지엽을 연구하며 전문적인 것을 높이 산다. 왕궈웨이는 "절동은 박통하나 소략하며 절서는 정밀하나 공고함이 없다"고 하였다. 대립적인 두 학파가 학술을 번영시키고

학맥과 학통을 전승한 것에서 귀결은 같았지만 학파간의 모순도 있었다. 이것은 학술발전에 나쁜 영향을 미쳤다. 절동과 절서 학파는 원·명 두 시대에는 이름을 알린 학자가 나타나지 않았지만 학술계통은 명확했다. 청대에 이르러서야 절동·절서의 뛰어난 학자들이 나타나기 시작했으며 청대 학술 번성의 징표가 되었다. 청말부터 민국 초에 비록 절동·절서파가 서로 수용하는 새로운 추세가 나타났을지라도, 학자들은 연구하고 있는 영역에서 여전히 명확하게 절동·절서 두 학파의 명확한 특징을 또렷이 드러낼 수 있었다. 저장 자싱浙江嘉興 출신인 탕란唐蘭의 학문형세는 전형적인 절서학파浙西學術의 풍격을 갖췄다.

중국 고문자학은 소위 "소학小學"에서 나온 것이다. 문자, 음운, 훈고는 "소학"부문에 속하며 고대 중국 학술분과분류의 세분화가 강조되지 않고 학술발전에 있어서 아직 핵분열이 나타나지 않은 상황에 보이는 문화적 산물이었다. 갑골문자를 발견하여 해석하고 연구했기 때문에, 청동기 명문이 대량으로 발견되고 이를 해석하는 것은 전통적인 금석문자학 연구를 새로운 학술경지에 오르게 했다. 만약 우다청吳大澂, 쑨이랑을 근대 고문자학 창조시기의 1세대 학자라고 말하면 뤄전위, 왕궈웨이는 선대의 유업을 계승, 발전시켜 새로운 국면을 개척한 고문자학의 대가라 할 수 있다. 그리고 뤄전위, 왕궈웨이의 학술을 이어받은 룽겅容庚, 상청쭤商承祚, 탕란도 고문자학문 연구를 직업으로 삼아 혼자 힘으로 심오함을 궁구해 나간 전문가라고 할 수 있다. 탕란은 전문적으로 고문자를 연마하며 학문을 심후하게 한 것과 중국 고대문자학문영역에서 탁월한 공헌을 함으로써, 학계에 이름을 남겼다.

탕란(1901-1979)의 자는 리창立廠(옌庵)이며 저장 자싱 슈수이더우秀水兜 인이다. 그는 저명한 고문자학자, 청동기전문가이자 역사학자이다. 청말 민초에 자싱嘉興에서 전국적으로 이름을 알린 학자들이 나타났는데, 그

중에서도 선쩡즈, 선쩡통 형제의 지명도가 제일 높다. 선쩡즈는 역사지리학, 불교학, 율법학, 서지학으로 한때 유명했으며 그는 전문가의 길을 걸어갔기에 두루 보는 것 보다는 세밀하고 깊은 것을 추구하였고 민국초기 학술에 큰 영향을 끼쳤다.

탕란과 같은 시기 자싱 출신의 저명한 학자 탄치샹은 전문적으로 역사지리학을 전공하느라 다른 분과에 신경을 쓸 겨를이 없었으며 중국역사지리학 영역의 한명의 종사宗師가 되었다.

탕란은 자싱 선배인 선씨 형제와 동년배인 탄치샹이 걸은 학자의 길과는 다른 길을 걸었다. 그러나 그들의 몸에서 나타나는 절서학술의 기상과 특징은 일치한다. 탕란의 가정은 빈곤하며 가학도 없고 스승도 없어서 그의 19세 이전의 학문은 완전히 독학으로 습득한 것이었다. 청년시절의 탕란은 우여곡절을 겪었다. 그는 처음에는 상업학교에서 공부를 했으며 졸업한 후에 또 의학을 배워 사람을 고치려 하였다. 그러나 탕란은 의학에 흥미를 느끼지 못하여 다시 시詩와 사詞를 배웠다. 1920년 19세의 탕란은 당시 막 건립되었던 우시국학전수관無錫國學專修館에 입학하였으니, 그의 학술생애가 비로소 정식으로 시작하게 되었고, 학문을 하는 것에서 비로소 조금씩 방법을 모색하게 되었는데, 이 일년전 그는 쑨이랑의 고문자학 저작으로 스스로 공부를 하기 시작했었다. 다른 직업을 그만두고 정식으로 학술연구를 전업으로 삼게 되었으니, 이것은 그가 학자로서의 인생을 출발한 것이고 우시국학전수관은 탕란의 일생에 있어서 중대한 전환점이 되었다고 할 수 있다. 우시국학전수관이 없었더라면 탕란의 학자인생도 없었을 것이고 그 후의 고문자학 영역에서의 탁월한 성과도 없었을 것이라고 할 수 있다.

우시국학전수관은 사립학교이며 1920-30년대에 강남 일대에서 지명도가 매우 높은 곳이었다. 당시 "국학國學"으로 생원들을 모집했으며 하나의 기풍을 형성했는데 이러한 국학연구의 기풍은 거의 청말의 학술연원과 학풍에서 찾을 수 있다. 장타이옌은 1906년 8월 일본 도쿄에서 국학강습회를 창립하고서, "국학"을 표명하며 개인적인 강학활동을 시작하였다. 후에 국학보존회國學保存會 및 청말 유명한 『국수학보國粹學報』가 한때 유명하였다. 민국에 들어서서 신문화, 신학문이 매우 흥성하였으나, 보수국수의 학술문화운동도 수그러들지 않았다. 학문에 있어서 독창적인 박학다식한 전문가通家가 있어서, 여전히 자신의 능력이 미치는 범위 안에서 여러 가지 방법에 근거하여 국학연구영역에 전심으로 연구했다. 국학을 명분으로 하여 강남에서 일어난 사립강학기구인 우시국학전수관의 설립은 국학연구가 민간화한 하나의 경로가 되었다.

우시국학전수관은 베이징대학 문과연구소 국학문보다 2년 일찍 성립되었고 칭화대학 연구원보다 5년, 남방의 둥난대학보다는 2~3년 일찍 창립되었다. 사립국학연구 전문학교로서 재력, 학교규모, 학생의 유래, 도서관규모는 물론, 저명한 학자의 초빙 등 모든 면에서 고등교육기구와 비교가 되지 않는다. 그러나 양자의 목적은 일치했다. 전통학문을 지키고, 국학의 정수를 발양한다는 면으로 모두 한 때의 풍조를 흔들었고, 한 시대의 걸출한 학자를 배출해 냈다.

우시국학전수관을 창립한 탕원즈唐文治는 청말의 저명한 학자이나 정치판에서 곤란에 부딪치면 회피하는 유약한 유학자였다. 탕원즈(1865-1954)의 호는 위즈蔚芝이며 장쑤 타이창太倉인이다. 그는 광서光緖 시기의 진사이며 호부상서 웡퉁허翁同龢의 문하생이었다. 신정과 유신의 고취를 위하여, 관직이 농공상부상서직에 이르렀던 탕원즈는 관직을 그만 두고 상하이실업학교(난양대학南洋大學의 전신)의 감독을 했으며 자신의 정력을 고등교육의 영역으로 옮기기 시작했다. 탕원즈는 경학, 이학을 전공으로 하고 동성고문파를 학문의 정종으로 간주하였으며 그가 창립한 우시국학 전수관은 유가의 "천지를 위해 마음을 세우고, 백성을 위하여 천명을 받들며, 성인이 되기 위하여 절학을 계승하며, 사를 위해 태평을 연다"를 교훈으로 삼았는데 많은 학자들이 학문을 수립하여 사람노릇을 한다는 것을 목표로 사상의 후토를 묻어 버리게 되었다. 탕란은 교장 탕원즈唐文治의 사상에서 일종의 위학위인爲學爲人의 신념과 전세대가 언행으로 가르친 것을 영향받았음이 분명하다. 우시국학전수관은 "주로 오경, 사서, 성리학, 동성파고문, 문언시 및 『설문說文』, 『통감通鑑』과 선진제자를 강의"했다. [1]

성리학과 동성파고문은 젊은 탕란에게는 매력이 없었고 한학과 송학의 교육방식을 겸용한 것이 탕란에게 큰 영향을 미쳤다. 탕란은 우시국학전수관에서 식견을 넓혔으며 또한 여태껏 그가 한 번도 발을 들이지 않은 영역의 연구 수준을 명확하게 파악하게 하였다. 학문의 경지라는 것은 아직 모르는 영역에서 이미 아는 것을 획득하는 것이고, 이미 알고 있는 영역에서 아직 모르는 내용을 이해하는 것이다. 국학연구를 업으로 삼은 한 젊은 학자로서 오로지 자신의 부족함이나 친근함을 알아야만 비로소 학문을 연구하는데 있어서의 고생과 어려움을 알 수 있었을 것이다. 그러나 어려움에도 견지해나갈 때, 학문지상의 경지에 비로소 오를 수 있다. 초창기에 우시국학전수관에 들어간 탕란의 지적 바탕이 부족했던 것은 분명하다. 그의 말을 인용해 보면 "동학들은 모두 『설문』주에 익숙하였기에 나는 이로부터 발분하여 소학을 공부하고, 점차 여러 경서로 나아가게 되었다. 3년을 공부하니 설문에 주를 단 것이 4권이 되었다."[2]라고 하였다.

우시국학전수관에서 탕란과 비슷한 나이의 동창으로 왕취창王蘧常, 우치창吳其昌, 장톈수蔣天樞, 첸중롄錢仲聯 등이 있다. "설문주에 익숙한 동학에

1) 『錢仲聯自傳』, 巴蜀書社, 1993年, 7쪽.
2) 唐蘭, 『天壤閣甲骨文存·自序』.

대해서 탕란은 명확하게 말하지 않았지만 아마도 우치창을 말하는 것 같다. 탕란보다 3세 어린 우치창은 저장 하이닝海寧인이며 탕란과 같이 가난한 집안 태생이었으나, 그는 열심히 연구하고 일찍이 왕인즈王引之의 『경의술문經義述聞』을 읽으며 연구했고, 자子와 사史에 두루 미치는 많은 책을 읽었다. 우시無錫국학전수관을 졸업하고 얼마 지나지 않아서 우치창은 칭화대학교 국학연구원에 입학했으며 왕궈웨이의 제자가 되었다. 우치창의 칭화국학원에서의 논문제목은 "송대학술사宋代學術史"인데, 량치차오가 지도한 것 같다. 그러나 우치창은 왕궈웨이를 따라서 갑골, 청동기문자를 연구했으며, 상주사에 대해서도 서로 많이 연구하였다. 그가『옌징학보燕京學報』에 발표한『복사소견은선공선왕삼속고卜辭所見殷先公先王三續考』는 왕궈웨이의 학술을 이어받은 것이다. 30년대에 우치창은 우한대학武漢大學 역사학과에서 교편을 잡았으며 "은주사"와 "중국통사"를 강의했다.[3) 우치창과 탕란은 천하의 학자들에 대해서 논하는데 포부가 있었을 뿐 아니라, 지향도 고매하였다. 그는 탕란에게 "당대 학자들 중에서 많은 책을 두루 다독한 사람은 량런궁梁任公, 천인커, 너하고 나뿐이다."[4)라고 하였다. 우치창의 동생 우스창吳世昌은 그 영향을 받아서 사학詞學, 고전문학영역에서 저명한 전문가가 되었다.

---

3) 嚴耕望, 『治史三書』, 遼寧教育出版社, 1998年, 122쪽.
4) 『周一良學術文化隨筆』, 中國靑年出版社, 1998年, 138쪽.

우치창吳其昌이 저술한 『금문역삭소증金文歷朔疏證』. 우치창은 왕궈웨이의 고사고증古史考證을 계승하여 금문과 선진사 영역 연구에서 성과를 거뒀다. 우치창의 남동생 우스창吳世昌은 유명한 "홍학紅學" 전문가였다.

탕란의 우시국학전문학교의 동창 첸중롄錢仲聯과 그의 친필. 청대문학사 연구로 학계에 이름을 알린 첸중롄은 쑤저우대학蘇州大學의 강의로 해외에서까지 학술적 명성을 떨쳤다.

장톈수蔣天樞는 탕란보다 두 살 어리며 우시국학전수관에서 심후한 국학의 기초를 닦았으며, 우스창과 마찬가지로 장톈수도 칭화국학원에 입학하여 천인커의 제자가 되었다. 장톈수는 고적을 정리하고 고전문학을 연구하는 영역에서 탁월한 공로가 있었으며, 저명한 선진양한문학先秦兩漢文學연구 전문가이기도 했다. 장톈수蔣天樞 만년의 중요한 공헌은 전력을 다해 스승 천인커의 역사저작과 시사문집을 정리한 것이다. 천인커의 학술 영역에서 장톈수가 한 공헌은 스승의 저작을 통해 대대손손 학계에 혜택이 미치게 한 것이다. 탕란과 장톈수의 학문은 취향이 달랐고, 두 사람의 교류는 그렇게 밀접한 것 같지는 않다.

우치창과 장톈수와 달리, 탕란의 다른 두 친구인 왕취창王蘧常, 첸중롄錢仲聯은 북상해서 학문을 닦지 않았으며 계속 강남지역에 남아서 교학과 연구에 종사했다. 왕취창은 저장浙江 자싱嘉興 인이며 탕란과 같은 동향이다. 탕란보다 한살 많은 왕취창은 자싱의 유학자 선쩡즈의 말년에 그로부터 진수를 전수받은 출중한 제자인데, 선씨 학술연보의 편찬은 바로 왕취창에 의해 완성되었다. 왕취창은 우시국학전수관에 영향을 깊게 주었는데 교장 탕원즈는 "지금 과거가 폐지되지 않았다면 세 명의 최고합격자는 우리문하에서 나왔을 것인데 장원은 왕취창王蘧常이고 이등은 천주쭌陳柱尊, 삼등은 첸중롄錢仲聯일 것이다"라고 하였다.[5] 왕취창王蘧常은 시부에 능하고 고문을 통달하였고 만년에 서예에 빠졌다.

탕란보다 일곱살 어린 첸중롄錢仲聯은 명문세가 출신인데 우시국학전수관 교장 탕원즈唐文治는 첸중롄錢仲聯의 외숙부 웡퉁허翁同龢의 제자이며 그와 왕취창王蘧常은 국학전수관에서 매우 친하게 지냈는데, 서로 시와 부를 주고 받으면서 학문을 비교하고 지식을 주고 받았다. 선쩡즈의 학문을

---

5) 顧國華編, 『文壇雜憶續編』, 214쪽.

좋아하는 첸중롄錢仲聯도 왕취창王蘧常과 마찬가지로 선쩡즈의 시문집을 정리하는데 크게 기여하였다.

탕란은 우시국학전수관에서 배우는 기간에 왕취창王蘧常, 우치창吳其昌, 장톈수蔣天樞, 첸중롄錢仲聯 네 사람과 사이가 좋았으며 또 학교 밖의 학자 차오위안비曹元弼도 탕란의 학문에 큰 영향을 주었다. 첸중롄錢仲聯의 회상에 의하면, 우시국학전수원에서 공부하는 기간에 탕원즈唐文治교장이 파견하여, 그와 동창 탕란, 왕취창王蘧常, 우치창吳其昌, 비서우이畢壽頤가 우시無錫에서 쑤저우蘇州에 가서 한학자 차오위안비曹元弼에게서 『의예儀禮』, 『효경孝經』을 배우게 되었다.고 한다.[6]

차오위안비의 자는 수옌叔彦이며 만년의 호는 푸리노인複禮老人이며 장쑤 쑤저우인이다. 차오위안비는 광서光緒 21년에 진사가 되었고 일찍이 양호서원兩湖書院 산장직을 맡았다. 장즈둥이 후베이를 감찰하면서 창립한 후베이 존고학당存古學堂은 주로 그의 "중학위체 서학위용中學爲體 西學爲用"이라는 정치문화사상을 관철했다. 차오위안비는 존고학당 경학 총교습을 담당하였는데, 당시 두 눈을 실명하였던 차오위안비는 자신이 편저한 강의안을 생원生員들에게 나누어 주었다.[7] 신해혁명 이후 후베이湖北에서 쑤저우蘇州로 돌아온 차오위안비는 강의를 주로 했다. 차오위안비의 연구는 고문경학을 종지로 하고 고거학을 경위로 삼았으며, 저술도 매우 많았다. 그의 저작 『예경교석禮經校釋』, 『예경학禮經學』, 『효경학孝經學』은 당시 유명하였다. 차오위안비는 장서가였으며 그가 주석한 『십삼경十三經』은 학자들 사이에서 매우 중시되었으니 왕젠王謇은 그가 "만권의 장서에 문을 채우고 13경에 주를 달아 아이들을 깨우치게 하였다."라고 말했다.[8]

---

6) 『錢仲聯自傳』, 7쪽.
7) 羅燦, 『關於湖北存古學堂的回憶』, 『湖北文史資料』 제8집, 55쪽.

탕란의 고문자학 연구는 한학자 차오위안비한테서 배운 것은 아니었으나, 단 차오위안비의 실사구시하는 학문의 방법이 그에게 영향을 주었다. 또한 차오위안비가 경 하나에 집중하여 십삼경에 정통하는 데 이르는 독서방법은 중국고대역사를 깊이 연구하고자 하는 탕란을 우연 중에 감화시켰다.

고문자학에 마음을 둔 탕란은 학자들의 같은 종류의 저작으로 자신의 공부범위를 한정지었다. 최초로 갑골문자를 연구한 쑨이랑의『고주습유古籀拾遺』,『명원名原』은 한자구조의 편방으로부터 착수해서 매우 짜임새 있고 섬세하게 연구한 것이 옛 사람보다 뛰어났다. 탕란은 매우 꼼꼼하게 읽었으며 쑨이랑에 대해서 크게 탄복했을 뿐 아니라 그의 저작에서 탕란은 처음으로 갑골문자의 존재도 알게 되었다. 후에 탕란은 "내가 고문자학을 연구한 것은 민국 8년(1919년)부터 시작한 것인데, 쑨군孫君 중룽仲容(쑨이랑)의 기술을 제일 신봉한다."라고 회고 하였다.[9] 동시에 그는 뤄전위의 고증, 해석을 근거로 해서『설문해자說文解字』의 순서에 따라서 갑골문자를 편집하고 고증하고 해석하여 역으로『설문說文』을 논증했다. 의문에 부딪치면 뤄전위에게 서신을 보내서 묻곤 하였다. 탕란이 갑골문자를 연구하게 된 계기는 쑨이랑에게 있으며 그의 의혹을 풀어준 사람은 뤄전위였다.

뤄전위의 소개로 탕란은 저명한 학자 왕궈웨이를 알게 되었다. 뤄전위, 왕궈웨이는 당시 갑골문자 연구영역의 개척자였고 1920년대 학술계의 최고 수준을 대표하였다. 탕란이 갑골문자영역의 일류학자들에게 가르침을 받은 것은 자연히 그의 고문자학 연구의 수준을 비교적 새로운 학술단계로 끌어 올렸다. 왕궈웨이는 상청쭤商承祚의『은허문자류편殷虛文字類編』의 머리말을 작성할 때 "지금 세상에 약관弱冠의 고문자학자로 나는 네 사람만

---

8) 『辛亥以來藏書紀事詩』(外二種), 171쪽.
9) 唐蘭, 『殷虛文字記』序, 中華書局, 1981年.

을 알 뿐이다. 자싱嘉興의 리안立庵탕란, 둥완東莞의 시바이喜白룽겅容庚, 자오
저우膠州의 춘칭純卿커창지柯昌濟, 판위番愚의 사융錫永상청쭤商承祚이다. 외
로이 학문을 세워 고서와 고기록으로『설문해자』를 교감하였다."고 하였
다. 여기서 왕궈웨이는 자신보다 24세나 어린 탕란의 고문자 학문연구를
아주 높이 평가했다. 왜냐하면 탕란의 "고서와 고기호를 근거로서『설문해
자』를 교감한다."는 학문의 노선은 왕궈웨이와 일치했기 때문에, 선배학자
로서 왕궈웨이는 절서 동향 후배인 탕란의 학문을 매우 칭찬했던 것이다.
후배 학자로서 탕란도 두려움 없이 대담하게 행동하였는데, 그의 스승인
왕궈웨이와 청동기명문의 해독에 대해서 논쟁하고 자신의 관점을 제기하
였다. 탕란은 왕궈웨이의『관탕집림觀堂集林』중의『생백고生魄考』를 읽고
나서 의견을 달리하게 되어서, 자신의 이해와 생각으로 7가지의 의견을
제출했다. 왕궈웨이는 탕란이 제기한 의견 중에 2가지에만 찬동하고 다른
의견에 대해서는 모두 반박했으며, 또한 "이상에서 말한 바와 같이, 형은
의혹을 이해해야 하며 아우가 앞의 이야기를 고수하려하는 것은 옳지
않다. 바로 이것이 이치이다."라고 하였다.[10]

　음운학저작 및 선진고적판본, 청나라 사람의 독서잡기의 판각에 관련된
문제에 대해서 탕란이 왕궈웨이에게 가르침을 청하면 왕궈웨이도 일일이
대답을 해주었다. 왕궈웨이가 칭화국학원에서 지도교수를 맡았을 때 탕란
의 친구 우치창은 2등이라는 성적으로 입학했으며 왕궈웨이는 탕란에게
이 일에 대해서 서신을 보냈다.[11] 1927년 왕궈웨이가 쿤밍호에 투신자살하
고 탕란은 자신이 보존하고 있는 8통의 서신을『장래將來』라는 잡지에
발표하여, 자신의 스승인 왕궈웨이를 기념했다. 탕란이『왕징안 선생 유서

---

10)『王國維全集・書信』, 343쪽.
11)『王國維全集・書信』, 417쪽.

서문『王靜安先生遺書題記』에서 "비록 단편적인 글이지만 학술과 관련이 있고 선생의 남은 글을 볼 수 있어서 이것을 취하였다."[12]라고 하였다.

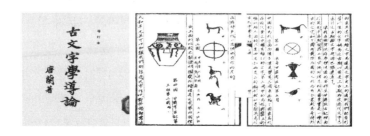

탕란의 대표작 『고문자학도론古文字學導論』의 표지와 안쪽.

중국현대 고문자학 대가 3인. 위싱우于省吾(중간), 천명자陳夢家(좌측), 상청 쭤商承祚(우측). 탕란은 이들 3인의 대가들과 동행했으나, 1950년대에 천명자에 대하여 가혹하다시피 한 비판을 하였고, 위싱우의 학술에 대하여 지나치게 정치적 강령과 노선의 원칙적 관점에서 비판하였으며, 상청쭤의 고문자 연구에 대해서는 이론이 없다고 판정하였다.

---

12) 陳平原, 王楓編, 『追憶王國維』, 中國廣播電視出版社, 1997年, 226쪽.

1920년대 탕란은 기초학문을 단단히 다져서 두각을 나타내었다. 뤄전위, 왕궈웨이의 추천으로 그는 고문자학 영역에서 이름을 알리기 시작했다. 1929년『상보商報』문학주간지를 편집하던 때, 돈황학, 갑골문자, 진한봉니秦漢封泥, 고적의 교주와 해석 등 방면의 고증한 글 10여 편을 수록하여 학술계의 주목을 받기 시작했다. 1930년대에 들어서서 탕란의 학술연구는 새로운 특징이 나타났고 그와 동시대의 학자들과 서로 친분을 맺으며 학문을 수련하였다. 동시에 자신의 학술논저를 이용해서 자신의 연구실력을 알렸다. 뤄전위, 왕궈웨이, 학술문호인 룽겅, 상청쭤의 갑골문자 논저들은 모두 탕란에게 머리말을 부탁했으며 룽겅, 상청쭤, 탕란 이 세 사람은 왕궈웨이 이후 갑골학영역의 중심 학자들이었다. 1931년 둥베이東北가 적인 학자 진위푸金毓黻는 탕란에게『동북총서東北叢書』편찬을 요청하였다.

1949년 3월에 개명서점開明書店에서 출판한『중국문자학中國文字學』. 탕란이 창립하고자 한 "중국문자학"이라는 과목의 모든 뜻이 이 저작에서 설명되었는데, 비록『중국문자학』이 여러 차례 재판되었으나, "중국문자학"이라는 학과를 창립하기란 사실 탕란이 생각한 것처럼 간단하지는 않았다.

또 칭화국학원을 졸업한 가오헝高亨도 그에게 둥베이東北대학에 와서
『상서尚書』를 강의해 주기를 청하였다. 다음해 베이핑에서 탕란은 유명학
역사학자 구제강을 대신하여 옌징대학, 베이징대학에서 『상서尚書』를 강의
하였다. 또한 갑골학 전문가 둥쭤빈을 대신해서 갑골문자를 강의했다.
이렇게 탕란은 강단을 학술진영으로 삼아 베이핑 학술계에서 지명도를
더욱 확장해 나갔다. 특히 당시의 일류학자 예컨대 구제강, 둥쭤빈, 진위푸,
고헝과 교류하여 서로 알게 되면서 탕란의 학술명성은 신속하게 높아졌다.

이 시기 탕란은 끊임없이 혁신적으로 발전하고 풍부한 성과를 얻었다.
그는 차례로 『동방잡지東方雜志』, 『사학연보史學年報』, 『고사변古史辨』, 『우공
禹貢』반월간, 『옌징학보燕京學報』, 『국학계간國學季刊』 등 권위 있는 간행물에
근 50편의 논문을 발표했으며 두 권의 학술저작을 발표했다. 한권은 『고문
자학 도론古文字學導論』이고 다른 한 권은 『천양각 갑골문존天壤閣甲骨文存』이
다. 탕란은 뤄전위와 왕궈웨이를 스승으로 모시고서 갑골, 은상문자를
배웠으며 선배 룽겅의 『송재길금도록頌齋吉金圖錄』과 상청쭤의 『은계일존殷
契佚存』의 머리말을 작성했으며 "갑골사당甲骨四堂" 중의 한 사람인 둥쭤빈(자
는 옌탕彥堂)을 대신하여 베이징대학에서 갑골문자를 강의했는데, 이로부
터 탕란이 당시 고문자학 연구의 학술핵심권에 들어갔다는 것을 알 수
있다.

쑨하이보孫海波가 출판한 『갑골문편甲骨文編』에서는 탕란을 초빙해서 머
리말을 작성하도록 했다. 일본에 망명한 저명한 학자 궈모뤄는 1934년
『양주금문사대계도록兩周金文辭大系圖錄』을 출판했는데, 역시 탕란에게 서문
을 지어주기를 청하였다. 궈모뤄의 갑골문 학습은 뤄전위와 왕궈웨이의
저작을 읽어서 시작한 것이나, 궈모뤄와 뤄전위, 왕궈웨이는 한번도 만난
적이 없었다. 왕궈웨이의 직접적인 가르침을 받은 탕란에 대해서 궈모뤄는
왕궈웨이가 상청쭤의 『은허문자류편殷虛文字類編』에 써준 머리말을 통해

알게 되었다. 일본에서 탕란과 서신왕래를 하여 고문자의 해독 및 청동기명문의 교정을 연구하였으나, 아직 서로 만나지는 못했다.

1946년 탕란이 베이징대학 문과연구소 지도교수를 맡고, 베이징대학이 베이핑에 복교하던 때, 충칭重慶을 지나가던 탕란은 궈모뤄를 만나게 되었다. 신중국이 성립한 후에 탕란은 고궁박물원으로 옮겨가서, 궈모뤄가 원장을 맡고 있던 전국의 최고 문물박물기관의 저명한 전문가가 되었다.

탕란은 중국 고문자학을 연구했으나 해석과 독해, 고증하는 것을 최종적인 목표로 하지 않았으며, 고문자를 고증하고 해석해서 중국고전문명 기원의 경로를 관통하였다. 고문자해석과 독해, 연구에서는 선진先秦문화의 발생과 발전의 역사를 밝혔다. 그러나 이러한 목표를 달성하기 위해서 탕란은 언어문자의 역사 발생학으로부터 시작하여 뤄전위와 왕궈웨이의 학술노선을 계승하며 '이중증거법'을 운용해서 문헌자료를 인증하고 문헌자료를 보충하며 학계에서 준칙으로서 받들어지는 『설문해자說文解字』에 대해서 확충하고 새롭게 연구했다. 탕란은 고문자학 영역에서 새로운 방법을 제출하여 지상의 문헌과 지하의 문헌을 연구하려 했다. 그의 『고문자학도론古文字學導論』은 바로 문자학 연구에서 방법론상의 계승과 창조를 한 것이다. 계승한 것은 쑨이랑의 연구방법이고, 창조한 것은 그가 건립한 체계화된 편방분석법이었다. 탕란이 고문자의 연마와 고증을 총결해낸 것이 대조법, 추감법, 편방분석법, 역사고증법이었는데 고문자고증 중의 수수께끼 같은 주관적인 추측을 극복했으며 고문자학연구의 과학성을 크게 높였다. 1949년 3월에 상하이 개명서점에서 출판한 『중국문자학中國文字學』은 탕란의 대표적인 저작이다. 그는 저작 속에서 "중국문자학"이라는 신개념을 제출했으며 이것이 음운학, 훈고학을 문자학 영역에서 제거해서 단독으로 학과가 될 수 있었으며 문자학의 계통을 이루게 되었다. 중국문자학연구영역에서 출발해서 탕란은 그의 선배와 동창생들에게 자신의 평판을 제기했다. 탕란은 "뤄전위, 왕궈웨이는 단지 문헌학자로서 그들은 다방면으로 학문을 하여 가끔 고문자학도 연구하여서 매우 성과가 있었지만 전혀 체계는 없었다. 룽겅, 상청쭤 등은 고문자학에서 성과는 있었지만 수집, 정리, 댓구, 묘사를 한 것이지 이론과 요점을 말하지는 못했다."13)라고 하였다.

　탕란은 장타이옌의 제자 선젠스沈兼士에 대해서는 자신만의 평가를 했는데 그는 선젠스가 "탁월한 훈고학자"라고 했으며 선젠스가 저술한『문자형의학文字形義學』은 "문자학사의 모범"이라고 하였다. "문자의 발생"에 대해서 논할 때 탕란은 저명한 언어학자 왕리王力(자는 랴오이了一)의 저작『중국현대어법中國現代語法』속의 소위 "쌍음절어"의 문제에 대해서 대대적으로 비판했으며 탕란은 "쌍음절어는 언어에서 분석할 수 없는 단위이며 쌍음사雙音詞는 분석할 수 있다."고 하였다.14) 탕란은 중국문자구조의 "육서六書"를 비판하면서 자신의 "삼서三書"설을 제출했다. 즉 상형문자, 상의문자, 형성문자이다. 그는 중국문자의 발전 경로에서, 예컨대 그림을 그리고 칼로 새기고 글을 쓰고 인쇄 및 전파에서의 간략을 추구하고 번거로운 것을 좋아하며 같은 것을 숭상하고 차이를 변별하는 것에 대해서, 자신의 관점을 제출했다. 동시에 문자가 변혁하는 가운데 갑골금문, 전서篆, 예서隸, 해서楷, 행서行, 초서草 및 주음문자, 병음문자, 신형성자, 신한자와 같은 글자체에 대해서도 서술했다.『중국문자학中國文字學』은 탕란의 문자영역에서의 주요 학술관점을 대표하는데, 이러한 이론성의 통론저작을 다시는 써내지 못하였다.

---

13) 唐蘭,『中國文字學』, 上海開明書店, 1949年, 8쪽.
14) 唐蘭,『中國文字學』, 上海開明書店, 1949年, 28쪽.

　　신중국이 성립되고 고궁박물관에 가서 전문연구를 하게 된 탕란은 자신의 주요한 공력을 고기물학古器物學과 역사학연구영역에 집중했다. 1950년대 초 언어문자학 토론 중 고문자학자로서 탕란도 학과건설과 학술쟁명 활동에 참여했다. 역사학 영역에서 중국고대사 시대구분에 관한 토론은 1950년대에 압도적인 학술쟁점이 되었다. 탕란은『역사연구歷史研究』1958년 제1기에『상대 사회성질에 관한 토론關於商代社會性質的討論』을 발표하여 저명한 고문자학자인 위싱우于省吾의『갑골문으로부터 상대 사회성질을 보자從甲骨文看商代社會性質』를 공개적으로 비평했는데 위싱우는 논문에서 말한 "십사항목의 고증十四項考證"이 "거의 반 이상의 고증은 갑골문 자료를 이용하지 않았다."고 했고 그가 제출한 상대商代는 "군사민주주의軍事民主主義"였다라는 관점은 잘못된 것이라고 간주하였다. 탕란은 비평의 글에서 "과거 학자 문인은 사론史論을 쓸 때 사용하는 방법은 에둘러 쓰고 기묘한 계략을 써서 승리하고 독자적으로 한 파를 형성했는데, 지금은 반드시 이런 것들을 버려야 한다."고 하였다. 이것은 분명히 위싱우의 갑골문자 연구에 대한 일종의 불만이었다. 탕란은 문장 끝에 선입견 없이 "나는 위선생이 갑골문 전문가로 이러한 관점을 제기했다고 여기는데, 그가 자신의 생각을 말하는 정신은 감복할만하다고 생각한다. 그러나 그는 너무 경솔하며 맑스주의를 제대로 배우지 못했으며 장차 어떤 사람들 중에게는 좋지 않은 영향을 미칠 것 같고, 사료는 진실이라고 잘못 이해하여 어떠한 결론이든 모두 믿을 만하다 하니, 이는 적합하지 않다."라고 하였다. 이후 사학계에서는 차오차오曹操에 대하여 재평가하고, 상의 주왕紂王에 대한 기존의 평가를 뒤집자 하고, 공자학술연구에 대한 논쟁이 전개되면서, 탕란도 어느 정도는 참여하였다.

　　1970년대에 들어서서 말년의 탕란의 학술연구는 새로운 경지에 도달했다. 이 시기는 분명 탕란과 동시대의 같은 시대 학자들이 소리 없이 학술계를 떠나던 단계였다라고 해야 할 것이다. 탕란은 특별한 재주로 당시 정치가 학술에 미친 영향을 피할 수 있었던 것은 아니고, 그가 일하던 고궁박물관 및 당시 국내에서 진행한 많은 고고발굴의 열기 덕분에 피할 수 있었다. 전문가가 필요했기 때문에 탕란은 그의 학술연구에서 최후의 전성기를 보냈다. 1970년대의 후난湖南, 허난河南, 산시陝西, 산시山西 등 지역에서 나온 많은 청동기명문 및 대량의 진한간책秦漢簡策, 백서帛書는 중국고대문학계의 식견을 넓혀 주었으며, 지하문헌이 발견되자 고문자학, 고고학, 고기물학 등 영역의 전문가들의 공동연구가 필요해졌다. 탕란은 창사 마왕퇴馬王堆 한묘간책漢墓簡策을 연구하는데 만년의 대부분의 시간을 보냈다. 독학하며 의지할 사람이 없었던 탕란은 부지런하여 지식을 쌓고 학문을 축적하였다. 탕란은 행운이 있었다고 할 만하며 중국고문자학이 혁명을 일으킨 해에 태어났으며 또한 그는 운이 좋게도 "갑골사당甲骨四堂"즉 뤄전위(쉐탕雪堂), 왕궈웨이(관탕觀堂), 궈모뤄(딩탕鼎堂)와 알게 되었고 학문을 논했기에 탕란은 전문적이고 박통하며 광범위한 학문기상을 성공시킬 수 있었다. 탕란은 학문에 있어서 자신만의 얻은 바가 있었으며 그는 일찍이 "고증의 기술은 기이한 것에 욕심을 부리는 것이 아니라 진실하고 정확한 것을 귀히 여기는 것이다. 진실과 정확을 구하는 것은 비록 미약하지만 반드시 오랫동안 관통한다. 뚜렷하지 않고 정확하지 않는데 신이한 것을 구하고자 하면, 비록 많을지라도 어찌 알 수 있겠는가"라고 하였다.[15] 이것은 탕란이 학문 전체의 기초로 여겼던 것이고 그의 학술이 발전하게 된 입장이라고 할 수 있다. 또한 그의 일평생 학문의 특징과 깨달음이라고도 해야 할 것이다.

---

15) 唐蘭, 『殷虛文字記』序, 中華書局, 1981年.

30

옳음을 고집하지 않고 신중하며 공을
과시하지 않는다

● 상웨尚鉞 학기 ●

중국역사학 근대화의 발전과정에서 박학다식한 학자들이 많이 나타났다. 우리가 학술역사를 정리할 때 우리의 연구시야에 들어오는 오는 경우는 거의 일생 역사학자를 직업으로 한 유명한 역사학자이고, 사승이 없거나 전공을 바꾼 전문가나 다재다능한 통재通才는 홀대하거고 무시하고 부지불식중 저장江浙학자집단의 활약에 대해서만 학계의 시선이 집중된다. 역사의

길고 긴 과정 중에서 일찍이 중국학술의 전성기에 풍조를 열었던 중원문화
는 은연중에 역사가의 시선에서 사라졌다. 명확한 사실은 청말부터 민국
초까지 허난河南을 중심으로 하는 중원문화가 크게 쇠락했다는 것이다.
문화의 불경기, 학술이 활기를 잃은 것은 대개 경제의 정체와 지연의
정치와 관련이 있었다. 우리도 발견할 수 있는 중요한 학술현상은 중원학자
집단을 장저江浙와 비교하면 사람의 수가 적고 집단의 지명도도 높지 않으
며, 지역, 사람, 학문에 대해서도 모두들 잘 알지 못한다는 것이다. 그러나
민국학술영역에서 허난의 학자들에게는 평소에는 거의 조용히 있지만
한번 시작하면 사람을 깜짝 놀라게 하는 초나라 문화의 기풍이 많이 있었다.
펑유란馮友蘭의 철학, 둥쭤빈의 갑골학, 지원푸嵇文甫의 사상사, 야오충우姚從
吾, 한루린의 원사元史, 인다尹達의 고고학, 바이서우이白壽彝의 민족사학은
모두 일종의 대범하고도 정심한 학문적 경향을 나타낸다. 그들은 허난河南
학술의 중요한 전승인이며 중국문화의 결출한 인재이기도 하다. 그들의
학문의 출발점은 허난河南지역이며 베이핑北平에서 견실해졌으며, 전국에
서 크게 번성했다. 베이핑北平은 근년 중국학술문화의 중심이며 지연관계에
따라 허난河南 학자들은 거의 황하를 건너 북상하여 베이핑北平학술문화권
에 들어간 것이 그들이 발전하게 된 계기가 되었다. 최신의 사상을 느끼고
최신의 문화를 체험하고 제일 저명한 학자를 알게 되고 가장 초월적인
창조적 열정을 품게 되었으며, 또한 이것으로 특색이 있는 학술문화를
만들었으니, 이는 거의 모든 중원학자들은 세운 뜻을 굳건히 하는 정신을
추구하였다. 무조건 동의하지도 반대하지도 않고 선입견을 지니거나 편견
을 지니지 않으며 전통을 버리지도 새로운 학설을 세우지도 않는다는
것은 근대 허난 학자들의 일종의 면모이자 기상이자 특징이며 기풍임을
알 수 있다.

　중국현대학술의 탁월한 존재로서 상웨尚鉞는 확실히 초월적이고 지혜로

우며 모종의 선견지명을 지니고 있었다. 상웨가 중국역사학계에 나타난 것은 특수한 상황에 의한 것이었다. 그가 주류적 관점과 다른 견해의 학술적 결론을 내린 것은 자신이 주류학술과 대립하였기 때문이 아니라 기존의 학술사상과 결론을 새롭게 발전시키고 완성하고 보충하고 풍부히 하기를 바래서였다. 이는 하나의 독립적인 사고능력과 맹종하지 않는 힘을 가진 역사학자의 정당한 학술 권리였다고 할 수 있다. 그러나 예상과 실제가 충돌하면서 미처 생각할 겨를조차 없이 한 사람의 운명을 그 반대의 측면으로 이끌어 갔다.

상웨는 사고를 멈추지 않았으며 그가 헌신한 신앙을 버리지 않았다. 그의 독자적인 탁월한 습관, 심사숙고하는 날카로운 시선, 스스로 높이 제창한 새로운 학설, 덕과 재주를 겸비한 학자로서의 품격은 공화국 초기 역사학계에 일종의 특수한 학술 보호벽이 되었으며 자신과 타인을 분할하고 구분함이 더욱 명백하고 선명하며 걸출했다. 정규교육을 받지 않았고 중년이 다 되어 명령에 복종하여 전업하였고, 민국시대에는 거의 학술적 명성이 없었으나 공화국 초기에 역사학계에서는 학술지명도가 빠르게 높아졌으니, 그가 창조한 것은 중국현대역사 발전사상의 일종의 사상의 기적이었다.

그가 원래 전공한 것은 영문학이지만 문학창작으로 문단에 입문한지 오래지 않아 청년 소설가로서 예술계에서 주목을 받았다. 그러나 그는 표준적인 이상주의자이자 직업 혁명가이기도 했는데, 직업적 요구와 명맥이 함께 연계를 맺어 그는 조금도 주저함이 없이 형상사유를 버리고 이론연구의 추상적 사유로 전화하게 되었다. 이것이 바로 걸출한 맑스주의 역사가 상웨가 응집시킨 학술지혜였다.

상웨1902~1982의 자는 중우鍾吾이며 허난河南 뤄산羅山인이다. 뤄산은 위난豫南 산골의 현으로 문풍이 순박하고 저명한 학자도 나타나지 않았으니

고향의 산수, 인문 감정은 상웨의 이론연구를 이끈 것이 아니라 오히려
다른 문학적 영감을 발현시켰다는데 그 의의가 있다. 상웨는 부유한 가정에
서 태어났는데, 그의 소년시절은 빈곤하지는 않았으나 어릴 적에 부모님이
차례로 별세하여 조모가 키워 주었고, 사숙에서 공부했으며 자주 매를
맞고 벌을 받았다. 어린 시절 한 사람의 깊은 곳에 남은 기억은 영원이
지울 수 없는 것이다. 이것이 아마도 상웨가 배반정신과 비판의식을 갖게
된 기원일 것이다.

상웨尚越의 역사학에 대한 지혜로운 사상이 이 논문집에서 나타나고 있다.
소나무를 표지로 하는 것도 재난을 겪은 역사학자의 풍골을 보여주기 위해서
인 것 같다. 아쉽게도 이 책이 출판될 때 상웨는 이미 세상을 떠났다.

판원란. 그가 『중국통사간편中國通史簡編』에서 서술한 유물사관은 상웨가
계승했는데, 상웨학술을 비판하는 중요한 지점이 되었다. 판원란과 상웨의
1950년대의 학술충돌이 상웨 학술인생의 비극을 만들어냈다.

  1921년 19세의 상웨는 베이징대학 영문학과 예과에 입학했다. 상웨의
기억 속에서 처음으로 그에게 영향을 미친 베이징대학 교수는 정뎬鄭奠이다.
정뎬1896-1968의 자는 제스介石이며 저장浙江 주지諸暨 인이며 저명한 언어학
자였다. 정뎬은 베이징여자사범대학, 저장대학浙江大學, 베이징대학에서
교편을 잡았으며 루쉰魯迅과 관계가 밀접했다. 상웨가 베이징대학 영문과에
서 공부를 할 때 정뎬은 베이징대학 영문과에서 강의를 했으며 문법을
가르쳤다. 상웨는 정뎬의 수업에서 자신이 창작한 소설을 정뎬에게 제출했
다. 정뎬은 소설가가 아니어서 상웨의 소설을 루쉰에게 추천했다. 상웨와
루쉰의 교류는 빈번했으나 짧았다. 시간으로 계산하면 단 3년뿐이다.
『루쉰일기魯迅日記』의 1925년, 1926년, 1927년에 상웨의 이름이 30번이 기록
되어 있으며 그 중에 상웨가 방문했던 것과 서신 및 원고를 보냈던 일
등이 기록되어 있다.

1940년에서 1950년까지의 10년 동안은 상웨가 역사학계에서 침잠했던 시기였다. 10년간의 학술적 축적이 없었더라면 평범한 지식을 초월할 수는 없었을 것이다. 10년의 사고가 없었다면 새로운 주장에 대한 자부심을 갖지 못했을 것이다. 또한 10년의 독서, 가르침, 강의의 편집이 없었더라면 상웨의 이론형태의 중국사관은 없었을 것이다. 이것이 상웨 역사학의 중심점이자 출발점이다.

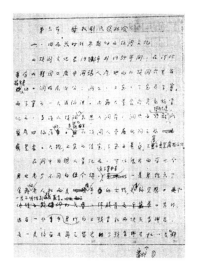

상웨가 저술한 『중국통사中國通史』 원시사회에 대한 장절 저술 친필.

공화국의 새로운 역사학계에서 상웨는 통사가파通史家派로서 학술사에 이름을 알렸다. 그러나 그는 건국 초년의 역사학계에서는 그다지 큰 영향을 끼치지 못했다. 비록 이름이 알려지지 않은 것은 아니었지만 명확하게 드러나지 않았던 것도 사실이다. 1954년 중국과학원 근대연구소에서 전국 신사학계의 권위적인 간행물 『역사연구歷史硏究』잡지를 창간할 때, 중국인민대학에서 재직하던 상웨는 『역사연구』의 창간을 알지 못했다. 그는 건국한지 단 5년의 시간안에 역사학계를 움직였던 명저 『중국역사강요中國歷史綱要』를 인민출판사에서 출판했다. 그때는 상웨가 52세로 그가 역사학 영역에 발을 들인지 단 14년이 되었을 뿐이었다. 『중국역사강요』는 신속히 만들어졌고 학술관점도 새롭고 기이하며 저술방식도 독특한 것이 학술계에서는 역사상 유례가 없는 것이었다. 상웨가 1940년대 대학에서 교편을 잡았을 때 주로 한 강의는 바로 "중국통사"였으나 역사학단의 초보자인 청년학자로서 시작단계에는 자신만의 연구결론을 낼 수 없어서 타인의 저작 속에서 재사고를 진행하였는데 이것을 기초로 깊이 연구하고 점차 자신의 학술주장을 제기하면서 자신의 학술관점을 형성했던 것이다. 상웨의 회고에 의하면, 그는 대학에서 주로 독서와 강의를 하면서, 타인의 학술성과를 참고하는 것이었는데 "내가 역사 연구에 막 입문하였으므로, 나는 다른 사람의 것을 빌어 역사를 강의했다. 판원란 동지가 해방구에서 『서주봉건론西周封建論』을 총결했는데 나는 당시 이에 의거하여 가르쳤다."고 했다(상웨 『경력자술經歷自述』, 『중국당대사회과학자中國當代社會科學家』제 1집). 이 서술에서 알 수 있는 것은 판원란의 "서주봉건론"은 상웨가 "중국통사"를 강의하는 데 가장 먼저 영향을 끼쳤던 대표적인 역사관이라는 점이다. 또한 상웨가 건국 전의 판원란의 『중국통사간편中國通史簡編』 및 이 책에서 제출한 중국고대사 시기구분의 학술주장에 대해서 익숙하고 잘 이해를 했다고도 볼 수 있다. 1951년 상웨는 『신건설新建設』에 『본국사를 편술하고 강의하는 것에 관한 지도원칙關於編寫與講授本國史的指導原則』이라는 장편의 논문을 발표했는데 이 논문은 상웨가 쓴 『중국역사강요中國歷史綱要』를 이해할 수 있는 핵심사상이면서 그의 『중국통사中國通史』교학에서의 반성이자 당시 맑스주의 역사학이 편찬한 중국통사 저작에 대한 일종의 비평이기도 했다. 상웨는 이 중요한 글에서 본국사의 편찬과 강의를 하는 것은 역사규율을 중시하고 사회발전사의 계통을 준수하는 것이 좋지만 공식주의 경향은 극복되어야 한다고 제기하였다. 상웨는 "단지 중국역사 속의 명확하지 않은 것 혹은 완전하지 않은 것 (예컨대 역사사실의 단편, 부분적인 역사현상 혹은 역사인물의 개별 언행 등등)을 반대하며 강제로 사회발전역사의 어느 단계사이의 공식주의 표어"의 방시이나 방법은 반대 한다고 하였다. 상웨는 "역사에서의 영웅의 역할"에 대해서 자신의 관점을 제출 했는데 "우리는 영준한 인물이 일종의 특정한 지혜와 재능을 가진 것에 지나지 않지만, 사회추세에서 제기된 문제와 임무를 해결하는데는 가장 애를 쓸 수 있다는 것을 안다"고 하였다. (『신건설新建設』 제3권 제5기)

상웨는 논문으로 자신의 주장을 제출하는 동시에 익명으로 국사의 편저 와 강의에 대해서 비판을 제출하기도 했다. 당시 역사학계에 가장 크게 영향을 끼친 것은 판원란의 『중국통사간편中國通史簡編』이었다. 『신건설』 제 4권 제 2기에서 상웨가 「본국사 편저와 강의의 지도원칙에 관해서關於編寫 與講授本國史的指導原則」를 발표한 2개월 후에 판원란은 『『중국통사간편』에 관하여關於『中國通史簡編』』를 발표했다. 『신건설新建設』잡지는 판원란의 논문 을 게재할 때, 편집자의 의견을 써서『『중국통사간편』에 관하여』는 판원란 의 강의 기록이며 발표한 목적은 『중국통사간편』을 읽는데 참고를 하게 하기 위해서라고 설명하였다. 판원란은 강연에서 역사의 주인이 노동인민 이라는 것, 현대 사회역사발전규율이 초보적으로 나타났다는 것, 서주 봉건사회 시대구분이란 세 가지 주요 관점을 제출하였고 동시에『중국통사 간편中國通史簡編』이 "비역사주의의 관점"과 "서술방법에 있어서 분석이 부 족하고 두서가 없다"는 두 가지 결점을 가졌다는 것을 되돌아 보았다. 이 강연기록을 판원란이 발표한 것은 그가 중국통사를 편찬하는 이론적 의의를 새롭게 인식하고 또한 개정하려고 준비중에 있다는 것을 의미했다. 비록 직접적으로 상웨의 비판의견을 언급하지는 않았지만 판원란은 이미 상웨를 포함한 중국내 마르크스주의 역사학자들이 자신이 저술한 중국통사에 대해 비평과 건의를 했다는 것에 주의를 기울였던 것은 분명하다.

상웨의『중국역사강요』의 출판은 1950년대 중엽 중국현대역사학계에서의 충격적인 학술사건이라 할 만한데, 그것에 대한 칭찬이나 비판 모두 학술적으로 공헌을 했기 때문이었을 것이다. 그러나 학술이 정치에 말려드는 현상이 명확해지면서 상웨의 사학관점이 현실정치와 원만하지 못한 것으로 사람들에게 과장되면서, 권위적인 마르크스주의 역사학자들의 비판 또한 상웨에게 집중되었다.

1960년 상웨와 쑨이팡孫冶方, 바런巴人은 역사학계, 경제학계와 문학계의 전국적 비판의 표적이 되었으며 상웨 비판은 거의 역사학계의 초점이 되었다. 중국 신사학新史學의 중진이자 저명한 마르크스역사학자 판원란은 강의와 문장을 편찬하는 방식으로 상웨와 그가 편집한『중국역사강요』를 격렬히 비판했다. 1957년 3월 25일 판원란은 베이징대학에서 "역사연구에서의 몇 가지 문제"라는 주제로 3,000명의 베이징대학 학생들에게 학술강연을 하면서 상웨가 주편한『중국역사강요』를 비판했다. 판원란은 "내가 본 이 책은 서구 역사를 견본으로 한 책이다. 그들이 거기에서 노예사회라고 하면 중국 역시 노예사회라고 하고, 그들이 거기에서 봉건사회가 시작되었다고 하면 중국도 따라서 봉건사회가 시작했다고 하니 서구봉건사회가 발달하면 중국봉건사회도 따라서 발달한 것이다. 전체의 책 속에서 대체로 모두 이렇게 억지로 비교하였다."고 하였다(「역사연구의 몇 가지 문제曆史研究中的幾個問題」,『베이징대학학보·인문과학北京大學學報·人文科學』1957년 제2기, 5쪽). 판원란은 베이징대학 역사학과에서『중국역사강요』의 비판한 것에 근거하여, 상웨가 책을 편집할 때 역사자료의 인용과 마르크스주의이론을 발췌 인용한 것이 사실의 해석을 부정확하게 한 태도로 설명했다. 판원란의 비판의 핵심은『중국역사강요』가 "중국역사의 다리를 잘라내

고 서구의 역사경험에 적응시킨 것이다."에 있었다. 그 후 판원란은 또
『글은 제목이 어울려야 한다文要對題』라는 문장을 발표하여 상웨의 역사방
법에 대한 비판을 제기했다. 상웨의 판원란에 대한 비판도 학술강의의
방식으로 이루어졌는데, 시간은 판원란보다 2개월 정도가 늦었다.

1957년 5월 2일 상웨는 장쑤 사범학원 역사학과 주임 차이더겅柴德賡과
교무장 장환팅張煥庭의 초빙으로 쑤저우蘇州에서 "역사연구에서의 몇 가지
문제에 대해서關于研究歷史中的九介價値"라는 제목의 학술강연을 했다. 상웨는
강연 중에 판원란의 『중국통사간편』를 비판하면서 "경제와 정치 나아가
사상의식이 피차간에 모두 고립되어 연결이 없고, 여기에 몇 개의 정치
저기에 몇 개의 사상이 있을 뿐이다."라고 하였다. 상웨는 쉬중수의 서주봉
건설을 비평하면서 판원란의 고대사 시대구분의 주장을 돌려서 비평했다.
그는 『중국통사간편』에서의 사료해석문제와 사료운용문제 등에 대해서도
격렬한 비평을 했다. 상웨는 판원란이 베이징대학 강연에서 『중국역사강요』
를 "첨예하게 비판"한 것에 대해서도 반대의 말을 했다. 상웨는 판원란에게
"왜 서구의 어떤 시기는 노예사회인데 중국의 이 시기가 노예사회라고
하면 안 되는가?"라고 반문하고 비평을 하면서 "판원란 동지는 내가 단계를
구분하는 것에 대해 어떻게 획분한 것이냐고 하는데 나는 그가 『중국역사강
요』를 보지도 않고 사람들이 내가 이렇게 주장했다고 하는 것만 듣고
모자를 씌운 것으로 의심된다."라고 추정하였다(『상웨사학논문선집尚鉞史
學論文選集』, 46쪽).

판원란과 상웨는 같은 베이징대학 출신이며 상웨보다 아홉살이 많은
판원란은 국문과 졸업생으로 경학과 『문심조룡文心雕龍』을 주로 연구했다.
판원란은 비록 마르크스주의 역사학자이지만 그는 평생 동안 교학과 저술
을 위주로 하였고, 서재나 강의실을 벗어나 무장혁명을 하지 않았으며,
"문필혁명"을 하였다.

　판원란과 달리 베이징대학 영문과 출신인 상웨는 판원란의 사오싱紹興 동향인 출신 루쉰과 매우 친했다. 졸업 후 상웨는 무장투쟁에 참여했고, 창작과 강의로 생계를 유지했는데, 사학계로 전입한 것은 마흔이 가까울 때였다. 1948년에 상웨가 화베이대학華北大學 이부사지학과二部史地系 주임겸 교수를 맡았는데, 판원란은 화베이대학교 부교장, 역사연구실 주임을 맡았기에 이를 보면 상웨는 끝내 판원란의 아래에 있었던 것을 알 수 있다. 베이핑이 해방된 후에 판원란은 중국과학원 근대사연구소를 건립했으나 상웨는 새로 창립한 중국인민대학에 남았다. 판원란의 통사저작이 상웨의 역사관념에 중대한 작용을 한 것은 분명하다. 판원란과 상웨의 중국통사편저에 대한 다른 견해나 중국고대역사분기에 대한 다른 주장에는 개인적인 원한도 없고 감정적으로 처리한 것도 아니며, 학리적 측면에서의 탐구하는 성격이 컸다. 상웨는 만년에 열심히 『중국역사강요』를 수정했으며 역사학자 리신李新은 그에게 "판원란이 그렇게 했던 것처럼 뜻을 알리지 못하고 죽었을 것이다"라고 했다. 상웨는 리신이 자신과 판원란의 옛 우정에 대해서 언급한 것에 크게 감동했다.

　젠보짠翦伯贊과 상웨는 직업적 관련이 없었으며 개인적으로 친하지도 않았다. 그들 사이에는 분명 학술적인 원한도 없었을 것이다. 1955년에 위핑보俞平伯의 『홍루몽연구紅樓夢研究』를 비판할 때 젠보짠은 상웨의 자본주의 맹아의 몇 가지 관점을 인용하여 『홍루몽紅樓夢』이 나타나게 된 사회역사배경을 논증했다. 베이징대학 역사학과 주임, 중국 사학의 중요한 대표로서 젠보짠은 상웨의 『중국역사강요』에 대한 비판을 시작했다. 그 후에 젠보짠은 『역사연구』에 「"새로 시작한"오랜 사학체계는 여전히 "남은 전통사학계"의 모조품인가?"新昌出來的史學體系還是舊的傳統史學體系的翻版?」란 논문을 발표하여, 상웨의 위진봉건설을 비판하고 상웨의 주장이 타오시성陶希聖의 견해를 계승한 것이라고 비판했다.

『선사시기중국사회연구史前期中國社會研究』,『간명중국통사簡明中國通史』로서 신사학계에서 이름을 알린 뤼전위呂振羽는『역사과학은 반드시 마오쩌둥毛澤東사상의 기초위에서 전진해 나가야 한다歷史科學必須在毛澤東思想的基礎上前進』는 장편논문에서 상웨의 "수정주의"역사학이론을 비판했다. 상웨는 서주봉건설을 주장한 역사학자를 비판할 때 "중국교조敎條"와 "외국교조外國敎條"라는 말을 사용했다. 뤼전위는 차례로 "소위 '중국교조'는 판원란 동지를 가리키는 것이고 소위 '외국교조'는 그것이 지적하는 내용에서 볼 때 아마도 나를 말하는 것 같은데, 옆사람들은 그렇게 논단한 적이 없었기 때문이다-비록 그가 가리켜 말한 것도 원래 나의 뜻과는 차이가 있을지라도"라고 하였다(뤼전위呂振羽「역사과학은 반드시 마오쩌둥毛澤東사상의 기초 상에서 진행해야한다.歷史科學必須在毛澤東思想的基礎上前進」,『역사연구』1960년 제 5기, 38쪽).

마찬가지로 허난河南 동향인 인다尹達는 저명한 고고학자였다.『역사연구』의 주편, 중국과학원 역사연구소의 상무부 소장으로서 인다는 사학계를 잘 알았고, 자연히 상웨의 학문과 사람됨에 대해서 이해했다. 인다는 상웨를 비판하는 문장을 쓰지 않았으나 상웨에 대한 비판에 참여하기도 했다. 1966년『홍기紅旗』잡지에 인다가 1964년의 중요한 문장「반드시 사학혁명을 끝까지 진행시켜야 한다.必須把史學革命進行到底」를 발표했다. 인다는 자신이 "지명해서 비평을 진행하지 않았다."고 하고 하였으나 거기에서 나열된 현상을 분석해 보면 상웨에 대한 비평을 반드시 해야 했다. 인다가 제출한 소위 "사학혁명"이라는 것은 역사학영역을 혼란하게 하는 부정적인 작용을 야기시켰다. 인다는 만년에 상웨 학술좌담회에서 "나는 그의 동지일 뿐 아니라 학우로 또한 비교적 친밀하고 서로 깊이 알았기에, 그에 대한 불공평한 처사와 오랫동안 곤란한 처지에 대해 나 자신이 항상 모종의 책임감과 양심의 가책을 느꼈다."고 하였다(『상월사학논문선집尚鉞史學論文

選集』, 4쪽). 인다의 "양심의 가책"의 구체적인 원인이 무엇인지 그는 설명하지 않았으나, 상웨가 불공평한 대우를 받은 것이 인다와 관련이 깊이 있는 것 같다.

상웨가 새로운 설을 세운 것이 종종 신사학계의 주류인물들에게 받아들이지 않은 것은 이해하기 어려운 일이다. 역사학과 정치의 거리가 가장 멀다는 것은 시간의 각도에서 관찰한 것이며 현실정치의 연원에서 분석해보면 역사학은 다시 정치와의 거리가 가장 가깝다. 역사인물 혹은 사건을 현실에 견강부회하는 문제에서 쉽게 역사와 정치, 학술연구와 정치이론을

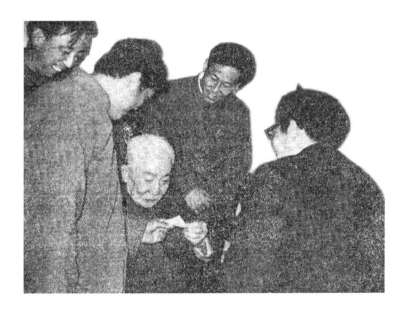

1981년 상웨와 대학원생들이 함께 있다. 만년에 상웨는 옛 저작을 정리하는 것, 제자들을 가르치는 것, 새로운 작품을 저작하는 것의 세 가지 측면에서 자신의 학술을 전개했으나, 생의 마지막 시기에 상웨의 역사학연구는 크게 빛나지 못하고 사라져버리고 말았다. 이는 중국사학계의 큰 아쉬움이라고 할 수밖에 없다.

끌어당겨 섞어버리면, 그 중에 있는 학자들은 아무런 가치도 없는 시비를 가르는 논쟁에 빠르게 빠져들었다. 학술행위가 상대적으로 자유로운 공간에서 열리면 다양한 학술 논쟁은 정상적인 것일 뿐이다. 하지만 일단 정치가 자발적으로 학술활동에 개입하거나 학술행위를 주재하면 학술은 자연히 정치의 부속물이 되어 주변으로 밀려난다. 독립적인 의식을 갖춘 학자는 아마 이러한 사고를 이해하기 어려울 것이다.

상웨는 1950년대의 창조적 사고로 (당시) 제출하였던 새로운 학설이 사학계에서 받아들여졌다고는 보지 않았는데, 해방구에서 대도시로 전입한 마르크스주의 역사학자의 관성적 사유의 연속성은 발전 과정에서 새로운 학설을 창조할 수 없었다고 설명하였다. 학습을 중시하고 수정을 중시하여 본질적인 의미에서 깊은 탐색을 소홀히 하였으니, 이는 무의식중에 자신의 사고를 멈추게 했던 것이다. 자본주의 생산요소의 맹아는 상웨가 건국 이후 제출하였고, 비교적 광범위하게 영향을 미쳤던 학술관점이다. 재능을 남김없이 드러낸 예봉을 휘두르는 학술적 기세로 인해 상웨의 역사학 연구는 영원히 공화국 역사학의 금자탑에 새겨졌다. 그가 겪은 고생은 세월에 따라서 사라졌고, 상웨의 탁견과 심원한 격식 및 학술의 새로운 영역을 개척한 것은 역사학계의 모든 계승자들을 영원히 감동시켰다. 우리는 1950년대 중국사학계의 파란만장한 세월을 상웨라는 사학자의 굽히지 않는 기개와 위업에 숙연한 마음을 갖지 않을 수가 없다. 그의 바른 태도, 예지, 웅변과 논쟁, 그의 사상과 지혜, 그의 걸출한 학술유산은 영원히 중국역사학계에 전승되었다. 우리는 상웨라는 사학자의 특수성을 해석하면서 동시에 소설가로서의 어떤 일렁이는 영감과 지혜도 느낄 수 있지 않는가? 젊은 시절 일찍이 루쉰의 인도와 가르침을 받은 상웨의 80년 인생 가운데 그의 강직한 성격에 배인 "루쉰식"의 기질이 진정 느껴지지 않는가?

31

최고의 이론은 그 깊이를 측정하기 어렵다

● 허우와이루侯外盧 학기 ●

　마르크스주의 역사학자 진영에서 사상의 깊이가 다르고, 이론 수양의 정도가 다르고, 사승의 주고받음이 다르며, 개인이 재능과 타고난 자질이 천차만별인데, 학술성취는 각각 저마다 자신의 특성을 갖고 있고, 우열을 나누기 어려운 상황 아래에서는, 학술연구의 풍격 의 문제도 있을 수 있다. 중화인민공화국 초기 1950년대에 사학계에 "5대인물五老"로 공인된 궈모뤄, 판원란, 허우와이루侯外盧1903-1987, 젠보짠翦伯贊, 뤼전우呂振羽의

학술 풍격은 모형模型으로 만들어진 것이 아니다. 궈모뤄의 전문가다운 당당함, 판원란의 빈틈없는 통달함, 허우와이루의 이론적 난해함, 젠보짠의 철리哲理 사변思辨, 뤼전위의 간결하고 유려함은 동시대 학자, 그리고 후배 학자들에게 매우 깊은 인상을 주었다.

사학의 "5대인물" 중에서 허우와이루는 1987년 9월 14일에 세상을 떠남으로써, 마르크스주의사학 대가 중 가장 나중에 세상과 이별을 하였다. 허우와이루의 죽음은 제 1대 마르크스주의역사학자 진영의 종결을 나타낸다. 그들이 개창하였고, 사회와 시대의 특징이 농후한 저작들은 이미 현대 중국사학사 위에 가만히 새겨 넣었으며 끝내 종결시킬 수 없었던 것은 그들이 역사의 긴 강줄기에서 시대와 같이 전진하고, 학술의 핵심을 투시하

1930년 하얼빈에서의 허우와이루. 27세의 허우와이루는 하얼빈법정대학哈爾濱法政大學에서 "경제사상사"를 가르쳤고, 『자본론』을 다시 번역하였다. "9.18"사변이 폭발하고서, 허우와이루는 민족운명의 중요성을 절절히 느꼈으며 이를 사학적으로 깊이 사고하게 되었다.

는 사변정신을 씻어내고 방출하는 것을 견뎌낸 것이었다. 성과를 거둔 사학자 허우와이루는 학술개성이 선명하고 저작의 풍격이 남달랐다. 허우와이루가 마르크스주의경전 이론의 주도권을 쥐고서 사람들과 논전할 때의 학술적 자신감이 후배 학자들에게 준 시범적 효과는 거대하였다. 이는 허우와이루가 역사학계에 남긴 중요한 학술문화유산이라고 보아도 될 것 같다.

궈모뤄와 허우와이루, 둥베이해방구東北解放區로 가는 화중륜華中輪에서. 이 두 사학 대가는 자신의 학문에 기대어 공화국의 서광이 비치기 직전에 둥베이로 갔는데, 가슴은 신사학新史學에 대한 깨달음과 환상으로 충만하였는데, 이후 각자의 학술 성취는 바로 이 점을 잘 설명해준다.

허우와이루의『중국봉건사회사론中國封建社會史論』(1927년판), 『중국사상
통사中國思想通史』(1950년판)의 사진 인쇄물. 이 책들은 허우와이루 학술인
생의 대표적인 중요 저작이다.

허우와이루의 역사학은 엄격한 의미에서의 사승 계통은 없다. 산시山西
핑야오平遙 출신의 허우와이루는 1922년, 19살의 나이로 베이징법정대학北
京法政大學과 베이징사범대학北京師範大學에 선발되었다. 학술분위기가 결코
농후하지 않은 산골에서 당시 학술문화의 중심인 베이핑에 진출한 것은
확실히 허우와이루 일생의 중요한 전환점이 되었다. 허우와이루는 대학에
서 법학을 전공하였는데, 20년대 사학계에 일어난 의고변위疑古辨僞의 사조
가 법률을 전공한 학생에게 도대체 어느 정도의 영향을 미쳤는지는 매우
흥미로운 화제다. 훗날 허우와이루의 역사연구는 이 결과에서 보면, 명스승
으로부터 직접 듣거나 배우거나 하지는 않았을지라도, 대학생일 때의
허우와이루는 충분히 역사학계의 학술논쟁에 주의를 기울이고 있었고,

그 자신이 역사에 대한 흥미가 가득했다고 단정할 수 있다. 24세에 허우와이루는 법학, 외국어의 성적이 우수하여 프랑스로 유학을 가게 되었다. 유학하는 동안에 허우와이루의 학술 지향은 법학과 정치경제 방면에 집중되는 것 같았다. 1920년대 중국 유학생들은 대체로 외국어 수준이 훌륭하고, 학업에 전문분야가 있었다. 3, 4년의 간판을 따는 시기를 지난 후에 그들은 정치, 혹은 군사, 혹은 학술 영역에서 모두 영웅호걸의 뜻을 품었다. 허우와이루도 물론 예외가 아니었다. 프랑스유학 기간에 허우와이루의 목적은 개인의 힘으로『자본론資本論』전편을 번역하는 것이었다. 1827년부터 1930년까지 허우와이루는 프랑스에서 3년을 공부하였다.『자본론』을 깊이 탐구하고 번역을 시도한 덕분에 젊은 허우와이루는 추상적 이성사유능력을 갖출 수 있었다. 신계몽주의의 고향에서 몽테스키외, 루소, 볼테르와 같이 세계문화역사 과정에 영향을 미쳤던 위인들을 탄생시킨 나라에서, 허우와이루는 인류사회의 정신 재부와 문화적 영양분을 마치 목마른 자가 물을 마시듯 빨아들였다. 동시에 허우와이루는 국내 학술계의 발전 경향에도 관심을 가졌고, 자신이 섭렵하는 지식과 학업의 전공이 가능한 한 이러한 발전 경향과 서로 일치할 수 있도록 하였다. 이것으로 볼 때, 30년대의 사회사논전에서 허우와이루가 혜성처럼 출현한 것은 그가 프랑스에서 유학할 때 이론에서 심오함을 쌓고 학문수양을 두터이 한 것과 밀접한 관계를 갖는다.

1930년, 27세의 허우와이루는 학업을 마치고 귀국하여 베이핑대학, 베이핑사범대학에서 교편을 잡았다. 그는 열기가 한창인 중국사회사논전에 적극 참가하였다. 허우와이루가 프랑스에서 돌아온 그 해에 궈모뤄는 역사학계를 경탄시킨『중국고대사회연구中國古代社會研究』를 출판하여 학계에 센세이션을 불러일으켰다. 허우와이루는 만년에 회고록에서 매우 자연스럽게 궈모뤄의 저작을 언급하였다. "궈선생은 대량의 사료를 장악한 기초 위에서, 역사 유물주의 관점과 방법을 운용했고, 중국고대사회의 경제, 정치, 그리고 사상문화를 체계적으로 연구하였으며, 처음으로 중국의 고대에도 마찬가지로 노예제사회가 존재했음을 제기하고 논증하였다."[1] 역사학계에서 사승관계를 갖지 못한 허우와이루가 학업에서 성취할 수 있었던 것의 전제조건은 왕궈웨이, 궈모뤄를 사숙私淑하여 사학연구에 들어선 것이었다. 허우와이루는 처음부터 곧장 사회사논전에 바로 들어갔는데, 필요한 사례연구를 거치지 않았기 때문에 그의 논문은 되도록 방어가 허술한 곳을 공격하고 어려운 것은 피하고 쉬운 것을 고른 것이었다. 이런 의미에서 허우와이루와 궈모뤄는 학술 차이가 매우 크게 벌어졌고, 더욱이 왕궈웨이는 논할 수조차 없다.

궈모뤄는 심후한 국학기초와 일본에서 한 10년간의 사학 연구로, 사학계에서 전문가로서 입지를 얻었다. 갑골문甲骨文, 금문金文, 선진사先秦史 등은 궈모뤄의 통쾌한 전문가의 기상을 구성한 학맥學脈이 존재하는 곳이다. 독창적인 전문 영역을 깊이 파고들어가는 것에 입각하여, 궈모뤄는 비로소 높은 지붕 위에서 병에 든 물을 쏟는 듯한 필력으로 중국 고대에 노예사회가 존재했었다는 뛰어난 사식史識을 그려낼 수 있었다. 궈모뤄와 달리, 그보다 11세나 어린 허우와이루는 추상이론으로써 상대방을 제압하는 연구노선을 걸었다. 허우와이루의 학술 사승은 학술활동에서 세워진 것이다. 그는 궈모뤄로부터 매우 큰 영향을 받았다. 만년에 그는 이렇게 회상하였다. "나 자신으로 말하자면, 궈선생님 저작의 계시 아래 고대사연구를 마찬가지로 시작하였다. 궈선생님이 후학을 깨우쳐 인도하여 큰 공헌을 하셨으니, 그분은 중국 신사학의 기초자라 일컬을 만하다."[2] 자신이 어떻게 역사연구

---

1) 包導信 主編, 『中國哲學』第九輯, 生活・讀書・新知三聯書店, 1983, 522쪽.
2) 包導信 主編, 앞의 책, 522-523쪽.

를 시작하게 되었는가를 말할 때, 허우와이루는 1946년에 쓴 「중국고대사회
사론자서中國古代社會史論自序」에서, "나는 이 한 가지 과학을 15년 탐색하였
다. 중심 관건에 대하여 모두 엄밀한 사고를 하였고, 매 기초논점의 결론에
대해서는 모두 자신의 견해를 제출하였다. 그러나 내가 이 연구 작업에
종사한 것에는 의거하는 바가 있다. 하나는 왕궈웨이 선생과 궈모뤄 동지를
뒤따른 것, 둘은 아시아생산방식논전의 실마리를 계승한 것이다. 나는
이 두 방면에서 하나의 통일된 인식을 얻고자 힘썼다."라고 하였다. 허우와
이루의 역사연구의 기백은 웅대하고, 담력과 식견 또한 뛰어났다. 허우와이
루 자신의 견해에 따르면, 그는 왕궈웨이, 궈모뤄의 뒤를 따랐다. 왕궈웨이
는 근대사학의 공인된 창시자이고, 그의 연구는 현대에 흥기한 각종 주요
학과 부문을 거의 포괄한다. 그는 갑골학, 문자학, 음운훈고학, 상주고대사,
금석학, 고기물검정, 고적비판교감, 둔황학, 몽원사 등 모든 영역에서 타의
추종을 불허하는 깊이 있는 연구를 하였으며, 무수한 성과를 내었다. 왕궈웨
이는 평생 온힘을 다하여 역사연구에 종사하였다. 학술이 이미 왕궈웨이
생명의 일부분이 되었다라고 할 수 있다. 그러나 왕궈웨이의 뒤를 따랐다는
허우와이루는 왕궈웨이가 개척한 학술영역에서는 그다지 연구 실적이
없었다. 전문화된 연구를 할 시간이 그다지 없었고, 유명한 스승으로부터
전수받지도 못한데다가 국학 기초가 부실하여, 허우와이루는 사회사논전
에서 많은 것을 구하고 널리 하는 데 힘쓰면서, 속전속결하려는 심리상태가
남김없이 드러났다. 왕궈웨이, 궈모뤄 학술 영역으로부터 따로 새로운
길을 개척하고 이론사변理論思辨이 뛰어났던 것은 허우와이루가 내부에
쌓아서 외부로 드러낸 일대 풍격이다. 그의『중국고대사회사론中國古代社會
史論』,『중국봉건사회사론中國封建社會史論』,『중국사상통사中國思想通史』,『송
명이학사宋明理學史』등의 저작은 이론사변과 역사를 관통한 것이 주요
특징이었다.

사관학파의 대표적 학자로서 허우와이루는 다방면에 학술공헌을 하였
다. 만년에 자신이 감개무량하게 자신의 사학연구의 길을 회상하면서,
자신이 역사학 영역의 공헌은 주로 생산방식이론의 탐구, 아시아생산방식
과 중국고대사회의 연구, 봉건사회사연구의 3개 방면에 반영되어 있다고
하였다. 생산방식이론에 대하여, 허우와이루는『자본론』과 마르크스의
수고手稿 연구로부터 착수하여 다음을 알게 되었다. 즉 생산방식은 역사상
특정 사회형태의 근본 요소를 결정하는데, 이는 반드시 일정사회형태
중에 통치 지위를 차지하고, 그 내용은 특수한 생산자료와 특수한 노동자,
이 양자의 특수한 결합방식을 드러낼 수 있다는 것이다. 중국고대사회
연구 과정에서, 허우와이루는 아시아생산방식을 탐구했고, 고대 씨족제의
잔존과 가家, 실室의 의의, 중국 "도시국가城市國家"의 기원과 발전 및 고대
선왕 관념을 연구하였다. 봉건사회사의 연구에서 그는 독자성을 가진
5개 학술주장을 제출하였다. 그는 다음과 같이 생각하였다. 중국봉건제의
발생에서 형성까지는 전국 중엽에서 진한 교체기이고, 그 표지는 봉건제의
법전화가 형성된 것이다. 봉건사회의 토지점유는 국유제의 형태에서 출현
한 것이고, 이 토지점유형태 아래 토지점유자는 호족豪族 지주와 서족庶族
지주로 나눌 수 있다. 중국 자본주의 맹아는 명대 가정嘉靖, 만력萬曆 시기에
출현하였다. 농민전쟁의 강령구호는 다른 시기 농민전쟁의 투쟁 특징과
수준을 대표한다.[3] 허우와이루의 학술주장은 예외없이『자본론』을 깊이
연구하는 것으로 그 목적이 수렴되었다. 그는 마르크스주의 경전 이론과
중국 역사의 실제를 비교적 잘 결합하여 연구하여, 매우 개성 있는 학술
풍격을 형성하였다.

---

[3] 侯外盧, 「我對中國社會的研究」, 『歷史研究』1984年 第3期.

역사학자 젠보짠翦伯贊. 허우와이루의 학술 쟁우이고, 1950년대 중화인민공화국 신사학의 핵심 인물 중 하나다.

『자본론』 제1권 상책 중역본의 표지와 역자의 말(1932년 출판). 허우와이루의 학술연구에서 나타나는 "심오함"과 "난해함"은 그가 청년시절에 프랑스에 유학하고『자본론』을 연구하고 번역한 것과 관계가 깊다. 바로 이와 같기 때문에 허우와이루 사학 저술은 독특한 풍격을 구성하였다.

국민당의 최고 선전 도구 『중앙일보中央日報』에 실린 『자본론』 발행 광고

마르크스주의 사학자 중에 궈모뤄를 사숙私淑한 허우와루는 젠보짠을 학술 쟁우諍友로 여겼다. 이 점을 허우와이루는 애매하게 하지도 않았고, 숨기지도 않았다. 젠보짠은 후난湖南 탸오위안桃園人인으로 위구르족이다. 젠보짠은 허우와이루보다 5세 연상이다. 1919년 21세의 젠보짠은 우창상업전문학교武昌商業專門學校를 졸업하였다. 1924년 젠보짠은 미국 캘리포니아 대학에서 경제학을 전공하였다. 그는 자신이 접한 칸트, 헤겔, 마르크스, 엥겔스의 저작에 대하여 비교적 깊이 있게 연구하였다. 40세 무렵 입당하기 전에, 젠보짠은 북벌에 참가했었고, 베이징, 톈진, 상하이, 닝보 등 대도시에서 이론선전사업에 종사했었다. 젠보짠은 국민당 요인인 펑위샹馮玉祥의 역사 교습을 담당했던 적도 있었다. 1930년대에 그의 중요 저작은 『역사철학교정歷史哲學教程』이다. 이는 중국에서 초기에 비교적 체계적으로 역사유

물주의 근본 원리를 다룬 전문서적이다. 젠보짠은 경제학의 시각에서 사회사논전에 투신한 것과 허우와이루가 법학의 각도에서 논전에 참여했던 것은 방법은 다르나 같은 결과를 낸 절묘함이 있었다. 마르크스주의 이론 수양 방면에서 이 두 사람의 개척성은 똑같다. 허우와이루는 자신의 회고록『질긴 추구韌的追求』에서「젠보짠의 풍격翦伯贊的風格」이란 장절을 특별히 써서, 그의 학자인격에 대한 자신의 탄복을 나타냈다. 허우와이루는 "나와 보짠은 중국고대사분기, 고대생산방식, 봉건사회토지제도 등 일련의 문제에서 차이가 매우 컸고, 이는 널리 알려진 일이었다." 라고 하였다. 더 나아가 "판원란의『중국통사간편中國通史簡編』 출판 전의 몇 년간, 고대사 시대구분 문제에 관하여, 내가 마음속으로 논박하는 중심 실력자는 젠보짠이다. …… 매번 이 문제를 거론할 때마다 내 마음 속의 서술대상은 나도 모르게 젠보짠을 가상하게 된다. 물론 젠보짠과 동조자로 끌어들인 뤼전위도 있다."고 하였다. 허우와이루의 이 진실한 회고는 젠보짠이 원한을 품은 채 자살한 15년 후로, 그 자신도 인생의 만년에 들어갔다. 젠보짠의 생전에 허우와이루가 이를 언급했던 적이 있었는지 여부는 우리가 알 길이 없다.

　허우와이루가『자본론』을 편역한 공력과 학식으로써 역사연구에 종사할 때, 왕왕 괜스레 명쾌한 언어를 심오하고 난해하게 하여, 힘들게 답을 구했다. 허우와이루의 연구서를 읽는 것은 젠보짠의 글을 읽는 것보다 수월하지 않다. 허우와이루의 사학논문이 난삽하고 난해한 것은 유명했다. 과거 항일전쟁 시기에 저우언라이周恩來가 충칭에서 다른 사람의 입을 빌려 허우의 문장이 이해하기 어렵다고 지적했던 적이 있다. 건국 후에 류사오치劉少奇도 허우와이루와 만났을 때 그의 논저가 이해하기 어렵다는 이야기를 화제로 했었다. 허우와이루는 1962년 설날, 인민대회당 간담회에서 류사오치를 본 것을 회고하였다. 류사오치는 "허우와이루 동지, 당신의 저작은 적지 않소, 몇 편은 대작을 썼는데, 이해하기 어려우니, 조금만 통속적으로 하는 것이 좋겠소."라고 하였다. 허우와이루는 "내가 쓴 것이 나쁘니 개정을 준비하겠습니다."라고 하였다. 류사오치가 계속 말하기를, "바꿀 필요는 없소, 이대로가 좋소, 자신의 풍격을 유지하는 것 또한 시대의 인상 아니겠소!"라고 하였다.4) 린간취안林甘泉은 『철인은 시들지 않고, 도량은 여전히 존재한다 - 허우와이루 동지를 추모하며哲人不萎, 風範長存-悼念侯外廬同志』에서 류사오치가 허우와이루 면전에서 그의 저작이 이해하기 어렵다고 했던 일사軼事를 언급하였다. 그러나 린간취안은 이 일이 1963년, 중국과학원 철학사회과학학부위원회 제4차 확대회의 기간에 중앙의 지도인사들이 일부 전문학자들을 접견할 때에 있었다고 기록하였다. 이치에 맞춰 추측하자면, 루사오치가 허와이루의 면전에 대고서 두 해에 걸쳐 그의 저작이 이해하기 어렵다고 할 리는 없다. 린간취안은 허우와이루의 회고록을 취하지 않고, 따로 자기의 말을 주장한 것인데, 근거가 달리 있는 것이라고 생각한다. 허우와이루의 만년의 기억도 어쩌면 부정확한 데가 있을 수 있다. 여기에서 잠시 두 가지 설을 병행함으로써 가려보고자 한다.

당대인이 마르크스주의역사학자 집단을 새롭게 평가하고 인식할 때, 허우와이루와 같이 색다른 학술품격을 갖춘 사학자 집단을 사상사학파思想史學派라고 부른다. 그 대표적 저작은 『중국고대사상학설사中國古代思想學說史』, 『중국근세사상학설사中國近世思想學說史』, 『중국사상통사中國思想通史』, 『송명이학사宋明理學史』이다. 이 사상사학파의 학술중진은 당연히 허우와이루다. 허우와이루의 학술 취향과 서로 비슷한 사람으로는 두궈샹杜國庠, 자오지빈趙紀彬, 추한성邱漢生, 천자캉陳家康, 바이서우이白壽彝, 양룽궈楊榮國, 양샹

---

4) 包導信 主編, 앞의 책, 527쪽.

쿠이楊向奎가 있다. 두궈샹, 자오지빈, 류한성, 천자캉의 철학사상사 연구성
과가 탁월한 것은 논할 필요가 없다. 바이서우이는 저명한 민족사학자이다.
그는 중국교통사, 중국민족사, 중국사학사, 중국통사, 사학이론 등 분야에
서 매우 깊이 있는 연구를 하였다. 그가 주편한 『중국통사강요中國通史綱要』
는 허우와이루의 『중국고대사회사론』, 『중국봉건사회사론』을 학술의 핵
심으로 삼았다. 허우와이루도 80년대에 판매량이 대단했던 이 통속역사물
의 편집위원회의 고문이었다. 90년대 말 출판된 『중국통사』로, 바이서우이
는 역사학계에 막중한 공헌을 하였다. 양샹쿠이는 구제강의 제자로서,
고사변파의 유력 학자다. 그도 『우공禹貢』에서 활약하였다. 양샹쿠이가
언제 허우와이루의 사상사학파에 가입했는가는 자세히 알 수 없다. 1990년
대에 양샹쿠이는 『청유학안淸劉學案』편찬을 주관했었는데, 이는 그의 사상
사학파 배경과 무관하지 않겠다. 양룽궈는 후난대학湖南大學 재직시 저명학
자 양수다로부터 학문에 기초가 없고, 배운 것은 없는데 재주만 있다는
비판을 받았다. 양룽궈의 중국철학사연구는 정치에 영합하여 추앙을 받았
고, 학술계에서 그의 명성이 사라진 것은 도리에 맞다. 요컨대 허우와이루를
학술의 지도자로 삼았던 사상사 학파는 비록 자청했던 것은 아니지만,
이 학파 내에 좋은 것과 나쁜 것이 뒤섞여 있던 것 또한 사실에 부합할
것이다.

유유히 흐르는 강물長水에 그 사람을 새긴다

● 탄치샹譚其驤 학기 ●

서한 반구班固의 『한서·지리지漢書·地理志』부터 청나라 구쭈위의 『사방과 기요를 읽고讀史方輿紀要』, 구옌우의 『천하군국이병서天下郡國利病書』까지 중국고대 역사지리연구는 시종 연혁사 방식을 탈피하지 못하였다. 1930년대 발전하기 시작한 구제강, 웡원하오翁文灝, 탄치샹譚其驤, 왕융王庸 등 학자를 대표로 하는 "북도학파北圖學派"는 고대 역사지리학을 연혁사에서 과학적인 중국고대지리학 체계로 발전시켰다. 한 평생 고대역사지리연구가 사명

이었던 푸단대학 교수 탄치샹 선생은 그 학과체계를 세운 데에 특히 공이 많았다.

탄치샹1911-1992의 자는 지룽季龍이고 저장 자싱嘉興인이다. 자싱 탄씨는 그 지역의 명망 있는 집안이라고 할 수 없으며 탄치샹의 조부 탄르썬譚日森, 아버지 탄신룬譚新潤도 유명한 사람은 아니다. 비록 탄르썬, 탄신룬 부자가 모두 일본 유학 경험은 있었지만 귀국 이후에 곧 일반 공직에 있었을 뿐이었다. 그러나 부친, 조부가 역사문학을 좋아한 것은 탄치샹에게 깊은 영향을 미쳤다. 부친 탄신룬은 시를 짓고 사詞의 격률格律에 따라 사를 짓는 것을 좋아했으며 일찍이 남사南社의 회원이었다. 남사는 저명한 시인 류야즈柳亞子 등이 창립했다. 류야즈의 부인 정페이이鄭佩宜는 탄르썬譚日森의 이질녀姨姪女인데 이러한 관계 때문에 탄르썬이 남사에 들어갔는지는 모른다. 비록 탄르썬이 유명한 시인은 아니었지만 그는 자식들을 위해서 『만호려집鬱孤廬集』이라는 정신적인 유산을 남겼다. 이것은 탄치샹의 인생에서 학문을 배우기 시작하면서 받은 최초의 가정교육이라고 할 수 있다. 탄치샹은 같은 해에 출생한 많은 학자들처럼 신식 학당교육을 받았다. 탄치샹은 신원소학愼遠小學에서 3학년까지 다닌 후에 현립제일고등소학에 편입하여 들어갔다. 12세에 고등소학을 졸업한 탄치샹은 자싱기독교회에서 창립한 슈저우중학교秀州中學에 입학했다. 중학교를 일년간 다니다가 고급중학에 들어가서 15세도 되지 않은 나이에 중학 생활을 끝내고 상하이대학 사회학과에 입학했다. 상하이대학에 오래 있지 못하고 탄치샹은 또 상하이 지난대학 중문학과에 입학했다. 지난대학은 탄치샹 학술인생의 출발점이었다. 만약 탄치샹이 아버지 탄르썬譚日森의 유지에 따라서 문학창작에 종사했더라면 1920년대 지난대학의 교사들의 풍부한 능력에 힘입어 유명한 문학가가 될 수 있었을 것이다. 지난대학 중문과 교수로는 샤멘쭌夏丏尊, 샤옌夏衍, 린위탕林語堂, 위상위안余上沅이 있다. 샤멘쭌의 뒤를 이어 중문과 주임이 된 천중판陳鍾凡은 구학문을 제창하였기 때문에 탄치샹은 세워진지 얼마 되지 않은 역사 사회학과로 옮겼다. 학과 교수인 쑨번원係本文, 덩추민鄧初民, 판광단潘光旦, 저우촨루周傳儒, 왕융王庸, 쉬중수, 팡좡유方壯猷는 모두 훗날 저명한 학자들이 되었다. 저우촨루, 왕융, 쉬중수, 팡좡유는 모두 칭화국학연구원 졸업생이었다. 저우촨루는 중서교육사연구를 중히 여겼고 왕융은 중국고대역사지리학연구에 통달하였으며 쉬중수는 갑골문, 금문과 선진사를 전공하여 탁월한 성과를 냈다. 팡좡유는 왕궈웨이의 만년의 몽원사, 고대동방민족사연구를 계승했으며 또 프랑스 저명한 한학자 폴 펠리오를 스승으로 모셔 중국도시사영역에 대해서도 깊이 연구했다. 이 칭화국학연구원의 중요한 제자들은 엄격하고 착실한 학문스타일로 탄치샹이 역사학연구의 길을 걷는 데 무의식 중에 감화 작용을 하였다. 지난대학교에서 탄치샹이 장래에 학술의 길을 걷는데 직접적인 역할을 한 학자는 사회학자 판광단潘光旦이었다. 판광단의 대표작의 하나인『명청 자흥의 망족明清嘉興的望族』은 지연, 혈연, 족연의 각도에서 구역의 종족, 가족사를 연구한 중요한 저작이다. 탄치샹은 판광단의『명청 자흥의 망족』의 작성을 위해『탄씨가보譚氏家譜』의 자료를 제공했다. 판광단은 사회사의 각도에서 지역인구의 변천사를 연구하였는데, 이는 탄치샹이 훗날 역사지리학을 연구하게 된 원인 중의 하나이다. 탄치샹의 지난대학의 졸업논문『중국이민사요中國移民史要』는 판광단이 지도한 것인데, 판광단은 문장 속에서 붉은 색으로 평을 해주었다. 1930년 탄치샹은 지난대학을 졸업했으며 학과주임 천징陳憬의 추천으로 옌징대학 연구생으로 입학했으니, 그의 역사학 연구생애가 정식으로 시작되었다.

판광단潘光旦(1899-1967)은 옛 칭화대학의 "공훈" 교무장이자 사회학자이며 중국 사회학의 시조다. 페이샤오퉁費孝通도 역시 그의 제자이다. 판광단과 우원짜오吳文藻, 우쩌린吳澤霖 등은 사회학의 일대 학술대사였다.

『중국이민사요中國移民史要』의 표지이자 첫 페이지. 첫 페이지에서 서표는 판광단이 쓴 것이고, 표지의 글은 저우이량周一良이 쓴 것이다. 이 저작에서 우리는 탄치샹이 인구지리와 민족변천, 지역문화의 학술이념을 연구했다는 것을 발견할 수 있는데, 탄치샹은 곧이어 자신의 논저에서 이러한 방면에 대해서 하나하나 열거하여 논하였다.

1930년 여름 탄치샹(중간)의 지난대학暨南大學 졸업사진. 상하이 지난대학의
특징이 신기상, 신학술, 신방법이 된 것은 새로운 학문을 전공한 칭화학파의
청년 교수들이 모여 있었기 때문이다. 졸업할 때의 탄치샹은 호방한 기개가
왕성하며 학술생활에 대한 열망으로 충만해 있었다.

　저명한 역사학자 구제강과 교제하고 학문을 연구한 것이 탄치샹이 역사
학계에 들어가게 된 관건이었다. 탄치샹의 지난 대학의 스승 천징陳憬은
구제강의 학술친구였는데, 탄치샹이 공부할 때 항상 탄치샹 앞에서 구제강
의 "고사변"학설을 얘기하고 구제강의 학문에 대해서 아주 높이 평가했다.
탄치샹이 옌징대학 연구원에서 합격동의서를 받은 후 천징은 구제강에게
편지 한통을 보냈다. 탄치샹은 천징의 소개서를 받아서 신입생으로 등록할
때 구제강을 방문했다. 당시 38세의 구제강은 역사학계의 저명한 학자로서,
옌징대학에서 역사학과 교수를 맡은 외에 중앙연구원 역사어언연구소의

특약 연구원을 맡고 있었다. 구제강은 자신보다 18세 어린 탄치샹의 방문을 기뻐했으며 이것은 탄치샹이 당초 예상하지 못한 것이었다. 구제강의 『상서尚書』 연구 강의에서 구제강이 나누어 준 강의 노트의 서한西漢, 동한東漢 십삼주제十三州制가 혼잡했기 때문에 이것으로 두 사람 간의 논쟁이 일어났다. 탄치샹은 원래 구두로 구제강에게 자신의 비평을 말했는데 구제강이 탄치샹에게 자신의 관점을 서면으로 작성해서 오라고 할 줄은 몰랐다. 구제강선생의 의견에 따라서 탄치샹은 『한서漢書』, 『후한서後漢書』, 『진서晉書』 등의 지리지 부분을 열람했으며 비교적 상세하게 사료로 구제강의 『상서尚書』 연구 강의 노트에서 소위 13부部가 서한의 제도가 아니라는 것을 증명했다. 구제강은 이 편지를 보고서 그 중에 정확한 부분도 있지만 잘못된 부분도 있다고 생각했고, 그는 다시 자신의 평가 의견을 제출했다. 구제강과 탄치샹은 논쟁하면서 기본적으로 한대의 주제州制를 해명했다. 이 논쟁은 탄치샹의 학술운명을 바꿔놓았을 뿐만 아니라 중국역사지리학에 학술거성을 만들어냈다. 80년대 초기에 이미 중국역사지리학연구의 권위자였던 탄치샹은 구제강이 자신에게 보낸 회신을 공개발표해서 사별한 스승을 기념했다. 탄치샹은 문장에서 애틋하게 "(구선생님)"은 서신에서 어휘가 그렇게 겸손하고 간절하였고 자신을 권위자로 자칭하지 않았으며 완전히 나를 평등한 논쟁자로 대해 주셨다. 이것은 얼마나 진실하고 감동적인 도량인가!'라고 하였다. 구제강이 자신의 학술연구에 미친 영향에 대해서 말할 때 탄치샹은 감격하며 "이 논쟁을 통해 젊은 내가 역사지리학에 깊은 흥미를 느끼게 되었으며, 또 내가 연구작업을 하는 능력도 키우게 되었다. 이는 내가 훗날 대학에 적임한 교사가 되고 학술계에서 성취를 얻을 수 있는데 큰 역할을 했다."고 하였다.[1] 뒤이어 구제강은 옌징대학에서

---

1) 葛劍雄, 『悠悠長水─譚其驤前傳』, 33쪽.

『우공禹貢』 반월간을 창립하고, 전문적으로 역사지리를 연구했다. 이 간행물의 발간사는 구제강과 탄치샹이 합작해서 저술한 것이다. 탄치샹은 『우공禹貢』 반월간 창립시기의 유일한 편집자인데, 이로부터 구제강이 탄치샹의 재능을 얼마나 높이 평가했는지 알 수 있다. 그러나 구제강과 탄치샹 사이에는 『우공禹貢』 반월간을 창립하면서 불화가 시작되었다. 이것은 주로 두 사람의 성격이 달랐기 때문이었다. 구제강은 명성이 있으므로 학문을 하는데 많고 넓은 것을 좋아하며 문제를 생각하는데 있어서 왕왕 대국적인 견지에서 보며 학술 고증의 작은 부분에 구속되지 않았다. 동시에 쉽게 조급해지고 고집스러워서 타인과 어울리기 어려웠다. 반면 탄치샹은 연구생이며 20세 젊은 나이였기에 학술계에 아무런 지위도 없고 자신의 학술연구는 단지 시작일 뿐이어서 매일 문고편집만 하고 다른 사람의 문장 교정요원을 하게 되니 옌징대학 연구원에서 하는 일에 연구생인 탄치샹은 당연히 불만을 갖게 되었다. 게다가 탄치샹은 미세한 것의 고증을 중시했고 대담하면서 적절하지 않은 문제에 대해서는 전혀 흥미가 없었으므로 구제강과 탄치샹 사이에서 학술의 원류에 대해 불완전한 학술 논쟁이 있었다. 머지않아 탄치샹은 남하해서 광저우로 가서 학해서원學海書院에서 교직을 맡았던 동시에 계속 『우공禹貢』 반월간에 투고했으며 구제강과 "화이부동和而不同"한 학술우정을 지켰다. 건국 후 구제강은 장쉰章巽과 같이 『중국역사지도집中國歷史地圖集』을 편집할 때 탄치샹의 의견을 물었다. 1950년대 후기에 탄치샹이 명을 받아서 『중국역사지도집中國歷史地圖集』을 편찬할 때 베이징에 가서 스승인 구제강을 여러 번 만났다.

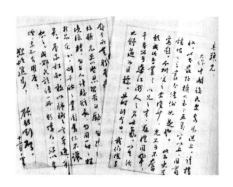

1935년 12월 구제강이 탄치샹에게 보낸 친필 서신. 이는 탄치샹이 평생 동안 학문에 대해서 포부를 세우게 하는 관건이 된 서신이다. 만약 구제강이 평등한 신분으로 탄치샹과 변론하고 논쟁하지 않았더라면 중국역사지리학의 새로운 학술의 길은 열리지 않았을 것이다.

『우공禹貢』 창간호의 표지. 탄치샹이 역사지리학의 대가가 된 것은 바로 『우공』에서부터였다. 이 잡지는 탄치샹을 중국역사지리학술의 전당으로 나가게 한 디딤돌이 되었다. 만약 구제강이 없었다면,『우공』이 없었다면 탄치샹의 학자로서의 인생은 상상할 수 없었을 것이다.

탄치샹의 옌징대학 연구원의 다른 지도교수는 덩즈청이다. 덩즈청은 사학계에서의 지명도가 구제강보다 높지는 않았지만 그는 반청혁명 활동에 참가했기 때문에 여러 민국 원로와 교류가 있으므로 경력은 구제강보다 많았다. 중년에 사학연구로 바꾼 덩즈청은 주요『중화이천년사中華二千年史』연구에 힘을 쏟았고, 그는 명청의 일화에 대한 연구를 하고『골동쇄기전편骨董瑣記全編』를 썼는데 명청사를 연구하는 데 중요한 참고자료가 되었다. "덩즈청은 탄치샹보다 24세가 많았으며 완전한 대선배로 구식문인이었으며 구학문을 할 뿐만 아니라 입는 것도 구식이어서, 과피모와 장포, 헝겊신을 신은 것은 옌징대학의 양복을 입는 다른 서양파 교수들과 대비가 되었다. 그는 견문이 넓고, 기억력이 좋으며 역대 전장제도와 명청의 일화에 대해서 잘 알았고 항상 명대의 사람으로 자처하며 동료 신파, 서양파 인물에 대해서 좋아하지 않고 항상 비판했다."[2] 덩즈청은 탄치샹을 매우 중히 여기고 그의 재능을 아꼈다. 베이핑성 밖의 넓은 집안에서 수다 떨기를 좋아했던 덩즈청은 탄치샹에게 자신의 집에 거주하라고 청했으며 그에게 숙식을 제공했다. 자주 보고 들어서 익숙하고 습관이 되었기 때문에 탄치샹은 위진남북조, 수당오대사에 대해서 익숙해졌을 뿐만 아니라 역대전장제도에도 깊은 흥미가 생겼다. 덩즈청은 일찍이 대련을 써서 탄치샹에게 주었다. "지정地正을 해석하여 양구兩顧를 본받을 만하구나, 재능을 품고서 싼두三都의 부賦를 짓기를 바란다(釋地正堪師兩顧 ; 懷才端欲賦三都)."라고 할 정도로, 탄치샹에 대한 기대가 아주 높았다. 옌징연구원을 2년만에 졸업한 후에 탄치샹은 큰아버지의 인맥으로 베이핑 도서관에 들어갔다. 또한 푸런대학輔仁大學 중국지리 연혁사 교수이자 저명한 사학자 커펑쑨의 아들 커창쓰柯昌泗가 혼외연애 때문에 학교를 떠나는 바람에 탄치샹은 덩즈청의

---

2)   葛劍雄, 『悠悠長水—譚其驤前傳』, 34쪽.

소개로 푸런대학 강단에 서게 되었다. 또 덩즈청의 소개로 탄치샹은 모교 옌징대학교에서도 겸직을 했다. 항전 전야에 남쪽에서 북쪽으로 돌아간 탄치샹은 칭화대학에 가서 교편을 잡았는데, 이는 구제강의 소개 때문으로 탄치샹은 또 다시 옌징대학에서 겸직해서 수업을 했다. 칭화대학이 수업을 중지하고 남쪽으로 옮긴 후에 탄치샹은 계속 옌징대학에 남아서 강의를 했다. 옌징대학은 교회대학이며 교사들은 대다수가 미국유학 경험이 있었다. 탄치샹은 비록 옌징대학의 연구생이었지만 국외유학경험이 없어서 옌징대학에서 그다지 관심을 받지 못했다. 탄치샹이 옌징대학에서 겸직해서 수업을 할 때 시종 전임강사가 되지 못했으며 더구나 부교수가 되는 것은 불가능했다. 탄치샹의 스승인 덩즈청은 이에 대해서 크게 불만을 가졌으며 탄치샹의 학생인 왕중한은 일부러 학과주임 훙예를 찾아가서 얘기를 나눴다. 훙예는 탄치샹의 학문을 무시하며 탄치샹과 같은 하버드대학 배경이 없는 사람은 옌징대학에서 장래가 없으니 다른 대학에 가서 발전하는 것이 좋겠다고 말했다. 그 후에 탄치샹은 옌징대학을 떠나기로 결심했으며 저장대학에서 교편을 잡게 되었다. 탄치샹은 저장대학에서 물고기가 물을 만난 것처럼 저장대학 역사지리학과 교수가 되었을 뿐 아니라 지도교수가 되었다. 탄치샹은 저장대학에서 새로운 친구와 옛 친구를 만나게 되었다. 예컨대 장치윈張其昀, 천웨쑤陳樂素, 팡하오方豪, 허창췬賀昌群, 샹다向達, 첸무, 왕융王庸, 류제劉節 등이 있었는데 당시 학술계에서 지명도가 높았다. 탄치샹은 그들과 학문을 얘기하면서 그의 학술지식을 높여갔다. 저장대학에서 교직을 맡은 외에 탄치샹은 상하이 지난대학교에서 겸직해서 수업을 했다. 신중국이 성립된 후에 지난대학교는 푸단대학교와 합병했고, 탄치샹은 죽을 때까지 푸단대학 역사학과 교수를 맡았다.

탄치샹이 편찬한『중국역사지도집中國歷史地圖集』. 이 거작은 중국역사지리
의 최고수준을 대표할 뿐 아니라 20세기 중국지리학의 전형적인 저작이며,
최소한 한 세기 안에는 이를 초월할 저작은 없을 것이다.

건국 초부터 "문화대혁명"전기까지 1920-30년대에 이름을 알렸던 학자
들은 사상개조운동, 후스비평, 반우파의 중점대상이 되었는데, 탄치샹도
예외는 아니다. 탄치샹이 "문화대혁명"후에 처음으로 받아들인 박사과정생
거젠슝葛劍雄은 처음으로 공개된 푸단대학의 원시 당안檔案에서 진실하게
탄치샹 세대의 지식인들의 사상개조와 정치를 따른 전통적인 열정을 기록
했다. 저우위퉁周予同, 리핑신李平心, 저우구청 등 저명한 학자들과는 달리
탄치샹은『중국역사지도집中國歷史地圖集』의 편집임무를 맡았기 때문에 충
격과 방해를 적게 받았다. 더구나 더 행운인 것은 지도집을 편찬했기에
탄치샹의 학술연구는 극도로 곤란한 조건하에서도 시종 중국고대역사지리
에 대한 연구를 포기하지 않았다는 것이다. 이것이 탄치샹이 전념하고
통달하며 탁월한 성과를 얻은 학술적 이유였다.

1950년대부터 1960년대까지 역사학연구는 새로운 경지에 들어갔으며 백화제방, 백가쟁명은 이 시기 학술 번영의 새로운 국면을 촉진했다. 학술에서 성과를 얻은 중년 역사학자로서 탄치샹은 유쾌한 마음과 엄격한 연구태도를 지녔고 역사학 논쟁과 토론에 적극적으로 몰입했다. 그와 저명한 역사학자 궈모뤄의 차오차오曹操 평가에 관한 학술논쟁으로 삼국사 심지어 중국고대사의 연구를 강력히 추동한 것은 당시 역사학계의 미담이 되었다. 자산계급 학술권위를 비판하는 운동에서 탄치샹과 그가 창도한 역사지리연구는 비판을 중점적으로 받았다. 학술의 생존환경은 매우 곤란했으나 탄치샹은 "학술의 추세가 변화하더라도 실사구시의 정신은 변할 수 없다"는 신념을 견지하고, 『중국역사지도집中國歷史地圖集』 편찬을 주축으로 하여 역사지리와 중국고대사에 대해 깊이 연구함으로써, 그 학과 특유의 학술규범을 확립했다. 동시에 왕융王庸, 허우런즈侯仁之, 스녠하이史念海 등 학자들은 의심하는 점을 서로 토론하고 서로 발명하며 새롭게 성과를 거둔 것이 많았다. 저명한 학자 차이메이뱌오蔡美彪(차이메이뱌오는 중국사회과학원 근대사연구소 소장이며 저명한 마르크스주의 역사학자 판원란의 학술 조수이다)는 탄치샹이 편집한 8권의 『중국역사지도집中國歷史地圖集』이 중국의 모든 역사강역을 포함한 중국 최초의 지도총집이라고 평가했으며 그 출판은 새로운 시기 중국역사과학에 대해서 큰 공헌을 하였다고 평가했다. 차이메이뱌오는 『중국역사지도집』은 단지 편자의 "일가언一家言"일 뿐이라고 생각했다.[3] 차이메이뱌오는 역사지리학에 정통하지 않고 역사지리학 영역의 연구가 없으며 소위 "일가의 말"이 지니는 함의에 대해서 모르기 때문에 이것은 생각해 봐야 할 문제이다.

탄치샹은 순수한 대학자이다. 1930년대에 옌징대학 연구원에서 공부하

---

3) 蔡美彪, 『歷史地理學的巨大成果-『中國歷史地圖集』評介』, 『歷史研究』 1984年, 第6期.

던 시절에 저명한 역사학자 구제강과 함께 한대 십삼주제에 관해서 학술논쟁을 하고, 역사지리 영역에서의 연구방향을 확립했다. 이 때문에 탄치샹은 구제강의 극찬을 받았으며『우공禹貢』반월간의 유일한 편집자이자 바로 우공학회의 중요한 구성원이 되었다. 구제강은 후스에게 적극적으로 탄치샹을 추천했으며 탄치샹은 담담하게 대처하고 이 전설적인 후스박사를 자발적으로 찾아보지는 않았다. 탄치샹의 친구 위다강兪大綱은 저명한 학자 천인커의 사촌동생으로, 천인커는 여러번 위다강에게 탄치샹의 학업상황에 대해서 물어 봤다. 연구영역이 다르기 때문에 탄치샹은 천인커에 대해서 아주 흠모하였으나 가르침을 받지는 않았다. 건국 이후에 우한과 교류하며 궈모뤄와 논쟁한 것은 모두 탄치샹이 역사지리학자로서 학술사업을 충실히 했음을 보여주는 것이다. 마음이 하는 바를 지키며 옆에서 구하지 말고 오로지 한마음으로 통달하는 때 전념하는 것은 탄치샹의 학술풍격을 선명하게 묘사한 것으로, 탄치샹의 엄격함과 근면함, 그리고 정심한 학자의 풍모를 형성해 준 정신적 동인이었다.

　비록 옌징대학 동창인 허우런즈侯仁之가 졸업하면서 바로 영국 유학을 간 것과는 달랐지만 탄치샹은 여전히 현대서양과학의 이론과 방법을 흡수하고 수용하고 운용해서 중국고대역사지리학을 연구했다. 주커전竺可楨, 허우런즈侯仁之, 한루린 등 학자들로부터 탄치샹은 그들이 체득한 고대 기상학古氣象學, 고대 물후학古物候學, 고대 동식물학古動植物學, 고대 언어학古代語言學 등 영역에서의 지식을 연구에 이용하여 인문지리, 인구지리, 경제지리, 역사지리의 신국면을 열었다.

　탄치샹이 교류한 많은 학자들 중에서 저우이량과는 매우 깊은 관계를 맺었다. 저우이량의 학문은 깊고 그의 부친 저우수타오周叔弢는 저명한 장서가이자 실업가였다. 어릴적부터 양호한 사숙교육을 받았고 본인이 타고난 것도 영리하였으며 영어성적도 좋아서 저우이량은 교회대학인 푸런輔仁, 옌징燕京에서 공부를 하면서 그 후에 역사학자 천인커로부터 수학하였으며 "중앙연구원"역사어언연구소에 들어가서 역사연구에 종사했다. 저우이량은 21세부터 『옌징학보燕京學報』, 『우공禹貢』, 『사학연보史學年報』, 『식화食貨』, 『역사어언연구소집간歷史語言硏究所集刊』 등 저명한 간행물에 우수한 논문을 많이 발표하여 사학계에서 매우 중시되었다. 저우이량의 말에 의하면, 저우이량과 탄치샹 두 사람의 관계는 스승이자 친구였다. 저우이량은 『오랜 친구 탄치샹교수를 기념하며紀念老友譚其驤教授』라는 글에서 자신과 탄치샹의 관계에 대해서 말했다. 백년에 만나기 어려운 뛰어난 학문의 아름다운 글이 넘친다. 60년을 사귀고 평생 벗이자 스승이 되었다. 저우이량보다 두살 많은 탄치샹은 일찍이 푸런대학, 옌징대학에서 저우이량을 가르쳤다. 저우이량은 훗날 미국 하버드대학 원동언어학과에서 일본어문학을 전공했으며 박사학위를 받았다. 학술성과에 있어서 저우이량은 위진남북조수당사연구영역의 국제적으로 저명한 전문가였으며 그의 『위진남북조사론집魏晉南北朝史論集』, 『위진남북조사찰기魏晉南北朝史劄記』, 『위진남북조사론집속편魏晉南北朝史論集續編』은 이 영역에서의 중요한 저작이다. 저우이량은 일본사, 세계사 영역을 연구하였고, 우위진吳于廑교수와 함께 편집한 『세계통사世界通史』는 국내 역사학계에 광범한 영향을 끼쳤다. 그러나 건국 이후 저우이량은 정치에 열중했으며 후스를 비판하고 "문화대학명"의 계파투쟁, 유학 비판, 법학 비평, "양효梁效(중국 문화혁명 시기 비림비공운동批林批孔運動에서 베이징대학과 칭화대학 비판조의 필명)"전문조의 열정적인 조원이었다. "문화대혁명"이 끝난 후에 병상에 누운 탄치샹은 세상과 담을 쌓아 살고 있는 저우이량에게 간곡하고 의미심장한 서신을 보냈다. 서신에서는 "형은 50년대 이래 비록 명성은 일시에 유명해졌으나 학술상의 성취를 논하면 해방이전보다 못하니 행동이 적당하지 않았기 때문이고 비업무활동이 너무 많았기 때문이다. 70년대에 들어 다시

'유법투쟁儒法鬪爭'을 다루는 것으로 변했으니, 요컨대 완전한 오산이다."[4]라고 하였다. 탄치샹의 저우이량에 대한 비판은 사람됨을 아는 사람의 말이라고 해야 할 것이다.

물은 바다를 향하고 학술은 전승자에게 이어진다. 탄치샹과 『중국역사지도집中國歷史地圖集』은 영원히 현대중국학술의 비석에 새겨져 있을 것이다. 중국고대역사지리는 순수한 국학으로 탄치샹이 창립한 학술토양에서 역사지리학파 및 탄譚씨 제자들의 학술 전승 안에서 더욱 확대하고 발전될 것이다.

---

4) 『周一良學術文化隨筆』, 179쪽.

33

성현이 되기 위하여 절학絶學을 계승하다
● 후허우쉬안胡厚宣 학기 ●

갑골학은 20세기에 흥기한 학문이다. 국학이라는 테두리안에서 그것은 아직 젊지만 도처에 학자를 유혹할 것들로 충만하였다. 새로운 학문이 흥기하기 시작할 때 반드시 그와 상응하는 새로운 자료가 발견된다. 갑골문의 우연한 출현은 학자들이 중국고전문명사를 연구하고자하는 연구욕을 만족시켰다. 그러나 만약 심후한 고대 언어문자의 기초가 없었다면 갑골문을 해독하는 과정에서 얻은 성과는 감히 상상할 수조차 없었을 것이다.

갑골학이라는 개간을 기다리는 황무지에서 서양의 한학자들은 일찍이 온갖 지혜를 다 짜내면서 자료상에서의 수집, 정리 심지어 통제를 했으나 그들의 소위 연구라고 하는 것은 결국 갑골학 연구의 중국 본토화의 추세를 바꾸지는 못하였다. 쑨이랑으로부터 둥쭤빈까지 갑골학은 비록 20년도 되지 않았지만 전형적인 국학이 되었다. 초기 갑골학연구사에서 소위 "갑골사당甲骨四堂"이라는 말이 있었다. 뤄전위(쉐탕雪堂), 왕궈웨이(관탕觀堂), 궈모뤄(딩탕鼎堂), 둥쭤빈(옌탕彦堂)은 갑골학을 과학적인 연구수준으로 끌어올린 대표적인 학술인물이었다. 뤄쉐탕, 둥옌탕은 갑골문의 연구에 집중했으며 자료수집, 유형별 분리, 문자고증해석방면에 힘을 썼다. 왕관탕王觀堂, 궈딩탕郭鼎堂은 갑골문연구로 은상殷商 역사상의 많은 것을 얻었다. 푸단대학 중문과 교수이자 저명한 문학역사학자 천쯔잔陳子展은 『전쟁 이후의 남북에서 본 갑골문기록문제題戰後南北所見甲骨錄』에서 "탕탕탕탕, 궈둥뤄왕, 관탕(왕궈웨이)은 깊은 못에 (투신하고) 쉐탕(뤄전위)은 (옥화玉化)가 되고, 옌탕(둥쭤빈)은 바다에 들어가 (타이완으로 가고), 딩탕(궈모뤄)은 (사오툰 갑골을 정리하느라) 바쁘다.……그대는 보지 못하는가, 후군胡君이 4군 다음에 몸을 일으키니, 붉은 귀갑과 청년의 글이 가득하여 다시 환히 비춘다堂堂堂堂, 郭董羅王, 觀堂沉淵雪堂化, 彦堂入海鼎堂忙……君不見, 胡君崛起四君 後, 丹甲靑文彌複光"라고 하였다. 천쯔잔의 소위 "후허우쉬안胡厚宣이 네 명의 전문가 이후에 등장했다"는 것은 절대로 빈말이 아니다. 후허우쉬안은 "갑골사당"의 고증해석사업을 이어갔으며 그는 자신의 탁월한 연구로써 현대 갑골학을 새로운 학술수준으로 높였다.

후허우쉬안1911-1995은 허베이河北 바오딩保定인이다. 후허우쉬안胡은 가난한 지식인 가정에서 태어났으며 형제자매가 많고 아버지의 수입이 적어 가정생활이 매우 빈곤했다. 후허우쉬안은 소년시절에 거의 공부를 할 수 없었으나 발분해서 노력했기 때문에 중학교에 입학할 수 있었고,

전교에서 제일 우수한 성적으로 전액 장학금을 받았다. 당시 중학교 규정에
는 만약 후허우쉬안이 대학에 입학할 수 있다면 대학 졸업할 때까지 후원하
는 것이 있었다. 1928년에 후허우쉬안은 베이징대학 예과에 입학했고,
1930년에 베이징대학 역사학과에 입학했다. 대학에서 공부를 하는 동안의
비용은 모두 모교에서 지원했다. 중학교시절 후허우쉬안에게 영향력이
제일 큰 선생님은 국문선생인 먀오웨繆鉞였다. 먀오웨은 후허우쉬안보다
7세 많았으며 가학의 연원이 깊었다. 일찍이 베이징대학에 입학했으나
아버지가 병사했기 때문에 중도에 자퇴하고 중학교에서 교편을 잡아서
가족의 생계를 유지했다. 후허우쉬안은 먀오웨가 교사로 있던 시절의
학생이다. 먀오웨는 중국고전문학, 위진남북조사 등 영역에서 깊이 연구가
하였다. 먀오웨가 후허우쉬안에게 끼친 영향은 아마도 문학 방면 특히
고대 언어문자의 연구인 것 같다. 먀오웨는 어린시기 왕녠쑨王念孫, 왕인즈王
引之 부자의 학문을 배웠으며 그 후에 먀오웨의 회상에 의하면 "왕王씨가
성음으로 훈고에 통하는 방법을 운용하여 고서의 난해한 사와 구에 대해
특히 한 왕조 이래의 주석이 모두 명확치 않은 것들에 대해 바로 잡고
그 본뜻의 해석을 구하였으니 그 견해의 정밀함은 신의 지혜라 할 만
했다"고 하였다.[1] 후허우쉬안은 고문자학을 좋아했으며 먀오웨과 같이
가오유高郵의 왕王 씨 부자, 돤위차이段玉裁의 문자, 음운학을 높게 여겼는데,
이것은 『중국문학사中國文學史』, 『국학개론國學槪論』의 강의와 큰 관련이
있었다. 건국 이후 먀오웨는 쓰촨대학 역사학과에서 교수직을 맡았으며
후허우쉬안은 푸단대학에서 중국과학원 역사연구소로 갔다. 사제 간에
한 사람은 남쪽에 한 사람은 북쪽에서 모두 역사학 연구의 걸출한 인재가
된 것이다. 1957년에 먀오웨의 「타오첸이 다섯 말의 쌀을 위해 허리를

---

1) 繆鉞, 『治學瑣談』, 『文史知識』, 1982年, 第9期.

굽히지 않음을 새롭게 해석함陶潛不爲五斗米折腰新釋」과 후허우쉬안의 「여일
인余一人(고대 천자의 자칭)"을 해석함釋余一人은 같은 해 같은 시기에『역사
연구歷史研究』에 게재되었는데 매우 흥미로웠다. 베이징대학 역사학과에서
후허우쉬안이 장래에 역사연구를 하는데 깊은 영향을 준 사람은 저명한
사학자 쉬중수였다. 쉬중수는 베이싱대학 역사학과에서 주로 "상주사료고
정商周史料考訂"을 강의하며 후허우쉬안을 깨우치는데 큰 역할을 하였다.
쉬중수는 안후이 슈닝休寧사람이며 국학대사 왕궈웨이가 칭화국학연구원
에 재직하던 때의 뛰어난 제자였다. 쉬중수가 칭화국학연구원에 입학하기
전에 고문자를 전문적으로 연구했기에 왕궈웨이와 정신적인 교류가 있다.
국학연구원에 들어간 후에 쉬중수는 왕궈웨이의 애제자가 되었다. 1927년
왕궈웨이는 호수에 몸을 던져 자살했다. 같은 해 쉬중수는 뤄전창羅振常,
판빙칭樊炳淸을 방문해서 자신과 왕궈웨이와의 교류를 결합해서『동방잡지
東方雜誌』에 「왕징안선생전王靜安先生傳」을 발표했다. 칭화국학연구원에서
왕궈웨이가 지도한 쉬중수의 연구논문은 "은주민족고찰殷周民族考", "서엄회
이군서고찰徐奄淮夷群舒考"였다.[2] 왕궈웨이의 학술사상을 계승한 쉬중수는
칭화국학원을 졸업한 후에 계속 갑골문, 은상역사연구에 종사했다. 그는
왕궈웨이의『고사신증古史新證』의 연구노선을 따라서 선진사 연구영역에서
수차례 성과를 얻었다. 30년대에 "고사변"파의 영도인물인 구제강은 "학술
수준이 최고인 전문가"라고 칭송했다. 후허우쉬안은 쉬중수로부터 배운
것은 자연히 갑골문으로 상대의 역사를 증명하는 연구방법이었다. 건국
후 쉬중수와 후허우쉬안의 중학교 국문교사 먀오웨는 함께 쓰촨대학 역사
학과에서 교수직을 했다. 쉬중수는 갑골문자고석, 선진사, 고대민족사,
고대파촉문화 등 영역에서 모두 걸출한 공헌을 했으며, 서남학술의 중진이

2) 袁英光, 劉寅生, 『王國維年譜長編(1877-1927)』, 467쪽.

1960년 9월 21일에 탄치샹과 후허우쉬안.胡厚宣이 베이징에서 찍은 사진.
푸단대학에 있을 때 탄치샹과 후허우쉬안의 관계는 밀접했다. 후허우쉬안
이 중국과학원으로 온 이후에, 『중국역사지도집』 편찬을 위해 중국과학원
으로 차출된 탄치샹은 후허우쉬안을 방문할 기회를 얻었고, 서로 학문을
이야기하고, 학술인물을 논하며, 관계가 돈독해지게 되었다.

자 전국적으로 유명한 역사가이기도 했다.

베이징대학은 30년대의 학술명류들이 모인 곳으로 신구 학자들이 일찍
이 이렇게 많이 모인 적이 없었다. 그들이 처음으로 제창한 새로운 기풍의
개척정신은 학술계에서도 능히 비교할 수 없는 것이었다. 바로 이러한
이유로 인해 학문을 탐구하는 학자들이 스승의 학술을 계승한다는 전제
하에 더욱 깊이 파고들어 창조해 낼 수 있었다. 후허우쉬안이 베이징대학에
서 공부를 하는 기간에 장멍린蔣夢麟이 베이징대학 교장이고 후스가 문학원
원장, 천서우이陳受頤는 역사학과 주임이었다. 첸무는 선진사, 진한역사를

강의했으며 멍원퉁蒙文通은 위진남북조사, 송사를 강의했고 야오충우姚從吾
는 요금역사를, 멍썬은 명청사를 강의했다. 첸무의 강의 과목이 후허우쉬안
이 후에 연구하는 내용과 관련이 있던 것을 제외하고 다른 교수의 강의는
단지 후허우쉬안의 지식시야를 넓혀주었을 뿐이었다. 상술한 교수에 대해
후허우쉬안은 아마도 기념하는 글을 거의 남기지 않은 것 같다. 오히려
후스에 관하여 조금의 회고 내용이 있다. 후허우쉬안의 회상에 의하면
"나는 1928년 베이징대학 예과에 입학했으며 1930년 본과 역사학과에
들어갔다. 같은 해 겨울 후선생님은 베이징대학에 다시 돌아와 문학원
원장을 했으며 또한 중문과와 역사학과에서 개강했다. 나도 그가 역사학과
에서 개강한『중국중고사상사中國中古思想史』라는 선택과목을 수강했다.3)
후스의 학술영향은 그 후 갑골학을 전문적으로 연구하게 된 후허우쉬안에
게 큰 작용을 미치지는 못한 것 같다. 설령『중국중고사상사中國中古思想史』
과목을 들어서 후스의 명실상부한 학생이 되었지만 후허우쉬안은 자신과
후스간의 사생관계에 대해서 제멋대로 허풍을 떨지 않았으며 시종 사학자
로서의 양심을 유지했다. 1954년에 후스를 비판하는 풍조 속에서 후허우쉬
안은 후스를 비판하는 글을 쓰지 않고 침묵으로 일관했다. 80년대 학술계에
서 흥행하기 시작한 후스연구의 열기에서 누구보다도 후스에 대해서 얘기
할 자격이 있는 사람인 후허우쉬안이었으나 유행을 따르지 않았다. 자신과
후스의 관계에 대해서 얘기할 때 평정심을 지니며 "나는 베이징대학 예과,
본과 6년을 하고 졸업했으며 중앙연구원 역사어언연구소에서 7년 동안
일했다. 베이징대학 시절에 그는 나의 선생님이었으며 중앙연구원 역사어
언연구소에 있을 때 그는 또한 나의 상사였다. 1945년 일본이 투항하고
항전이 끝나서 난징南京에 돌아갔다. 어느 해 역사어언연구소 푸쓰녠선생이

---

3) 白吉庵,『胡適傳』, 胡厚宣 序, 人民出版社, 1993年.

초대를 했는데 후스선생 외에 천위안陳垣선생님과 위안퉁리袁同禮선생님이 동석하고 있었는데, 푸쓰녠선생이 나를 후스선생에게 소개했고 후스선생이 '내가 미국에 있을 때 당신의 문장을 인용했었다.'고 하였다. 나는 '선생님의 제자들은 천하에 가득하며 나도 한때에 선생님의 제자였는데 선생님이 저를 기억하지 못하는 것입니다.'고 말했다. 그는 당시 이 말을 듣고 매우 좋아했다."[4]

후허우쉬안은 베이징대학 시절에 동창들 중에서 적극적으로 학술연구를 했던 사람이었으며 친구 양샹쿠이楊向奎, 가오취쉰高去尋, 장정랑張政烺, 왕수민王樹民, 쑨이티孫以悌등과 같이 "전사潛社"를 조직했으며 학술적 간행물 『사학논총史學論叢』을 창간했다. 『사학논총』과 "5·4"운동 전후의 베이징대학 학생 푸쓰녠, 뤄자룬羅家倫 등이 『신청년』잡지를 모방해서 만든 『신조新潮』잡지는 서로 비슷했고 베이징대학 학자들의 학술구국의 뜻을 표현한 것이다. 『신조』는 사상계몽의 각도로부터 과학과 민주를 제창했다면 『사학논총』은 순수한 학술간행물로서 정치와 관련이 없었다. 『사학논총』은 칭화연구원 『국학논총國學論叢』을 모방해서 만든 것이었다. 후허우쉬안의 회고에 의하면 『사학논총』에서는 "선생님들의 글에 대해서 선생이라 불렀고, 동학들의 글에 대해서는 직접 성명을 불러 당시 학술계에서 호평을 받았다."[5]고 하였다. 후허우쉬안은 『사학논총』에 『초민족동방기원고楚民族源於東方考』를 발표했는데, 이 논문은 갑골문 자료를 이용해서 초민족의 기원과 상족과의 관계에 대해서 논한 것인데, 당시 학술계에 비교적 큰 반향을 일으켰다. 『초민족동방기원고楚民族源於東方考』는 갑골문을 이용해서 지역사, 국별사를 연구하려고 노력했으며 시도한 것이라 볼 수 있는데 사학계 선배의

---

4) 상동
5) 羅運環, 『楚國八百年』胡厚宣 序.

적극적인 칭찬은 청년 후허우쉬안을 정신적으로 크게 격려해 주어 그가 이 영역에서 계속 탐색할 수 있도록 촉진함으로써, 결국 문학영역에서 자신의 학파를 형성할 수 있었다. 후허우쉬안이 베이징대학에서 공부하던 시절의 친구들은 중국사학계에서 모두 저명했다. 장정랑張政烺은 갑골문, 금문을 전공했으며 신진역사에 대해서 깊고 섬세한 연구를 했다. 후허우쉬안보다 한살 어린 장정랑은 베이징대학을 졸업한 후에 중앙연구원 역사어언연구소에 배정되어 도서 관리원이 되었으며 이는 후허우쉬안이 2년 전 역사어언연구소에 가서 직접 참여한 은허발굴과 다르다. 장정랑의 베이징대학 시기 회고한 바에 의하면 후스는 문학사를 강의하는데『봉신연의封神演義』의 작가가 누구인지 몰랐는데 장정랑이 그 자리에서 알려주자 후스는 매우 탄복했다고 한다. 역사어언연구소가 쓰촨으로 옮길 때 장정랑은 소장 푸쓰녠의『성명고훈변증性命古訓辨證』의 수고手稿를 보관했으며 두 달에 걸쳐『성명고훈변증性命古訓辯證』을 필사했다.6) 신중국 성립 후 장정랑은 중국과학원 역사어언연구소 전임연구원이 되어 갑골학을 계속 연구했다. 그의『갑골문"초肖"와 "초전肖田』,『은허갑골문에 나타난 서괘殷墟甲骨文中所見的一種筮卦』등 논저는 학술계에 비교적 큰 영향을 미쳤다. 가오취쉰高去尋(1909-1991)은 후허우쉬안 보다 두 살 많으나 베이징대학 예과에 입학한 것은 후허우쉬안 보다 일년 늦었고 역사어언연구소에서 들어간 것도 후허우쉬안 보다 일년 뒤였다. 베이징대학에서 공부를 하는 기간에 가오취쉰은 갑골문, 금문에 대해 흥미를 강하게 보였다. 역사어언연구소에서 가오취쉰은 고고학 조장 리지로 부터 높은 평가를 받았으며 량쓰융梁思永의 곁에 보내져 은허발굴에 참여하게 되었다. 1949년 가오취쉰은 역사어언연구소를 따라서 타이완台灣으로 옮겨 갔으며 타이완대학 고고인류학과에서 교수

---

6) 陳智超,『張政烺先生訪問記』,『中國史硏究動態』, 第4期, 1992年.

직을 맡았다. 1979년에서 1981년까지 가오취쉰은 타이완 중앙연구원 역사
어언연구소 소장직을 맡았다. 양샹쿠이楊向奎는 갑골문, 금문에 대해서
취미가 없었으며 그의 연구의 중점은 처음엔 선진사를 연구하는 것이
없었고, 구제강을 대표로 하는 "고사변"파의 중요한 학자이며 만년에 문화
사에 대해서 흥미가 생겨 청대학술사상사 영역에서 많은 논저를 발표했다.
50년대 그와 후허우쉬안이 합작해서 샹다向達의 학술주장을 비판하는 문장
을 썼다. 왕수민王樹民과 후허우쉬안의 학술흥미는 달랐다. 그와 중국문헌
학, 중국사학사 등 방면의 연구를 하였으나, 왕수민王樹民은 다른 친구들과
달리 통인通人의 길을 걸었으며 이것은 전문적인 학자가 백년의 역사학계에
서 시종 주도적인 지위를 차지하고 있다는 것을 설명한다.

"갑골사당甲骨四堂"중의 한 사람인 둥쮜빈과 그의『갑골문단대연구례甲骨文
斷代研究例』의 표지. 그는 후허우쉬안의 은사恩師라고 불릴 자격이 있는
학술인물로서, 후허우쉬안의 갑골학이 은상의 역사를 증명하고 완성한
것은 대체로 둥쮜빈의 학술지도에 의거한 것이었다.

후허우쉬안이 갑골로 역사를 증명한 중요한 논저

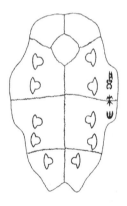

갑골탁본을 수장, 구매, 영인하는 것은 후허우쉬안 학술의 대범하고 심오하여 이해하기 어려운 특징의 하나를 구성한 중요한 방면이었다. 만약 40년대 갑골학에 대한 수집과 연구가 없었더라면, 만년에 후허우쉬안이 편집한 『갑골문합집甲骨文合集』은 존재할 수 없었을 것이다. 이 복사卜辭 "화래삽畫來卅"은 거북이 복부와 등이 연결 된 갑교부분에 그려져 있었으므로, "갑교각사甲橋刻辭"에 속한다. 후허우쉬안의 『전후 베이징과 텐진에서 새로 획득한 갑골집戰後京津新獲甲骨集』 2를 보라.

명나라의 이스義土가 소장했던 갑골문으로, 열흘 중에 재앙의 유무를 점을
쳐서 길흉을 알아보고 있다.

후허우쉬안은 1934년에 베이징대학을 졸업한 후에 최고의 성적으로
중앙연구원 역사어언연구소에 들어갔으며 리지, 둥쬐빈, 량쓰융梁思永이
주도한 은허발굴에 참여했다. 리지와 량쓰융는 고고학과반 출신이나 그들
은 갑골문에 대해서 깊이 연구하지는 못했다. "갑골사당甲骨四堂"의 한 사람
인 둥쬐빈이 친히 발굴운동을 주관했으며 발굴한 갑골자료를 기초로 하여
모종의 연구를 했다. 둥쬐빈이 저작하고 수록한『은허문자갑편殷墟文字甲編』
에는 출토한 갑골 3,938편이 선록되어 있으며 이 책은 전부 후허우쉬안이

7년의 시간을 이용해서 완성한 것이다. 이로서 둥쭤빈이 후허우쉬안의 재능을 매우 높이 평가한 것을 알 수 있다. 후허우쉬안은 은허발굴을 참여하는 동시에 적극적으로 둥쭤빈을 위주로 한 갑골학 학자들과 토론하고 가르침을 청했으며 이로서 자신의 지식시야를 넓혔다. 충분히 원시사료를 장악하는 전제 아래 깊이 연구를 하여, 후허우쉬안은『갑골문상사논총甲骨學商史論叢』초집 제 1책을 편찬했다. 이 책은 전국학술심의회의 2등상을 받았으며 31세인 후허우쉬안은 이로 인해서 8천원元의 장려금을 받았다. 후허우쉬안은 8천원의 장려금을 이용해서 갑골자료를 구매했다.『갑골학상사논총』은 후허우쉬안에게 거대한 학술명성을 얻게 했다. 후허우쉬안의 스승 쉬중수는 이 책에 대해서 "두루 섭렵하여 이해의 폭이 넓고, 대의를 진술하는 것이 정교하여서, 왕王, 둥董이 능히 개괄할 수 있는 바가 아니다"라고 하였다. 선진사연구전문가 가오형高亨은 후허우쉬안의 저작이 "증거가 상세하고 이론을 소홀히 하지 않고 잘못된 것을 바로 고치고 새로운 것을 창조하며 고서를 실증했다."구제강은 그의『당대중국사학當代中國史學』에서 "후허우쉬안 선생은 초반에 둥쭤빈 선생과 같이『갑골년표甲骨年表』를 공편했으며 최근에 또『갑골학상사논총甲骨學商史論叢』2집이 있으니, 수고한 공로가 있다. 특히『석사방풍명釋四方風名』을 손에 꼽을 수 있다."고 했다. 후허우쉬안은 갑골문 자료를 찾는 데 전심전력을 다하였다. 서남연합대학 시기에 쿤밍도서관에『은계유주殷契遺珠』가 있다는 것을 알고 6일 낮 6일 밤을 이용해서 1,459편의 갑골을 베껴 썼다. 후허우쉬안이 중앙대학, 화서華西대학 및 사가에 수집 소장한 갑골은 670편이 있다. 1945년에 후허우쉬안은『갑골육록甲骨六錄』을 출판했다. 중일전쟁 승리 이후 후허우쉬안은 구제강선생의 지도에 따라 곧 산둥山東의 치루대학齊魯大學에 갔으며 캐나다인 제임스 멜로 멘지[James Mellon Menzies]가 소장한 140상자의 갑골을 찾았으며 그가 남긴 7천여 편의 갑골을 지하에서 찾아냈다. 갑골을 찾기 위해 후허우쉬안은 베이핑, 톈진의 고물상, 중고서점, 위탁 판매 상점에서 구매하고 모사하여, 갑골실물 2천여 편과 탁본 6천장, 모사 2천편, 모두 합해 약 만여 편을 얻었다. 이것을 기초로 후허우쉬안은 『전후 난징 상하이에서 갑골집戰後寧滬新獲甲骨集』, 『전쟁이후의 남북에서 본 갑골록戰後南北所見甲骨錄』, 『전후의 베이징 톈진에서 새로 얻은 갑골집戰後京津新獲甲骨集』을 구했는데 세 책에 공히 수록된 갑골 10,061편은 전체 출토된 갑골의 1/10에 달한다.[7]

건국초기 푸단대학 역사학과 교수인 후허우쉬안은 갑골수집 때문에 불공평한 대우를 받았다. 1951년 푸단대학교에서 "삼반三反"(탐오를 반대하고 낭비를 반대하며 관료주의를 반대한다)는 운동을 전개했다. 후허우쉬안의 검토 중에서 자신을 "해방 전에 갑골의 매매는 사어소史語所에서 연구원의 자료를 이용하지 못하게 하여 스스로 발분해서 자료를 찾으려고 했던 것뿐이다."라고 하였다. 천멍자陳夢家와의 관계에 대해서 후허우쉬안은 "1947년 겨울에 천멍자가 미국에서 돌아와 일찍이 나의 자료를 베껴 썼고, 이전부터 사이가 매우 좋았고 시난에 있을 때 교류가 아주 밀접했다. 그가 주도한 칭화대학 문물관이 1948년 여름 상하이에 와서 나의 갑골을 사갔다. 싱화춘杏花村에서 밥을 먹었으며 원래의 판매자를 찾길래 갑골의 소유자가 나라는 것을 말하니 칭화(대학)에서 탁본을 하나 보내고 700불로 이번 거래가 성립되었다. 그러나 이후에 탁본을 보내지 않았다. 나는 이후에 모사한 것을 책으로 출판했으며 천멍자陳夢家는 그것을 마땅치 않게 여겨 『옌징학보燕京學報』 제40기에 『갑골단대학甲骨斷代學』의 부록에 부쳐 나에 대해 '분할해서 판매하니 도처에서 공격을 하는 것이다'고 말했다.[8]

천멍자는 1930년대 초기의 조금 유명한 신월파 시인이며 이후에 천멍자

7) 祝敏申, 『國寶-記甲骨學家胡厚宣』, 『人物』, 1983年, 第2期.

8) 葛劍雄, 『悠悠長水-譚其驤前傳』, 제188-189쪽.

는 옌징대학에서 고문자학연구생으로 입학했으며 그의 지도교수는 금문학
자 룽겅容庚이었다. 천멍자의『은허복사종술殷墟卜辭綜述』70만 자는 그의
갑골학영역에서의 성과를 반영한다. 천멍자의 연구범위는 광범위하며
성과가 있었다. 그러나 아깝게도 55세의 젊은 나이에 별세했다.

신월파 시인, 갑골문학자 천멍자陳夢家

귀모뤄는 "갑골사당"의 한 사람으로서 그의 주요 공헌은 갑골문으로
은상사를 증명한 것이다. 후허우쉬안은 젊은 시절 귀모뤄의 영민함에
탄복했으나 귀모뤄의 실수에 대해서 후허우쉬안은 사정없이 지적했다.
귀모뤄는 류티즈劉體智가 소장한 갑골 중에서 "사방풍명四方風名"의 갑골을
발견했으나 그의 진위여부를 판단하지 못했다. 후허우쉬안은『산해경山海
經』,『국어國語』등 문헌으로 방증을 했으며 비슷한 갑골을 보충의 증거로
"사방풍명"갑골이 진품이라는 것을 증명했다.

1956년 후허우쉬안은 푸단대학에서 중국과학원 역사연구소로 옮겼으며
이로서 귀모뤄의 직원이 되었다. 귀모뤄의 지지 하에 후허우쉬안은『갑골

문합집甲骨文合集』이라는 거대한 구상을 제출했다. 『갑골문합집』은 궈모뤄가 편집장이며 후허우쉬안이 총편집을 맡았으며 청나라 광서光緒말년부터 1973년까지 은허에서 출토한 갑골문의 41956호 탁본(석편, 사진, 모본)을 5기로 나눠서 시대 순서로 13책으로 나누어 수록했다. 『갑골문합집甲骨文合集』은 후허우쉬안이 반평생의 힘을 쏟아 부은 것인데, 이것은 그가 20세기 인문과학에 주는 선물이기도 하다. 후허우쉬안과 또래 학자들이 만들어 낸 학술 계단을 따라 백년역사를 지닌 갑골학은 장차 새로운 학술경지로 들어갔다.

34

결국엔 학자였던

● 저우이량周一良 학기 ●

가학家學의 연원과 서양식교육을 하나로 융합시키고, 중국사와 세계사를 하나로 결합했으며 정치에 간섭하는 정신과 학자의식이 한 몸에 뒤엉킨 채, 일생에 학맥의 계승과 평생 의 참회가 일생을 관통하였다. 이것이 저명한 역사학자 저우이량周一良의 파란만장한 학술 생애의 사상 실록이다. 한 사람의 진정한 학문과 정치가 함께 엉켰기에, 매우 자연스럽게 그의 학문의 "진정성"을 분할시켰다. 순수한 학자와 순수한 공명지사功名志士를

구분하는 것이 매우 분명하다. 만약 양자사이에 양다리를 걸친다면 즉 벼슬길에서 성공하고 학문에서 성망을 얻고자 하는 것은 아주 어려운 일이다. 절인絶人의 타고난 재능이 없고 절묘한 기회가 없다면 학문과 벼슬길에서 두 가지 모두 좋은 결과를 얻을 수 없을 것이다. 20세기 중·후기에서 성장한 사학가로서 저우이량은 학문하는데 운이 좋았다. 많은 국내 일류 학술대가들과 교류하고 직접 가르침을 받는 동안 저우이량은 봄바람에 몸을 맡기듯 자연히 그의 학문에 전문성과 심오함을 만들어냈다. 그러나 그는 학문으로써 정치에 관여하는 열정 및 뼈 속까지 스며든 벼슬자리에 대한 감정은 저우이량의 학자인생을 비극적으로 예단한 중심기조였다.

저우이량1913-2001의 원적은 안후이 둥즈東至이며 산동 칭다오青島에서 태어났다. 청말부터 민국까지 저우 씨 가족은 정치, 경제, 교육 등 영역에서 매우 큰 영향을 끼쳤다. 저우이량의 증조부 저우푸周馥(자는 위산玉山)은 일개 평민에서 양강총독兩江總督으로 승진한 사람인데, 고립무원에서 흥기한 첫 세대이자 관직이 제일 혁혁했던 시기였다. 안후이 허페이合肥의 청말 중요한 대신이자 북양의 영수인 리훙장李鴻章은 벼슬길에서 실패했던 동향 사람 저우푸周馥를 아주 중시했다. 저우푸는 비록 과거를 급제하여 얻는 명성은 없었지만, 재능이 있고 분별력이 있어서 그는 당시 쩡궈판 막부였던 리훙장李鴻章의 마음에 들었으며 리훙장의 지위가 높아지자 저우푸도 같이 고속으로 승진했다. 연배가 위안스카이袁世凱보다 높은 저우푸는 아직 입신하지 못했던 위안스카이를 관직에 추천한 공도 있었고, 그리하여 저우푸는 다시 중신의 자리에 있던 위안스카이의 도움으로 총독으로 승진했으며, 저우푸나 위안스카이는 사돈의 인연을 맺었으니 위안스카이의 8번째 아들 위안커전袁克軫이 저우푸의 사위가 된 것이다. 이는 저우푸로부터 저우씨 가족이 정치판에서의 세력을 갖기 시작했다는 것을 설명한다. 민국 초 문인들은 저우푸에 대해서 폄하하면서 "어제는 과거시험장에 오늘은 도독의 직무실에 있다. 위안스카이와 리훙장에게 은혜를 입었다. 장님이자 귀머거리로 남양南洋이면서 북양北洋에 속했다"라고 하였다.[1] 리보위안李伯元은 저우푸에 대해서 "일자무식"이라고 기록했다. 이것은 저우푸가 관직을 남용하고 무능해서가 아니라 그가 "과거에 합격하지 못했으면서 관직에 올랐기" 때문이었고, "배웠으면 관직에 올라야 한다"는 것이 중국문화의 전통이며 벼슬길과 학문을 하나로 보고 한 사람의 출신, 신분을 중히 여기는 것이 벼슬문화에서 한 사람을 평가하는 중요한 기준이었다. 배워서 관리가 되어 단번에 높은 지위에 오르는 것은 당연해 보인다. 그러나 떠도는 막료였다가 관직을 얻고 대신이 되면 다른 사람들에게 무시를 당한다. 저우푸는 정치판에 들어간 후 자연히 문인들의 의론에

저우이량의 증조부 저우푸周馥. 안후이 둥즈安徽東至의 주씨 가문은 저우푸 세대에서 동남의 혁혁한 가문이 되었는데, 그의 자제와 리훙장, 위안스카이 가 사돈관계를 맺었고, 정치와 학술에서 특수한 자리를 차지했었다.

1) 『鄭孝胥日記』, 1906年 8月 8日.

주의를 기울였다. 따라서 그는 자신의 후손들을 문인계층으로 키워내고 과거시험으로 저우씨 가문을 크게 번성시키려고 하였다. 저우푸의 아들인 저우청즈周澄之, 저우지즈周輯之, 저우리즈周立之는 청말 대학자인 리츠밍으로부터 사장과 경문을 배웠으며 과거시험에 뜻을 두었다. 저우푸의 세 아들은 그의 기대를 저버리지 않고 과거시험에 급제했다. 그 중 저우푸의 둘째 아들 저우지즈周輯之(쉐시學熙)는 거인擧人의 신분으로 저우푸의 사돈 위안스카이袁世凱의 추천으로 북양권업도北洋勸業道가 되었다. 민국 초 재정총장을 했으며 후에 청황실의 우대 조항으로 공금을 처리하여 사업에 종사하면서 민국 초 북방의 유명한 사업가가 되었다. 저우이량의 조부는 저우청즈周澄之이며 저우지즈周輯之는 그의 작은 할아버지였고 과거에 합격하였다. 저우청즈는 청말 진사로서 내각중서內閣中書를 맡았으며 의학에 능통하여 『저우씨 의학총서周氏醫學叢書』를 편저해서 세상에 전해졌다.

저우이량의 아버지 저우수周叔. 저우수의 일생은 형형색색 다양하였는데, 사업에서 그는 저우씨가족공업의 책임자였고, 정치상으로는 공화국 정치협상회의의 부주석이었으며, 수장 면에서 그는 저명한 고적판본 감상가였다.

저우이량의 부친 저우수타오周叔弢 1891-1984(이름은 셴暹)는 이중신분이 었는데 하나는 저명한 사업가로 저우씨 가족사업을 창업한 장본인이었다. 건국 이후 저우수타오는 일찍이 톈진天津시 부시장으로 임명되었는데, 톈진 시 공상연합의 주임위원이자 전국 정치협상회 부주석이었다.

———
저우수가 기증한 선본서善本書의 서목書目『자장엄감선본서목自莊嚴堪善本 書目』. 이 책의 서목은 저우수가 평생 모은 수준 높은 수장 진본 고적 문헌의 성과를 모았다. 선대 문화대사로서 저우수타오周叔弢(저우셴周暹)는 중국의 고유 학술을 발전시키는 데 특별한 공헌을 하였다.

저우수타오의 다른 한 가지 신분은 저명한 장서가, 판본감상가였다. 저우수타오가 생활한 시대는 공동도서관이 보편적으로 건립되지 않은 시기여서, 개인 장서가의 장서가 흩어지던 때였다. 동요하는 정국과 끊임없 는 전쟁으로 인해 진귀한 전적이 위태로워졌고, 외국의 문화거상도 중국의 장서업이 해체위기에 처해 있는 것을 알았다. 자산이 풍부했던 저우수타오 는 고서를 구입하고 소장하기 시작했다. 저우수타오가 책을 모으기 시작한 의도는 많으면 많을수록 좋고 진귀할수록 좋다는 것 때문이 아니라 고적의 완정성과 명인의 평가여부를 중시했기 때문이다. 저명한 판본목록학자 푸쩡샹傳增湘은 "그대의 책을 보면 사람들과 다른 취미를 갖고 있는 것 같다. 모으더라도 엄격하게 선별하는 것 같다. 판각본을 만나면 권수를 모두 취하여 완성하고, 반드시 종이와 먹이 뛰어난 것을 구하도록 애썼다. 더욱 현자의 문제의식과 전수자의 내원 역시 중시했다."고 하였다. 저우수타오周叔弢는 "북송본北宋本 문선『文選』, 『(탕주湯注) 도시陶詩』의 가장 정밀한 것을 수장하고 후에 해원각海源閣의 송대에 간행하고 교감한 『장자주莊子注』도 얻었는데, 송대 원본은 모두 수가 넉넉하지 않았다.고 하였다.[2] 산둥 랴오청聊城의 양楊씨의 해원각海源閣은 북방의 저명한 장서루인데, 그의 장서는 청초의 모진급고각毛晉汲古閣, 쳰쳰이錢謙益의 항운루絳雲樓, 서건학전 시루徐乾學傳是樓에서 온 것으로, 모두 사람을 놀라게 하는 비책이었다. 1927년 해원각 장서들이 산출되고, 공사公私 장서계에 "해원각열풍"이 일어났다. 저명한 장서가 판푸潘復, 푸쩡샹傳增湘, 리성둬李盛鐸, 모보치莫伯驥, 장나이슝 張乃熊, 왕셴탕王獻唐 등은 모두 각자의 장서가 있었다. 저우수타오가 소장한 해원각선본은 가장 먼저 푸쩡샹傳增湘, 자오완리趙萬里 의 수중에서 구매한 것인데, 그 후에 직접 해원각의 후인이 있는 곳에 가서 선별하여 구매했으므로 장서는 더욱더 진귀해졌다. 판본 목록학자 왕사오쩡王紹曾은 저우수타오가 해원각의 장서에 대해서 각별한 애정을 표현했다면서 "그 수장의 풍부함과 안목의 넓음, 감별의 정교함, 교감의 성실함, 부지런함 및 전장의 아름다움은 모두 현대 일반 장서가가 바라는 바에서 위배된 적이 없었다."고 하였다.[3] 저우수타오는 사업과 정치활동을 하느라고 전문적으로 판본을

2) 倫明, 『辛亥以來藏書紀事詩 · 周暹』.
3) 王紹曾, 『周叔弢與海源閣遺書』, 『文獻』1996年 第四期.

연구할 시간이 없어서 저작을 저술해서 자신이 판본감상에 대한 관점을 설명하지 못했다. 고적판본에 관한 그의 사상은 주로 그가 소장한 선본의 제발과 부기에 집중되어 있다. 저우이량은 부친의 장서가로서의 판본연구를 계승하지 않고 역사연구의 길을 걸었다. 저우수타오는 말년에 자신의 장서를 국가에 기부했으며 소량의 장서는 열명의 자식들에게 나누어 주었다. 맏이로서 저우이량이 받은 것은 가경제嘉慶帝 시기 원각초인본『설문단씨주說文段氏注』와 초인본『왕우승집겸주王右丞集箋注』였다.

학자가문의 제자로서 저우이량은 학문을 일찍 깨우치지는 않았으나, 그는 일본어, 영어를 7년 동안 배웠고 사숙교육도 10년 동안 받았다. 저우이량은 1930년에 옌징대학 국문전수학과에서 공부했으며 이전에는 계속 사숙에서 공부했다. 그의 아버지는 그를 위해서 우수한 가정교사를 초빙해서 자식들의 교육을 담당하게 하였다. 저우수타오의 절친이자 위안스카이袁世凱의 가정교사였던 팡얼첸方爾謙은 영련대가楹聯大師라고 불렸는데, 일찍이 저우이량을 위해서 대련聯을 썼다. "어려서 능히 조전鳥篆에 통달하고 한가로울 때마다 귀장龜藏을 말하였다.小便能通鳥篆, 閑來每與說龜藏." 저우이량의 회고에 의하면 "나는 어려서 가숙에서 전서를 쓸 때 태산 29자 한대漢代의 비석의 전서체를 쓰면서 청동과 갑골문에 흥미를 지니게 되었다."고 하였다.[4]

저우이량이 옛날 갑골문자에 대해 관심을 갖게 된 것은 탕란 때문이다. 탕란은 일찍이 저우周 씨 가문에서 가정교사를 했으며 고문자학을 전공한 탕란은 뤄전위, 왕궈웨이로부터 학업을 배웠으며, 왕궈웨이는 탕란을 갑골학의 뛰어난 신인이라고 불렀다. 17세에 저우이량은 난징대학에 가서 룽겅에게 고문자를 배웠다. 그러나 이러한 시기에 저우이량의 학문에 대한 취미는 아직 정해지지 않은 것 같았는데 그의 아버지는 아들이 이

---

4) 周一良, 『郊叟曝言』, 206쪽.

영역에서 성과를 얻기를 바랐으나, 저우이량은 고문자학 연구의 길을 걷지 않고 역사학을 선택했다. 국문전수학과는 바른길이 아니었지만 저우이량은 푸런輔仁대학으로 전학했으며 후에 푸런대학 역사학과에서 옌징대학 역사학과 2학년으로 편입하여 덩즈청, 홍예의 제자가 되었다.

덩즈청은 명문가 출신이며 그의『중화이천년사中華二千年史』는 학술계에서 큰 영예를 얻었다. 덩즈청은 일찍이 민국국사편찬서에서『남북조풍속지南北朝風俗志』를 편찬했으며 위진남북조에 대해서 연구를 많이 하였다. 저우이량이 옌징대학에 전학했을 때 덩즈청은 위진남북조사를 강의하였는데, 19세인 저우이량은 위진남북조사의 매력에 빠졌다. 저우이량이 만년에 그의 스승 덩즈청을 회상하면서 "덩즈청선생님은 박식하고 말씀을 잘 하고 그가 강의한 위진남북조 시대사는 사람을 황홀한 경지로 이끌었다. 내가 이 시기 역사에 대해서 흥미가 생긴 것은 덩즈청 선생님의 수업 때문이다."[5] 라고 하였다. 저우이량이 이름을 날린 작품은『옌징학보燕京學報』에 발표한『위수지사학魏收之史學』인데, 이것은 덩즈청이 수업을 한 해에 발표한 논문이며 이는 덩즈청의 학문 풍격을 나타낸다. 저우이량이 이 논문을 저술할 때는 21세였는데 역사학 자질이 매우 뛰어남을 보여주었다.

저우이량의 다른 한명의 스승인 홍예가 그에게 끼친 영향은 주로 역사학 방법에 있었다. 홍예는 서방화된 중국사 전문가이며 그의 수업은 영어로 강의하며 교육방식도 미국식 방법을 사용했으나 홍예의 뼈 속까지 흐르고 있는 것은 중국문화전통이었다. 어려서부터 일본어교육을 받은 저우이량의 옌징대학 졸업논문은『대일본사의 사학大日本史之史學』인데 이는 홍예가 지도한 것이었다. 홍예의 역사학연구에 관한 5개 "W"는 저우이량의 사학적 사유와 연구방법에 큰 영향을 끼쳤으며 이후 저우이량이 여러 차례 역사연구

의 경험을 얘기하고 연구생을 지도할 때 홍예의 5개 "W"를 언급했으며 또한 보충도 하였다. 저우이량과 천인커의 관계는 저우이량의 역사연구과정 중 매우 중요한 위상을 갖는데, 여기에서 반드시 설명을 더할 필요가 있다.

저우이량 스승 홍예. 홍예는 미국 주류 사학계에 들어간 저명한 화인 학자였다. 교회학교를 졸업한 미국유학생이자 옌칭대학을 창립한 동시에 중국과 미국의 학술교류를 위해 지속적으로 노력하였다.

천인커의 연령은 저우수타오와 비슷했으므로 저우이량의 부친 또래다. 관료세력가문 출신인 천인커는 관료의 길을 추구하지 않았고 경제에도 관심이 없었으며 오로지 지식만 추구하고 학문에 정진하여 역사학의 대가가 되었다. 저우이량이 옌징대학에서 공부하던 시기 스승이던 천인커는 역사학계에서 모두가 흠모하는 대가가 되었다. 옌징대학교 연구원이던 저우이량은 칭화대학에서 위진남북조사魏晉南北朝史를 강의하는 천인커의 수업을 들었다. 저우이량이 느낀 것은 천인커의 강의가 옌징대학, 베이징대학의 교수들과 다르다는 것인데, "하나는 천선생은 하나의 도리로부터 문제를 설명하고 상세하게 고증하여 어떤 일의 그러함을 할 뿐 아니라 항상 그렇게 된 까닭을 말씀하시는데 듣고 있으면 깊이가 있고 매우 강한 설득력이 있었다.……당시 또 다른 의견은 다른 선생님의 학문도 상당하지 만 스스로 오랫동안 노력하여 거의 도달하기 어려울 정도의 지식을 축적하 여, 천선생님의 학문은 그 깊이를 예측할 수 없고 높이를 따라잡을 수 없을 것 같았다."라고 하였다.[6] 저우이량의 이러한 만년의 회상은 완전히 그 당시의 인상이라고 할 수는 없지만 당시 천인커의 청년학자들의 마음 속에 지닌 인상을 표현하고 있기는 하다. 33세에 저우이량은 천인커의 사촌동생 위다강俞大綱의 소개로 천인커를 만났으며 천인커는 저우이량을 중앙연구원 역사어언연구소에 소개해서 도서원이 되게 하였다. 저우이량 이 천인커에게 소개되기 전 그는 이미 구제강이 편찬한『우공禹貢』반월간, 타오시성陶希聖이 편찬한『식화食貨』잡지,『사학연보史學年報』,『옌징학보燕 京學報』등 유명한 간행물에 논문을 발표했다. 역사어언연구소에 들어간 이듬해 저우이량은『역사어언연구소집간歷史語言研究所集刊』에「남조경내 의 각종 사람과 정부의 대응정책南朝境內之各種人及政府對待之政策」,「우문주 종족론論宇文周之種族」,「영민추장과 육주도독領民酋長與六州都督」3편의 논문 을 발표했다. 저우이량은 자신의 위진남북조사에 대한 논문이 이전에는 덩즈청의 방법을 따랐으나,『역사어언연구소집간歷史語言研究所集刊』의 논문 은 천인커의 영향을 받았다고 생각하였다. "역사어언연구소에 온 지 일년이 되어 남조의 각종 사람, 우문주 종족, 영민추장 등 3편의 논문을 썼는데 남북교구南北僑舊의 분야, 민족문제, 혼인문제 등에 대해서 연구한 경로와 성과는 확실히 천인커 선생님의 영향으로 나온 것이다." 라고 하였다.[7]

---

6) 錢文忠編『陳寅恪印象』, 學林出版社1997年, 125쪽.

수업을 청강하고 직업을 소개 받으며 논저에 영향을 주는 이러한 것은 저우이량과 천인커의 삼부곡과 같은데 2년이 채 되지 않아 이러한 삼부곡이 완성된 것이다. 우리는 저우이량과 천인커가 엄격하게는 스승과 제자의 관계라고 하기 어렵지만 학문을 구하고 가르침을 청하는 부분은 충분히 드러났다고 볼 수 있다. 저우이량은 위진남북조사영역의 청년전문가의 신분으로 학계에 나타났는데 확실히 이중적인 사승신분이었다.

덩즈청을 따르면서 이름을 알린 논문을 내게 되었고 깊고 넓게 연구하게 된 것은 천인커에 따른 것인데, 이는 저우이량의 역사학연구가 당시와 이후 학술계의 중시를 받게 된 이유가 된다. 1940년대 말 저우이량은 베이핑대학에 가서 교편을 잡고서, 불경번역문학, 돈황학을 연구하고 위진남북조사에 대한 이전 연구를 다시 정리하였고, 자신을 알아준 스승 천인커와 칭화대학의 동료가 되었다. 1948년에 천인커는 광저우廣州 링난嶺南대학에서 교편을 잡았다. 1964년에 저우이량은 광저우로 가서 스승 천인커를 만났으며 이후 저우이량과 천인커는 다시는 보지 못하였다. 1954년에 중국과학원에서 광둥 중산대학교에 있는 천인커를 중국고대사연구소 소장으로 초빙하였으나 천인커는 사절했다. 천인커의『과학원에 대한 답변對科學院的答複』에 저우이량이 언급되는데 "저우이량이든 왕융싱王永興이든 나의 입장에서는 모두 나의 제자들이지만 아니라면 아니기도 하다." 라고 하였다.[8] 천인커의 인상으로는 저우이량은 그의 제자이나 천인커의 전제는 "나의 입장에서"라는 것이다. 저우이량의 위진남북조사, 불경번역문학, 돈황학 등은 모두 천인커에게 영향을 받은 것으로 천인커의 언급에서 드러난다.

---

7) 錢文忠編『陳寅恪印象』, 學林出版社, 1997年, 125-126쪽.
8) 陸鍵東, 『陳寅恪的最後20年』, 生活·讀書·新知三聯書店, 1995年, 112쪽.

그러나 건국 후 저우이량은 번번히 행동을 바꾸었는데, 천인커의 굳은 신념인 "자유의 사상, 독립의 정신"과는 거리가 있었다. 천인커가 보기에 저우이량은 전형적인 "곡학아세曲學阿世"와 자만한 것으로 보였다. 칭화대학원 제자 장텐수蔣天樞에게 위탁해서 편찬한『천인커문집陳寅恪文集』에 저우이량에 관한 문자를 모두 삭세했다. 천인커의 "자유의 사상, 독립의 정신"을 널리 알리고 역사학의 한 시대 대가의 깊은 학문을 탐구하는 것이 만년의 저우이량이 결심한 것이었다. 생명의 마지막 날에 저우이량은 천인커에 대한 참회를 멈추지 못했으며 그는 만년에『천인커선생님에게 사죄한다.向陳先生請罪』라는 발언을 했고 자신의 잘못과 실수에 대해서 자책을 멈추지 않았다. 저우이량의 참회는 마땅히 단지 천인커 한 사람에 대한 후회뿐 아니라 스스로 일생의 학술경로에서의 실수에 대한 각성이고 자신의 인격의 문제나 자각하지 못한 후회 등에 대한 것이었다. 양심적인 참회가 자책보다 많았다. 저우이량이 1990년대부터 천인커에 대한 참회의 감정이 시작된 것은 노지식인들이 정치와의 관련으로 자아를 상실 했던 것에 대한 질책을 드러내는 것이었다. 이때 천인커는 이미 별세한지 20년이 지났고, 1990년대 "천인커"연구는 학자들의 학자의 생명개체의 존재, 학자의 위대한 업적의 행적을 찾는 것을 중시하는 일종의 새로운 추세였다. 이미 천인커를 만나 학문을 하게 된 저우이량도 이 시기 여기저기에 천인커를 기념하는 글을 발표했으며 이는 저우이량이 죽을 때까지도 학술의 시류를 쫓으려 했음을 보여주는 것 같다. 그의 참회, 자책, 각성은 뭐라 말해도 너무 늦었고 너무 작위적이었으며 너무 세속적이었다. 천인커라는 이 거목을 자신의 각성과 후회의 대상으로 한 것은 참회나 사죄의 의미로 한 것 같지는 않다.

위진남북조역사의 영역에서 저우이량의 사승관계를 분석해 보면 덩즈청과 천인커가 그의 학술의 인도자라는 것은 명확한 사실이다. 그러나 저우이량을 단지 위진남북조역사전문가로 만 이해한다면 이는 저우이량 학술연구의 전부를 파악한 것이 아니다. 저우이량은 사숙시기에 영어, 일본어훈련을 잘 받았으며 옌징대학 시기 그는 일본사를 자신의 졸업논문으로 하였다. 1939년 저우이량은 모교 옌징대학의 추천으로 하버드옌칭 장학금을 받고 미국 하버드대학 원동언어학과에서 일어일문학을 연구했다. 당시 하버드대학의 저명한 교수로는 "서방 일본학의 아버지"라고 불린 세르게이 엘리세프Serge Elisseeff 1889-1975와 산스크리트어 전문가 월터 E. 클라크 Walter E. Clark 1881-1960가 있었다. 이 두 명의 저명한 학자가 저우이량의 박사 지도교수가 되었다. 1944년 31세의 저우이량은 『당대 인도에서 온 세 밀종 승려 고찰唐代印度來華密宗三僧考』로 하버드대학 박사학위를 취득했다.

저우이량의 하버드대학 지도교수인 엘리세프Serge Elisseeff 1889-1975교수. 저우이량은 엘리세프의 박사연구생이었지만, 저우이량이 중국학술계에 공헌한 것에서 보자면, 그가 이 미국인 스승에게서 배운 학문을 결코 완전히 자신의 학술연구에 쓴 것은 아니었다.

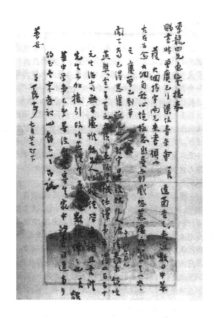

저우이량이 탄치샹에게 보낸 친필서신. 저우이량과 탄치샹은 스승이자 친구 관계였는데, 탄치샹은 직설적으로 저우이량을 질책할 수 있었고 저우이량은 편하게 탄치샹의 비판을 수용했다. 이러한 특수한 관계는 저우이량의 학자인생에서는 보기 드문 것이었다.

박사 졸업 후 저우이량은 하버드대학에서 일본어강사로 2년 동안 강의를 했으며 귀국 후 모교인 옌징대학 국문학과 부교수로 고급, 초급 일본어와 불경번역문학을 강의했다. 이는 그가 출국 전에 청강한 천인커의 학문과 연관이 있다. 1947년 저우이량은 칭화대학 외국어학과 교수가 되었고 2년 후 역사학과에서 교수가 되었다. 1946년부터 1949년 건국 전까지 저우이량은 외국에서 배운 전문지식으로 학술연구를 깊이 하기 시작하여 위진남북조사, 불교사, 돈황학 등 영역에서 10여 편의 논문, 제사와 발문을 저술했는데 그가 이러한 영역에서 전문성을 갖추었음을 보여준다.

1950년부터 1952년 가을까지 저우이량은 칭화대학 역사학과 주임이었다. 저우이량이 주임을 맡은 시기의 학생인 후루레이胡如雷의 회고에 의하면 "신중국이 탄생한 그 해는 내가 칭화대학 역사학과 2학년이던 때로서 학과 교수, 부교수들은 나이가 60세를 넘은 자는 많지 않았으며 대다수가 사오십세의 중년이었다. 그 가운데 저우이량선생님은 30세였으며 국내외로 이미 저명한 학자였다."고 하였다.[9] 당시 칭화대의 역사학과 교수로는 우한, 레이하이쫑雷海宗, 쑨위탕孫毓棠, 딩쩌량丁則良, 왕야난王亞南, 왕용싱王永興 등이 있었다.

1949년에서 1950년까지 칭화대학 역사학과 주임은 명사明史 전문가 우한이었다. 저우이량 보다 네 살이 많은 우한은 후스의 유명한 제자이며 명사를 연구한 것은 후스와 장팅푸蔣廷黻의 가르침 덕분이었다. 우한의『주원장전朱元璋傳』은 마오쩌둥의 의견을 받아드려서 수정을 진행했으며, 그의 역사학연구는 기본적으로 최고봉에 올랐다. 적극적으로 정치를 따른 우한은 후에 정치에 발을 디뎠고 베이징시 부시장을 하였다. 마음속에 학술을 품었던 우한은 정치와 역사학 사이에서 배회했으며 이후에 "문화대혁명"의 첫번째 희생자가 되었다. 레이하이쫑은 저명한 역사학자이며 저우이량보다 11세 많았던 레이하이쫑은 22세에『Anne Robert Jacques Targot의 정치사상杜爾閣的政治思想』이라는 논문으로 시카고대학 철학박사 학위를 취득했다. 그의 서양사, 은주사는 당시 역사학계에서 손에 꼽을 정도였다. 레이하이쫑은 영어, 프랑스어, 독일어에 통달했으며『중국문화와 중국의 군대中國文化與中國的兵』와『중국통사선독中國通史選讀』으로 한때 이름을 알렸다. 1952년 레이하이쫑은 인사이동에 따라 난카이대학南開大學 역사학과로 옮겼다. 5년 뒤 역사학계의 저명한 "우파"교수로 알려져 전국적

---

9) 胡如雷,『回顧在淸華大學歷史系學習生活片斷』,『學林漫錄』七集, 28쪽.

인 비판을 받았다.

저우이량보다 12살 많은 왕야난王亞南은 우한武漢 화중대학교 교육학과 졸업했으며 그와 궈다리郭大力가 함께 번역한『자본론資本論』은 학계에서 명성을 떨쳤다. 경제사 전문가로서 왕야난은 일본과 독일에서 유학했으며 그의『중국관료정치연구中國官僚政治研究』는 20세기의 고전적인 학술저작이다. 왕야난王은 칭화대학 역사학과에 있은지 2년도 되지 않아 인사에 따라 샤먼대학 교장이 되었다.

딩쩌량丁則良은 저우이량보다 두 살 어리며 칭화대학 역사학과를 졸업하고 송대사를 전공했다. 딩쩌량은 학생시절에 학생운동에 뛰어들었다가 후에 다시 서재로 돌아갔다. 이 시기의 역사를 딩쩌량은 뼈저리게 후회했고 그는 마음의 병을 떨쳐내지 못했다. 1952년 딩쩌량은 인사발령으로 동북인민대학 역사학과로 이동했으며 학과 부주임을 맡았으며 전공을 아시아사 아프리카사로 바꾸었다. 1957년 소련에 가서 강의를 했으며 귀국 도중에 서남연합대학시기에 쓴 "반공"선전문장이 드러나자, 딩쩌량은 베이징대학 웨밍후未名湖에서 자살했다.[10]

왕용싱王永興은 천인커의 학술조수이며 수당사를 전공했다. 그가 만년에 천인커역사학을 연구하고 저술하여 천인커 학술을 널리 알렸다. 저우이량은 이러한 역사학계의 저명한 학자들과 사귀었으므로 자연스럽게 그의 학문은 시대와 함께 발맞추어 발전했다. 당시 저우이량의 학문은 이미 기본적인 형태가 만들어졌으나 신사회, 신시대의 정치에 대한 판단력은 성숙하지 않았으며 이로인해 저우이량을 위아래의 바싹 뒤따르면서 한걸음 한걸음 발을 헛디디지 않고 날쌘 제비 같이 가볍게 위아래로 빠져나오듯이 새로운 세상으로 끌려 들어갔다.

---

10) 羅繼祖,『蜉寄留痕』, 上海古籍出版社, 1999年, 248쪽.

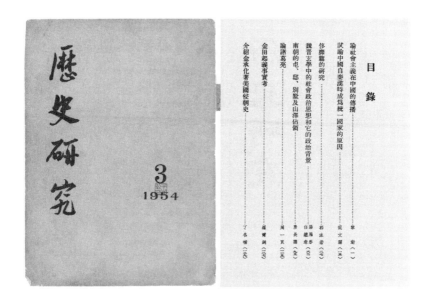

저우이량은 1954년 제3기 『역사연구歷史硏究』에 「논제갈량論諸葛亮」을 발표했다. 이는 신중국 성립 후 저우이량이 공화국 최고의 학술간행물에 발표한 위진남북조사연구의 첫 번째 중요 전문학술논문으로 이 분야에서 저우이량의 수준을 나타냈다.

저우이량과 스승이자 친구인 저명한 역사지리학자 탄치샹은 만년에 저우이량에게 보낸 서신에서 "형이 50년대 이래 비록 명성이 한 때 알려졌지만 학술성과를 보고 말하자면 해방 전보다 못한 것은 하는 일이 적당하지 않고 비업무활동이 너무 많기 때문이다." 라고 하였다.[11] 저우이량은 1952년에 학과조정시기에 베이징대학 역사학과에 들어갔다. 1950년부터 1953년까지 저우이량은 『역사교학歷史敎學』, 『인민일보人民日報』, 『신건설新建設』, 『진보일보進步日報』, 『광명일보光明日報』 등 간행물에 조선과 중국의 관계에

---

11) 周一良, 「學術文化隨筆」, 179쪽.

저우이량이 1974년의 제1기 『역사연구』에 「제갈량과 법가노선諸葛亮與法家路線」을 발표하여 정치투쟁에 부합했다. 1920년대 이후에 새로 발표한 "법가를 평가하고 유학을 비판한다評法批儒"라는 논문은 전형적인 "영사사학影射史學"의 대표로서, 이는 그의 역사학 생애의 최대의 오점이었다.

대한 여러 편의 문장을 발표했으며 개명서점開明書店에서 『중국조선인민의 우의관계와 문화교류中朝人民的友誼關系與文化交流』라는 책을 출판했다. 저우이량의 이러한 문장은 항미원조抗美援朝의 특별한 정치활동을 위해서 저작한 것이 분명하다. 그러나 저우이량은 만년의 회고에서 그가 저술한 이런 문장은 주로 우한이 지도한 것이라고 했다. "항미원조抗美援朝시기에 칭화대학 역사학과 동료들은 우한의 창도로 적극적으로 자신의 전공을 이용해서 인민을 위해서 봉사했으며 제국주의를 폭로하고 중조우호를 회고하는 문장을 저술하여 당시 긍정적인 역할을 하였다."고 하였다.12) 순수한 학자로서 자각적으로 검약의 정신도 없고, 단순히 자신의 전문지식으로써

정치의 어떤 선전의 필요를 나타내는 것은 일종의 학술적으로 감정을
마구 표출한 것이 아니라고 할 수 없다. 자기 자신이 주도적으로 필을
들고서 우한에게 밀고 나간 소위 "창도昌道"라고 하는 것은 사실상 자신이
학술에 전심전력하지 않은 것을 회피하는 것이다. 중국과 조선의 우정에
관한 논문이 저우이량의 당시에 "명성이 널리 퍼지"는데 큰 작용을 했다는
것이 분명하다. 만약 저우이량이 마음에 부끄러움이 없다고 한다면 이것이
당연한 것이라고 판정했다면 그는 눈에 뛰지 않은 곳에서 당시의 소위
"창도"라는 말을 하지는 않았을 것이다.

　전국의 최고의 학부인 베이징대학 역사학과에 들어간 후에 저우이량은
높은 정치적 열정을 보였다. 1954년에 전국에서 후스사상을 비판하는
운동이 시작되었으며 젊은 나이의 저우이량은 후스를 비판하는 중요한
중년 역사학자가 되었다. 저우이량이 일어서서 후스를 비판한 것은 시대에
따른 것이다. 저우이량은 후스의 진수를 전수받은 제자가 아니며 후스의
수업을 청강한 적도 없다. 저우이량이 하버드대학에서 유학하던 시절에
그때 주미 대사인 후스와 교류를 했고 저우이량 아들이 태어날 때 그는
후스에게 서신을 보내어 아들을 위해서 이름을 지어 달라고 했다. 후스가
귀국한 후에 베이징대학 총장직을 맡았을 때 저우이량을 베이징대학 교수
로 초빙했으며 후에 그는 베이징대학에서 수업을 겸해서 일본사를 강의
하게 된 것도 후스가 허락한 것이다. 후스가 『수경주水經注』를 연구할
때 저우이량은 그의 아버지의 장서를 후스에게 증여했다. 1948년 저우이량
이 저술한 『모자이혹론시대고牟子理惑論時代考』를 위해서 후스는 긴 서신을
써서 저우이량에게 보냈으며 후배로서 저우이량은 후스의 학설을 신봉했
고 후스사상학설의 영향을 받기도 했다. 건국 초기에 후스를 비판하는

---

12)　周一良, 『郊叟曝言』, 13쪽.

사상운동의 직접적인 동기는 대륙에 남은 후스의 제자, 문인, 신도들이 자발적으로 나와서 자신이 겪은 것으로써 후스를 비판한 것이다. 저우이량이 후스를 비판하는 운동에 참여할 때『후스 의 반동적 역사관 비판批判胡適反動的歷史觀』,『서양의 "한학"과 후스西洋"漢學"與胡適』를 저술하였다.『후스의 반동적 역사관 비판批判胡適反動的歷史觀』에서 저우이량은 후스의『수경주水經注』연구가 "수경주에 대한 모독"이라고 했다. 그는 이러한 비판적인 문장으로 자신의 태도를 표현했으며 "후스의 유심론은 학술사상에 영향을 주었는데 특히 그가 제창한 고거학은 또래 학자들에게 나쁜 영향을 미쳤으며 나도 그 중의 피해자이다. 해방 전에 내가 반동분자인 장치윈張其昀을 위해서 편집한 현대학술문화개론을 위해서 '현대역사학의 특징'이라는 문장을 썼는데 그 중에 첫 번째가 후스의 '대담하게 가정하고, 조심스럽게 실증을 한다."였다고 하였다.13) 저우이량은 만년에 후스를 비판하던 시기를 회고하며 마음이 아주 편하다고 했다. 그는 당시 그의 행동이 성심성의를 다한 것이라고 했다. 저우이량은 "당시에는 진심으로 자신이 신중국의 지식인이므로 마땅히 사상개조를 해야 한다고 생각했다. '파괴하지 않으면 세울 수 없다不破不立'는 마땅히 자신의 이해에 따라서 비판을 진행해야 하는 것으로 과거에 존중했던 사람일지라도 말이다"라고 하였다.14) 정치적으로 필요했던 후스 비판은 사실상 민국시대부터 공화국시대에 들어가는 지식인의 변화한 기준을 헤아리게 하며 저우이량은 확실히 이러한 기준에 놓여 있었다. 만약 그가 고집을 부려서 후스의 학술명망을 보호했더라면 혹은 시기에 맞지 않은 침묵의 태도를 표현했더라면 이는 자신의 학술생명을 끝내는 것과 다름이 없다. 자발적으로 후스를 비판하는 운동에 참여하고

---

13) 『胡適思想批判』第一輯, 114쪽.
14) 周一良, 『郊叟曝言』, 4쪽.

원래 자기의 편을 공격하는 것은 오히려 자신의 호방함을 표현한 것일 수 있다. 후스비판 운동 참여는 저우이량의 학술연구에 새로운 전환점이 된 것이 아니라 기껏해야 "한 때 명성이 널리 퍼지"는 데 한 층의 저울추를 추가했을 뿐이었다.

상웨가 주편한『중국역사강요』에 대한 토론을 참여할 때 저우이량은 위진남북조역사 전문가로서 두 가지의 의견을 제출했는데 저우이량의 학술취미가 아시아역사, 세계통사로 바뀌어 있었다. 1955년 저우이량은 네덜란드에서 주최한 제8기 유럽 청년한학자년회에 참가했으며『신중국 아시아역사교육과 연구에 관하여關於新中國亞洲史敎學與硏究』라는 강연을 하고 이후 자신의 학술중심을 일본사, 세계사영역으로 옮겼다. 1960년대 초기에 저우이량은 우한武漢대학교 역사학과 교수 우위진吳于廑과 함께 4권의 『세계통사』를 편집했다. 이 책의 저술원칙은 저우양周揚이 확정한 것이다. "『세계통사世界通史』의 편찬원칙은 재료의 확실함, 풍부함을 요구하며 서구 중심론을 피하며 관점을 대체적으로 타당하게 하며 일반적으로 받아들일 수 있는 것으로 몇 년간 변화하지 않고 안정될 수 있어야 한다."15)는 것이었다.

우위진吳于廑은 저우이량의 하버드대학 유학시절의 동창이며 저우이량은 우위진, 양렌성과 런화任華를 "하버드 삼걸"이라고 칭했다. 저우이량과 또래인 우위진은 빈곤한 집안 출신인데, 둥우대학東吳大學 역사학과를 졸업한 후에 난카이대학 경제연구소의 저명한 학자 천쉬징陳序經의 연구생으로 파격 채용되었다. 저우이량이 하버드옌칭哈佛燕京學社 장학금을 받은 것과 달리 우위진은 칭화대학에서 파견해서 하버드대학으로 유학한 것이었다. 우위진은『중세기 동서방의 정치제도비교中世紀東西方政治制度的比較』로 박사

---

15)『周一良學術文化隨筆』, 226쪽.

학위를 취득했으며 저우이량보다 일년 늦게 귀국했다. 1947년 우위진은 우한대학교 역사학과에서 교수를 맡았으며 이후 우한대학을 떠난 적이 없다. 1950년대부터 1970년대까지 저우이량은 끊임없이 업종을 바꿨으며 쉴 틈 없이 정치활동에 참여하고 파벌 투쟁에 참여했다. "문화대혁명"의 파벌투쟁에 참여하면서 적극적으로 "법가를 높이고 유가를 비판하는"데 참가했으며 또 "사인방"저작단체 "양효梁效"의 고문으로 들어갔고, 기본적으로 정치인물이 되었으며 또한 역사학자의 고문신분으로 준비한 정치인물이었다. "문혁"파벌에 휩쓸린 저우이량은 베이징대학 "정강산井岡山"의 주요 영도자가 되었으며 녜위안쯔聶元梓의 "신북대공사新北大公社"와 투쟁했고 저우이량은 홍위병에게 모진 고초를 당하여 죽었다 살아났다. 재산차압, 비판투쟁, 노동개조로 저우이량은 거의 죽을 뻔 했다. 사상개조가 좋아서인지 녜위안쯔가 실각한 연고인지는 모르나 저우이량은 또 다시 운수가 바뀐 것인지 "양효"저작단체의 고문이 되었다. 자발적으로 자신을 정치 소용돌이의 중심으로 밀어 넣고 자발적으로 역사학의 양심을 제거하고 스스로 정치의 도구가 되어 저우이량은 기본적으로 역사학자의 독립적인 판단력을 잃고 완전히 정치에 종속하는 규정 공식이 되었다. 1954년에 중국과학원에서 창간한 『역사연구歷史研究』잡지에서 저우이량은 창간한 해의 제3기에 『제갈량을 논하여論諸葛亮』를 발표했다. 이는 저우이량이 건국이후 처음으로 저술한 위진남북조사영역의 전문적인 논문이었다. 20년 뒤 또 『역사연구』간행물에 "법가를 높이고 유가를 비판"에 호응하기 위해 저우이량은 『제갈량과 법가사상諸葛亮與法家路線』이라는 글을 발표했다. 저우이량은 만년의 회고에서 "제갈량諸葛亮의 사상 속에는 유가 외에 도가 및 법가의 성분을 겸하고 있으나 글은 여론이 아주 떠들썩 했던 선전과 맞물려서 내용에서 왜곡이 없었을 뿐 아니라 이 문장으로 유가·법가투쟁에 대해서 선전하면 또한 내용이 틀리지만 객관적으로 '사인방'의 반혁명여론의 성분으로 만들어졌으며 나는 이것이 마오쩌둥 주석의 혁명 노선을 위한 일인 줄 알았다. 라고 하였다.16)『제갈량과 법가사상諸葛亮與法家路線』은 "영사사학影射史學"의 표준이며 견강부회라 할 수 있고 "객관적"인 문제가 존재하지 않으며 순수하게 저우이량 자신의 "주관행위"였다. 저우이량이 만년에 회고할 때 선택한 어구와 어휘 예컨대 "설령", "또 그러하다"는 사실상 자신의 잘못에 대한 핑계였다. 예컨대 한 학자가 지적한 것처럼 "무슨 학술관점, 무슨 학술원칙, 무슨 진리, 무슨 양심은 모두 그에게는 완전히 잊어버린 일이 되었다."17)고 하였다. 저우이량은 자신이 "양효梁效" 저작단체에 들어간 것에 대해 잘못을 뉘우치고 고치고자 하는 마음이 없었다. 저우양周揚은 웨이젠궁魏建功(웨이젠궁도 "양효" 저작단체의 고문이다)의 추모식에서 저우이량을 위로했는데 저우이량은 비판을 받아들이지 않고 도리어 상대방을 비난하면서 자신이 자발적으로 "양효" 단체에 가입한 것이 아니라 조직에서 시킨 것이라고 했다. 이는 비록 모두가 아는 사실이지만 내심 깊이 수긍할 수는 없다. 자신을 변명하기 위해서 저우이량은 그의 넷째 동생인 저우사오량周紹良의 말을 인용해서 "그때 조직에서 양효에 가라고 했는데 누가 감히 그 명령을 거역하겠는가? 만약 이 일이 나한테 발생했더라도 니는 그렇게 했을 것이다."고 하였다.18) 일종의 역사현상으로 분석해 보면 "양효"저작단체에 참여한 것은 "간다"와 "가지 않는다"의 문제가 아니라 왜 당신을 선택했나, 또는 선택하지 않았는가라는 가치판단의 문제였다. 저우이량이 "양효"에 뽑힌 것은 "양효"가 사람을 선택하는데 있어서 재능이 많고 학문이 깊은 사람을 선택한 것이

---

16) 『周一良學術文化隨筆』, 249쪽.
17) 田居儉, 『助"幫"爲虐的"諸葛亮硏究"』, 『歷史硏究』, 1978年, 第4期, 19쪽.
18) 周一良, 『郊叟曝言』, 298쪽.

아니라 정치활동에 대해서 감정이 있고 흥미가 있는 사람을 선택한 것이며 많은 일을 겪은 사람을 선택한 것이다. 저우이량은 "양효"의 선택을 거절하지 않았으며 심지어 "양효"의 선택을 받았다는 것에 대해서 영광스러운 일로 생각했으며 이는 저우이량의 마음 깊은 곳에 일종의 "역사로 치용한다 通史致用", "배운 것을 실제로 활용하다 學以致用"의 감정이 있다는 것을 알 수 있다. 저우이량은 관료세가 출신으로 그의 피에는 벼슬길에 대한 깊은 열망이 흐르고 있었다. 누군가가 그를 알아 주기를 바라고 명군의 믿음과 신뢰를 얻고자하는 것은 중국인의 문화전통이다. 명산의식, 불후의식의 변화가 많아 포착하기 힘든 성분이 현실세계에서 정치유혹으로 인해서 깨끗하게 사라졌다. 정치공명이 명산사업을 압도함으로써 지식분자는 자연스럽게 현실의 결과를 선택한다. 저우이량은 학술영역에서 명산사업을 지니고 있는 학자로서 자발적으로 정치공명을 선택하고 지식분자의 양지는 포기했는데 세가제자들의 벼슬길에 대한 잠재 의식에 따른 것이다. 그리하여 외적인 형태로는 "배우면 관직에 나아간다"는 감정이 촉진된 것이다. 저우이량의 만년의 참회가 더 이상 깊이 들어가지 못하고 여기서 멈추게 된 것도 이것이 원인이었다.

저우이량은 이름이 일찍 알려졌으며 재능이 있는 역사학자였고 미국 하버드대학 철학박사이자 영어와 일본어를 통달한 학자로서 만약 계속 그가 청년시절에 선택한 전문영역을 연구했더라면 그는 반드시 기세가 드높고, 다방면의 도리와 이치를 체계적이고 철저하게 이해한 역사학자가 되었을 것이다. 그러나 역사는 항상 한 사람의 주관에 따라서 어긋나고 또한 변화한 것이며 한 사람의 선천적인 재능도 이와 함께 뒤얽히는 것이다. 문자로서 정치적 명성을 추구하고자 하고 정치와 함께 부침을 좋아하였기 때문에, 저우이량의 학술생명이 매우 복잡한 특징을 드러냈다. 사실대로 말하면 저우이량의 학자로서의 인격은 엉망이 되어 버렸다. 저우이량은

저우이량, 톈위칭田餘慶(우측), 주쭝빈祝總斌(좌측), 이 세 사람이 위진남북조
사의 느슨한 연맹을 결성했다.

자신의 학자로서의 본질은 극단적으로 어려운 조건 하에 『위진남북조사찰
기魏晉南北朝史劄記』라는 명작을 저술해냈다. 저우이량은 스스로 "한이 진에
구금되니 고분孤憤은 말하기 어렵다."고 한에 비유하였다. 그가 세상에
남긴 『위진남북조사논집魏晉南北朝史論集』, 『위진남북조사논집속편魏晉南北
朝史論集續編』, 『중일문화관계사론中日文化關系史論』 등은 20세기 중국역사학
의 중요한 문화유산이다.

회고는 쓰린 것이었다. 학술만년에 들어간 철학자는 세상의 온갖 풍파
인생을 회상할 때 평범하고 심각하게 생각의 미망과 마음속의 잘못에
대해서 심각하게 감개하지 않을 수 없다. 학술과 정치의 가장자리에서

저우이량은 비록 외줄을 탄 것은 아니지만 확실한 것은 시시비비에 휘말렸다는 것이다. 그의 「나의 『나의 반평생』我的『我的前半生』」이라는 글에서 평탄한 역사가 조용하고 분명하게 스며들어 있다. 저우이량이 고희의 나이에 사람들에게 자신의 마음에 대해서 말할 때 속세의 은혜와 원망, 끝이 없는 뉘우침은 세월의 흐름과 함께 역사 속에서 서서히 사라졌다. 또한 누가 노인의 만년의 마음을 이해하지 못하겠는가? 신념을 지키기 어렵고 고통을 참기 어려우나 자유의 사상, 독립의 정신을 지키는 것은 순수한 학자가 기본적으로 지켜야 하는 인격이어야 한다. 인생의 황혼 무렵 저우이량은 자신의 학자인생에 대해서 회상하며 "어디까지나 학자였다"라는 말로 자신의 감정을 표현했으며 이는 마치 그에게 관심이 있는 후학자들에게 뜻을 다하지 못했다는 감정을 표현한 것 같다.

35

"마오탕懋堂의 소학小學, 주팅竹汀의 사史"

● 양롄성楊聯升 학기 ●

만약 옌징대학의 저명한 역사학자 홍예를 진정한 학리적 측면에서 구통 혹은 한학과 서학을 소통하게 한 의미에서의 제 1대 학자라고 한다면 홍예과 같은 학술배경을 가진 양롄성楊聯升은 제 2대라고 할 수 있다. 다른 점이 있다면, 하버드 옌칭학사哈佛燕京學社와 미국 하버드대학이 직접 연결되어 홍예의 학술문화권은 서학 혹은 한학의 발판작용을 하는 것은 분명하나 칭화대학을 졸업한 양롄성은 미국 교회학교를 다닌 배경이 있었지만 30년

대에 학문을 한 양롄성은 개인적 노력으로 구미의 학문을 익혀야만 했다. 두세대를 연결하는 제 2대학자로서 중요한 것은 그들이 기풍을 창조해야 하는 것보다는 제 1대 학자들이 개척한 새로운 영역에서 "학술건설"을 진행하고 선배 학자들이 연구하지 못한 학술문제를 해결하고 소소한 결론을 시스템화하고 체계화하는 것이었다.

양롄성의 학술성과는 특별한 어학배경에서 형성된 것이다. 칭화대학 경제학과를 졸업한지 얼마 되지 않아 양롄성은 미국으로 가서 유학생활을 시작했다. 양롄성은 꿈에도 생각하지 못한 것은 그는 대부분의 생애를 타지에서 보냈고, 죽을 때까지 타국에서 생활했다는 점이다. 그러므로 이러한 각도에서 양롄성의 학술연구의 특징을 연구할 때 확실히 알 수 있는 것은 양롄성의 학술연구의 접속점은 진부하지 않았고 현대적인 것도 아니었으며, 전통과 현대, 국학과 서학의 사이를 매개하였다는 것이다. 장기간 미국 한학계에 머물며 서방 한학자의 가치판단과 연구방식을 수용했기에 양롄성의 학술행위는 반드시 그가 생존하는 학술환경에 적응하도록 결정되었다. 이렇듯 표면적으로 강제성이 없으나 실질적으로는 환경변화가 학술을 관찰하게 한 것이 양롄성의 학술생애에 "변형"의 색채를 띠게 만들었다. 양롄성의 제자 겸 하버드 동료인 위잉스余英時의 회상에 의하면 "미국에서 중국학문을 강의하면 범위조절이 잘 안될 뿐만 아니라 학생들의 흥미가 다르기 때문에 선생으로서 연구영역을 넓히지 않을 수 없다."고 하였다.[1] 미국에서 중국학술을 연구하는 한학자들은 그들의 각도, 시선, 관찰방식과 중국학자들과는 큰 차이가 있고 제기한 문제와 근거로 사용하는 자료도 아주 괴팍하여 스승인 양롄성은 반드시 자신의 연구와 인식이 있어야만 했다. 양롄성의 학술성과가 유럽과 미국, 타이완台灣

---

1) 余英時, 『錢穆與中國文化』, 上海遠東出版社1994年, 166쪽.

과 홍콩 학술계에서 영향을 미쳤을 때 대륙학계에서는 양롄성이 연구하고 있는 학문의 상태에 대한 이해가 부족했다. 심지어 양롄성의 중국내 스승과 학우들도 그에 대해서 아는 바가 별로 없었다. 이 때문에 양롄성이 국내학술계에 미친 영향은 그다지 크지 않았다.

1937년『칭화학보清華學報』표지. 젊은 역사학자 양롄성은 이러한 고급 학술간행물에 최고 수준의 논문을 발표해서 역사학계의 주목을 받았다.

양롄성1914-1990의 자는 롄성蓮生이며 허베이 바오딩保定인이다. 양롄성의 큰아버지가 아들이 없었기 때문에 염무관鹽務官을 하고 있는 백부의 양자가 되었다. 양롄성은 바오딩保定의 지존중학志存中學에서 높은 성적으로 베이징사범대학 부속 중학에 입학했다. 1933년 19세의 양롄성은 베이징대학과 칭화대학에 입학시험에 모두 합격했다. 백부의 요구로 문학과 역사를 좋아하는 양롄성은 칭화대학 경제학과를 선택했다. 만약에 양롄성이 베이징대학 역사학과에서 공부를 했다면 지금의 성과를 얻기 힘들었을 수 있다. 그러나 사학전공출신이 아니며 크게 다른 학과의 연구방식과 방법으로 역사학연구에 응용한 것은 좋은 일이 아닐 수 없다. 칭화대학 경제학과를 선택하여 문학과 역사를 연구한 것과는 거리는 있었지만 양롄성에게는 하나의 기회였다. 그는 사학대가인 천인커에게 가르침을 청하여 졸업논문도 천인커에게 지도를 받았다. 학생시절의 양롄성은 문학과 역사학에 천부적 자질을 드러내어 『칭화학보淸華學報』, 『식화食貨』잡지에 논문을 발표하여, 학술계의 주목을 받았다. 천인커 역사학의 특징은 평범한 역사사료 중에 다른 사람이 생각하지 못한 것을 세밀한 곳으로부터 큰 것으로부터 나아가는 역사인식의 통찰을 보여준다. 시를 가지고 역사를 증명하고 시와 역사를 서로 증명하며 동시에 여러 언어와 문자를 운용하여 새로운 학술영역을 개척하며 학술연구의 방향과 유행을 이끈 것이 천인커가 한시대의 역사학의 종사로서 이룩한 독특한 역사학자로서의 매력이었다. 양롄성은 천인커의 학술전통의 깊은 영향을 받았다. 그는 미국 유학 시절에도 천인커의 학술논저에 대해서 흠모했다. 1943년에 천인커의 『당대정치역사서술논고唐代政治史述論稿』를 충칭重慶의 상무인서관에서 출판했다. 당시 미국에 있는 양롄성이 이 책을 읽으면서 "내용으로 보면 비록 3편의 개론성 있는 문장뿐이지만 매우 좋다.……개론적일수록 대가가 써야한다."고 하였다.[2] 천인커는 『중앙연구원역사어언연구소집간中央硏究院歷史語言硏究所集刊』에 『위서 사마예전-강동민족조석증 및 추론魏書司馬叡傳江東民族條釋證及推論』이라는 글을 발표했는데, 양롄성의 동창인 저우일량의 논점을 다뤘는데, 양롄성은 곧바로 미국에 있는 후스로부터 빌려 보았다.[3] 이 모두는 천인커의 학술을 하는 태도가 양롄성에게 깊은 영향을 미쳤다는 것을 증명한다.

---

2) 『論學談詩二十年─胡適楊聯升往來書劄』, 安徽教育出版社2001年, 44쪽.
3) 『論學談詩二十年─胡適楊聯升往來書劄』, 安徽教育出版社2001年, 57쪽.

베이징대학 교수 타오시성陶希聖. 타오시성은 1930년대 베이징대학의 유명 간행물『식화食貨』를 창간했다. 양롄성은 타오시성의 제자로서,『식화』에 여러 편의 논문을 발표했으며, 타오시성을 핵심으로 한 "식화"학파의 중심 학자였다.

학생시절 양롄성에게 깊은 영향을 준 다른 한 사람은 타오시성이다. 타오시성은 베이징대학 역사학과 교수이다. 30년대 베이징대학 역사학과 교수의 학술사상은 세 가지로 분류할 수 있다. 첸무, 멍썬, 멍원퉁蒙文通은 건가乾嘉에 속하여 주도하는 학파이며 후스, 푸쓰녠은 건가에 서구신사학을 더한 학파이며 타오시성을 대표로 한 학파는 "건가에 변증유물론을 더한다"는 것이었다. "정치조직으로 말하면 타오시성은 국민당 혹은 국민당의 개조파다. 그는 마르크스, 엥겔스, 카우츠키의 저작을 읽었으며 그들의 영향을 받았다. 그는 유물사관과 변증법을 표방하였다. 그가 이름을 알리게 되고 학술계에서 다른 사람보다 뛰어났던 것은 변증법과 유물역사관이었다. 그러므로 그의 역사관은 순수한 것은 아니었다."[4] 타오시성은 베이징대

4) 何玆全, 『愛國一書生一八十五自述』, 華東師範大學出版社1997年, 54쪽.

학에서 "중국사회사中國社會史"와 중국경제사를 강의했으며 양롄성이 대학
2학년 때 타오시성은 『식화』라는 잡지를 창간했다. 양롄성이 만년의 회상
에서 자신의 논저에 대해서 말하기를 "타오시성선생과 『식화』의 여러분들
은 모두 나에게 영향을 주었으며 경제사로 방향을 바꾼 것도 이와 관련이
있다."고 했다.[5] 이로서 타오시성이 양롄성의 학술의 형성 및 학술연구영역
에 중요한 영향을 미쳤다는 것을 알 수 있다.

1941년에 양롄성(좌, 첫 번째), 저우이량(우, 첫 번째) 등이 하버드대학
도서관 앞에서 찍은 사진. 이당시 풍채가 출중하고 재능이 뛰어났던 미국박
사들은 이후 학술연구의 탁월한 저작을 내어 중국역사학을 심화시키는데
각자의 지혜와 심력으로 공헌하였다.

---

5)   楊聯升, 『打像爲誓小考』, 『紀念陳寅恪先生誕辰百年學術論文集』, 282쪽.

만약 양롄성의 스승에 대해서 말하자면 또 한 사람을 빼놓을 수 없다. 바로 베이징대학교 교수 쳰타오쑨錢稻孫이다. 쳰타오쑨1887-1962의 자는 제메이介眉이며 저장 우싱吳興사람이다. 그의 아버지 쳰녠취錢念劬는 청나라 말기 명류 쉐푸청薛福成의 문하인이다. 쳰녠취는 일찍이 영국, 프랑스, 이탈리아, 벨기에에 외교사절을 다녀온 적이 있었으니 청말 저명한 외교관이었다. 쳰녠취의 학문은 심후하고『청병체문록부류淸騈體文錄賦類』,『일본정요日本政要』등 10여 종류의 저작을 남겼다. 쳰타오쑨의 숙부 쳰쉬안퉁은 국학대사이자 음운학자이며 "5·4"신문화운동의 저명한 지도자이다. 쳰타오쑨은 문학연구와 서방문예의 번역 상에서 성과를 얻었다. 1900년에 17세의 쳰타오쑨은 자비로 일본 세이조 학교成城學校에 가서 문과를 전공한 후에 이탈리아로 유학 갔다. 민국초기 쳰타오쑨은 교육부 주임을 했으며 동향출신 루쉰魯迅, 쉬서우탕許壽裳과 밀접한 관계를 유지했다. 그와 루쉰은 민국 국장을 만들고 루쉰은 자신의 저작『역외소설집域外小說集』등을 쳰타오쑨에게 선물로 줬다. 양롄성이 칭화대학에서 공부하던 시절에 쳰타오쑨으로부터 학문을 배웠다. 양롄성은 1937년 졸업한 후에 일자리를 못 찾았을 때 당시 쳰타오쑨은『일화자전日華字典』을 편찬할 사람을 찾고 있다. 그래서 양롄싱이 이번 작업에 참여했다. 1939년 쳰타오쑨은 스파이가 되어 베이징대학를 주관하고 두 번이나 양롄성을 초빙했으나 그는 모두 거절당했다.[6] 자전을 편찬하는 것은 한 사람의 어문의 대한 훈련이 아주 힘든 것이다. 왜냐하면 자전은 공구로써 사람들에게 이용되는 것이므로, 그것은 반드시 권위성을 갖출 것을 요구받는다. 양롄성이 자전편찬을 위한 과학적인 훈련을 받던 것은 그의 언어학 영역에서의 발전과 연구를 위한 튼튼한 기초가 되었다.

---

6) 周一良,『周一良學術文化隨筆』, 34-35쪽.

　양롄성이 미국 학술조직에 들어간 것은 우연한 기회였으며 훗날의 동학
인 저우일량이 추천한 것과 연관이 깊다. 1939년에 저우일량은 하버드
옌칭학사燕京學社의 장학금을 타서 미국으로 유학했으며 하버드대학 중국
사 교수인 가드너Gardner가 저우일량에게 한 사람 추천하라고 했으며 저우일
량은 첸타오쑨과 잘 아는 사이인 양롄성을 추천했다. 1940년에 기드너
교수는 자비로 양롄성을 초빙하여 미국에 와서 자신의 개인 작업을 하게
했다. 그러므로 저우일량의 추천이 없었더라면 양롄성은 유학할 수 없었을
것이다. 또한 가드너 교수의 중국학술에 대한 집념과 애정 및 그의 사심
없는 정신이 없었더라면 양롄성이 미국에 가서 학문을 닦을 기회는 없었을
것이다. 그러므로 은혜를 아는 양롄성은 자신의 동창인 저우일량과 미국교
수 가드너에게 매우 감사하였다. 1969년 양롄성은 하버드대학 객좌교수가
되었고 학술계에서 저명해졌다. 그는 자신의 저작『한학산책漢學散策』의
머리말에서 하버드대학에서 배척된 가드너 교수를 "나를 서양한학으로
이끈 군자이자 학자이자 친구이다."라고 하였다. 그러나 저우일량과의
만남은 20세기 70년대 중엽의 일이었다. 당시 양롄성은 베이징에 방문했으
며 "양효梁效"단체의 저우일량을 만나고 싶다고 지명했다. 이후에 저우일량
은 미국을 방문할 때마다 양롄성의 집에 갔다.[7]

　일본의 저명한 한학자 요시가와 코지로吉川幸次郎는 양롄성 학문의 특징을
"마오탕의 소학 주팅의 역사"로 귀결했다. "마오탕懋堂"은 곧 돤위차이段玉裁
이며 "주팅竹汀"은 곧 첸다신을 말하는 것이었다. 돤위차이의 자는 뤄잉若膺
이며 호는 마오탕懋堂이며 장쑤 진탄金壇인이다. 돤위차이는 건가乾嘉시대의
저명한 소학의 대가로서, 그는 음운, 훈고영역에서 탁월한 성과를 남겼다.
『설문해자주說文解字注』,『모시고훈전毛詩古訓傳』,『모시소학毛詩小學』등은 모

7)　周一良,『周一良學術文化隨筆』, 164-167쪽.

두 그의 중요한 저작이다. 돤위차이와 왕녠쑨王念孫은 모두 다이전의 문하생들로서, 돤위차이와 왕녠쑨은 다 같이 유명했다. 돤위차이가 사망한 뒤 왕녠쑨은 제자 천환陳奐에게 "만약 뤄잉若膺이 죽으면 천하에 학자가 더 이상 없을 것이다！"라고 했을 정도로 그를 높이 추앙하였다.[8] 양롄성은 언어문자영역에서의 학문방법은 돤위차이의 연구 중에서 찾아낼 수 있다. 양롄성의 언어학의 풍격이 스승으로 삼은 것은 천인커, 후스, 쳰타오쑨錢稻孫, 자오위안런趙元任, 리팡구이李方桂 등인데, 그들 학문의 과학정신은 청초 건가학파로 거슬러 갈 수 있다. 요시가와 코지로는 양롄성의 학문을 "마오탕의 소학懋堂小學"이라고 한 것은 양롄성 학문이 세밀하고 깊고 치밀했음을 설명하는 것이다.

쳰다신의 사학은 건가시대의 고거학의 중요한 성과였다. 쳰다신의 자는 샤오정曉征으로, 장쑤 자딩嘉定인이다. 그의 역사고증 저작은 건가乾嘉 고거학의 최고봉을 대표하는데, 『이십이사고의廿二史考異』, 『십가재양신록十駕齋養新錄』, 『원사씨족표元史氏族表』 등의 걸출한 저작이 있다. 쳰다신 역사고증의 특징 "의혹을 불식시키다祛疑", "결점을 지적하다指瑕"와 "빠뜨린 것을 보충하고 과실을 바로잡다拾遺規過"라는 것이었다. 양롄성의 학문을 자신의 말을 빌어 설명해 보자면 "훈고로써 역사를 연구한다訓詁治史"라고 설명했다. 이는 쳰다신의 "역사를 고증한다考史"와 몇몇 비슷한 데가 있다. 사료의 독특한 영역을 발굴하고, 이전에는 중시되지 않았던 사료를 확대하고, 문헌자료를 중요하게 생각하면서 비좁고 첨예한 전문가의 길을 걷는 것이 양롄성 학술연구의 특징이다. 그의 소위 "훈고로써 역사를 연구한다"는 것은 건가시기 선배학자들의 학문의 방법을 현대에서 운용하는 것이며 동시에 서양 한학의 과학적 방법을 첨가한 것이다.

---

8) 『淸史稿』, 卷四八一, 『儒林二・段玉裁』.

한 사람이 자신의 학술연구의 독특한 품격과 탁월한 성과를 얻었을 때 개인 자질은 물론이고 특수한 기회, 특정한 학문 환경과 독특한 학인집단이 그의 학술성과의 형성에 중요한 작용을 한다. 양롄성이 가담한 "학인집단"은 기본적으로 현대 중국학술계의 최고 수준을 대표했다. 이는 그의 학술연구의 특수성을 결정했다. 소위 "학인단체"는 학자들이 학문을 연구하는 과정에서의 "학술인맥관계"를 말한다. 국내에서 수학할 때, 칭화대학을 중심으로 있던 저명한 학자들은 양롄성이 입문한 때의 스승들이었다. 1940년대에 미국으로 유학 간 후에 하버드대학을 중심으로 한 재미학자 및 미국의 한학자들은 양롄성 학술이 세밀하고 깊어지도록 문을 열어준 이들이었다. 만약 첸타오쑨이 양롄성을 초빙해서 『일화자전日華字典』을 편찬하게 한 것을 취업 준비상태에 있던 양롄성을 언어학연구영역으로 들어가게 한 중요한 안내자의 역할을 한 것이라고 말한다면, 함께 칭화원 동문인 현대 언어학의 대가 자오위안런趙元任이 추천하고 또 『국어자전國語字典』 공편의 중임을 위탁한 것은 곧 양롄성이 언어학연구의 전당으로 진입하게 해준 일대 관건이었다. 천인커와 같이 칭화국학원의 지도교수인 자오위안런趙元任은 현대 중국 언어학 연구영역의 개조開祖이다. 그는 칭화원을 떠난 후 장기간 미국에서 강의를 했으며 서양 한학계에 매우 큰 영향을 끼쳤다. 양롄성이 미국으로 가서 오랜 동안 자오위안런을 도와서 자전을 편집했다. 1950년대 후기 자오위안런의 장녀 자오루란趙如蘭이 하버드대학 음악학과에서 박사학위를 했는데, 양롄성이 그의 박사지도교수였다.[9] 자오위안런趙元任과 같이 유명한 리팡구이李方桂는 민국시기 중앙연구원 역사어언연구소 어언조의 저명한 전문가이며 현대중국의 손꼽히는 언어학자이기도 하다. 양롄성은 리팡구이와 밀접한 학술우정을 유지했다.

---

9) 『論學談詩二十年―胡適楊聯升往來書劄』, 372쪽.

"마오탕 소학"의 개념으로 양롄성의 중국 현대 언어학계에서의 성과를 말하자면 첸타오쑨錢稻孫, 후스, 자오위안런趙元任, 푸쓰녠, 리팡구이 등 저명한 학자의 영향을 배제할 수가 없다.

양롄성(뒷줄 우측 첫 번째)과 후스(앞줄 좌측 두 번째), 저우이량 등이 자오위안런趙元任(앞줄 우측 첫 번째)의 집 문 앞에서 찍은 사진. "훌륭한 사람들이 좌석에 가득 차 있다"는 말로 후스를 중심으로 한 학자단체를 묘사하는 것은 과한 것이 아니었는데, 이 학자들의 공통된 특징은 바로 서구의 인문과학 이론과 방법을 운용해서 창조적으로 중국전통학술과 문화를 연구하여 학계의 엘리트가 되었다는 것이다.

후스와 그의 후학 양롄성의 수경주水經注, 시학詩學, 고사고증古史考證에
관한 서신집. 이 서신집에서 후대의 학자들은 선배학자인 후스와 후배학자
인 양롄성이 학술을 위해서 얼마나 진실하게 심혈과 지혜를 다하였는지를
깊이 느낄 수 있다.

후스와 양롄성은 항상 서신에서 서로 심신의 건강을 물었다.

후스와 20년의 학술우정과 개인적 관계를 유지한 것은 양롄성이 중국학술계에서 수준이 높아지는 데 관건이 되었다. 칭화원 출신인 양롄성과 후스는 사승관계는 없었고, 단 양롄성의 스승 천인커과 후스의 관계는 밀접하였는데, 후스도 천인커의 학술견해를 매우 중시했다. 아마도 양롄성이란 학생을 알게 된 것도 천인커 덕분이었을 것이다. 양롄성이 언제 후스를 알게 되었는지에 대해서는 알 수 없다. 지금까지 보존하고 있는 후스에게 보낸 첫 번째 서신은 1943년 10월 26일의 것이다. 이때 양롄성은 이미 하버드대학에서 석사학위를 받았으며 미국에서 유학한지 3년이 되었다. 그런데 이 전해에 후스는 주미대사의 직무를 사퇴하고 다음해에 미국 뉴욕에 거주하면서 미국 국회도서관 동방부 명예고문으로서 학술연구를 진행했다. 이로 보건대 후스가 관직에서 뜻을 이루지 못한 상황에서 석사학위를 얻은 양롄성은 처음으로 최고의 학자이자 첫째가는 명류 후스와 교류하기 시작한 것이다. 지금까지 보존하고 있는 205통의 후스와 양롄성의 서신에서 우리는 재미있는 현상을 발견할 수 있다. 바로 양롄성이 후스에게 보낸 서신의 시작과 끝에 양롄성은 항상 "후胡선생님"으로 시작하고 "학생"로 낙관을 하는데 후스가 양롄성에게 보낸 서신의 칭호와는 크게 다르다는 것이다. 첫 번째 서신에서는 "롄성 형", 두 번째 서신에서는 "롄성 선생님", 세 번째 서신에서는 "롄성형"이었다. 1950년 이후에 후스가 양롄성에게 보낸 서신의 호칭이 변하기 시작했으며 후스가 양롄성에게 보낸 서신에는 차례로 "L.S.형", "Dear L.S.", "L.S.", "성형升兄", "롄형聯兄", "양공楊公"등이었다. 그러나 제일 많이 나타난 것은 "롄성형"이다. 후스가 양롄성에게 보낸 서신의 변화는 후스와 양롄성 관계의 친밀도를 표현하며 동시에 양롄성이 미국 한학계에서 등장하게 됨에 따라, 후스가 그에 대해서 눈여겨보게 된 것을 분명하게 알려준다. 특히 1950년대 후스가 미국에 몸을 의탁하던 때 양롄성의 학술 역량에 기대어 자신의 학문적 명성을 확장하지 않을 수 없었다. 양렌성은 후배학자로서 학술계의 선배인 후스에 대해서 당연히 항상 탐복하고 존경했다. 양렌성과 후스의 서신에서 제일 많이 토론한 학술문제는 세 가지다. 첫째 역사언어학, 둘째 사학, 셋째 『수경주水經注』연구였다. 후스는 전문적으로 중국고대언어, 어법, 문법을 연구하는 학자가 아니지만 그의 조기 논저는 왕왕 이 영역을 다루기도 했다. 특히 미국유학생으로서 후스는 중문과 영문의 어휘번역, 어법구조, 언어의 특수성 등 방면에 대하여 잘 알게 되었다. 청말 학자 마젠중馬建忠의 『마씨문통馬氏文通』과 번역가 옌푸嚴復가 후스의 학문에 큰 영향을 미쳤다. 후스가 유학시절 및 그 후에 저술한 『시 삼백편의 언어와 문자에 대한 해석詩三百篇言字解』, 『이여편爾汝篇』, 『오아편吾我篇』은 고대언어문자, 언어현상을 연구한 논저였다. 후스의 말에 의하면 이는 "교감校勘", "훈고訓詁" 등 학문의 방법을 이해하는 것이었다.[10] 1920년대 초기 후스는 궈모뤄를 수뇌로 하는 창조사創造社가 번역에 대한 논쟁이 매우 격렬했으며, 이로서 궈모뤄가 『반향의 반향反響之反響』, 『주석번역운동 및 기타 토론討論注譯運動及其他』 등 문장에서 쉴틈 없이 후스의 학설을 비난하는 지경이 되었으니, "당신 베이징대학 교수 후스여! 당신의 영어실력은 정말로 대단하긴 하지만 아깝게도 당신 스스로 원형을 비추는 거울이 되었군요! 당신이 반드시 영어를 잘해야 한다는 것은 당신 같은 미국유학생들의 독점물은 아니다."라고 하였다.[11] 양렌성과 후스는 어법, 문법 등 문제에서 "적的", "자者", "소所"에 대해서 토론하며 후스는 "자", "소"는 관계대명사지만 근본적으로 차이가 있다고 생각했다.[12] 양렌성은 후스의 소위 "소"는 부사의 뜻이 없다는 견해에

---

10) 唐德剛譯注『胡適口述自傳』, 123쪽.
11) 郭沫若, 『沫若文集』第10卷, 人民文學出版社, 1959年, 258쪽.
12) 『論學談詩二十年—胡適楊聯升往來書劄』, 29쪽.

동의하지 않았으며 후스가 제시하지 못한 자료로 보충했다.[13] 양롄성은
후스와 토론 하는 중에 양수다楊樹達, 리진시黎錦熙의 말을 인용했으며 동시
에 자오위안런趙元任의 관점을 인용했는데 후스는 자오위안런의 관점에
대해서는 결코 동의하지 않았다.

후스와 양롄성이 학문에 대해서 논한 서신에서『수경주』판본에 대한 논쟁은
중요한 문제 중의 하나였다. 1962년 후스가 별세하기 전까지『수경주』에
대한 공인된 결론은 없었지만 후스와 후스 주변의 젊은 학자들의 역사학과
문헌학에의 집념은 후세에도 받들만한 가치가 있다.

13)『論學談詩二十年―胡適楊聯升往來書劄』, 34쪽.

후스과 양롄성의 서신에서 비교적 많이 토론한 두 번째 방면은 역사학이 었다. 후스와 양롄성은 역사학에 대한 토론은 거시적 사학방법론, 사관 및 비교적 큰 역사횡단면에 대해서는 상세히 논의하지 않았고, 제일 많이 토론한 부분은 비교적 작은 문제들이었다. "질임質任"에 관하여, 하나의 명사의 출현 빈도수로서 위진시기의 명물제도의 특징을 탐구했으며14) 왕망王莽 국호 "신新"에 대한 해석과 사료 운용에 대해서 후스와 양롄성은 서신에서 많이 토론했는데, 후스는 "그러므로 '신'이 '아름다운 부호美號일 뿐 아니라 실제 온 마음을 다하는 것이 극에 달한 혁신적인 의미를 표시한 것이다."라고 여겼다.15) 양롄성은 청동경 명문銅鏡銘文, 고고자료考古資料로 써 문헌이 부족한 것을 보충하여 후스에게 서신을 보내어 참고하게 하였다. 위진시기의 도교사는 도교경전 및 중국 고대 장기사象棋史의 연구에서 후스와 양롄성의 편지에서 하나하나 열거하며 논한 것이었다. 양롄성의 소위 "훈고치사訓詁治史"는 후스의 편지에서 매우 명백하게 표현되었다. 그는 항상 하나의 비교적 구체적인 명사술어에 착수하여 역사사건 혹은 인물, 혹은 제도의 진상에 대해서 자료를 모으거나 고증하는데 매우 실력이 좋았다. 예컨대 양롄성은 "뱃가죽肚皮"이라는 단어로부터 몽고와 원사에서 관리의 뇌물을 먹은 사실을 아주 상세히 분석하였는데, 일부 자료는 하버드 의 원사 전문가 프란시스 클레이브Francis Cleaves교수조차도 인용한 적이 없었다.16)

후스와 양롄성의 서신에서의 세 번째 많이 다룬 내용은 『수경주水經注』연 구였다. 여학사酈學史에 있어서 후스는 『수경주水經注』의 문본연구는 그다지

---

14) 『論學談詩二十年─胡適楊聯升往來書劄』, 1-2쪽.
15) 『論學談詩二十年─胡適楊聯升往來書劄』, 339쪽.
16) 『論學談詩二十年─胡適楊聯升往來書劄』, 201-202쪽.

명확하지 않으며 심지어 그가 중국역사지리학 연구영역에서도 공헌은 없었다고 할 수 있다. 후스가 『수경주』를 연구하게 된 동기는 순수하지 않았다. 그러나 그가 20년의 시간을 이용해서 『수경주』의 판본을 수집하고 연구한 것은 순수한 학술행위였다. 1948년 12월 후스가 베이징대학에서 "『수경주水經注』판본 박람회『水經注』版本展覽』를 주최했으며 전시한 판본은 모두 9대류 41종이었다.17) 1943년 11월부터 시작해서 『수경주水經注』판본을 수집하기 시작했으며 5년 사이에 41종을 수입했다는 것은 풍부하다 할 만하다. 18)후스가 『수경주水經注』를 연구하기 시작된 계기는 웨이위안, 명썬, 왕궈웨이, 양서우징, 슝후이전이 취안쭈왕全祖望, 자오이칭, 다이전 세 사람 중 누가 누구의 문제를 답습한 것인지에 대하여 "판결斷案"을 내린 것인데, 이는 양롄성이 미국 유학 초기에 있을 때의 일이었다. 양롄성은 판본에서 후스에게 무엇을 제공한다는 것은 불가능한 것이나 그는 문본을 판단하는 것에서 자신의 의견을 말했다. 동시에 자신이 열독한 딩산丁山, 정더쿤鄭德坤, 일본인 모리 시카조森鹿三의 『수경주』 관련 결론 보고서를 후스에게 주었으며 이는 후스에게 매우 가치 있는 것이었다. 뉴욕에 거주한 후스는 양롄성에게 부탁해서 하버드대학 도서관에서 자오이칭과 주쭈웨이朱祖瑋의 『수경주水經注』연구 판본에 대해서 찾아봐 달라고 했다. 후스는 『수경주』를 "일거一據/좌시左時를 연구할 때, 불가해 하다고 했지만, 양롄승은 "일거//좌시"는"일구거사一拘盧舍(산스크리트어 Krosa'의 음역, 고대 인도어의 거리 단위)"라고 생각하였으며, 불교경전을 근거로 들었다. 후스는 양롄성의 제의가 "대단히 근거가 있다"고 인정하고, 자신의 결론으로 삼았다.19) 50년대 초기 중국과학원에서 양서우징, 슝후이전의 『수경주』 원본을

---

17) 『白吉庵著, 『胡適傳』, 胡厚宣序言, 人民出版社, 1993年.
18) 『論學談詩二十年─胡適楊聯升往來書剳』, 22-23쪽.

영인하여 출판했으며 후스는 여기에 매우 관심을 보였고, 그는 양롄성에게 보낸 서신에서 대륙에서 출판한 영인본『수경주水經注』의 우열을 판단했다. 양롄성은『우공禹貢』반월간에 게재된 슝후이전, 정더쿤鄭德坤의『수경주에 관한 통신關於水經注之通信』을 적어 타이완에 있는 후스에게 보냈다.

양롄성과 후스의 관계는 밀접했으며 빈번한 통신에서 양롄싱 학문의 일부 원천을 감지 할 수 있다. 문사철 여러 영역에서 모두 두루 섭렵한 후스는 학문에서 통인通人의 길을 걸었으며 전문가라는 것으로 자신을 구속하지 않았으며 이로써 많은 구체적인 문제에서 전문가의 세밀하고 깊음은 없었다는 것을 알아야 한다. 그러나 학술 후배인 양롄성으로 말하자면 후스를 포함한 선배들의 학문성과의 기초에서 전문가의 길을 걸었으며 자연적으로 선배학자들은 연구하지 못한 부분을 연구했다. 그와 후스의 많은 서신에서 토론한 문제, 인용한 자료, 제기된 주장에 적지 않은 부분은 후스가 소홀히 했거나 혹은 해답하지 못한 부분이다. 시를 얘기하고 학문을 토론하는 것은 양롄성과 후스의 주된 교류였는데, 그 둘의 개인적 관계는 아주 좋았다. 양롄성이 대만 중앙연구원 원사院士에 당선된 데는 후스가 힘을 보탠 것도 매우 컸다. 후스는 양롄성에게 자신의 아버지 후톄화胡鐵花의 연보『둔부년보鈍夫年譜』를 위해 발문을 써달라고 청하기도 했다. [20] 동시에 후스는 양롄성에게 마오즈수이毛子水와 자신의 저작 정리도 맡겼다.

양롄성은 자발적으로 서방한학의 주요 학술단체에 들어간 것은 아니다. 1946년에 양롄성은 하버드대학에서 박사학위를 취득했으며 저장대학 장치윈張其昀교수와 상의해서 저장대학에서 중국경제사와 수당사를 강의할 것을 결정했다. 그러나 저장대학에서는 양롄성에게 일찍이 답변을 주지

---

19)『論學談詩二十年―胡適楊聯升往來書劄』, 22~23쪽.
20)『論學談詩二十年―胡適楊聯升往來書劄』, 379쪽.

않았으며 초빙장도 보내지 않았다. 양롄성이 고민하던 중에, 푸쓰녠이 그에게 전신을 보냈고, 그는 그때 베이징대학 총장 후스에게 서신을 보내 자신이 베이징대학에 갈 수 있는지 베이징대학이 그에게 어떤 희망이 있을지를 물었다. 동시에 양롄성은 자신이 베이징대학에 가서 맡을 수 있는 수업을 들고 "대략 중국사회사, 진한에서 송까지의 시대사는 모두 가능하고, 통사도 간신히 할 수는 있습니다. 전문사는 사회경제사 외에 미술사, 문화사, 사학사 등도 그런대로 할 수 있습니다."라고 하였다. [21] 저장대학에서 소식이 없었기에 양롄성은 자신의 이력서를 후스에게 보냈다. 양롄성은 국내 대학에서 취직이 되지 않자 그는 미국에 가서 번역일을 구하고자 했고, 그 후 양롄성은 하버드대학 원동어문학과의 부교수를 하였고 또한 영구교수거주 비자를 취득하였으니, 이렇게 해서 미국한학계에서 퇴직 때까지 일하게 된 것이다. 하버드대학의 미국 한학계에서의 독특한 지위로 인해 양롄성의 탁월한 학술성과 때문에 양롄성은 당시 많은 학자들과 밀접한 학술관계를 유지할 수 있었다. 선배학자들 중에는 훙예, 런훙쥐안任鴻儁, 뤄창페이羅常培, 펑유란馮友蘭, 메이이치梅貽琦, 량쓰청梁思成, 첸무와 동료학자 저우일량, 우위진吳于廑, 펑자성馮家昇, 라오간勞幹, 량팡중梁方仲, 왕위취안王毓銓, 취안한성全漢升, 왕중민王重民, 덩쓰위鄧嗣禹, 먀오웨繆鉞(양롄성의 손위 처남), 딩성수丁聲樹, 한서우쉬안韓壽萱, 옌경왕嚴耕望 등 모두 각자의 전공분야가 있는 중국학술계의 엘리트였다. 그들은 양롄성의 학문에 큰 영향을 끼쳤다. 후스의 영향을 받아서 양롄성은 대륙학자들에게 흥미가 없었다. 양롄성은 1950년 펑유란을 비평하는 논문을 썼으며 후스는 양롄성이 "너무 관대하다"라고 여겼으며 또한 더 나아가 펑유란의 책은 "역사의 관점도 없고" "견해도 없다"[22]고 간주하였다. 1955년

---

21) 『論學談詩二十年—胡適楊聯升往來書劄』, 78쪽.

국내에서 "후스비판운동"이 일어나자 미국에 있던 후스는 이 비판에 매우 관심을 기울였다. 그는 『후스사상비판胡適思想批判』 제 3집의 허우와이루侯外廬가 비판한 글에서 자신이 발표하지 않은 서신, 일기, 전보 등이 난 것을 발견하고서는 허우와이루가 자신의 "영어서신"를 읽지 못한다고 비웃었으며 또한 이 일을 양롄성에게 알렸다.[23] 양롄성도 리웨써李約瑟의 『중국과학기술사中國科技史』 및 노자老子의 "무無"자에 대한 해석에서 허우와이루의 방법을 논했으며 "잘못된 설"이라고 비난했다.[24]

양롄성보다 한 학기 늦게 칭화대학 외국어문학과를 졸업한 자오리성趙麗生은 훗날 저명한 사학자가 되었다. 1987년 자오리성이 미국에 가서 방문학자를 하는데, 몇 가지 난관에 부딪히자 접대를 책임진 사람이 양롄성이 하버드에서 학술지위가 아주 높다고 알렸다. 자오리성은 양롄성과 상담을 하여 서로 도움을 받기를 바랐다. 그러나 양롄성이 시종 상대를 해주지 않고 매우 오만하여 자오리성을 괴롭게 하였다. 자오리성의 눈에는 "식민주의교육"을 받은 양롄성은 "선입견이 있으니 바로 서양 숭배하는 것"으로 보였다.[25] 확실히 양롄성은 급진적 학자의 학문방법에 대해서는 상반된 태도를 취했다.

---

22) 『論學談詩二十年─胡適楊聯升往來書劄』, 119쪽.
23) 『論學談詩二十年─胡適楊聯升往來書劄』, 282-283쪽.
24) 『論學談詩二十年─胡適楊聯升往來書劄』, 358쪽.
25) 趙麗生, 『籬槿堂自敍』, 上海古籍出版社1999年, 204쪽.

참고문헌

葛劍雄, 『譚其驤日記』, 文彙出版社, 1998年.

葛劍雄, 『譚其驤前傳』, 華東師範大學出版, 1997年.

康有爲, 『我史』, 江蘇人民出版社, 1999年.

薑義華 主編, 『史魂·上海十大史學家』, 上海辭書出版社, 2002年.

顧潮, 『顧頡剛評傳』, 百花洲文藝出版社, 1995年.

顧潮, 『我的父親顧頡剛』, 華東師範大學出版社, 1997年.

高增德, 丁東 主編, 『世紀學人自述』第一~六卷, 北京十月文藝出版社, 2000年.

顧頡剛, 『當代中國史學』, 遼寧教育出版社, 1998年.

郭沫若, 『奴隸制時代』, 新文藝出版社, 1952年.

郭沫若, 『奴隸制時代』, 人民出版社, 1973年.

郭維森編, 『學苑奇峰—文史學家胡小石』, 南京大學出版社, 2000年.

國學研究會, 『國學叢刊』第一卷第三期, 商務印書館, 1923年.

譚獻, 『複堂日記』, 河北教育出版社, 2001年.

唐德剛, 『胡適雜憶』, 吉林文史出版社, 1994年.

唐德剛譯注, 『胡適口述自傳』, 華東師範大學出版社, 1993年.

唐蘭, 『中國文字學』, 開明書店, 1949年.

羅繼祖, 『蜉寄留痕』, 上海古籍出版社, 1999年.

羅爾綱, 『師門五年記·胡適瑣記』, 生活·讀書·新知三聯書店, 1995年.

羅爾綱, 『生涯再憶』, 山西人民出版社, 1997年.

羅振玉, 『雪堂自述』, 江蘇人民出版社, 1999年.

梁啟超, 『中國近三百年學術史』, 北京中國書店, 1985年.

梁啟超, 『淸代學術槪論』, 上海古籍出版社, 1998年.

龍楡生, 『近三百年名家詞選』, 古典文學出版社, 1956年.

劉思源編, 『錢玄同文集』(第六卷), 中國人民大學出版社, 2000年.

劉思源編, 『錢玄同文集』(第二卷), 中國人民大學出版社, 1999年.

劉成禺, 『世載堂雜憶』, 遼寧敎育出版社, 1997年.

劉體智, 『異辭錄』, 中華書局, 1988年.

陸鍵東, 『陳寅恪的最後二十年』, 生活・讀書・新知三聯書店, 1995年.

倫明, 『辛亥以來藏書紀事詩』外二種, 北京燕京出版社, 1999年.

李光謨, 『李濟治學生涯瑣記』, 中國人民大學出版社, 1996年.

李永圻, 『呂思勉先生編年事輯』, 上海書店, 1992年.

李希泌, 『健行齋文錄』, 書目文獻出版社, 1996年.

美鄧爾麟, 『錢穆與七房橋世界』, 社會科學文獻出版社, 1995年.

美陳毓賢, 『洪業傳』, 北京大學出版社, 1996年.

白吉庵, 『胡適傳』, 人民出版社, 1993年.

傅傑編, 『自述與印象, 章太炎』, 上海三聯書店, 1997年.

傅傑編校, 『章太炎學術史論集』, 中國社會科學出版社, 1997年.

傅斯年, 『出入史門』, 浙江人民出版社, 1998年.

傅樂煥, 『遼史叢考』, 中華書局, 1984年.

北京圖書館編, 『影印善本書序跋集錄』, 中華書局, 1995年.

謝國楨, 『瓜蒂庵小品』, 北京出版社, 1998年.

尚鉞, 『中國資本主義關系發生及演變的初步硏究』, 生活・讀書・新知三聯
　　　書店, 1956年.

徐一士, 『一士類稿』, 遼寧敎育出版, 1997年.

蘇晨 主編, 『學土』卷三, 廣東高等敎育出版社, 1997年.

蘇晨 主編, 『學士』卷二, 廣東高等教育出版社, 1996年.

蘇晨 主編, 『學士』卷一, 廣東高等教育出版社, 1996年.

蘇雙碧 主編, 『吳晗自傳書信文集』, 中國人事出版社, 1993年.

蕭艾, 『王湘綺評傳』, 嶽麓書, 1997年.

蘇輿, 『翼教叢編』, 上海書店, 2002年.

孫楷第, 『俗講,說話與白話小說』, 作家出版社, 1957年.

嶽玉璽,李泉, 『傅斯年』, 天津人民出版社, 1994年.

楊先梅輯,劉信芳 校注, 『楊守敬題跋書信遺稿』,巴蜀書社, 1996年.

嚴耕望『治史三書』, 遼寧教育出版社, 1998年.

嚴明編著, 『沈曾植·評傳·作品選』, 中國文史出版社, 1998年.

余英時, 『錢穆與中國文化』, 上海遠東出版社, 1994年.

葉德輝, 『書林清話·書林餘話』, 嶽麓書社, 1999年.

吳宓, 『吳宓自編年譜』, 生活·讀書·新知三聯書店, 1995年.

吳宓主編, 『學衡』第54 期, 上海中華書局, 1926年.

吳宓主編, 『學衡』第67期, 上海中華書局, 1929年.

吳宓主編, 『學衡』第73期, 上海中華書局, 1931年.

吳定宇, 『學人魂──陳寅恪傳』, 上海文藝出版社, 1996年.

吳晗, 『讀史劄記』,生活·讀書·新知三聯書店, 1956年.

王國維, 『觀堂集林』, 中華書局, 1961年.

王國維, 『宋元戲曲史』, 華東師範大學出版社, 1995年.

王國維, 『靜庵文集』, 遼寧教育出版社, 1997年.

王森然, 『近代名家評傳』(二集) 生活·讀書·新知三聯書店, 1998年.

王森然, 『近代名家評傳』(初集) 生活·讀書·新知三聯書店, 1998年.

王紹曾, 『近代出版家張元濟』(增訂本), 商務印書館, 1995年.

王元化 主編,『學術集林』卷四, 上海遠東出版社, 1995年.

汪辟疆, 『光宣以來詩壇旁記』, 遼寧敎育出版社, 1997年.

姚奠中, 董國炎, 『章太炎學術年譜』, 山西古籍出版社, 1996年.

牛潤珍, 『陳垣學術思想評傳』, 北京圖書館出版社, 1999年.

袁英光, 劉寅生, 『王國維年譜長編』, 天津人民出版社, 1996年.

俞振基, 『蒿廬問學記』, 生活·讀書·新知三聯書店, 1996年.

張宏生, 丁帆 主編, 『走近南大』, 四川人民出版社, 2000年.

張元濟, 『校史隨筆』, 上海古籍出版社, 1998年.

張元濟, 『張元濟日記』, 河北敎育出版社, 2001年.

蔣天樞, 『陳寅恪先生編年事輯』(增訂本), 上海古籍出版社, 1997年.

錢基博, 『錢基博學術論著選』, 華中師範大學出版社, 1997年.

錢穆, 『八十憶雙親·師友雜憶』, 生活·讀書·新知三聯書店, 1998年.

錢文忠, 『陳寅恪印象』, 學林出版社, 1997年.

鄭遠漢, 『黃侃學術研究』, 武漢大學出版社, 1997年.

程千帆, 『桑楡憶往』, 上海古籍出版社, 2000年.

趙儷生, 『籬槿堂自敘』, 上海古籍出版社, 1999年.

左玉河, 『張東蓀學術思想評傳』, 北京圖書館出版社, 1999年.

周谷城, 『史學與美學』, 上海人民出版社, 1980年.

周谷城, 『中國通史』(上, 下冊), 上海人民出版社, 1957年.

朱維錚, 薑義華 編注, 『章太炎選集』注釋本, 上海人民出版社, 1981年.

周作人, 『知堂回想錄』, 敦煌文藝出版社, 1998年.

支偉成, 『淸代朴學大師列傳』, 嶽麓書社, 1998年.

陳建民, 『智民之夢─張元濟傳』, 四川人民出版社, 1995年.

陳三立, 『散原精舍文集』, 遼寧敎育出版社, 1998年.

陳述, 『契丹政治史稿』, 人民出版社, 1986年.

陳一, 『新語林』, 上海書店出版社, 1997年.

陳智超 編注, 『陳垣來往書信集』, 上海古籍出版社, 1990年.

陳平原,王楓編, 『追憶王國維』, 中國廣播電視出版社, 1997年.

沈尹默, 「我與北大」, 『文史資料選輯』第六十一輯, 中華書局, 1979年.

沈曾植, 『海日樓劄叢·海日樓題跋』, 遼寧教育出版社, 1997年.

湯志鈞編, 『章太炎年譜長編』上,下冊, 中華書局, 1979年.

馮爾康,鄭克晟編, 『鄭天挺學記』, 生活·讀書·新知三聯書店, 1991年.

夏曉虹編, 『追憶梁啟超』,中國廣播電視出版社, 1997年.

韓儒林 主編, 『元朝史』,人民出版社, 1986年.

韓儒林, 『穹廬集』, 上海人民出版社, 1982年.

胡適紀念館編, 『論學談詩二十年』, 安徽教育出版社, 2001年.

『〈柳如是別傳〉與國學研究』, 浙江人民出版社, 1995年.

『歷史研究』, 1954年 第1期 － 第 6期.

『魯迅書信集』, 人民文學出版社, 1976年.

『魯迅全集·日記』, 人民文學出版社, 1996年.

『沫若文集』(第十二卷), 人民出版社, 1959年.

『文史資料選輯』(第九十二輯), 文史資料出版社, 1984年.

『文苑擷英』, 北京出版社, 2000年.

『聞一多全集·書信·日記·附錄』,湖北人民出版社.

『文獻』, 1988年 第 2期.

『文獻』第十九輯, 書目文獻出版社, 1985年.

『文獻』第十六輯, 書目文獻出版社, 1983年.

『文獻』第十三輯, 書目文獻出版社, 1982年.

『文獻』第十二輯, 書目文獻出版社, 1982年.

『文獻』第十八輯, 書目文獻出版社, 1983年.

『文獻』第二輯, 書目文獻出版社, 1979年.

『範文瀾歷史論文選集』, 中國社會科學出版社, 1979年.

『北京大學日刊』, 人民出版社影印, 1981年.

『尙鉞史學論文選集』, 人民出版社, 1984年.

『吳梅戲曲論文集』, 中國戲曲出版社, 1983年.

『王鍾翰學述』, 浙江人民出版社, 1999年.

『遊國恩學術論文集』, 中華書局, 1989年.

『周谷城史學論文選集』, 人民出版社, 1983年.

『朱東潤傳記作品全集』第四卷, 東方出版中心, 1999年.

『周一良學術文化隨筆』, 中國靑年出版社, 1998年.

『中國當代社會科學家』第九輯, 書目文獻出版社, 1986年.

『中國當代社會科學家』第六輯, 書目文獻出版社, 1984年.

『中國當代社會科學家』第四輯, 書目文獻出版社, 1983年.

『中國當代社會科學家』第三輯, 書目文獻出版社, 1983年.

『中國當代社會科學家』第十輯, 書目文獻出版社, 1987年.

『中國當代社會科學家』第五輯, 書目文獻出版社, 1983年.

『中國當代社會科學家』第二輯, 書目文獻出版社, 1982年.

『中國當代社會科學家』第一輯, 書目文獻出版社, 1981年.

『中國當代社會科學家』第七輯, 書目文獻出版社, 1986年.

『中國當代社會科學家』第八輯, 書目文獻出版社, 1986年.

『中國歷史學年鑒』(1984), 人民出版社, 1984年.

『中國歷史學年鑒』(1985), 人民出版社, 1985年.

『中國歷史學年鑒』(1988), 人民出版社, 1988年.

『中國歷史學年鑒』(1989), 人民出版社, 1990年.

『中國歷史學年鑒』(1991), 人民出版社, 1991年.

『中國歷史學年鑒』(1995), 人民出版社, 1995年.

『中央文史硏究館館員傳略』, 中華書局, 2001年.

『陳寅恪史學論文選集』, 上海古籍出版社, 1992年.

『陳寅恪集·書信集』, 生活·讀書·新知三聯書店, 2001年.

『沈尹默詩詞集』, 書目文獻出版社, 1983年.

『馮家昇論著輯粹』, 中華書局, 1987年.

『學林漫錄』(九集), 中華書局, 1984年.

『學林漫錄』(六集), 中華書局, 1982年.

『學林漫錄』(三集), 中華書局, 1981年.

『學林漫錄』(十四集), 中華書局, 1999年.

『學林漫錄』(十五集), 中華書局, 1999年.

『學林漫錄』(五集), 中華書局, 1982年.

『學林漫錄』(二集), 中華書局, 1981年.

『學林漫錄』(八集), 中華書局, 1983年.

『學術集林』卷九, 上海遠東出版社, 1996年.

『學術集林』卷六, 上海遠東出版社, 1995年.

『學術集林』卷十, 上海遠東出版社, 1997年.

『學術集林』卷十四, 上海遠東出版社, 1998年.

『學術集林』卷十二, 上海遠東出版社, 1997年.

『學術集林』卷五, 上海遠東出版社, 1995年.

『學術集林』卷七, 上海遠東出版社, 1996年.

『韓儒林先生紀念文集』, 南京大學出版社, 1996年.

『湖南曆史資料』, 1958年, 第 4期, 湖南人民出版社.

『湖南曆史資料』, 1959年, 第 1期, 湖南人民出版社.

『湖南曆史資料』, 1959年, 第 2期, 湖南人民出版社.

『胡適來往書信選』上, 中華書局, 1979年.

『胡適來往書信選』中, 中華書局, 1989年.

『胡適來往書信選』下, 中華書局, 1980年.

『胡適思想批判』(第四輯), 生活·讀書·新知三聯書店, 1955年.

『胡適思想批判』(第三輯), 生活·讀書·新知三聯書店, 1955年.

『胡適思想批判』(第五輯), 生活·讀書·新知三聯書店, 1955年.

『胡適思想批判』(第二輯), 生活·讀書·新知三聯書店, 1955年.

『胡適思想批判』(第一輯), 生活·讀書·新知三聯書店, 1955年.

『黃侃紀念文集』,湖北人民出版社, 1989年.

후 기

삼가 백년사학 학파를 가늠해 보다

20세기 중국역사학은 확실히 시급히 깊이 연구해야 하는 사상문화 영역이다. 당대 역사학자들은 당대인의 문화이념과 언어구조로써 중국사학이 활동한 100년이란 이 오래 시간에 깊이 들어가, 여러 이성적인 개념과 이러한 개념에 기초하여 세운 이론체계의 실마리를 찾아내어, 이를 통해 당대 중국 역사학의 현대성과 정신적 본질을 이해하고 체득한 것을 그려내기를 바랬다. 역사학자들이 사학연구의 특수성과 사학이론 자체가 역사와 역사사실의 진실성에을 관찰하기에 부족하지 않았는지 논의해 볼만 한 것이다. 필자는 눈이 닿는 대로 논저에서 나온 "학파學派"라는 단어개념을 시범적으로 해석했고, 이를 빌어 유형별로 서로 추론함으로써, 20세기 중국사학활동을 해석할 때, 단순하고 교조적이면서 실제 상황과 맞지 않는 것을 만들어내지 않기를 바랬다.

20세기 중국사학의 성과는 그야말로 대성황을 이루었으니, 사실상 수많은 학술유파들이 절차탁마하고 서로 경쟁한 것의 논리적 결과였다. 학파는 백년사학발전의 가장 중요한 부분이자 핵심이며 학술의 주체였다. 많은 학파들이 각자의 학술연구 영역에서 자신의 이론체계와 학술규범을 세웠기 때문에, 20세기 중국학술과 중국문화의 심층적인 발전을 촉진하였다. 만약 우리가 인식 시야를 20세기 이전의 중국학술사상의 발전 과정으로 거슬러 올라가 본다면, 학파가 중국전통학술을 지탱해낸 결정적 문화역량이었음을 분명히 알아차릴 수 있다. 춘추전국시기 제자백가들의 쟁명으로부터 한대漢代의 "백가를 몰아내고 오직 유학만을 존숭한다"는 것까지, 한漢·위魏 이래 유가와 석가, 도가의 경쟁에서 송원宋元 이후의 유가, 석가, 도가의 "삼교합일三敎合一"의 추세가 출현하기까지, 학파는 고대 중국학술이 더 높은 사상 경계비로 발전하도록 추동하였다. 한 시대마다 한 시대의 학술이 있고, 더욱이 한 시대의 학파가 있다는 것은 의문의 여지가 없다. 학파가 한 시대의 학술의 번영을 창조했고, 학파가 한시대의 성숙한 문화사상을 창조했다. 심지어 학파가 학술 발전의 전도를 결정했다고까지 말할 수 있다. 추앙하는 경전과 교의가 다르고 사승師承의 계통도 다르며 학문의 방법, 수단, 학술 경로도 다르므로 풍격이 다른 학술유파가 형성되었다. 설령 같은 학파 안에서라도 상이한 학문풍격의 가家와 파派가 존재하였다. 고대 중국학술사상을 연구할 때, 당대 연구자들은 흔히 제일 개념화된 언어로써 고전적인 전통문화를 해석하고 하였다. 예컨대 중국전통문화의 사상 골간이 유가, 도가 혹은 석가인지에 대한 논쟁, 즉 일부 경학사經學史는 한학漢學과 송학宋學의 가파家派투쟁사인지, 송과 송 이후의 이학자理學家, 도학자道學家, 관학자關學家들이 어떻게 해서 내 안에 네가 있고 네 안에 내가 있는 것 같은 경향을 형성해 나갔는지, 청대 유학의 경학을 통한 치용通經以致用과 역사를 통한 치용通史以致用, 경세치용經世以致用이 다른 학술 유파를 형성하게 되었는지 여부, 등등이 그것이다. 이러한 흔히 볼 수 있는 학술어휘는 어떤 학술적 경계 없이, 연구상태로 곧장 들어가는 것이고, 몇몇은 심지어 모종의 바꿔 고칠 수 없는 학술판단, 학술결론으로써 본래 논거가 필요한 학문명제를 논증하기도 한다. 이러한 문제는 우리가 토론할 백년사학의 학파에도 관련되기 때문에, 비록 우리가 검토한 범주를 넘어설지라도 역시 철저히 근본을 탐구할 필요가 있다.

20세기 중국사학의 발전사는 수많은 학술유파가 자유롭게 쟁명하고 한 학파가 사라지면 다른 학파가 나타나는 만장한 과정이었다. 백년 역사학

이 연속적으로 앞을 향해 발전하고 끊임없이 생장하는 사상적 원동력을
보존시키는 데 학파가 결정적 역할을 하였다. 우리가 역사학 학파의 논리발
전사를 정리할 때, 왜 진정한 의의에서 학술유파를 탐구하면서, 활약하다가
덧없이 사라지고 별다른 의미가 없는 학자들은 제거하는가? 당대의 연구자
들의 인식 시야에는 아주 선명하게 나타나는 공통된 방향이 있었다. 즉
학파와 학자의 학술연구 성과의 체재가 연결되면서 학술논저의 체재가
학술 유파를 분별하는데 가장 중요한 표준이 된 것이다. 당대의 연구자는
종종 어떤 간행물과 어떤 학파를 생각 없이 하나로 뭉쳐버리는 것이 두드러
진 현상이 되었다. 예컨대 1905년에 덩스鄧實, 류스페이劉師培가 상하이上海에
서 『국수학보國粹學報』를 창간하고, "국학을 발명하고 국수를 보존한다發明國
學, 保存國粹"는 것을 표방한 것은 연구자들에게 "국수파國粹派"로 간주되었다.
우미, 메이광디梅光迪, 후셴쑤 등이 『학형學衡』잡지를 창간하고 "국수를
창도하고 신지와 융화한다倡明國粹, 融化新知"를 주장하니, 우미와 메이광디梅
光迪, 후셴쑤 등은 "학형파學衡派"라고 불렸으며, 구제강, 탄치샹, 펑자성馮家昇
이 『우공禹貢』을 창간하니, 그들은 "우공학파禹貢學派"라고 불렀다. 타오시성
陶希聖이 베이징대학에서 『식화食貨』를 창간하고 전문적으로 사회경제사방
면의 논저를 간행하니, 사람들은 "식화파食貨派"라고 했다 등등이 그러하다.
유유상종이라는 것은 피할 수 없는 사회의 통칙이라고 해야 할 것이다.
백년 사학의 특정 시기에 굴기한 하나 또 하나의 학술유파는 역사학자들의
지향이 비슷하고 취향이 같고 학문수양도 비슷하며 학문의 길이 서로
표리를 이루는 것과 떼어낼 수 없는 논리적 관련이 있다는 것이다. 연구진지
에 따라, 학자들을 다른 학술 유파로 구분하면 비록 피상적이라고 하지는
못하더라도, 적어도 이러한 구분은 학술연구에서 요구하는 기본적인 규범
을 결여했다고는 할 수 있다. 현실적인 학술활동에서 역사학자단체는
결코 전적으로 "간행물"의 종지와 풍격에 따라 자신의 학술연구를 진행하지

는 않는다. 역사학 단체는 어떤 시기에는 이러한 연구노선에 경도되고, 또 다른 시기에는 저러한 연구노선에 심취할 수 있다. 심지어 한 역사학자의 성숙한 학술논저에서 우리는 상이한 연구방법이 사가의 연구를 좌지우지하고 있는 것을 명확히 발견할 수도 있다. 따라서 어떠한 학술 유파를 가지고서 범위를 확정하고 개괄하기란 매우 어렵다.

당대 역사연구자가 백년의 역사학발전의 방향을 돌아볼 때, "국수파國粹派", "학형파學衡派", "고사변파古史辨派", "북도학파北圖學派"(베이핑도서관의 편집 위원 샹다向達, 자오완리趙萬里, 류제劉節, 왕융王庸 등을 대표로 하는 학술단체)등 지칭성 있는 단어로서 학술총론을 하고, 그 안에 내포된 의의, 즉 고도의 이론추상으로써 허다한 역사학자들을 하나의 계통으로 합병하는 것은 사람들의 이해의 폭을 제한해버린다. 이미 대상화되어버린 역사학자, 저술형태 및 그 학술 활동이 현대의 연구자가 추상한 것처럼, 다양한 학술유파에 속하는지 여부는 심각하게 생각해볼 만한 중요한 학술주제다. 만약 이 문제에 엄격하고 과학적인 기준이 없이, 계속 현대 연구자들이 애매모호하게 말로 얼버무리려 한다면, 그럼 "대체 무엇이 학파인가" 라는 이 질문은 학계에서 대체로 인정하는, 하나의 합의된 정의를 여전히 얻어낼 수는 없을 것이다. 20세기 중국사학과 그전의 전통사학 사이에는 직접적인 계승관계가 존재하는데, 학술 계승에 기대어 학술영역을 창신하는 것, 이것이 한 방면이다. 특히 중요하고 소홀히 할 수 없는 것이 서양현대사학이 만든 일련의 학술어휘, 술어개념, 저술형식, 연구방식방법 및 사학사조, 학술유파가 다양한 단계, 다양한 시기에 백년 사학의 연구전통 안으로 들어와, 역사학자의 소화, 수용, 체화, 창신을 통하여, 상이한 역사공간에 다양한 특성을 가진 수많은 학술 유파를 형성했다. 서양사학이 침투하여 관념과 방법에는 어떤 역할을 하였으나, 사학자의 연구상태의 전통성을 철두철미하게 바꾸어 놓을 수는 없었다. 외래의 사학 문화는 다양한 역사연

구가 다양한 가家와 파派를 형성하는 데 가능한 조건을 제공했지만, 사학
유파의 진정한 출현은 오히려 그치지 않는 중국학술문화의 사상적 축적에
의지해야 했다. 역사학자의 소위 근본으로 돌아가 새로운 것을 만들고
새로운 지식을 융합한다는 것, 바로 모두 사학의 계승과 발전이라는 이
주제는 언론에서 발표하였다. 20세기 상반 무렵, 중국사학계에 거대한
산파 역할을 했던 역사학자로는 량치차오, 왕궈웨이, 장타이옌, 후스 네
사람이 있었다. 량치차오의 박식함博, 왕궈웨이의 정심함精, 장타이옌의
통달함通, 후스의 새로움新은 백년사학 발전 과정에서 사상의 이정표라는
의의를 갖는다. 청대 역사학자 장쉐청의 말에 의하면, 학자는 종주가 없어서
는 안되나 그렇다고 문호를 두어서는 안된다고 하였다. 량치차오, 왕궈웨이,
장타이옌, 후스는 기본적으로 한 시기 학자들의 "종주"라고 볼 수 있다.
량치차오는 스스로 "신사상계를 펼쳤다", "치차오의 '학문의 욕구'가 격렬히
불타올랐고, 그 기호의 종류 또한 번잡했다. 하나를 연구할 때마다 깊이
빠져들었으니, 몸과 마음을 집중하고 여타의 것에는 가능한 개의치 않았다.
약간의 시일을 거쳐 다른 학업으로 옮기는 것은 그 이전에 연구하던 것은
다시 버리는 것이었다."[1] 옛 것을 버리고 새 것을 추구하며 연구의 취지가
변하고 또 변히는 것이 량치차오 학문의 두드러진 특징이었는데, 당대연구
자들에게는 지탄을 받은 것이기도 했다. 사실상 20세기 초기의 중국학술사
상계에서 어리석은 사람을 일깨우는 량치차오의 고함은 변화하는 가운데
새로운 것을 추구하였고, 시대와 함께 나아가는 학문의 풍격과 사람들의
지혜를 일깨운 대량의 저술들은 한 세대 또 한 세대의 역사학자들에게
반포反哺되었다. 특수한 문화배경 아래 선입견이 없었던 량치차오는 어느
파派, 어느 가家인지 자기선전을 하지는 않았으나, 량치차오의 학문은 면면

---

1) 梁啓超, 『淸代學術槪論』, 90쪽.

히 끊임없이 전승되었다.

　내성적인 왕궈웨이의 학문은 그 사람됨과 마찬가지로, 엄밀하고 세치하며 빈틈이 없었고, 소박하고 예스러우면서도 아취가 있었으며, 멋대로 꾸밈이 없는 것이 흡사 순수한 선비의 그것과 같았다. 학술연구의 독창성은 왕궈웨이의 사상세계가 후세학자들에게 남겨준 풍부한 정신적인 유산이다. 왕궈웨이는 학문의 변화성이 명확하면서 량치차오와는 달랐던 것은 왕궈웨이는 매번 학술 흥미가 이동할 때마다 학계에 자신의 독창적인 학술성과를 매번 제출했던 점이다. 스스로 "나아가자니 사우師友의 도움이 없고, 물러나자니 생계의 고단함이 있었던" 왕궈웨이(『징안문집』자서『靜庵文集』自序)는 "생계의 고단함"에 구속되지 않고 복잡한 학술연구에 정신을 집중하여 자신의 서재에서 학술 영토를 세웠다. 새로운 지식과 융화하여 국수를 창도하고, 선현을 본받아 새로운 시대를 연다. 이것이 왕궈웨이 학문에서 드러난 사상의 정수다. 왕궈웨이는 일가一家, 일파一派를 고집하지 않았고 문호門戶의 편견도 없었으며, 초인적인 학술적 자신감과 학자로서의 풍격이 전문적이고 정심하였기 때문에, 그의 학문은 백년사학의 최고봉에 독보적으로 놓였다고 할 수 있다.

　당대의 연구자들이 장타이옌을 자신의 인지대상으로 할 때 항상 황칸과 연결시켜서 "장황학파章黃學派"라고 불렀다. 학파로써 서로 표방하고 파벌적 편견이 존재했던 것이 장타이옌 학문의 두드러진 특징이었다. 문호門戶를 세우고 가파家派를 수호하며 종주宗主를 존중하고 학술활동을 고정적인 범위에 국한시켰기 때문에, 자기 폐쇄적이고 유아독존적인 상황을 형성하였다. 그러나 다른 한편, 정심하고 독자적인 학문을 배양해냈다. 학술종주가 있고, 사우師友와 학우學友가 있고, 동문同門과 동지同志가 있고, 연구의 무대가 있었던 "장황학파"는 20세기 중국역사학의 발전 과정에서 가장 전형적인 학술 유파였다. 장타이옌을 종주로 하는 제자들 중에서 전기에 영향을 미친 학자로는 황칸, 첸쉬안퉁, 왕둥汪東, 저우 씨 형제周氏兄弟, 주시쭈朱希祖, 우청스吳承仕 등이 있으며 후기에 대표적인 학자는 장량푸姜亮夫, 자오쥐런曹聚仁, 쑨스양孫世揚, 황줘黃焯, 판중구이潘重規 등이 있다. 음운학, 제자학, 경학, 소학 등 영역에서 "장황학파章黃學派"의 학술영향력은 거의 한 세기를 관통하였다.

후스의 학술 침투력은 광대하고 기세가 드높다. 그는 현대의 여러 학과, 예컨대 중국철학사상사, 문학사 등 영역에서 핵심이 되는 중요한 내용을 예를 들어 하나씩 설명한 역할을 발휘하였다. "학술을 분명하게 하고, 원류源流를 참증하여 본보기로 삼는다"는 것은 후스가 서양철학이라는 '칼'로서 중국전통학술이 형성한 선명한 풍격을 해부하는 것이다. 젊어서 뜻을 이룬 후스 박사는 엄연히 민국시대의 학술 리더이자 신파新派 학인의 대표적 인물이었다. 비록 후스가 학파를 드러내지 않았고, 또 가법家法을 주장하지도 않았으며 후스 본인의 학문에 대한 취미도 광범위하였으나 그가 학문을 연구하는 방법은 세대를 거쳐 학자들에게 영향을 미쳤으니, "나의 친구 후스의"란 말이 민국시대에 매우 광범하게 퍼진 하나의 화법이 되기에 이르렀을 정도다.[2] 이러한 의의에서 후스는 가파를 표방하지 않았던 것은 분명 "복숭아나무와 오얏나무는 말이 없으나, 꽃과 열매가 사람을 끌어 들여 절로 길이 생기기" 때문이었다. 백년 사학발전사에서 후스의 공헌은 그가 연구에 새로운 것을 제공한 데 있는 것이 아니라 "시대의 기풍을 연" 사상이념이 도대체 학술연구에 어떠한 새로운 사유방식과 방법을 제공했는가에 있었다. 우리가 량치차오, 왕궈웨이, 장타이옌, 후스, 이 네 사람 각자의 학술특징을 귀납하고 추상화하는 것은 아마도 20세기 중국사학의 분파입설分派立說에 약간의 감성적인 인식을 제공할 수 있는데,

---

2) 唐德剛, 「胡適雜憶」, 153쪽.

매우 심층적인 이론 추상화에 필요한 인지적 준비를 하기 위해서다. 현대역사학과가 단독학과로 발전한 것으로 인해, 연구는 더욱 세분화되고 개별화되는 추세이고, 전체성 연구는 다시는 우위에 놓이지 못하게 되어서, 역사연구 영역의 학술유파가 종주를 둘 수 없게 된 현상은 보편적인 것이 되었다. 비록 학파를 분별하는 기준을 계량화하지는 못하더라도, 연구영역의 개척성, 학술성과의 생명주기, 사우師友의 추존, 문생門生들의 추종 등은 모두 학계가 충분히 받아들이게 한 전반적인 표준으로 입안될 수 있었다. 만약에 순수하게 학자가 간행물의 수를 더하는 것으로써 우성 표준을 삼는다면, 수많은 개성화된 역사학자의 사상과 성과를 잃어버리게 될 것이다. 과도하게 학파라는 범위 안의 사학자들의 학술연구성과를 정리하는 것만 중시하고, 학파 바깥의 학자들에 대한 연구를 소홀히 하는 것은 당대의 연구자가 백년역사학을 이해할 때, 결코 소홀히 해서는 안되는 문제다. 특히 전문사 연구 영역은 더욱더 그러하다. 예컨대 몽원사 연구영역의 선쩡즈, 커펑쑨, 리쓰춘, 멍쓰밍蒙思明은 사람들의 기억 속에서 거의 사라졌고, 학자들은 왕궈웨이, 천위안陳垣, 천인커 등에만 너무 과도하게 관심을 집중시켰다. 민국시기 이름을 알리고 공화국시대에 학술명성이 뚜렷한 학자들, 예컨대 웡두젠翁獨健, 사오쉰정邵循正, 한루린의 학술성과에 대해서 당대 사학사 논저 중에 이를 개괄해 준 것은 매우 적다. 20세기 중국역사학은 백가쟁명하고 각자 출중함을 과시한다. 대가들이 무리를 지어 나왔고, 유파가 잇달아 나타났다. 바로 이러한 부분 때문에 중국문화와 중국학술의 박대하고 정심함이 비로소 양성되었다.

한때 사학사조에 대한 흥미가 일어난 것은 사가史家 유파가 형성되었다는 중요한 표지 중 하나다. 공통의 경향이 서로 통괄되거나 예속되지 않은 학인들은 하나로 엮었고, 아마 당시 당사자들은 결코 이 점을 의식하지는 못하였으나, 세월의 흐름에 따라 계승자가 이러한 학술유산을 정리할 때 풍격을 갖춘 학술유파들이 오랜 시간을 거쳐 더욱 견강해진 사상의 광채를 반짝이기 시작했다. 예컨대 20세기 중국사학사상사에서 "통사通史"의 저술은 일종의 중요한 사학 사조를 형성하였다. 샤쩡유의『중학 중국역사교과서中學中國歷史教科書』부터 뤼쓰몐의『백화본국사白話本國史』,『중국통사中國通史』까지, 덩즈청의『중화이천년사中華二千年史』부터 쳰무의『국사대강國史大綱』까지, 판원란의『중국통사간편中國通史簡編』부터 저우구청의『중국통사中國通史』,『세계통사世界通史』, 궈모뤄의『중국사고中國史稿』, 젠보짠翦伯贊의『중국사강中國史綱』, 상웨의『중국역사강요中國歷史綱要』부터 바이서우이白壽彝의『중국통사中國通史』까지, 한 세기의 다양한 역사 시기에 여러 상이한 "통사通史" 가파家派가 형성되었다. 비록 통사 저작에 관통되어 있는 사학 관념이 다르고 연구의 방식도 다르며 학술성과를 흡수, 소화한 정도도 다르고, 논저의 표현형태도 각자의 특색이 있을지라도, 백년사학이라는 이 오랜 시기의 시대와 함께 전진한 사학정신은 도리어 남김없이 나타났다. 이러한 사학정신을 부각시키는 동시에 많은 학자들이 응집하여 각양각색의 사학유파를 형성하였다. 학문기상에 의하여 박博과 약約은 사가의 학술형태의 영원한 특징이다. 소위 통인, 전문가란 말은 사실상 이러한 기준으로 자세히 살펴보면, 역사학자들을 분류하고 배열하고, 조합함으로써, 완정하게 상세히 해석해냈다. 연구영역에서만 통인과 전문가를 분별한다고 한다면, 개별적인 연구와 전체의 연구를 참조했으므로 분별하는 표준도 정밀함을 결핍한 근사치일 뿐이다. 사실상 통인과 전문가 사이도 확연하게 경계를 구분할 수 없고 한걸음에 뛰어 넘을 수도 없으니, 양자 사이는 서로 침투하고 조화를 이루는 것이다. 예컨대 "장황학파"의 전기 중요한 제자인 베이징대학 출신의 판원란은 통인의 형태로 나타났지만 그는 중국경학사,『문심조룡文心雕龍』연구 영역에 있어서는 저명한 전문가였다. 쳰무는 비록 통사로서 역사학계에 이름을 알렸지만 그는 선진제자사상의 고증 방면에서는 전형적인 전문가였다. 박博에서 약約으로, 다시 약約에서 박博으로 돌아가는 것은 학자들의 통칙인 것 같다. 백년사학은 하반기 특히 마지막 일이십년 동안에는 여러 요소로 제약을 받아, 전문가 형태의 학자들이 출현하는 것은 쉬운 일이기도 하고 보통의 일이기도 했으나, 통인을 흔하게 조성하기란 매우 어려운 일이었다.

하나의 개성적인 학파가 출현하는 것은 학술연구가 진보하고 심화한 자연스런 결과였다. 당대의 연구자들이 20세기 중국역사학발전사를 총결할 때, 완전히 인위적으로 겉으로는 그럴 듯하지만 실제로는 그렇지 않은 학파를 만들 필요는 정말 없었다. 마땅히 실사구시의 종지를 받들어 객관적으로 한 세기의 확실히 존재한 사학 유파를 발굴해내어 심층적으로 연구해야 한다. 학술유파의 범위를 확정할 때 반드시 전통학술의 가家와 파派를 변별하는 것과 관련되어야 하고 너무 막연하고 모호해서는 안된다. 동시에 중국전통사학이 현대 신사학으로 전환하는 가운데, 학술의 특수성을 고려해야 하고 서양의 학술사상 특히 사학사상이 전환기 백년 역사학에 미쳤던 오랜 영향도 고려해야 한다.

재판 후기

만약 20세기 중국인문과학영역의 유명한 학자들의 사승師承과 가파家派를 완정하게 비교연구하고 정돈하여 탐구할 수 있다면, 더욱 다양한 각도로 심화하여 한 세기 중국학술의 체제와 학술방식, 학문의 전수와 학문 형태의 다양성과 복잡성을 해석할 수 있을 것이다. 본서는 이러한 노력의 일부분을 드러냈을 뿐이다. 연구와 저작에서 수많은 기회와 인연으로 충만하기 때문에, 그 안에 포괄된 학자들을 읽으면 고심하여 선택했다는 것을 느끼게 될 것이다. (그러나 이 책은) 사실 이와 같이 되지 못하였다. 자신이 전공한 바로부터 관찰하면 확실히 역사가들을 뚜렷한 자리에 배열하는 것은 차례로 문학, 언어학, 훈고학, 철학이다. 자료의 한계로 저술하는 내내 여러 장애와 제약이 있었고, 따라서 고심하여 선택했다기보다는 문헌이 부족한 채로 증명하였던 점을 독자들에게 알린다.

20세기 중국학술사가 학자들의 관심주제가 될 때, 연구의 지향점은 학술자체의 학자집단, 학자들의 계보를 직관적으로 깊이 반영하는 것인데, 학술적 인과관계, 학술전승, 학문의 출처, 계통의 주고받음을 탐구하는 것이 독자들에게 사고와 지혜를 줄 수 있을까? 명료하고 분명한 언어를 통해 학술의 생존과 전파, 이동, 변화발전을 해석한다면 읽는 흥미를 새롭게 이끌 수 있을까? 노력하였으니 약간은 기대하고 싶다.

본서의 초판은 2000년에 간행되었는데, 당시 필자는 역사학 영역의 학자들에게 주로 관심을 가졌다. 이후 학술시야를 문사철文史哲의 여러 학과로 확장하여서, 말로 전하여 뜻을 닿게 하고 깨닫게 된 것이 적지 않았다. 계속해서 수집해온 여러 자료들에 의거하여, 책의 분량을 근 15만자로 늘렸고, 100여 폭의 사진도 첨가하여 출판하였다. 이러한 저작이 새롭게 세상에 나온 것에 대하여, 후베이인민출판사湖北人民出版社의 왕젠화이王建槐 선생과 쩌우구이펀鄒桂芬 여사에게 감사한다. 이 분들의 학술저작에 대한 열의와 편집 출판사업에 대한 애정이 없었다면 독자들의 앞에 이 책은 나올 수 없었을 것이다. 장한대학江漢大學 인문학원장인 장커란張克蘭 교수는 본서를 위해 적지 않은 자료와 문헌사진을 모아주었다. 그녀의 수고로움에 특별히 감사를 드린다.

왕샤오칭王曉淸 부기
병술년 초봄

역자 후기

중국의 '근대' 학술은 망국의 위기감과 더불어, 새로운 체제, 학술을 형성해내야 한다는 시대적 사명을 부여받았다. 그 결과 서학西學의 자장磁場 속에서 새로운 학과체제, 새로운 소양을 갖춘 전문가專家들이 출현하였다. 근대 이전에는 통인通人적 소양을 갖춘 학자들의 '박학함博'이 존중되었다면, 이후에는 한 가지 문제를 깊고 정밀하게 파악할 수 있는 전문가의 '간략함約' 이 인정받았다. 중국 학술에서의 이 두 가지 소양은 시대 상황에 따라 어느 한쪽이 더 부각되거나 강조될지라도 사라지지 않고 지속되었다. 그런데 학자에게 필요한 소양이라는 것은 항상 시대적 요구와 연동하기 마련이었다. 근대 이후 학술에서는 전문성이 절대적으로 강조되었다 해도 과언이 아니다. 최근에는 학계의 전반적 흐름이기도 한 "프로젝트"를 통해 연구 인력과 연구 기구를 재편성하는 가운데, 이른바 '융합'으로 대변되는 통인적 소양이 다시 부상하고 있다.

왕샤오칭王曉淸의 『중국 학술의 사승師承과 가파家派』(2007)를 번역한 것은 국민대학교 중국인문사회연구소 HK사업단의 "중국의 지식·지식인: 지형과 네트워크"란 아젠다 연구의 일환이다. 즉, 중국의 지식패러다임의 변화와 지식의 생산·전파·확산이 어떠한 기제나 네트워크를 통해 형성되고 변화했는지를 탐색하려는 것이다. 이를 역사적 관점에서 탐구하는 가운데 지식계보에 주목하게 되었고, 지식계보를 인물, 논쟁, 조직의 요소로써 파악하려는 과정 속에서 이 책을 번역하게 되었다.

　　이 책은 중국사학자들의 학문적 연원을 탐색하여 20세기 중국학술의 계보를 그려내고자 한 역작이다. 20세기 중국의 사학자들을 사승과 가학 연원에 중심을 두고서 지적 계보를 그려낸 것이 이 책의 장점이다. 특히 여러 사학자들의 다채로운 일화 속에 숨겨져 있는 네트워크로써 지식계보를 그려본다면, 그들의 저술을 통해 사학사적 맥락을 파악하는 기존의 방식에서는 찾아보기 힘든 색다른 즐거움을 느껴볼 수 있을 것이다. 각각의 인물들을 생생하게 느껴보면서, 그들의 고민에 공감하기도 하고 개성에 웃기도 하고 그들의 울분에 공분하기도 했던 것은 이 책을 번역하는 동안 역자들의 즐거움이기도 했다.

　　마지막으로 이 책을 번역 소개할 수 있도록 지원해준 국민대 중국인문사회연구소, 책이 나오기까지 역자들을 배려해준 학고방 출판사, 자료조사를 도와준 주금단 학생에게 고마움을 전한다. 직접 배운 스승들과 책으로 건너배운 다른 모든 스승들의 가르침이 내 안에 있음을 재삼 느끼면서, 옮긴이의 말을 마친다.

2015년 5월, 옮긴이들

지은이 소개

왕샤오칭王曉清

1962년 출생, 허베이湖北 셴타오仙桃에서 자랐다. 중국원사연구회中國元史研究會 회원, 우한방송국武漢電視台 신문센터 주임기자. 화중사범대학 역사학과와 난징대학 역사학과 석사졸업, 『광명일보光明日報』, 『사학이론연구史學理論研究』, 『독서讀書』, 『공자연구孔子研究』, 『사학월간史學月刊』, 『사회과학보社會科學報』 등 잡지에 몽고원대역사, 사학이론, 학술사 등 영역의 논문 40여 편을 발표했다. 이외 저서로는 『학자의 사승과 가파學者的師承與家派』(2000), 『원대사회혼인형태元代社會婚姻形態』(2005)가 있다.

옮긴이 소개

최은진崔恩珍

이화여대에서 역사학으로 박사학위를 받았으며, 현재 국민대학교 중국인문사회연구소 HK교수로 재직하고 있다. 전공분야는 중국현대사이며 현재는 중국의 대학교육, 지식인의 사상지형, 담론 및 네트워크를 연구하고 있다. 주요 논문으로는 「중국국립중앙연구원 역사어언연구소(1928-49)와 근대역사학의 제도화」, 「중국모델론을 통해 본 중국사상계의 지식지형」, 『讀書』 잡지와 중국지식인의 남론·지형」(2012), 「중국 역사지리학 지적구조와 연구자 네트워크」(2012), 「2012년 '韓寒-方舟子 論爭'을 통해 본 중국 매체의 네트워크 작용과 함의」(2013), 「上海 여행공간 형성 네트워크의 문화적 함의」(2014)등이 있다.

유현정柳賢貞

연세대학교 사학과 박사과정 수료. 현재 근대도시 상하이의 공간성에 관한 학위논문을 준비중이다. 도시사와 함께 근현대중국사학사에 꾸준한 관심을 갖고 있다.

국민대학교 중국인문사회연구소 지식계보 시리즈 2

중국 학술의 사승師承과 가파家派

초판 인쇄   2015년 5월 20일
초판 발행   2015년 5월 31일

지 은 이| 왕샤오칭王曉淸
옮 긴 이| 최은진崔恩珍·유현정柳賢貞
펴 낸 이| 하운근
펴 낸 곳| 學古房

주   소| 서울시 은평구 대조동 213-5 우편번호 122-843
전   화| (02)353-9908 편집부(02)356-9903
팩   스| (02)6959-8234
홈페이지| http://hakgobang.co.kr/
전자우편| hakgobang@naver.com, hakgobang@chol.com
등록번호| 제311-1994-000001호

ISBN   978-89-6071-517-2 94900
        978-89-6071-257-7   (세트)

값 : 45,000원

이 도서의 국립중앙도서관 출판시도서목록(CIP)은 서지정보유통지원시스템 홈페이지
(http://seoji.nl.go.kr)와 국가자료공동목록시스템(http://www.nl.go.kr/kolisnet)에서 이용하실 수
있습니다.(CIP제어번호: CIP2015014055)

■ 파본은 교환해 드립니다.